이한우의

태종실록

재위 11년

새로운 해석, 예리한 통찰

이한우의 **태종실록**

재위 11년

이한우 옮김

삶과 세계에 대한 뿌리 깊은 지혜,
그 치밀한 기록

2001년부터 2007년까지 7년 동안 『조선왕조실록』을 완독했으니 완독을 끝마친 지 10년이 지났다. 그동안 관심은 사서삼경을 거쳐 진덕수(眞德秀)의 『대학연의(大學衍義)』, 『심경부주(心經附註)』에 이어 지금은 『문장정종(文章正宗)』 그리고 반고(班固)의 『한서(漢書)』 번역으로 확장돼왔다.

원점인 2001년으로 돌아가보자. 나는 왜 『조선왕조실록』을 다 읽기로 결심한 것일까? 그것은 다름 아닌 선조들의 정신세계를 탐구해 우리의 정신적 뿌리를 확인해보려는 것이었다. 그런데 정작 7년간의 실록 읽기가 끝났을 때는 이룬 것보다 앞으로 해야 할 일이 많음을 깨달았다. 우리 선조들의 뛰어난 능력과 치열했던 삶의 태도를 확인했지만 그 뿌리를 제대로 알지 못했던 것이다. 그래서 완독을 끝내자마자 시작한 것이 한문(漢文) 공부다. 위에서 언급한 책들은 한문 공부를 마치고서 우리나라에 번역되지 않은 탁월한 한문책들을 엄선해 우리말로 옮긴 것이다. 이때 중요한 것은 '우리말'이다.

우리말이란 대한민국에서 일정한 교육을 받은 사람들이 편안하게 쓰는 말을 뜻한다. 과도한 한자 사용을 극복하고 지나친 순우리말 또한 일정하게 거리를 뒀다. 그리고 쉬운 말로 풀어 쓸 수 있는 한자어는 가능한 다 풀어냈다. 그래서 나는 '덕(德)'이라는 말은 '은덕(恩

德)'이라고 할 때 외에는 쓰지 않는다. '다움'이 우리말이다. 부덕(不
德)도 그래서 '부덕의 소치'라고 하지 않고 '임금답지 못한 때문'이라
고 옮긴다.

　특히 정치를 다룬 역사서에서 중요한 용어가 '의(議)'와 '논(論)'
이다. 그런데 실록 원문에서는 분명히 이 둘을 엄밀하게 구분해 '의
지(議之)', '논지(論之)'라고 표현했는데, 번역 과정에서 의(議)도 의논
이라고 번역하고 논(論)도 의논이라 번역하면 이는 원문의 뜻을 크
게 왜곡하는 것이다. 의(議)란 책임 있는 의견을 내는 것을 말한다.
의정부(議政府)를 논정부(論政府)라고 해서는 안 되는 것과 같다. 논
(論)은 일반적으로 책임을 떠나 어떤 사안에 대한 논리적 진단을 하
는 것이다. 오늘날 '논객(論客)'이 그런 경우다. 그러나 '의객(議客)'이
란 말은 애당초 성립할 수가 없다. 다만 법률과 관련해서는 의(議)
보다 논(論)이 중요하다. 그래서 '논죄(論罪)'나 '논핵(論劾)'이라는 말
은 현실적 구속력을 갖는다. 재판은 의견을 내는 것이 아니라 기존
법률에 입각해 죄의 경중을 논리적으로 가려내는 일이라는 점에서
논(論)이지 의(議)가 아닌 것이다. 이처럼 기존의 실록 번역은 예나
지금이나 정치에서 대단히 중요한 역할을 할 수밖에 없는 의(議)와
논(論)을 전혀 구분하지 않아 의미를 제대로 전달하지 못한다. 사실

이런 예는 일일이 거론하기 힘들 만큼 많다.

이런 우리말화(化)에 대한 생각을 직접 번역으로 구현해내면서 다시 실록을 읽어보았다. 기존의 공식 번역은 한자어가 너무 많고 문투도 1970년대 식이다. 이래가지고는 번역이 됐다고 할 수가 없다. 게다가 너무 불친절해서 역주가 거의 없다. 전문가도 주(註)가 없으면 정확히 읽을 수 없는 것이 실록이다. 진덕수의『문장정종』번역을 통해한문 문장의 문체에 어느 정도 눈을 뜨게 된 것도 실록을 다시 번역해야겠다는 결심을 부추겼다. 특히 실록의 뛰어난 문체가 기존의 번역 과정에서 제대로 드러나지 못했다는 인식이 있었기 때문에 이 점을 개선하는 데 많은 노력을 쏟았다. 그리고 사소한 오역은 그냥 두더라도 심한 오역은 주를 통해 바로잡았다. 누구를 비판하려는 것이아니라 미래를 향한 개선의 기대를 담은 것이다.

물론 이런 언어상의 문제 때문에 실록 번역에 뛰어든 것은 아니다. 실은 삶에 대한, 그리고 세계에 대한 깊은 지혜를 얻고 싶어서다. 이런 기준 때문에 여러 왕의 실록 중에『태종실록(太宗實錄)』을 번역하기로 결심했다. 일기를 포함한 모든 실록 중에서『태종실록』이야말로어쩌면 오늘날 우리에게 반드시 필요한 지혜를 담고 있는지 모른다고 생각했기 때문이다.

지난 10년간 사서삼경과 진덕수의 책들을 공부하고 옮기는 과정에서 공자의 주장에 대해 새롭게 눈뜰 수 있었다. 그것은 다름 아닌 '일[事]'의 중요성이다. 성리학이 아닌, 공자의 주장으로서의 유학은 리더가 일하는 태도를 가르치는 이론이다. 기존의 학계는 성리학의 부정적 영향 때문인지 유학을 철학의 하나로만 국한해서 가르치는 경향이 있다. 그러나 내가 공부한 바에 따르면 공자는 리더의 바람직한 모습 그리고 그런 리더가 되기 위한 수양 과정을 지독할 정도로 치밀하게 이야기하고 가르쳤던 인물이다.

이런 깨우침에 기반을 두고서 이번에는 공자가 제시했던 지도자상을 태종이 얼마나 체화하고 구현했는지를 확인하고 싶었다. 이런 부분들을 주를 통해 드러낼 것이다. 그렇게 할 때 경학과 역사가 통합된 경사(經史) 통합적인 공부가 될 수 있다.

그렇다면 '왜 세종이 아니고 태종인가?'라는 질문을 던질 수 있겠다. 물론 세종의 리더십을 탐구하는 것도 대단히 중요하다. 그러나 그의 아버지 태종의 리더십을 충분히 탐구하지 않으면 세종에 대한 탐구는 피상적인 데 그칠 우려가 있다. 따라서 이 작업은 추후 세종의 리더십을 제대로 탐구하기 위한 기초 작업이기도 하다는 점을 밝혀둔다.

이 책에는 새로운 시도가 담겨 있다. '실록으로 한문 읽기'라는 큰 틀에서 번역을 진행했다. 월 단위로 원문과 연결 독음을 붙인 것도 그 때문이다. 번역문 중에도 어떤 말을 번역했는지를 대부분 알 수 있게 표시했고 번역 단위도 원문 단위와 거의 일치하기 때문에 어떤 문장을 어떻게, 심지어 어떤 단어를 어떻게 옮겼는지를 남김없이 알 수 있도록 했다. 물론 '착할 선(善)', '그 기(其)', '오를 등(登)' 수준의 뜻풀이는 생략했다. 아무런 의미가 없기 때문이다. 이러한 장치를 통해 조금이라도 살아 있는 한문을 익히고 우리 역사와 조상들의 사고방식을 가까이하는 데 도움이 되기를 바란다.

역주는 워낙 방대한 작업이기 때문에 앞에서 언급했다고 해서 다시 언급하지 않는 것이 아니라 그때그때 필요하면 중복되더라도 다시 달았다. 편집의 아름다운 완결성을 다소 희생하더라도 독자들의 읽는 재미와 속도를 감안했기 때문이다.

재위 1년 단위로 한 권씩 묶어 태종의 재위 기간 18년-18권을 기본으로 하고, 태조와 정종 때의 실록에 있는 기록과 세종 때의 실록에 담긴 상왕으로서의 기록을 묶은 2권을 별권으로 삼아 모두 20권으로 구성했다. 이를 통해 우리 사회에 태종의 리더십에 대한 제대로 된 탐구가 시작되기를 기대한다.

21세기북스 김영곤 대표의 결단이 없었다면 이 책은 세상에 나오지 못했을 것이다. 이 자리를 빌려 깊이 감사드린다. 더불어 계획 초기부터 함께 방향을 고민했던 정지은 본부장과 편집 실무자들에게도 고맙다는 말을 전한다. 해박한 지식과 한문 실력으로 이번 작업을 도와준 주태진 편집위원께도 감사드린다. 그리고 함께 공부하는 즐거움을 누리고 있는 우리 논어등반학교 대원들께 진심으로 고맙다는 말을 전하고 싶다. 마지막으로 내 글쓰기 작업의 원동력인 가족들에게도 깊은 감사를 올린다.

서울 상도동 보심서실(普心書室)에서

탄주(灘舟) 이한우

| 일러두기 |

1. 실록은 무엇보다 인물과 역사적 배경이 중요하기 때문에 문맥에서 필요한 범위 내에서 충실하게 주(註)를 달았다.

2. 기존의 번역 중 미세한 오역이나 번역이 누락된 경우는 번역의 어려움을 감안해 지적하지 않았지만 중대한 오역이거나 향후 한문 번역에서 같은 잘못이 반복될 수 있다고 판단되는 경우에는 주를 통해 지적했다.

3. 간혹 역사적 흐름에 대한 설명이 필요한 경우 간략한 내용을 주로 달았다. 그러나 독자들의 해석과 평가에 영향을 미치지 않도록 최소한의 범위에서만 언급했다.

4. 『논어(論語)』를 비롯해 동양의 고전들을 인용한 경우가 많은데 기존의 번역에서는 출전을 거의 밝히지 않았다. 그러나 당시 우리 선조들이 실제 정치를 행사하는 데 고전의 도움을 얼마나 받았는지를 알려면 그들의 말과 글 속에 동양 고전들이 얼마나 자연스럽게 녹아 있는지를 살피는 것이 중요하다. 하여 확인 가능한 고전 인용의 경우 주를 통해 그 전거를 밝혔다.

5. 분량이 워낙 방대하기 때문에 설사 앞서 주를 통해 언급한 바 있더라도 다시 찾아보는 번거로움을 덜기 위해 중복이 되더라도 다시 주를 단 경우가 있음을 밝혀둔다.

6. '원문 읽기를 위한 도움말'의 경우 단조로운 문장은 그대로 두고 한문 문장의 독특한 구조를 보여주는 구문에 초점을 맞췄다.

7. 한자는 대부분 우리말로 풀어쓰고 대괄호([ ]) 안에 독음과 함께 한자를 표기했다. 그래서 '천명(天命)'이라고 표기한 경우도 있지만 대부분 '하늘의 명[天命]'이라는 방식으로 표기했다. 또한 한자 단어의 경우 독음을 붙여쓰기로 표기하여 한문 문장을 이해하는 데 도움이 되고자 했다.

8. 문단 맨 앞의 'ㅇ' 표시는 같은 날 다른 기사임을 구분한 것이다.

차례

태종 11년 신묘년
1월

一月

임술일(壬戌日-1일) 초하루에 상(上)이 백관(百官)을 거느리고 (명(明)나라) 제(帝)의 정월 초하루[帝正]¹를 멀리서 하례하고[遙賀] 여러 신하의 조하(朝賀)는 정지시켰다. 종친(宗親)들에게 편전(便殿)에서 연회를 베풀고 여러 신하에게 잔치를 내려주었다.

○ 오도리지휘(吾都里指揮) 동맹가첩목아(童猛哥帖木兒)가 사람을 보내 웅피(熊皮-곰 가죽)와 녹비(鹿皮-사슴 가죽) 1장(張)씩을 바쳤다.

갑자일(甲子日-3일)에 대신(大臣)들과 같이 저화(楮貨)를 유통시킬 대책을 토의했다. 영의정부사(領議政府事) 하륜(河崙)과 좌정승(左政丞) 성석린(成石璘)이 한경(漢京-한양)으로 간다고 하직하니 상이 저화를 유통시킬 방책을 물었다. 륜(崙)이 대답했다.

"또다시 추포(麤布)를 저자[市]에서 잘라버려 사용하지 않는다는 뜻을 보이시고 공장(工匠)의 대가도 모두 저화로 지급하게 하되, 만약 이를 따르지 아니하면 관(官)에 고발하도록 허락해 죄를 주시고 또 장사치[商賈]들에게는 월정(月征-다달이 내는 세금)을 부과하게 하소서."

---

1 천자가 역법을 내려주는 전통이 있었기 때문에 정월 초하루를 황제의 정월 초하루라고 한 것이다.

석린(石璘)이 말했다.

"신도(新都)는 길이 넓으니 길 양쪽에 백성들이 시루(市樓)²를 짓도록 허락하시고 또 남산(南山)에다 소나무와 잣나무를 심도록 하소서."

석린이 또 대가(大駕)가 남쪽으로 돌아갈 날짜를 정할 것을 청하니 상이 말했다.

"복자(卜者)들이 모두 말하기를 '9월이 길(吉)하다'라고 했다."

석린이 말했다.

"비록 길한 달이 아니라 하더라도 (그때까지는 너무 오래이니) 3월에 환도(還都)해 다른 곳에 계셨다가 9월이 되거든 창덕궁(昌德宮)으로 환어(還御)하소서."

상이 모두 윤허했다.

○ 륜(崙)이 아뢰어 말했다.

"신의 얼자(孽子)³ 영(永)⁴에 대한 종량(從良)⁵의 일은 헌사(憲司)에서 한년(限年)에 신정(申呈)하지 않았다고 해 이를 물리쳤습니다[卻=却]. 빌건대 명하시어 수리(受理)하도록 해주소서."

상이 특별히 허락하고 사헌부(司憲府)에 명해 말했다.

"하영(河永)의 양천(良賤)에 대한 일을 너희가 기한 내에 신정(申呈)하지 않았다고 해 수리하지 아니하나 영(永)의 어미의 조상은 오

---

2 시전(市廛), 곧 가게 건물을 말한다.

3 첩의 자식을 서자(庶子), 천첩의 자식을 얼자(孽子)라고 했다.

4 『태종실록』「하륜 졸기」에 따르면 하륜에게는 "적자 하구(河久)와 서자 하장(河長), 하연(河延), 하영(河永)이 있었다"고 한다.

5 종이나 천민(賤民)으로서 양민(良民)이 되는 일을 말한다.

랜 장적(帳籍)에 백정(白丁)으로 시행돼오다가 50년 이후부터 마침내 숙척(椋尺)⁶으로 시행돼왔으니 의심스러운 생각이 없지 않다. 마땅히 다시 변정(辨正)하도록 하라."

○ 제용감(濟用監)⁷의 추포(麤布) 1,250필을 시가(市街)에 내어다가 각기 세 끝으로 잘라서 다시는 포(布)를 (화폐로) 사용하지 않는다는 뜻을 보이게 하고, 궁중(宮中)으로 실어다가 일을 보는 복례(僕隸)들에게 나눠 주라고 명했다. 또 명해 한경(漢京)의 제용감 추포 2,000필을 내어다가 시가에서 역시 이와 같이 하게 했다. 상이 말했다.

"저화(楮貨)의 법에 대해 모두 말하기를 '오래되면 시행될 것이다'라고 하지만, 이제 듣건대 저잣거리 사람들이 비록 한 가닥의 실이라도 저화와는 바꾸지 않는다고 하니 엄하게 형벌하는 것이 진실로 아름다운 일은 아니지만 만약 형벌을 쓰지 않는다면 법은 시행되기 어려울 것이다. 부상대고(富商大賈-많은 밑천을 가지고 대규모로 장사를 하는 상인)들은 잘 먹고 잘 입고 있는데 가난한 백성들은 한 말의 쌀도 얻지 못하게 되니 어찌 마음이 아프지 않겠는가? 비록 궁하고 가난한 사람을 진휼(賑恤)한다 해도 어찌 사람마다 다 구제할 수가 있겠는가? 법이 시행되지 않는 것은 모두가 장사치와 공장(工匠)들 때

---

6 궁방(宮房)에 딸린 종을 가리킨다. 숙노(椋奴)라고도 한다.
7 조선시대 종5품 아문으로 중국으로 보내는 직물[布], 인삼과 회사품(回賜品)인 의복 및 각종 비단, 포화(布貨), 물감, 염색, 직조 등의 일을 관장했다. 1392년(태조 1년)에 설치하고 제용고(濟用庫)라고 했다가 1409년(태종 9년) 관제개혁 때 제용감(濟用監)으로 고쳤으며 1904년(광무 8년)에 폐지했다.

문이다. 만약 징계하지 않는다면 장차 어떻게 시행되겠는가? 형벌을 사용하는 법을 반드시 내 말을 기다려야 하겠는가? 장사치에게 월세(月稅)를 배로 징수하는 방법과 공장들에게 품삯을 줄 때 반드시 저화로 지급하는 방법을 의정부(議政府)로 하여금 깊이 토의해 아뢰게 하라."

또 승정원(承政院)에 뜻을 전해 말했다.

"장사치들의 세금은 한 달에 저화 3장(張)씩을 더 받도록 하라."

상이 또 의정부에 일러 말했다.

"부상대고가 몰래 쌀과 베를 가지고 사사로이 무역(貿易)을 하기 때문에 궁하고 가난한 사람들이 저화를 사용할 수 없으므로 원망과 한숨[怨咨]이 날로 심해가니 내가 이를 매우 염려한다. 지금 이 저화
원자
의 법을 백성들이 비록 행(行)하지 않는다 해도 형세상으로 그만둘 수 없으니 경(卿)들은 이를 도모해 소민(小民)들로 하여금 원망과 한숨을 지어 화기(和氣)를 상하게 하지 말라. 어찌 한 번 모으고 한 번 흩어지게 하는 데 의논이 분분(紛紛)해 한갓 한담(閑談)만 일삼다가 마침내 성공을 거두지 못함이 옳겠는가?"

○ 제주(濟州)에 성(城)을 쌓을 것을 명했다.

을축일(乙丑日-4일)에 세자에게 명해 신도(新都)로 돌아가게 하니 의정부에서 동문(東門) 밖에 나가 전송했다.

병인일(丙寅日-5일)에 달이 금성(金星)을 범했다. 일관(日官)을 불러 말했다.

"내가 『문헌통고(文獻通考)』를 보니 28수(宿)가 하늘에 포열(布列)해 있고 여러 나라[列國]가 각기 열수(列宿)의 분도(分度) 안에 있게 된다. 만약 성변(星變)이 있게 되면 그 분도 안에 있는 나라가 이를 근심했다. 그러므로 지난번에 달이 목성(木星)을 범했을 때에 일관이 기양(祈禳-푸닥거리)하기를 청했으나 나는 우리나라가 미성(尾星)과 기성(箕星)의 분도 안에 있고 또 달이 목성을 범하는 것이 매우 잦으니 무슨 빌 필요가 있겠는가 하고 생각해 기양하지 말라고 명했다. (그런데) 지금 달이 금성을 범했기 때문에 『문헌통고』를 상고해보았더니 이에 대한 것은 아무것도 없었다. 5성(五星)의 분도는 어디에 있는가?"

일관이 대답하지 못했다. 상이 좌우(左右)에 일러 말했다.

"천변(天變)을 만났다고 반드시 빌 것은 없다. 어찌 군신(君臣)이 각기 자기의 맡은 바 일을 바르게 하는 것만 하겠느냐?"

서운정(書雲正) 애순(艾純)을 불러 말했다.

"달이 금성을 범했다고 하는데 무슨 분야(分野)인가?"

순(純)이 대답했다.

"위(魏)의 분야입니다."

상이 명했다.

"5성은 원래 분야가 없는 것인데 어찌하여 위의 분야라고 하는가?"

대답했다.

"범한 곳이 위의 분야에 있습니다."

○ 사간원(司諫院)에서 소(疏)를 올려 곽승우(郭承祐, ?~1431년)[8]의

---

8   음보(蔭補)로 무관직에 나가 1399년(정종 1년) 별장이 됐다. 1404년(태종 4년) 호군(護

직(職)을 면할 것을 청했다. 그 소는 이러했다.

'상(賞)과 벌(罰)은 나라의 큰 칼자루[大柄=大權]이니 한 사람을 상
              대병 대권
주면 천만[9] 사람이 권장되고 한 사람을 벌주면 천만 사람이 두려워
하게 됩니다. 그렇다면 한 번 상을 주고 한 번 벌을 줄 때라도 진실
로[誠] 삼가지 않을 수 없습니다. 우군동지총제(右軍同知摠制) 곽승
   성
우는 성질이 완고하고 잔인하며 행실이 경박하고 말과 행동을 멋대
로 뒤집어[反覆] 불충(不忠)한 사람입니다. 애초에 소도군(昭悼君-이
    반복
방석)을 섬길 때는 군사[干戈]를 움직이려고 꾀했고 또 회안군(懷安
              간과
君-이방간)을 따라 사나운 행동을 마음대로 자행했습니다. (그 때문
에) 온 나라의 신민(臣民)들이 모두 분노하고 있었는데 전하께서 너
그러이 용납해 즉각 죄를 주지 않고 (오히려) 여러 번 높은 벼슬을
더해주셨으니 은혜가 몹시 넉넉합니다. (그런데) 승우란 자[爲承祐者]
                        위 승우 자
는 마땅히 자신을 잊고 나라에 몸을 바쳐[忘身徇國] 전하의 망극(罔
                    망신 순국
極)한 은혜에 보답하는 것을 자신의 직분으로 삼아야 할 텐데 (도리

軍)으로 승진해 무신으로서의 역량을 발휘했다. 그러나 부친상을 당하고도 자세가 오만
하다는 이유로 대간(臺諫)으로부터 탄핵을 받아 파직되었다. 뒤에 다시 기용돼 1408년
상호군(上護軍)으로서 풍해도 조전첨절제사가 됐으며 1410년 경원부병마절도사가 됐다.
이때 올적합(兀狄哈), 오도리(吾都里)의 야인들이 침입해오자 이들을 막아 싸웠다. 쌍방
이 막심한 해를 입었는데 이때 한흥보(韓興寶)는 전사하고 곽승우는 패했다. 죽은 자가
73인, 부상자가 52인이며, 전마(戰馬) 120필과 병갑(兵甲) 24부(部)를 모두 적에게 빼앗
겼다. 이리하여 두 능을 함주(咸州)로 옮기고, 민가를 옮겨 경성군에 합병하고, 그 땅을
비우게 됐다. 이러한 패전의 책임을 물어 대간에서 논란이 많았고 다시 탄핵을 받아 동
래부에 유배를 갔다. 그 뒤 1411년에 동지총제(同知摠制)가 되고 이듬해 내금위절제사와
중군총제를 지냈다. 1413년 동지총제와 내금위중군절제사를 지낸 뒤에 1418년 이번절제
사(二番節制使)가 됐다. 1430년(세종 12년) 중군총제를 거쳐 이듬해 전라도 처치사(全羅
道處置使)로 활약하던 중 죽었다.

9 이를 천 명 만 명으로 옮겨도 무방하다.

어) 한번은 변방의 소임을 받아 산융(山戎-오랑캐)을 막는 데 용병(用兵)의 규율을 잃어 적에게 패했고, 또다시 침입해 온 구적(寇賊)을 만나 군사를 거두어 싸우지 아니했을 뿐 아니라 성(城)을 버리고 도망쳐 마침내 선왕(先王)의 능침(陵寢)이 있는 땅을 적의 수중에 빠지게 했습니다. 승우의 죄는 용서할 수 없는 것임에도 전하께서는 오히려[尙=猶] 부월(鈇鉞)을 쓰는 주벌을 용서해 가볍게 말감(末減)의 형벌을 시행하셨으니 온 나라 신민들이 더욱더 마음 아프게 생각하는 바입니다. 일찍이 한 해도 넘기지[踰年] 않고서 이를 발탁해 추부(樞府)에 두셨으니 신 등은 알지 못하거니와 전하께서는 승우가 공이 있다고 여기시며 충성이 있다고 여기시며 지혜와 용기가 있다고 여기십니까? 그의 관하(管下) 왕정(王庭)과 최철생(崔哲生)은 이미 벌써 복죄(伏罪)됐는데 승우만이 홀로 목숨을 보전했고 또 은총을 받음이 두터우니 그것은 형벌을 쓰고 상을 주는 뜻에 있어서 어떠하겠습니까? 신 등이 생각건대 후세에 변방의 소임을 맡은 자가 이로부터 권징(勸懲)하는 바가 없을까 염려됩니다. 또 성대한 조정에 충신의사(忠臣義士)가 많지 않은 것도 아닌데 지금 군사를 복멸(覆滅)시키고 성(城)을 함락당한 사람을 가지고 총제(摠制)의 직임을 맡기시는 것은 옳지 못합니다. 엎드려 바라옵건대 전하께서 교명(敎命)을 도로 거두시어 뒷사람[後來]을 경계시키도록 하셔야 할 것입니다.'

상이 소를 보고 언짢아하며[不悅] 말했다.

"(나라를) 다스리면서 어찌 두세 명의 문신(文臣)에게만 힘입겠는가? 내가 잠저(潛邸)에 있을 때 전라도 도원수(全羅道都元帥-전라도 절도사)가 돼 두 도(道)를 영솔(領率)하고 그 나머지 여러 도에는 모두 맡은 사람들[所主]이 (따로) 있었다. 그렇다고 오늘날에 와서도 전라도 한 도 사람만 쓰고 그 나머지는 모두 쓰지 말란 말인가? 그대들은 말할 만한 일이 없으면 모두 집에 물러가서 말하지 않는 것이 옳을 것이다. (그리고) 소(疏) 가운데 소도군(昭悼君)과 회안군(懷安君)을 섬겼단 말이 있는데 오늘날 기용한 여러 신하 가운데 오직 곽승우만이 전에 모시는 주인이 있었고 그 나머지 사람들은 모두 의탁한 곳이 없었단 말인가? 반신(叛臣) 이무(李茂)와 여성군(驪城君), 여강군(驪江君), 무안군(撫安君-이방번) 같은 자에게도 모두 의탁하는 이들이 있었다. 그러나 오늘날에 있어서 쓰지 않을 수 없는 까닭에 모두 거둬 쓰고 있는 것이다. 그대들의 이러한 말은 딱 여러 신하의 마음만 흔들어 난(亂)을 조장할[長=助長] 뿐이다."

정언(正言) 금유(琴柔)가 대답해 말했다.

"오늘의 청은 바로[乃] 승우가 경원(慶源)에서 성을 함락당하고 군사를 복멸시킨 죄 때문이고 소도군(昭悼君)과 회안군(懷安君)에 말이 미치게 된 것은 그가 옛날부터 죄가 있다는 것을 말한 것입니다."

중관(中官) 노희봉(盧希鳳)이 들어가 이 말을 다 아뢰었는데 착오가 있는 부분이 있었다. 상이 크게 노해 그 목소리가 대궐 안을 진동하니 근신(近臣)들이 모두 낯빛을 잃었다[失色]. 중관 김화상(金和尙)에게 명해 희봉의 머리채를 잡아끌고[扶曳] 중문(中門)으로 쫓아내게 했다. 화상이 중문에 이르러 벗겨진 사모(紗帽)를 희봉에게 씌워주니 희봉이 손으로 벗어서 땅바닥에 던졌다[擲地]. 겨우 층계 한 계단을 내려서다 땅바닥에 떨어져 다쳐서 아팠으므로 소수(小豎-어린 환관)들을 불러 부액(扶腋)해 나갔다. 화상(和尙)에게 명해 말했다.

"소(疏) 가운데 '충신의사(忠臣義士)가 많지 않은 것이 아니라'라고 했으니 마땅히 그 사람들의 성명(姓名)을 빨리 초록(抄錄)해 아뢰라. 만약 내가 알고 있는, 전일(前日)에 의탁한 적이 있는 사람도 아울러 기록해 아뢴다면 그 죄(罪)를 헤아리지 못할 것이다."

유(柔)가 대답해 말했다.

"온 나라 안이 전하의 신민인데 어디서 다시 충의(忠義)의 인사를 얻겠습니까?"

상이 말했다.

"빨리 초록해 아뢰라."

또 승정원(承政院)에 명해 말했다.

"너희는 나의 후설(喉舌)[10]이 됐으니 이따위[此等] 소(疏)를 보았으면 마땅히 물리쳐야 할 것이지, 어찌하여 나에게 아뢰고 난 뒤에 옳거니 그르거니 하는가?"

지신사(知申事) 김여지(金汝知)는 어명(御命)을 듣고 부들부들 떨었다[戰慄].

정묘일(丁卯日-6일)에 사재감판사(司宰監判事)[11] 권문의(權文毅)를 외방(外方)에 유배 보냈다. 사헌부(司憲府)에서 소를 올려 말했다.

---

10 승정원 승지의 별칭이다.
11 1392년(태조 즉위년) 7월에 고려의 제도를 본받아 사재감을 설치, 어량·산택에 관한 일을 맡게 했다. 직제로 판사(判事-정3품) 2인, 감(監-종3품) 2인, 소감(少監-종4품) 2인, 승(丞-종5품) 1인, 겸승(兼丞-종5품) 1인, 주부(主簿-종6품) 2인, 겸주부(兼主簿-종6품) 1인, 직장(直長-종7품) 1인을 두었다.

'문의(文毅)는 풍해도 경차관(豊海道敬差官)이 돼 (논밭의 작황) 손실(損實)을 살피지 않아 일이 끝난 다음에 실(實)의 숫자가 과다(過多)하게 많았고, 마음대로 손(損)의 숫자를 더했으니 전하께서 임무를 맡긴 뜻에 어긋남이 있습니다. 청컨대 『경제육전(經濟六典)』에 의거해 죄를 부과해야 할 것입니다.'

○ 전구서영(典廄署令) 윤지화(尹之和)를 파직했다. 사헌부에서 아뢰기를 지화가 공좌부(公座簿-출근부)를 문질러 지우고[塗擦] 출근하지 않은 날에 서명(署名)을 했으며 또 동료가 출근하지 않은 날에도 이를 지우고 대신 서명했다고 했기 때문이다.

○ 사헌부(司憲府)에서 민방보(閔邦寶)와 민수산(閔壽山) 형제에게 죄줄 것을 청하니 그것을 따랐다. 이들 형제가 어미의 상(喪)[母憂]을 당해[丁=當] 전지(田地)를 다퉈 풍속(風俗)을 해쳤으므로 헌부(憲府)에서 말씀을 올렸다.

"마땅히 고신(告身)을 거두고 죄를 부과해야 할 것입니다."

무진일(戊辰日-7일)에 태백성(太白星)이 낮에 보였고 이틀 동안 하늘을 지나갔다[經天].

○ 윤규(尹珪)를 좌부대언(左副代言)으로, 유사눌(柳思訥)을 좌사간대부(左司諫大夫)로, 조치(曹致)를 사헌집의(司憲執義)로 삼았다. 이에 앞서[前此=先是] 조말생(趙末生, 1370~1447년)[12]을 집의(執義)로

---

12 1401년(태종 1년) 생원으로서 문과에 장원급제해 요물고부사(料物庫副使)에 임용됐으며 감찰, 정언, 헌납을 거쳐 이조정랑에 승진됐다. 1407년 중시(重試)에 2등으로 급제해 전농시부정(典農寺副正)이 됐으며 다시 장령, 직제학을 역임했다. 그 뒤 1411년에는 선공감

삼았는데 헌부에서 말생이 조강지처(糟糠之妻)를 버리고 부잣집 딸에게 다시 장가들어 풍속을 어지럽혔으므로 그와 동료(同僚)가 되기를 달갑지 않게 여겼으므로 이때에 이르러 마침내 면직했다.

○ 공조판서(工曹判書) 박자청(朴子靑)을 한경(漢京)에 보내 각령(領)의 대장(隊長)과 대부(隊副) 500명씩과 경기(京畿)의 정부(丁夫) 3,000명을 데리고 남산(南山)과 태평관(太平館)의 북쪽에 모두 20일 동안 소나무를 심게 했다.

○ 예조정랑(禮曹正郎) 권보(權堡)를 5일 동안 가뒀다가 석방할 것을 명했다. 계성전(啓聖殿)에 사시대향(四時大享)을 거행하는 것은 일찍부터 성법(成法)으로 돼 있는데 보(堡)가 이때 예무(禮務-전례 담당)로 있으면서 즉시 알리지 않아 춘향(春享)을 빼먹었기 때문이다.

○ 굶주리는 백성들에게 사람마다 쌀 10두(斗-말)와 콩 1석(石)씩을 지급할 것을 명했다.

경오일(庚午日-9일)에 대호군(大護軍) 박미(朴楣)를 동맹가첩목아(童猛哥帖木兒)에게 보내 노략질해 간 인구(人口)와 소, 말을 돌려보내게 했다.

판사(繕工監判事)가 됐다가 곧 승정원 동부대언에 잠시 배명됐으며, 승진해 지신사(知申事) 등을 역임하고 1418년에는 이조참판에 이르렀다. 같은 해 8월에 형조판서, 병조판서를 차례로 역임했다. 1426년(세종 8년)에 장죄(贓罪)로 연좌돼 외직으로 좌천됐다. 유력한 정승감이었으나 이 문제 때문에 결국 정승에는 오르지 못했다. 1432년에 동지중추원사가 되고 다음 해에 함길도 도관찰사에 임명됐으나 병으로 그만두었다. 1434년 9월에 지중추원사가 되고, 1435년에 판중추원사가 됐으며, 대제학을 지냈다. 그리고 1438년에 다시 판중추원사가 됐으며 다음 해에 궤장(几杖)을 하사받았다.

○ 영의정부사(領議政府事) 하륜(河崙) 등이 글을 올렸다. 글은 이러했다.

'가만히 생각건대[竊惟=竊念] 사졸(士卒)의 용맹과 겁약은 주장(主將)에게 달려 있고 주장이 뛰어난지 아닌지에 국가의 안위(安危)가 달려 있는 것이니 편장(編將)과 비장(裨將)에 이르기까지 무겁게 여기지 않을 수 없습니다. (그런데) 지금 상호군(上護軍), 대호군(大護軍)과 호군(護軍), 사직(司直)으로 하여금 군사의 일[軍事]을 맡아보게 하니 어찌 모두가 맡은 바를 감당할 수 있다 하겠습니까? 또 군사들은 그들의 품질(品秩)이 낮음으로 인해 업신여김이 없지 않습니다. 만약 긴급한 일이 생긴다면 거의 쓰기가 어려울 듯하오니 이제부터라도 시직(時職), 산직(散職)에 구애받지 말고 재략(才略)과 위망(威望)이 있는 자를 신중하게 간택(簡擇)해 그 임무를 관장하게 해서 무비(武備)를 중하게 하시기 바랍니다.'

그것을 따랐다.

○ 일본 구주절도사(九州節度使) 원도진(源道鎭)이 사자(使者)를 보내 토산물을 바쳤다.

○ 의정부에서 군기감승(軍器監丞) 최해산(崔海山, 1380~1443년)[13]

---

13 검교참찬문하부사(檢校參贊門下府使) 최무선(崔茂宣)의 아들이다. 15세가 돼서야 글자를 해독할 수 있었으나 아버지의 유고(遺稿)인『화약수련법(火藥修鍊法)』의 비법을 전수받았다. 1401년(태종 1년) 군기시(軍器寺)에 등용, 주부(主簿)를 거쳐 경기우도 병선군기점고별감(京畿右道兵船軍器點考別監)이 됐다. 1409년 군기감승(軍器監丞)에 오르고, 그해 10월에는 화차를 만들어 왕이 참석한 가운데 해온정(解慍亭)에서 발사 시험을 했다. 또 1424년(세종 6년) 12월에도 군기판사로서 왕을 모시고 광연루(廣延樓)에 나아가 화포 발사 연습을 주관했다. 1425년 군기감사를 지내고 1431년 6월 좌군동지총제(左軍同知摠制)가 됐다. 그해 10월에는 그가 오랜 군기감 근무로 옮지 못한 일이 많았다고 해서 조정

에게 죄를 주기를 청했다. 해산(海山)이 제야(除夜)에 불꽃놀이[火戲]
를 할 때 자신이 몸소 살피지[躬察] 않아 군중(群衆)을 놀라게 했으
므로 죄가 장(杖) 100대에 해당됐다[應=當]. 명해 해산을 용서하고
그 약장(藥匠)에게 편형(鞭刑-채찍형)을 가하게 했다.

○ 오도리(吾都里) 사람에게 옷 1벌을 내려주었다. 오도리로 장차
돌아가려 하기 때문이었다.

임신일(壬申日-11일)에 태백성(太白星)이 낮에 보였다.

○ 예조(禮曹)에 명해 노인성(老人星)[14]의 제사(祭祀)에 제단(祭壇)
을 쌓고 희생(犧牲)을 사용하게 했다. 한결같이 『문헌통고(文獻通考)』
의 옛 제도를 따르게 했다. 의정부에서 말씀을 올렸다.

"봄가을로 노인성(老人星)에 제사할 때 특생(特牲-희생에 쓰이는 소)
을 사용하나 이를 죽이지 아니하고 제사 지낸 다음에 소격전(昭格殿)
에서 기르고 있습니다. 빌건대 적전(籍田)을 이급(移給)하도록 하소서."

신하들이 그의 체직(遞職)을 품신했지만 세종의 두터운 신임으로 허락되지 않았고 오히
려 이듬해 공조우참판으로 승임됐다. 1개월 후에 판경성군사(判鏡城郡事)로 전보됐을 때
도 세종은 그가 외직으로 나갈 경우 군기감의 업무가 부실해진다고 해 중추원부사를 제
수했다. 1433년 좌군절제사로 도원수 최윤덕(崔潤德)과 함께 파저강(婆猪江) 토벌 작전
에 참전했을 때도 군기(軍機)를 이행하지 않은 관계로 사헌부의 탄핵을 받았지만 세종은
"그가 20여 년 동안 오로지 화포를 맡았으니 어찌 공이 없다고 하겠는가. 벼슬만 거두도
록 하라"고 해 용서했다. 그 뒤에도 제주안무사, 중추원부사, 강계절제사 등을 지냈다. 그
는 전수받은 화약수련 비법과 타고난 재능으로 성과 열을 다해 화약병기를 비롯한 군장
비 보강, 발전에 기여한 바가 크다.

14 수성(壽星) 혹은 남극노인성(南極老人星)이라고도 하며 현재의 1등성 카노프스다. 우리나
라에서는 보기가 매우 어렵다. 고대 중국 천문학에서는 이 별이 사람의 수명을 주관한다
고 보았다.

이보다 앞서 임금이 『문헌통고』에서 '노인성의 제사의식'을 보고 마침내 이런 명이 있었다.

○ 예조에서 글을 올려 말했다.

'신 등이 삼가 고전(古典)을 상고해보니 주(周)나라 제도에 추분(秋分)날 수성(壽星-노인성)에 대해 남교(南郊)에서 제사 지냈는데 대종백(大宗伯-제사 주관자)이 일월성신(日月星辰)에 제사를 지낼 때 그 생체(牲體)를 장작더미 위에 얹어놓고 구워서 그 연기가 오르게 했으니 이는 양(陽)에 보답하기 위함이라고 했습니다. 또 한(漢)나라에서 소를 가지고 영성(靈星)에 제사했다고 했으니 그렇다면 성신(星辰)을 제사하는 데 소를 사용하는 것은 옛날의 제도입니다. 우리 조정에서 노인성(老人星)에 제사를 하는 데 소를 사용하는 것은 옛날의 제도에서 그 법을 취한 것인데 아직까지도 전조(前朝-고려)의 폐법(弊法)을 따라 소를 진설(陳設)하기는 하나 이를 굽지 아니하니 희생(犧牲)을 사용하는 뜻에 매우 어긋나는 것입니다. 마땅히 주(周)나라의 제도를 따라 희생을 구워서 그 연기가 오르게 해야 합니다. 또 『천문지(天文志)』를 살펴보면 노인성은 항상 추분(秋分)날 아침에 병방(丙方)에서 나타나 춘분(春分)날 저녁에 정방(丁方)에서 사라지는데 노인성이 나타나면 나라가 잘 다스려지고 임금이 수창(壽昌-장수)하는 까닭에 추분날 남교(南郊)에 나가 기다린다고 했습니다. 본조(本朝-조선 조정)에서 춘분과 추분에 노인성에 제사를 지내는 것은 대개 가을에 나타나고 봄에 사라지는 뜻을 취해 이를 제사 지내는 것입니다. 마땅히 주나라 제도를 따라 추분에 한해 남교에서 제사를 지내고 그 제단(祭壇)의 제도는 송(宋)나라 정화(政和) 때의 『오례신의

(五禮新儀)』¹⁵를 취해 높이 3척(尺), 동서(東西) 길이 1장(丈) 3척, 남북(南北) 길이 1장 2척, 사방(四方)으로 섬돌[陛] 하나씩 내고 그 담[墻]은 25보(步)로 하는 것이 어떻겠습니까?'

그것을 따랐다.

○ 사헌부에서 청성군(淸城君) 정탁(鄭擢), 연성군(蓮城君) 김정경(金定卿), 총제(摠制) 하구(河久)의 죄를 청했으나 이들을 용서했다. 탁(擢) 등은 종묘(宗廟) 춘향제(春享祭)의 헌관(獻官)으로서 미처 서계(誓戒)하지 못했기 때문이다. 탁과 정경(定卿)은 모두 공신(功臣)이고 구(久) 또한 공신의 아들이었다.

○ 명해 다시 응양위(鷹揚衛)에 공해전(公廨田)을 내려주게 했다. 전에 사직(司直) 김득방(金得邦) 등 300명이 신문고(申聞鼓)를 쳐 자신들의 근로(勤勞)를 진술했던 까닭에 이를 내려준 것이다. 이에 앞서 군량(軍糧)을 준비한다고 해 공연히[公=公然] 거둔 바 있었다.

계유일(癸酉日-12일)에 의정부에서 글을 올려 저화(楮貨)의 법을 엄격하게 시행할 것을 청했다. 글은 이러했다.

'부상(富商) 대고(大賈)와 여러 장인(匠人)이 국법(國法)을 업신여기고 몰래 쌀과 포(布)로 사사로이 무역(貿易)해 저화를 쓰지 아니하므로 나라의 법이 점점 해이해집니다[陵夷]. 한성부(漢城府)와 유후사(留後司), 경시서(京市署)로 하여금 상항(上項)의 법령을 범한 사람은 그 준 자와 받은 자를 끝까지 조사해 범한 바의 경중(輕重)을 분

---

15 송나라 조정에서 반포한 책이다.

간해 무거운 자는 법에 따라 처형해 널리 보이고, 가벼운 자는 장(杖) 100대에 수군(水軍)에 채워 넣되 그 가산(家産)은 모두 관가(官家)에 몰수하게 하고, 만약 고발해 체포하게 한 사람이 있으면 그 범죄자의 가산(家産)의 반을 상(賞)으로 충당해야 할 것입니다. 한성부와 유후사, 경시서에서 마음을 다해 봉행(奉行)하지 않을 때에는 사헌부에서 이를 고찰(考察)해 판지부종률(判旨不從律-임금의 뜻을 따르지 않은 죄)로 논죄(論罪)해 기강(紀綱)을 진작시키고 대법(大法)을 시행하게 해야 할 것입니다.'

사헌부에서 이졸(吏卒)들로 하여금 미복(微服-평복) 차림으로 저화를 가지고 공장(工匠)의 집에 가서 이를 탐지하게 해 만약 달갑게 여기지 않는 자가 있을 것 같으면 이를 구속해 신문(訊問)하게 했다. 상이 이를 듣고 말했다.

"이것은 백성을 속이는 짓이다."

명해 그만두게 했다. 이보다 앞서 한성부(漢城府)로 하여금 모든 대소 공장과 상고(商賈)의 이름을 기록해 장부(帳簿)를 만들게 하고, 달마다 월말(月末)이 되면 세금으로 저화(楮貨) 1장(張)씩을 징수하게 해 항규(恒規)로 삼으니 여리(閭里-마을)와 저자[巷市] 사람들이 모두 영업을 그만두고 도망쳐 그 곤궁함이 매우 심했다. 이때에 이르러 마침내 이 법을 정지했다.

○ 호조판서(戶曹判書) 이응(李膺)을 불러 말했다.

"경기 사람들 중에서 의창(義倉)의 곡식을 꾸어 간 자는 몇 사람이며, 갚은 사람 또한 몇 사람이나 되느냐? 그것을 수납(收納)할 때 3분의 1을 저화로 받으라는 영(令)이 이미 시행되고 있는지 알지 못하겠다."

융(膺)이 제대로 대답하지 못하자 상이 말했다.

"경(卿)이 그 자세한 것을 알지 못하다니 어찌된 일이냐?"

○ 서천군(西川君) 한상경(韓尙敬)이 말씀을 올려 원단(圓壇)의 제사를 한결같이 예제(禮制)에 의거할 것을 청하니 그것을 따랐다. 원단에 신주(神廚-제사 음식을 장만하는 부엌)와 재궁(齋宮)이 없고 또 하늘에 제사 지내는 희생(犧牲)은 송아지[犢]를 쓰는 것이 마땅한데 지금 늙은 소를 쓰는 것은 모두 예(禮)에 맞지 아니한 까닭에 상경이 이를 청한 것이었다.

○ 각 위(各衛)에 절제사(節制使)를 두었다. 의흥시위사(義興侍衛司) 절제사에 곡산군(谷山君) 연사종(延嗣宗)을, 동지총제(同知摠制)에 김만수(金萬壽)를, 강계절제사(江界節制使)에 이지실(李之實)을, 충좌시위사(忠佐侍衛司)에 한평군(漢平君) 조연(趙涓)을, 의주절제사(義州節制使)에 우박(禹博)을, 웅무시위사(雄武侍衛司)에 칠원군(漆原君) 윤자당(尹子當)을, 청주절제사(靑州節制使)에 박구(朴矩)를, 신무시위사(神武侍衛司)에 장천군(長川君) 이종무(李從茂)를, 동지총제에 조비형(曹備衡)을, 용양시위사(龍驤侍衛司)에 순녕군(順寧君) 이지(李枝)를, 동지총제에 정경(鄭耕)을, 용기시위사(龍騎侍衛司)에 회령군(會寧君) 마천목(馬天牧)을, 길주찰리사(吉州察理使)에 김을화(金乙和)를, 용무시위사(龍武侍衛司) 도순문사(都巡問使)에 조질(趙秩)을, 동지총제에 곽승우(郭承祐)를, 호분시위사총제(虎賁侍衛司摠制)에 유습(柳濕)을, 전라도 절제사(全羅道節制使)에 조흡(曹恰)을, 호익시위사총제(虎翼侍衛司摠制)에 성발도(成發道)를, 경성절제사(鏡城節制使)에 최윤덕(崔

潤德)을, 호용시위사총제(虎勇侍衛司摠制)에 김중보(金重寶)와 전 절제사(節制使) 하경복(河敬復)을 낙점(落點)했다.[16] 충좌사(忠佐司) 첨절제사(僉節制使)에 상호군(上護軍) 황상(黃象)을, 웅무사(雄武司) 첨절제사에 판사(判事) 성달생(成達生)을, 신무사(神武司) 첨절제사에 상호군 장대유(張大有)를, 용양사(龍驤司) 첨절제사에 상호군 윤유충(尹惟忠)을, 용기사(龍騎司) 첨절제사에 병마사(兵馬使) 박실(朴實)을, 용무사(龍武司) 첨절제사에 상호군 장사미(張思美)를, 호분사(虎賁司) 동첨절제사(同僉節制使)에 대호군(大護軍) 황득우(黃得雨)를, 호익사(虎翼司) 동첨절제사에 대호군 이종(李種)을, 호용사(虎勇司) 동첨절제사에 상호군 변이(邊頤)를 구전(口傳)했다.[17]

갑술일(甲戌日-13일)에 태백성(太白星)이 낮에 이틀 동안 보였다.

○ 경기(京畿)의 궁핍한 백성을 진휼(賑恤)했다. 쌀 1,000석(石)을 가지고 2,000명에게 나눠 주었다.

○ 명해 장형(杖刑) 이하의 죄(罪)는 모두 저화(楮貨)로써 수속(收贖)하게 하고 또 양경(兩京-한양과 개성)과 경기에 영(令)을 내려 호미(戶米)의 예(例)에 의거해 대호(大戶)·중호(中戶)·소호(小戶)로 나누고 3년을 한도로 해 저화를 거두게 했다. 의정부검상관(議政府檢詳官) 원숙(元肅)을 불러 말했다.

---

16 세 사람의 후보자 삼망[三望] 가운데 한 사람의 이름 위에 임금이 친히 점을 찍어서 뽑는 일을 말한다.

17 세 사람의 후보자를 갖추지 않고 임금이 구두 명령으로 관리를 임명하는 것을 말한다.

"옛날 주(周)나라 목왕(穆王)이 순유(巡遊-유람)하기를 절도(節度) 없이 해 재정(財政)이 고갈되고 백성들이 곤궁해지니 오형(五刑)을 수속(收贖)하는 법을 만들어 비록 대벽(大辟-사형)이라 하더라도 속(贖)할 수 있게 했다. 뒤에 의견을 내는 사람들이 말하기를 '부자는 살 수 있고 가난한 사람은 죄를 면하지 못한다'라고 했다. 내가 속죄(贖罪)하는 법을 시행하고자 하는 것은 사죄(死罪) 이외의 사람들에게 모두 저화로써 속죄하게 해 저화를 기꺼이 사용하게 하려 함이다."

숙(肅)이 정부(政府)의 뜻으로 말씀을 올렸다.

"장(杖) 100대를 범한 자는 죄 가운데서도 무거운 자인데, 속(贖)으로 바치는 것은 겨우[才=纔] 저화 60장뿐입니다. 또 근일에 교지(敎旨)가 있으시기를 '저화를 사용하지 않는 사람 중에 죄가 무거운 자는 사형(死刑)에 처하고 죄가 가벼운 자는 장 100대에 수군(水軍)에 채워 넣어라'라고 했사온데, 또 이것을 수속하게 한다면 법(法)에 두 가지 문(門)이 있게 되는 것입니다."

상이 말했다.

"이것은 영구적인 법규가 아니라 일시적인 권도(權道)일 뿐이다. 비록 장 100대에 해당하는 죄라 하더라도 수속하게 하는 것이 옳다. 올해 신묘년은 우연하게도 내 생일(生日)과 같고 액운(厄運)도 이해에 이르러 끝이 난다. 복자(卜者)들이 모두 3월과 9월이 액월(厄月)이라 말했고 또 내가 처음에 이곳에 이르러 종묘(宗廟)에서 점을 쳤더니 '움직이면 길(吉)하다'라고 한 까닭에 왔을 뿐이다. 지금 내가 한경(漢京)으로 돌아가고자 하는 것은 양도(兩都)의 신하와 백성들이 왕래(往來)하는 데 곤란하고 조사(朝士)들이 각기 가실(家室)을 두게 되며 대신(大臣)들이 두 곳으로 나뉘는 까닭에 한경으로 가서 함께 일을 도모하고자 함이다. 오는 2월 16일에 대가(大駕)를 출발해 22일에 동대문(東大門) 밖에 머물러 장막(帳幕)을 설치하고 있다가 3월이 지난 뒤에 서울로 들어가고자 하니 그대는 가서 내 뜻을 알리라."

이튿날 의정부(議政府)와 육조(六曹)를 불러 말했다.

"장죄(杖罪) 이하는 모두 수속(收贖)하게 하라. 어제 정부(政府)에서 불가(不可)하다고 말했으나 이는 장구(長久)한 계책이 아니고 특별히 권도(權道)로써 저화를 통행하게 하려는 것일 뿐이다."

박은(朴訔), 이응(李膺), 황희(黃喜) 등이 말했다.

"법(法)이란 만세의 공공지기(公共之器)이니 일시적 방법으로 가볍게 고칠 수 없습니다."

이숙번(李叔蕃)이 말했다.

"장(杖) 100대에 해당하는 자에게 저화(楮貨) 60장만 속(贖) 바치게 한다면 죄를 지은 사람만 다행할 뿐입니다. 사신(史臣)이 쓰기를 '저화를 쓰게 하려고 해 장죄(杖罪)를 속(贖)하게 했다'라고 한다면 후세에 의견을 내는 사람들이 어떻게 여기겠습니까?"

상이 말했다.

"무거운 형벌을 써서 백성을 권장하는 것이 어찌 가벼운 형벌로 백성을 권장하는 것과 같겠느냐? 사신이 비록 역사에 쓴다 하더라도 어찌 부끄러울 바가 있겠느냐? 저화가 통행하게 되면 (그때 가서) 이 법을 중지하는 것이 옳다. 어제 원숙(元肅)으로 하여금 한경에 가서 대신들에게 고(告)하게 한 것은 대체로 이것을 일깨워주라 한 것이지 이것을 토의하라고 한 것은 아니었다. 그대들 정부에서는 이것을 받들어 각 도(各道)에 이문(移文)하도록 하라. 또 호패법(號牌法)에 대해 헌언(獻言)한 사람이 많았으나 내가 따르지 않은 지 오래됐다. 지금 만약 (호패법을) 시행하게 된다면 백성 가운데 어기는 자가 많을 것이다. 따라서 이것도 수속하게 한다면 저화를 구하는 자가 많을 것이다."

우정승(右政丞) 조영무(趙英茂)가 말했다.

"저화의 법령도 아직 유행(流行)되지 않는데 또 호패법을 세우는 것은 옳지 못합니다. 또 상께서 호패를 행하려고 하시는 것은 바로 속죄(贖罪)하려는 자가 많을 것이라 여기시기 때문이나 호패법을 범하는 것은 모두 사형(死刑)에 해당하는 죄입니다."

상이 매우 옳게 여겼다. 원숙(元肅)이 복명(復命)해 말했다.

"분사(分司)[18]의 대신들은 모두 상의 뜻이 곡진(曲盡)하신 데 감사하고 있으나 3월 안에 반드시 풍우(風雨)가 있을 것이니 장막(帳幕)에 주련(駐輦)[19]하시기 어려울 것이라 염려됩니다."

상이 뜻을 전해 말했다.

"나는 장막을 편하게 여긴다."

숙(肅)이 또 아뢰어 말했다.

"하륜(河崙)과 성석린(成石璘)이 말하기를 '대벽(大辟) 이외의 죄는

---

18 한경, 즉 서울에 남아 있는 정부 각 기관을 말한다.
19 임금의 연(輦)이 잠시 머무르는 것을 말한다.

모두 수속하는 것이 가능하지만 만약 불충(不忠)·불효(不孝)한 사람이면 수속할 수 없습니다'라고 했습니다. 석린이 또 말하기를 '신이 아뢰고자 하는 것은 노신(老臣)이 말할 바가 아닌 것 같사오나 국고(國庫)에 저축한 것을 가볍게 허비할 수 없습니다. 지금 (쌀과 콩) 1,000석을 가지고 양도(兩都)의 기민(飢民)에게 나눠 주어 진휼(賑恤)한다 하시니 신은 간절히 생각건대 기곤(飢困)의 실정을 자세히 살피지 않고 하루아침에 이것을 나눠 준다면 성상(聖上)께서 백성을 구제하시는 본의(本意)가 아닐 것입니다. 또 지금 굶주린 백성들이 길가에 늘어서 있는 것을 볼 수 없사오니 우선 천천히 곤궁(困窮)이 심해지기를 기다렸다가 구제하는 것이 옳겠습니다. 지금 진제(賑濟)에 소요될 미두(米豆)가 벌써 이와 같으니 장차 화매(和賣)할 미두 1,000석을 반감(半減)해 이를 정지하는 것이 어떻겠습니까?'라고 했습니다."

상이 말했다.

"옳다."

병자일(丙子日-15일)에 명해 궁중에 등(燈)을 켜놓게 했다. 이에 앞서 상이 『사림광기(事林廣記)』[20]를 보고 승정원(承政院)에 명해 말했다.

"정월 보름날 밤에 등불을 켜는 것은 옛날 군왕(君王)들 중에서도 행한 사람이 있으니 나도 이를 본받으려 한다."

---

20 송(宋)나라 진원정(陳元靚)이 지은 일종의 생활문화 백과사전이다.

정축일(丁丑日-16일)에 사복부정(司僕副正) 지백안(池伯顏)을 가뒀다가 얼마 후에[尋] 풀어주었다. 좋은 새매[鷂]를 기르는 자가 4명이 있었는데 이들이 조심하지 못해 새매를 실성(失性)하게 했으므로 명해 그 녹(祿)을 도로 징수하고 경원부(慶源府)의 군졸(軍卒)로 충군(充軍)하게 했다. 백안(伯顏)은 이때 패두(牌頭-우두머리)였다.

○ 형조(刑曹)에 명해 계월(季月-사계절의 끝달)마다 경외(京外) 죄수의 태장죄목(笞杖罪目)을 기록해 아뢰게 했다.

기묘일(己卯日-18일)에 김서(金恕)와 이양달(李陽達)을 함주(咸州)에 보내 덕릉(德陵)과 안릉(安陵)의 호(號)를 돌에 새기고 그 곁에 소나무를 심게 했다.

경진일(庚辰日-19일)에 큰바람이 불고 눈이 내렸다.

○ 명해 궁핍한 백성들을 진휼(賑恤)하게 해 두 사람에게 쌀 1석씩을 주었다. 상이 한경(漢京)의 민간에 혹 굶주려 죽는 자가 있을까 매우 염려해 분의정부(分議政府)[21]에 명해 궁핍한 백성들을 초록(抄錄)해 아뢰게 했다. 이리하여 정부(政府)에서 지인(知印)과 각 부령(部令)으로 하여금 여리(閭里)를 순행(巡行)해 궁핍한 백성들을 찾아내 역마(驛馬)를 달려 아뢰었으므로 마침내 이런 명이 있었다.

○ 사헌부에서 원윤(元尹) 이굉(李宏)을 탄핵했으나 그를 용서했다. 굉(宏)의 종이 전조(田租)를 거둘 때 잡물(雜物)을 함부로 걷어들였

─────────
21 한경에 남아 있는 의정부를 말한다

으므로 상이 장무지평(掌務持平) 홍여방(洪汝方)을 불러 말했다.

"이 일은 그 주인이 아는 바가 아니니 그 종만 죄를 주어 뒤에 오는 사람을 경계하게 하라."

신사일(辛巳日-20일)에 의정부에서 진헌마(進獻馬)의 말값으로 남은 것을 국용(國用)에 충당하기를 청했다. 이보다 앞서 진헌마(進獻馬) 1만 필의 말값을 모두 중국에서 비단[絹子]과 면포(緜布)로 보내와 그 말주인[馬主]에게 모두 나눠 주게 했는데 그 나머지 비단이 1만 6,000필이었다. 상이 명했다.

"1만 4,000필은 내자시(內資寺)와 내섬시(內贍寺), 제용감(濟用監)에 분납(分納)하게 하고, 만약 양시(兩寺)를 내탕(內帑)으로 한다면 이것을 모두 제용감에 납입하게 하라. 그리고 그 나머지 2,000필은 백성에게 무역하도록 허락해 모두 저화(楮貨)를 사용하게 하라."

○ 내자윤(內資尹) 김질(金晊)을 서북면(西北面)에 보내 굶주리는 백성들을 구제하게 했다. 유정현(柳廷顯)이 아뢰었다.

'의주(義州)의 백성 1,500명이 굶주리고 있는 데다 또 역질(疫疾)을 앓고 있으며 벽동(碧潼)·인주(麟州) 등 11개 군(郡)도 기근(飢饉)이 들었다고 하오니 바라건대 묵은 곡식을 내 이를 진휼(賑恤)해야 할 것입니다.'

상이 질(晊)에게 명했다.

"네가 가서 기근과 역질의 상황을 자세히 살펴 진휼하되 죽음에 이르지 말게 하라."

○ 명해 하번갑사(下番甲士) 300명과 시위군(侍衛軍) 300명으로 하

여금 경성(鏡城) 군사를 돕게 했다. 동북면감사(東北面監司)가 말씀을 올렸다.

'야인(野人)이 와서 말하기를 "맹가첩목아(猛哥帖木兒)가 장차 심처(深處)로 이주(移住)하려 한다"라고 하오니 그때를 틈타 침략할까 걱정스럽습니다. 청컨대 군사를 더해 방어하는 것이 어떻겠습니까?'

상이 말했다.

"야인들이 안도하며 지내고 있는데 우리가 군사를 발동해 둔(屯)을 치게 된다면 저들이 반드시 의심을 품을 것이다. 그대로 기다리면서 가만히 있는 것만 같지 못할 것이다."

의정부에서 말씀을 올렸다.

"경성의 수졸(戍卒)이 본래 600명인데 또 하번갑사와 시위군 등으로 하여금 이를 지키게 한다면 내실(內實)이 완전히 잘 갖춰져 오랑캐들도 감히 움직이지 못할 것입니다."

그것을 따랐다. 조영무(趙英茂)와 이천우(李天祐) 등이 나아와 말했다.

"지금 맹가첩목아를 초무(招撫)했다고는 하나, 그가 장차 개원로(開元路)로 이사(移徙)해 그 족류(族類)들과 함께 샛길[間道]을 따라 길주(吉州)로 직향(直向)하게 되면 경성(鏡城)은 마치 낭중지물(囊中之物)이 되지 않을까 두렵습니다. 또 그가 말을 먹이러 남하(南下)하게 된다면 단주(端州)와 청주(靑州) 지방이 시끄러워질 것입니다. 또 그가 중국에 호소하기를 '조선(朝鮮)에서 우리 족류를 죽이므로 땅을 버리고 왔습니다. 영흥(永興) 이북 지방은 원조(元朝) 때 중국에 직속됐었으니 그 땅을 도로 찾음이 옳겠습니다'라고 한다면 중국에서 이 말을 믿고 그 땅을 바치라고 할 경우 매우 곤란합니다. 먼저 군사를 보내 갑주(甲州)로부터 아치랑구(阿赤郎口)에 이르게 하시고 또 군사를 나눠 그 지경으로 들어가게 한다면 반드시 우리에게 사로 잡힐 것입니다. 혹시 (그들이) 다시 살아난다 하더라도 우리가 두려워서 감히 움직이지 못할 것입니다."

상이 말했다.

"아직은 알 수 없는 일이다. 적(賊)이 비록 우리 땅에 들어온다 하더라도 우리의 사정을 안다면 붙잡기 어려운 것인데 머나먼 이국땅에 있어 그 땅의 원근(遠近)과 험조(險阻)도 쉽게 알 수 없다. 비록 우리에게 사로잡힌다 하더라도 뒤에 반드시 근심이 있을 것이고, 하물며 반드시 그리된다고 할 수도 없는 일 아닌가? 중국에서 일찍이 동북면(東北面) 십처(十處)의 인민을 바치라고 하기에 김첨(金瞻)을 보내 이를 변정(辨定)했다. 그때 땅을 찾아가지 않았는데 맹가(猛哥)의 호소를 듣고 우리 땅을 바치라 하겠는가? 성산군(星山君) 이직(李稷)이 한경(漢京)에서 온다고 하니 그도 역시 모의(謀議)를 잘하는 사람이다. 어찌 그에게 자문(咨問)하지 않겠는가?"

이윽고 직(稷)이 이르러 아뢰었다.

"길이 멀고 땅이 험하니 군사를 움직이는 것은 불가합니다. 더군다나 북방(北方)은 흉년이 들고 말도 지쳤으니 오면 치고 가면 쫓지 않는 것이 가장 좋습니다."

상이 웃으며 말했다.

"그것은 이미 알고 있다."

임오일(壬午日-21일)에 명해 중앙과 지방의 높고 낮은 인민들에게 날짜를 정해 (기존의 화폐로 쓰고 있는) 포(布)를 관(官)에 납부하고 저화(楮貨)를 받아 가도록 했다. 호조판서 이응(李膺)이 아뢰어 말했다.

"좌군노(左軍奴) 불정(佛丁)이 추포(麤布) 1,500여 필(匹)을 다른 집으로 옮겨놓았습니다."

상이 좌우(左右)를 돌아보며 말했다.

"이 종놈이 진짜 부상(富商)이면서 저화를 쓰지 않았다면 성법(成法)을 엿보는[窺伺] 자다. 사헌부는 마땅히 서둘러 추핵(推劾)하도록 하라."
_{규사}

이어서 명했다.

"이 종놈이 포를 감춘 것은 금령(禁令)이 내리기 전에 있었으니 어찌 죄를 줄 것이 있겠는가? 이제부터 중앙과 지방의 높고 낮은 인민들로 하여금 포를 그 집에 감추지 못하게 하고 날짜를 정해 관에 바치게 해 저화로 바꿔주도록 하라. 그리고 정한 날짜 이후에는 각호(各戶)를 뒤져 혹시라도 감춰둔 자가 있으면 경중(輕重)에 따라 죄를 주도록 하라. 저화의 법은 옛것이니 오늘날 눈에 띄는 한두 가지 방법에 구애되지 말고 마땅히 옛 법에 의거해 도모하라."

의정부에서 글을 올렸다.

'저화를 반행(頒行)한 이후부터 중외(中外)에서 상포(常布)를 일절 쓰지 못하게 했습니다. 그리고 높고 낮은 인민들이 간수한 포를 제용감(濟用監)에 납부하면 저화로 준급(准給)한다는 사실도 이미 방문(榜文)으로 내붙였습니다. 그런데 개중에는 무식한 인민들이 나라의 법령을 업신여기고 비밀히 상포를 감춰놓고 몰래 거래를 행해 성법(成法)을 엿보고 있으니 너무나 간사하고 교활합니다. 바라건대 이제부터 모든 중앙과 지방의 높고 낮은 인민들이 간수한 포를 날짜를 한정해 모두 관가(官家)에 들이게 해 저화로 준급하게 하고, 정한 날짜 이후에는 각호를 수색해 숨긴 상포가 500필 이상이면 법대로 처형해 널리 보이시고, 500필 이하이면 판지(判旨)에 의거해 장(杖) 100대에 저화로 수속(收贖)하게 하고 그 몸은 수군(水軍)에 채워 넣어야 할 것입니다. 그리고 상항(上項)의 사람들의 가산(家産)은 모두 관가에 몰수하고, 고발해 체포하게 한 사람이 있으면 범인의 가산(家産)의 반(半)을 상(賞)으로 충당해야 할 것입니다.'

그것을 따랐다. 각 부내(部內)의 총관(摠管)과 이정(里正)에게 모두 서약(誓約)을 받게 해 백성들로 하여금 포를 숨기지 못하게 하고 만약 일이 발각되면 함께 죄를 주게 했다.

○ 명해 모든 높고 낮은 인민들의 가호(家戶)에 대해 그 간수(間數)를 계산해 한 간(間)마다 저화 1장씩을 세금으로 받게 했다. 사헌부에 명해 말했다.

"불정(佛丁)을 죽게 하지 말고 그 당(黨)을 국문하라. 또 이와 같은 부상대고(富商大賈) 공장(工匠)들이 양경(兩京)[22]에 모두 집[家舍]을 지어놓고 피차(彼此)에 왕래하면서 몰래 사술(私術)을 행하는 자가 반드시 있을 것이다. 양경 호주(戶主)의 성명(姓名)을 상고하면 알 수 있을 것이니 추고(推考)해 호적에 올림[付籍]이 마땅하다.

---

22 경도(京都) 한성부(漢城府)와 구도(舊都) 개성유후사(開城留後司)를 가리킨다.

또 명했다.

"불정에게 가산(家産)은 적몰(籍沒)하지 말고 그 죄만 속(贖)을 거두게 하라."

계미일(癸未日-22일)에 태백성(太白星)이 낮에 이틀 동안 보였다.

○종친들을 불러 격구를 구경했다.

○서북면 도순문사(西北面都巡問使)가 금주령(禁酒令)을 시행할 것을 청하니 그것을 따랐다.

을유일(乙酉日-24일)에 종친들을 불러 격구를 구경했다.

○사헌부에서 소(疏)를 올려 권보(權堡)의 죄를 청했다. 소는 이러했다.

'나라의 대사(大事)는 제사(祭祀)와 군사(軍事)에 있습니다. 예조정랑(禮曹正郎) 권보(權堡)는 연전(年前)에 계성전(啓聖殿)의 춘향대제(春享大祭)를 빠뜨렸고 또 금년 정조(正朝) 때에 제릉(齊陵)의 제사를 별례(別例)로 행하라고 이미 왕지(王旨)가 있었는데 보(堡)가 또 지체하다가 미처 별례를 준비하지 못했습니다. 죄를 줄 것을 청합니다.'

상이 말했다.

"보는 일찍이 갇힌 바 있다. 죄를 이중으로[疊] 받을 수 없다. 다시는 청하지 말라."
첩

정해일(丁亥日-26일)에 태백성(太白星)이 낮에 사흘 동안 보였다. 밤

에 부엉이[鵂鶹]가 창덕궁(昌德宮) 서쪽 모퉁이에서 우니 일관(日官)
이 기양(祈禳-푸닥거리)을 청했다. 상이 말했다.

"궁정(宮殿)이 산기슭에 가깝기 때문에 간혹 와서 우는 것이니 모
름지기 기양할 것 없다."

다시 명했다.

"지난번에 부엉이가 정전(正殿)에서 울기에 동문(東門) 밖으로 피
방(避方)했는데 지금 정월(正月)에 또다시 우니 제사를 지내 기양하
는 것이 좋겠다."

○ 검교한성윤(檢校漢城尹) 송윤경(宋允卿)[23]의 누이에게 쌀과 콩
20석을 내려주었다. (송윤경의) 누이의 나이가 90세였는데 윤경이 시
(詩)를 지어 바쳐 은혜를 빈 까닭이었다.

○ 양수(梁需)가 일본에서 돌아왔다. 그 국왕(國王)의 답서(答書)는
이러했다.

'일본국(日本國) 원의지(源義持)는 삼가 아뢰옵니다. 담당하는 사람
[專人]을 보내시어 유시하는 글과 겸해 물건까지 주시는 은혜를 받
았습니다. 어제 해상(海上)에서 호적(豪賊)들을 만나 겁탈(劫奪)을 당
해 겨우 사지(死地)를 벗어나 알몸으로 이르렀습니다. 이미 후한 예
의(禮義)를 받았사오니 직접 뵙고 받은 것이나 다름이 없습니다. 간
사한 백성들이 주토(誅討)를 피해 외딴섬[絶島]에 도망가 숨어 있으
면서 (해상(海上)에) 자주 나와 장삿배[商船]를 표략(剽掠)한 지가 오
래됐는데 지금 또다시 이 같은 잘못을 저질렀습니다. 저희 나라에서

---

23 정몽주(鄭夢周)와 함께 과거에 급제했다는 기록이 전한다.

어찌 토벌하는 데 뜻이 없겠습니까? 이미 연해(沿海) 관리(官吏)에게 명령을 내려 사신(使臣)을 호송해 돌려보내고 변변치 않은 물건을 보내드려 겨우 성의(誠意)를 표할 뿐입니다.'

상이 말했다.

"양수가 사신으로 갔다가 도둑에게 약탈을 당했으니 진실로 불쌍하다."

쌀 20석과 저화 100장을 내려주었다.

○ 동북면 도순문사(東北面都巡問使)에게 명해 덕릉(德陵)과 안릉(安陵)에 재궁(齋宮)을 짓게 했다.

○ 의정부에서 저화를 시행할 방책을 올렸다. 아뢰어 말했다.

"저화를 각 도로 나눠 보내 백성들로 하여금 무역(貿易)하게 하고, 그들이 바꾼 포화(布貨)와 유밀(油蜜)은 국용(國用)에 충당해야 할 것입니다. 그리고 포화나 유밀을 바치게 했던 전지(田地)는 모두 쌀로 거둬들이고 수령(守令)이 간혹 민간의 이해(利害)를 살피지 않고 거급(據給)[24]·억매(抑賣)하는 자가 있거든 중죄(重罪)를 가하시기 바랍니다."

그것을 따랐다.

무자일(戊子日-27일)에 도총제(都摠制) 장사정(張思靖)을 경사(京師)에 보내 성절(聖節)을 하례(賀禮)하게 했다.

○ 종친들을 불러 격구를 구경했다.

---

24 법을 어기고 전지나 노비 등을 그대로 남에게 지급하는 일을 말한다.

기축일(己丑日-28일)에 햇무리가 졌다.

○ 경성(鏡城)에서 산(山)에 있는 돌이 저절로 불에 탔는데 그 (불꽃의) 길이가 20척(尺)이고, 화기(火氣)로 인해 비린내와 노린내가 나서[腥膻] 사람들이 감히 가까이 가지 못했다.
성전

○ 공안부윤(恭安府尹)으로 치사(致仕-은퇴)한 당성(唐誠, 1337~1413년)[25]에게 약주(藥酒)를 내려주었다. 성(誠)이 병이 났기 때문이다.

신묘일(辛卯日-30일)에 태백성이 낮에 보였다.

---

25 고려 말기에 원병(元兵)을 피해 고려에 들어와 귀화해 정동행성(征東行省)의 연리(掾吏), 사평순위부평사(司平巡衛府評事)를 지냈으며, 율령(律令)에 밝아 전농시판사(典農寺判事)가 된 후 이원필(李元弼)에 이어 사대이문(事大吏文)을 맡았다. 1392년 조선 개국 후 호조·예조·병조·공조의 전서(典書)를 거쳐 공안부윤(恭安府尹)으로 있다가 퇴임했다. 태조가 본관을 밀양으로 정해주었다.

壬戌朔 上率百官 遙賀帝正 停群臣朝賀 宴宗親于便殿 賜群臣宴.
임술 삭 상 솔 백관 요하 제정 정 군신 조하 연 종친 우 편전 사 군신 연

吾都里指揮 童猛哥帖木兒 使人獻熊鹿皮各一張.
오도리 지휘 동맹가첩목아 사인 헌 웅 녹피 각 일장

甲子 與大臣議行楮貨之策. 領議政府事河崙 左政丞成石璘 以
갑자 여 대신 의행 저화 지책 영의정부사 하륜 좌정승 성석린 이

如漢京辭 上問行楮貨之策 崙對曰: "又斷麤布于市 以示不用之
여 한경 사 상 문행 저화 지책 륜 대왈 우단 추포 우시 이시 불용 지

意; 工匠之價 皆給楮貨. 若不從 則許令告官坐罪 又添商賈月征."
의 공장 지가 개급 저화 약 부종 즉 허령 고관 좌죄 우 첨 상고 월정

石璘曰: "新都道廣 宜於兩傍 聽民作市樓 又於南山種松栢."
석린 왈 신도 도광 의어 양방 청민 작 시루 우어 남산 종 송백

石璘又請車駕南旋之日 上曰: "卜者皆云: '九月吉.'" 石璘曰: "雖
석린 우 청 거가 남선 지일 상왈 복자 개운 구월 길 석린 왈 수

非吉月 三月還都 御于他所 至九月還御昌德宮." 上皆許之.
비 길월 삼월 환도 어우 타소 지 구월 환어 창덕궁 상 개 허지

崙啓曰: "臣之孽子 永從良之事 憲司以限年未呈卻之. 乞命受理."
륜 계왈 신지 얼자 영종량 지사 헌사 이 한년 미정 각지 걸명 수리

上特許之 命司憲府曰: "河永良賤事 汝等謂以限內未呈 不當受理
상 특허 지 명 사헌부 왈 하영량 천사 여등 위 이 한내 미정 부당 수리

然永母之祖 於久遠帳籍 以白丁施行 五十年以後 乃以稤尺施行
연 영모 지조 어 구원 장적 이 백정 시행 오십 년 이후 내 이 숙척 시행

則不無疑慮也. 宜更辨正."
즉 불무 의려 야 의 갱 변정

命出濟用監麤布一千二百五十匹於市街 各三斷 以示不復用布
명출 제용감 추포 일천 이백 오십 필 어 시가 각 삼단 이시 불부 용포

之意 輸入宮中 分賜幹事僕隸 又命出漢京濟用監麤布二千匹於
지의 수입 궁중 분사 간사 복례 우 명출 한경 제용감 추포 이천 필 어

市街 亦如之. 上曰: "楮貨之法 皆曰: '久則可行.' 今聞市人雖
시가 역 여지 상왈 저화 지법 개왈 구 즉 가행 금문 시인 수

一條線 不以楮貨相易. 嚴刑 固非美事 若不用刑 則法難行矣.
일조 선 불이 저화 상역 엄형 고비 미사 약불 용형 즉 법 난행 의

富商大賈 飽煖而坐 窮民未得斗米 可不痛心乎? 雖賑窮乏 焉得
人人而濟之! 法之不行 皆由商賈工匠之徒也. 若不懲 則將何以
行之哉? 用刑之法 必待予言乎? 商賈月稅倍征之法 工匠估直
必用楮貨之術 其令議政府擬議以聞."

又傳旨承政院曰:"商賈之稅 一月加楮貨三張." 上又謂議政府
曰:"富商大賈 潛以米布 私相貿易 窮乏之人 不得用楮貨 怨咨
日甚 予甚慮焉. 今此楮貨之法 民雖不行 勢在不可已 卿等其圖之
母令小民怨咨而感傷和氣. 豈宜一聚一散 議論紛紜 徒爲閑話 竟
無成效耶!"

命修築濟州城.

乙丑 命世子還新都 議政府餞于東門外.

丙寅 月犯金星. 召日官曰:"予觀文獻通考 二十八宿布列於天
列國各在列宿分度之內. 若有星變 則其在分度之國憂之. 是以
曩者月犯木星 日官請祈禳. 予以爲我國在尾 箕分度 且月犯木星
甚數 何用禳爲! 命勿禳之. 今也月犯金星 考於文獻通考 則無之.
五星分度何在?" 日官不能對. 上謂左右曰:"遇天變不必禳禱. 豈
若君臣 各正乃事也?" 召書雲正艾純曰:"月犯金星 何分也?" 純
對曰:"魏之分野也." 命曰:"五星 本無分野 何以曰魏之分?"
對曰:"所犯處 在魏野也."

司諫院上疏 請免郭承祐職. 疏曰:

‘賞罰 國之大柄 賞一人而千萬人勸 罰一人而千萬人懼. 然則
상벌 국지대병 상일인이 천만인권 벌일인이 천만인구 연즉

一賞一罰 誠不可不愼也. 右軍同知摠制郭承祐 頑忍薄行 反覆
일상 일벌 성불가 불신 야 우군 동지총제 곽승우 완인 박행 반복

不忠人也. 始事昭悼 謀動干戈 又從懷安 以肆强暴. 一國臣民
불충 인야 시사 소도 모동 간과 우종 회안 이사 강포 일국 신민

所共憤懟 殿下優容 不卽加誅 累增顯秩 恩至渥也. 爲承祐者
소공분대 전하 우용 부즉 가주 누증 현질 은 지악 야 위 승우 자

忘身徇國 以報殿下罔極之恩 職也 一受邊寄 以禦山戎 行師
망신 순국 이보 전하 망극 지은 직야 일수 변기 이어 산융 행사

失律 爲敵所敗 又値來寇 斂兵不戰 棄城逃遁 遂使先王陵寢之
실률 위적 소패 우치 내구 염병 부전 기성 도둔 수사 선왕 능침 지

地 陷爲賊藪. 承祐之罪 在所不宥 殿下尙寬鈇鉞之誅 薄施末減
지 함위 적수 승우 지죄 재 소불유 전하 상관 부월 지주 박시 말감

之刑 擧國臣民 倍增痛心 曾不踰年 擢置樞府. 臣等未審殿下 以
지형 거국 신민 배증 통심 증불 유년 탁치 추부 신등 미심 전하 이

承祐爲有功乎?① 爲有忠乎? 爲有智勇乎? 其所管王庭 崔哲生
승우 위 유공 호 위 유충 호 위 유 지용 호 기 소관 왕정 최철생

旣已伏罪 承祐獨保首領 又蒙寵渥 其於用刑行賞之義何如? 臣等
기이 복죄 승우 독보 수령 우몽 총악 기어 용형 행상 지의 하여 신등

竊恐後世之守邊寄者 將自此而無所勸懲矣. 且當盛朝 忠臣義士
절공 후세 지수 변기 자 장 자차 이무 소권징 의 차 당 성조 충신 의사

不爲不多 今以覆軍陷城之人 爲摠制之任 未可也. 伏望殿下 還收
불위 부다 금이 복군 함성 지인 위 총제 지임 미가 야 복망 전하 환수

敎命 以戒後來.’
교명 이계 후래

上覽疏不悅曰: “爲國豈獨賴二三文臣乎? 予於潛邸之時 爲
상 람소 불열 왈 위국 기독 뢰 이삼 문신 호 여어 잠저 지시 위

全羅都元帥 領二道 其餘諸道 皆有所主. 及至今日 獨用全羅
전라 도원수 영 이도 기여 제도 개유 소주 급지 금일 독용 전라

一道之人 而其餘皆不用乎? 汝等若無可言之事 退坐私第 不言
일도 지인 이 기여 개 불용 호 여등 약무 가언 지사 퇴좌 사제 불언

可也. 疏內 有事昭悼 懷安之言. 今日所用群臣 獨承祐前有主 而
가야 소내 유사 소도 회안 지언 금일 소용 군신 독 승우 전 유주 이

其餘皆無所托乎? 有如叛臣李茂 驪城 驪江 撫安等 皆有所托
기여 개무 소탁 호 유여 반신 이무 여성 여강 무안 등 개유 소탁

然在此日 不可不用 故皆收而用之. 汝等此言 騷動群臣之心 適
연재 차일 불가 불용 고개 수이 용지 여등 차언 소동 군신 지심 적

足以長亂耳.” 正言琴柔對曰: “今日之請 乃承祐慶源陷城覆軍
족이 장란 이 정언 금유 대왈 금일 지청 내 승우 경원 함성 복군

之罪 而及昭悼 懷安者 言其自昔有罪也.” 中官盧希鳳悉以此言
지죄 이급 소도 회안 자 언기 자석 유죄 야 중관 노희봉 실이 차언

入啓 而有錯誤處. 上怒甚 聲震宮中 近臣皆失色. 命中官金和尙
입계 이유 착오 처 상 노심 성진 궁중 근신 개 실색 명 중관 김화상

扶曳希鳳頭髮 黜送中門. 和尙至門 以所脫紗帽 冠于希鳳 希鳳
부예 희봉 두발 출송 중문 화상 지문 이 소탈 사모 관우 희봉 희봉

以手脫而擲地. 纔下階一級 墜地有傷痛. 呼小豎輩 扶腋而出. 命
이수 탈이 척지 재 하계 일급 추지유 상통 호 소수 배 부액 이출 명

和尙曰:“疏內忠臣義士不爲不多之言 宜速抄錄姓名以聞. 若以
화상 왈 소내 충신 의사 불위 부다 지언 의속 초록 성명 이문 약이

予所知前日有托之人 竝錄以聞 則罪在不測.” 柔對曰:“一國之內
여 소지 전일 유탁 지인 병록 이문 즉죄재 불측 유 대왈 일국 지내

皆殿下之臣民 何處更得忠義之士乎?” 上曰:“速抄以聞.” 又命
개 전하 지 신민 하처 갱득 충의 지사 호 상왈 속초 이문 우명

承政院曰:“汝等爲我喉舌 見此等疏 宜斥之 豈可啓予而後 可否
승정원 왈 여등 위아 후설 견 차등 소 의 척지 기가 계여 이후 가부

之!” 知申事金汝知聞命戰慄.
지 지신사 김여지 문명 전율

丁卯 流判司宰監事權文毅于外方. 司憲府上疏曰:‘文毅爲
정묘 유 판사재감사 권문의 우 외방 사헌부 상소 왈 문의 위

豊海道敬差官 不察損實 事畢後實數過多 妄意加損 有違殿下
풍해도 경차관 불찰 손실 사필 후 실수 과다 망의 가손 유위 전하

委任之意. 乞依經濟六典科罪.’
위임 지의 걸의 경제육전 과죄

罷典廐署令尹之和職. 司憲府啓之和塗擦公座簿不仕日着署 又
파 전구서 영 윤지화 직 사헌부 계 지화 도찰 공좌부 불사 일 착서 우

同僚不仕日塗擦 代之署名故也.
동료 불사 일 도찰 대지 서명 고야

司憲府請閔邦寶 閔壽山兄弟罪 從之. 兄弟丁母憂爭田 毁傷
사헌부 청 민방보 민수산 형제 죄 종지 형제 정 모우 쟁전 훼상

風俗 憲府上言:“宜收告身科罪.”
풍속 헌부 상언 의수 고신 과죄

戊辰 太白晝見 經天二日.
무진 태백 주견 경천 이일

以尹珪爲左副代言 柳思訥左司諫大夫 曹致司憲執義. 前此
이 윤규 위 좌부대언 유사눌 좌사간대부 조치 사헌 집의 전차

趙末生爲執義 憲府以末生棄糟糠之妻 改聚富家女 毁亂風俗 故
조말생 위 집의 헌부 이 말생 기 조강지처 개취 부가 녀 훼란 풍속 고

不肯與之爲僚 至是乃免.
불긍 여지 위료 지시 내 면

遣工曹判書朴子靑于漢京 以各領隊長隊副五百 京畿丁夫三千
栽松于南山及太平館北凡二十日.

命囚禮曹正郎權堡 五日釋之. 啓聖殿行四時大享 曾已成法 堡
時爲禮務 不卽通諭 闕春享故也.

命給飢民人米十斗 豆一石.

庚午 遣大護軍朴楣于童猛哥帖木兒. 令還所掠人口牛馬也.

領議政府事河崙等上書. 書曰:

'竊惟士卒勇怯 在於主將 主將賢否 安危所係 至於褊裨 不可
不重. 今以上大護軍 護軍 司直 掌其軍事 豈皆勝任? 且軍士以
其秩卑 不無陵慢 如有緩急 似難爲用. 乞自今 勿拘時散 愼簡有
才略威望者 俾掌其任 以重武備.' 從之.

日本九州節度使源道鎭 遣使來獻土物.

議政府請軍器監丞崔海山罪. 海山於除夜進火戱之時 不自躬察
以致惑衆 罪應杖百. 命宥海山鞭其藥匠.

賜吾都里人衣一襲. 吾都里將還也.

壬申 太白晝見.

命禮曹老人星祭築壇用牲 一依文獻通考舊制. 議政府上言:

"春秋祭老人星 用特牲而不殺 祭後畜于昭格殿 乞移給籍田."

先是 上覽文獻通考祭老人星之儀 乃有是命.

禮曹上書曰:

'臣等謹稽古典 周制 秋分日 享壽星于南郊: 大宗伯祀
日月星辰 實牲體於積薪之上 燔燎而升煙 所以報陽也. 又漢以牛
祀靈星. 然則祀星辰用牛 古之制也. 本朝於老人星祭用牛 取法
古制也 尙循前朝之弊法 陳牛而不燔 甚非用牲之意也. 宜放
(倣)周制 燔牲升烟. 又按天文志 老人一星 常以秋分之朝見于
丙 春分之夕沒于丁. 見則治平 主壽昌 故秋分候之南郊. 本朝於
春秋分祭之 蓋取秋見春沒之義而祭之也. 宜放(倣)周制 止於秋分
祭于南郊 其壇之制 取宋政和五禮新儀 高三尺 東西長一丈三尺
南北長一丈二尺 四出陛一 壝二十五步 何如?'

從之.

司憲府請淸城君鄭擢 蓮城君金定卿 摠制河久之罪 原之. 擢等
以宗廟春享祭獻官 不及誓戒. 擢 定卿皆功臣 久亦功臣之子也.

命復賜鷹揚衛公廨田. 前司直金得邦等三百人擊申聞鼓 自陳
勤勞 故賜之. 先是 以備軍餉 公收.

癸酉 議政府上書請嚴行楮貨之法. 書曰:

'富商 大賈 諸匠人 輕慢國法 潛以米布 私相貿易 不用楮貨
邦典陵夷. 令漢城府 留後司 京市署 將上項犯令人窮推 與者
受者 所犯輕重分揀 重者 典刑廣示 輕者 杖一百 身充水軍
家産沒官 如有告捕者 將犯人家産 一半充賞. 漢城府 留後司
京市署 不爲用心奉行 司憲府考察 以判旨不從論罪 以振紀綱

以行大法.'

司憲府乃令吏卒以微服 將楮貨往工匠家以覘之 如有不肯者

拘執以訊. 上聞之曰:"是誣民也", 命止之. 先是 令漢城府 凡

大小工匠商賈 記名成籍 每至月季 徵稅楮貨各一張 以爲恒規.

閭里巷市 皆輟業逃遁 窮困已甚 至是乃停此法.

召戶曹判書李膺曰:"京畿之人 貸義倉穀者有幾 還之者亦幾人

乎? 其於收納之際 將三分之一納以楮貨之令 未知已行乎?"膺

對之未悉 上曰:"卿未知其詳 何哉?"

西川君韓尙敬上言 請圓壇之制 一依禮制 從之. 圓壇無神廚

齋宮 且祭天之牲 當用犢 今用老牛 皆不合禮 故尙敬請焉.

置各衛節制使: 義興侍衛司節制使谷山君延嗣宗 同知摠制

金萬壽 江界節制使李之實 忠佐侍衛司漢平君趙涓 義州節制使

禹博 雄武侍衛司漆原君尹子當 靑州節制使朴矩 神武侍衛司

長川君李從茂 同知摠制曺備衡 龍驤侍衛司順寧君李枝

同知摠制鄭耕 龍騎侍衛司會寧君馬天牧 吉州察理使金乙和

龍武侍衛司都巡問使趙秩 同知摠制郭承祐 虎賁侍衛司摠制

柳濕 全羅道節制使曹恰 虎翼侍衛司摠制成發道 鏡城節制使

崔潤德 虎勇侍衛司摠制金重寶 前節制使河敬復 落點. 忠佐司

僉節制使上護軍黃象 雄武司僉節制使判事成達生 神武司

僉節制使上護軍張大有 龍驤司僉節制使上護軍尹惟忠 龍騎司

僉節制使兵馬使朴實 龍武司僉節制使上護軍張思美 虎賁司
　　　첨절제사　　병마사　박실　　용무사　　첨절제사　　상호군　장사미　　호분사

同僉節制使大護軍黃得雨 虎翼司同僉節制使大護軍李種
　동첨절제사　대호군　황득우　　호익사　　동첨절제사　　대호군　이종

虎龍司僉節制使上護軍邊頤 口傳.
　호용사　첨절제사　상호군　변이　구전

甲戌 太白晝見二日.
갑술　태백　주견　이일

賑京畿窮民. 以米一千石 分給二千人.
진 경기 궁민　이미 일천 석　분급 이천 인

命杖以下罪 皆贖以楮貨 又令兩京與京畿依戶米例 分大中小戶
명 장 이하 죄 개속 이 저화　우영 양경 여 경기 의 호미 예　분 대중 소호

限三年收楮貨. 召議政府檢詳官元肅曰: "昔周穆王巡遊無度 財
한 삼년 수 저화　소 의정부 검상 관 원숙 왈　석 주목왕 순유 무도　재

竭民困 作五刑之贖 雖大辟贖之. 後之議者曰: '富者得生 貧者
갈 민곤 작 오형 지 속　수 대벽 속지　후지 의자 왈　부자 득생　빈자

不免也.' 予欲行贖罪之法 死罪外 皆贖以楮貨 只要樂用楮貨
불면 야　여 욕행 속죄 지 법　사죄 외　개속 이 저화　지요 낙용 저화

也." 肅以政府之意上言曰: "犯杖百者 罪之重者也. 贖之則才六十
야　숙 이 정부 지 의 상언 왈　범 장백 자 죄지 중자 야　속지 즉 재 육십

張耳. 且近日有旨 '不用楮貨之人 重者處死 輕者杖百 充水軍'
장 이　차 근일 유지　불용 저화 지인　중자 처사　경자 장백　충 수군

而又令贖之 則法有二門矣." 上曰: "此非永世之規 特一時之權
이 우영 속지　즉 법유 이문 의　상 왈　차 비 영세 지규　특 일시 지권

也. 雖杖百之罪 亦宜贖也. 今辛卯年 偶與吾生日同 而厄運亦至
야　수 장백 지죄　역 의속 야　금 신묘년　우 여오 생일 동　이 액운 역지

此年而終. 卜者皆以三九月爲厄月 且予之初至此也 卜于宗廟曰:
차년 이종　복자 개이 삼구 월위 액월　차 여지 초 지차 야　복 우 종묘 왈

'動則吉' 故來耳. 今予之欲還漢京者 兩都臣庶 困於往來; 朝士
동 즉길　고 래이　금 여지 욕환 한경 자　양도 신서　곤어 왕래　조사

各處家室 大臣分于兩地 故欲往共圖之也. 來二月十六日動駕
각처 가실　대신 분우 양지　고 욕왕 공도 지야　내 이월 십륙 일 동가

二十二日駐于東大門外 設帳幕 過三月而後入京 爾其往諭予意."
이십 이일 주우 동대문 외　설 장막　과 삼월 이후 입경　이 기 왕유 여의

翌日 召議政府六曹曰: "杖罪以下 皆令贖之 昨 政府以爲不可.
익일　소 의정부 육조 왈　장죄 이하　개 영 속지　작 정부 이위 불가

此非爲長久之計 特以權宜 欲行楮貨耳." 朴訔 李膺 黃喜曰: "法
차 비위 장구 지계　특이 권의　욕행 저화 이　박은　이응　황희 왈　법

者 萬世公共之器 不可以一時之術 輕改之也." 李叔蕃曰: "應
자 만세 공공 지기　불가이 일시 지술　경개 지야　이숙번 왈　응

54

杖百者 只贖六十張 則有罪者之幸也. 史臣書曰: '欲用楮貨 以贖
장백 자 지속 육십 장 즉 유죄 자지행야 사신 서왈 욕용 저화 이속

杖罪' 則後世議之者 以爲如何?" 上曰: "重刑而勸民 曷若從輕以
장죄 즉 후세 의지자 이위 여하 상왈 중형 이권민 갈약 종경 이

勸之乎? 史臣雖書 何愧之有! 楮貨通行 則當止之矣. 昨 令元肅
권지 호 사신 수서 하괴 지유 저화 통행 즉당 지지 의 작 영원숙

往告 漢京大臣者 蓋諭之也 非議之也. 爾政府其承之 移文各道.
왕고 한경 대신 자 개유 지야 비의 지야 이 정부 기 승지 이문 각도

又號牌之法 獻言者多 而予不從者久矣. 今若行之 則民之犯者
우 호패 지법 헌언 자다 이여 부종 자구의 금약 행지 즉민 지 범자

衆矣 因以贖之 則求楮貨者多." 右政丞趙英茂曰: "楮貨之令 尙
중의 인이 속지 즉구 저화 자다 우정승 조영무 왈 저화 지령 상

未流行 又立號牌之法 未可也. 且上之欲行號牌者 政欲贖之者多
미 유행 우입 호패 지법 미가 야 차 상지 욕행 호패 자 정욕 속지 자다

也. 然犯號牌之令 皆死罪也." 上深然之. 元肅復命曰: "分司大臣
야 연범 호패 지령 개 사죄 야 상심 연지 원숙 복명 왈 분사 대신

皆感謝上意曲盡 但慮三月之內 必有風雨 駐輦帳幕難矣." 傳旨
개 감사 상의 곡진 단려 삼월 지내 필유 풍우 주련 장막 난의 전지

曰: "予以帳幕爲便." 又啓曰: "河崙 成石璘曰: '大辟餘罪 皆贖之
왈 여이 장막 위편 우 계왈 하륜 성석린 왈 대벽 여죄 개 속지

可矣 若不忠不孝之人 不可贖也.' 石璘又曰: '臣欲陳之 似非老臣
가의 약 불충 불효 지인 불가 속야 석린 우왈 신욕 진지 사비 노신

之言也. 然國庫所儲 不可輕費. 今以一千石 分兩都賑之 臣竊謂
지 언야 연 국고 소저 불가 경비 금이 일천 석 분 양도 진지 신 절위

不審察飢困之實 一朝散之 則非聖上賑濟之本意也. 且今未見民
불 심찰 기곤 지실 일조 산지 즉비 성상 진제 지본의 야 차금 미견 민

列于道傍 姑徐徐以待困甚而後賑之可也. 賑濟米豆 業已如此 姑
열 우 도방 고 서서 이대 곤심 이후 진지 가야 진제 미두 업이 여차 고

將和賣米豆一千石 減半停之何如?" 上曰: "然."
장 화매 미두 일천 석 감반 정지 하여 상왈 연

　　丙子 命張燈于殿中. 先是 上覽事林廣記 命承政院曰: "正月
　　병자 명 장등 우 전중 선시 상 람 사림광기 명 승정원 왈 정월

十五夜點燈 古昔君王有行之者 予欲效之."
십오야 점등 고석 군왕 유행지 자 여욕 효지

　　丁丑 囚司僕副正池伯顏 尋釋之. 養佳鷂者四人不謹 以致失性
　　정축 수 사복 부정 지백안 심 석지 양 가요 자 사인 불근 이치 실성

命徵還其祿 充慶源軍卒 伯顏時爲牌頭.
명 징환 기록 충 경원 군졸 백안 시위 패두

　　命刑曹 每季月 錄京外罪囚笞杖罪目以聞.
　　명 형조 매 계월 녹 경외 죄수 태장 죄목 이문

己卯 遣金恕 李陽達于咸州 刻德安二陵之號于石; 栽松于傍.
기묘 견 김서 이양달 우 함주 각 덕안 이릉 지 호 우 석 재송 우방

庚辰 大風雪.
경진 대풍 설

命賑窮民二幷米一石. 上深慮漢京民間 或有飢饉致死者 命
명진 궁민 이병미 일석 상 심려 한경 민간 혹유 기근 치사 자 명

分議政府 抄錄窮民以聞. 政府令知印與各部令 巡行閭里 刷出
분의정부 초록 궁민 이문 정부 영 지인 여 각 부령 순행 여리 쇄출

窮民 馳馹以聞 乃有是命.
궁민 치일 이문 내유 시명

司憲府劾元尹李宏 原之. 宏之奴收田租 濫收雜物. 上召掌務
사헌부 핵 원윤 이굉 원지 굉지노 수전조 남수 잡물 상소 장무

持平洪汝方曰: "此非其主所知 只罪其奴 以戒後來."
지평 홍여방 왈 차비 기주 소지 지죄 기노 이계 후래

辛巳 議政府請以進獻馬價羨餘充國用. 先是 進獻馬一萬匹價
신사 의정부 청 이 진헌마 가 선여 충 국용 선시 진헌마 일만 필가

上國皆以絹子縣布送之 皆令分給馬主 其羨餘絹一萬六千匹. 命
상국 개 이 견자 면포 송지 개령 분급 마주 기 선여 견 일만 육천 필 명

以一萬四千匹分納于內資 內贍寺 濟用監. 若以兩寺爲內帑 則
이 일만 사천 필 분납 우 내자 내섬시 제용감 약이 양시 위 내탕 즉

全納濟用監 其餘二千匹 聽民貿易 皆用楮貨.
전납 제용감 기여 이천 필 청민 무역 개용 저화

遣內資尹金晊于西北面賑飢. 柳廷顯啓曰: '義州民一千五百人
견 내자 윤 김질 우 서북면 진기 유정현 계왈 의주민 일천 오백 인

飢且疫; 碧潼 麟州等十一郡亦告飢 願以陳穀賑之.' 上命晊往察
기차역 벽동 인주 등 십일 군 역 고기 원이 진곡 진지 상명 질 왕찰

飢疫之狀以賑恤之 毋令致死.
기역 지상 이 진휼 지 무령 치사

命以下番甲士三百 侍衛軍三百 濟鏡城之師. 東北面監司上言:
명 이 하번 갑사 삼백 시위군 삼백 제 경성 지사 동북면 감사 상언

"野人來言: '猛哥帖木兒將徙于深處.' 恐乘其時侵掠 益兵以禦
야인 내언 맹가첩목아 장사 우 심처 공승 기시 침략 익병 이어

何如?" 上曰: "野人按堵 我發兵以屯 彼必生疑 不如待之以靜."
하여 상왈 야인 안도 아 발병 이둔 피필 생의 불여 대지 이정

議政府上言: "鏡城戍卒 本六百人 又以番下甲士侍衛軍等戍之
의정부 상언 경성 수졸 본 육백 인 우이 번하 갑사 시위군 등 수지

則內實完繕 而虜亦不敢動矣." 從之. 趙英茂 李天祐進言曰: "今
즉 내실 완선 이 노역 불감 동의 종지 조영무 이천우 진언 왈 금

猛哥帖木兒 雖令招撫 今將移徙于開元路. 恐與種類 以間道直向
맹가첩목아 수령 초무 금장 이사 우 개원로 공여 종류 이 간도 직향

吉州 則鏡城如囊中之物 又牧馬南下 則端 靑之地 騷然矣. 又訴
길주 즉 경성 여 낭중 지물 우 목마 남하 즉 단 청 지지 소연 의 우소

上國曰:'朝鮮殺我族類 故棄土而來. 永興以北 在元朝 直隸中國
상국 왈 조선 살아 족류 고 기토 이래 영흥 이북 재 원조 직예 중국

宜削其地' 則上國信之 若令納土 則甚爲未便. 宜先遣兵 自甲州
의 삭 기지 즉 상국 신지 약령 납토 즉 심 위 미편 의 선 견병 자 갑주

直抵阿赤郎口 又以兵分入其境 則必爲我擒矣. 假使復生 懼不敢
직저 아차랑구 우 이병 분입 기경 즉 필 위아 금의 가사 부생 구 불감

動." 上曰:"未可知也. 賊雖入吾土 若知我情 則難獲矣. 況邈在
동 상왈 미 가지 야 적 수입 오토 약 지 아정 즉 난획 의 황 막재

異土 地之遠近險阻 未易知也. 雖爲我擒 後必有患 況未可必乎?
이토 지지 원근 험조 미 이지 야 수 위아 금 후 필 유환 황 미 가필 호

上國曾納東北十處人民 遣金瞻以辨之 不於此時削地矣. 其將聽
상국 증 납 동북 십처 인민 견 김첨 이변 지 불어 차시 삭지 의 기 장청

猛哥之訴 而令納我土乎? 星山君李稷 自漢京來 亦善謀者也. 盍
맹가 지소 이령 납 아토 호 성산군 이직 자 한경 래 역 선모 자야 합

咨焉!" 旣而 稷至啓曰:"道遠地險 不可動衆. 況北方年飢馬困
자언 기이 직지 계왈 도원 지험 불가 동중 황 북방 연기 마곤

不如來則擊之 去則勿追也." 上笑曰:"已知之矣."
불여 내즉 격지 거즉 물추 야 상 소왈 이 지지 의

壬午 命京外大小人民 限日納布于官 受楮貨. 戶曹判書李膺
임오 명 경외 대소 인민 한일 남포 우관 수 저화 호조판서 이응

啓曰:"富商左軍奴佛丁 以麤布一千五百餘匹 移置他家." 上顧
계왈 부상 좌군 노 불정 이 추포 일천 오백 여필 이치 타가 상 고

左右曰:"此奴眞富商 而不用楮貨 窺伺成法者也. 司憲府宜速
좌우 왈 차노 진 부상 이 불용 저화 규사 성법 자야 사헌부 의속

推之." 仍命曰:"此奴藏布在令前 何罪之有! 自今毋令京外大小
추지 잉 명왈 차노 장포 재 영전 하 죄지 유 자금 무령 경외 대소

人民 藏布其家 定日納官 換給楮貨. 定日以後搜各戶 或有藏置
인민 장포 기가 정일 납관 환급 저화 정일 이후 수 각호 혹유 장치

者 則輕重罪之. 楮貨之法 古也. 毋拘今日眼見一二之術 當依
자 즉 경중 죄지 저화 지법 고야 무구 금일 안견 일이 지술 당의

古法圖之." 議政府上書:
고법 도지 의정부 상서

'自楮貨頒行以後 中外常布 一皆禁用 大小人民等所藏布 納
자 저화 반행 이후 중외 상포 일개 금용 대소 인민 등 소장 포 납

濟用監 則楮貨准給事 已曾出榜. 其中無識人民等 輕慢國令
제용감 즉 저화 준급 사 이증 출방 기중 무식 인민 등 경만 국령

密置常布 暗行貿易 窺伺成法 奸猾已甚. 願自今 凡中外大小
밀치 상포 암행 무역 규사 성법 간활 이심 원 자금 범 중외 대소

人民等藏布 限日皆令入官 准給楮貨; 定日以後 搜探各戶 所匿
인민 등 장포 한일 개령 입관 준급 저화 정일 이후 수탐 각호 소익

常布五百匹以上 典刑廣示; 五百匹以下 依判旨杖一百 贖楮貨
상포 오백 필 이상 전형 광시 오백 필 이하 의판지 장 일백 속 저화

身充水軍. 上項人家產 皆沒官; 有能告捕者 將犯人家產 一半
신충 수군 상항인 가산 개 몰관 유능 고포 자 장 범인 가산 일반

充賞.'
충상

從之. 令各部內摠管里正 皆取辭 毋令民匿布 若事發則幷罪之.
종지 영각 부내 총관 이정 개 취사 무령 민익포 약 사발 즉병 죄지

命凡大小人民家戶 計間數 每一間稅楮貨一張. 命司憲府曰:
명범 대소 인민 가호 계 간수 매 일간 세 저화 일장 명 사헌부 왈

"佛丁 毋令致死 鞫問其黨. 且如此富商大賈工匠 兩京皆置家舍
불정 무령 치사 국문 기당 차 여차 부상 대고 공장 양경 개 치 가사

彼此往來 暗行私術者 必有之. 兩京戶主姓名考之 則可知也 宜推
피차 왕래 암행 사술 자 필유지 양경 호주 성명 고지 즉 가지 야 의추

付籍." 且命佛丁除籍沒 只贖其罪.
부적 차 명 불정 제적 몰 지 속 기죄

癸未 太白晝見二日.
계미 태백 주견 이일

召宗親 觀擊毬.
소 종친 관 격구

西北面都巡問使 請行禁酒令 從之.
서북면 도순문사 청행 금주령 종지

乙酉 召宗親 觀擊毬.
을유 소 종친 관 격구

司憲府上疏請權堡罪. 疏曰:'國之大事 在祀與戎. 禮曹正郎
사헌부 상소 청 권보 죄 소왈 국지 대사 재 사 여융 예조정랑

權堡 在年前 闕啓聖殿春享大祭. 且於今年正朝 齊陵祭 行別例
권보 재 연전 궐 계성전 춘향대제 차 어 금년 정조 제릉제 행 별례

事 已有旨 堡亦遲滯 未及進備別例. 請罪之.'上曰:"堡曾被囚.
사 이 유지 보역 지체 미급 진비 별례 청 죄지 상왈 보증 피수

罪不疊受 勿復請之."
죄불 첩수 물부 청지

丁亥 太白晝見三日. 夜 鵂鶹鳴于昌德宮西隅. 日官請禳之 上
정해 태백 주견 삼일 야 휴류 명우 창덕궁 서우 일관 청 양지 상

曰:"殿近山麓 故或來鳴 不須禳之." 更命曰:"往者 鵂鶹鳴于
왈 전근 산록 고혹 내명 불수 양지 갱 명왈 왕자 휴류 명우

正殿 避徙于東門之外. 今於正月又鳴 宜祭以禳之."
정전 피사 우 동문 지외 금어 정월 우명 의제 이 양지

賜檢校漢城尹宋允卿姊米豆二十石. 姊年九十歲 允卿獻詩乞恩
故也.

梁需回自日本. 其國王答書曰:

'日本國原義持謹啓. 專人至 告諭辱書 兼以物見惠. 昨於海上
遭豪賊㤼奪 僅脫死地 赤躬而至. 已領禮義之厚 與拜貺無異. 黠
民逃誅 竄伏絶島 屢出剽掠商船久矣. 今復致此曲 陋邦豈無意
討究焉耶? 旣勅沿海吏. 送使人回 不腆之贈 聊表意耳.'

上曰: "需奉使 爲賊所掠 誠可矜也." 賜米二十石 楮貨一百張.

命東北面都巡問使 搆齋宮于德 安陵.

議政府上行楮貨之策. 啓曰: "分送楮貨於各道 令民貿易 其
所易布貨油蜜 以充國用 其原屬布貨油蜜之田 收之以米. 守令或
不審民間利害 據給抑賣者 加重罪." 從之.

戊子 遣都摠制張思靖如京師. 賀聖節也.

召宗親 觀擊毬.

己丑 日珥.

鏡城山石自燒 長二十尺 火氣腥膻 人不敢近.

賜恭安府尹致仕唐誠藥酒. 誠有疾也.

辛卯 太白晝見.

| 원문 읽기를 위한 도움말 |

① 以承祐爲有功乎? '以~爲~'의 구문이다. 뒤에 이어지는 爲도 모두 以와
   이 승우 위 유공 호   이 위   위   이
연결된 것이다.

태종 11년 신묘년
2월

二月

임진일(壬辰日-1일) 초하루에 개성유후사(開城留後司)에서 명을 받들어 처음으로 각호(各戶)에 포화(布貨)를 수색했다. 이때에 관리들이 부잣집을 먼저 수색했는데, 금물(禁物)인 금(金)·은(銀)·옥기(玉器)·능단(綾段)이 있으면 모두 관가(官家)에 몰수했다. 상(上)이 명했다.

"금(金)·옥(玉)·능단(綾段)이 비록 금물(禁物)이긴 하나 아울러 수색하지 말라. 이미 거둬들인 물건이라 하더라도 모두 다 돌려주게 하라."

○ 명해 각 도(各道)에서 올려 바치는 기완(器玩)에 진홍색[絳色]_{강색}을 금하게 했다. 상이 말했다.

"소목(蘇木)[1]은 우리나라에서 나는 것이 아니니 기완에 순색[質素]_{질소}을 쓰는 것이 마땅하다."

○ 선공소감(繕工少監) 심서(沈舒)를 파직(罷職)하고 형조정랑 이중만(李仲蔓)의 죄를 용서했다. 사헌부(司憲府)에서 청했다.

"서가 순패(巡牌)를 어겼으니 마땅히 이것을 힐책해야 하는데 중만이 서를 내놓았으니 그 죄를 가볍게 용서할 수 없습니다."

상이 말했다.

---

1 붉은 물감의 원료다.

"중만(仲蔓)의 죄가 서(舒)보다 조금 가벼우니 서는 파직하고 중만은 죄를 논하지 말라."

애초에 순관(巡官) 이승직(李繩直)이 서를 전옥(典獄)에 가뒀는데 중만이 경중(輕重)을 살피지 않고 곧 서를 석방한 까닭에 헌사(憲司)에서 죄주기를 청한 것이다. 상이 중만의 죄를 용서한 것은 공신 조온(趙溫)의 사위였기 때문이다.

○ 명해 상고(商賈) 가운데 노인(路引-통행증)이 없는 자는 모두 그 재화(財貨)를 몰수하게 했다. 전라도 관찰사 이귀산(李貴山)이 아뢰어 말했다.

"무릇 상고들은 농업(農業)을 일삼지 않고 본역(本役)을 도피(逃避)하고 있습니다. 그들 가운데 경외관(京外官)의 노인(路引)이 없는 자는 모두 그 재화를 몰수하고, 고발해 체포하게 한 자에게는 저화(楮貨) 50장을 상 주게 되면 놀고먹는 무리가 없어질 것입니다."

그것을 따랐다.

병신일(丙申日-5일)에 태백성이 낮에 3일 동안 보였다.

○ 동맹가첩목아(童猛哥帖木兒)에게 곡식 150석을 내려주었다. 애초에 대호군 박미(朴楣)가 야인(野人) 땅에서 돌아와 말했다.

"야인들이 몹시 굶주리고 있는데 맹가첩목아(猛哥帖木兒)가 이르기를 '국가에서 만일 양식(糧食)을 준다면 감히 이산(離散)하지 않겠지만 그렇지 않으면 모두 도둑이 될 것입니다'라고 했습니다."

정부(政府)에서 말씀을 올렸다.

"야인들이 몹시 굶주리고 있다니 쌀을 운반해다 주는 것이 어떻겠습니까?"

상이 말했다.

"미(楣)가 간 것은 오로지 굶주림을 구제하기 위한 것인데 어찌하여 '어떻겠습니까?'라고 하는가? 마땅히 즉시 쌀을 내려주도록 하라."

○ 동북면 도순문사(東北面都巡問使)가 보고했다.

'맹가첩목아의 아우 사개(沙介)가 와서 이르기를 "호라온올적합(胡剌溫兀狄哈)이 장차 다른 야인(野人)과 함께 내침(來侵)할 것이다"라고 했고 또 말하기를 "맹가(猛哥)가 중국(中國)에 가면 내가 마땅히 내부(來附-와서 의탁함)할 것이다"라고 했습니다.'

상이 말했다.

"과연 내 말과 같다. 이 무리들을 마땅히 잘 어루만져야 한다. 만약 내부(來附)한다면 거짓으로[佯=陽] 받아들이는 체하라."
_{양   양}

정유일(丁酉日-6일)에 내시부판사(內侍府判事) 김완(金完)의 직첩(職牒)을 거둬 그의 고향으로 돌려보내라고 명했다. 애초에 정비전(靜妃殿)의 선부(膳夫-요리사) 임석(林石)이 어선(御膳)을 깨끗하게 하지 못해 내침을 당하자 완(完)이 자기 마음대로 그 직임을 회복시켰다가 일이 발각된 까닭에 이런 명이 있었다. 유사(有司)가 율(律)에 의거해 과죄(科罪)할 것을 청하니 상이 승정원(承政院)에 명해 말했다.

"완은 본래 어리석고 고지식해[癡直] 잘 잊어버리는 놈이다. 지난번에 내외의 말을 통하게 해 그 직임을 감당하지 못한다 하기에 정비전(靜妃殿)에 보냈다. 임석이 정성스럽지 못하다 해 천역(賤役)으로 정했는데 정비(靜妃)가 바로 (임석의) 직임을 회복시키게 하니 완이 (제대로) 간쟁해 말리지 못했기 때문에 약간 너그러운 은전을 보여 돌아갈 대로 맡겨두었을 뿐이다. 너희는 이에[其] 그것을 알아야 할 것이다."

○ 말값으로 받은 비단 2,000필을 양경(兩京)에 팔도록 명했다. 승정원에서 정부(政府)의 뜻이라 해 말씀을 올렸다.

"조영무(趙英茂)가 말하기를 '높고 낮은 인민들이 모두 다 포를 납입했으니 마땅히 하루속히 저화(楮貨)를 준급(准給)해야 할 것입니다'라고 했고, 여러 대신은 모두 말하기를 '지금 추포(麤布)를 많이 납입한 자는 모두 부상대고(富商大賈)들이니 먼저 그 값을 주고 나서 뒤에 관가(官家)의 말을 팔고 남은 값의 비단으로 저화를 거두시면 궁한 백성들은 미치지 못하고 부상대고들만이 모두 살 것입니다. 그러하오니 포가(布價)를 주는 것을 정지하시고 우선 비단을 파시기 바랍니다'라고 했습니다."

상이 말했다.

"두 가지 일을 모두 정지하라. 내 앞으로 서울로 돌아가서 정하겠다."

조금 있다가[俄而=旣而] 명했다.

"두 가지 일 중에 어느 것을 먼저 행해야 되겠는가? 대언(代言) 등은 의논해 아뢰라."

지신사(知申事) 김여지(金汝知)가 말했다.

"비단 팔기를 먼저 하시면 사람들이 모두 원해 쌀이 있는 자는 반드시 저화를 구할 것이니 쌀과 저화가 서로 교환되는 것이 이로부터

행해질 것입니다."

이 말에 따라 이 같은 명이 있은 것이다.

무술일(戊戌日-7일)에 의정부(議政府)에 명해 포(布)를 은닉(隱匿)한 죄를 토의하게 했다. 개성유후(開城留後) 이문화(李文和)가 말씀을 올렸다.

"근일(近日)에 민호(民戶)를 수색해 포를 감춰둔 자를 찾아낸 것이 11명뿐이었는데 모두가 가난해 몇 필(匹)씩에 지나지 않았습니다. 만약 법에 의해 처치한다면 미편(未便)할까 염려됩니다."

상이 말했다.

"당초에 법을 세울 때 정부에서 말하기를 '감히 100필을 은닉한 자는 사형(死刑)에 처하라'라고 했으나 내가 사람을 죽이는 것을 좋아하지 않기 때문에 500필을 은닉한 자는 무거운 법으로 벌하고 그 나머지 490필에서 1필에 이르기까지는 본래 차등(差等)을 두지 않았던 것이다. 지금 유후(留後)의 이 말은 내 다움을 보완해준 것이다. 정부로 하여금 다시 포(布)의 다소(多小)를 가지고 차등을 두는 법을 토의해 아뢰게 하라."

정부에서 말씀을 올렸다.

'포 500필 이상을 은닉한 자는 사형에 처하시고, 100필 이상인 자는 장(杖) 100대에 충군(充軍)하시고 그 가산(家産)을 적몰(籍沒)하시며, 10필 이상인 자는 장(杖) 100대에 충군(充軍)하시고, 10필 이하는 장 100대에 처해야 할 것입니다.'

올라온 글을 궁중(宮中)에 머물러두었다.

○승정원에 명해 말했다.

"내가 갈지 머물지[行止]를 정하지 못하는 것은 비와 눈이 내려 진
창길로 인한 고통이 있기 때문일 뿐이다. 지금 지방 수령(守令)들이
체대(遞代-교체)될 자가 40여 인이나 되는데 만약 농삿달에 교체하
게 된다면 영송(迎送)할 때 백성들이 폐단을 받게 될 것이니 남경(南
京-한양)으로 돌아가서 대신(大臣)들과 함께 토의해 제수(除授)하려
한다. 이달 16일에 돌아가고자 한다."

애초에는 이달 그믐날에 돌아가고자 했으나 이때에 이르러 마침내
이 같은 명이 있었다.

○의정부참찬사(議政府參贊事) 김한로(金漢老)에게 부의(賻儀)로
쌀과 콩 100석을 하사했다. 김한로의 아내 선경택주(善慶宅主) 전씨
(全氏)가 졸(卒)했기 때문이다. 전씨는 숙빈(淑嬪-세자빈)의 어머니다.
상이 세자에게 명해 본조(本朝)의 구고(舅姑-장인·장모)에게 30일 동
안 상복(喪服)을 입는 예(例)에 의거하게 했다.

기해일(己亥日-8일)에 달이 5거성(五車星)²의 동남성(東南星)을 범했
는데 그 간격이 2촌(寸)가량 됐다.

경자일(庚子日-9일)에 밤에 건방(乾方)·간방(艮方)에 흰 기운이 있
었고 또 건방(乾方)·손방(巽方)에 담적색(淡赤色) 기운이 있었다.

○장획(臧獲-남녀 종) 20명을 삭녕군(朔寧郡)에 내려주었다. 상당

---

2 천고(天庫), 옥(獄), 천창(天倉), 사공(司空), 경성(卿星) 등 다섯 별을 가리킨다.

군(上黨君) 이애(李薆)와 청원군(靑原君) 심종(沈淙)이 글을 올려 신의왕후(神懿王后)의 본향(本鄕)인 삭녕(朔寧)에 노비(奴婢)를 더 줄 것을 청해 그것을 따른 것이다.

신축일(辛丑日-10일)에 손방(巽方)에 담적색 기운이 있었다.

○ 서교(西郊)에 행차해 매사냥을 구경했다.

임인일(壬寅日-11일)에 가벼운 죄수를 석방했다[肆眚]. 명해 말했다.

"『월령(月令)』에 '2월이 되면 영어(囹圄)를 덜고 질곡(桎梏-차꼬와 수갑)을 제거한다'라는 조문(條文)이 있다. 지금 2월이 됐으니 마땅히 가벼운 죄수를 석방함이 옳겠다."

계묘일(癸卯日-12일)에 상이 (신의왕후의 능인) 제릉(齊陵)에 배알해 환도(還都)를 아뢰었다. 연경사(衍慶寺)에서 중 70명에게 밥을 먹이라고 명했다.

○ 상왕(上王)이 행주(幸州)의 나암사(羅庵寺)에 이르러 목욕(沐浴)하고 그 김에 7일 동안 매사냥을 하다가 돌아왔다.

○ 진리(陳理)의 처(妻) 이씨(李氏)에게 쌀 10석을 내려주었다.

을사일(乙巳日-14일)에 동교(東郊)에 행차해 사냥을 구경했다.

병오일(丙午日-15일)에 환자(宦者) 김완(金完)을 소환했다.

○ 의정부참지사(參知議政府事) 윤사수(尹思修)가 졸(卒)했다. 사수

(思修)는 (경상도) 해평(海平-선산) 사람으로 동지밀직(同知密直) 방안(邦彦)의 아들이다. 홍무(洪武) 계해년에 병과(丙科)에 급제해 일찍 화려한 지위[華秩]에 올랐다. 개국 초기에 조준(趙浚)이 재상(宰相)이 되자 사수의 재주와 지혜[才智]를 그릇으로 여겨 예조정랑(禮曹正郎) 겸 도평의사사(都評議使司)·경력사도사(經歷司都事)를 제수했고, 교서소감(校書少監) 겸 경력(經歷)으로 승진했다가 간의대부(諫議大夫)·산기상시(散騎常侍)를 지냈는데 경력은 그대로 겸했다. 준(浚)이 재상을 그만두게 되자 사수도 벼슬을 면(免)했다. 신사년에 다시 좌사간대부(左司諫大夫)로 복직해 여러 번 벼슬을 옮겨 이조좌참의(吏曹左參議)가 됐고 을유년에 대언(代言)에 임명됐다가 정해년에 예문관제학(藝文館提學)으로 옮겼다. 사수는 천성(天性)이 굳고 과감해 굽히지 않았고 일찍이 경기(京畿)·강원도(江原道)의 감사(監司)가 됐을 때 아전과 백성들이 두려워해 모든 일이 잘 처리됐다. 졸하니 나이가 45세였다. 상이 같은 해에 나고 커서는 같은 과거[同榜]에 합격했다 해 매우 슬피 여기고, 제사(祭祀)를 내리고 부의(賻儀)를 내려줌에 더함이 있었다. 네 아들이 있으니 처성(處誠), 처경(處敬), 처공(處恭), 처신(處信)이다.

○ 안주절제사(安州節制使) 이종무(李從茂)가 병으로 사직(辭職)하니 의원(醫員)을 보내 치료하게 했다.

정미일(丁未日-16일)에 부엉이[鵂鶹]가 창덕궁(昌德宮) 인정전(仁政殿)에서 우니 해괴제(解怪祭)를 거행할 것을 명했다.

○ 대가(大駕)가 신도(新都)로 돌아왔다.

신해일(辛亥日-20일)에 사냥을 구경하고 양주(楊州) 녹양평(綠楊坪)에 머무르니 세자가 나가서 맞이했다. 성균관(成均館) 학생(學生)과 부거생도(赴擧生徒)[3] 1,100여 명이 결채(結綵)[4]를 베풀고 가요(歌謠)를 바치려고 하자 사람을 보내 그만두게 했다.

○ 사헌부(司憲府)에서 소(疏)를 올려 갑사(甲士)들이 떼를 지어 술 마시는 것을 금지할 것을 청하니 그것을 따랐다.

○ 사간원(司諫院)에서 친히 임(臨)해 도장을 찍기[安印]를 청하니
_{안인}
그것을 따랐다.

임자일(壬子日-21일)에 대가(大駕)가 흥인문(興仁門) 밖 장전(帳殿)에 머무르니 의정부에서 백관(百官)을 거느리고 교외(郊外)에 나가 맞이했다.

계축일(癸丑日-22일)에 상이 종묘(宗廟)에 나아가 반면례(反面禮)[5]를 행하고 장전(帳殿)으로 돌아왔다. 정비(靜妃)가 먼저 장의동(藏義洞) 본궁(本宮)으로 들어가니 의정부에서 대가도 함께 가기를 청했으나 회답하지 않았다.

○ 일본 국왕(日本國王) 원의지(源義持)가 사자(使者)를 보내 코끼리를 바쳤다. 코끼리는 우리나라에 일찍이 없었던 것이다. 명해 이것을

---

3 과거에 응시한 생도를 가리킨다.
4 갖가지 색실과 색종이, 색헝겊 등을 문이나 길거리에 내걸어 장식하는 일을 말한다.
5 어디를 갔다가 돌아와서 부모님께 뵙는 예를 말한다.

사복시(司僕寺)에서 기르게 하니 날마다 콩 4·5두(斗)씩을 소비했다.

갑인일(甲寅日-23일)에 노숭(盧崇)을 의정부참찬사(議政府參贊事)로, 이숙번(李叔蕃)을 안성군(安城君) 겸 지의흥부사(兼知義興府事)로, 권충(權衷)을 우군동지총제(右軍同知摠制)로, 정역(鄭易)을 중군동지총제(左軍同知摠制)로, 오승(吳陞)을 한성부윤(漢城府尹)으로, 박습(朴習)을 강원도 도관찰사(江原道都觀察使)로, 김만수(金萬壽)를 안주도 도절제사(安州道都節制使)로, 안노생(安魯生)을 광주부판사(廣州府判事)로, 김소(金素)를 지사간원사(知司諫院事)로, 이윤상(李允商)을 사헌지평(司憲持平)으로 삼고, 지평 김최(金最)를 좌천(左遷)시켜 재령현령(載寧縣令)으로 삼았다. 사헌부에서 최(最)의 관향(貫鄕)이 불명(不明)하다 해 고신(告身)에 서경(署經)하지 않을까 염려한 까닭에 외방(外方)으로 임명한 것이다.

○ 명해 삼군갑사(三軍甲士)에게 묵은 콩[陳豆] 1석(石)씩을 내
　　　　　　　　　　　　　　　　진두
려주었다.

을묘일(乙卯日-24일)에 큰바람이 불었다.

병진일(丙辰日-25일)에 명해 사금패두(司禁牌頭) 정점(鄭漸)과 황록(黃祿)을 순금사(巡禁司)에 가두게 했다. 상이 동교(東郊)에서 매사냥을 하려고 했는데 위사(衛士)가 미처 오지 못하자 상이 노해 말했다.

"내가 막차(幕次)에 있으니 별사금(別司禁)이 마땅히 좌우(左右)에서 떠나지 말아야 할 것인데 지금 한 사람도 없으니 징계하지 않을 수 없다."

○ 명해 광주(廣州)에서 강무(講武)하게 하고 대간(臺諫)과 형조(刑曹)로 하여금 대가(大駕)를 호종(扈從)하게 했다. 애초에 상이 좌대언(左代言) 이안우(李安愚)에게 일러 말했다.

"2월이 다 가려 하는데 강무를 아뢰지 않는 것은 무슨 까닭인가?"

안우(安愚)가 병조(兵曹)로 하여금 청하게 했다. 사간원 우헌납(右獻納) 박서생(朴瑞生)이 청해 말했다.

"강무는 비록 시기적으로 행하는 상사(常事)이긴 하나 양경(兩京)의 왕래(往來)로 인해 군사와 말들이 피곤해졌고 또 전하께서 지금 액(厄)을 피하시는 참이오니 진실로 마땅히 정좌(靜坐)하고 계시며 공구수성(恐懼修省)하셔야지 험조(險阻)한 곳을 다니심은 불가합니다. 청컨대 한때의 권도(權道-임시방책)로써 이번 행차를 정파(停罷)하시기 바랍니다."

상이 좋아하지 않는 기색으로 말했다.

"너희가 강무를 그만두라 청하니 내 마땅히 그대로 따르겠다. 그러나 강무(講武)란 말을 고쳐 '광주 배봉(廣州陪奉)'이라 하겠으니 삼성(三省)으로 하여금 대가(大駕)를 따르지 못하게 하라."

서생(瑞生)이 다시 청했으나 듣지 아니하니 사헌장령(司憲掌令) 유의(柳顗)가 말씀을 올렸다.

"지금 강무를 고쳐 '광주 배봉'이라 하지만 이것은 이름 없는 행차입니다. 그리고 또 임금이 행차하면 신하가 따르는 것이 옛 제도입니다. 지금 신 등이 대가를 따르는 것을 허락하지 않으시나 바라건대 옛 제도를 따르시기 바랍니다."

또한 들어주지 않았다. 서생이 다시 청해 말했다.

"신 등이 청한 것은 한갓 강무(講武), 두 글자만 바꾸려는 것이 아니라 이번 행차를 정지하게 하려고 한 것입니다. 지금 '광주 배봉'이라 말씀하시나 이것은 명분이 없는 것입니다. 만약 어쩔 수 없이 행하신다면 '강무'라고 일컫는 것이 더 나을 것입니다."

상이 말했다.

"너희가 강무를 정지하라고 청하는 까닭에 간언하는 말을 따라서 이를 고친 것이다. 강무(講武)란 예(禮)를 행한다면 불가불 갖추지 않을 수 없지만, 광주(廣州)라고 한다면 일이 모두 간략하게 돼 어찌 고칠 필요가 있겠는가? 또 내가 부인(婦人)도 아닌데 어찌 조용하게 한 장막(帳幕) 안에 앉아만 있을 수 있겠는가? 한 해의 재앙[年災]과 _{연재} 한 달의 액운[月厄]을 너희가 진실로 알 수 없다면 다시는 말하지 말 _{월액} 아야 될 게 아닌가? 만약 간언해도 듣지 않는다면 임금의 허물은 더욱더 나타날 것이다."

영의정(領議政) 하륜(河崙) 등이 말씀을 올렸다.

"대성(臺省)의 청이 진실로 의리에 부합하오니 바라건대 이를 따르시기 바랍니다."

상이 윤허하지 않자 다시 청했다.

"전하께서 신 등의 청을 따르지 않으신다면 마땅히 '강무(講武)'라고 말씀하셔야 옳겠습니다."

상이 말했다.

"지금 또다시 고친다면 자주 고치는 것이 아니겠는가?"

다시 청했다.

"만약 신 등의 청을 따르신다면 후세(後世)에 반드시 간언함을 따르셨다는 아름다움을 칭찬할 것이고 또 허물을 지었다 하더라도 잘 고치심이 되오니 비록 자주 고쳤다 하더라도 무슨 해로움이 되겠습니까?"

그것을 따르고 또 삼성(三省)⁶으로 하여금 호가(扈駕)하게 했다.

정사일(丁巳日-26일)에 대마도(對馬島) 종정무(宗貞茂)의 사인(使人)과 올량합(兀良哈) 모련위(毛憐衛)의 사람이 와서 토산물을 바쳤다.

무오일(戊午日-27일)에 상이 문소전(文昭殿)에 나아가 제사를 거행하고 드디어 광주(廣州)로 사냥을 떠나니 강무(講武)하기 위함이었다. 사슴 세 마리를 성륜산(聖倫山)에서 쏘았다.

---

6   대간과 형조 관리를 말한다.

壬辰朔 開城留後司承命 始搜布于各戶. 於是 官吏先之富家 有
임진삭 개성유후사 승명 시수포우 각호 어시 관리 선지 부가 유

禁物金銀玉器綾段 則幷入官. 命曰:"金玉綾段 雖是禁物 勿幷
금물 금은 옥기 능단 즉병입관 명왈 금옥 능단 수시 금물 물병

搜之 已收之物 竝皆還給."
수지 이수 지물 병개 환급

命禁各道進獻器玩絳色. 上曰:"蘇木 非本國所産 器玩宜用
명금 각도 진헌 기완 강색 상왈 소목 비 본국 소산 기완 의용

質素."
질소

罷繕工少監沈舒職 宥刑曹正郎李仲蔓罪. 司憲府請:"舒犯巡牌
파 선공 소감 심서 직 유 형조정랑 이중만 죄 사헌부 청 서범 순패

宜詰之: 仲蔓出舒 罪不可輕宥."上曰:"仲蔓之罪 稍輕於舒 宜罷
의 힐지 중만 출서 죄 불가 경유 상왈 중만 지죄 초경 어서 의파

舒職 勿論仲蔓."初 巡官李繩直囚舒典獄 仲蔓不察輕重 卽釋舒
서직 물론 중만 초 순관 이승직 수서 전옥 중만 불찰 경중 즉석서

故憲司請罪 上原之 以功臣趙溫之壻也.
고 헌사 청죄 상 원지 이 공신 조온 지서야

命商賈無路引者 皆沒其貨. 全羅道觀察使李貴山啓曰:"凡
명 상고 무노인 자 개몰 기화 전라도관찰사 이귀산 계왈 범

商賈不事農業 逃避本役. 其無京外官路引者 皆沒其貨; 告捕者
상고 불사 농업 도피 본역 거무 경외관 노인 자 개몰 기화 고포 자

賞楮貨五十張 則遊手之徒息矣."從之.
상 저화 오십 장 즉 유수 지도 식의 종지

丙申 太白晝見三日.
병신 태백 주견 삼일

賜童猛哥帖木兒穀百五十石. 初 大護軍朴楣至自野人曰:"野人
사 동맹가첩목아 곡백 오십 석 초 대호군 박미 지자 야인 왈 야인

甚飢. 猛哥帖木兒云:'國家若給糧餉 不敢離散 否則皆爲盜矣.'"
심기 맹가첩목아 운 국가 약급 양향 불감 이산 부즉 개 위도 의

政府上言:"野人甚飢 運米給之何如?"上曰:"楣之往 專以救飢
정부 상언 야인 심기 운미 급지 하여 상왈 미지왕 전이 구기

也 何謂何如? 宜直賜之."

東北面都巡問使申報:'猛哥帖木兒之弟 沙介來云:"胡剌溫

兀狄哈 將與他野人來侵." 又云:"猛哥往中國 則吾當來附."'上

曰:"果合吾言. 此輩宜深撫之 若來附 則佯納之."

丁酉 命收判內侍府事金完職牒 歸之其鄕. 初 靜妃殿膳夫林石

以御膳不潔被黜 完擅復其任 事覺 故有是命. 有司請依律科罪

上命承政院曰:"完本癡直善忘者也. 頃者 俾通內外之言 不能

其任 故遣于靜妃殿. 林石以不恪 定賤役 靜妃乃令復任 完諍之

不得 故薄示寬典 任其所歸耳. 爾等其知之."

命賣馬價絹二千匹于兩京. 承政院以政府之意上言曰:

"趙英茂曰:'大小人民 皆已納布 宜速准給楮貨.'諸卿皆曰:

'今多納麤布者 皆富商大賈也. 先給其價而後 賣官馬餘價絹 收其

楮貨 則窮民不及 而富商大賈 皆買之矣. 停給布價 姑先賣絹.'"

上曰:"二事皆停之. 予將還都乃定."俄而命曰:"二事 以何者

爲先? 代言等議以聞."知申事金汝知曰:"以賣絹爲先 則人皆

欲之 有米者必求楮貨 米與楮貨相易 自此而行矣."從之 有是命.

戊戌 命政府議匿布之罪. 開城留後李文和上言曰:"近日搜民戶

得藏布者只十一人 皆貧乏不過數匹. 若置于法 則恐未便也."上

曰:"法之初立也 政府曰:'敢匿百匹者處死.'予不嗜殺 故匿五百

匹者爲重典 其餘四百九十匹以至一匹 固無差等也. 今留後此言

是補我德也. 令政府更以布之多小差等 議法以聞." 政府上言:

'匿布五百匹以上者處死 百匹以上 杖百充軍 籍其家 十匹以上

杖百充軍 十匹以下 只杖一百.' 留中.

命承政院曰: "我之行止未定者 以雨雪泥塗之苦耳. 今外郡守令

將見代者 四十餘人 若於農月遞代 則迎送之際 民受其害矣. 故

欲往南京 與大臣共議除授 當以十六日還." 初 欲以月晦還 至是

乃有是命.

賜賻米豆百石于參贊議政府事金漢老 漢老妻善慶宅主全氏卒.

全氏 淑嬪之母也. 上命世子依本朝服舅姑三十日之例.

己亥 月犯五車東南星 隔二寸許.

庚子 夜 乾艮方有白氣 又乾巽方有淡赤色.

賜臧獲二十口于朔寧郡. 上黨君李薆 靑原君沈淙上書 請於

神懿王后本鄕朔寧 加給奴婢 從之.

辛丑 巽方有淡赤氣.

幸西郊 觀放鷹.

壬寅 肆眚. 命曰: "月令有二月省囹圄 去桎梏之文. 今當二月

宜釋輕罪."

癸卯 上謁齊陵 告還都 命飯僧七十于衍慶寺.

上王至幸州 羅庵寺沐浴 因放鷹七日而還.

賜陳理妻李氏米十石.

78

乙巳 幸東郊觀獵.
을사 행 동교 관렵

丙午 召還宦者金完
병오 소환 환자 김완

參知議政府事尹思修卒. 思修 海平人 同知密直邦晏之子.
참지 의정부사 윤사수 졸 사수 해평 인 동지밀직 방안 지자

中洪武癸亥丙科 蚤登華秩. 國初 趙浚爲相 器思修才智 除
중 홍무 계해 병과 조등 화질 국초 조준 위상 기 사수 재지 제

禮曹正郎兼都評議使司 經歷司都事. 陞校書少監兼經歷 歷
예조정랑 겸 도평의사사 경력사 도사 승 교서 소감 겸 경력 역

諫議大夫 散騎常侍 猶仍經歷. 及浚罷相 思修亦免官. 辛巳 復
간의대부 산기상시 유잉 경력 급 준 파상 사수 역 면관 신사 복

左司諫大夫 累轉吏曹左參議 乙酉 拜代言 丁亥 遷藝文館提學.
좌사간대부 누전 이조 좌참의 을유 배 대언 정해 천 예문관제학

思修性強悍 果敢不屈 嘗爲京畿江原道監司 吏民畏懼 庶務修擧.
사수 성 강한 과감 불굴 상 위 경기 강원도 감사 이민 외구 서무 수거

卒年四十五. 上以生同年長同榜 爲之痛悼 賜祭賜賻有加. 四子
졸년 사십 오 상 이생 동년 장 동방 위지 통도 사제 사부 유가 사자

處誠 處敬 處恭 處信.
처성 처경 처공 처신

安州節制使李從茂 以病辭 遣醫治之.
안주 절제사 이종무 이병 사 견의 치지

丁未 鵂鶹鳴于昌德宮 仁政殿 命行解怪祭.
정미 휴류 명 우 창덕궁 인정전 명행 해괴제

駕還新都.
가환 신도

辛亥 觀獵次于楊州綠楊坪 世子出迎. 成均館學生及赴擧生徒
신해 관렵 차우 양주 녹양평 세자 출영 성균관 학생 급 부거생도

一千一百餘人結綵 欲獻歌謠 遣人止之.
일천 일백 여인 결채 욕헌 가요 견인 지지

司憲府上疏 請禁甲士群飮 從之.
사헌부 상소 청금 갑사 군음 종지

司諫院請親莅安印 從之.
사간원 청 친리 안인 종지

壬子 車駕次興仁門外帳殿 議政府率百官郊迎.
임자 거가 차 흥인문 외 장전 의정부 솔 백관 교영

癸丑 上詣宗廟 行反面禮 還御帳殿. 靜妃先入藏義洞本宮
계축 상 예 종묘 행 반면례 환어 장전 정비 선입 장의동 본궁

議政府請大駕偕至 不報.
의정부 청 대가 해지 불보

日本國王原義持 遣使獻象. 象 我國未嘗有也. 命司僕養之
일본국왕 원의 지 견사 헌상 상 아국 미상 유야 명 사복 양지

日費豆四五斗.
일비 두 사오 두

甲寅 以盧崇爲參贊議政府事 李叔蕃安城君兼知義興府事
갑인 이 노숭 위 참찬 의정부사 이숙번 안성군 겸 지의흥부사

權衷右軍同知摠制 鄭易中軍同知摠制 吳陞漢城府尹 朴習
권충 우군 동지총제 정역 중군 동지총제 오승 한성부윤 박습

江原道都觀察使 金萬壽安州道都節制使 安魯生判廣州牧事
강원도 도관찰사 김만수 안주도 도절제사 안노생 판 광주목 사

金素知司諫院事 李允商司憲持平 左遷持平金最爲載寧縣令.
김소 지사간원사 이윤상 사헌 지평 좌천 지평 김최 위 재령현령

憲府恐疑最之鄉貫不明 不署告身 故外敍.
헌부 공의 최지 향관 불명 불서 고신 고 외서

命賜三軍甲士陳豆人一石.
명사 삼군갑사 진두 인 일석

乙卯 大風.
을묘 대풍

丙辰 命囚司禁牌頭鄭漸 黃祿于巡禁司. 上將放鷹于東郊 以
병진 명수 사금 패두 정점 황록 우 순금사 상 장 방응 우 동교 이

衛士不及 怒曰: "予在幕次 別司禁當不離左右 今無一人 不可
위사 불급 노왈 여재 막차 별사금 당 불리 좌우 금 무 일인 불가

不懲."
부징

命講武于廣州 令臺諫刑曹扈駕. 初 上謂左代言李安愚曰:
명 강무 우 광주 영 대간 형조 호가 초 상위 좌대언 이안우 왈

"仲春將盡 不啓講武 何哉?" 安愚令兵曹請之. 司諫院右獻納
중춘 장진 불계 강무 하재 안우 영 병조 청지 사간원 우헌납

朴瑞生請曰: "講武雖時事之常 兩京往來 士馬疲困 且殿下今
박서생 청왈 강무 수 시사 지상 양경 왕래 사마 피곤 차 전하 금

當避厄 固宜靜坐恐懼修省 不宜跋涉險阻. 請以一時權宜 停罷
당 피액 고의 정좌 공구수성 불의 발섭 험조 청 이 일시 권의 정파

此行." 上不悅曰: "爾等請止講武 予當從之." 改講武曰 廣州
차행 상 불열 왈 이등 청지 강무 여 당 종지 개 강무 왈 광주

陪奉 令三省不得扈駕. 瑞生復請 不聽. 司憲掌令柳顗上言曰:
배봉 영 삼성 부득 호가 서생 부청 불청 사헌장령 유의 상언 왈

"今也改講武曰 廣州陪奉 是無名之行也. 且君行臣從 古之制也
금야 개 강무 왈 광주 배봉 시 무명 지 행야 차 군행신종 고지제야

今不許臣等扈駕 願從古制." 亦不聽. 瑞生復請曰: "臣等之請 非
금 불허 신등 호가 원종 고제 역 불청 서생 부청 왈 신등 지청 비

80

爲徒改講武二字而已 乃欲停此行也. 今以廣州陪奉爲辭 是無名
위 도 개 강 무 이 자 이 이　내 욕 정 차 행 야　금 이 광 주 배 봉 위 사　시 무 명

也. 在於不得已 則莫若稱講武之爲愈也."上曰:"爾等請停講武
야　재 어 부 득 이　즉 막 약 칭 강 무 지 위 유 야　상 왈　이 등 청 정 강 무

故從諫改之. 講武 禮行也 不可不備. 廣州則事皆簡約 何必改之!
고 종 간 개 지　강 무　예 행 야　불 가 불 비　광 주 즉 사 개 간 약　하 필 개 지

且予非婦人 安可靜坐一幕中也? 年災月厄 爾等未能眞知 則毋得
차 여 비 부 인　안 가 정 좌 일 막 중 야　연 재 월 액　이 등 미 능 진 지　즉 무 득

更言. 諫而不聽 則人君之過 益著矣."領議政河崙等上言:"臺省
갱 언　간 이 불 청　즉 인 군 지 과　익 저 의　영 의 정 하 륜 등 상 언　대 성

之請 允合於義 願從之."上不允 復請曰:"殿下不從臣等之請 則
지 청　윤 합 어 의　원 종 지　상 불 윤　부 청 왈　전 하 부 종 신 등 지 청　즉

宜以講武爲辭."上曰:"今又改之 則不亦數乎?"復請曰:"若從
의 이 강 무 위 사　상 왈　금 우 개 지　즉 불 역 삭 호　부 청 왈　약 종

臣等之請 則後世必稱從諫之美. 且過而能改 雖數何害!"從之 且
신 등 지 청　즉 후 세 필 칭 종 간 지 미　차 과 이 능 개　수 삭 하 해　종 지　차

令三省扈駕.
영 삼 성 호 가

丁巳 對馬島宗貞茂使人及兀良哈毛憐衛人等 來獻土物.
정 사　대 마 도 종 정 무 사 인 급 올 량 합 모 련 위 인 등　내 헌 토 물

戊午 上詣文昭殿行祭 遂田于廣州 講武也.① 射鹿三于聖倫山.
무 오　상 예 문 소 전 행 제　수 전 우 광 주　강 무 야　사 록 삼 우 성 륜 산

| 원문 읽기를 위한 도움말 |

① 講武也. 아주 짧지만 이 또한 '以~也'에서 以가 생략된 것으로 '왜냐하
　강무 야　　　　　　　　　　　이 야　　　이
면 ~하기 때문이다'라는 문장이다.

태종 11년 신묘년
3월

三月

임술일(壬戌日-2일)에 대가(大駕)가 돌아왔다.

○ (경상도) 울주(蔚州) 사람 이가이(李加伊)의 아내가 한 번에 세 딸을 낳으니 명해 쌀을 내려주었다.

갑자일(甲子日-4일)에 금주령(禁酒令)을 내렸다. 사헌부의 청에 따른 것이다. 명해 말했다.

"서울에서는 공사(公私)의 연음(宴飮)만 금하고 외방(外方)에서는 한결같이 금하라."

을축일(乙丑日-5일)에 상(上)이 친히 건원릉(健元陵)에 제사했는데 한식(寒食)이기 때문이었다. 드디어 동교(東郊)에서 사냥을 구경했다.

병인일(丙寅日-6일)에 상이 인덕전(仁德殿)에 나아가 헌수(獻壽)한 후 마음껏 즐기고 드디어 장의동(藏義洞) 본궁(本宮)으로 행차했다.

○ 강원도 진명창(鎭溟倉) 이북의 주군(州郡) 곡식을 길주(吉州) 등지로 옮기고, 서북면(西北面) 안주(安州) 이북의 주군 곡식을 의주(義州) 등지로 옮겼다. 정부(政府)의 청에 따라 뜻하지 않은 사태[不虞]
불우
에 대비한 것이다.

정묘일(丁卯日-7일)에 지신사(知申事) 김여지(金汝知)와 성균대사성 (成均大司成) 권우(權遇)가 성균시(成均試-소과)를 관장해 권극화(權克和, ?~?)[1] 등 100명을 뽑았다. 상이 여지(汝知)에게 명해 말했다.

"너에게 노친(老親)이 계시니 영친연(榮親宴)을 베푸는 게 좋겠다."

무진일(戊辰日-8일)에 충청도 수군도절제사(忠淸道水軍都節制使) 김문발(金文發)이 병으로 사직(辭職)하니 병마도절제사(兵馬都節制使) 신유정(辛有定)으로 하여금 이를 겸하게 했다.

경오일(庚午日-10일)에 전 총제(摠制) 고봉례(高鳳禮)에게 쌀 20석을 내려주었다.

○ 병조(兵曹)에서 글을 올렸는데 그 글은 이러했다.

'삼가 주(周)나라 제도를 상고하니 "옛날에는 천자(天子)가 활쏘기로 제후(諸侯)·경(卿)·대부(大夫)·사(士-선비)를 뽑았고, 제사(祭祀)를 지내려 할 때는 반드시 먼저 활쏘기를 택궁(澤宮)에서 익혔다"[2]라고 했으니 택(澤)이란 말은 곧 택(擇)인 것입니다. 몸이 고르고 체대

---

1 이때 소과에 합격해 생원이 됐다. 1414년 알문과에 급제해 직강 등 여러 관직을 지내고, 1439년(세종 21년) 전라도 관찰사가 됐다. 1446년 평안도 관찰사에 임명됐으나 가서 기민 (飢民)의 구제를 소홀히 했다는 이유로 이듬해에 장성에 유배됐다. 1450년 충청도 관찰사를 거쳐 이듬해 이조참판에 올랐는데 충청도 관찰사 재직 시 세종조에 새로 제정된 연분구등(年分九等)·전분육등(田分六等)의 공법(貢法)을 비판했으며, 이조참판 때에는 관찰사가 목(牧)의 행정을 겸하도록 하는 겸목제(兼牧制)의 실시를 반대, 중지하게 했다. 관직은 중추원부사를 거쳐 1453년(단종 1년) 행첨지중추원사에 이르렀다.

2 『예기(禮記)』에 나오는 말이다.

(體大)가 바르며 궁시(弓矢)를 견고하게 잡으면 과녁에 맞는 법이니 활쏘기란 덕(德)을 보는 소이(所以)가 됩니다. 제후(諸侯)가 해마다 선비를 천거하면 천자(天子)가 이들을 사궁(射宮)에서 시험 보는데, 그 용체(容體)는 예(禮)에다 비기고 그 절주(節奏)는 악(樂)에다 비겨 많이 맞힌 자가 제사(祭祀)에 참여하게 되는 것입니다. 『백호통(白虎通)』[3]에 이르기를 "천자(天子)의 활쏘기는 120보(步), 제후(諸侯)는 90보, 대부(大夫)는 70보, 사(士)는 50보"라 했으니 이제부터 100보는 제외하고 70보를 사용해 이를 맞힌 자는 한 화살을 맞힐 때마다 7분(分)으로 하고 그 화살은 쇠촉[金鏃]을 사용하되 만약 나무촉[木鏃]을 사용할 경우에는 그 무게를 쇠촉과 같게 하소서. 그리고 말 타고 창(槍) 쓰는 법은 짚으로 만든 사람[蒭人] 5개를 세우고 두 차례에 걸쳐 치고 찌르게 하되 한 차례마다 5세(五勢-다섯 가지 자세)를 잘 지어 그 얼굴에 맞힌 자는 7분을 주고 한 번 맞힐 때마다 7분을 가급(加給)하게 하소서.'

그것을 따르고 또 말했다.

"화살촉[箭鏃]은 나무로 만든 것을 씀이 좋겠다."

신미일(辛未日-11일)에 서교(西郊)에 행차해 사냥을 구경했다.

---

3 후한(後漢) 반고(班固)가 정리한 책이다. 장제(章帝)의 건초(建初) 4년 칙명(勅命)으로 여러 유학자(儒學者)를 백호관(白虎觀)에 모아 오경(五經)의 이동(異同)을 강론(講論)한 것을 수집(收輯)한 것이다. 『백호통의(白虎通義)』 또는 『백호통덕론(白虎通德論)』이라고도 한다.

임신일(壬申日-12일)에 사간원에서 말씀을 올렸다. 소(疏)는 이러했다.

'거둥(擧動)은 임금의 대절(大節)이니 가볍게 할 수 없는데 어제 전하께서 서교(西郊)에 행차하신 것은 명분이 없는 것입니다. 또 전하께서 즉위하신 초기에는 날마다 정사(政事)를 보시더니 중간에 육아일(六衙日)마다 조회(朝會)를 보시고 지금은 오래도록 이를 폐기하셨습니다. 밝으신 때에 비록 궐사(闕事)가 없다고는 하더라도 후세(後世)에 반드시 전하를 말하기를 "처음에는 부지런하더니 뒤에 와서 태만했다"라고 할 것입니다. 바라건대 이제부터는 정사(政事)를 부지런히 보시어 연익지모(燕翼之謀)⁴를 남기시기 바랍니다.'

상이 말했다.

"어제의 행차는 내 마음도 불편하게 여기며 너희의 말도 옳다. 지금 이후로는 말을 들에다 놓아두어 다시는 이와 같은 행차가 없을 것이다. 이것은 궁정(宮庭)이 좁아서 조회(朝會)를 볼 만한 곳이 없고 또 장막(帳幕)을 설치해 정사(政事)를 들을 수도 없었기 때문이었다. 내가 창덕궁(昌德宮)으로 돌아가게 되면 조회를 받고 정사를 듣기를 한결같이 처음에 정사할 때와 같이 할 것이다."⁵

---

4 자손을 위한 좋은 계교를 말한다.
5 당나라 때 명신(名臣) 위징(魏徵)이 당 태종에게 올린 「간태종십사소(諫太宗十思疏)」를 떠올리게 된다. 그중에 무일(無逸)과 관련된 부분이 흥미롭고 상세하다.
   "처음에 시작을 잘하는 사람은 많지만 능히 끝을 잘 마치는 자는 거의 없습니다."
   "나태하고 게을러질까 두려울 때는 반드시 일의 시작을 신중히 하고 일의 끝을 잘 삼가야 한다[愼始而敬終]는 것을 떠올려야 합니다."
   신시 이 경종
   사람이 하는 일은 시작이 있으면 끝이 있기 마련이다. 그렇기 때문에 신시경종(愼始敬終)은 작은 조직이건 큰 조직이건 사람을 부리는 자리에 있는 사람이라면 잠시도 잊어서는

○ 올량합(兀良哈) 동어허출(童於虛出)이 아들을 데리고 내조(來朝)했다.

계유일(癸酉日-13일)에 의정부참지사 안등(安騰)이 어머니의 병으로 인해 사직하니 상이 사장(辭狀-사직서)을 돌려주고 약(藥)을 내려주어 역마(驛馬)를 타고 돌아가게 했다.

○ 저화(楮貨)를 가지고 거둬들인 추포(麤布)의 값을 지급하게 했다. 정부(政府)의 청을 따른 것이다.

○ 찰방(察訪)⁶을 각 도(各道)에 나눠 보냈다. 애초에 상이 국가에 아무런 일이 없어 변진(邊鎭)이 혹 게으르거나 느슨해지지 않을까 염려해 찰방을 파견하려고 하니 사헌지평(司憲持平) 홍여방(洪汝方)이 진언(進言)했다.

"지금 찰방을 보내심은 비록 대체(大體)에 맞기는 하오나 농사일에 방해가 되지 않을까 염려됩니다."

상이 명했다.

"마땅히 정부(政府)와 의논하겠다."

정부에서 의견을 올렸다[獻議].
헌의

"비록 농삿달을 당했다 하더라도 군사를 점검하는 것이 아니라 수

―――――――

안 되는 경구라 할 수 있다. 사간원에서 그런 취지로 글을 올렸고 태종도 그 취지의 핵심을 간파해 받아들였다.

6 원래 찰방은 조선시대의 각 역참(驛站)과 관, 원 등에 근무하며 해당 역로와 역마, 통행 등을 관리하고 해당 역참과 원 등에서 근무하는 종6품 관원을 말한다. 그러나 찰방은 또 시기에 따라 지방 수령의 탐학을 살피는 역할도 겸했는데 주로 조선 초기의 일이다. 암행어사 제도가 있기 이전이다.

어(守禦)의 대비만을 살필 뿐이오니 3품 이하의 해도(海道) 만호(萬戶)와 각 진(各鎭)의 병마사(兵馬使) 중에 그 직임에 맞지 않는 자가 있게 되면 찰방이 율(律)에 의해 직단(直斷)하게 하소서."

이를 윤허(允許)했다.

○ 예조(禮曹)에 명했다.

"각 품(品)의 고신법(告身法)을 고제(古制)를 상고해 아뢰되 전조(前朝)의 출사법(出謝法)[7]과 국초(國初)의 관고법(官誥法)[8]을 빠짐없이 자세히 참고하라."

○ 병조(兵曹)에서 마창(馬槍)의 법을 올렸다. 아뢰어 말했다.

"무과(武科)의 마창법(馬槍法)은 두 사람을 하나의 상대[一對]로 해 두 말이 각각 130보(步)씩 떨어져 있다가 북을 친 뒤에 창(槍)을 휘두르며 달려가서 서로 접전(接戰)하되 모두 세 차례씩 하고 잘 맞혀 붉은 흔적[朱痕]이 있는 자는 7분(分)을 주고, 한 번 맞힐 때마다 7분씩 가급(加給)하소서."

그것을 따랐다.

정축일(丁丑日-17일)에 예조(禮曹)에서 원단(圓壇)의 제의(祭儀)를 올렸다. 올린 글은 이러했다.

'『예기(禮記)』에 이르기를 "지극히 삼가면 단(壇)을 묻지 아니하고 땅을 쓸고 제사(祭祀)한다"라고 했고, 한(漢)나라 원시(元始) 연간(年

---

7   사첩(謝牒), 즉 직첩(職牒)을 내주던 법을 말한다.
8   4품 이상의 벼슬 사령(辭令)을 내주던 법을 말한다.

間)의 의식에는 "상제(上帝)의 원단(圓壇)은 팔고(八觚)[9]이니 직경(直徑)이 5장(丈)에 높이가 9척(尺)이다"라고 했고, 당(唐)나라 고조(高祖)의 환구(圜丘)는 사성(四成-4층)으로 돼 있었는데 한 성(成)의 높이는 각각 8척(尺) 1촌(寸)이고, 하성(下成)의 너비는 20장이며, 재성(再成)의 너비는 15장, 삼성(三成)의 너비는 10장, 사성(四成)의 너비는 5장이었습니다. 그리고 송(宋)나라 고종(高宗) 소흥(紹興) 13년에 환구(圜丘)를 수축(修築)했는데 그 단(壇)과 내유(內壝-안쪽 담장)의 장척(丈尺)은 모두 제도(制度)에 의거했으며 중유(中壝)와 외유(外壝)는 지형(地形)에 따라 적당히 했습니다. 태상시(太常寺)에서 수축한 환구(圜丘)는 제1성(弟一成)의 종광(縱廣)이 7장이고, 제2성의 종광이 12장, 제3성의 종광이 17장, 제4성의 종광이 22장이며, 13폐(陛-섬돌)로 나눠 각 폐마다 72급(級)씩이고, 각 1성(成)마다 12철(綴)이며, 세 개의 담으로 되어 있는데 제1의 담은 단(壇)에서의 거리가 25보(步)이고, 가운데 담은 제1의 담에서의 거리가 12보 반이며, 바깥의 담은 가운데 담에서 또 이와 같은 거리였습니다. 요단(燎壇)의 제도는 방(方)이 1장, 높이가 1장 2척이며, 삼면(三面)으로 섬돌을 내었는데 단의 남쪽 20보 거리의 병지(丙地)에 있었습니다.

전조(前朝)의 『고금상정록(古今詳定錄)』에는 원단(圓壇)의 둘레[周]가 6장이고, 높이가 5척에 12폐 3유(壝)로 돼 있는데 매 유는 25보이며, 둘러친 담장[周垣]에는 네 개의 문(門)이 있고, 그 요단(燎壇)은 너비[廣]가 1장, 높이가 1장 2척이며, 지게문[戶]은 방이

---

9 팔방형(八方形)이라는 말이다.

6척이었습니다. 송(宋)나라 철종(哲宗)이 재궁(齋宮)을 세우고 신하에게 이르기를 "청성(靑城)의 비용이 30여 만(萬)에다 공인(工人)이 또한 여기에 배(倍)나 된다. 이를 바꾸기를 가옥으로 한다면 한 번의 수고로 영구히 편안하게 될 것이다"라고 했으니 그 비용의 생략이 많을 것입니다. 『예기(禮記)』에 이르기를 "천지(天地)에 제사하는 소는 그 뿔이 견률(繭栗)[10]과 같아야 하며 3개월을 두고 씻어야 한다"라고 했습니다.

삼가 원단(圓壇)의 제도를 살펴보면 시대마다 각기 같지 않았습니다. 전조(前朝)의 『고금상정(古今詳定)』에는 원단의 주위가 6장으로 되어 있는데 국조(國朝)에서 이것을 그대로 따랐습니다. 그리고 천황대제(天皇大帝)와 오방오제(五方五帝)의 신위(神位)가 모두 단상(壇上)에 있기 때문에 진설(陳設)과 작헌(酌獻)할 적에 돌아다니고 진퇴(進退)함에 있어 매우 좁아서 해로움이 있습니다. 청컨대 송나라의 제도에 의거하고 전조의 법을 참고해 단(壇)을 쌓되 종광(縱廣)이 7장에 12폐로 하고, 그 아래에 3유를 만들며, 둘레의 담에는 4문을 내고, 단(壇) 남쪽 병지(丙地)에 요단(燎壇)을 쌓되 너비가 1장, 높이가 1장 2척으로 하고, 지게문의 방은 6척으로 하소서. 그리고 또 송나라의 제도에 의해 신주(神廚)와 재궁(齋宮)을 짓고, 『예기』에 의거해 희생(犧牲)을 송아지[犢]로 쓰되 3개월 동안 씻게 해 이것을 항식(恒式)으로 삼는 것이 어떻겠습니까?'

그것을 따랐다.

---

10 송아지의 작은 뿔이 고치나 밤과 같음을 형용한 말이다.

○ 명해 조사(朝士) 4품 이하로 하여금 과거(科擧)에 응시하도록 했다. 이에 앞서 6품 이하는 그 고신(告身)을 유사(攸司)에 들여놓아야만 마침내 과거에 응시할 수 있었기 때문에 이런 명이 있었다.

무인일(戊寅日-18일)에 창덕궁(昌德宮)에 행차해 종친(宗親)들을 모아놓고 활쏘기와 격구(擊毬)를 구경하고 이어 술자리를 베풀고 저물어서 돌아왔다.

○ 누각(樓閣)과 침실(寢室)을 창덕궁에 짓고 또 진선문(進善門) 밖에 돌다리[石橋]를 놓았는데 공조판서(工曹判書) 박자청(朴子靑)을 시켜 그 역사를 감독하게 했다.
석교

○ 세자와 두 대군(大君)이 활쏘기를 궁중(宮中)에서 연습했다[肄= 習]. 또 무신(武臣)으로 하여금 모시고 활을 쏘게 했다. 매번 서연(書 이 筵)에서 강론(講論)을 마친 뒤에는 (무신들로 하여금) 동궁(東宮)에서 습 시사(侍射)하게 하니 세자가 능히 100여 보(步) 떨어져 쏘았는데 세 발에 반드시 하나, 둘은 맞혔다.

기묘일(己卯日-19일)에 창덕궁에 행차해 활쏘기를 구경하고 저물어서 돌아왔다.

○ 사헌부에서 상왕(上王)의 출렵(出獵)을 그만두게 할 것을 청했다. 아뢰어 말했다.

"상왕께서 본래 병이 있으시고 또 시위(侍衛)가 허술해 잠시나마 성(城)을 나가 사냥을 구경하는 것도 오히려 온당치 못한데 지금 장차 문밖으로 나가서 여러 날 동안 매사냥을 하시는 것은 더욱 옳지 못합니다. 바라건대 상께서 이를 중지시키셔야 할 것입니다."

상이 말했다.

"상왕께서 적막(寂寞)함을 이기지 못하시어 처음에는 3일 동안 묵으면서 매사냥을 하고자 했으나 내가 이 뜻을 말씀드려 하룻밤만 묵고 돌아오실 것이다. 만약 헌사(憲司)의 뜻을 알게 된다면 병이 있는 몸에 반드시 마음이 편안치 못하실 것이니 다시는 진언(進言)하지 말라."

경진일(庚辰日-20일)에 창덕궁(昌德宮)에 행차해 광연루(廣延樓)에 나아가 일본 국왕(日本國王)의 사신을 접견했다. 사신이 장차 하직하려고 전하를 뵙기를 원했으므로 그래서 마지못해 접견한 것이다. 대내(大內)에 드시니 종친(宗親)들이 술잔을 올려 저물어서 돌아왔다.

신사일(辛巳日-21일)에 창덕궁에 행차해 종친들의 격구(擊毬)를 구경했다.

임오일(壬午日-22일)에 교서정자(校書正字) 배소(裵素)를 순금사(巡禁司)에 내려 장(杖) 80대를 속(贖)으로 바치게 했다. 적전제(籍田祭)의 축문(祝文)을 빠뜨렸기 때문이다.

계미일(癸未日-23일)에 창덕궁(昌德宮)에 행차해 광연루에 나아갔다. 의정부에서 헌수(獻壽)했고 종친들도 또한 참여해 매우 즐기다가 저물녘에 이르러서야 마침내 돌아왔다. 헌사(憲司)에 명해 월말[月季]마다 동서대비원(東西大悲院)의 병자(病者)의 존몰(存歿)을 갖춰 아뢰라고 했다. 사간원에서 소를 올려 말했다.

'백성을 치료하고 생명을 구제하는 것은 인정(仁政)으로서 먼저 시행해야 할 것입니다. 국가에서 동서대비원(東西大悲院)을 두신 것은 모든 백성의 병(病) 앓는 자로 하여금 모두 이곳에 나오게 해 약이(藥餌)로써 이를 구해주고 음식(飲食)으로 이를 양육해주는 것이니 진실로 좋은 법입니다. 근래에 이르러서는 궁한 백성만 택해 이를 공양(公養)하고 공양의 예(例)에 들지 않는 자는 간혹 그 재물(財物)을 그 집에서 가져다 쓰다가, 이를 잇대지 못하고 혹은 서로 전염(傳染)이나 될까 두려워해 돌보지 아니하므로 마침내 단명(短命)에 죽는 자가 매우 많습니다. 신 등이 생각건대 다 같은 병든 백성으로 구제함과 요양함이 한결같지 아니하니 어지신 은혜를 베푸심에 고르지 못한가 합니다. 바라건대 이제부터는 모든 백성 중에 병을 앓는 사람은 그 내처(來處)를 묻지 말고 모두 다 공양(公養)하게 하시고 또 월령감찰(月令監察)로 하여금 5일에 한 번씩 몸소 대비원(大悲院)에 이르러 그 병든 사람으로 완전하게 살아난 사람은 몇 명이나 되며 죽은 사람은 몇 명이나 되는가를 상고해 갖춰 헌부(憲府)에 보고하게 하시고 헌부에서는 월말마다 이를 갖춰 아뢰게 해 항식(恒式)으로 삼아야 할 것입니다.'

그것을 따랐다.

갑신일(甲申日-24일)에 창덕궁(昌德宮)에 행차해 저물어서 돌아왔다. 갑사(甲士) 이완(李緩)이 경필(警蹕)[11]을 범해 그 죄가 교형(絞刑)에 해당됐으나 상이 말했다.

"위사(衛士)를 일반 백성이 경필을 범한 것으로 논죄(論罪)한 것은 부당하다."

그를 풀어주었다.

을유일(乙酉日-25일)에 전 호군(護軍) 임온(林溫)에게 저포(苧布)와 마포(麻布)를 내려주었다. 온(溫)은 본래 일본 대마도(對馬島) 사람이다. 일찍이 도둑의 괴수로 항복해 상이 무육(撫育)해준 사람이다. 이때에 이르러 늙고 병들어 돌아가기를 원했기 때문에 위로해 보낸 것이다.

병술일(丙戌日-26일)에 창덕궁에 행차해 날이 저물어서야 마침내 돌아왔다.

정해일(丁亥日-27일)에 서북면(西北面)의 기근(飢饉)을 구제했다. 사간원에서 소(疏)를 올려 말했다.

'궁한 사람을 구제하고 가난한 사람을 보살피는 것은 임금다운 정사[王政]에서 폐기할 수 없는 것입니다. '주관(周官)'[12]에 사도(司徒)[13]
왕정

---

11 임금이 거둥할 때 경계해 통행을 금하는 일을 말한다.
12 『서경(書經)』「주서(周書)」의 편명(篇名)이다. '주관(周官)'을 만든 까닭과 당시의 제도를 기술하고 위정자(爲政者)의 할 일을 서술했다.
13 옛날 주나라 때 교육을 맡던 벼슬 이름이다.

의 관속(官屬)이 마을의 위적(委積)¹⁴을 관장해 가난과 재난을 구제하고, 현(縣)이나 비(鄙)¹⁵의 위적(委積)은 흉년을 기다려 썼습니다. 그리고 그 뒤 한(漢)나라의 상평창(常平倉)과 당(唐)나라의 의창(義倉)도 이 때문에 설치한 것입니다. 국가에서 의창을 설치해 조적(糶糴)¹⁶을 공평히 하고 창고를 열어 궁하고 가난한 사람들을 구제하오니 곡식을 저축해 재앙에 대비하는 방법이 지극하다 하겠습니다.

근년에 서북면(西北面) 한 도(道)는 수재(水災)와 한재(旱災)가 서로 겹쳐 기근(飢饉)이 거듭 이르렀사온데, 의주(義州)·인주(麟州)·창성(昌城)·벽동(碧潼) 등 12개 주(州)가 더욱 심합니다. 전하께서 이를 근심하시어 지난 첫 봄에 신(臣) 김질(金晊)을 보내 "가서 보고 구제하라"라고 하셨으니 전하께서 이 백성들의 부모(父母)로서 지극하신 은혜였습니다. 그러하오나 창고를 열어 구제하는 것은 감사(監司)에 관한 일이므로 경차관(敬差官)이 감히 마음대로 할 수 없는 것이오며, 그들을 구제할 때에도 한 사람마다 하루에 쌀 한 되[升]를 주고 작은 사람은 5홉[合]을 주었으니 그 뜻은 대체로 수령(守令)으로 하여금 날마다 순시(巡視)를 행해 존절(撙節)하게 써서 고루고루 구제하게 하려고 함이었습니다. 신 등이 생각건대 수령이 비록 사랑하고 측은하게 여기는 마음이 있다 하더라도 지경(地境)이 넓은 데다 굶주린 백성이 많사오니 어찌 하루 동안에 집집마다 이르러 호(戶)

---

14 쌀을 저축했다가 흉년이 든 해에 보태어 먹는 일을 가리킨다.
15 행정 구역의 소단위다.
16 쌀을 사고파는 것을 말한다.

마다 나눠 줄 수 있겠습니까?

또 서북면(西北面)의 토성(土性)이 밀이나 보리에 적당치 못해 백성들의 먹을 것의 어려움이 여름 5월에 더욱 심해질 것이온데, 경차관도 지금 이미 복명(復命)했으니 신 등이 가만히 생각건대 흉년을 구제하는 정사(政事)가 늦어져 들판에 굶어 죽은 시체가 있지 않을까 두렵습니다. 전(傳)에 이르기를 "밑천 삼아 살 것은 재용(財用)이요, 거두어들일 것은 인심(人心)이다"[17]라고 했으니 만약 인심(人心)만 잃지 아니한다면 어찌 재용(財用)이 고갈됨을 근심하겠습니까? 엎드려 바라옵건대 전하께서 조정의 신하 중에 은혜롭고 사랑이 있는 자를 보내시어 수천 석의 쌀을 내어 그곳의 수령(守令)에게 급여해 그 수령들로 하여금 일일이 순행하며 골고루 혜양(惠養)하게 해 굶어 죽은 시체가 들판에 없게 하시기 바랍니다. 그리고 편의 사건(便宜事件)에 대해서는 한결같이 경차관의 구처(區處)에 의하게 해 서북면의 백성들로 하여금 복육지은(覆育之恩)[18]에 젖게 해야 할 것입니다.'

상이 이를 보고 즉시 의정부(議政府)에 내려 토의하게 하니 의정부에서 그 도(道)에 지인(知印)을 보내자고 청했다.

무자일(戊子日-28일)에 상이 인덕궁(仁德宮)에 나아가 헌수(獻壽)했다. 상당군(上黨君) 이애(李薆)가 연구(聯句)를 지어 올렸다.

"요순(堯舜)이 함께 즐겨 서로 같이 헌수(獻壽)하도다."

17　사마광의 『자치통감(資治通鑑)』에 나오는 말이다.
18　천지가 만물을 덮어 기르는 은혜를 뜻한다.

상이 대구(對句)했다.

"소하(蕭何, ?~기원전 193년)[19]와 조참(曹參 ?~기원전 190년)[20]이 오늘 다시 공(功)을 이뤘도다."

서로 창화(唱和)해 매우 즐기다가 밤이 되니 상왕(上王)이 전하의 소매를 붙잡고 서로 춤추다가 끝마쳤다.

기축일(己丑日-29일)에 광록경(光祿卿) 권영균(權永均)이 경사(京師)에서 돌아와 아뢰었다.

"지난 경인년(庚寅年-1410년) 10월 24일에 현인비(顯仁妃) 권씨(權氏)가 병(病)으로 인해 제남로(濟南路)에서 돌아가시자 그곳에 빈장

---

19 전한(前漢) 사수(泗水) 패현(沛縣) 사람이다. 처음에 패주이연(沛主吏掾)이 되었다. 유방(劉邦)을 따라 입관(入關)해 혼자 진상부(秦相府)의 율령과 도서를 수장해 천하의 요충지와 지세, 군현(郡縣)의 호구(戶口)를 소상하게 알게 됐다. 유방이 한중(漢中)에서 왕이 되자 승상에 올랐다. 또 한신(韓信)을 천거해 대장으로 삼았다. 초한(楚漢)이 서로 대치할 때 관중(關中)을 지키면서 양식과 군병의 보급을 확보해 군수품이 부족하지 않도록 했다. 유방이 황제가 된 뒤 논공행상에서 으뜸가는 공신이라 해 찬후(酇侯)로 봉해지고 식읍 7,000호를 하사받았고, 일족 수십 명도 각각 식읍(食邑)을 받았다. 나중에 율령제도를 정하고 고조와 함께 진희(陳豨)와 한신, 경포(黥布) 등을 제거한 뒤 상국(相國)에 봉해졌다. 고조가 죽자 혜제(惠帝)를 섬겼고 병이 들어 죽을 때 조참(曹參)을 재상으로 천거했다.

20 전한 사수 패현 사람이다. 원래 진(秦)나라의 옥리(獄吏)였지만 소하(蕭何)가 주리(主吏)로 삼았다. 진나라 말 소하와 함께 유방을 따라 병사를 일으켜 한신과 더불어 주로 군사 면에서 활약했다. 몸에 70여 군데의 상처가 있으면서도 진군(秦軍)을 공략해 한나라의 통일대업에 이바지한 공으로 건국 후인 고조 6년(기원전 201년) 평양후(平陽侯)에 책봉되고, 진희(陳豨)와 경포(黥布), 영포(英布)의 반란을 평정했다. 제(齊)나라의 상(相)으로 있을 때 개공(蓋公)이 말한 황로지술(黃老之術)을 써서 청정무위(淸淨無爲)한 자세로 백성들과 함께 휴식을 취했다. 고조가 죽은 뒤 소하의 추천으로 상국(相國)이 돼 혜제(惠帝)를 보필했다. 소하가 만든 정책을 그가 충실히 따라 '소규조수(蕭規曹隨)'라는 말이 나왔다.

(殯葬)하고 제남(濟南) 백성들로 하여금 역사(役事)를 면제시켜 수호(守護)하게 했는데 장차 이를 옮겨 노황후(老皇后)와 함께 합장(合葬)하려 합니다."

영균(永均)은 일찍이 (명나라의 벼슬) 광록(光祿)의 직임을 제수받았으나 아직까지 고명(誥命)[21]을 받지 못했는데 이때에 이르러 내려주었다. (현인비 권씨에 대한) 제(帝)의 대우가 전일(前日)에 비해 갑절이나 두터웠으니 제께서 말씀을 내리실 때 눈물을 머금고 슬피 탄식해 능히 말을 잇지 못할 지경이었다.

○ 무안군(撫安君) 이방번(李芳蕃)의 처(妻) 경녕옹주(慶寧翁主) 왕씨(王氏)에게 쌀 20석을 내려주었다.

경인일(庚寅日-30일)에 창덕궁(昌德宮)으로 환어(還御)했다.

○ 명해 흥천사(興天寺) 사리전(舍利殿)을 중수(重修)했다. 상이 사리전이 황폐해졌다는 말을 듣고 주지승(住持僧)에게 명해 말했다.

"사리전은 곧 태조(太祖)께서 세우신 것이니 내 일찍이 잊지 못한다. 너희는 불씨(佛氏)의 무리들인데 어찌하여 불경(不敬)함이 이 지경에 이르렀는가? 아니면 중의 행실은 이러한 것인가?"

그 중이 대답하지 못했다. 또 명해 말했다.

"지금부터 이후로는 제거 내관(提擧內官)을 보내 이것을 감시하게 할 것이니 너희는 아침저녁으로 부지런하고 조심하여 게을리하지 말라."

이때에 이르러 중수(重修)했다.

---

21 중국의 5품 이상 관리에게 주는 직첩(職牒)을 말한다.

○ (동북면) 경원진(慶源鎭)을 없앴다. 경원진은 일찍이 북쪽 오랑캐에게 패(敗)한 바 있고 또 덕릉(德陵)과 안릉(安陵)도 함주(咸州)로 옮겨 그곳 병마사(兵馬使) 하경복(河敬復)만 혼자 남게 돼 함께 지킬 사람이 없으므로 경복(敬復)에게 돌아오도록 명하고 마침내 그 진(鎭)을 없앴다.

壬戌 駕還.
임술　　가환

蔚州人李加伊妻 一産三女 命賜米.
울주 인 이가이 처　일산 삼녀　명 사미

甲子 下禁酒令. 從司憲府之請也. 命曰: "京中只禁公私宴飮
갑자 하 금주령　종 사헌부 지청야　명왈　　경중 지 금 공사 연음

外方一禁."
외방 일금

乙丑 上親祭于健元陵 以寒食也. 遂觀獵于東郊.
을축 상 친제 우 건원릉　이 한식 야　수 관렵 우 동교

丙寅 上詣仁德殿 獻壽盡歡 遂御莊義洞本宮.
병인 상 예 인덕전　헌수 진환　수 어 장의동 본궁

移江原道 鎭溟倉以北州郡米粟于吉州等處 西北面安州以北
이 강원도　진명창 이북 주군 미속 우 길주 등처　서북면 안주 이북

州郡米粟于義州等處. 從政府之請 以備不虞也.
주군 미속 우 의주 등처　종 정부 지청　이비 불우 야

丁卯 知申事金汝知 成均大司成權遇 掌成均試 取權克和等
정묘 지신사 김여지　성균 대사성 권우　장 성균시　취 권극화 등

百人. 上命汝知曰: "爾有老親 宜設榮親宴."
백인 상 명 여지 왈　이 유 노친　의설 영친연

戊辰 忠淸道水軍都節制使金文發 以病辭 以兵馬都節制使
무진 충청도 수군도절제사 김문발　이병 사 이 병마도절제사

辛有定兼之.
신유정 겸지

庚午 賜前摠制高鳳禮米二十石.
경오 사 전 총제 고봉례 미 이십 석

兵曹上書. 書曰:
병조 상서　서왈

'謹按周制 "古者 天子以射 選諸侯卿大夫士 將祭必先習射
근안 주제　고자 천자 이사　선 제후 경대부 사　장제 필선 습사

於澤宮." 澤之爲言 擇也. 身平體正 持弓矢審固 則中矣 故射者
어 택궁　택지위언 택야　신평체정 지궁시 심고　즉 중의 고 사자

所以觀德也. 諸侯歲貢士 天子試之射宮 其容體比於禮 其節奏
소이 관덕 야 제후 세공 사 천자 시지 사궁 기용체 비어 예 기 절주

比於樂 而多中者得與於祭. 白虎通曰:"天子射百二十步 諸侯
비어 악 이 다중 자 득여 어제 백호통 왈 천자 사 백 이십 보 제후

九十步 大夫七十步 士五十步." 今請除百步 用七十步 中者每
구십 보 대부 칠십 보 사 오십 보 금 청제 백보 용 칠십 보 중자 매

一箭七分 箭用金鏃 若用木鏃 其重比金鏃. 馬槍之法 立束芻人
일전 칠분 전용 금촉 약용 목촉 기중 비 금촉 마창 지법 입속 추인

五 二次擊刺 每一次能作五勢中其面者 七分; 每一中加七分.'
오 이차 격자 매 일차 능작 오세 중 기면 자 칠분 매 일중 가 칠분

　　從之 且曰:"箭鏃 宜用木."
　　종지 차왈 전촉 의용 목

　　辛未 幸西郊觀獵.
　　신미 행 서교 관렵

　　壬申 司諫院上言. 疏曰:
　　임신 사간원 상언 소왈

'舉動 人君之大節 不可輕也 前日殿下西郊之行 是無名也. 且
거동 인군 지 대절 불가 경야 전일 전하 서교 지행 시 무명 야 차

殿下卽位之初 日日視事 中則六衙日視朝 今也久廢. 昭代雖無
전하 즉위 지초 일일 시사 중즉 육아일 시조 금야 구폐 소대 수무

闕事 後世必以殿下爲勤於前而怠於後也. 願自今勤於視事 以貽
궐사 후세 필이 전하 위 근어 전 이 태어 후 야 원 자금 근어 시사 이이

燕翼之謀.'
연익 지 모

　　上曰:"前日之行 予心亦以爲未便 爾等之言 然也. 自今以後 放
　　상왈 전일 지행 여심 역 이위 미편 이등 지언 연야 자금 이후 방

馬于郊 不復有是行也. 此宮庭狹隘 無視朝之所 又不可設帳幕而
마 우교 불부유 시행 야 차 궁정 협애 무 시조 지소 우 불가 설 장막 이

聽政. 予還昌德宮 視朝聽政 一依初政."
청정 여환 창덕궁 시조 청정 일의 초정

　　兀良哈 童於虛出 率子來朝.
　　올량합 동어허출 솔자 내조

　　癸酉 參知議政府事安騰 以母病辭 上還其狀 賜藥馳馹以去.
　　계유 참지 의정부 사 안등 이 모병 사 상환 기장 사약 치일 이거

以楮貨給所收麤布價. 從政府之請也.
이 저화 급 소수 추포 가 종 정부 지청 야

　　分遣察訪于各道. 初 上慮國家無事 邊鎭或生怠緩 欲遣察訪
　　분견 찰방 우 각도 초 상 려 국가 무사 변진 혹 생 태완 욕견 찰방

司憲持平洪汝方進曰:"今遣察訪 雖合大體 恐妨農務." 命曰:
사헌 지평 홍여방 진왈 금견 찰방 수합 대체 공방 농무 명왈

"當與政府議之." 政府獻議:"雖當農月 非點軍也 但察守禦之備
당 여 정부 의지　정부 헌의　수 당 농월　비 점군 야　단 찰 수어 지비

耳. 其三品以下海道萬戶 各鎮兵馬使 有不稱其職者 則察訪依律
이　기 삼품 이하 해도 만호　각진 병마사　유 불칭 기직 자　즉 찰방 의율

直斷." 允之.
직단　윤지

命禮曹 各品告身之法 稽古制以聞. 前朝出謝及國初官誥之法
명 예조　각품 고신 지법　계 고제 이문　전조 출사 급 국초 관고 지법

備細參考.
비세 참고

兵曹上馬槍之法. 啓曰:"武科馬槍之法 每二人作一對 兩騎隔
병조 상 마창 지법　계왈　무과 마창 지법　매 이인 작 일대　양기 격

一百三十步 擊鼓後揮槍馳走 相接凡三次 能中有朱痕者七分; 每
일백 삼십 보　격고 후 휘창 치주　상접 범 삼차　능중 유 주흔 자 칠분　매

一中加七分." 從之.
일중 가 칠분　종지

丁丑 禮曹上圓壇祭儀. 上書曰:
정축 예조 상 원단 제의　상서 왈

'禮記曰:"至敬 不壇 掃地而祭." 漢元始儀 上帝圓壇 八觚
예기 왈　지경 부단 소지 이제　한 원시 의　상제 원단　팔고

徑五丈高九尺. 唐高祖圜丘四成 成各高八尺一寸 下成廣二十
경 오장 고 구척　당 고조 환구 사성　성각 고 팔척 일촌　하성 광 이십

丈 再成廣十五丈 三成廣十丈 四成廣五丈. 宋高宗紹興十三
장　재성 광 십오 장　삼성 광 십장　사성 광 오장　송 고종 소흥 십삼

年 修築圓壇 壇及內壇丈尺 依制度; 其中壇外壇 隨地之宜.
년 수축 환단　단급 내유 장척　의 제도　기 중유 외유　수지 지의

太常寺修築圜丘 第一成縱廣七丈 第二成縱廣一十二丈 第三成
태상시 수축 환구　제일 성 종광 칠장　제이 성 종광 일십 이장　제삼 성

縱廣一十七丈 第四成縱廣二十二丈. 分一十三陛 每陛七十二
종광 일십 칠장　제사 성 종광 이십 이장　분 일십 삼폐　매폐 칠십 이

級 每一成一十二綴. 三壝: 第一壝去壇二十五步 中壝去第一壝
급 매 일성 일십 이철　삼유　제일 유 거단 이십오 보　중유 거 제일 유

一十二步半 外壝去中壝亦如之. 燎壇之制 方一丈高一丈二尺. 三
일십 이보 반　외유 거 중유 역 여지　요단 지제　방 일장 고 일장 이척　삼

出陛在壇南二十步丙地. 前朝古今詳定錄 圓壇周六丈高五尺 十
출폐 재 단남 이십 보 병지　전조 고금 상정록　원단 주 육장 고 오척 십

有二陛三壝 每壝二十五步; 周垣四門. 燎壇廣一丈 高一丈二尺
유 이폐 삼유　매유 이십오 보　주원 사문　요단 광 일장 고 일장 이척

戶方六尺. 宋哲宗旣建齋宮 謂臣下曰:"青城之費 三十餘萬 工
호방 육척　송 철종 기건 재궁　위 신하 왈　청성 지비　삼십 여만 공

又倍之 易以屋室 一勞永逸 所省多矣." 禮記曰: "祭天地之牛角
우 배지 역 이 옥실 일로 영일 소생 다의 예기 왈 제 천지 지 우각

繭栗 在滌三月." 謹按圓壇之制 代各不同 前朝古今詳定 壇周
견률 재 척 삼월 근안 원단 지제 대 각 부동 전조 고금 상정 단주

六丈 國朝因之 天皇大帝五方五帝之位 皆在壇上 故陳設酌獻
육장 국조 인지 천황 대제 오방 오제 지위 개 재 단상 고 진설 작헌

周旋進退 有妨狹窄 依宋朝之制 參以前朝之法築壇 縱廣七丈
주선 진퇴 유방 협착 의 송조 지제 참 이 전조 지법 축단 종광 칠장

十有二陛 下作三壝 周垣四門 於壇南丙地 築燎壇 廣一丈高一丈
십 유 이 폐 하 작 삼유 주원 사문 어 단 남 병지 축 요단 광 일장 고 일장

二尺 戶方六尺. 又依宋制 作神廚齋宮; 依禮記 牲用犢 在滌三月
이척 호방 육척 우 의 송제 작 신주 재궁 의 예기 생 용독 재 척 삼월

永以爲式何如?'
영 이위 식 하여

從之.
종지

命令朝士四品以下赴科擧. 先是 六品以下則納其告身於攸司 乃
명령 조사 사품 이하 부 과거 선시 육품 이하 즉 납 기 고신 어 유사 내

得赴擧 故有是命.
득 부거 고 유 시명

戊寅 幸昌德宮 會宗親觀射擊毬 仍設酌 暮還.
무인 행 창덕궁 회 종친 관사 격구 잉 설작 모환

搆樓寢室于昌德宮 又作進善門外石橋 以工曹判書朴子靑董
구 루 침실 우 창덕궁 우 작 진선문 외 석교 이 공조판서 박자청 동

其役.
기역

世子與兩大君 肄射宮中 又令武臣侍射. 每當書筵講論之後
세자 여 양 대군 이사 궁중 우 영 무신 시사 매당 서연 강론 지 후

侍射東宮 世子能射一百餘步 三發矢 必中一二.
시사 동궁 세자 능사 일백 여보 삼 발시 필중 일이

己卯 幸昌德宮觀射 暮還.
기묘 행 창덕궁 관사 모환

司憲府請止上王出獵. 啓曰: "上王本有疾 又侍衛虛疎 暫時
사헌부 청지 상왕 출렵 계왈 상왕 본 유질 우 시위 허소 잠시

出城觀獵 猶爲未便 今將出門外 累日放鷹 尤未可也. 願上止之."
출성 관렵 유위 미편 금 장 출 문외 누일 방응 우 미가 야 원 상 지지

上曰: "上王不勝寂寞 初欲三宿放鷹 予白之 當宿一日而還. 若知
상 왈 상왕 불승 적막 초욕 삼숙 방응 여 백지 당숙 일일 이환 약지

憲司之意 則於病體必不安心 毋復進言."
헌사 지 의 즉 어 병체 필 불 안심 무부 진언

庚辰 幸昌德宮御廣延樓 接見日本國王使人. 使人將辭 欲覩
경진 행 창덕궁 어 광연루 접견 일본국왕 사인 사인 장사 욕도

殿下 故不得已而見之 入內宗親進爵 暮還.
전하 고 부득이 이 견지 입내 종친 진작 모환

辛巳 幸昌德宮 觀宗親擊毬.
신사 행 창덕궁 관 종친 격구

壬午 下校書正字裵素于巡禁司 贖杖八十. 以闕籍田祭祝文也.
임오 하 교서정자 배소 우 순금사 속장 팔십 이궐 적전 제 축문 야

癸未 幸昌德宮 御廣延樓. 議政府獻壽 宗親亦與焉. 極歡至暮乃
계미 행 창덕궁 어 광연루 의정부 헌수 종친 역 여언 극환 지모 내

還. 命憲司每於月季 具東西大悲院病人存歿以聞. 司諫院上疏曰:
환 명 헌사 매어 월계 구 동서 대비원 병인 존몰 이문 사간원 상소 왈

‘醫民濟生 仁政之所先也. 國家置東西大悲院 凡民之患病者
의민 제생 인정 지 소선 야 국가 치 동서 대비원 범민 지 환병자

咸使就焉 藥餌以救之 飮食以養之 誠爲良法. 近者 只擇窮民而
함 사취 언 약이 이 구지 음식 이 양지 성위 양법 근자 지택 궁민 이

公養之 其不在公養之例者 或取資於其家而不繼 或畏其相染而
공 양지 기 부재 공양 지 예자 혹 취자 어 기가 이 불계 혹 외기 상염 이

不顧 以致夭札者多矣. 臣等竊謂均是病民 而救養不同 仁恩所施
불고 이치 요찰 자 다의 신등 절위 균시 병민 이 구양 부동 인은 소시

恐未遍也. 願自今凡民病者 不問來處 竝皆公養. 且令月令監察
공 미편 야 원 자금 범민 병자 불문 내처 병개 공양 차 영 월령 감찰

每五日身親到院 考其病人 全活者幾 物故者幾 具報憲府 憲府
매 오일 신친 도원 고기 병인 전활 자기 물고 자기 구보 헌부 헌부

每於月季具聞 以爲恒式.’
매어 월계 구문 이위 항식

從之.
종지

甲申 幸昌德宮 暮還. 甲士李綏犯蹕 罪應絞 上曰: “衛士不當
갑신 행 창덕궁 모환 갑사 이완 범필 죄응교 상왈 위사 부당

以常人犯蹕論也.” 釋之.
이 상인 범필 논야 석지

乙酉 賜前護軍林溫苧麻布. 溫 本日本對馬人也. 曾爲賊魁 上
을유 사 전 호군 임온 저마포 온 본 일본 대마인 야 증위 적괴 상

因其降 撫育之. 以老病乞歸 慰遣之.
인 기항 무육 지 이 노병 걸귀 위견 지

丙戌 幸昌德宮 日暮乃還.
병술 행 창덕궁 일모 내환

丁亥 賑西北面飢. 司諫院上疏曰:
정해 진 서북면 기 사간원 상소 왈

'賑窮賙乏 王政之所不可廢也. 周官司徒之屬 掌以里之委積

以恤艱厄; 縣鄙之委積 以待凶荒. 厥後 漢常平 唐義倉 亦以此

也. 國家置義倉以平糶糴 發倉廩以賑窮乏 積穀備災之道 可謂

至矣. 近年西北一道 水旱相仍 飢饉荐臻 義州 麟州 昌城 碧潼等

十二州尤甚. 殿下軫念 春初遣臣金晊 往視賑恤 誠殿下父母斯民

之至恩也. 然而發倉賑濟 關於監司 敬差官不敢擅焉. 其賑濟也 每

一人 日給米一升 小者則五合 其意蓋欲守令 日加巡視 撙節均養

也. 臣等以爲守令 雖有慈祥惻怛之心 以境壤之廣 飢民之多 焉得

一日之內 家至而戶給哉? 且西北面土性 不宜麰麥 民食之艱 夏月

尤甚 而敬差官今已復命 臣等竊恐救荒之政緩 而野有餓莩矣. 傳

曰: "所資者財用 所收者人心." 若不失人心 何憂乏用! 伏望殿下

遣朝臣之有惠愛者 捐數千石之米 與其守令 巡行均養 無有餓莩

便宜事件 一依敬差官區處 令西北之民 獲霑覆育之恩.'

上覽而卽下議政府擬議. 議政府請遣知印于其道.

戊子 上詣仁德宮獻壽. 上黨君李薆進聯云: "堯舜同歡相獻壽."

上對句云: "蕭曹今日更成功." 唱和極歡至夜. 上王執殿下袖相舞

乃罷.

己丑 光祿卿權永均 回自京師 啓曰: "去庚寅年十月二十四日

顯仁妃權氏 以病卒于濟南路 仍殯于其地 令濟南民蠲役守護 將

欲遷之 合葬于老皇后也." 永均曾拜光祿職 未受誥命 至是錫之

其待遇之厚 倍於前日. 帝賜言之時 含淚傷嘆 至不能言.
기 대우 지 후　배어 전일　제 사언 지 시　함루 상탄　지 불능 언

賜撫安君芳蕃妻慶寧翁主王氏米二十石.
사 무안군 방번 처 경녕 옹주 왕씨 미 이십 석

庚寅 還御昌德宮.
경인　환어 창덕궁

命重修興天寺舍利殿. 上聞殿荒廢 命住持僧曰：“殿乃太祖所建
명 중수 흥천사 사리 전　상 문 전 황폐　명 주지승 왈　전 내 태조 소건

予嘗不忘. 爾等 佛氏之徒也 何不敬至此乎？ 抑於僧行然歟？”
여 상 불망　이등　불씨 지 도 야　하 불경 지 차 호　억 어 승 행 연 여

其僧不能對. 又命曰：“自今以後 爲遣提擧內官而監之 爾等朝夕
기승 불능 대　우 명 왈　자금 이후　위 견 제거 내관 이 감 지　이등 조석

勤謹毋怠.”至是修之.
근근 무태　지시 수지

罷慶源鎭. 慶源嘗爲北戎所敗① 且德安二陵遷于咸州 其兵馬使
파 경원진　경원 상 위 북융 소패　차 덕안 이릉 천 우 함주　기 병마사

河敬復獨留 無與守者 命敬復還 遂罷其鎭.
하경복 독류　무 여 수자　명 경복 환　수 파 기진

| 원문 읽기를 위한 도움말 |

① 慶源嘗爲北戎所敗. ‘爲~所~’의 구문으로 ‘~에게 ~당하다’라는 뜻이다.
　경원 상 위 북융 소패　위　소

태종 11년 신묘년
4월

四月

신묘일(辛卯日-1일) 초하루에 통례문판사(通禮門判事) 김관도(金觀道)의 빈소(殯所)에 쌀과 콩 20석과 종이 100권을 부의(賻儀)로 내려 주었다.

○ 명해 영의정부사(領議政府事) 하륜(河崙)을 지공거(知貢擧)¹로, 좌의정(左議政) 성석린(成石璘)을 동지공거(同知貢擧)로 삼아 권극중(權克中) 등 33명을 뽑았다.

○ 명해 남산의 송충이를 잡게 했다.

임진일(壬辰日-2일)에 전(前) 완산부윤(完山府尹) 한답(韓答) 등 29명을 사면했다. 답(答) 및 전 판사(判事) 권문의(權文毅)는 경외종편(京外從便)하게 하고, 박모(朴謨)·유후(柳厚)·윤하(尹夏)는 외방종편(外方從便)하게 하고, 조호(趙瑚)의 처(妻)와 아들 및 며느리와 딸 등은 면천(免賤)시켰다. 조순화(趙順和)·이중귀(李仲貴)·이무(李茂)의 아들, 유기(柳沂)의 아들, 조희민(趙希閔)의 아들, 윤목(尹穆)의 아

---

1 고려시대 과거의 시험관을 말한다. 부시험관은 동지공거(同知貢擧)라 했다. 지공거라는 칭호는 당(唐)·송(宋)나라에서 쓰였던 것으로, 고려에서는 광종(光宗) 9년(958년) 과거제의 실시와 함께 사용된 이래 몇 차례 개칭을 겪으면서도 조선 태종(太宗) 때까지 이어져왔다. 지공거에 대해 당해 연도의 급제자들은 좌주(座主) 또는 은문(恩門)이라 칭하며 평생 부모처럼 모셨고 문생(門生)의 예를 행했다. 지공거 제도는 조선 태종(太宗) 13년(1413년) 좌주와 문생 간의 사적인 유대 관계의 강화와 그 폐단이 지적돼 폐지됐다.

들, 강사덕(姜思德)의 아들은 역사(役事)를 면제시켜 외방에 편한 데로 거처하게 했다. 이윽고 상(上)이 편전(便殿)에 나아가 의정부지사 박신(朴信)에게 일러 말했다.

"이무 등의 처자에게 역사(役事)를 면제하란 일을 이미 정부에 내렸는데 어찌하여 가부를 아뢰지 않는가? 정부에서 사리에 맞지 않다고 생각하는가?"

좌사간(左司諫) 유사눌(柳思訥)이 나아와 말했다.

"대역(大逆)을 범한 사람은 그 죄가 마땅히 연좌(緣坐)돼야 하는데 전하께서 특별히 너그러운 은전(恩典)을 베푸시어 그 죄를 강등시켜 정역(定役)에 처하셨거늘 지금 또 이들을 면해주심은 너무 지나치지 않겠습니까?"

상이 말했다.

"저들의 죄는 황천(皇天)도 이미 알고 있으니 내가 너그럽게 용서하는 것도 마땅하지 않겠는가? 또 저 사람들의 처자(妻子)는 조금도 복역(服役)한 적이 없는데 지금 굶주림과 추위에 떨고 있으니 마땅히 하루속히 의논해 아뢰도록 하라."

대사헌(大司憲) 황희(黃喜)가 나아와 말했다.

"상께서 비록 너그럽게 용서하라 하시더라도 너무 빠르지 아니합니까?"

상이 말했다.

"저 사람들의 죄를 용서하느냐 용서하지 않느냐의 여하(如何)에 달려 있는 것뿐인데 그 일이 더디고 빠른 것을 논함이 옳겠는가? 또 조호(趙瑚)의 죄는 다만 큰 소리를 쳤을 뿐인데 그 몸이 극형(極刑)을 당했으니 그 처자를 면해주는 것이 마땅하다."

희(喜)가 다시 나아와 말했다.

"호(瑚)의 말은 진실로 종사(宗社)에 관계되는 일이오니 가볍게 용서할 수 없습니다."

○ 하정사(賀正使) 형조판서(刑曹判書) 임정(林整), 부사(副使) 한성부윤(漢城府尹) 정역(鄭易), 사은사(謝恩使) 영가군(永嘉君) 권홍(權弘), 부사 총제(摠制) 김미(金彌), 종마진헌사(種馬進獻使) 이조참의(吏曹參議) 우홍강(禹洪康)과 광록시소경(光祿寺少卿) 정윤후(鄭允厚) 등이 경사(京師)에서 돌아왔다. 제(帝)가 윤후의 딸을 총애해 벼슬을 내려주고 또 금(金) 1정(錠), 백은(白銀) 10정, 단자(段子) 50필(匹)을 내려주었다. 임정이 예부(禮部)의 자문(咨文)을 싸 가지고 왔는데 그 자문은 이러했다.

'성지(聖旨)를 받들어 광록시경(光祿寺卿) 권영균(權永均), 소경(少卿) 정윤후(鄭允厚)·여귀진(呂貴眞)·이문명(李文命)과 홍려시경(鴻臚寺卿) 임첨년(任添年), 소경(少卿) 최득비(崔得霏)가 모두 적당한 봉록(俸祿)을 받았으나 길이 멀어 가지고 갈 수 없으므로 공문으로 알리오니 왕(王)께서 본국(本國)에 이관(移關)해 그들에게 주십시오. 공경히 이 뜻에 의해 이제 그 급료(給料)의 액수를 기록합니다. 광록시경은 월봉(月俸)이 26석(石)이고, 소경은 16석이며, 홍려시경은 24석이요, 소경은 14석입니다.'

을미일(乙未日-5일)에 칠원군(漆原君) 윤자당(尹子當, ?~1422년)[2]을

---

2 조선 건국 후 병조전서(兵曹典書)를 역임하던 중 1400년(정종 2년) 1월에 발생한 2차 왕자

기복(起復)³시켰다.

○ 복시(覆試)에서 하륜(河崙)과 성석린(成石璘) 등이 권극중(權克中) 등을 뽑아 극중(克中)을 제1로 삼았다. 극중이 곧 내섬시주부(內瞻寺主簿)와 세자좌정자(世子左正字)에 임명됐다.

정유일(丁酉日-7일)에 명해 용무사부사직(龍武司副司直) 한사량(韓士良)을 장(杖) 80대를 속(贖)하게 해 수군(水軍)에 채워 넣었다. 병조(兵曹)에서 글을 올렸다.

'사량(士良)은 미천한 사람으로 요행히 활쏘기와 말타기에 능해 과분하게 성상(聖上)의 은혜를 받아 6품직을 받기에 이르렀으니 마땅히 힘을 다해 몸을 잊고 성은(聖恩)에 보답하기를 도모해야 할 것입니다. (그런데) 근일에 무재(武才)를 시취(試取)할 때 거짓으로 "능하지 못하다"면서 갑사(甲士)를 규피(窺避)했으니 그 마음이 반드시 다른 데 있어 죄가 마땅히 주벌(誅罰)을 해도 용납할 수 없습니다. 바라건대 고신(告身)을 거두고 법에 의거해 엄히 징계해 금병(禁兵)의 경계가 되게 해야 할 것입니다.'

의 난(방간의 난, 박포의 난)을 진압하는 데 공을 세웠다. 태종 즉위 후 익대좌명공신(翊戴佐命功臣)으로 책봉돼 토지 60결, 노비 6명, 백은 25냥을 하사받았다. 1407년(태종 7년) 경상도 병마도절제사, 1408년 진주·상주도 병마도절제사, 판창원부사, 경상우도 수군도절제사 등 남도의 외직을 주로 역임하면서 왜구 토벌에 공을 세웠다. 1411년(태종 11년) 이후에는 길주도 도안무찰리사를 맡아 북방을 안정시키는 임무를 수행했다. 1414년 6월 흠문기거사(欽問起居使)로 명나라에 파견돼 황제의 요구 사항을 받아 돌아와 처리했다. 세종 즉위 후에는 평안도 병마도절제사에 임명된 뒤 다시 명나라에 사신으로 파견됐다. 1420년(세종 2년) 군기감제조로서 전함을 시험하는 등 군사 장비를 갖추는 데 노력했다.

3 부모(父母)의 상중(喪中)에 있는 관리를 탈상(脫喪) 전에 벼슬에 나오게 하는 일을 말한다. 기복출사(起復出仕), 탈정기복(奪情起復), 기복행공(起復行公)이라고도 한다.

○ 이직(李稷)을 이조판서(吏曹判書)로, 정이오(鄭以吾)를 자헌대부(資憲大夫-정2품)·검교판한성부사(檢校判漢城府事)·동지춘추관사(同知春秋館事)로 삼았다.

○ 명해 무인년(戊寅年-1398년)에 사정(事情)이 있어서 신정(申呈)하지 못한 노비(奴婢)의 송사(訟事)를 유사(攸司)로 하여금 들어서 다스리게 했다[聽理=聽治]. 의정부에서 아뢰었다.

"정축년(丁丑年-1397년)과 무인년에 노비(奴婢)를 변정(辨定)할 때 나이 14세 이하로 아직 성정(成丁-성인)이 되지 못한 자의 부모가 가지고 있던 노비를, 동복(同腹) 3·4촌(寸)이나 타인이 전집(專執)하고 있는 것은 진고(陳告)를 허락해 접수해서 결절(決絶-판결)해야 할 것입니다."

○ (의정부에서) 또 아뢰었다.

"전에 왜인(倭人)에게 포로로 잡혀 일본(日本)으로 들어갔다가 정축년과 무인년 뒤에 나온 자와 공사(公事)로 인해 다른 나라에 있다가 연한(年限)에 미치지 못한 자들이 노비를 서로 다투는 일은 소장을 받아들이도록 허락해야 할 것입니다."

그것을 따랐다.

○ 명해 민방보(閔邦寶), 민수산(閔壽山), 김척(金陟), 김영부(金英富), 김옥겸(金玉謙), 김천년(金千年), 박지(朴枝)의 고신(告身)을 지급했다.

경자일(庚子日-10일)에 달이 목성(木星)을 범(犯)했는데 간격이 반 척(半尺)쯤 됐다.

○ 세자가 종친을 거느리고 광연루(廣延樓)에서 (상께) 헌수(獻壽)

하니 매우 즐기다가 마쳤다.

임인일(壬寅日-12일)에 창덕궁직(昌德宮直) 임생의(任生義)에게 곤장을 때려 유배 보냈다. 생의(生義)가 함부로 궁문(宮門)을 열었으므로 율(律)에 의하면 마땅히 교형(絞刑)에 해당됐다. 명해 1등(等)을 감(減)해 곤장 100대를 때려 외방(外方)에 유배 보내게 했다.

갑진일(甲辰日-14일)에 흥신궁(興信宮)을 군자감(軍資監)에 이속(移屬)시켰다. 호조판서(戶曹判書) 이응(李膺)이 아뢰어 말했다.

"예빈시(禮賓寺)에 흥신궁을 합속(合屬)시킬 경우 전지(田地)의 소출(所出)이 예빈시(禮賓寺)에는 긴요하지 아니하오니 바라건대 군자감(軍資監)으로 이속시키소서."

그것을 따랐다.

○ 병조(兵曹)에 명했다.

"이제부터 무과(武科) 친시(親試)는 본조(本曹)와 의흥부(義興府) 훈련관(訓鍊觀)에서 관장하고 이를 항식(恒式)으로 삼으라."

병조의 청을 따른 것이다.

○ 고신법(告身法)을 토의했다. 상이 말했다.

"무릇 벼슬을 제수(除授)함에 있어 혹은 문음(門蔭)으로, 혹은 문장(文章)으로, 혹은 무예(武藝)로, 혹은 군공(軍功)으로 인해 각각 그 직책에 맞지 않음이 없는데 대간(臺諫)이 고신(告身)을 서출(署出)할 때에 이르면 간혹 허물[痕咎]로 인해 100일이 지나도록 서출하지 않고, 심한 경우에는 다시 100일이 지나서 마침내 그 직(職)을 파하게 하니 과인(寡人)의 제수(除授)하는 본의(本意)에 매우 어긋난 일이다. 임금이 신하의 벼슬을 제수하는데 대간(臺諫)이 명을 어기고[方命]^{방명} 행하지 않으니 이러한 이치가 어디 있겠는가? 내 이것을 매우 싫어하니 이제부터 1품에서 9품에 이르기까지 모두 관교(官敎)⁴로 내려주는 것이 어떻겠는가?"

여러 경들의 의견이 분분해[紛紜]^{분운} 결정짓지 못했다.

○ 이조정랑 신장(申檣)과 좌랑 유미(柳渼)를 파직했다. 사헌부에서 아뢰었다.

"장(檣)과 미(渼)가 감찰(監察) 신홍생(辛鴻生)과 이사백(李師伯)의 사첩(謝牒-직첩)을 하루가 지나서야 비로소 서출했으므로 그 까닭을 핵문(劾問)하니 그들이 대답하기를 '홍생(鴻生)과 사백(師伯) 등의 사첩을 즉시 서출하지 않은 것은 모두 원의(圓議)⁵가 순조롭지 못했기 때문이다'라고 했습니다. 본부(本府)에서 또 장 등을 핵문하기를 '두 사람에 대한 원의가 순조롭지 못한 것은 무슨 까닭이었는가? 이조(吏曹)에서 사첩을 서출할 때 허물을 논의하는 것이 고례(古例)에 있는가, 없는가? 대체로 문선(文選)의 관리로서 감히 허물이 있는 사람을 일찍이 (상께) 아뢰지도 않고 직접 감찰(監察)을 제수한 이유는 무엇 때문인가?'라고 하니 대답하기를 '본조(本曹)에서 무릇 부인(婦人)의 봉작(封爵)을 받았거나, 초입사(初入仕)로 신래(新來)해 종사(從仕)하는 자나 부모(父母)의 전지(田地)를 체수(遞受)한 자나 모

---

4 임금이 문무관 1품에서 4품까지의 관리에게 내리는 사령(辭令)을 말한다.
5 벼슬을 받은 사람의 서경(署經)을 관련자들이 둘러앉아 의논하는 일을 말한다.

두 각 품(品)의 정안(政案)[6]에 기록해 인품(人品)을 분별(分別)하는데 붉은 점[朱點]과 검은 점[黑點]을 찍어 한결같이 원의(圓議)를 행하고 있으니 어찌 조사(朝謝-직첩)에 있어서만 인품을 가리지 않겠는가?'라고 했습니다. 신 등이 생각건대 장과 미는 모두 문선사(文選司)의 관리로서 오로지 전주(銓注)[7]를 관장하고 있으니 진실로 허물이 있다면 제수할 때에 아뢰어 논박(論駁) 시정(是正)하는 것이 그 직책이온데, 이미 이와 같이 아니하고 대간(臺諫)에서 서경(署經)한 뒤에 각 품(品)의 정안(正案)과 부인(婦人)의 봉작(封爵) 등의 예(例)를 끌어다가 함부로 법을 세워 칭탁하기를 '원의가 순조롭지 못하다'라고 해 여러 번 제좌(齊坐)[8]를 거치고도 서출하려 하지 않았으니 위 사람들의 죄를 상(上)께서 재가(裁可)하시기 바랍니다."

그래서 이런 명이 있었다.

을사일(乙巳日-15일)에 사람을 요동(遼東)에 보내 제사(祭祀)에 쓸 양(羊)을 바꿔 오게 했다.

○ 명해 의정부(議政府) 조방(朝房)[9]을 진선문(進善門) 밖에 짓게 했다.

---

6 이조(吏曹)와 병조(兵曹)에서 각기 문관(文官)과 무관(武官)의 그 출신(出身)한 연월(年月)의 차례와 벼슬자리의 일이 힘들고 편한 것을 가른 것과, 재직(在職)했을 때에 잘하고 못한 것을 표시한 것과, 그 자리에 대해 재주가 있고 없는 것을 갖춰 적어서 전주(銓注)의 참고로 하던 책으로 오늘날의 인사 존안 자료와 같은 것이다.

7 인사전형(人事銓衡)을 말한다.

8 여러 사람이 모여 앉아 인사(人事)에 대한 일을 의논하는 것을 말한다.

9 조정의 신하들이 조회 시간을 기다리며 쉬던 방을 가리킨다.

무신일(戊申日-18일)에 경기(京畿)·풍해도(豊海道)와 서북면(西北面)에 조수(潮水)가 넘쳐 올라왔다[漲溢]. 인천(仁川)에는 조수가 넘쳐 올라 예전 흔적보다 3척(尺)가량 더 불었고 안주(安州) 등 연해(沿海) 13개 군(郡)에서는 조수가 넘쳐 화곡(禾穀)이 많이 손상됐으며 풍해도에서도 물이 넘쳐 예전 흔적보다 3척가량 더 불었다.

기유일(己酉日-19일)에 황거정(黃居正) 아내의 빈소(殯所)에 부의(賻儀)를 내려주었다. 거정(居正)의 아내가 죽으니 상이 부의를 보내려고 했으나 유사(有司)에서 예(例)가 없다고 말했다. 상이 명했다.

"공신(功臣)들이 벌써 반도 남지 아니했으니 이때를 기해 예를 만드는 것이 좋겠다."

드디어 쌀 20석과 종이 100권을 내려주었다.

경술일(庚戌日-20일)에 삼공신(三功臣)이 광연루(廣延樓)에서 헌수(獻壽)하니 매우 즐기다가 마쳤다.

○ 전농시판사(典農寺判事) 권집지(權執智)를 보내 경사(京師)에 가게 했다. 집지(執智)는 곧 집중(執中)의 아우이자 현인비(顯仁妃)의 숙부(叔父)다. 그래서 그를 진향사(進香使)로 삼았다. 백저포(白苧布)와 흑마포(黑麻布) 각각 50필을 주어 제전(祭奠)의 비용을 삼게 하고 또 제문(祭文)도 있었다.

○ 동부대언(同副代言) 이발(李潑)에게 명해 영의정부사(領議政府事) 하륜(河崙)을 숭례문(崇禮門) 밖에서 전송하게 했다. 륜(崙)이 선영(先塋)에 배소(拜掃-성묘)하기 위해 (경상도) 진양(晉陽)에 돌아가

고자 원했기 때문에 발에게 명해 전송하게 한 것이다. 또 세자에게 명해 떠나는 것을 전송하게 하고 중궁(中宮)도 중관(中官)으로 하여금 전송하게 했다.

임자일(壬子日-22일)에 종묘(宗廟)의 4실(四室)에 존호(尊號)를 가상(加上)했다. 목왕(穆王)의 시호(諡號)를 인문성목대왕(仁文聖穆大王), 묘호(廟號)를 목조(穆祖)[10]라 하고, 효비(孝妃)의 시호(諡號)를 효공왕

---

10 이름은 이안사(李安社)다. 이성계의 가계가 역사상 확실하게 나타나는 것은 1170년(의종 24년) 경부터이다. 이때 무신란을 주도한 이의방(李義方)의 동생 이린(李隣)이 이색(李穡)이 지은 「이자춘신도비(李子春神道碑)」에 나오는 이성계의 6대조로 보이므로 전주 이씨 일족은 적어도 무신란 직전부터 무반직에 올라 있었다고 봐야 할 것이다. 그 뒤 1174년(명종 4년) 이의방이 피살되자 이린은 낙향했는데, 손자 이안사에 이르러 역사적 인물로 뚜렷하게 부각됐다. 전주의 토호였던 이안사가 전주를 떠나게 된 것은 관기를 둘러싸고 지주(知州) 및 산성별감(山城別監)의 비위에 거슬렸기 때문이었다. 처벌을 받을 것을 눈치채고 이를 피해 가솔과 토착인 170여 호를 거느리고 삼척으로 이주했다. 그러나 삼척에 정착한 지 얼마 뒤, 이곳에 부임한 안렴사(按廉使)가 공교롭게도 전주에서 다퉜던 산성별감이었다. 이에 1253년(고종 40년) 다시 일행을 거느리고 해로를 통해 덕원부(德源府), 즉 의주(宜州)로 옮겼다. 이때 휘하에는 전주에서부터 따라온 170여 호뿐만 아니라 삼척과 덕원에서도 따르는 사람이 많아 큰 족단(族團)을 이뤘다. 고려 정부는 이안사를 회유하기 위해 의주병마에 임명하고 고원(高原)을 지키게 했다. 당시 의주에서 북쪽으로 100여 리 되는 쌍성에 원(元)의 침략군 장수 산길(散吉)이 주둔하고 있었다. 1254년 산길은 이곳에서 점차 세력이 확장되고 있는 이안사를 견제하기 위해 회유하여 의주에서 개원로 남경(南京)의 알동(斡東)으로 옮기게 하고 오천호소(五千戶所)의 수천호(首千戶)로서 다루가치(達魯花赤)를 겸하게 했다. 그리하여 이안사는 고려의 관직을 버리고 투항해 원나라의 관직을 받은 셈이 됐다. 그 뒤 1258년에 동북면으로 침입하는 몽골군과 대항해 싸우던 동북면 병마사 신집평(愼執平)이 무리한 입도작전(入島作戰)으로 주민의 반감을 사서 곤경에 빠져 있었다. 그러던 중 용진현인(龍津縣人) 조휘(趙暉)와 정주인(定州人) 탁청(卓靑)이 신집평을 살해한 뒤 몽골에 투항했다. 몽골은 화주(和州)에 쌍성총관부(雙城摠管府)를 설치하고 조휘를 총관, 탁청을 천호(千戶)로 삼았다. 결국 이안사는 쌍성에서 고려를 배반한 조휘·탁청과 같은 무리가 됐다. 그 뒤 20여 년간 오동에 거주하면서 여진족까지 다스리다가 세력 기반을 아들 이행리(李行里)에게 넘겼다. 능호는 덕릉(德陵)으로 처음 경흥성(慶興城) 남쪽에 있었으나 1410년(태종 10년) 함흥 서북쪽으로 옮겼다. 부인의 능호가 안릉(安陵)이다.

후(孝恭王后)라 했으며, 익왕(翼王)의 시호는 강혜성익대왕(康惠聖翼大王), 묘호는 익조(翼祖)[11]라 하고, 정비(貞妃)의 시호는 정숙왕후(貞淑王后)라 했으며, 도왕(度王)의 시호는 공의성도대왕(恭毅聖度大王), 묘호는 도조(度祖)[12]라 하고, 경비(敬妃)의 시호는 경순왕후(敬順王后)라

---

11 1275년(충렬왕 1년)에 아버지로부터 천호 및 다루가치의 직을 세습했다. 그가 알동(斡東)에서 세력을 다지고 있는 동안 원나라의 세조는 일본 침략을 준비하고 있었다. 이때 원나라의 명령을 받고 본소(本所)의 군인을 선발해 원정군에 협력했다. 이 무렵 그가 충렬왕을 알현한 기사가 『고려사』에 실려 있다. 그는 엄연히 원나라의 신하가 된 역신인데도 충렬왕은 그를 옛날의 신하로 온건하게 대했다. 그도 충렬왕에게 고려를 배반한 죄과를 용서해줄 것을 빌었던 것으로 나타나 있다. 알동에 살면서 안변·화주·함주에도 자주 내왕해 활동영역을 넓혔다. 1300년에 원나라로부터 승사랑의 산계(散階)를 받은 것은 부원(附元) 세력으로서 확고한 기반을 닦고 있었음을 입증한다. 그러나 아버지 안사 때와는 달리 여진인과 마찰을 빚었다. 그것은 이때 원나라의 통치력이 약화하고 원장(元將) 산길(散吉)의 영향력이 없어졌기 때문이었다. 여진인들은 기성(崎城)을 정찰하는 도중에 그를 제거하려 했다. 그러나 그는 재빨리 두만강 하류의 적도(赤島)로 피해 화를 면했다. 알동의 주민이 이곳으로 옮겨 와서 한동안 같이 살았다. 1290년(충렬왕 16년) 직도(稷島)·추도(楸島)·초도(草島)의 재목으로 배 10척을 만들어 뱃길로 연고지인 의주로 옮겨 와서 살다가 죽었다. 능은 지릉(智陵)으로 안변 서쪽에 있다.

12 이름은 이춘(李椿)이다. 원나라로부터 아버지의 천호 관직을 계승하고 아울러 발안첩목아(孛顔帖木兒)라는 몽골식 이름을 받았다. 처음에 박씨와 결혼해 탑사불화(塔思不花)와 이자춘(李子春)을 낳았다. 박씨가 죽자 쌍성총관(雙城摠管)의 딸 조씨(趙氏)와 재혼해 완자불화(完者不花)와 이나해(李那海)를 낳았으며, 곧 의주에서 화주로 옮겼다. 그가 이때 화주(지금의 함흥평야)로 옮긴 것은 농업과 목축에 편리한 점도 있었지만, 후처 조씨가 조휘(趙暉)의 손녀였으므로 처가의 정치적 세력을 이용하려는 의도에서였다. 그러나 이것은 오히려 후계자 싸움을 불러일으켰다. 1334년(충숙왕 복위 3년)부터 풍질(風疾)을 앓게 되어 전처소생인 탑사불화를 계승시키려 했으나 후처인 조씨는 그녀의 맏아들인 완자불화로 계승하기를 원했다. 그해 원나라에서는 중서성차관(中書省差官)으로 하여금 이행리를 따라온 알동의 백성을 뽑아서 다른 곳으로 옮기려는 계획을 세웠는데, 이는 원류이민(原流移民)을 분리시켜 세력을 약화시키려는 것이었다. 이러한 원나라의 책동 배후에는 후처인 조씨가 개입돼 있었다. 이춘이 죽자 탑사불화가 습직했으나 2개월 뒤에 죽었고, 이 때문에 후계자 싸움이 벌어지게 됐다. 아들 이교주(李咬住)가 어렸으므로 탑사불화의 이복동생 이나해(李那海)가 야심을 품고 모계인 조총관의 세력을 배경으로 관직을 세습, 이교주와 대립하게 됐다. 이 결과 전처소생과 후처소생 사이에 갈등이 벌어지게 됐다. 이춘의 전처 박씨는 알동백호(斡東百戶) 박광(朴光)의 딸이고 탑사불화의 처인 이교주의 어머니도 박씨였으므로 결국 남방 유이민의 후예인 박씨 세력과 조씨 세력의 대결이 됐다.

했으며, 환왕(桓王)의 시호는 연무성환대왕(淵武聖桓大王), 묘호는 환조(桓祖)[13]라 하고, 의비(懿妃)의 시호는 의혜왕후(懿惠王后)라 했다.

갑인일(甲寅日-24일)에 대언사(代言司)에 명해 권영균(權永均) 등을 연

이들의 대결은 상중에 원나라에서 직첩으로 내린 선명(宣命-황제의 명령)과 인신(印信)을 이나해가 훔쳐 감으로써 절정에 달했다. 이에 이자춘은 형수 박씨에게 이교주를 데리고 개원로(開元路)에 가서 호소하게 했다. 결국 원나라에서 조씨는 적실이 아니므로 조씨 소생은 세습할 수 없고, 이교주는 유약하므로 장성할 때까지 숙부 이자춘이 습직할 것을 명해 사건을 마무리 지었다. 이때 원나라에서 박씨 세력을 옹호한 것은 쌍성총관인 조씨의 독점 세력이 형성되는 것을 꺼렸기 때문이다. 능은 의릉(義陵)으로 함흥에 있다.

13 이름은 이자춘(李子春)이다. 조카 이교주(李咬住)가 장성할 때까지 잠정적으로 형의 천호(千戶) 관직을 이어받았으나, 후에 독자적인 체제를 굳혔다. 그는 원나라의 후원에 힘입어 부원(附元) 세력인 조씨(趙氏)와의 대결에서 승리하고 그 직책을 이어받았다. 그러나 그 뒤 원나라의 정책으로 타격을 입게 되자 차츰 원나라에 대해 회의를 느끼게 됐다. 당시 원나라는 이른바 삼성조마호계(三省照磨戶計)라 해 중서성(中書省), 요양성(遼陽省), 정동행중서성(征東行中書省) 등 3성의 원주민과 이주민을 구분해 호적을 작성했다. 그 의도는 원주민을 우대하고 국외의 이주자를 데려오는 것이었다. 이는 이주민을 세력 기반으로 구축하고 있던 그에게 치명적인 타격이 됐다. 한편 공민왕은 원명 교체기에 원나라의 세력이 약해진 틈을 타서 반원정책을 추진했다. 그는 동북면의 쌍성총관부(雙城摠管府)와 연결된 친원 기씨(奇氏) 세력을 제거하기 위해 이 지역에서 유이민을 기반으로 세력을 형성한 이자춘을 끌어들일 필요성을 느꼈다. 이자춘도 대대로 구축해온 세력 기반을 유지하기 위해 1355년(공민왕 4년) 공민왕을 찾아 복종할 뜻을 비치자 공민왕은 그에게 소부윤(少府尹)을 제수했다. 이듬해 그는 유인우(柳仁雨)와 함께 동북면을 협공해 쉽사리 이 지역을 점령하고 99년 만에 회수했다. 이후 그는 공민왕의 반원정책에 가세해 뿌리 깊게 대립했던 조씨 세력을 제거한다. 또한 이때의 전공으로 대중대부사복경(大中大夫司僕卿)이 돼 저택을 하사받고 오랫동안 그의 기반이었던 동북면을 떠나 개경에 머물게 됐다. 개경에 머문 지 1년 만에 그가 동북면에 돌아가려 하자 그곳의 토착 기반을 이용해 공민왕을 배반할 우려가 있다며 조정의 신하들이 반대했다. 그러나 공민왕은 그가 아니면 동북면을 안정시킬 수 없다고 판단해 삭방도만호 겸 병마사(朔方道萬戶兼兵馬使)로 임명해 다시 영흥으로 돌아가게 했다. 그가 동북면에 이르러 4월에 병사함으로써 조정 신하들의 염려는 기우로 끝났다. 그가 죽은 뒤 그의 아들 이성계(李成桂)는 통의대부 금오위상장군 동북면 상만호가 돼 약관으로 정3품의 중앙 무관직과 선조의 기반인 상만호의 두 가지 직책을 맡게 됐다. 이는 이성계가 동북면의 토착 기반을 그대로 이어받은 것을 의미한다. 나아가 조선왕조 건국의 세력 기반이 되기도 했다. 능은 정릉(定陵)으로 함흥 동쪽에 있다.

향(宴享)하게 했다. 경사(京師)에서 돌아온 것을 위로하기 위함이었다.

을묘일(乙卯日-25일)에 한성부윤(漢城府尹) 오승(吳陞)을 보내 경사(京師)에 가게 했다. 천추절(千秋節)을 하례(賀禮)하기 위함이었다.

병진일(丙辰日-26일)에 회색(灰色)과 옥색(玉色)을 금지했다. 상이 조회(朝會)를 받고 지신사(知申事) 김여지(金汝知)에게 명해 말했다.

"내가 상사(喪事)를 마친 이후에 오늘에야 비로소 조회를 받았는데 백관(百官)의 복색(服色)이 모두 흰빛에 가까우니 이것을 보고 매우 놀랐다. 옛사람이 이르기를 '성문(星文)이 도수(度數)를 잃는데 흰옷을 입는 것은 오랑캐의 조짐이다'라고 했다. 이제부터 조회 때에는 너희가 먼저 채의(彩衣)를 입는 것이 좋겠다."

○ 동북면(東北面) 오음회(吾音會)의 동맹가첩목아(童猛哥帖木兒)가 개원로(開元路)로 이주(移住)했다. 오음회는 올량합(兀良哈)의 지명(地名)이다. 맹가첩목아가 일찍이 경원부(慶源府)를 침범했다가 정벌을 당할 것을 두려워해 봉주(鳳州)로 이사했으니 봉주는 곧 개원(開元)이요, 김어허출(金於虛出)이 사는 곳이며, 어허출은 바로 황제의 제3황후(第三皇后)의 아버지다.

정사일(丁巳日-27일)에 명해 석전의(釋奠儀)를 상정(詳定)하게 하고, 또 기자(箕子)[14]에게 제사(祭祀)를 드리게 했다. 예조참의(禮曹參議)

---

14 중국 상(商)의 군주인 문정(文丁)의 아들로 주왕(紂王)의 숙부(叔父)다. 주왕의 폭정(暴

허조(許稠)가 아뢰어 말했다.

"신이 일찍이 상국(上國)에 조회(朝會)하러 갔다가 궐리(闕里)[15]에 들러 석전의(釋奠儀)를 봤는데 지금 국가에서 사용하고 있는 의식과 서로 다름이 있습니다. 청컨대 고증(考證)을 가하시기 바랍니다."

또 기자에게 제사 지내기를 청하니 상이 말했다.

"기자만 못한 사람에게도 오히려 모두 제사를 지내고 있는데 오직 기자란 성인에게만 제사하지 아니함은 무슨 까닭인가? 이제부터는 마땅히 제사를 지내도록 하라."

무오일(戊午日-28일)에 이성중(李誠中, 1330~1411년)[16]을 검교좌정승(檢校左政丞)으로 삼았다.

기미일(己未日-29일)에 (햇무리의 일종인) 일관(日冠)이 나타났다.

○ 내수(內竪-내시) 안화상(安和尙)을 경상도(慶尙道) 중모(中牟)와 화령(化寧) 등의 현(縣)에 보내 화기(花器-꽃을 담는 그릇)를 만드는 것[做=作]을 감독하게 했다.

政)에 대해 간언(諫言)을 하다 받아들여지지 않자 미친 척을 하여 유폐(幽閉)됐다. 상이 멸망한 뒤 석방됐으나 유민(遺民)들을 이끌고 주(周)를 벗어나 북(北)으로 이주했다.

15 중국 산둥성[山東省] 곡부현(曲阜縣)에 있는 공자(孔子)의 출생지다.

16 고려 말 문과 출신으로 이성계(李成桂)가 조선을 건국하자 개국원종공신(開國原從功臣)이 됐다. 1396년(태조 5년) 축성도감제조(築城都監提調)로 있을 때 축성한 것이 견고하지 못하다는 이유로 하옥되기도 했다. 판공안부사(判恭安府事)를 거쳐 이때 명예직인 검교좌정승에 이르렀다.

辛卯朔 賜賻判通禮門事金觀道之殯米豆二十石 紙百卷.
신묘 삭 사부 판통례문사 김관도 지빈 미두 이십 석 지 백권

命領議政府事河崙知貢擧 左議政成石璘同知貢擧 取權克中等
명 영의정부사 하륜 지공거 좌의정 성석린 동지공거 취 권극중 등

三十三人.
삼십삼인

命拾松蟲于南山.
명습 송충 우 남산

壬辰 宥前完山府尹韓答等二十九人. 答及前判事權文毅
임진 유 전 완산부 윤 한답 등 이십 구인 답 급 전 판사 권문의

京外從便: 朴謨 柳厚 尹夏 外方從便: 趙瑚妻及子若婦女子等
경외종편 박모 유후 윤하 외방 종편 조호 처급자약 부녀자 등

免賤: 趙順和 李仲貴 李茂子 柳沂子 趙希閔子 尹穆子 姜思德子
면천 조순화 이중귀 이무 자 유기 자 조희민 자 윤목 자 강사덕 자

免役 隨便居外方. 旣而 上御便殿 謂知議政府事朴信曰: "李茂等
면역 수편 거 외방 기이 상 어 편전 위 지의정부사 박신 왈 이무 등

妻孥免役事 已下政府 何不可否以聞? 政府以爲未便乎?"左司諫
처노 면역사 이하 정부 하불 가부 이문 정부 이위 미편 호 좌사간

柳思訥進曰: "大逆之人 罪當緣坐 殿下特垂寬恩 降等定役 今又
유사눌 진왈 대역 지인 죄당 연좌 전하 특수 관은 강등 정역 금우

免之 無乃太過乎?"上曰: "彼人之罪 皇天已知之矣 在我寬之
면지 무내 태과 호 상왈 피인 지죄 황천 이지지 의 재아 관지

不亦宜乎? 且彼妻孥 少不服役 加以飢寒 宜速議聞."大司憲黃喜
불역 의호 차 피 처노 소불 복역 가이 기한 의속 의문 대사헌 황희

進曰: "上雖寬宥 無乃太速乎?"上曰: "彼人之罪 在宥不宥如何耳
진왈 상수 관유 무내 태속 호 상왈 피인 지죄 재유 불유 여하 이

可論其遲速乎? 且趙瑚之罪 徒說大言而已 身被極刑 宜免妻孥."
가 논 기 지속 호 차 조호 지죄 도설 대언 이이 신피 극형 의면 처노

喜復進曰: "瑚之言 實關宗社 不可輕宥也."
희 부 진왈 호지언 실관 종사 불가 경유 야

賀正使刑曹判書林整 副使漢城府尹鄭易 謝恩使永嘉君權弘
하정사 형조판서 임정 부사 한성부윤 정역 사은사 영가군 권홍

副使摠制金彌 種馬進獻使吏曹參議禹洪康及光祿寺少卿鄭允厚
부사 총제 김미 종마 진헌사 이조참의 우홍강 급 광록시 소경 정윤후

回自京師. 帝寵愛允厚之女 錫爵 且錫金一錠 白銀一十錠 段子
회자 경사 제 총애 윤후 지녀 석작 차 석금 일정 백은 일십정 단자

五十匹. 林整齋來禮部咨 曰:
오십 필 임정 재래 예부 자 왈

'奉聖旨 光祿寺卿權永均 少卿鄭允厚 呂貴眞 李文命 鴻臚寺
봉 성지 광록시 경 권영균 소경 정윤후 여귀진 이문명 홍려시

卿任添年 少卿崔得霏 合得的俸 因路遠關不將去 着王就本國關
경 임첨년 소경 최득비 합득 적봉 인 노원 관부장거 착 왕 취 본국 관

與他. 欽此 今開光祿寺卿月俸二十六石 少卿一十六石 鴻臚寺卿
여타 흠차 금개 광록시 경 월봉 이십 육 석 소경 일십 육 석 홍려시 경

二十四石 少卿一十四石.'
이십사 석 소경 일십 사 석

乙未 起復漆原君尹子當.
을미 기복 칠원군 윤자당

覆試 河崙 成石璘等所取權克中等 以克中爲第一. 克中 卽拜
복시 하륜 성석린 등 소취 권극중 등 이 극중 위 제일 극중 즉 배

內贍寺注簿 世子左正字.
내섬시 주부 세자 좌정자

丁酉 命龍武司副司直韓士良贖杖八十 充水軍. 兵曹上書:
정유 명 용무사 부사직 한사량 속장 팔십 충 수군 병조 상서

'士良 微者也. 幸以射御之能 過蒙聖恩 至受六品 宜盡其力 忘身
사량 미자 야 행 이 사어 지능 과몽 성은 지수 육품 의진 기력 망신

圖報. 近日取才時 佯爲不能 規避甲士 其心必異 罪不容誅. 乞收
도보 근일 취재 시 양위 불능 규피 갑사 기심 필이 죄 불용 주 걸수

告身 痛懲以法 以爲禁兵之戒.'
고신 통징 이법 이위 금병 지계

以李稷爲吏曹判書 鄭以吾資憲檢校判漢城府事知春秋館事.
이 이직 위 이조판서 정이오 자헌 검교 판한성부사 지춘추관사

命戊寅年有故未呈奴婢之訟 攸司聽理. 議政府啓:"丁丑戊寅年
명 무인년 유고 미정 노비 지송 유사 청리 의정부 계 정축 무인년

奴婢辨定時 年十四歲以下未成丁者之父母奴婢 爲同腹三四寸及
노비 변정 시 연 십사 세 이하 미성 정자 지 부모 노비 위 동복 삼사 촌 급

他人專執 許令陳告 接狀決絶."
타인 전집 허령 진고 접장 결절

又啓:"在前被倭擄 日本入歸 丁丑戊寅年後出來者及因公在
우계 재전 피 왜로 일본 입귀 정축 무인년 후 출래 자급 인공 재

他國限年不及者相爭奴婢事 許令接狀."從之.
타국 한년 불급 자 상쟁 노비 사 허령 접장 종지

命給閔邦寶 閔壽山 金陟 金英富 金玉謙 金千年 朴枝告身.
명급 민방보 민수산 김척 김영부 김옥겸 김천년 박지 고신

庚子 月犯木星 隔半尺許.
경자 월범 목성 격반 척허

世子率宗親 獻壽于廣延樓 極歡而罷.
세자 솔 종친 헌수 우 광연루 극환 이 파

壬寅 杖昌德宮直任生義 流之. 生義擅開宮門 律應絞. 命減
임인 장 창덕궁 직 임생의 유지 생의 천개 궁문 율 응교 명감

一等 杖一百流外方.
일등 장 일백 유 외방

甲辰 移屬興信宮于軍資監. 戶曹判書李膺啓曰: "禮賓寺合屬
갑진 이속 흥신궁 우 군자감 호조판서 이응 계왈 예빈시 합속

興信宮 田地所出 於禮賓不緊 願移屬軍資." 從之.
흥신궁 전지 소출 어 예빈 불긴 원 이속 군자 종지

命兵曹 自今武科親試 曹及義興府訓鍊觀掌之 永爲恒式. 從
명 병조 자금 무과 친시 조 급 의흥부 훈련관 장지 영위 항식 종

兵曹之請也.
병조 지 청야

議告身法. 上曰: "凡除授 或以門蔭 或文或武 或軍功 無不各稱
의 고신 법 상왈 범 제수 혹 이 문음 혹문혹무 혹 군공 무불 각칭

其職 至臺諫署出告身之時 或以痕咎 經百日不出 甚者再經百日
기직 지 대간 서출 고신 지시 혹 이 흔구 경 백일 불출 심자 재경 백일

遂罷其職 甚非寡人除授本意. 君除臣職 臺諫方命不行 無此理
수 파 기직 심비 과인 제수 본의 군 제 신직 대간 방명 불행 무 차리

也. 予甚惡之. 自今一品至九品 皆賜官敎如何?" 諸卿論議 紛紜
야 여 심 오지 자금 일품 지 구품 개사 관교 여하 제경 논의 분운

未定.
미정

罷吏曹正郎申檣 佐郎柳渼職. 司憲府啓:
파 이조정랑 신장 좌랑 유미 직 사헌부 계

"檣與渼 以監察辛鴻生 李師伯之謝 經日方始署出. 劾問其由
장 여 미 이 감찰 신홍생 이사백 지 사 경일 방시 서출 핵문 기유

則答以鴻生 師伯等謝 不卽署出 皆以圓議不順故也. 本府又劾問
즉 답 이 홍생 사백 등 사 부즉 서출 개 이 원의 불순 고야 본부 우 핵문

檣等以二人 圓議不順 以何緣故: 吏曹出謝之際 論議痕咎 古例
장 등 이 이인 원의 불순 이하 연고 이조 출사 지제 논의 흔구 고례

有無與夫 以文選之官 敢將有痕咎人員 不曾啓聞 直除監察之由
유무 여부 이 문선 지 관 감장 유 흔구 인원 부증 계문 직제 감찰 지유

則答以 '本曹凡遇婦人封爵 初入仕 新來從仕 父母田地遞受 乃至
즉 답 이 본조 범우 부인 봉작 초입사 신래 종사 부모 전지 체수 내지

籍各品政案 分別人品 點以朱黑 一皆圓議. 何獨於朝謝 不分
<small>적 각품 정안 분별 인품 점이 주흑 일개 원의 하독 어 조사 불분</small>

人品也哉?' 臣等竊謂 檣 渼 以文選司 專掌銓注. 苟有痕咎
<small>인품 야재 신등 절위 장 미 이 문선사 전장 전주 구유 흔구</small>

除授之際 啓聞駁正 是其任也 旣不如此 乃於署經臺諫之後 援引
<small>제수 지제 계문 박정 시기임 야 기불 여차 내어 서경 대간 지후 원인</small>

各品政案 婦人封爵等例 擅自立法 托以圓議不順 累經齊坐 不肯
<small>각품 정안 부인 봉작 등례 천자 입법 탁이 원의 불순 누경 제좌 불긍</small>

署出. 右員等罪 伏取上裁."
<small>서출 우원 등죄 복취 상재</small>

故有是命.
<small>고유 시명</small>

乙巳 遣人于遼東 易換供祭犧羊.
<small>을사 견인 우 요동 역환 공제 희양</small>

命營議政府朝房于進善門外.
<small>명영 의정부 조방 우 진선문 외</small>

戊申 京畿 豐海道 西北面 潮水漲溢. 仁川水漲 加舊痕三尺許;
<small>무신 경기 풍해도 서북면 조수 창일 인천 수창 가 구흔 삼척 허</small>

安州等沿海十三郡水溢 多損禾穀; 豐海道水亦加舊痕三尺許.
<small>안주 등 연해 십삼 군 수일 다 손 화곡 풍해도 수역가 구흔 삼척 허</small>

己酉 賜賻黃居正妻之殯. 居正妻死 上欲賻之 有司以爲無例
<small>기유 사부 황거정 처지빈 거정 처사 상욕 부지 유사 이위 무례</small>

命曰:"功臣已半不存 因此起例可也." 遂賜米二十石 紙百卷.
<small>명왈 공신 이반 부존 인차 기례 가야 수사미 이십 석 지 백권</small>

庚戌 三功臣獻壽于廣延樓 盡歡而罷.
<small>경술 삼공신 헌수 우 광연루 진환 이파</small>

遣判典農寺事權執智如京師. 執智乃執中之弟 顯仁妃之叔父
<small>견 판전농시사 권집지 여 경사 집지 내 집중 지제 현인비 지 숙부</small>

也. 故以爲進香使. 以白苧布黑麻布各五十匹 爲祭奠之資 且有
<small>야 고 이위 진향사 이 백저포 흑마포 각 오십 필 위 제전 지자 차유</small>

祭文.
<small>제문</small>

命同副代言李潑 餞領議政府事河崙于崇禮門外. 崙拜掃先塋
<small>명 동부대언 이발 전 영의정부사 하륜 우 숭례문 외 륜 배소 선영</small>

乞歸晋陽 故 命潑餞之. 且命世子餞行 中宮亦令中官餞之.
<small>걸귀 진양 고 명발 전지 차명 세자 전행 중궁 역영 중관 전지</small>

壬子 加上宗廟四室尊號: 穆王諡仁文聖穆大王 廟號穆祖 孝妃
<small>임자 가상 종묘 사실 존호 목왕 시 인문 성목 대왕 묘호 목조 효비</small>

諡孝恭王后; 翼王諡康惠聖翼大王 廟號翼祖 貞妃諡貞淑王后;
<small>시 효공 왕후 익왕 시 강혜 성익 대왕 묘호 익조 정비 시 정숙 왕후</small>

度王諡恭毅聖度大王 廟號度祖 敬妃諡敬順王后; 桓王諡淵武
도왕 시 공의 성도 대왕　묘호 도조　경비 시 경순왕후　　환왕 시 연무

聖桓大王 廟號桓祖 懿妃諡懿惠王后.
성환 대왕　묘호 환조 의비 시 의혜 왕후

甲寅 命代言司 宴權永均等. 慰京師之行也.
갑인 명 대언사 연 권영균 등 위 경사 지 행 야

乙卯 遣漢城府尹吳陞如京師. 賀千秋也.
을묘 견 한성부윤 오승 여 경사 하 천추 야

丙辰 禁灰色玉色. 上受朝 命知申事金汝知曰:"予自終喪以後
병진 금 회색 옥색 상 수조 명 지신사 김여지 왈 여 자 종상 이후

今日始受朝 百官服色 皆近於白 見之可駭. 古人云:'星文失度者
금일 시 수조 백관 복색 개 근어 백 견지 가해 고인 운 성문 실도 자

白衣 胡之兆也.'自今朝會 爾等宜先服彩衣."
백의 호 지 조야 자금 조회 이등 의 선복 채의

東北面吾音會童猛哥帖木兒 徙于開元路. 吾音會兀良哈
동북면 오음회 동맹가첩목아 사우 개원로 오음회 올량합

地名也. 猛哥帖木兒嘗侵慶源 畏其見伐 徙于鳳州. 鳳州卽開元
지명 야 맹가첩목아 상 침 경원 외 기 견벌 사우 봉주 봉주 즉 개원

金於虛出所居. 於虛出 卽帝三后之父也.
김어허출 소거 어허출 즉 제 삼후 지 부 야

丁巳 命詳定釋奠儀 且致祭於箕子. 禮曹參議許稠啓曰:"臣
정사 명 상정 석전의 차 치제 어 기자 예조참의 허조 계왈 신

嘗朝上國 過闕里見釋奠儀 與今國家所用之儀 互有同異 請加
상 조 상국 과 궐리 견 석전의 여 금 국가 소용 지의 호유 동이 청가

考證." 又請祭箕子 上曰:"未及箕子者 尙皆致祭 獨於箕子之聖
고증 우 청제 기자 상 왈 미급 기자 자 상 개 치제 독 어 기자 지 성

不祭 何歟? 自今宜祭之."
부제 하여 자금 의 제지

戊午 以李誠中爲檢校左政丞.
무오 이 이성중 위 검교 좌정승

己未 日冠.
기미 일관

遣內竪安和尙于慶尙道中牟 化寧等縣 監做花器.
견 내수 안화상 우 경상도 충모 화령 등 현 감주 화기

태종 11년 신묘년
5월

五月

　신유일(辛酉日-1일) 초하루에 편전(便殿)에 나아가 정사(政事)를 보
았다. 좌정승(左政丞) 성석린(成石璘)이 나아와 말했다.

　"지금은 사방(四方)이 무사(無事)해 나라에는 남은 곡식이 있고 백
성들은 업(業)을 잃는 자가 없으나 염려해야 할 바는 편안할 때에 위
태로움을 잊지 않는 것입니다. 노신(老臣)은 마음과 생각이 망연(茫
然)해 어찌할 바를 알지 못하오나, 다만 바라건대 성상(聖上)께서 생
각하시기를 처음과 끝을 한결같게 하시기[終始惟一]를 바랄 뿐입
니다."

　상(上)이 말했다.

　"편안할 때에 위태로움을 잊지 아니함은 옛사람이 경계한 바이다.
그러나 반드시 일의 기미[事機]를 기다려야 하는 것이니 미리부터
도모할 수는 없는 것이다."

　○ 충청도 도절제사도사(忠淸道都節制使都事) 김곤(金坤)에게 부의
(賻儀)를 내려주었다. 곤(坤)이 죽으니 상이 명했다.

　"무릇 외방(外方)에 벼슬하던 사람이 죽으면 비록 직위가 미미하다
하더라도 반드시 부의를 내리도록 하라."

　쌀과 콩 20석을 내려주었다.

　○ 전 사정(司正) 정안국(鄭安國)이 은(銀) 1전(錢) 4푼(分)을 바
쳤다. 안국(安國)이 일찍이 은을 제련(製鍊)하라는 명을 받아 금천(衿

川) 지방의 은석(銀石) 두 말[斗]을 가지고 제련해 연(鉛) 10냥(兩)을 얻고 연 1냥 6푼을 가지고 제련해 은 1전 4푼을 얻어 바친 것이다. 좌정승 성석린(成石璘)이 말했다.

"백성들을 수고롭게 한 것은 매우 심한데 그 얻은 바는 매우 적습니다."

상이 말했다.

"이 일은 백성들을 수고롭게 하기 때문에 사람들이 모두 즐겨하지 않는다. 그러나 우리나라에서 중국에 바치는 일을 그만둘 수 없으니 이만 해도 괜찮다."

임술일(壬戌日-2일)에 상이 인덕궁(仁德宮)에 나아가 헌수(獻壽)하니 여러 종친과 부마(駙馬)도 참여했다. 검교정승(檢校政丞) 이성중(李誠中)을 부르니 성중이 마침 딸의 상중이었는데 그에게 육선(肉膳)을 내려주었다. 정포(正布) 100필(匹)과 저화(楮貨) 1,000장(張)을 인덕전(仁德殿) 시녀(侍女)들에게 내려주고 매우 즐기다가 밤중에 마쳤다.

계해일(癸亥日-3일)에 갑주(甲州)에 서리가 내려 곡식이 상했다. 경성(鏡城) 초이언(草伊彦) 원동(源洞)에서 돌에 불이 붙어 한 해가 지나도록 꺼지지 않았다.

갑자일(甲子日-4일)에 무과(武科) 복시(覆試)를 시행해 28명을 뽑았는데 김득상(金得祥)을 제1로 삼고 득상(得祥)을 곧 벼슬에 임명해 부사직(副司直)으로 삼았다. 상이 말했다.

"무과(武科)를 어찌 문과(文科)와 대등하게 논할 수 있겠는가? 문과로 말하면 공(功)이 있고 실(實)이 있는데 무과는 한때의 용기(勇氣)뿐이다. 하물며 1년 동안에 시험 보는 사람으로서 한 사람도 보기(步騎)의 법에서 활쏘기와 창쓰기에 능란한 자가 없으니 더 말할 나위 있겠는가?"

○ 명해 장생전(長生殿)[1]을 수리하게 하고 태조(太祖)의 진영(眞影)과 개국공신(開國功臣)의 영정(影幀)을 그리게 했다. 완성군(完城君) 이지숭(李之崇)을 평양(平壤)에 보내 (평양에 있는) 태조의 진영(眞影)을 봉영(奉迎)해 오게 했다. 장차 이를 본떠서 그리려[摹寫]
모사
함이었다.

을축일(乙丑日-5일)에 상이 문소전(文昭殿)에 나아가 단오제(端午祭)를 거행했다.

병인일(丙寅日-6일)에 명해 대장(隊長)[2]·대부(隊副)에게 쌀 1석씩을 특별히 내려주게 했다. 상이 말했다.

---

1 한성 북부 관광방(觀光坊-지금의 서울특별시 종로구 중학동)에 있었다. 1395년(태조 4년) 궁궐 서쪽에 지어 공신의 도상을 두었다가 1411년에 이를 수리하고 사훈각(思勳閣)이라 개칭하면서 태조와 개국공신의 도상을 모셨다. 그 뒤 1433년(세종 15년)에 북부 관광방에 옮겨 지으면서 본래의 이름인 장생전으로 고쳤다. 관원은 도제조 1인으로 영의정이 겸임했고, 제조 1인은 호조·예조·공조의 판서가 겸임했다. 낭청이 3인인데 이는 호조·예조·공조의 낭관이 겸임했다.

2 조선시대 5위(五衛)의 주요 병종(兵種)인 대졸(隊卒)·팽배(彭排)에게 주어졌던 정9품(正九品)의 잡직(雜職)이다.

"각 영(各領)의 대장·대부는 시도 때도 없이 역사(役事)에 나아가 동반(東班) 9품에 비한다면 수고롭고 편안함이 고르지 못하니 녹과(祿科)를 감(減)하지 말고 이전의 숫자대로 주는 것이 좋겠다."

여러 신하가 대답했다.

"녹과로 말씀드리면 동반(東班-문반)과 서반(西班-무반)을 동과(同科)로 해 1과(一科)에서 18과(十八科)에 이르기까지 정식(定式)이 있습니다. 만약 서반 9품의 녹과를 개정해 한결같이 이전의 숫자대로 하신다면 동반 9품도 마땅히 개정해야 될 것이오니 녹과의 개정이란 어려울 것 같습니다. 만약 공역(功役)의 수고가 있으면 사미(賜米)라 칭해 이를 주면 어떻겠습니까?"

상이 말했다.

"이런 종류의 토목(土木)과 역사(役事)는 없는 때가 없었으니 내 눈으로 직접 본 바이다. 이 뒤로는 초번(初番), 2번(二番)을 반사(頒賜)한 뒤에 '과외(科外)의 별례(別例)'라 해 그 전에 1석을 감했던 숫자를 지급하고서 이를 항식(恒式)으로 삼으라."

○ 명해 경사(經師)³의 업(業)을 없애게 했으나 마침내 시행되지 못했다. 상이 궐내(闕內)의 문호(門戶)에 써 붙인 단오(端午)의 부적(符籍)을 보고 대언(代言)들에게 일러 말했다.

"이것들은 분명 재앙(災殃)을 물리치려는 술법일 터인데 어찌하여 그 글이 한결같지 않은가?"

대언들이 경사로 있는 중에게 물으니 그 중이 대답했다.

---

3 불경(佛經)을 가르치는 스승을 뜻한다.

"다만 스승께서 전수(傳授)하신 것뿐이지 실은 부본(符本-부적의 원본)은 없습니다."

상이 말했다.

"앞으로는 서운관(書雲觀)으로 하여금 이를 관장하게 하고 경사의 직위는 없애는 것이 좋겠다."

대언들이 말했다.

"이 중이 비록 올바른 술법[正術]은 가지지 못했다 해도 죽은 사람을 보내는 사람[送死者]들이 이것에 의지해온 지가 오래됐습니다."

상이 말했다.

"일단은 그대로 두라."

○ 지인(知印)[4]과 전 호군(護軍) 김동개(金同介)를 동북면(東北面)에 보냈다. 동북면 도순문사(東北面都巡問使)가 보고했다.

'오음회지휘(吾音會指揮) 이호심파(李好心波)가 와서 이르기를 "북쪽 오랑캐의 변(變)이 예측하기 어렵습니다"라고 했으니 군사를 정돈해 예기치 못한 사태[不虞]에 대비하는 것이 좋겠습니다.'

상이 수올적합(水兀狄哈)과 다른 야인(野人)들이 서로 결탁할 것을 염려해 사람을 보내 초무(招撫)하게 하고, 그 변(變)을 살피게 했다. 김동개는 수올적합의 족속(族屬)이었다.

정묘일(丁卯日-7일)에 명해 경복궁(景福宮)을 수리하게 했다. 상이 말했다.

---

4 행정 잡무를 맡아보던 이속이다.

"경복궁은 태조(太祖)께서 창업(創業)하신 처음에 세우신 것이다. 만약 (명나라) 조정(朝廷) 사신(使臣)이 온다면 반드시 칙명을 이곳에서 맞이할 것이다. 요즈음 유사(有司)가 마음을 써서 수리하지 않으니 이제부터는 마땅히 제때에[以時] 수리하도록 하라."

○ 명해 군기소감(軍器少監) 강거보(康居寶)의 직첩(職牒)을 거두고 장(杖) 100대를 속(贖)해 울주(蔚州) 수군(水軍)에 채워 넣게 했다. 사헌부에서 청했다.

"거보(居寶)가 형조도관정랑(刑曹都官正郎)으로 있을 때 안씨(安氏)와 김남제(金南濟)가 노비를 서로 다퉜는데 잘못된 것을 알면서도[知非] 잘못 판결했으니 그에게 죄를 주어야 할 것입니다."

그래서 이런 명이 있었다.

○ 총제(摠制) 하구(河久)의 죄를 용서했다[原=宥]. 구(久)는 부모가 모두 살아 있는데 망령되게 시향(時享)의 재계[致齋]가 있다고 핑계를 대 당번(當番)인데도 숙직(宿直)을 빠뜨렸다. 이에 의흥부(義興府)에서 글을 올려 그 죄를 청했으나 상이 (하륜의 아들이라 하여) 특별히 용서해주었다.

무진일(戊辰日-8일)에 풍해도(豊海道) 서흥(瑞興)에 우박(雨雹)이 내렸다.

○ 예조(禮曹)에서 무과(武科)의 은영연(恩榮宴)⁵을 베풀기를 청하니 상이 말했다.

---

5   과거에 급제한 사람의 영예를 축복해 임금이 내리는 연회를 가리킨다.

"문과(文科)와 같이 조로(朝路)에서 가갈(呵喝)[6]할 것 없으니 은영연 같은 것은 안 하는 게 좋겠다. 무사(武士)들은 바람이 순조롭고 날씨가 화창한 때에 활을 당겨 활쏘기를 연습하는 것이 바로 그 낙(樂)이다. 그 공(功)이 어찌[那=何] 유생(儒生)들의 한 권의 『대학(大學)』 책을 궁구(窮究)하는 것에 미치겠는가? 그중에서 1등 세 사람에게 모두 1계급씩 승진시켜 도목(都目)[7] 때 벼슬을 받는 사람과 같게 한다면 이것으로 역시 충분할 것이다."

여러 신하가 말했다.

"문(文)과 무(武)를 병용(並用)하는 뜻이라면 괜찮겠지만 문과 무를 병립(並立)시킨다면 안 될 것입니다. 오늘날 무과를 설치한 것은 오직 무사(武士)를 권장(勸獎)하기 위한 것이니 상(上)의 가르침이 진실로 옳습니다."

성산군(星山君) 이직(李稷)이 말했다.

"송(宋)나라 때 '무과(武科)'라는 이름은 있었으나 아직까지 양장(良將)은 보지 못했습니다."

상이 말했다.

"문과를 대우하기를 매우 두텁게 하는 것은 문장(文章)이 유능한 사람을 얻기 위한 것이다."

---

6 귀인의 행차에 행인을 꾸짖어 물리치는 것 또는 큰소리로 통행인을 금해 길을 치우는 것을 가리킨다.
7 해마다 음력으로 6월과 12월에 벼슬아치의 성적(成績)이 좋고 나쁨에 따라서 벼슬자리를 떼어버리거나 더 좋은 데로 올리거나 하는 일을 가리킨다. 도목정사(都目政事), 도목정(都目政), 도정(都政)이라고도 한다.

모두 말했다.

"옛날에 초장(初場)에서 강론(講論)하던 법이 매우 좋은 것이었는데 오늘날 이것을 폐기했사오니 유생(儒生)들이 모두 초집(抄集)만 익히고 경서(經書)에 대해서는 전연 마음을 쓰지 않습니다."

대사헌(大司憲) 황희(黃喜)가 말했다.

"강경법(講經法)을 폐지하신 것은 옳지 않은 일이오니 조사(朝士)로서 아직까지 글을 읽지 않던 자가 갑자기 사직(辭職)하고 과거에 응하는 것을 보면 알 만한 일입니다."

상이 옳게 여겼다. 이응(李膺)이 말했다.

"문과도 무과의 예(例)에 따라 예조(禮曹)와 예문관(藝文館)으로 하여금 관장하게 하시고, '학사(學士)'란 이름은 폐지하는 것이 좋겠습니다."

상이 말했다.

"영의정(領議政) 하륜(河崙)이 두세 번 거듭 청했으나 내가 이를 들어주지 않았다. 당(唐)나라 때에 배도(裵度)[8]와 위처후(韋處厚)[9]가 공거(貢擧)[10]를 주관해 문생(門生)·좌주(座主)는 옛날부터 있었

---

8 낭나라 문희(聞喜) 사람으로 자(字)는 중립(中立), 시호(諡號)는 문충(文忠)이다. 헌종(憲宗) 때 중서시랑(中書侍郞)으로 회찰(淮察)의 난(亂)을 평정(平定)해 진국공(晉國公)에 봉(封)해졌다.

9 당나라 경조(京兆) 사람으로 자(字)는 덕재(德載)다. 벼슬은 중서시랑(中書侍郞)·동중서문하평장사(同中書門下平章事)에 이르고, 영창군공(靈昌郡公)에 봉해졌다. 헌(憲)·목(穆)·경(敬)·문(文)의 4제(四帝)에 역사(歷事)해 현상(賢相)이란 이름이 높았으며, 천성(天性)이 학문(學問)을 좋아해 장서(藏書)가 만 권(萬卷)에 이르렀다.

10 수양제(隋煬帝) 때 이후에 행해진 관리등용법(官吏登用法)의 하나다. 각 지방의 우수한 인재(人材)를 천거(薦擧)하게 해 이들을 고시(考試)해 합격자를 임용(任用)하던 제도다.

던 일이니 문무과(文武科)에 비록 이것이 있다 하더라도 진실로 괜찮다."

○ 예조(禮曹)에서 산천단(山川壇)의 제사(祭祀)를 『홍무예제(洪武禮制)』에 의거할 것을 청했다. 아뢰어 말했다.

"삼가 월령(月令)을 상고하건대 '5월에 유사(有司)에 명해 백성들을 위해 산천(山川) 백원(百源)에 제사한다'라고 했고, 그 주(注)에 이르기를 '장차 비를 빌려[禱雨] 함이다'라고 했습니다. 신 등이 전일(前日)에 월령(月令)에 의거해 산천에 제사할 것을 청해 그대로 윤허함[兪允]을 받아 장차 오는 11일에 산천단에 제사하려고 합니다. 또 『홍무예제』를 상고해보니 산천단의 제사에는 풍운뢰우(風雲雷雨)의 신(神)이 가운데 있고, 산천의 신이 왼쪽에 있으며, 성황(城隍)의 신이 오른쪽에 있었습니다. 그러므로 우리나라에서도 이 제도에 따라 세 개의 신위(神位)를 설치해 이것을 제사해왔습니다. 그런데 지금은 풍운뢰우의 신은 버리고 산천만 제사하고 있으니 의리(義理)에 매우 합당치 않습니다. 바라건대 이제부터는 가뭄[旱氣]을 만나게 되면 『홍무예제』에 따라 풍운뢰우와 성황의 귀신에도 아울러 제사하게 해야 할 것입니다."

그것을 따랐다.

○ 유사(有司)에게 명해 신급제(新及第) 김여하(金慮遐)에게 판사(判事) 이하의 고신(告身)을 환급(還給)하게 했다. 여하(慮遐)가 일찍이 고신을 바치고 시험에 나아가 과거(科擧)에 합격했는데[中第] 헌사(憲司)에서 전례(前例)에 따라 4품 이하의 고신만 주었다. 여하는 이미 모두 환수(還受)한 것으로 생각하고는 의정부(議政府)에서 당

참(堂參)[11]하던 날 홍포(紅袍)를 입었는데 사헌부(司憲府)에서 이를 탄핵했다. 좌정승 성석린(成石璘)이 말했다.

"먼 지방의 유생(儒生)으로 다행히 과거에 합격했으니 3품 고신을 주는 것이 마땅합니다."

우정승 조영무(趙英茂)가 말했다.

"법을 어길 수는 없습니다."

상이 말했다.

"마땅함에 따라[從宜] 주게 하라."
종의

기사일(己巳日-9일)에 개성현(開城縣) 사람 낭가대(郞加大)의 배 돛대[船檣]에 벼락이 쳤다.
선장

경오일(庚午日-10일)에 우박(雨雹)이 내렸다. 경기도(京畿道) 인주(仁州-인천)·부평(富平)에 우박이 내려 하루 종일 녹지 않았으며, 충청도(忠淸道) 청주(淸州)·평택(平澤)·청안(淸安)과 강원도(江原道) 평창(平昌)·정선(旌善) 등지에 우박이 내려 삼과 보리를 상하게 했고, 전라도(全羅道) 장성(長城)·진원(珍原)·복순(福順)·창평(昌平)에 모두 우박이 내렸다.

신미일(辛未日-11일)에 편전(便殿)에 나아가 『예기(禮記)』와 월령도

---

11 관리(官吏)가 새로 벼슬에 제수(除授)됐거나 수령(守令)으로 새로 나갈 때, 또는 다른 고을로 옮길 때에 단골 서리(書吏) 혹은 의정부(議政府)에 나아가 인사(人事)하는 일을 말한다.

(月令圖)¹²를 강(講)했다.

○ 예조(禮曹)에 명해 천신법(薦新法)을 상고해 아뢰게 했다. 상이 말했다.

"종묘(宗廟)에 앵도(櫻桃)를 천신(薦新)하는 것이 의궤(儀軌)에 실려 있는데 반드시 5월 초하루와 보름 제사[望祭]에 겸행(兼行)하게 돼 있다. 만약 초하루 제사[朔祭]에 미처 익지 못한다면 보름 제사를 기다려서 겸행하게 돼 있으니 진실로 융통성이 없어 인정(人情)에 부합하지 못한다. 앵도가 잘 익는 때는 바로 단오(端午) 때이니 이제부터는 앵도가 잘 익는 날을 따라 천신하게 하고, 초하루와 보름에 구애받지 말라."

예조에서 명을 받들어[承命] 상고한 뒤에 글을 올려 말했다.

'『문헌통고(文獻通考)』에 따르면 송(宋)나라 초기에 이를 천신(薦新)했는데 초하루와 보름 제사에 겸설(兼設)했고, 신종(神宗) 7년에 상정(詳定)한 『교묘예문(郊廟禮文)』에 이르기를 "옛날 종묘(宗廟)에 천신할 때는 날을 점치지도 않고 신주(神主)도 모셔 내지 않았으며 전(奠)만 드리고 제사도 지내지 않았는데 근래에 이르러 날을 골라 천신하는 것은 잘못이다. 천자(天子)와 제후(諸侯)는 물건이 익기만 하면 천신하는 것이지, 맹(孟)·중(仲)·계(季)로써 한정하지 않는 것이다"라고 했고 또 이르기를 "모든 신물(新物) 중에 제때에 나오는 것이면 그날로 (종묘에) 올려드린다"라고 했으니 이미 정식의 제

---

12 조선 태종(太宗) 때 예조에서 『예경(禮經)』을 상고해 제사(祭祀), 천신(薦新) 등 국가의 예전(禮典) 관계를 월(月)별로 적은 괘도(掛圖)다.

사[正祭]가 아니라면 예법(禮法)상으로 날짜를 점치는 것은 마땅하
지 않습니다. 우리나라에서 전조(前朝)와 송(宋)나라 초기의 제도를
본받아 모든 신물(新物)은 초하루와 보름 제사를 기다려 겸천(兼薦)
하고 있사오니 "그날로 올려드린다"라는 뜻에 어긋남이 있습니다. 바
라건대 이제부터는 모든 신물(新物)로 제때에 나오는 것이라면 초하
루나 보름을 기다리지 마시고 또 날짜도 점칠 것 없이 그날로 천신
하게 해야 할 것입니다. 그리고 만약 초하루나 보름을 만나게 된다면
마땅히 구제(舊制)에 따라 겸천(兼薦)하게 하신다면 거의 예(禮)에 부
합할 것입니다.'

또 말했다.

'삼가 주(周)나라 제도를 살펴보니 목인(牧人)[13]이 육생(六牲)[14]을
관장해 길러서 제사에 쓰는 희생(犧牲)을 이바지하게 하고, 이것을
충인(充人)[15]에게 주어 특별히 기르게 하고, 3월 소사(小祀)에 쓰는
희생은 사문(司門)으로 하여금 10일간 기르게 했으며, 희생을 고르
는 방법은 임금이 소를 불러들여 오게 해 이를 보고 그 털을 가려
서 골라 길(吉)한 뒤에야 (희생을) 기르게 했사온데, 천지(天地)에 제
사하는 소는 그 뿔이 누에고치[繭]나 밤톨[栗]처럼 나온 것을 쓰고,
종묘(宗廟)에 제사하는 소는 그 뿔이 한 줌 차야 하고, 빈객(賓客)에
게 쓰는 소는 그 뿔이 한 자쯤 돼야 합니다. 전조(前朝)의 『고금례(古

---

13 주나라 때의 벼슬 이름으로 목축(牧畜)에 관한 일을 맡아보았다.
14 희생으로 쓰는 여섯 가지의 가축(家畜), 곧 소·말·양·돼지·개·닭을 가리킨다.
15 주나라 때의 벼슬 이름으로 제사 때 희생으로 쓸 짐승을 매어 기르는 일을 맡아보았다.

今禮)』에 의하면 "대사(大祀)의 희생은 미리 90일 동안 기르고, 중사 (中祀)의 희생은 30일 동안 기르며, 소사(小祀)의 희생은 10일 동안 기른다"라고 했으니 이는 모두 신(神)을 공경하는 뜻이 지극한 것입 니다. 우리 조정에서는 제사(祭祀) 전에 일찍이 미리 선택해 특별히 기르지 못하기 때문에 그것이 살찌고 깨끗할 수 없는 것을 가히 알 수 있습니다. 바라건대 이제부터는 본조(本曹)의 관원(官員) 한 사람 과 감찰(監察) 한 사람이 함께 전구서(典廐署)에 나아가 그 털과 뿔 을 보고 선택하게 하시고 제사 전에 미리 기르는 방법도 한결같이 옛 제도에 의거하게 해야 할 것입니다.'

아울러 그것을 따랐다.

○ 갑사(甲士) 조신(曹信)의 죄를 줄여주었다. 신(信)이 대궐을 향해 [向殿] 새를 쏘다가 그 화살이 대궐 담 안으로 들어와 그 죄가 교형 (絞刑)에 해당됐으나 명해 1등을 줄여주게 했다.

임신일(壬申日-12일)에 명해 탄일(誕日)의 헌수(獻壽)를 정지하게 했다. 상이 말했다.

"즉위한 이래로 여러 신하가 헌수(獻壽)하는 예(禮)를 행하지 않았 고 또 그날을 맞아 재계(齋戒)도 있으니 그만두는 것이 좋겠다."

의정부(議政府)에서 청했기에 이런 명이 있은 것이다.

계유일(癸酉日-13일)에 전사시판사(典祀寺判事) 한상덕(韓尙德)에게 명해 앵도(櫻桃)를 종묘(宗廟)에 천신(薦新)하게 했다.

○ 전 총제(摠制) 고봉례(高鳳禮)의 아내 상사에 쌀 30석과 종이

100권을 부의(賻儀)하고 또 관곽(棺槨)을 내려주었으며 사람을 보내 치전(致奠)하게 했다.

○ 동북면 도순문사(東北面都巡問使)가 함주목사(咸州牧使) 이양 (李揚)을 파직했다. 양(揚)이 그 처제(妻弟-처남)인 경차관(敬差官) 하 연(河演)을 위해 연회(宴會)를 베풀어 국법(國法)을 범했기 때문이다.

병자일(丙子日-16일)에 중외(中外)의 태죄(笞罪)를 사면했다. 의정부 에서 탄신(誕辰)을 맞아 은혜를 베풀 것[覃恩=施恩]을 청했기 때문 이다.

○ 개성유후사유후(開城留後司留後) 이문화(李文和)가 「가색도(稼穡 圖)」를 바쳤다.

무인일(戊寅日-18일)에 예조(禮曹)에 명해 기우제(祈雨祭)를 거행하 게 하고 음식 가짓수를 줄였으며[減膳] 중외(中外)의 공작(工作-토목 건축공사)을 그만두게 했다.

○ 의정부에 명해 역대(歷代)의 어용(御容-임금의 초상화)을 봉안 (奉安)하던 제도를 상고해 아뢰게 했다. 애초에 태조(太祖)가 장생전 (長生殿)을 창건(創建)했는데 이는 대개 당(唐)나라 능연각(凌煙閣)[16] 의 제도를 본받은 것이다. 상이 태조의 성용(聖容-어진)을 장생전에 봉안하려고 해 옛날의 법전[舊典]을 상고하게 한 것이다. 의정부에서 말씀을 올렸다.

---

16 당나라 때 공신들의 초상을 그려 걸어두던 건물을 말한다.

"삼가 『옥해(玉海)』[17]를 살펴보니 거기에 이르기를 '당(唐)나라 태종(太宗)이 공신(功臣)·무기(無忌) 등 24명을 능연각(凌煙閣)에 그렸고, 대종(代宗)은 옹왕(雍王) 등 33명을 능연각에 그렸으며, 덕종(德宗)은 저수량(褚遂良) 등 27명을 능연각에 그렸고, 송(宋)나라 인종(仁宗)은 경령궁(景靈宮)을 수리해 성용(聖容)을 봉안하고 훈신(勳臣)을 그렸으며, 고종(高宗)은 공신(功臣)들을 경령궁의 벽에 그렸고, 황무전(皇武殿)엔 태조(太祖)와 조보(趙普)·조빈(曹彬)을, 대정전(大定殿)엔 태종(太宗)과 설거정(薛居正)·석희재(石熙載) 등을 그렸으며, 그 밖에 진종(眞宗)·인종(仁宗)·영종(英宗)·신종(神宗) 등의 전각(殿閣)에도 임금과 신하를 함께 봉안했다'라고 했습니다."

상이 말했다.

"어용(御容)을 봉안하는 것은 송나라 제도에 따르고 공신(功臣)들의 도화(圖畫)는 당나라 제도를 채택하라."

○중 50명을 불러 모아 『금자법화경(金字法華經)』을 흥천사(興天寺)에서 3일 동안 독송(讀誦)하게 했다[轉]. 이는 대개 태조(太祖)의 뜻을 따른 것이다. 사리탑(舍利塔)을 수리하고 법회(法會)를 베풀고서 청원군(靑原君) 심종(沈淙)을 불러 향(香)을 주었다. 상이 말했다.

"경은 오늘 법석(法席)을 베푼 뜻을 아는가? 우리 황고(皇考) 태조(太祖)께서 도읍(都邑)을 여기에 세우시고 사리전(舍利殿)을 설치하시므로 나와 이인수(李仁壽)가 그것을 준공했다. 근래에 들으니 탑

---

17 송나라 왕응린(王應麟, 1223~1296년)이 천문, 율력, 음악 등 27문 240여 류를 정리한 백과사전류의 책이다.

(塔)이 기울어져서 위태롭다 하기에 그것을 수리하게 했는데 마침 기신(忌辰)[18]을 만났으니 태조와 신의왕후(神懿王后)를 위해 법석을 베푸는 것이다. 경은 이것을 마땅히 알아야 할 것이다."

기묘일(己卯日-19일)에 술을 금지했으니 가뭄을 근심한 때문이었다. 또 명해 공사간(公私間)에 술을 사용하는 것도 금했다. 무당 70여 명을 백악산(白岳山) 산당(山堂)에 모으고, 또 중의 무리를 중흥사(重興寺)[19]에 모이게 해 비를 빌었다.

○ 김한로(金漢老)를 광산군(光山君)으로, 김승주(金承霆)를 의정부참찬사(議政府參贊事)로, 정역(鄭易)을 의정부참지사(參知議政府事)로, 안순(安純)을 좌군동지총제(左軍同知摠制)로, 이원(李原)을 철성군(鐵城君)으로, 권홍(權弘)을 영가군(永嘉君)으로, 유사눌(柳思訥)을 좌부대언(左副代言)으로, 한상덕(韓尙德)을 우부대언(右副代言)으로, 조말생(趙末生)을 동부대언(同副代言)으로 삼았다. 상이 말했다.

"대언(代言)의 직책은 문무관(文武官)을 번갈아 임명하는 것이 좋겠다. 그러나 요(堯)임금과 순(舜)임금의 도리[20]가 아니면 감히 임금 앞에 사뢸 수 없다는 것이 선유(先儒)들의 격언(格言)이다. 그러므로 나도 또한 이것을 생각해 날마다 문신(文臣)들과 같이 학문(學問)을 강(講)하는 것이니 근시(近侍)의 신하들을 마땅히 이치를 아는 사람

---

18 돌아가신 분의 제삿날을 말한다.
19 경기도 고양시 북한산에 있던 절이다.
20 유학(儒學)을 가리켜 한 말이다.

으로 제수함이 옳겠다."

또 말했다.

"세자의 성질이 조급(躁急)하니 지금 전적으로 문신(文臣)을 대언에 제수하는 것은 바로 큰 계책을 후세(後世)에게 남겨주려는 뜻이다."

경진일(庚辰日-20일)에 예조(禮曹)에서 가뭄을 근심하며 사의(事宜-일의 마땅한 조치)를 올렸다.

"삼가 『문헌통고(文獻通考)』와 전조(前朝-고려)의 『상정고금례(詳定古今禮)』를 살펴보니 (둘 다) 수(隋)나라와 당(唐)나라의 고제(古制)를 본받았습니다. 거기에 이르기를 '무릇 경도(京都-수도)에 맹하(孟夏) 이후에 가뭄이 들면 악(嶽)·진(鎭)·해(海)·독(瀆-강)에 비를 빌고, 산천(山川)으로 능히 구름과 비를 일으킬 수 있는 곳에 북교(北郊)에서 제사하며, 또 사직(社稷)과 종묘(宗廟)에 빌되 7일마다 한 번씩 빌며, 그래도 비가 오지 않으면 다시 악(嶽)·독(瀆)에 비 오기를 빌기를 처음과 같이 거행한다. 그리고 가뭄이 심하면 우제(雩祭)를 지내는데 처음에 빈 뒤 10일이 되어도 비가 안 오면 저자를 옮기고 도살(屠殺)을 금하며 산선(傘扇)을 끊고 토룡(土龍)을 만든다'라고 했습니다. 또 고전(古典)에 이르기를 '가뭄이 있으면 원통한 옥사(獄事)를 심리(審理)하고, 궁하고 가난한 사람을 구제하며, (방치된 시체의) 뼈와 살을 덮어주고 묻어주며, 도랑[溝洫]을 치고 천맥(阡陌)을 깨끗이 치운다'[21]라고
구혁

---

21 『통전(通典)』에 이와 비슷한 말이 실려 있다.

했으니 고전에 따라 시행하심이 옳겠습니다."

그것을 따랐다.

○ 검교한성윤(檢校漢城尹) 공부(孔俯, 1352~1416년)[22]에게 명해 12세 동남(童男) 32명을 광연루(廣延樓) 앞에 불러 모아 비를 빌게 했다.

○ 지신사(知申事) 김여지(金汝知)와 동부대언(同副代言) 조말생(趙末生) 등을 불러 『맹자(孟子)』를 강론(講論)하다가 '임금을 섬기는 사람[事君人]이라는 자가 있으니 이 임금을 섬기면 자신을 받아주는
사군 인
것을 즐거움으로 삼는 자이다'[23]라고 한 구절에 이르러 상이 말했다.

"신하가 임금을 섬길 때는 예(禮)로써 하는 것이다. 그런데 어찌하여 '이 임금을 섬기면 자신을 받아주는 것을 즐거움으로 삼는 자이다'라고 했는가?"

말생(末生)이 대답해 말했다.

"신자(臣子)가 군부(君父)에 대해서는 선(善)을 아뢰고 사특(邪慝)한 것을 막으며, 그 다음을 바로잡고 돕는 것[匡輔]이 직책입니다. 만약
광보
한결같이 임금만 섬기기를 마음먹어 임금의 과실을 보고도 말하지 않는다면 이는 아첨하고 순종만 함으로써 임금을 사사로이 하며 비위만을 맞춤으로써 즐겁게 여기게 하려는 자입니다."

상이 말했다.

---

22 고려 말, 조선 초의 문신이자 도교인으로 정몽주·이색 등과 친했다. 고려 말 전의부령·예조총랑·집현전 태학사를 지냈으며, 조선 개국 후 태종 때 검교한성부윤 등을 지냈다. 초서·예서에 능해 「한산군이색신도비」 등을 썼다.

23 「진심장구(盡心章句)」에 나오는 말이다. 아첨하는 신하를 비판한 내용이다.

"옳다! 예전에 내가 알고 있던 것도 너의 이 말과 같았다. 그러나 『대학연의(大學衍義)』에서는 '이와 같이 임금을 섬기면 아부하는 자이다'라고 했으니 바로 오늘 강(講)한 것과 다르지 않으냐? 장차 주자(鑄字)에 명해 『대학연의』를 인쇄하게 하겠다."

○ 개성유후사유후(開城留後司留後) 이문화(李文和)가 감초(甘草) 1분(盆-동이)을 바쳤으니 연전(年前)에 심은 것이었다.

신사일(辛巳日-21일)에 비가 내리기는 했으나 흡족하지는 못했다.

○ 의정부(議政府), 육조(六曹), 대간(臺諫)에 명해 "이달에 한해 조계(朝啓)에 참여하지 말라"고 했다. 가뭄을 근심한 때문이었다.

○ 명해 대신(大臣) 성산군(星山君) 이직(李稷) 등을 보내 비를 빌게 했는데, 장차 22일에 종묘(宗廟)·사직(社稷)·백악(白岳)·목멱(木覓)·한강(漢江)·북교(北郊)에 제사를 지내려 함이었다. 또 검교참의(檢校參議) 최덕의(崔德義)를 보내 화룡제(畫龍祭)[24]를 양진(楊津)에서 베풀게 했다.

임오일(壬午日-22일)에 큰비가 내렸다. 승정원(承政院)에서 아뢰어 말했다.

"상(上)께서 가뭄을 근심해 비를 비시어 이르지 않는 곳이 없게 해 오늘 비를 얻었습니다. 이것은 정성(精誠)된 뜻이 밝게 신(神)에게 이르렀기[昭格] 때문입니다. 신하와 백성된 사람으로서 누가 감히 기
소격

---

24 용을 그려놓고 비를 비는 제사를 말한다.

뻐하지 않겠습니까? 신 등은 더욱 천안(天顔)을 가까이하고 있으므로 기쁨을 이기지 못하겠습니다."

상이 말했다.

"수한(水旱)은 오직 하늘이 행하는 바이다. 그러나 제때에 알맞게 비를 내렸으니 기뻐할 만한 일이다."

공부(孔俯)에게 내구마(內廐馬) 1필을, 동남(童男) 32명에게 각각 쌀 2석씩을, 무녀(巫女) 74명에게 각각 쌀 1석씩을 내려주었다.

○ 의정부에서 참찬(參贊) 노숭(盧崇)으로 하여금 술을 올리게 했더니 이를 윤허했다. 명해 말했다.

"이제 이미 비가 내렸으니 술을 팔아 생활하는 사람에게도 술 파는 것을 금하지 말고, 나이 많은 대신(大臣)들 또한 술을 마시게 하는 것이 좋겠다."

정부(政府)에서 진언(進言)해 말했다.

"천도(天道)는 아직 알 수 없습니다. 민간(民間)에 술을 금한 지 오래되지 않았는데 한 차례 비가 내렸다고 해서 즉시 술의 사용을 허락하시는 것은 옳지 못합니다."

명해 말했다.

"술을 사용하는 가부(可否)에 대해서는 정부에서 마땅함을 좇아 시행하도록 하라."

○ 의정부참지사 이조(李慥)가 졸했다. 조(慥)는 덕산(德山) 사람으로 경오년 과거(科擧)에 제1인(第一人)으로 합격했는데 천성(天性)이 질박하고 곧았다[質直]. 죽음에 미쳐 상이 슬퍼해 사람을 보내 치체(致祭)하고 관곽(棺槨)을 내려주었다. 또 세자로 하여금 전(奠)을 베

풀게 했으니 일찍이 (세자의) 빈객(賓客)으로 있었기 때문이다. 아들 하나를 두었으니 익박(益朴)이다.

　계미일(癸未日-23일)에 태조(太祖)의 기신재(忌辰齋)를 흥덕사(興德寺)에서 베풀고 세자에게 명해 제사를 거행하게 했다. 의정부와 승정원에 명해 모두 절에 나아가도록 했다. 의정부에 명해 말했다.

　"금후로는 태조의 기신과 신의왕후(神懿王后)의 기신에는 태조의 소상(小祥)의 예(例)에 따라 행하고 불전(佛前)에 시주하는 것은 초(綃)로써 하되 항식(恒式)으로 삼으라."

　또 명해 말했다.

　"공신(功臣)들이 태조의 기신재를 베푸는 것은 공신들이 위를 향한 정성인 것이다. 나에게 향(香) 꽂기를 청하는 것은 사리에 맞지 않는[未便] 일이니 금후로 다시는 청하지 말라."

_{미편}

　상이 이날부터 이달 그믐에 이르기까지 육선(肉膳)을 들지 않았다.

　○ 예조(禮曹)에서 보사(報祀)[25]의 제도를 올렸다. 아뢰어 말했다.

　"근래에[比者] 제철에 와야 할 비가 때를 어기고 오지 않는 바람에 전하께서 백성들을 걱정하시어 종묘(宗廟)·사직(社稷)과 북교(北郊)·목멱(木覓)·양진(楊津)·한강(漢江)·백악(白岳) 등에 기도하게 하시고, 토룡(土龍)·화룡(畫龍)·석척(蜥蜴-도마뱀) 등에 이르기까지 무릇 옛사람이 비를 빌던 방법이란 방법은 행하지 않은 것이 없습니다.

---

25 날이 가물어 기우제(祈雨祭)를 행해 우택(雨澤)을 입게 되면 이것에 보답하기 위해 지내는 제사(祭祀)를 말한다.

신 등이 교지(敎旨)를 받들어 옛 제도에 따라 공문(公文)을 유사(攸司)에 나눠 보내 이달 임오일(壬午日)에 삼가 이미 제사를 거행했으며, 토룡제(土龍祭)로 말할 것 같으면 헌관(獻官)은 벌써 갖춰놓았으나 아직 제사를 지내지는 못했습니다. 그러나 전하께서 비를 근심하는 정성이 먼저 황천(皇天)에 이르러 비의 혜택이 넘쳐 흘렀습니다. 그러므로 비로소 이달 신사일(辛巳日)에 삼가 보사(報祀)의 제도를 상고해보았사온데 『문헌통고(文獻通考)』와 전조(前朝)의 『상정고금례(詳定古今禮)』에 의하면 '무릇 기우제(祈雨祭)를 행하려고 이미 재계(齋戒)를 했는데, 기우제를 지내기 전에 비가 내렸거나 이미 기도(祈禱)를 행해 비가 왔다 하더라도 모두 보사를 행해 전물(奠物)을 드리는데 (이때에는) 마땅히 소뢰(小牢)를 쓴다'라고 했으니 상항(上項)의 일곱 군데의 보사를 옛 제도에 의거해 행해야 할 것입니다."

그것을 따랐다. 상이 예조에 명해 말했다.

"송악(松岳)·덕적(德積)·감악(紺岳) 등 명산(名山)의 신(神)에게도 축문(祝文)을 쓰고, 신하를 보내 분향(焚香)하게 하는 것이 예(禮)[26]다. 전조(前朝) 이래로 '내행기은(內行祈恩)'이라 일컬어 사절(四節)을 당할 때마다 양전(兩殿)께서 내신(內臣)·사약(司鑰)과 무녀(巫女)로 하여금 몰래 이름도 없는 제사를 행해왔는데 오늘날에 이르기까지도 그만두지 아니하니 예법(禮法)에 맞지 않다. 너희는 전조의 사전(祀典)에 실린 것을 상고해 시종(始終)과 본말(本末)을 모두 써서 아뢰라. 내 마땅히 예(禮)로써 행하겠다."

---

26 이때 예란 사리(事理)를 말한다.

을유일(乙酉日-25일)에 완성군(完城君) 이지숭(李之崇)이 태조(太祖)의 진영(眞影-어진)을 모시고 평양(平壤)으로부터 오니 각사(各司)의 관원 한 사람씩으로 하여금 모화루(慕華樓) 앞에서 봉영(奉迎)하게 해 광연루(廣延樓)에 봉안(奉安)했다. 화공(畫工)으로 하여금 모사(摹寫)시켜 문소전(文昭殿)에 봉안하고자 함이었다.

병술일(丙戌日-26일)에 일본국(日本國) 구주(九州) 강주수(江州守) 판창만가(板窓滿家)와 사미(沙彌)²⁷ 원영(源英)이 모두 사람을 보내 예물(禮物)을 바치고 『대장경(大藏經)』을 구했다.

○ 경상도 도관찰사(慶尙道都觀察使)가 양주지사(梁州知事) 정효복(鄭孝復)의 직(職)을 파면했다. 효복(孝復)의 경외(京外) 두 처(妻)가 동시에 관아에 찾아와 싸움을 했기 때문이다.

○ 동북면에서 금을 캤다.

○ 봄에서 여름으로 바뀌는[徂] 동안 경외에 역질(疫疾)이 돌아 백성들이 많이 요사(夭死)했다.

─────────

27 불도(佛道)에 들어가 수행 중인 중을 가리킨다.

辛酉朔 御便殿視事. 左政丞成石璘進曰:"今四方無事 國有
신유 삭 어 편전 시사 좌정승 성석린 진왈 금 사방 무사 국유

餘粟 民不失業 所可慮者 安不忘危也. 老臣志慮茫然 不知所爲
여속 민불 실업 소가려 자 안 불망 위야 노신 지려 망연 부지 소위

但願聖上念終始惟一." 上曰:"安不忘危 古人所戒 然必待事機
단 원 성상 염 종시 유일 상왈 안 불망 위 고인 소계 연 필대 사기

不可預圖也."
불가 예도 야

　賜賻忠淸道都節制使都事金坤. 坤死 命凡仕宦于外者死 雖職
사부 충청도 도절제사 도사 김곤 곤사 명범 사환 우외 자사 수직

微 必賻之 賜米豆二十石.
미 필 부지 사 미두 이십 석

　前司正鄭安國獻銀一錢四分. 安國嘗受鍊銀之命 以衿川地銀石
전 시정 정안국 헌은 일전 사분 안국 상수 연은 지명 이 금천 지 은석

二斗 鍊得鉛十兩 以鉛一兩六分 鍊得銀一錢四分以進. 左政丞
이두 연득 연십 냥 이연 일 냥 육분 연득은 일전 사분 이진 좌정승

成石璘曰:"勞民重 而所得少." 上曰:"此爲勞民 故人皆不樂. 然
성석린 왈 노민 중 이 소득 소 상왈 차 위 노민 고 인개 불락 연

我國貢獻之事 在不得已 則此亦足矣."
아국 공헌 지사 재 부득이 즉 차 역 족의

　壬戌 上詣仁德宮獻壽 諸宗親駙馬與焉. 召檢校政丞李誠中
임술 상 예 인덕궁 헌수 제 종친 부마 여언 소 검교 정승 이성중

誠中方持女服 賜之肉膳. 以正布一百匹 楮貨一千張 賜殿內侍女
성중 방 지 여복 사지 육선 이 정포 일백 필 저화 일천 장 사 전내 시녀

極歡 夜分乃罷.
극환 야분 내 파

　癸亥 隕霜甲州 傷禾稼. 鏡城草伊彦源洞 有石火燒 經年不滅.
계해 운상 갑주 상 화가 경성 초이언 원동 유석 화소 경년 불멸

　甲子 覆試武科二十八人 以金得祥爲第一 卽拜得祥爲副司直.
갑자 복시 무과 이십팔 인 이 김득상 위 제일 즉 배 득상 위 부사직

上曰:"武科豈可與文科等論! 文科則有功有實 武科乃一時血氣
상왈 무과 기가 여 문과 등론 문과 즉 유공 유실 무과 내 일시 혈기

156

之勇. 況一年試才者 無一人善步騎之射與弄槍者乎?"
지용 황일년 시재 자 무일인 선 보기 지사 여 농창 자 호

命修長生殿 且圖太祖眞及開國功臣影. 遣完城君李之崇 奉迎
명수 장생전 차도 태조 진급 개국공신 영 견 완성군 이지숭 봉영

平壤太祖眞. 將以摹寫也.
평양 태조진 장이 모사 야

乙丑 上詣文昭殿 行端午祭.
을축 상예 문소전 행 단오제

丙寅 命別賜隊長隊副米人一石. 上曰: "各領隊長隊副 無時
병인 명별사 대장 대부 미인 일석 상왈 각령 대장 대부 무시

赴役 以東班九品比之 則勞逸不均 毋減祿科 以前數給之可也."
부역 이 동반 구품 비지 즉 노일 불균 무감 녹과 이 전수 급지 가야

群臣對曰: "祿科則東西班同科 自一科至十八科有常式. 若改西班
군신 대왈 녹과 즉 동서반 동과 자 일과 지 십팔과 유 상식 약 개 서반

九品祿科而一依前數 則東班九品 亦當改之 改祿科似乎難矣. 若
구품 녹과 이 일의 전수 즉 동반 구품 역 당 개지 개 녹과 사호 난의 약

有功役之苦 稱賜米而給之如何?" 上曰: "此類土木之役 無時無之
유 공역 지고 칭 사미 이 급지 여하 상왈 차류 토목 지역 무시 무지

予所眼見者也. 今後每當初二番頒賜之後 稱科外別例 以前減
여 소안견 자야 금후 매당 초 이번 반사 지후 칭 과외 별례 이전 감

一石之數給之 以爲恒式."
일석 지수 급지 이위 항식

命罷經師之業 不果. 上見闕內門戶端午符 謂代言等曰: "此必
명파 경사 지업 불과 상견 궐내 문호 단오부 위 대언 등 왈 차필

禳災之術 何其文之不一耶?" 代言等問諸經師僧 對曰: "但師授
양재 지술 하 기문 지 불일 야 대언 등 문저 경사 승 대왈 단 사수

耳 實無符本也." 上曰: "今後令書雲觀掌之 經師之業則宜罷之."
이 실무 부본 야 상왈 금후 영 서운관 장지 경사 지업 즉 의 파지

代言等曰: "此僧雖非正術 送死者賴之久矣." 上曰: "姑存之."
대언 등 왈 차승 수비 정술 송사 자 뇌지 구의 상왈 고 존지

遣知印及前護軍金同介于東北面. 東北面都巡問使報: '吾音會
견 지인 급 전 호군 김동개 우 동북면 동북면 도순문사 보 오음회

指揮李好心波來云: "北戎之變 難測." 宜整軍旅 以備不虞.' 上
지휘 이호심파 내운 북융 지변 난측 의정 군려 이비 불우 상

慮水兀狄哈與他野人相結 遣人招撫之 且觀其變. 同介 水兀狄哈
려 수 올적합 여 타 야인 상결 견인 초무 지 차관 기변 동개 수 올적합

之種也.
지종 야

丁卯 命修景福宮. 上曰: "景福宮 太祖創業之初所建也. 若朝廷
정묘 명수 경복궁 상왈 경복궁 태조 창업 지초 소건 야 약 조정

使臣來 必迎命于此. 比來 有司不用心修葺 自今宜以時修治."

命收軍器少監康居寶職牒 贖杖一百 充水軍于蔚州. 司憲府請居寶爲刑曹都官正郎時 將安氏及金南濟相爭奴婢 知非誤決之罪故有是命.

原摠制河久之罪. 久之父母俱存 妄稱時享致齋 當番闕直義興府上書請罪 上特宥之.

戊辰 雨雹于豐海道瑞興.

禮曹請武科恩榮宴 上曰:"不必如文科 呵喝朝路 恩榮宴等事可無也. 武士等當風日調和之時 操弓習射 是所樂也. 其功那及儒生窮一部大學乎? 其一等三人皆陞一級 比都目受職者 則斯亦足矣." 群臣曰:"文武竝用之意則然矣 以之竝立則不可. 今設武科 只以勸獎武士也 上敎然矣." 星山君李稷曰:"宋有武科之名 然未見良將也." 上曰:"待文科甚厚者 要得文章有用之才也." 僉曰:"昔者初場講論之法善矣 今廢之 儒生皆習抄集 於經書 專不用心." 大司憲黃喜曰:"廢講經之法 有不可者. 姑以朝士不事讀書 遽辭職赴擧者觀之 則可知矣." 上然之. 李膺曰:"文科依武科例 令禮曹藝文館掌之 宜罷學士之名." 上曰:"領議政河崙請之再三 予不聽之. 唐之裴度 韋處厚主貢擧 門生座主 古有之矣. 於文科雖有之 亦可也."

禮曹啓山川壇祭 請依洪武禮制. 啓曰:

謹按月令'五月 命有司爲民祈祀山川百源' 注云:'將欲禱雨
근안 월령 오월 명 유사 위민 기사 산천 백원 주운 장욕 도우

也.' 臣等於前日 請依月令祈祀山川 得蒙兪允 將以來十一日
야 신등 어 전일 청의 월령 기사 산천 득몽 유윤 장 이내 십일 일

祭于山川壇. 又考洪武禮制 山川壇祭 風雲雷雨之神居中 山川
제우 산천단 우고 홍무예제 산천단 제 풍운뢰우 지신 거중 산천

居左 城隍居右 故本國亦依此制 設三位而祭之. 今捨風雲雷雨
거좌 성황 거우 고 본국 역의 차제 설 삼위 이 제지 금사 풍운뢰우

之神而止祭山川 殊未合義. 願自今如遇旱氣 依洪武禮制 幷祭
지신 이지제 산천 수미합의 원 자금 여우 한기 의 홍무예제 병제

風雲雷雨城隍之神."
풍운뢰우 성황 지신

從之.
종지

命有司還給新及第金慮遲判事以下告身. 慮遲嘗納告身 赴試
명 유사 환급 신급제 김여하 판사 이하 고신 여하 상납 고신 부시

中第 憲司因例只給四品以下告身. 慮遲意已盡還受 於議政府
중제 헌사 인례 지급 사품 이하 고신 여하 의 이진 환수 어 의정부

堂參之日 着紅袍 司憲府劾之. 左政丞成石璘曰:"遐方儒生 幸中
당참 지일 착 홍포 사헌부 핵지 좌정승 성석린 왈 여하 하방 유생 행중

科第 宜給三品告身." 右政丞趙英茂曰:"不可違法." 上曰:"從宜
과제 의급 삼품 고신 우정승 조영무 왈 불가 위법 상왈 종의

給之."
급지

己巳 震開城縣人郎加大船檣.
기사 진 개성현 인 낭가대 선장

庚午 雨雹. 京畿 仁州 富平雹 終日不消; 忠清道 清州 平澤
경오 우박 경기 인주 부평박 종일 부소 충청도 청주 평택

清安. 江原道 平昌 旌善 雹傷麻麥; 全羅道 長城 珍原 福順
청안 강원도 평창 정선 박상 마맥 전라도 장성 진원 복순

昌平皆雹.
창평 개 박

辛未 御便殿 講禮記月令圖.
신미 어 편전 강 예기 월령도

命禮曹稽考薦新之法以聞. 上曰:"宗廟薦櫻桃 儀軌所載 必於
명 예조 계고 천신 지법 이문 상왈 종묘 천 앵도 의궤 소재 필어

五月朔望祭兼行. 若於朔祭 不及成熟 則待望祭兼行 實爲固滯
오월 삭망제 겸행 약어 삭제 불급 성숙 즉 대 망제 겸행 실위 고체

不合人情. 櫻桃成熟之候 端午適中 自今隨所得之日而薦之 勿拘
불합 인정 앵도 성숙 지후 단오 적중 자금 수 소득 지일 이 천지 물구

朔望." 禮曹承命稽考 上書言:

삭망　예조　승명　계고　상서　언

'文獻通考 宋初 薦新兼設於朔望之祭 至神宗七年 詳定郊廟

문헌통고　송초　천신　겸설　어　삭망　지제　지　신종　칠년　상정　교묘

禮文言:"古者薦新于廟 不卜日 不出神主 奠而不祭. 近時擇日而

예문언　고자　천신　우묘　불복일　불출　신주　전이　부제　근시　택일　이

薦 非也. 天子諸侯 物熟則薦 不以孟仲季爲限." 又云:"凡新物

천　비야　천자　제후　물숙　즉천　불이　맹중계　위한　우운　범　신물

及時出者 旣日登獻. 旣非正祭 則於禮不當卜日." 本國承前朝及

급시　출자　기일　등헌　기비　정제　즉　어례　부당　복일　본국　승　전조　급

宋初之制 凡新物必待朔望兼薦 有乖於卽日登獻之義. 願自今凡

송초　지제　범　신물　필대　삭망　겸천　유괴　어　즉일　등헌　지의　원　자금　범

新物之及時出者 不待朔望 亦不卜日而卽薦 若値朔望 當依舊制

신물　지　급시　출자　부대　삭망　역　불　복일　이　즉천　약치　삭망　당의　구제

兼薦 則庶合於禮矣.'

겸천　즉　서합　어례　의

又曰:

우왈

'謹按周制 牧人掌牧六牲 以供祭祀之牲 授充人 殊別繫養

근안　주제　목인　장목　육생　이공　제사　지생　수　충인　수별　계양

三月; 小祀之牲 使司門養之十日. 擇牲之法 君召牛納而視之 擇

삼월　소사　지생　사　사문　양지　십일　택생　지법　군　소우　납이　시지　택

其毛而卜之吉 然後養之. 祭天地之牛 角繭栗; 宗廟之牛 角握;

기모　이　복지　길　연후　양지　제　천지　지우　각　견율　종묘　지우　각악

賓客之牛 角尺. 前朝故今禮 大祀之牲 預養九旬 中祀三旬 小祀

빈객　지우　각척　전조　고금례　대사　지생　예양　구순　중사　삼순　소사

一旬 此皆敬神之至也. 本朝於祭前 未嘗預擇而殊養之 其不能

일순　차개　경신　지지야　본조　어　제전　미상　예택　이　수양지　기　불능

肥腯蠲潔 可知矣. 願自今 本曹官一員與監察一員 詣典廏署 視其

비돌　견결　가지의　원　자금　본조　관　일원　여　감찰　일원　예전　구서　시기

毛角而擇之 其預養之法 一依古制.'

모각　이　택지　기　예양　지법　일의　고제

竝從之.

병　종지

減甲士曹信之罪. 信向殿射鳥 矢入宮墻內 罪應絞 命減一等.

감　갑사　조신　지죄　신　향전　사조　시입　궁장　내　죄응　교　명감　일등

壬申 命停誕日獻壽. 上曰:"卽位以來 群臣獻壽之禮不行 且當

임신　명정　탄일　헌수　상왈　즉위　이래　군신　헌수　지례　불행　차당

其日有齋戒 宜止之." 議政府請之 故有是命.

기일　유　재계　의　지지　의정부　청지　고유　시명

癸酉 命判典祀寺事韓尙德 薦櫻桃于宗廟.
계유 명판 전사시 사 한상덕 천 앵도 우 종묘

賻前摠制高鳳禮妻喪米三十石 紙百卷 且賜棺槨 遣人致奠.
부 전 총제 고봉례 처상 미 삼십 석 지 백권 차 사 관곽 견인 치전

東北面都巡問使 罷咸州牧使李揚職. 以揚爲其妻弟敬差官河演
동북면 도순문사 파 함주 목사 이양 직 이 양 위 기처 제 경차관 하연

設宴犯法故也.
설연 범법 고야

丙子 宥中外笞罪. 議政府以誕辰 請覃恩也.
병자 유 중외 태죄 의정부 이 탄신 청 담은 야

開城留後司留後李文和 進稼穡圖
개성유후사 유후 이문화 진 가색도

戊寅 命禮曹行祈雨祭 減膳 罷中外工作.
무인 명 예조 행 기우제 감선 파 중외 공작

命議政府 考歷代奉安御容之制以聞. 初 太祖創長生殿 蓋倣唐
명 의정부 고 역대 봉안 어용 지제 이문 초 태조 창 장생전 개 방 당

凌烟閣之制也. 上欲奉安太祖聖容于長生殿 令考舊典. 議政府
능연각 지제 야 상 욕 봉안 태조 성용 우 장생전 영고 구전 의정부

上言曰:
상언 왈

"謹按玉海 有曰:'唐太宗圖功臣無忌等二十四人于凌烟閣.
근안 옥해 유왈 당태종 도 공신 무기 등 이십사 인 우 능연각

代宗圖雍王等三十三人于凌烟閣. 德宗圖褚遂良等二十七人于
대종 도 옹왕 등 삼십삼 인 우 능연각 덕종 도 저수량 등 이십 칠인 우

凌煙閣. 宋仁宗修景靈宮 奉安聖容 畵勳臣. 高宗圖功臣于景靈
능연각 송 인종 수 경령궁 봉안 성용 화 훈신 고종 도 공신 우 경령

之壁: 皇武殿 太祖及趙晋 曹彬; 大定殿 太宗及薛居正 石熙載等
지벽 황무전 태조 급 조진 조빈 대정전 태종 급 설거정 석희재 등

其餘 眞 仁 英 神 亦以君臣共安."
기여 진 인 영 신 역이 군신 공안

上曰:"奉安御容 依宋制; 功臣圖畫 采唐制."
상 왈 봉안 어용 의 송제 공신 도화 채 당제

聚僧五十 轉金字法華經于興天寺三日. 蓋從太祖之志 修
취 승 오십 전 금자 법화경 우 흥천사 삼일 개 종 태조 지지 수

舍利塔而設會也. 召靑原君沈淙授香 上曰:"卿知今日設法席之意
사리탑 이 설회 야 소 청원군 심종 수향 상 왈 경지 금일 설 법석 지의

乎? 我皇考太祖 建都于此 設舍利殿 吾與李仁壽訖功. 近聞傾危
호 아 황고 태조 건도 우차 설 사리전 오 여 이인수 흘공 근문 경위

使之修治. 適當忌辰 爲太祖與神懿王后設法席 卿宜知之."
사지 수치 적당 기신 위 태조 여 신의왕후 설 법석 경 의 지지

己卯 止酒 憂旱也. 且命禁公私用酒. 聚巫七十餘人于白岳山堂

又聚僧徒于重興寺 禱雨.

以金漢老爲光山君 金承霆參贊議政府事 鄭易參知議政府事

安純左軍同知摠制 李原鐵城君 權弘永嘉君 柳思訥左副代言

韓尙德右副代言 趙末生同副代言. 上曰: "代言之職 文武交差

尙矣. 然非堯舜之道 不敢陳於王前 先儒之格言也. 予亦念此而欲

日與文臣講學 近侍之臣 當以識理者除之可也." 又曰: "世子性

躁急 今專以文臣除代言 乃貽謀後世之意也."

庚辰 禮曹上憂旱事宜:

"謹按文獻通考及前朝詳定古今禮 倣隋唐古制 有曰: '凡京都

孟夏以後旱 則祈嶽鎮海瀆及祭山川能興雲雨者於北郊 又祈社稷

宗廟 每七日一祈 不雨 還從嶽瀆如初. 旱甚則修雩 初祈後一旬

不雨 則徙市 禁屠殺 斷傘扇 造土龍.' 又古典 有'旱則審理冤獄

賑恤窮乏 掩骼埋胔 修溝洫 淨阡陌等事'當依古典施行."

從之.

命檢校漢城尹孔俯 聚十二歲童男三十二人于廣延樓前 禱雨.

召知申事金汝知 同副代言趙末生等 講論至講孟子'有事君人

者 事是君則爲容悅者也'一節 上曰: "臣之事君 禮也. 乃何曰事

是君則爲容悅者也?" 末生對曰: "臣子之於君父 陳善閉邪 匡輔

其德 職也. 若一以事君爲心 見君之失而不言 則是阿順以爲私

162

逢迎以爲悅者也." 上曰: "然. 昔吾所知 如爾之言. 然大學衍義

則其事如是之君 則爲容悅者也. 無乃異於今日所講乎? 將命鑄字

印衍義."

開城留後司留後李文和進甘草一盆 年前所種也.

辛巳 雨 未洽.

命議政府六曹臺諫 限今月毋參朝啓. 憂旱也.

命遣大臣星山君李稷等禱雨 將以二十二日 致祭于宗廟 社稷

白岳 木覓 漢江 北郊. 又遣檢校參議崔德義 設畫龍祭于楊津.

壬午 大雨. 承政院啓曰: "上憂旱禱雨 無所不至 今日得雨 是

精意昭格也. 臣民誰敢不喜! 臣等尤近天顏 喜之無已." 上曰:

"水旱 惟天所爲 然適當其時 爲可喜也." 賜孔俯內廄馬一匹

童男三十二人各米二石 巫女七十四人米各一石.

議政府令參贊盧崇進酒 許之. 命曰: "今旣雨矣. 賣酒以生

者 勿幷禁之; 年老大臣亦宜飮之." 政府進言曰: "天道未可知

也. 民間禁酒未久 一雨旋許用酒 未可也." 命曰: "用酒與否 政府

從宜施行."

參知議政府事李愭卒. 愭德山人. 中庚午科第一名 性質直. 及

卒 上悼之 遣人致祭 賜棺槨 又令世子設奠 以嘗爲賓客也. 一子

益朴.

癸未 設太祖忌辰齋于興德寺 命世子行祭 命議政府承政院皆

詣寺. 命議政府曰:"今後太祖忌辰及神懿王后忌辰 依太祖小祥
例行之 佛前布施用綃 以爲恒式." 又命曰:"功臣之設太祖忌辰齋
是功臣向上之誠也. 請予香押未便 今後毋更請." 上自是日至月晦
輟肉膳.

禮曹上報祀之制. 啓曰:

"比者 時雨愆期 殿下憂閔黎元 命祈宗廟社稷及北郊 木覓
楊津 漢江 白岳 至於土龍畫龍蜥蜴 凡古人所祈雨者 靡所不擧.
臣等奉旨 依古制分牒攸司 今月壬午 謹已行祭 若土龍祭 則獻官
已齊而未祈. 殿下閔雨之誠 先格皇天 雨澤滂沱 始於本月辛巳
謹考報祀之制 文獻通考及前朝詳定古今禮 凡祈雨 已齊未祈而
雨 已經祈禱 皆報而奠物 合用小牢. 上項七所報祀 乞依古制."

從之. 上命禮曹曰:"松岳 德積 紺岳等名山之神 修祝文 遣臣
行香 禮也. 自前朝以來 稱內行祈恩 每當四節 兩殿使內臣司鑰
與巫女 暗行無名之祭 至今未已 不合於禮. 爾等考前朝祀典所載
終始本末 悉書以聞 予當以禮行之."

乙酉 完城君李之崇 陪太祖眞 來自平壤 令各司一員 奉迎于
慕華樓前 安於廣延樓. 欲令畫工摹寫 安于文昭殿也.

丙戌 日本九州江州守板窓滿家 沙彌源英 皆遣人獻禮物 求
藏經.

慶尙道都觀察使 罷知梁州事鄭孝復職. 孝復京外二妻 竝到

衙中相鬪故也.
아중 상투 고야

探金于東北面.
채금 우 동북면

自春徂夏 京外疾疫 民多夭死.
자 춘 조 하 경외 질역 민 다 요사

태종 11년 신묘년
6월

六月

경인일(庚寅日-1일) 초하루에 전 헌납(獻納) 장이(張弛)가 의정부에 글을 올렸다. 글은 이러했다.

'오늘날 눈 밝으신 임금과 훌륭한 신하가 서로 만났고[明良相遇] 다스리는 도리[治具]가 모두 베풀어져 태평(太平)의 아름다움이 (주(周)나라의) 성왕과 강왕[成康]¹을 능가하오나[軼] 천지(天地)의 크심에 비한다면 사람들에게는 오히려 유감이 있습니다. 이(弛)²가 가만히 생각건대 외방(外方)의 저화속죄법(楮貨贖罪法)이 성명(聖明-임금)의 전에 없던 성대한 다스림에 손상이 있지나 않을까 염려됩니다. 왜 그렇겠습니까? 경성(京城) 안으로 말하면 제용감(濟用監)에다 화매(和賣)하는 곳을 설치해 죄 있는 사람으로 하여금 무역(貿易)해 납부하게 했으니 이는 손 한 번 들고 발 한 번 옮기는[一擧手一投足] 노고(勞苦)에 지나지 않으니 무슨 어려움이 있겠습니까?

(그러나) 군현(郡縣)으로 말하면 경성과의 거리가 혹 1,000여 리(里)나 떨어져 있으니 비록 금(金)과 옥(玉)을 가지고 저화를 구하려 하더라도 오히려 얻을 수가 없는데, 하물며 궁하고 가난한 무리들이

---

1 주나라 성왕과 강왕, 이 두 임금 때 정치가 잘돼 요순(堯舜) 다음으로 가장 훌륭한 정치였다고 일컬어진다.
2 옛날에는 자기 자신을 칭할 때 이렇게 이름을 불렀다.

야 말해 무엇하겠습니까? 비록 붙잡혀 갇히기를 여러 날 동안 하더라도 어찌 저화가 얻어질 이치가 있겠습니까? 그런데 수령(守令)들이 이것을 독촉해 궁핍한 사람들이 마을 가운데서 근심과 원망을 하게 하니 이것은 다름이 아니라 구하기 어려운 물건을 요구했기 때문입니다. 농부(農夫)가 쟁기를 버리고 서울로 올라와 저화를 바꾸어 가는 사람이 10에 7~8은 됩니다. 저 이의 생각으로는, 저화로 말하면 화폐(貨幣)의 권리가 국가에 있는 것이므로 경영(經營)하기의 쉬움은 있을망정 수송하는 수고는 없을 것이니 이것은 실로 좋은 법입니다. 옛사람이 이르기를 "죄를 속(贖)하는 법은 양민(良民)을 해치고 간사한 무리에게 은혜를 주는 것이다"라고 했는데, 오늘날 이 속법(贖法)을 만든 것은 다만 저화의 흥행(興行)만을 위해 한때의 적당함을 저울질한 것입니다. 이제 저화의 법이 시행된 지도 이미 오래돼 백성들이 모두 저화가 귀한 줄을 알고 있습니다.

이(弛)가 바라건대 경중(京中)에서 화매(和賣)하는 예(例)에 따라 시골의 군현(郡縣)에도 호구(戶口)의 많고 적은 것을 참작하시어 저화를 반포(頒布)하고 곡식이든 비단이든 간에 묻지 말고 그가 소유한 것으로서 바꿔 가게 한다면 국가에는 재산(財産)의 풍부함이 있을 것이요, 백성에게는 저화의 이익이 있을 것입니다. 이렇게 된 뒤에 노병(老病)이나 잔질(殘疾)로 죄를 지은 사람에게 형벌을 가할 수 없는 자는 저화(楮貨)로 수속(收贖)하시고, 교활한 부호(富豪) 사람들은 그들이 지은 죄로써 죄를 주게 하신다면 백성들이 법을 범하지 않을 것입니다. 만약 괜찮다고 여기신다면 상(上)께 전문(轉聞)해주소서.'

의정부에서 그것을 아뢰니 상(上)이 말했다.

"속죄(贖罪)하는 데 저화로 하는 것은 영구한 법이 아니고 일시(一時)의 권도(權道)로서 행하는 일이다. 사람들로 하여금 저화를 얻기가 어려운 줄 알게 한다면 죄를 범하는 것도 쉽지 아니한 줄 알 것이니 형벌(刑罰)이 없게 될 날을 기약할 수 있을 것이다. 만약 2~3년을 경과한다면 속법(贖法)을 제거할 수 있을 것이다."

마침내 보류했다.

신묘일(辛卯日-2일)에 상이 면복(冕服) 차림으로 세자와 백관을 거느리고 종묘(宗廟)의 4실(四室)과 신의왕후(神懿王后)에게 옥책(玉冊)[3]을 올렸다. (의정부)찬성사(贊成事) 이천우(李天祐)를 봉책사(奉冊使)로 삼고, 병조판서 박은(朴訔)으로 하여금 별제(別祭)를 지내게 했다.

○ 성중(城中)의 채마전(菜麻田)[4]을 금지하고 (거기에) 사람들이 집을 짓는 것을 허용했다. 한성부판사 이귀령(李貴齡)을 불러 말했다.

"남산(南山) 기슭에서 궁궐(宮闕)이 내려다보이는 집들을 모두 철거하라. 또 경성(京城)은 땅이 좁으니 마땅히 채마전을 금하는 것이 좋겠다."

○ 박소(朴昭)에게 쌀과 콩 10석(石)을 내려주었는데 소(昭)가 살구[杏子]를 진상(進上)했기 때문이다. 소는 곧 순(淳)의 아들이다.

행자

○ 상이 명했다.

---

3   국왕, 왕비, 대비, 왕대비, 대왕대비 등에게 존호를 올릴 때 송덕문을 옥에 새겨놓은 간책을 말한다. 세자, 세자빈을 책봉하는 글은 대쪽에 새기고 죽책(竹冊)이라고 했다.
4   채소뿐만 아니라 옷감의 재료가 되는 마나 모시풀 등도 함께 기르는 밭을 말한다.

"지금부터는 6월에 반록(頒祿-녹봉 지급)하는 것을 영구히 항식(恒式)으로 삼으라."

임진일(壬辰日-3일)에 편전(便殿)에 나아가 일을 보았다[視事]. 형조
_{시사}
판서 임정(林整)이 아뢰어 말했다.

"조(曹-형조)에 판결하기 어려운 일이 있습니다. 한 어미는 그 아들
이 살기를 구하고, 한 어미는 그 아들이 죽기를 바랍니다."

상이 말했다.

"무슨 일인가?"

대답해 말했다.

"도관(都官)의 비(婢) 아무개가 말하기를 '내 아들이 나를 구타하
니 이놈을 죽여주십시오'라고 하므로 신 등이 여러 날 동안 조사했
으나 그 실정[情]을 얻지 못했습니다. 또 아들의 용모를 보건대 매우
열약(劣弱)해 그 어미를 구타할 수 없는 자인 듯이 보였습니다."

상이 말했다.

"어미가 그 아들을 죽이려고 하니 어찌 헛된[徒然=空然] 일이겠는
_{도연   공연}
가? 그러니 자세하게 살펴라."

대사헌 황희(黃喜)가 말했다.

"신이 이 일을 알고 있습니다. 이 종은 일찍이 남의 첩(妾)이 돼 음
분(淫奔)한 행동을 자행해 이 아들을 낳은 것인데, 다른 곳에서 자
랐기 때문에 본래부터 모자(母子)의 애정이 없으므로 항상 해치려고
합니다."

상이 응답하지 않았다. 정(整)이 말했다.

"말을 기르는 자가 콩 한 섬을 훔쳤는데, 사복시(司僕寺)에서 이것을 알고 징치(懲治)하려고 하니 말을 기르는 자가 거짓으로 세자의 영지(令旨)라고 전해 말하기를 '(세자께서) 징치하지 말라'라고 하셨다 했습니다. 이리하여 본조(本曹)에서 그를 국문(鞫問)했더니 그 죄가 교형(絞刑)에 해당됩니다. 그 어미가 세자께서 환전(還殿)하시는 때를 당해 손을 잡고 길가에 서 있었으므로 세자께서 말을 멈추고 그 까닭을 물으니 '저는 말을 치는 놈의 어미입니다. 빨리 제 자식을 구해주시기를 바랍니다'라고 했으나 세자께서 말씀하시기를 '내가 감히 마음대로 처리할 일이 아니다'라고 하셨습니다. 경승부(敬承府)에서 응양위(鷹揚衛)가 이 계집의 난잡(亂雜)[5]을 금하지 못했다는 것을 고소(告訴)의 이유로 갖춰 본조(本曹)에 보고했으므로 본조에서 이것을 수리(受理)하려고 했으나, 율문(律文)에 적당한 조항이 없어서 감히 그를 죄주지 못했습니다."

상이 말했다.

"말을 길렀다니 의혹(疑惑)이 심한 것이다. 죄를 면하려고 해 거짓으로 세자의 말이라고 전했다 하니 고집해 논죄(論罪)할 수는 없으므로 마땅히 1등(等)을 감(減)하라. 또 그 어미가 아들을 살리려고 세자에게 청했다고 하니 인정상 당연한 일이다. 어찌 죄를 줄 필요가 있겠는가? 그 어미와 응양위를 마땅히 속히 놓아주도록 하라."

○ 영의정부사(領議政府事) 하륜(河崙)과 민무휼(閔無恤) 등에게 해온정(解慍亭)에서 잔치를 베풀었다. 상이 륜(崙)은 진양(晉陽)에서 돌

---

5 세자 앞에 와서 말을 한 것을 가리킨다.

아왔고 무휼(無恤)과 무회(無悔) 두 형제는 아비의 상사(喪事)를 끝마친 까닭에 잔치를 베풀어 위로한 것이다. 종친과 좌정승 성석린(成石璘), 우정승 조영무(趙英茂), 완산군(完山君) 이천우(李天祐), 이조판서 이직(李稷) 등이 시연(侍宴)했다. 륜이 연구(聯句)를 지어 올렸다.

"은혜가 저 큰 하늘 같사온데 잔치까지 내려주시도다."

상이 대구(對句)를 지어 말했다.

"마음은 굳은돌과 같은 데다 아무런 사사로움도 없어라."

여러 신하도 다시 서로 창화(唱和)했다. 술이 반쯤 거나해지자[酣] 륜이 일어나 춤을 추며 잔을 드렸다. 연회가 끝나자 상이 대언(代言)에게 명해 말했다.

"오늘 연회를 베푼 것은 대신(大臣)의 천리 길을 위로함이고, 겸해 여러 민씨(閔氏)도 위로하기 위함이다. 무휼 등이 일찍이 상사(喪事)를 마쳤으므로 내가 유후사(留後司-개경)에 있을 적에 비로소 그들을 위로하려고 했는데 환도(還都)한 이후로도 의정부(議政府)다, 공신(功臣)이다, 아들·사위다 하면서 자주 연회를 베푸는 까닭에 오늘날까지 실현하지 못했으니 여러 민씨의 마음에 대해 미안하게 여기는 바이다. 그러므로 지금 무회 등으로 하여금 친히 중궁(中宮)에게 잔을 드리게 하려고 하는데 그대들의 의견은 어떠한가?"

지신사(知申事) 김여지(金汝知) 등이 대답했다.

"인척(姻戚)을 대우함에 있어 은혜[恩]로써 의로움[義]을 가리는 경우도 있고, 의로움으로써 은혜를 이기게 하는 경우도 있사오니 은혜와 의로움[恩義](중에서 어느 쪽에 진정으로 비중을 두는가)의 여하

174

(如何)에 달려 있을 뿐입니다."

마침내 궁중(宮中)으로 불러 들어오게 해 밤중에 이르러서야 마쳤다.

○ 형조(刑曹)에 명해 사죄(死罪)를 속(贖)하게 했다. 명해 말했다.

"사죄 이상은 가을을 기다리지 말고 의정부(議政府)에 보고해 아뢰게 하라. 내 마땅히 감등(減等)해 속(贖)하게 하겠다."

○ 종약색(種藥色)[6]을 혁파해 전의감(典醫監)에 소속시켰다.

○ 의정부에서 응봉사(應奉司)의 사의(事宜-일의 마땅함)를 올렸다. 아뢰어 말했다.

"문서응봉사(文書應奉司)[7]에서 정장(呈狀)하기를 '본사(本司)는 오로지 사대문서(事大文書)를 관장하니 관계되는 바가 가볍지 않습니다. 이보다 앞서는 왕부(王府)의 문서(文書)를 응봉사에서 낭사(郎舍)와 함께 구전(口傳)으로 직사(職事-업무)를 전습(專習)하게 했는데 근래 영락(永樂) 6년(1408년) 간에 겸관(兼官)으로 가르침을 내리시어 정3품 지사(知事) 1원(員), 종3품 첨지사(僉知事) 1원, 4품 검토관

---

6 조선 초기 약재(藥材)의 재배에 관한 일을 맡아보던 관아다.

7 승문원(承文院)의 전신이다. 고려 때 처음 문서감진색(文書監進色)이라는 비상설기구를 설치하고 별감(別監)을 두어 외교문서를 담당하게 했다가 뒤에 문서응봉사로 개칭하고 사(使), 부사, 판관 등의 관원을 두었으나 모두 다른 부서 관직자들로 겸직시켰다. 이 제도는 조선 건국 뒤에도 그대로 존치돼오다가 1409년(태종 9년) 기구를 확장해 지사(知事), 첨지사(僉知事), 검토관(檢討官), 교리(校理), 수찬관(修撰官), 서기(書記) 및 수습관원인 권지(權知) 등을 두어 외교문서 작성에 만전을 기하도록 했다. 그러나 이때까지도 관원들은 모두 전임직이 아닌 타 관원들의 겸직이었다. 업무의 성격 때문에 현직 관원이나 퇴직 관원을 불문하고 외교문서에 능숙한 자들을 골라 임명했다. 이해인 1411년 문서응봉사를 승문원으로 개칭하고, 그 관원들도 정규직화해 판사·지사·첨지사·교리·부교리·정자(正字)·부정자(副正字)의 체제로 정비했다.

(檢討官) 2원, 5품 교리관(校理官) 2원, 6품 수찬관(修撰官) 2원, 참외 서기(參外書記) 4원으로 하여금 이문(吏文)[8]을 전습해 제술(製述)에 대비하게 했습니다. (그런데) 근래에 본사(本司)의 사무가 번극(繁劇-번잡)하고 혹은 교대[遞代]가 무상(無常)함으로 인해 마침내 실효(實效)가 없습니다. 바라건대 일찍이 설치했던 함명(銜名)과 인원수(人員數)에 따라 보충해 녹관(祿官)으로 하시고, 널리 그 직임(職任)에 적당한 사람을 뽑아 두텁게 권장(勸獎)해 임용(任用)에 대비해야 할 것입니다. 그리고 서사문서(書寫文書)에 이문도 겸해 익히게 하되 또한 다른 관원으로 겸하게 하시고, 오늘날의 제조관(提調官)은 그대로 날마다 본사(本司)에 앉아 엄하게 고찰(考察)을 가하게 하고, 초하루와 보름마다 제목(題目)을 내어 시험을 과(課)해야 할 것입니다. 이렇게 해 자(咨),[9] 정(呈),[10] 주(奏),[11] 계(啓)[12]의 등제(等第-등급)를 정하고, 그 분수(分數)를 장부를 비치해 기록해놓았다가 세말(歲末)에 재주를 시험할 때 참고의 빙거(憑據)가 되게 해야 할 것입니다. 만약 본사(本司)를 고찰해 일절(一節)이라도 주살의 줄[繳]처럼 연결이 됐다면 위에다 '사대문서(事大文書)'라 수결(手決)을 누르시고 제조관(提調官)

---

8 조선시대 중국과 주고받았던 표(表), 전(箋), 자문(咨文) 등의 사대문서와 5품 이하 관원 (官員)의 고신(告身)에 쓰였던 독특한 용어(用語)와 문체(文體)를 가리킨다. 중국의 속어 (俗語)를 섞어서 쓴 순 한문체의 글로서 승문원(承文院) 안의 이문학관(吏文學館)에서 관 장했으며 『이문등록(吏文謄錄)』, 『지정조격(至正條格)』, 『대원통제(大元通制)』 등이 그 교 재로 이용됐다.

9 자문(咨文)을 가리킨다.

10 정문(呈文)을 가리킨다.

11 주문(奏文)을 가리킨다.

12 계문(啓文)을 가리킨다.

도 본사(本司)에 앉아 첨압(僉押)해 경근(敬謹)의 예(禮)를 펴시되 이를 항식(恒式)으로 삼아야 할 것입니다'라고 했습니다."

그것을 따랐다.

계사일(癸巳日-4일)에 이성군(利城君) 서유(徐愈)가 졸했다. 유(愈)의 자(字)는 겸지(謙之)이며 이천(利川) 사람이다. 홍무(洪武) 병인년(1386년)에 과거에 합격하고 건문(建文) 신사년(1401년)에 경진(庚辰-1400년)의 공(功)으로 익대좌명공신(翊戴佐命功臣)의 호(號)를 받았다. 여러 벼슬을 거쳐 예조판서에 이르고, 경인년(1410년)에 다시 이성군(利城君)이 됐다가 죽으니 나이 56세. 시호(諡號)를 양경(良景)이라 했다. 상이 중관(中官)을 보내 치제(致祭)하고 조회(朝會)를 정지했다. 유는 가산(家産)을 모으는 것을 일삼지 아니하고[不事] 시_{불사}(詩)와 술로써 즐거움을 삼았다. 일찍이 부모(父母)를 여의고 영양(榮養)[13]하지 못해 부모에 대해 말이 미치기[言及]만 하면 반드시 눈물_{언급}을 흘렸다. 또 자제(子弟)들에게 가르쳐 말했다.

"사대부(士大夫)들 중에서 뛰어난 사람[賢者]을 벗으로 삼고 어리_{현자}석거나 불초(不肖)한 사람과는 상종(相從)하지 말라."

그의 마음가짐[執心]이 대개 이와 같았다. 아들 셋을 두었으니 사_{집심}천(思川), 양근(楊根), 경흥(敬興)이다.

○ 사간원(司諫院) 좌사간대부(左司諫大夫) 이명덕(李明德, 1373~

---

13 지위나 명망이 높아져서 부모를 영화롭게 봉양하는 것을 말한다.

1444년)¹⁴ 등이 소(疏)를 올렸다. 소는 대략 이러했다.

'신 등은 직책이 언관(言官)의 자리에 있으므로 삼가 한두 가지 관견(管見)을 조목별로 아래에서 아뢰겠습니다.

하나, 서북면(西北面) 한 도(道)는 근년에 수한(水旱)으로 인해 기근(飢饉)이 서로 잇달았는데 그중에서도 의주(義州)·인주(麟州) 등 12개 고을이 더욱 심합니다. 전하께서 이것을 염려하시어 사신(使臣)을 보내 진휼(賑恤)하셨으니 진실로 이 백성들에게 부모(父母)의 마음을 쓰신 것입니다. 그러나 백성들이 굶주림에 지쳐서 농사를 제때 짓지 못해 수확의 때를 잃었습니다[失候]. 엎드려 바라옵건대 덕음
실후
(德音)을 널리 펴시어[渙發] 깊이 근심하고 가련하게 여기시는 뜻을
환발
보이시어 금년에 한해 조세(租稅)를 면제해주시고 아울러 요역(徭役)을 너그럽게 해주소서.

하나, 을유년(1405년)과 병술년(1406년)에 전지(田地)의 측량을 다시 한 뒤로 여러 고을의 전지가 남고 모자람[盈縮]이 같지가 않고,
영축
또 바다에 인접한 여러 고을은 토지를 모두 개간했는데도 그 공물(貢物)의 액수(額數)는 아직껏 예전대로 하고 있으니 전지의 분배와

---

14 1396년(태조 5년) 생원으로 식년문과에 병과로 급제해 예문춘추관에 보직됐으며 사헌부 감찰·사간원우헌납·장령·사인·집의·좌사간대부·형조참의 겸 지도관사(知都官事) 등을 역임했다. 1415년(태종 15년) 승정원 동부대언(同副代言)이 되고 좌부대언에 승진했다. 세종이 즉위하자 이조참판을 거쳐 병조참판으로 전임했고, 그 뒤에 강원도 관찰사·예조참판·대사헌·동지총제를 역임했다. 1430년(세종 12년) 공조판서가 됐고, 이듬해 병조판서를 거쳐 다시 공조판서가 됐다. 1438년 중추원부사로 정조사(正朝使)가 돼 명나라에 갔다가 이듬해 귀국했다. 그 뒤에 판한성부사와 인순부윤(仁順府尹)을 지냈다. 1442년 70세가 돼 벼슬에서 물러났으나 다시 지중추원사로 복직했다. 이어서 판중추원사에 승진해 궤장을 하사받았다. 그러나 의정부 정승에 오르지는 못했다.

공물의 제정을 다시 고치지 않을 수 없습니다. 엎드려 바라옵건대 유사(攸司)에 영(令)을 내리시어 앞서 정했던 공물의 액수를 가지고 한 해 동안의 소비량을 계산하게 해 부족한 것은 늘리시고 여유 있는 것은 줄여 모두 다 전지의 수(數)에 따라 공물의 액수를 정해 해마다 가을과 겨울이 바뀌는 환절기에 거두어 상납(上納)하게 해 이를 항식(恒式)으로 삼으소서. 만약 어쩔 수 없어서 특별한 예(例)로 거두게 된다면 그 값을 주고 무역(貿易)해 백성들의 생업을 두텁게 하소서.

하나, 외방(外方) 각 관(官)의 공아구종(公衙丘從)은 추고(芻藁)·탄목(炭木)의 공급과 수령의 교체로 인한 영송(迎送)으로 인해 매우 바빠하지 않는 일이 없으니 참으로 없을 수 없는 것입니다. 근년에는 관노비(官奴婢)로 그 역사(役事)를 겸하게 하고 구종(丘從)[15]은 다른 역사(役事)로 옮겨 정했습니다. 그러나 관노비의 역사의 괴로움이란 이루 다 기록할 수 없는데, 또 구종들의 역사까지 대신 떠맡게 한다면 어느 겨를에 자신들의 재산을 돌볼 수 있겠습니까? 여유가 있는 고을은 오히려 괜찮다 하겠으나 쇠잔한 고을에 있어서는 장차 어찌 하겠습니까? 이로 말미암아 수령(守令)들도 어쩔 수 없게 돼 상항(上項)의 공아잡역(公衙雜役)을 모두 평민(平民)에게 부과하게 되는데, 심한 자는 경내(境內) 각호(各戶)에다 그 일수(日數)를 배정해 돌아가며 입역(立役)하게 하니 여염(閭閻)에서 근심과 탄식이 이것으로 말

---

15 관원을 모시고 따라다니는 하인을 가리킨다. 혹은 말을 탈 때 고삐를 잡거나 뒤에 따라다니는 하인을 가리키기도 한다. 노비는 아니지만 사령(使令)보다는 낮은 신분층이다.

미암아 일어나게 됩니다. 그러므로 오늘날의 폐단이 도리어 지난날보다 더욱 심하니 이제부터는 대소(大小) 각 관(各官)의 공아구종의 숫자를 정해 민생(民生)을 편케 하소서.

하나, 국가에서 사장(師長)을 선택하고 양현고(養賢庫)를 설치해 교양(教養)하고 있는데 국학(國學)에 나오는 생원(生員)은 항상 20명에 불과하니 교양하는 도리에 비춰볼 때 어떻다 하겠습니까? 바라건대 이제부터는 대소 문신(大小文臣)으로 사범(師範)이 될 만한 자를 그 품질(品秩)에 따라 성균관(成均館)의 직책을 겸하게 하시고, 산관(散官) 역시 교관(教官)이라 일컬어 함께 본관(本官)에 근무하게 하시어 각기 배운 바를 가지고 여러 학생을 나눠 가르쳐 도의(道義)를 강론(講論)하게 하소서. 그리고 각 해[各年]의 방목(榜目)에 따라서 경외
<small>각년</small>
(京外)의 생원(生員)들을 정기적으로 소집하고, 향시(鄉試)에 나가는 자도 관시(館試)의 원점(圓點)¹⁶ 300점(點)의 예(例)에 따라 일찍이 거관(居館)해 200점이 찬 자라야 시험에 나가도록 허용하소서. 따라서 정록소(正錄所)로 하여금 회시(會試)를 당해 이름을 등록할 때에 200점이 차지 못한 자가 향시에 합격해 온 자는 시험에 응시하지 못하도록 하시고, 그 성명(姓名)을 갖춰 기록해 헌사(憲司)에 이문(移文)하게 해 그 죄를 규리(糾理)하소서.

하나, 각사(各司)의 전곡(錢穀)에 대해 따로 쇄권(刷卷)¹⁷을 세워 소

---

16 성균관 유생들은 아침과 저녁 두 번 식당에 들어가서 서명해야 원점 1점을 얻고, 원점 300점을 취득한 자, 즉 300일간 성균관에서 거관한 유생에게만 과거(科擧)에 응시할 자격을 주었다.

17 전곡(錢穀)과 출납(出納)의 장부를 조사하는 일 또는 그 법을 가리킨다.

모됐거나 손실된 것을 추징(追徵)하는 것은 바로 벼슬살이의 경계를 보여주는 뚜렷한 것입니다. 그러나 문자(文字)의 차오(差誤)와 서절(鼠竊)의 소모가 날을 거듭하고 달이 쌓임에 따라 저절로 감손(減損)하는 데 이르게 되니 어느 관리(官吏)의 주의하지 못한 소치(所致)인지는 알지 못하겠으나 하루아침에 쌓이고 쌓인 물건을 갑자기 징수하기란 실로 잘못된 일입니다. 엎드려 바라옵건대 쇄권(刷卷) 이전의 것은 다시 추징(追徵)하지 마시어 자신(自新)의 길을 열어주소서. 그리고 이제부터는 세초(歲抄)[18]를 할 때마다 반드시 번고(反庫)[19]해 일일이 기록해 수수(授受)하게 하고 만약 손실이 있을 경우에는 『육전(六典)』에 의해 추징(追徵)하소서.'

의정부에 내려 깊이 토의하게 했다[擬議].
의의

갑오일(甲午日-5일)에 사헌부에서 소(疏)를 올려 조신언(趙愼言)과 전 병마사(兵馬使) 박인간(朴仁幹), 춘주지사(春州知事) 이속(李續) 등에게 죄줄 것을 청했다. 애초에 춘주 사람 박도간(朴道幹)의 딸이 어머니의 상중(喪中)이었는데 이방간(李芳幹)의 사위 신언(愼言)이 몰래 환자(宦者) 한봉(韓奉)을 시켜 도간(道幹)의 아우 인간(仁幹)에게 거짓으로 전해 말했다.

---

18 조선시대에 매년 6월과 12월, 이조(吏曹)와 병조(兵曹)에서 죄가 있는 벼슬아치를 적어 상주(上奏)하는 것이나 군인(軍人) 중 사망, 도망, 질병으로 말미암아 생긴 결원을 조사해 보충하는 일을 가리킨다. 또 조선시대에 해마다 6월과 12월, 포상해야 할 사람을 왕에게 보고하던 일을 가리키기도 한다. 포상할 사람으로는 농상(農商)이나 목축에 빼어난 자, 효행(孝行)이나 절의(節義)가 있는 자, 시험 성적이 좋은 관리 따위를 추천했다.
19 공문서의 검열을 번열(反閱)이라 하고, 관가 창고의 검열을 번고라 한다.

"상께서 너의 조카딸을 회안군(懷安君-이방간)의 아내로 삼으려 한다."

인간이 혼인을 주관해[主婚] 아내로 삼게 했다가 일이 발각됐다. 헌부(憲府)에서 따져 물으니 신언이 말했다.

"종 승통(升統)을 시켜 아뢰겠다."

헌부에서 그 종을 빨리 데려오라고 독촉했으나 신언이 숨겨두고 내놓지 않았다. 대사헌(大司憲) 황희(黃喜)가 아뢰어 말했다.

"회안군이 성혼(成婚)한 사실을 전라도 감사(全羅道監司)가 그 시종(始終)을 갖춰 아뢰었는데 이속이 지금까지 보고하지 않았으므로 청컨대 그 이유를 물어야 할 것입니다."

상이 명해 말했다.

"신언은 제외하고 속(續)과 인간에게 물어보라."

상이 또 희(喜)에게 일러 말했다.

"인간의 일 때문에 이 농삿달을 당해 많은 사람들이 옥(獄)에 갇혀 있으니 마땅히 속히 결단(決斷)하도록 하라."

희가 대답해 말했다.

"증인(證人)들이 아직 다 오지 않았고 신이 또한 수일 동안 앓아누웠기 때문에 늦어지고 있습니다. 그러나 회안군은 이미 죄가 있는 몸으로 또다시 이러한 짓을 했으니 그 죄는 용서받기 어렵습니다. 그리고 도간(道幹)의 딸은 어미의 상사(喪事)를 당하고도 출가(出嫁)했으니 비록 평민(平民)으로 논(論)한다 할지라도 죄가 없다고 할 수 없습니다. 또 그때 데리고 갔던 내관(內官)도 죄가 있으므로 한봉과 여러 사람에게 그 까닭을 물어보니 모두 허물을 신언에게 돌립니다. 신

182

언이 만약 계달(啓達)했다면 마땅히 조정(朝廷)에 고(告)해 감사(監司)와 수령(守令)에게 이문(移文)한 뒤에 매빙(媒娉-중매)했을 것인데, (신언이) 사사로이 한봉을 시켜 거짓으로 인간에게 전해 그 일을 이루게 했으니 신언의 죄는 법을 지키는 책임자[守法者]로서 그대로 놓아둘 수 없습니다."

상이 말했다.

"신언은 바로 조박(趙璞)의 외아들이라 그 아비가 지나치게 사랑해[鍾愛=鍾情] 예법(禮法)을 가르치지 못했으니 어찌 논(論)할 것이 있겠는가? 그런데 회안군의 죄를 또 어떻게 그에게 더 씌우겠는가?"

여러 신하가 아뢸 일을 마치고 차례로 물러갔으나 희만 홀로 머뭇머뭇하며[逡巡] 물러가지 아니하니 상이 명해 밀의(密議)를 아뢰게 했다.

○의정부에서 아뢰어 말했다.

"지금 조신언이 왕명(王命)이라고 거짓으로 꾸며댄[矯旨] 죄는 귀로 차마 들을 수 없는 것으로서 용서할 수 없습니다. 바라건대 그에게 죄를 주어야 할 것입니다."

상이 말했다.

"내가 알고 있는 일이니 다시는 말하지 말라."

○사간원에서 소(疏)를 올려 말했다.

'얼마 전 헌사(憲司)에서 조신언(趙慎言)과 박인간(朴仁幹), 이속(李續) 등이 저지른 죄에 대해 소를 갖춰 아뢰었으나 그대로 윤허함[兪允]을 얻지 못했습니다. 신 등이 가만히 생각건대 상항(上項)의 사람들의 죄는 나라에 관계됨이 작지 않사오니 징계하지 않을 수 없습니다. 신언은 아비와 장인이 모두 용서받지 못할 죄를 범했고 자신 또한 서인(庶人)이 됐으니 마땅히 조심하고 두렵게 생각해 여생(餘生)을 보전해야 할 것인데, 이것을 돌보지 않고 마침내 사인(私人)을 시켜 중외(中外)를 드나들면서 장인의 사욕을 성취시켰으니 그 죄가 첫째입니다.

임금의 명령이 지극히 중한 것인데도 사람을 시켜 거짓말을 전해 감히 불의(不義)를 행하게 했으니 그 죄가 둘째입니다.

부모(父母)의 상사(喪事)는 예나 지금이나 중하게 여기는 것이온데 억지로 최질(衰絰) 중에 있는 여인을 빼앗아 나라의 법을 범했으니 그 죄가 셋째입니다.

혼인(婚姻)은 곧 인륜(人倫)의 중사(重事)이니 마땅히 예(禮)로써 매빙(媒娉)해 혐의(嫌疑)를 구별하고 은미(隱微)함을 밝혀야 할 것인데, 처음에는 자기의 아내로 삼으려 하다가 도리어 그 장인에게 시집을 보냈으니 그 죄가 넷째입니다.

가노(家奴) 승통(升統)이 그 사유를 자세히 알기 때문에 헌부(憲府)에서 데려오라고 독촉했으나 사정(事情)이 탄로 날 것을 두려워해 숨겨두고 데려오지 않았으니 업신여기고 방자한 것이 그 죄의 다섯째입니다.

또 인간은 동성(同姓) 삼촌(三寸)으로 같은 군내(郡內)에 살고 있어 간사한 무리들이 오고 가면서 중매하는 것을 번연히 알고 있으면서 거짓으로 모르는 체하고 관가(官家)에 고하지 않았으니 그 죄가 첫째입니다.

혼인날 밤에는 친히 족당(族黨)과 함께 전송(餞送)까지 한 것이 누차 조사한 바 증거가 명백함에도 오히려 그 사실을 숨기니 그 죄가 둘째입니다.

이속은 이미 일개 군(郡)의 수령(守令)으로서 경내(境內) 평민(平民)들이 떠돌아다니고 이사(移徙)하는 것도 오히려 알고 있거늘 하물며 '내전(內傳)'이라 칭탁해 상중(喪中)의 여인을 강탈해 갔는데 이것을 살피지 못했으니 그 죄가 첫째입니다.

일수(日守)[20] 한원(韓原)이 그 실정을 갖춰 아뢰었으나 즉시 치보(馳報)하지 않았고 또 핵문(劾問)할 때에는 사실대로 고하지 않았으니 그 죄가 둘째입니다.

신 등이 생각건대 죄를 정하고 악을 징계하는 것은 난(亂)의 근원을 막기 위함입니다. 그러므로 『춘추(春秋)』에서 "이상지점(履霜之漸)[21]을 삼가라"라고 했는데 지금 신언은 간사한 꾀로 앞에서 인도하고 인간과 속은 그 실상을 알면서도 이를 고발하지 않아 그 죄를 가리고자 했습니다. (그런데도) 이를 버려두고 불문에 붙인다면 신 등은 두렵건대 음흉한 꾀로 난(亂)을 선동하는 무리들을 장차 징계할 방법이 없지 않을까 염려됩니다. 엎드려 바라옵건대 헌사(憲司)에서 장신(狀申)한 바에 따라 유윤(兪允)해 시행해야 할 것입니다.'

상이 말했다.

"신언의 일은 외인(外人)들이 모두 모르는 일이며 그 자취 또한 잘

못 전해진 것 같다. 너희의 청(請)이 옳기는 하나 다시는 진언(進言)하지 말라."

헌납(獻納) 정지당(鄭之唐)이 대답했다.

"신언은 두 번씩이나 큰 환난을 겪었는데 특별히 상(上)의 자애(慈愛)에 힘입어 그 몸을 보전했으니 (그로서는) 매우 다행한 일입니다. (그럼에도) 일찍이 이것을 경계 삼지 못하고 이 같은 지경에 이르렀으니 그 죄가 더할 나위 없습니다. 지금 만약 죄주지 아니한다면 다른 날의 일은 이루 다 말할 수 없을 것입니다."

들어주지 않았다[不聽=不許].
      불청   불허

○6품 이상에게 명해 각자 문무(文武)의 재간(才幹)이 있는 사람을 천거하게 했다.

을미일(乙未日-6일)에 『주역(周易)』을 읽다가 『회통(會通)』[22]을 구해 바치라고 명했다.

병신일(丙申日-7일)에 폭풍이 불었다.

○ 장생전(長生殿)에 행차했다[幸]. 태조(太祖)의 진영(眞影)과 개국
                          행
공신(開國功臣)의 초상화를 안치한 곳을 살펴보았다[相]. 드디어 인
                                        상
덕전(仁德殿)에 나아가 헌수(獻壽)하고 극진히 즐기다가 날이 저물어서 그쳤다.

○ 민간(民間)의 거위와 오리를 빼앗지 못하도록 명했다. 의정부(議

---

22 원나라 동진경(董眞卿)이 편찬한 주역 해설서다.

政府)에 명해 말했다.

"전구서(典廐署)에서 거위와 오리를 치는 것을 전장(專掌)하고 있는데 그 새끼를 번식시키지 못해 그 직책을 다하지 못하고 있다. 지금부터는 백성들에게 거둬들이지 못하도록 금하고 무릇 쓸 데가 있을 것 같으면 모두 전구서에서 공급하게 하라."

○ 대언(代言) 등이 사복관(司僕官)의 죄를 청하자 승정원(承政院)에 명해 말했다.

"전일(前日)에 탔던 말이 거의 두 번씩이나 넘어지려 했다. 만약 고삐를 단단히 잡지 않았더라면 금방 떨어질 뻔했다."

좌대언 이안우(李安愚) 등이 대답했다.

"사복시(司僕寺)는 어구(御廐)의 말을 관장해 그것을 조습(調習)시키는 것이 직책인데, 말이 자주 넘어져 상의 옥체를 놀라게 했으니 청컨대 죄를 주어야 할 것입니다."

상이 말했다.

"비록 죄가 있기는 하나 일단은 그대로 두라."

안우(安愚)가 다시 아뢰어 말했다.

"사복시의 원리(員吏)는 오늘뿐만이 아닙니다. 그 소임(所任)을 삼가지 않은 것이 두세 번에 이르렀으니 그 죄를 용서할 수 없습니다."

상이 말했다.

"환궁(還宮)할 때에 사복시의 원리가 다른 말을 갈아타라고 청했으나 실은 내가 듣지 않았으니 나의 과실이다. 만약 그 소임을 삼가지 않았다는 죄라면 내 장차 그 직책을 파면하겠다."

○ 일본국(日本國) 운주태수(雲州太守) 원예(源銳)가 사람을 보내 예

물(禮物)을 바쳤다.

　무술일(戊戌日-9일)에 서북면 도순문사(西北面都巡問使) 유정현(柳廷顯)이 저화속죄법(楮貨贖罪法)을 없애자고 청했으나 윤허하지 않았다. 상이 말했다.

　"저화로 속죄(贖罪)하게 한 것은 오직 저화를 쓰게 하려는 데 목적이 있을 뿐만 아니라 또 범법(犯法)을 금(禁)하자는 데 있는 것이다. 만약 (저화를) 구하기가 어렵다면 거의 범법자(犯法者)도 적어질 것이다."

　○ 전 경기 도관찰사(京畿都觀察使) 김천석(金天錫)이 졸했다. 쌀과 콩을 아울러 40석(石)과 종이 100권(卷)을 부의(賻儀)로 내려주고 또 사람을 보내 치제(致祭)하고 관곽(棺槨)을 내려주었다. 아들 하나를 두었는데 포(布)다.

　○ 사헌부(司憲府)에서 다시 조신언(趙愼言)이 거짓으로 (왕명을) 전한 죄를 청하니 (상이) 명해 말했다.

　"신언이 박도간(朴道幹)의 딸을 자기 장인(丈人)의 아내로 삼고자 해 내게 청한 일이 있는데, 내가 이를 듣고도 허락하지 않았으니 이는 실로 내가 아는 일이다. 다만 윤허(允許)를 기다리지 않고 이뤄진 것뿐이다. 신언은 너무 어리석어[愚騃] 사리(事理)를 알지 못하는 것을 너희도 다 아는 일인데 어찌 족히 논죄(論罪)할 것이 있겠는가?"

　○ 호조(戶曹)에서 곡식을 저장하는 법을 아뢰어 말했다.

　"무릇 창고(倉庫)의 곡식은 수년(數年)이 지나게 되면 썩게 마련입니다. 판자를 땅에 깔아 곡식을 저장해도 오래가지 못합니다. 지의정부사(知議政府事) 박신(朴信)이 말하기를 '일찍이 들으니 중국(中國)에서는 벽돌로 땅바닥에 배설(排設)해 곡식이 오래가도 썩지 않는다고 한다'라고 했습니다. 신 등이 이것을 시험하고자 하면서도 아직 그 뜻을 이루지 못했습니다."

상이 말했다.

"그 방법을 시험해보는 것이 좋겠다."

○ (경상도) 울주지사(蔚州知事) 이복례(李復禮)를 선주(善州)로 유배 보냈다. 경상도 도관찰사(慶尙道都觀察使)가 보고했다.

'울주지사 이복례가 첩정(牒呈)하기를 "좌도(左道) 염장관(鹽場官) 강유(强愉)가 과객(過客)인 전 감무(監務) 김양보(金陽普)를 청해 기생 5명과 종 5명을 거느리고 배를 타고 섬으로 들어갔다가 돌아올 때 풍파(風波)를 만나 배와 함께 물에 빠졌다"라고 했습니다.'

상이 노(怒)해 말했다.

"기생 5명이 함께 배를 탔다면 어찌 수령(守令)이 알지 못하고 강유만이 행락(行樂)했겠느냐? 수령도 실상 참여하고 거짓으로 모르는 체한 것이니 말을 꾸며대고 속인 그 죄는 더할 나위 없다."

상이 또 탄식해 말했다.

"수령이 음탕한 까닭에 죄 없는 백성이 또 죽었으니 강유와 김양보는 그들 스스로 자취(自取)한 것이거니와 수종(隨從)한 사람들이 불쌍하구나! 또 감사(監司)도 엄한 영(令)을 내리지 못했으니 그 책임을 면하지 못할 것이다."

좌우(左右)에서 말했다.

"신 등이 들은 바로는 그뿐만이 아니라 죽은 자가 매우 많은데도 수령이 숨기고 보고한 것이라 합니다."

상이 말했다.

"내 생각에도 거짓이라 짐작했다. 복례(復禮)를 붙잡아[將] 가쇄(枷
鎖)[23]해 데려오고 도망하지 못하도록 하라."

복례가 이르자 순금사(巡禁司)에 내려 국문(鞫問)하니 복례가 자
복해 말했다.

"양보(陽普)가 강유(强愈)와 더불어 만호(萬戶) 정사빈(鄭思賓)을 섬
으로 불러놓고 기생과 풍악으로 하루 종일 술을 마셨는데, 저는 정
사빈과 함께 어선(漁船)을 타고 돌아왔고 양보와 강유는 기생과 종
을 거느리고 작은 배를 타고 오다 배가 뒤집혀서 물에 빠져 죽은 자
가 모두 10명이었습니다."

복례의 죄가 율(律)에 정조(正條)가 없기 때문에 과오(過誤)로 인명
(人命)을 살상(殺傷)한 죄로 속(贖)하게 하고 유배 보낸 것이다.

○ 병조(兵曹)에서 승도(僧徒)들의 초막(草幕)을 헐어버릴 것을 청
했다. 아뢰어 말했다.

"게으른 승도들이 유명한 사사(寺社)에서 살지 아니하고, 역사(役
事)를 면하기 위해 남산(南山)·안암(安巖)·사을한(沙乙閑) 등지에 초
막(草幕)을 얽고 재(齋)를 베풀어 남녀(男女)를 모아다가 소나무와
잡목(雜木)들을 베고 그 뿌리까지 캐내는 데 이르고 있습니다. 청컨
대 초막들을 모두 철거해버리시고 정업원(淨業院) 이외에는 산속의
여승방[尼僧房]을 금지해 이 또한 모두 철거해버려야 할 것입니다."

---

23 죄인의 목에 칼을 씌우고 발목에 쇠사슬을 채우는 것을 가리킨다.

그것을 따랐다.

기해일(己亥日-10일)에 갑사(甲士)를 뽑았다. 봄부터 여름에 이르기까지 의흥부(義興府)와 병조(兵曹)에서 무사(武士)를 흥인문(興仁門) 안에 모아 기사(騎射)와 보사(步射)를 시험해 갑사(甲士)에 채워 넣었다. 이때에 이르러 능하지 못한 자를 삼군부(三軍府)에 모아놓고 주보(走步)와 수박희(手搏戱)를 시험해 3명 이상 이긴 자를 모두 취(取)하고 능하지 못한 자는 모두 도태(陶汰)시켰다.

경자일(庚子日-11일)에 명해 봉례랑(奉禮郞)을 가뒀다가 얼마 후에 [尋] 풀어주었다. 정전(正殿)에 나아가 조회(朝會)를 볼 때 영의정(領議政) 하륜(河崙)이 아직 도착하지 않았는데 봉례랑이 먼저 정승 이하를 인도해 전정(殿庭)으로 들어오고 륜(崙)이 이윽고 들어왔다. 예(禮)를 마친 뒤 륜이 인접(引接-인도)의 잘못을 아뢰니 상이 명해 봉례랑을 가두게 했는데 륜이 도리어[反] 용서해주기를 청하자 상이 다시 석방했다.

○ 의장(儀仗)을 새롭게 하라고 명했다. 상이 말했다.

"아조(衙朝)[24] 때에 의장(儀仗)을 보니 햇수가 오래되어 빛깔이 퇴색돼 있었다. 모름지기 새로 만들도록 하라. 『논어(論語)』에 이르기를 '보불(黼黻)[25]과 면류관(冕旒冠)을 아름답게 꾸미는 것은 감히 사치

─────────
24 아일(衙日)의 조회(朝會)를 가리킨다.
25 임금이 예복(禮服)으로 입는 치마에 놓은 수(繡)다. 보(黼)는 흑백색(黑白色)으로 도끼 모

를 좋아해서가 아니다'[26]라고 했고 또 중국(中國)에서 우리나라를 동이(東夷)라고 하니 의장을 새롭게 하지 않을 수 없다."

○ 박인간(朴仁幹)을 영해(寧海)로, 이속(李續)을 괴산(槐山)으로, 조신언(趙愼言)을 여흥(驪興)으로 유배 보냈다. 의정부에서 소(疏)를 올려 말했다.

'가만히 생각건대 회안군(懷安君) 이방간(李芳幹)의 난역죄(亂逆罪)는 신 등이 친히 본 바이고, 일국(一國)의 신민(臣民)들도 함께 살 수 없다고 맹세했는데 전하께서 특별히 우애(友愛)가 돈독(敦篤)하시어 목숨을 보전하게 하셨으니 마땅히 숨어 살면서[屛居] 여생(餘生)을 마쳐야 할 것입니다. 그런데 이것을 생각하지 않고 몰래 장가들기를 구했고, 신언(愼言)은 그 뜻을 맞추느라 거짓으로 "전지(傳旨)가 있다"라고 일컫고, 그 근수인(根隨人) 김공(金公)과 화자(火者) 한봉(韓奉)을 보내 고(故) 충주목사(忠州牧使) 박도간(朴道幹)의 딸을 취했습니다. 그리고 도간의 아우 인간(仁幹)은 교외(郊外)까지 전송(餞送)하고도 이를 숨기고 고하지 아니했으며, 춘주지사(春州知事) 이속은 이를 알면서도 조정(朝廷)에 보고하지 않았습니다. 신 등이 생각건대 신언은 난신(亂臣)의 자식으로 스스로 회화(悔禍)[27]하지 못하고 마침내 사모(詐謀)를 행해 그 장인의 나쁜 짓에 편들었고, 인간은 비록 외람되고 더러워서 나무랄 것이 못 된다고는 하나 그가 조정에 서서

양을 수놓은 것이고, 불(黻)은 검정색과 파랑색으로 '아(亞)'자 모양을 수놓은 것이다.

26 「태백(泰伯)」편에서 하나라를 세운 우왕의 검소함을 이야기하면서 나오는 말이다.

27 화를 다시 받지 않도록 뉘우치는 일을 가리킨다.

지위가 2품에 이르렀는데도 그 조카딸을 역인(逆人)에게 시집보내고서 이를 숨겼으며, 이속으로 말하면 사실을 알고서도 보고하지 않았으니 신 등은 간절히 말씀드리거니와 사사로이 죄인(罪人)과 통한 것은 명백하게 금법(禁法)입니다. 전항(前項)의 사람들은 방자한 행동에 거리낌이 없었으니 이를 문죄(問罪)하지 않으면 뒤에 생기는 일을 경계할 수 없을 것입니다. 엎드려 바라옵건대 전하께서는 유사(攸司)로 하여금 그 죄를 국문(鞠問)하게 허락하시어 난(亂)의 싹을 막으셔야 할 것입니다.'

상이 명했다.

"한봉을 제외하고는 모두 외방(外方)에 유배 보내라."

신축일(辛丑日-12일)에 사간원과 사헌부에서 교장(交章)해 이복례(李復禮)와 조신언(趙愼言) 등의 죄를 청했다. 소(疏)는 대략 이러했다.

'복례(復禮)의 죄는 가볍지 아니하나 율문(律文)에 정조(正條)가 없기 때문에 과오살상(過誤殺傷)에 의거해 수속(收贖)하게 하고 선주(善州)로 유배 보냈는데 그 고을은 그의 고향입니다. 만약 울주(蔚州)의 인민들이 그가 고향에서 편안하게 있다는 말을 듣는다면 마음속에 분통(憤痛)함을 느끼지 않을 사람이 없을 것이고 또 국가의 법령을 엄하게 하지 않을 수 없으니 바라건대 다른 곳으로 옮기소서. 또한 신언(愼言)은 여흥(驪興)으로 유배 보냈으나 신언의 죄를 신 등이 거듭 청한 바 있습니다. 그러나 아직껏 유윤(兪允)을 받지 못해 그를 국문해 사실을 소상히 알지 못했으니 바라건대 다시 핵문

(劾問)해 사실을 확실히 알아낸 연후에 외방에 유배 보내야 할 것입니다. 또 여흥은 서울과 가까우니 마땅히 먼 곳으로 유배 보내야 할 것입니다.'

상이 말했다.

"복례는 (전라도) 해진(海珍-해남)으로 유배 보내고 신언은 논(論)하지 말라."

○ 우정승 조영무(趙英茂)의 장모상(丈母喪)에 부의(賻儀)를 내려주었다. 종이 150권(卷)을 부의로 내려주고 또 사람을 보내 치제(致祭)했다. 중궁(中宮)도 사람을 보내 치제(致祭)했다. 영무(英茂)가 상에게 전달해 아뢰었다.

"장모의 나이 80에 병으로 사망했으니 다시 소생(蘇生)할 이치가 없고 또 자손(子孫)들이 많사오니 만일 3일장(三日葬)으로 하지 않는다면 금년 안에 길(吉)한 날과 길한 달이 없습니다. 그러하오니 3일장으로 하게 해주소서."

지신사 김여지(金汝知) 등이 아뢰니 상이 말했다.

"이것은 교금(敎禁)²⁸에 관한 일이니 너희가 가부(可否)를 의논해 아뢰라."

대답해 말했다.

"3일 만에 장사 지내는 것은 나라에서 분명히 금(禁)하는 것이오니 이것을 무너뜨릴 수는 없습니다."

상이 말했다.

---

28 국가에서 가르치고 경계하는 규칙을 말한다.

"이 같은 수교(受教)의 일에 대해 예전에 대언(代言)들 중에 혹 아뢴 사람도 있었고, 혹 중지한 사람도 있었으므로 내 이에 대해 각기 말한 바가 있었다. 그런데 지금 너희가 이것을 가지고 감히 말하는 것은 무슨 까닭인가?"

여지(汝知)가 대답했다.

"대신(大臣)이 청한 것이므로 감히 중지하지 못했으니 이것은 신등이 밝지 못한 탓입니다."

상이 말했다.

"교금(教禁)한 일을 대신이 먼저 무너뜨린다면 조정 신하와 일반 백성들이 반드시 그 허물을 본받을 것이다. 또 3일 만에 장사 지내는 것은 풍속(風俗)의 미악(美惡)에도 관계되는 것이니 이를 행할 수 있겠는가? 이 같은 무리(無理)한 일은 비록 대신이 말한다 하더라도 너희가 그 옳고 그름을 자세히 살펴서 중지시키는 것이 옳은데 (왕명의) 출납(出納)을 윤당하게 하는 것이 대언(代言)이라 할 수 있다. 너희는 생각해보라! 조영무의 자질(資質)이 비록 남다르다 하지만 그가 배우지 못한 까닭에 이러한 청이 있었던 것이다. 그러므로 마땅히 대답하기를 '일이 성법(成法)[29]에 관계되니 아뢰지 못하겠다'라고 했어야만 옳았을 것이다."

○ 성균관(成均館)과 오부(五部) 유생(儒生)들이 처음으로 청금(靑衿)[30]을 입었다. (명나라) 조정(朝廷)의 제도를 따른 것이었다.

---

29 이미 이뤄진 법을 말한다.
30 일종의 푸른 제복이다.

임인일(壬寅日-13일)에 의금부진무(義禁府鎭撫) 문질(文質)을 파직했다. 질(質)이 순작(巡綽)의 언적(言的-암호)을 동궁(東宮)에 잘못 알렸기 때문에 명해 그를 가두게 했다. 상이 말했다.

"순작의 약속은 불우(不虞)³¹에 대비하기 위한 것인데 네가 이것을 삼가지 못했으니 마땅히 법으로 과죄(科罪)해야 할 것이나 지금은 우선 용서하는 바이다."

계묘일(癸卯日-14일)에 가뭄을 근심해 정사를 보지 않았다. 승정원(承政院)에 명해 말했다.

"지금 한재(旱災)가 심한데도 가뭄을 구제하자는 말을 하는 사람이 한 명도 없다. 의정부에서는 어떻게 생각하는가? 너희가 정부(政府)와 육조(六曹)에 말해 각기 흉년을 구제할 방법을 아뢰게 함이 좋겠다."

김여지(金汝知)가 대답했다.

"이달 초4일에 비가 내렸기 때문에 신 등이 고하지 아니한 것입니다. 선유(先儒)가 말하기를 '10일 동안 비가 내리지 않아도 괜찮은가? 안 된다'³²라고 했습니다. 지금 비가 내리지 아니한 지 벌써 10일이 됐사오니 전하의 말씀이 진실로 옳습니다. 신 등이 생각건대 백악(白岳)·목멱(木覓)·남교(南郊)·북교(北郊)에 벌써 비를 빌었으니 지금은 마땅히 종묘(宗廟)와 사직(社稷), 토룡(土龍)에 비를 빌도록 하는

---

31 예기치 못한 사태를 말한다.
32 소식(蘇軾)의 「희우정기(喜雨亭記)」에 나오는 말이다.

것이 좋겠습니다."

여지(汝知)에게 명해 의정부에 전하게 했다. 의정부에서 사인(舍人) 신개(申槩)를 시켜 아뢰어 말했다.

"한편으로는 여러 신(神)에게 비를 빌고, 한편으로는 서관(庶官)에게 구언(求言)하시어 정치(政治)의 얻고 잃음[得失]과 민간의 이해(利害)를 아뢰게 하시고 유일(遺逸)을 천거(薦擧)하게 하소서."

상이 말했다.

"구언(求言)한 말이 비록 절실하다 하더라도 이것을 즉시 거행하지 못하고 높은 집에 묶어둔다면 한낱 문구(文具)[33]에 지나지 못할 뿐이다. 또 저화(楮貨)의 폐단이나 노비(奴婢)의 일을 말하는 사람이 있으면 이것을 어떻게 처리할 것이냐?"

개(槩)가 대답했다.

"명해 저화와 노비 등 두 가지 일만은 거론(擧論)하지 말게 하는 것이 좋겠습니다."

상이 말했다.

"명목은 구언한다 해놓고 말하지 말라 하는 것은 구언의 체통이 아니니 아직은 구언하지 말고 우선 종묘와 사직, 토룡에 정결(精潔)하게 제물(祭物)을 드리고 기우제(祈雨祭)를 행함이 좋겠다."

또 공부(孔俯)에게 명해 동남(童男)을 모아 석척기우제(蜥蜴祈雨祭)를 거행하게 했다.

○ 상이 상왕(上王)을 받들어 광연루(廣延樓)에 술자리를 베풀

---

33 실속 없이 법문(法文)만이 갖춰져 있는 것을 말한다.

었다. 연꽃을 구경하기 위함이었다. 애초에 상이 승정원(承政院)에 명해 말했다.

"내가 전일에 상왕께 고하기를 '창덕궁(昌德宮)의 연못에 연꽃[荷花]이 활짝 피면 한번 오셔서 구경하시기 바랍니다'라고 했는데 이는 내가 술이 취해 한 말이 아니었다. 부왕(父王)께서 이미 돌아가셨으니 이제 내가 부왕을 섬기던 마음으로 이분을 섬기려 한다. 상왕께서 근일에 반드시 오셔서 구경하실 것이니 너희는 미리 알아두어라."

또 승정원에 명해 말했다.

"내일 상왕을 청해 연꽃을 구경하려고 하는데 지금 가뭄이 심해 연향(宴享)을 베푸는 것이 불가하니 이 일을 어떻게 하면 좋겠는가?"

여지 등이 아뢰어 말했다.

"지금 이 잔치로 말한다면 상례(常例)로 논할 수 없사오니 상왕께서 오신다고 하면 이를 중지할 수 없습니다."

상이 말했다.

"너희의 말이 옳다. 그렇다면 오늘도 청하고 내일 또 청함이 마침내 예(禮-사리)에 합당하겠다. 또 내가 의리상 몸소 나아가서 청하는 것이 당연한 일인데 약간의 병이 있어서 직접 가지 못하니 세자로 하여금 청해오는 것이 어떻겠는가?"

여지가 아뢰어 말했다.

"성상(聖上)께서 편안치 못하시다면 어떻게 감히 거둥하실 수 있겠습니까? 세자로 하여금 청해 오게 함이 좋겠습니다."

상이 곧 세자를 보내니 이때에 이르러 상왕이 이르렀다. 때마침[時方] 오랜 가뭄 끝에 신령스런 비[靈雨]가 죽죽[霈然] 내렸다. 이에

두 빼어난 임금[二聖]이 매우 기뻐했다. 세자와 종친(宗親)이 모두 시
연(侍宴)했다. 상이 시(詩)를 지었다.

"거가(車駕)가 영림(榮臨)하시어 옥잔을 드리오니,

죽죽 단비가 내려 홍의(紅衣)를 적시도다.

진한 듯 엷은 듯 새 단장(丹粧)이 고우니,

서자(西子)³⁴의 입가에 애교담은 자태(姿態)여라."

상이 대언사(代言司)에 명해 이 시에 화답해[賡韻] 올리게 하고 한
상덕(韓尙德)에게 일러 말했다.

"네가 일찍이 대간(臺諫)이 돼 곧은 말[直言]을 숨기지 않고 했으
므로 내 매우 가상하게 여겨 두고두고 잊지 못하는 터이다."

상이 일어나 춤을 추니 상왕도 일어나 춤을 췄다. 상이 청단자(靑
段子) 1필(匹), 녹라(祿羅) 1필, 홍초(紅綃) 2필을 상왕에게 드리고 밤
이 깊어서 마쳤다.

○ 서북면(西北面)과 풍해도(豊海道)의 기근(飢饉)을 진휼(賑恤)하
라고 명했다. 상이 두 도(道)의 가뭄이 더욱 심하다는 말을 듣고 김
여지 등을 꾸짖어 말했다.

"너희는 어찌하여 고하지 않았느냐? 옛날 왕안석(王安石, 1021~
1086년)³⁵이 말하기를 '재상(災祥)에 관한 일은 반드시 논주(論奏)할

---

34 춘추시대(春秋時代) 월(越)나라의 미인(美人) 서시(西施)를 가리킨다. 월나라 왕 구천(句
　踐)이 오(吳)나라에 패한 뒤에 미인계(美人計)로 서시를 오나라 왕 부차(夫差)에게 보내니
　부차는 서시에게 혹해 고소대(姑蘇臺)를 짓고 정사를 돌보지 아니해 마침내 구천과 범소
　백(范少伯)의 침공을 받아 멸망했다.

35 송나라 신법당(新法黨)의 영수로 인종(仁宗) 경력(慶曆) 2년(1042년) 진사(進士)가 돼 첨
　서회남판관(簽書淮南判官)이 됐다. 7년(1047년) 은현지현(鄞縣知縣)이 돼 수리시설을 개

필요가 없다'라고 했다 하니 너희도 그것을 본받은 것이냐?"

대답했다.

"다만 알지 못했기 때문입니다."

상이 말했다.

"지금 그 백성들이 굶주린다고 하니 마땅히 사람을 보내 진휼(賑恤)하도록 하라."

○ 의정부(議政府)에서 말씀을 올렸다.

"동북면 도순문사(東北面都巡問使) 김승주(金承霔)가 보고하기를 '오도리(吾都里) 올량합(兀良哈)과 올적합(兀狄哈) 등이 요사이 기근(飢饉)으로 인해 끊이지 않고 자주 와서 소금과 양식을 요구하는데 이것을 주자면 계속해서 주기 어렵고, 이것을 주지 아니하면 반드시 변흔(邊釁-변방의 혼란)이 생길 것입니다. 청컨대 쌀 약간을 팔아 그

선하고 주민들에게 양곡을 대여하면서 행정제도를 엄수해 빛나는 치적을 쌓았다. 서주통판(徐州通判)과 상주지주(常州知州)를 역임했다. 그렇게 강남 지역의 지방관으로 근무하면서 이재(吏才)의 능력을 인정받았다. 가우(嘉祐) 3년(1058년) 입조해 삼사탁지판관(三司度支判官)이 됐는데, 1만 언(言)에 이르는 글을 올려 변법개혁(變法改革)과 인재의 양성을 주장했지만 채택되지는 못했다. 지제고(知制誥)로 옮겨졌다가 어머니 상을 당해 사직했다. 신종(神宗)이 즉위하자 강녕부(江寧府)를 맡았다가 얼마 뒤 불려 한림학사 겸 시강(翰林學士兼侍講)이 됐다. 희녕(熙寧) 2년(1069년) 참지정사(參知政事)가 돼 변법을 강력하게 주장한 것이 신종의 뜻과 일치해 역사적으로 유명한 파격적인 개혁정책을 실시하게 됐다. 삼사조례사(三司條例司)를 설치해 재정과 군사 제도를 정비하면서 부국강병(富國强兵)의 방안을 모색했다. 청묘법(青苗法)과 시역법(市易法), 모역법(募役法), 보갑법(保甲法), 보마법(保馬法)을 실시했다. 과거(科擧)와 학교 제도를 개혁했다. 7년(1074년) 사마광(司馬光)과 문언박(文彦博), 한기(韓琦) 등의 강력한 반대에 부딪혀 재상 자리를 사직하고 강녕부로 옮겼다. 이듬해 다시 복직했지만 다음 해 다시 파직돼 강녕부로 나갔다. 원풍(元豊) 3년(1080년) 형국공(荊國公)에 봉해지고, 시호는 문(文)이다. 그의 신법은 국가재정의 확보와 국가행정의 효율성 증대 등에서 일정한 실적을 거뒀지만 원래 취지인 농민과 상인의 구제라는 면에서는 결과적으로 세역(稅役)의 증대, 화폐경제의 강요 등으로 영세 농민층의 몰락을 가속화시킨 문제점도 있었다.

들이 요구하고 바라는 마음을 달래소서'라고 했습니다. 신 등이 이 보고를 받자오니 그들을 모두 진멸(珍滅)하고 싶으나 감히 경솔하게 결정하지 못했습니다. 만일 요구하는 것을 들어주지 않는다면 후환 (後患)이 헤아릴 수 없을 것 같사오니 청컨대 그대로 따르소서."

상이 말했다.

"쌀 30석을 내어 경성병마사(鏡城兵馬使)로 하여금 야인(野人)들이 왕래(往來)할 때마다 적정 수준에서 고루 나눠 주게 하라."

을사일(乙巳日-16일)에 비가 내렸다. 전라도(全羅道) 능성(綾城)과 남 평(南平) 두 고을이 비로 인해 산이 무너지고 물이 넘쳤는데 모두 수 백여 곳이나 됐고 남녀(男女) 중에 물에 빠져 죽은 자가 19명이나 됐다.

○ 사복정(司僕正) 홍리(洪理)를 보내 서북면(西北面)의 기근(飢饉) 을 진휼하게 했다. 이보다 앞서 서북면 관찰사(西北面觀察使)의 보고 로 인해 의정부지인(議政府知印)에게 명해 가뭄과 기근의 형세를 살 펴보게 하고 또 내자윤(內資尹) 김질(金晊)을 보내 진휼하게 했는데 모두 다 말했다.

"기근이 심하지 않습니다."

이때에 이르러 통사(通事) 임군례(任君禮)가 경사(京師)로부터 돌 아와 아뢰어 말했다.

"백성들이 대부분 굶주려서 농사일도 제대로 하지[服田] 못하고
복전
가뭄이 심해 초목(草木)까지 말라붙었습니다."

상이 듣고 깜짝 놀라 말했다.

"전일(前日)에 보냈던 사람들이 모두 나를 속였구나! 국가에서 곡식을 저장해두는 것은 변방(邊方)의 난리(亂離)를 막고 백성들의 굶주림을 구제하기 위함인데, 지금 다행히 외구(外寇)도 없으니 어찌 뒷날의 변란(變亂)만 염려해 눈앞의 궁민(窮民)을 보고만 있을 수 있겠는가? 마땅히 창고(倉庫)를 열어 4,000석(石)을 내어다가 급히 구제하도록 하고, 만일 넉넉지 못하거든[不周=不足] 임의(任意)로 더 내어다가 한 사람도 주려 죽는 사람이 없게 해 내가 백성들을 불쌍히 여기는 뜻에 부응(副應)토록 하라."

병오일(丙午日-17일)에 비가 내렸다. (상이) 명해 말했다.

"지금 이미 비가 내렸으니 더 이상 비를 빌지 말고 일단 가을을 기다려 보사(報祀)를 행하도록 하라."

○ 의정부에 명해 경기 도관찰사(京畿都觀察使)로 하여금 연안부사(延安府使) 유순(柳洵), 해풍군지사(海豊郡知事) 안질(安騭), 배주지사(白州知事) 이계경(李季卿) 등이 농사를 권장하기를 게을리한 죄를 묻게 했다. 애초에 경기 경력(京畿經歷) 김명리(金明理)를 불러 비의 혜택과 농사의 형편을 물으니 명리가 아뢰어 말했다.

"연안, 해풍, 배주에는 싹이 나지 못한 것이 3분의 1이나 됩니다."

상이 말했다.

"싹이 나고 싹이 나지 않는 것은 비록 가뭄에도 관계가 있겠으나 실상은 수령(守令)들이 농사를 권과(勸課)하는 것이 빠르고 늦거나, 부지런하고 게으른 데 연유한 것이다. 만약 오로지 가뭄 때문이라고 한다면 싹이 자연 돋아나지 않았을 것인데 어찌하여 혹은 나고, 혹은 나지 않을 이치가 있겠는가? 싹이 나고 싹이 안 나는 것은 오직 파종(播種)을 이르게 하거나 늦게 한 데 달려 있는 것이다. 그러므로 마땅히 너에게 죄를 가해야 되겠으나 아직은 논하지 않는다."

이때에 이르러 이런 명이 있었다. 관찰사(觀察使) 이상(李湘)이 의정부에 보고했다.

"연안, 배주, 해풍의 수령(守令)들이 모두 일찍부터 서둘러 갈고 씨 뿌리기를 권과했으나 날이 가물어서 싹이 제대로 나지 못했는데 지금은 비가 내려서 싹이 자라고 있습니다."

정부에서 그대로 아뢰니 상이 말했다.

"수한(水旱)은 하늘이 하는 일이고, 갈고 씨 뿌리는 것[耕播]은 사람이 하는 일이니 인사(人事)를 닦고 천시(天時)를 기다리는 것이 옳은 일이다. 세 고을 수령(守令)들이 일찍이 권장하지 않았다면 이는 인사(人事)를 소홀히 하고 저버린 것이다. 지금 싹이 날로 잘 자란다고 하니 우선 놓아주어 임지(任地)로 돌려보내 마음을 써서 권농(勸農)하게 했다가 그 성과를 기다려본 뒤에 다시 토의하라."

○ 동북면(東北面) 가별초(家別抄)[36]를 없앴다. 이보다 앞서 동북면 함주(咸州) 등지의 양민(良民) 500가(家)가 태조(太祖)의 잠저(潛邸) 때에 역속(役屬)돼 그 수령(守令)들이 이들을 부리지 못했는데 그를 가리켜 가별초라 했다. 상이 즉위한 초기에 그 반(半)을 줄여 속공(屬公)시켰는데 이때에 이르러 모두 혁파했다. 이에 말했다.

---

36 귀화한 여진의 대소 추장(酋長)들이 조선의 군민(軍民)으로 편입하는 것을 막고 그대로 자기 휘하에 두고 사역시키던 백성들을 말한다.

"내가 이미 이것을 없앴으니 그 누가 감히 점유하겠는가? 아들이나 사위의 집에 만일 그 백성들이 왕래하는 자가 있으면 마땅히 고하라."

나라 사람들이 모두 상의 무사(無私)함에 감복(感服)했다. 함주의 백성들이 일찍이 대호군(大護軍) 문귀(文貴)의 역사(役使)가 됐는데 별초(別抄)로 있던 자가 군자리(軍資吏)가 되기를 원했으나 문귀가 잡아두고 허락하지 않았다. 상이 이 사실을 알고 문귀를 꾸짖어[讓=責^책] 말했다.

"양민(良民)이 벼슬을 원하는데 어찌하여 불가(不可)하게 여기는가?"

이에 바로 입사(入仕)하게 하니 그 사람이 감격해 울었다.

무신일(戊申日-19일)에 문서응봉사(文書應奉司)를 고쳐 승문원(承文院)으로 하고, 판사(判事) 1명 정3품, 지사(知事) 1명 종3품, 첨지사(僉知事) 2명 종4품, 교리(校理) 2명 종5품, 부교리(副校理) 2명 정6품, 정자(正字) 2명 종7품, 부정자(副正字) 2명 정8품을 두었다. 이보다 앞서 응봉사(應奉司)에서는 오로지 사대문서(事大文書)만을 관장하게 해 시산(時散-현직과 전직)을 물론하고 그 직임을 감당할 만한 사람을 선택해 임명했다가 그 연수(年數)가 오래되면 전선(銓選)의 후보로 삼았는데, 이때에 이르러 녹관(祿官)으로 삼은 것이다. 승녕부(承寧府)를 혁파해 전농시(典農寺)에 합하고 종부령(宗簿令)·경승부소윤(敬承府少尹) 1명, 사재주부(司宰注簿)·교서부교리(校書副校理)·공정고주부(供正庫注簿)·성균순유박사(成均諄諭博士)·경시주부(京市注簿)를 혁파하고 승문원에 녹관을 두었다.

기유일(己酉日-20일)에 성절사(聖節使) 장사정(張思靖)이 경사(京師)에서 돌아와 아뢰어 말했다.

"의주(義州)의 백성 8구(口)가 말 다섯 필(匹)을 가지고 요동(遼東)으로 투속(投屬)했기에 신(臣) 사정이 도사(都司)에게 본국(本國)으로 돌려보내 달라고 청했으나 도사가 들어주지 않았습니다."

요동에 이자(移咨-이첩)해 그들을 돌려보내 달라고 청하도록 명했다.

○ 예빈소윤(禮賓少尹) 하연(河演)을 파직했다. 이에 앞서 연(演)이 동북면 경차관(東北面敬差官)이 돼 함주(咸州)에 이르러 경승부사윤(敬承府司尹) 황한우(黃旱雨)와 더불어 금령(禁令)을 어기고 풍악을 베풀어 연음(宴飮)했으므로 감사(監司)가 함주목사(咸州牧使) 이양(李揚)을 파직했다. 사헌부에서 이 말을 듣고 탄핵해 말했다.

"연은 사신(使臣)으로 도내(道內)를 순찰하고 있으니 비록 다른 사람이 법(法)을 범하더라도 스스로 마땅히 규리(糾理)해야 할 것인데 자신이 스스로 이를 범했고, 한우(旱雨)는 체임(遞任-교체)되어 새로 사윤(司尹)에 제수됐으니 마땅히 속히 달려와 사은(謝恩)했어야 옳은데 제멋대로 함주로 들어가서 금령(禁令)까지 범하며 잔치를 함께 했으니 연과 다를 바가 없습니다."

상이 말했다.

"한우는 사신(使臣)이 아니다."

연의 직만 없앴다.

경술일(庚戌日-21일)에 의정부에 명해 전구(典廐)의 직(職)을 고찰

(考察)하게 했다. 상이 말했다.

"전구서(典廏署)는 오로지 희생(犧牲)을 맡은 곳인데 지금 그 관리(官吏)가 맡은 바 일에 능하지 못하니 허권(許權)으로 하여금 맡게 하는 것이 좋겠다."

또 의정부에 명해 말했다.

"전구서에서 짐승을 잘 번식시키지 못하니 상림원(上林苑)[37]의 예(例)에 따라 창고(倉庫)의 노비(奴婢)로 하여금 기르게 하라."

정부에서 아뢰었다.

"전구서의 별감(別監)을 상림원의 예에 따라 차정(差定)하소서."

그것을 따랐다.

○ 저화(楮貨)를 가려 고르는 것을 금지했다. 상이 말했다.

"저화의 무늬에 인신(印信)만 있으면 그 부드럽고 얇은 것을 따질 필요가 없는데, 지금 듣자니 장사꾼들뿐만 아니라 비록 관리(官吏)라 하더라도 그 좋고 나쁜 것을 가린다고 한다. 헌부(憲府)와 형조(刑曹), 한성부(漢城府)에서 철저히 금하도록 하고, 만약 이를 범한 자가 있으면 무거운 죄로 논하라."

신해일(辛亥日-22일)에 갑사(甲士) 한중겸(韓仲謙) 등을 경성(鏡城) 수

---

37 중국 진(秦)·한(漢)나라 때의 천자(임금)의 동산 이름이다. 원(苑)이란 주위에 담을 두르고 그 안에 새나 짐승 등을 기르는 곳을 말한다. 상림원은 이미 진대에도 있었으나 황폐했기 때문에 무제(武帝)가 이를 수복해 확장시켰다. 장안(長安)을 중심으로 주위가 300여 리(里)나 됐다. 그 안에는 자연의 산천·호소(湖沼)·삼림이 있고, 지방에서 헌상한 과수와 초목 3,000여 종이 재배됐다. 또 궁전 70여 채와 농경지도 들어 있었으며, 가을에서 겨울에 걸쳐서는 천자가 군신을 대동하고 사냥도 했다.

졸(戍卒-수자리 병사)로 채워 넣었다. 중겸(仲謙) 등이 신문고(申聞鼓)를 쳐서 지난해 야인(野人)과의 싸움에 공로가 있다고 하며 승진시켜주기를 요구했으므로 이를 하옥(下獄)시켜 신문(訊問)하도록 명했다.

갑인일(甲寅日-25일)에 계림부윤(鷄林府尹) 윤향(尹向)이 폐사(廢寺)의 금불(金佛) 셋과 은불(銀佛) 하나를 의정부(議政府)에 보내 국용(國用)에 보태라고 청하니 의정부에서 이를 아뢰었다. 상이 말했다.

"마땅히 승록사(僧錄司)[38]에 두는 것이 좋겠다. 만약 불도(佛道)를 다 없앴다면 국용에 쓰는 것이 마땅하겠지만 지금 다 혁파하지 못했는데 어떻게 이것을 훼손할 수 있겠는가?"

○ 장생전(長生殿)을 고쳐 사훈각(思勳閣)이라 했다. 애초에 태조(太祖)가 공신(功臣)들의 초상(肖像)을 장생전에 그려두려 하고 또 어진(御眞)을 이곳에 봉안(奉安)하게 했으므로 이때에 이르러 예조(禮曹)에 명해 고제(古制)를 상고하게 했다. 예조에서 말씀을 올렸다.

"오직 주(周)나라에서 주공(周公)이 성왕(成王)을 안은 그림을 그렸을 뿐이고 한(漢)나라 영대(靈臺)와 당(唐)나라의 능연각(凌烟閣)은 공신(功臣)만을 그렸을 뿐이며 어진(御眞)을 봉안한 예는 없

---

38 불교의 제반 사무를 맡아보기 위해 중앙에 둔 관청이다. 고려 때 처음으로 설치, 승관(僧官)으로 승록(僧錄)·부승록(副僧錄)·승정(僧正) 등이 있었다. 조선시대에는 1405년(태종 5년) 육조(六曹)의 분식(分識)을 정할 때 이 승록사는 예조(禮曹)에 부속됐고, 1424년(세종 6년) 4월 불교를 양종(兩宗) 36사(寺)로 폐합할 때 폐지됐다.

었습니다.”

상이 말했다.

“이는 국초(國初)에 옛일을 상고하지도 않고 한갓 공신(功臣)에게 내린 글에 ‘각(閣)을 세워 얼굴을 그린다’라는 구절이 있었기 때문에 이 전(殿)을 세운 것이다. 또 전조(前朝)의 진영전(眞影殿)을 살펴본다 하더라도 태조(太祖) 혼자만이 들어 있지, 공신(功臣)은 함께하지 않았다. 옛일이 이미 이와 같으니 우리나라가 비록 작다 하더라도 모든 시행하는 일들을 반드시 옛것을 본받아야 군신(君臣)이 함께 편안할 것이다. 만약 옛 법이 없다면 마땅히 전(殿)을 헐고 다만 능연각(凌烟閣)의 제도를 모방해 공신(功臣)의 상(像)만 걸도록 해야 할 것이다. 의정부에서 한(漢)나라·당(唐)나라의 고사(古事)를 상고해 아뢴 것이 또한 이와 같으니 진실로 옳다. 그러나 태조의 뜻이 이미 저와 같았으니 전을 헐고 각(閣)을 두는 것은 미편(未便)한 것 같고 사필(史筆) 또한 두려운 일이다. 만약 태조께서 세운 것을 고쳐야 되느냐, 고치지 말아야 되느냐에 달렸다면 그대로 두는 것이 마땅하다. 경 등은 다시 가부(可否)를 의논해 아뢰라.”

성산군(星山君) 이직(李稷)이 말했다.

“만약 마땅함[義]으로써 일으켰다면 그대로 두어야 되지만 그렇지 않으면 어찌한다고 하여 거리낌이 있겠습니까?”

이리하여 전을 고쳐 각을 만들고 ‘사훈(思勳)’이라 했다. 이어 상이 말했다.

“개국공신(開國功臣)들 중에 이 뜻을 알지 못하는 사람은 장차 나더러 ‘태조(太祖)의 뜻을 폐기했다’라고 이를 것이니 마땅히 잘 타이르도록 하라."

○ 사헌부(司憲府)에서 상왕전(上王殿)의 중관(中官)을 탄핵하니 명해 거론(擧論)하지 말게 했다. 애초에 각종(各宗)에 선(選)[39]을 두었는데 상왕(上王)이 잘 아는 중을 대선(大選)으로 삼고자 해 승록사(僧錄司)에 청했더니 중관이 '상왕의 명령'이라 거짓으로 전해 함부로 대선이 된 사람이 자못 많았다. 헌부(憲府)에서 이 사실을 듣고 탄핵했기 때문이다.

병진일(丙辰日-27일)에 의정부에 명해 어진(御眞)을 다시 평양(平壤)에 봉안(奉安)할 것인지의 가부를 토의하게 했다.

○ 개성유후사(開城留後司)에 명해 제릉(齊陵)의 삭망제(朔望祭)를 거행하게 했다. 유후사에 만약 식가(式暇-공식 휴가)나 복제(服制)가 있을 것 같으면 미리 신보(申報)하게 했다.

○ 안성(安省, 1344~1421년)[40]을 의정부참지사(議政府參知事)로, 이

───────────

39 고려(高麗) 및 조선조(朝鮮朝) 초기에 실시한 승과(僧科)를 말한다. 승과에는 교종선(教宗選)과 선종선(禪宗選)이 있었는데 이에 합격한 자는 교(教)·선(禪)의 구별 없이 대선(大選)이란 법계(法階)를 받았다.

40 고려 우왕 초 진사에 합격하고, 1380년(우왕 6년) 식년문과에 동진사(同進事)로 급제해 보문각직학사(寶文閣直學士)를 거쳐 상주판관이 돼 청렴한 이름을 떨쳤다. 조선 개국 후인 1393년(태조 2년) 청백리에 뽑혀 송경유후(松京留後)에 임명됐을 때, 자신이 대대로 고려에 벼슬한 가문으로서 어찌 다른 사람의 신하가 돼 송경에 가서 조상의 영혼을 대하랴 하고 궁전 기둥에 머리를 부딪치며 통곡했다. 태조가 이 사람을 죽이면 후세에 충성하는 선비가 없어진다 하고, 죽이려는 좌우를 제지하고 안성을 급히 붙들어 내보냈다 한다. 1396년 봉상시소경(奉常寺少卿)으로서 현비(顯妃)의 시호를 잘못 지어 축산(丑山)에 유배되고, 1400년(정종 2년) 중승(中丞)을 거쳐 지보주사(知甫州事)가 됐다. 이때인 1411년(태종 11년) 의정부참지사로 정조사(正朝使)가 돼 명나라에 다녀와 강원도 도관찰사가 됐으며 벼슬이 참찬에 이르고 평양백(平壤伯)에 봉해졌다.

발(李潑)을 한성부윤(漢城府尹)으로 삼았다.

무오일(戊午日-29일)에 호조참의(戶曹參議) 이종선(李種善, 1368~
1438년)[41]을 (경상도) 동래진(東萊鎭)으로 유배 보냈다. 애초에 임군례
(任君禮, ?~1421년)[42]가 경사(京師)에 조회했을 때 태복소경(太僕少卿)
축맹헌(祝孟獻)에게서 국자조교(國子助敎)인 양성(羊城) 사람 진련(陳

---

41 아버지는 이색(李穡)이며, 어머니는 명위장군(明威將軍) 권중달(權仲達)의 딸이다. 권근
(權近)의 사위다. 1382년(우왕 8년) 15세 때 문과에 급제해 좌랑·정랑을 지냈으며, 외직
으로 순창·배천·여흥의 수령을 역임했다. 1392년(태조 1년) 정몽주(鄭夢周)가 피살되자
일당으로 몰려 서인(庶人)으로 떨어져 멀리 유배 갔다. 1396년 병조참의를 거쳐 1409년
(태종 9년) 좌우사간대부가 되었을 때 소를 올려 대간은 논의가 일치하지 않더라도 스스
로 일을 논의할 수 있도록 건의해 시행됐다. 이때인 1411년 명나라의 진련(陳璉)에게 받
은 아버지 이색의 비명 문제로 동래진으로 유배 갔다. 그 뒤 호조참의·대언을 지내다가
인수부윤(仁壽府尹)으로 승진했다. 다시 외방으로 나가 강원도 관찰사·충청도 관찰사로
있다가 1417년 풍해도 관찰사가 됐다. 그러나 구암사와의 노비속공 문제로 의금부에 하
옥됐다. 1418(세종 즉위년) 한성부윤으로 있다가 다시 인수부윤이 됐고, 1421년 좌군동
지총제가 됐다. 1423년 진전사(進箋使)로 명나라에 다녀왔고, 1424년 다시 진하사(進賀
使)의 부사로 베이징[北京]에 다녀왔다. 그러나 진하사도총제 권희달(權希達)의 문제로
직첩을 빼앗긴 뒤 외방에 부처됐다가 이듬해 석방됐다. 1426년 함길도 관찰사로 있다가
새 감사와 호부(虎符)를 인수인계하는 일로 다시 파직됐다. 이듬해 판한성부사를 거쳐
1428년 진하사로 베이징에 다녀왔으며, 다시 이듬해 선위사(宣慰使)로 황주에 다녀왔다.
그 뒤에 개성유후사유후로 승진됐고, 1438년 중추원사가 됐다.

42 부친은 개국공신에 녹훈된 역관 임언충(任彦忠)으로 한족(漢族)이다. 임군례는 사람됨이
욕심이 많고 야비하며, 역관으로서 여러 번 명나라에 사신을 따라가서 큰 부자가 됐으면
서도 일시라도 기세 있는 자면 반드시 아부하므로 사람들은 오방저미(五方猪尾)라고 불
렀다. 충호위(忠扈衛)의 제거(提擧)가 돼 관의 목수를 자기 집에 사적으로 부렸고, 또 관
의 재정을 도적질한 일로 제거직에서 파직됐다. 그러자 임군례가 이를 원망해 태종에게
글을 올렸는데, 말이 매우 거만할 뿐 아니라 이징의 참소라는 말이 있으므로 태종이 노
해 임군례를 의금부에 하옥시키고 교사한 정안지(鄭安止)를 심문했다. 그 과정에서 임군
례가 한 "상왕이 무시로 놀러 다니니 신우(辛禑)가 호곶(壺串)에 가서 놀며 즐거하던 일과
다를 것이 무엇인가"와 "정종이 병이라 칭탁하고 왕위를 전위한 것을 황제가 만약 안다면
충혜왕(忠惠王)의 뒤집힌 전철이 있을 것이다"라는 말이 알려지게 되면서 1421년 임군례
는 대역죄로 다스려져 백관을 저자에 모아놓고 다섯 수레로 찢어 죽여 사방에 조리돌리
고, 그 가산은 적몰하고, 처자는 노비로 정하게 됐다.

璉)이 지은 본국(本國) 문정공(文靖公) 이색(李穡)의 비명(碑銘)을 받아 가지고 와서 (상에게) 드리니 상이 이것을 보고 좌우(左右)에게 일러 말했다.

"진련이 어떻게 색(穡)의 행적을 알기에 그 지은 것이 이와 같음에 이르렀는가?"

좌우가 대답했다.

"예전에 맹헌(孟獻)이 사신으로 왔을 때 색의 시문(詩文)을 구해 가지고 돌아갔습니다."

상이 말했다.

"나 역시 색의 시문을 봤지만 진련이 한갓 시문만 보고서 진실로 어찌 지은 것이 이와 같음에 이를 수 있겠는가?"

좌우가 아뢰었다.

"색의 행장(行狀)⁴³을 권근(權近)이 지었는데 오늘날 진련이 반드시

---

43 죽은 사람의 문생이나 친구, 옛날 동료 또는 아들이 죽은 사람의 세계(世系), 성명, 자호, 관향(貫鄕), 관작(官爵), 생몰년월, 자손록 및 언행 등을 서술한 것이다. 이는 후일 사관들이 역사를 편찬하는 사료 또는 죽은 사람의 명문(銘文), 만장, 비문, 전기 등을 제작하는 데 자료로 제공하기 위한 것이다. 행장의 행(行)이 행동거지를 의미하는 데서 볼 수 있듯이 행장은 죽은 사람의 행실을 간명하게 써서 보는 사람으로 하여금 죽은 사람을 직접 보는 것처럼 살펴볼 수 있도록 했다. 따라서 행장은 전기(傳記)와는 달리 잡다한 이론은 기록하지 않는 것이 원칙이다. 『문장연기(文章緣起)』에 따르면 행장의 기원은 중국 한나라의 호간(胡幹)이 양원백(揚元伯)의 행장을 지은 데서 시작됐지만, 작품이 전해지지 않아 문체의 특징을 알 수 없다. 따라서 행장은 육조시대(六朝時代) 정착된 것으로 보인다. 한국의 경우 행장의 역사는 『속동문선(續東文選)』에 처음 보인다. 조선 초기 홍귀달(洪貴達)의 행장 등이 대표적이다. 조선 초의 행장은 행장 본래의 체제를 어느 정도 갖추고 있다. 그러나 조선 후기의 행장은 상소의 시말, 사건의 배경, 그 의론과 행동거지의 철학적 배경, 이단을 배격하는 이유까지 기록했다. 어떤 행장은 책 한 권 분량인 경우도 있었다. 이러한 현상은 중국 송나라의 황간(黃幹)이 주자(朱子)의 행장을 40여 장 쓴 데서 유래했다.

그 행장을 보았을 것입니다."

김여지(金汝知)가 아뢰어 말했다.

"임오년(壬午年-1402년)에 축맹헌이 왔을 때 대언(代言) 유기(柳沂)가 맹헌과 사이가 좋았으니 기(沂)는 바로 이색의 아들 이종덕(李種德)의 사위입니다. 아마도 기가 필시 그 행장(行狀)을 주어 제작해주기를 청했을 것입니다."

상이 말했다.

"나는 그때 맹헌이 색의 초고(草藁)만 구한 것을 알 뿐이지, 색의 행장을 얻어 간 것은 알지 못했다. 지금 그 비명(碑銘) 가운데 실린 것이 실정에 지나친 것[過情]이 많고 또 옛날 본국(本國) 사신(使臣)이 간혹 복명(卜命)으로 인해 틈이 생기게 한 자도 있었거늘 임군례가 어찌해 맹헌과 사통(私通)해 글을 얻었는가?"

임군례를 불러 꾸짖어 말했다.

"이 뒤로는 틈이 생길 일은 하지 말라."

좌정승 성석린(成石璘)이 말씀을 올렸다.

"이색(李穡)의 자손이 중국(中國)과 사통(私通)해 비명(碑銘)을 지어달라고 청했으니 마땅히 죄를 내리소서."

따르지 않았다. 이에 이르러 간원(諫院)에서 죄를 청하는 소(疏)를 올렸는데 대략 이러했다.

'신 등이 듣건대 대명(大明)의 태복소경(太僕少卿) 축맹헌(祝孟獻)이 본국(本國)의 문정공(文靖公) 이색(李穡)의 행장(行狀)을 얻어 가지고, 그 비명(碑銘)을 국자조교(國子助敎) 진련(陳璉)에게 지어달라고 청해 임군례에게 주어 보냈다고 합니다. 신 등이 가만히 생각건대 남의 신하된 자로 하여금 마땅히 사사로이 교류하지[私交] 못하_{사교}게 함은 붕당(朋黨)의 근원을 막기 위한 것입니다. 행장과 비명이 비록 이색의 집안일이라고는 하나, 그 몸이 양조(兩朝-고려와 조선)를 섬겨 행사(行事)의 자취가 국체(國體)에 관계됨이 많습니다. 그런데 전하(殿下)의 명령도 없이 행장을 꾸며 조관(朝官)을 몰래 통해 비명(碑銘)을 구했으니 그 까닭을 묻지 않을 수 없습니다. 그러므로 그 아들 이종선(李種善)을 탄핵하니 그의 대답이 "지난 임오년에 배주(白州)에 있을 때 삼촌(三寸) 질녀(姪女)의 남편 유기(柳沂)가 아비의 초고 행장(草藁行狀)을 가지고 축맹헌에게 부탁해 비명을 구했다"라고 합니다. 그렇다면 유기는 이미 죽었으나[物故] 종선(種善) 같은 자_{물고}는 처음부터 알지 못한 것도 아닌데 이것을 바로 아뢰지 아니했고, 지금 임군례가 왔을 때도 곧 아뢰지 않았으니 이는 오직 그 아비만을 아름답게 꾸미고자 해 국체(國體)를 돌보지 않고 사교(私交)의 죄를 범한 것이니 그 조짐(兆朕)을 더 자라게 해서는 안 됩니다. 또 임군례는 직책이 통사(通事)로 있으면서 조정(朝廷)에 들어가 들은 바를 숨김 없이 천총(天聰-임금의 귀)에 상달(上達)하고, 복명(復命)하는 날에 즉시 아뢰지 않고 열흘씩이나 오랫동안 머물러두었다가 이제야 그 비명을 올렸으니 이것 또한 무슨 마음입니까? 엎드려 바라옵건대 전하께서는 특별히 유사(攸司)에 명하시어 그 까닭을 국문(鞫問)해 후래(後來)를 경계해야 할 것입니다.'

상이 소를 읽어보고 말했다.

"목은(牧隱-이색의 호)은 천하의 큰 유학자[大儒]이니 중국(中國)을_{대유}통해 그 아름다움을 칭찬하는 것은 괜찮다. 그러나 양촌(陽村-권근의 호)이 지은 행장을 지금 자세히 보니 국체(國體-나라의 체통)를 돌보지 않고 오직 목은만 찬미(讚美)해 그 문사(文辭)가 사사로운 은혜[私恩]로써 (공적인) 마땅함[義]을 가린 곳이 없지 않다. 이것으로 본다면 목은의 제자[門生]와 우리 태조(太祖)의 신하가 각기 병립(竝立)하는 것이다. 그러나 행장을 축맹헌에게 부탁한 사람인 유기(柳沂)는 지금 이미 죽었으니 누구를 증인으로 삼아 물어보겠는가? 그리고 이종선은 그 아비를 찬미(讚美)코자 했으니 이는 남의 자식된 자[人子]의 마음으로 당연한 일이다. 또 임군례는 몸은 먼저 왔으나 치중(輜重)⁴⁴이 이르지 아니한 까닭에 보고가 늦은 것이니 어찌 죄가 있겠는가?"

헌납(獻納) 정지당(鄭之唐)이 말씀을 올렸다.

"애초에 유기가 행장을 부탁할 때 이종선이 비록 배주에 있었다고는 하나 어찌 알지 못했겠습니까? 그리고 임군례는 처음부터 모두 진술하지 않았으니 그 마음을 알 수 없습니다. 바라건대 이종선과 임군례를 즉시 유사에 내려 그 까닭을 국문해야 할 것입니다."

상이 말했다.

"그 비명(碑銘)에 태조(太祖)의 국초(國初)의 일을 자세히 말했으니 자식된 자가 진실로 어버이의 아름다움을 나타내기를 구한다면 내 어찌 차마 태조의 잘못을 들을 수 있겠는가? 오늘은 마침 치재(致齋)하는 날이니 내일 마땅히 공신(功臣)들을 불러 함께 의논해 결단(決斷)하겠다."

---

44 원래는 군대의 군수물자를 가리키는 말인데 여기서는 말이나 수레에 실은 짐을 뜻한다.

상이 『도경(道經)』[45]을 보고 매월 27일에 반드시 재계(齋戒)했다. 이튿날 상이 공신 의령군(宜寧君) 남재(南在) 등을 불러 말했다.

"지금 상국(上國-중국)의 진련(陳璉)이 지은 이색의 비명(碑銘)을 보고 또 하륜(河崙)과 권근(權近)이 지은 글을 보니 모두 국초(國初) 의 일을 말했다. 권근의 글에 이르기를 '이(彝)와 초(初)의 무리를 (중국에) 보낸 것으로 꾸몄다[誣]'라고 했으니 이는 윤이(尹彝)와 이초(李初)의 일[46]로 그 당시 신민(臣民)들이 모두 놀랐던 일인데 지금까지 그 까닭을 알지 못하는 일이다. 권근의 글이 이와 같다면 이는 허위로써 사실을 삼은 것이니 사관(史官)이 쓴 글도 잘못된 것이다. 또 이르기를 '청주(淸州)에서 문초받을 때, 공의 정성(精誠)이 하늘을 감동시켜 산이 무너지고 물이 넘친 변(變)이 있었다'라고 했으니 이는 대개 윤이와 이초의 일로서 고황제(高皇帝)께서도 말씀한 바이고, 본국(本國)에서도 떠들썩했던 일이니 어찌 거짓이 있겠는가? 또 풍수(風水)의 재변(災變)은 어느 시대나 없는 것이 아닌데 어찌하여 반드시 이색의 일에 감동된 것이겠는가? 또 이르기를 '공(公)은 부처를 좋아하지 않는다'라고 했으니 공이 벽사(甓寺)에 있었던 일을 내 눈으로 직접 본 바인데 권근이 어찌 그 진부(眞否)를 알겠는가? 또 이르기를 '공양군(恭讓君-공양왕) 때를 당해 용사(用事)하는 자들은 공

---

45 도가(道家)의 경전(經典)을 말한다.
46 1390년(공양왕 2년) 5월 이성계(李成桂) 일파에 의해 공양왕이 즉위하자 명나라에서 고 려 사람 윤이와 이초가 공양왕은 종실이 아니라 이성계의 인친(姻親)이며, 공양왕과 이 성계가 장차 군사를 일으켜 명나라를 공격할 것이라고 무고했다. 이어 이를 반대하던 이색(李穡), 조민수(曺敏修), 이림(李琳), 변안열(邊安烈), 권중화(權仲和) 등 고려의 재상 19인이 살해 또는 유배될 것이라면서 이를 토벌해주기를 요청했다.

(公)이 자기를 따르지 않는 것을 꺼려했다'라고 했으니 그때 우리 태조께서는 나라의 수상(首相)이 됐으므로 모르긴 하지만 용사자(用事者)란 누구를 가리킨 것인지 모르겠다. 권근이 은문(恩門-은혜를 입은 스승)을 찬미(讚美)해 후세(後世)에 드러내고자 해 그 글이 실정에 지나친 칭찬이 있고 또 중국 사람을 빌려서 비명(碑銘)을 지어 허(虛)로써 사실을 삼으나 나는 그렇지 않다고 생각한다. 권근의 글은 세상에 성행(盛行)한 지 오래됐으니 공신(功臣)들이 어찌 눈으로 보지 못했겠는가? 공신된 자는 국가와 더불어 휴척(休戚)을 같이 해야 할 처지인데, 그 일이 태조에게 관계됐는데 어째서 나에게 고하지 아니했는가? 또 이 글은 장차 후세(後世)에 전하려 함인데 내가 알고 있는 바로서는 매우 잘못된 것이다. 사책(史冊)에 실려 있는 것도 반드시 이와 같은 유(類)일 것이다."

모두 말했다.

"일찍이 보지 못했기 때문입니다. 만약 보았다면 어찌 감히 고(告)하지 않았겠습니까?"

모두 두려워하며 함께 진련이 지은 비명과 권근이 지은 행장을 읽고 말했다.

"이것은 모두 허사(虛事)입니다."

상이 말했다.

"지금 이 글이 간행(刊行)된 지 벌써 오래됐는데 후세에 전하지 못하게 할 방법을 장차 어떻게 해야 될 것인가? 경 등은 물러가서 잘 생각해보도록 하라. 또 윤이와 이초의 일은 사책(史冊)이 반드시 잘못됐을 것이다. 태조(太祖)의 사기(史記)가 이처럼 잘못됐다면 오늘날 사기(史記) 또한 어찌 사실이라고 알겠는가? 반드시 모두가 잘못됐을 것이다."

남재(南在) 등이 아뢰어 말했다.

"그 행장을 없애버려 후세에 전하지 못하게 하시면 의문(疑問)이 없을 것입니다. 신 등은 생각건대 행장을 지은 자에게 죄가 있다고 봅니다."

상이 말했다.

"경 등은 마땅히 하륜과 권근이 지은 시문(詩文) 가운데 이 편(篇)만을 제거하도록 하고 그 나머지 시문은 없애지 말라."

사헌부에서 또 소를 올려 말했다.

'임군례가 상국(上國)에 조회하러 가서 태복소경(太僕少卿) 축맹헌(祝孟獻)이 국자조교(國子助敎) 진련(陳璉)에게 청해 만든 본국 문정공(文靖公) 이색(李穡)의 묘지(墓誌)를 사사로이 받아 왔으므로 지금 그 수수(授受)할 때 서로 주고받은 말, 그리고 처음에 청한 본국인(本國人)의 성명(姓名)과 축맹헌이 지적한, 전해주고 부탁한 곳을 물었더니 모두 다 모른다고 대답했습니다. 그러나 상국 사람이 만든 사장문서(私藏文書)를, 처음에 청한 사람과 전해주고 부탁한 곳을 묻지도 않고 갑자기 받아 오기만 할 이치도 없으려니와 임군례가 비록 축맹헌에게 묻지 아니했다 하더라도 축맹헌이 일일이 지적해 말했을 것이니 이는 인지상정(人之常情)입니다. 임군례가 들은 증인(證人)이 없기 때문에 숨길 수 있다고 여겨 말을 꾸며대고 자복하지 않으니 진실로 죄가 있습니다. 이종선(李種善)은 대답하기를 "묘지(墓誌)를 지어달라고 축맹헌에게 부탁한 것은 삼촌(三寸) 질녀(姪女)의 남편 유기

(柳沂)가 한 일이고, 나는 배주(白州)에 있었기 때문에 그 연고를 알지 못한다"라고 하지만 청촉(請囑)은 비록 유기가 했다 해도 자손(子孫)이 돼 후인(後人)에게 자랑스럽게 전할 일가(一家)의 대사(大事)를 어찌 그 자식과 상의도 하지 않고 문득 상국 사신에게 부탁했겠습니까? 이는 인정(人情)에 가깝지 않은 일입니다. 더욱이 축맹헌이 이색의 문집(文集)을 유기에게 구할 때 이종선은 배주에서 서울에 들어왔으니 몰래 유기와 더불어 함께 토의하고 (묘지(墓誌)를) 저술(著述)해달라고 청했음이 분명합니다. 다행히 유기가 죽었기 때문에 대질(對質)할 길이 없다고 생각해 이를 숨기고 굴복하지 아니하니 그 죄가 큽니다. 그뿐만 아니라 사사로이 왕관(王官)과 내통했으니 장래에 틈이 생길지 어찌 알겠습니까? 생각이 여기에 미치니 가히 한심(寒心)한 일입니다. 임군례와 이종선은 마땅히 고신(告身)을 거두고 그 까닭을 국문(鞫問)해 율(律)에 따라 뒤에 오는 사람들을 경계해야 할 것입니다.'

소(疏)를 궁중(宮中)에 머물러두었다. 의정부(議政府)와 대간(臺諫)의 관원 한 명씩을 불러 말했다.

"전날에 사헌부에서 이종선의 죄를 청한 것은 그 뜻이 무엇 때문이었는가?"

대사헌(大司憲) 황희(黃喜)가 대답해 말했다.

"종선은 나라의 대체(大體)를 돌보지 않고 사사로이 왕관(王官)과 통했으니 신자(臣子)의 마음이 아닙니다. 청컨대 고신을 거두고 사유를 국문해야 할 것입니다."

상이 말했다.

"종선은 성품(性稟)이 본래 혼매(昏昧)한 자다. 그러므로 사리(事理)를 살피지 못하고 함부로 어버이만 현양(顯揚)하려고 했을 뿐이다. 경 등이 종선을 죄주자고 청한 것은 대단한 게 못 된다. 경 등은 이색의 행장을 보았는가? 제작한 사람이 만약 살아 있다면 내 마땅히 이것을 묻겠다. 그 행장에 이르기를 '이색은 두 임금을 섬기지 않았다'라고 했으나 태조께서 의(義)를 들어 회군(回軍)하던 날 술을 보내 맞이했으니 그러고도 두 임금을 섬기지 않았다고 말할 수 있겠는가? 그리고 윤이(尹彝)와 이초(李初)의 일에 이르러서는 그때 온 나라 사람들이 마음을 썩이던 일이었다. 그러므로 이 일이 이색에게 연급(延及)돼 청주(淸州)에서 문초를 받게 됐는데 그때 마침 물이 넘치는 재변이 있었다. 그런데 이것을 가지고 말하기를 '용사(用事)하는 자가 자기를 따르지 않으므로 내쫓았고, 문사(問事)하는 날에 산이 무너지고 물이 넘치는 재변이 있었다'라고 했다. 이것이 정말 공(公)의 충성(忠誠)이 하늘을 감동시켜 그렇게 된 것이라면 주공 원성(周公元聖)[47]이 풍뢰(風雷)의 변괴(變怪)를 감동시킨 것과 같다 할 수 있겠는가? 또 이색이 불도(佛道)를 좋아한 일은 온 나라 사람들이 다 아는 바이며 벽사(甓寺)의 일은 더욱이 밝게 드러난 일이다. 그런데 말하기를 '중의 무리가 발원문(發願文)을 지어달라 청하며 나에게 권고(勸告)하므로 마지못해 응했을 뿐이다'라고 했으니 경 등은 과연 그렇다고 여기는가? 옛날에 윤소종(尹紹宗, 1345~1393년)[48]이 이색

---

47 주공(周公)을 말한다.
48 1360년(공민왕 9년) 성균시에 합격했다. 이색의 문인으로 1365년 예부시에 을과 제1인으

(李穡)을 논해 말하기를 '곡학아세(曲學阿世)[49]하고 거짓을 꾸며 이름만 낚는 자'라고 했으니 그것이 과연 옳지 아니한가?"

희(喜)가 대답해 말했다.

"신자(臣子)로서 만일 죄가 있다면 몸이 살았거나 죽었거나를 물론하고 모두 토죄(討罪)해 용서하지 않는 것입니다. 권근에게 물을 만한 죄가 있다면 어찌 몸이 죽었다 해서 그대로 놓아둘 수 있겠습니까? 권근과 종선은 비록 한 가지 일인 것 같으나 사실에 있어서는 구분해 따로따로 취급해야 합니다. 지금 종선의 죄가 드러났으니 먼저 사유[情由]를 물어 본 뒤에야 그 죄가 반드시 돌아갈 데가 있을 것입니다."

상이 말했다.

"종선의 죄를 다시 토의해 아뢰라."

사헌부(司憲府)에서 영의정부사(領議政府事) 하륜(河崙)이 지은 문정공(文靖公)의 비명(碑銘)을 들여오게 해 읽어보니 권근(權近)이 지은 행장(行狀)과 그 대략의 뜻이 서로 비슷했다. 좌사간대부(左司諫

로 대책이 가장 뛰어나 춘추수찬(春秋修撰)을 배수받았다. 이어 좌정언에 있을 때 행신(幸臣) 김흥경(金興慶)과 내시 김사행(金師幸)이 병국해민(病國害民)한다고 극언하는 소를 올렸으나 뜻을 이루지 못했다. 1386년 성균사예로 기용됐으며, 1388년 이성계(李成桂)가 위화도에서 회군할 때 동문 밖에 나가 영접하고 곽광전(霍光傳)을 바쳤다. 그것은 우왕을 폐하고 다른 왕씨를 왕으로 추대할 것을 암시하기 위해서였다. 그 뒤 전리총랑(典理摠郎)이 됐고 이어 우사의대부(右司議大夫)로 승진했다. 1389년(창왕 1년) 이인임(李仁任)의 죄를 논해 참관저택(斬棺瀦宅)을 청했으며, 이어 성균관대사성이 됐다. 이성계가 조준(趙浚) 등과 함께 사전(私田)을 혁파하고자 했을 때, 정도전(鄭道傳)과 함께 힘써 협력했다. 조선이 개창되자 병조전서(兵曹典書)로 부름을 받아 원종공신이 됐으며, 수문관대제학(修文館大提學)을 지냈다. 경사(經史)를 두루 섭렵했고, 성리학에 더욱 정밀했다.

49 정도에 벗어난 학문으로 세상 사람에게 아첨하는 것을 말한다.

大夫) 이명덕(李明德)과 사헌집의(司憲執義) 조치(曹致) 등이 교장(交章)해 권근과 하륜의 죄를 청했으나 상이 그대로 머물러두었다. 그 소(疏)는 이러했다.

'신 등이 가만히 보건대 통사(通事) 선공소감(繕工少監) 임군례(任君禮)가 가져온 국자조교(國子助敎) 진련(陳璉)이 지은 본국(本國) 문정공(文靖公) 이색(李穡)의 묘지(墓誌)는 이색이 행한 일과 그의 세계(世系)를 기록한 것이 매우 주무(綢繆)[50]했습니다. 이색의 행장과 비명을 그 아들인 종선(種善)에게서 추심(推尋)[51]해 그 발단(發端)과 사유(事由)를 참고해봤더니 그 행장은 문충공 권근이 엮은 것이고 그 비명(碑銘)은 영의정부사 하륜이 지은 것이었습니다. 생각을 나타냄[命意]이라든가 문구의 배치[措辭]가 모두 진련이 지은 것과 표리(表裏)가 돼 있습니다.

신 등이 생각건대 이색은 현릉(玄陵)[52]의 지우(知遇)를 받아 명교(名敎)를 당시에 세웠고 지위도 재보(宰輔-재상)에 이르렀었는데, 현릉이 후사(後嗣)가 없음을 당하자 왕씨(王氏)를 세워 종조(宗祧-종묘)를 보전할 계책을 생각하지 않고 권신(權臣) 이인임(李仁任, ?~1388년)[53]에

---

50 사실이 아닌 것을 이리저리 꾸며대어 얽었다는 말이다.

51 찾아내서 가져온다는 말이다.

52 고려(高麗) 공민왕(恭愍王)을 가리킨다.

53 문음(門蔭)으로 전객시승(典客寺丞)이 된 후 전법총랑(典法摠郎)을 거쳐 1358년(공민왕 7년)에는 좌부승선(左副承宣)이 됐다. 이듬해 홍건적이 침입해 의주를 함락시키자 서경존무사(西京存撫使)에 임명돼 홍건적에 대비했고, 1361년의 재차 침입했을 때에도 크게 활약했다. 1363년에는 원나라가 덕흥군(德興君-충선왕의 셋째 아들)을 왕으로 삼아 고려에 들이려 하자 서북면 도순문사 겸 평양윤이 돼 덕흥군 일파의 침략을 물리친 출정군의 식량을 조달하는 일을 담당했다. 이어 삼사우사(三司右使)·도첨의찬성사(都僉議贊成事)·좌

게 아부해 신우(辛禑)⁵⁴를 세웠으니 신우는 배우지 못하고 무도(無道)해 죄 없는 사람을 많이 죽이고 군사를 일으켜 중국을 침범하기에 이르렀습니다. 그러나 이색은 그 사부(師傅)로서 한마디도 바른 말을 해 광구(匡救)하지 못했고, 우리 태조(太祖)께서 의로움을 들어[擧義] 회군(回軍)하던 날에는 여러 신하가 우왕(禑王)을 폐하고 왕씨를 세울 것을 토의했는데 이색이 또 대장(大將) 조민수(曹敏修)에게 아부해 우왕의 아들 창(昌)을 세워 좌시중(左侍中)을 얻어 맡았으며, 스스로 중국(中國)에 사신(使臣)으로 가서 친히 조회(朝會)하기를 청했으나 뜻을 이루지 못했습니다. 그러므로 중국에

시중(左侍中)을 지내고, 순성동덕보리공신(純誠同德輔理功臣)의 칭호를 받았다. 1374년(공민왕 23년) 잠시 면직됐다가 수문하시중(守門下侍中)에 임명됐고 광평부원군(廣平府院君)에 책봉됐다. 공민왕이 피살돼 명덕태후(明德太后)와 시중 경복흥(慶復興)이 종친을 새로운 왕으로 세우려 하자 자신의 일파와 모의해 나이 10세의 어린 우왕을 즉위시켰다. 한편 당시 고려에 와 있던 명나라 사신 채빈(蔡斌)이 공민왕 피살사건을 본국에 보고해 책임이 재상인 자신에게 돌아올까 염려해 일을 마치고 돌아가는 채빈을 호송관 김의(金義)로 하여금 살해토록 하고, 그동안 배척당했던 원나라와 가깝게 지내려고 했다. 이에 삼사좌윤(三司左尹) 김구용(金九容), 전리총랑(典理摠郎) 이숭인(李崇仁), 전의부령(典儀副令) 정도전(鄭道傳), 삼사판관(三司判官) 권근(權近)이 정부의 친원 외교정책을 비판하고, 우헌납 이첨(李詹)이 이인임과 찬성사 지윤(池奫)의 죄목을 열거하며 이들을 목 벨 것을 상소했다. 그러자 최영(崔瑩), 지윤 등과 합심해 이첨, 전백영을 사기죄로 몰아 유배시키고 김구용, 이숭인, 정몽주(鄭夢周), 임효선(林孝先), 정사도(鄭思道), 박형(朴形), 이성림(李成林) 역시 자신을 해치려 한다며 모두 유배시켰다. 반대 세력을 제거한 후 지윤, 임견미(林堅味), 염흥방(廉興邦)과 힘께 권력을 휘두르며 관직과 옥(獄)을 팔고 전국에 걸쳐 토지와 노비를 축적하는 등 탐학을 일삼았다. 1386년(우왕 12년)에는 다시 좌시중이 됐다가 이듬해 노병으로 사직했다. 1388년에 염흥방의 가노(家奴) 이광(李光)이 주인의 권세를 배경으로 전직 밀직부사 조반(趙胖)의 토지를 빼앗자 이에 격분한 조반이 이광을 죽였다. 이에 염흥방이 조반을 국가모반죄로 몰아 순군(巡軍)에 가두고 심하게 고문시킨 사건이 발생했다. 이를 계기로 그동안 기회를 엿보던 우왕, 최영, 이성계 등이 오히려 염흥방, 임견미, 왕복해(王福海) 등을 처단하고 그 일파를 유배시켰는데 이때 이인임도 경산부로 옮겨졌다가 곧 죽었다.

54 고려 우왕을 이렇게 부르고 있다.

서 돌아오자 혼자서 우왕을 여흥(驪興)에서 만나보고 다시 맞아들이려 모의했으나 마침내 그 계책이 이뤄지지 않으니 그 직책을 외척(外戚)에게 물려주고 생명을 보전(保全)했습니다. 또 공양군(恭讓君)이 권서(權署-집권)하던 날을 당해서는, 판문하(判門下)의 벼슬을 받아 백관(百官)의 위에 서고도 조금도 부끄러워하는 기색이 없었으므로 당시 사람들이 그를 지목해 토의하기를 '이 사람은 왕씨(王氏)의 신하냐, 신씨(辛氏)의 신하냐?'라고 했으니 그 반복무상(反覆無常)하고 속임수가 많은 것은 온 나라 사람들이 다 아는 바입니다.

이색의 문인(門人) 하륜과 권근이 지은 행장(行狀)과 비명(碑銘)에 말하기를 '기사년 겨울에 공양군(恭讓君)이 즉위(卽位)하니 용사(用事)하는 자가 공(公)이 자기를 따르지 않음을 꺼려해 장단현(長湍縣)으로 내쫓았다'라고 했으니 신 등이 생각건대 '용사하는 자가 공이 자기를 따르지 않는 것을 꺼려했다'라고 함은 누구를 가리켜 한 말이겠습니까? 또 말하기를 '경오년 5월에 윤이(尹彝)와 이초(李初)를 상국(上國)에 보냈다고 꾸며 공(公) 등 수십 명을 청주(淸州)에 가둬놓고 장차 준엄(峻嚴)한 법(法)을 써서 하련(煆鍊)[55]시켜 죄를 만들려고 했는데, 그때 마침 큰비가 쏟아져 산이 무너지고 물이 넘쳐 흘러 성문(城門)과 관사(館舍)가 물에 잠기고 문사관(問事官)은 나무 위로 올라가 겨우 죽음을 면했으니 청주(淸州)의 부로(父老)들이 말하기를 "공(公)의 충성(忠誠)이 하늘을 감동시킨 것이다"라고 했다'고 했

---

55 식기 전에 쇠를 불리듯이 몹시 다그쳐 댄다는 말이다.

으니 신 등이 생각건대 윤이와 이초가 상국을 속인 것은 이미 명강(明降)[56]이 있으니 어찌 꾸몄다고 말할 수 있겠습니까? 국가의 대계(大計)를 위해 어찌 국문(鞫問)하지 않을 수 있겠습니까? 그가 '준엄(峻嚴)한 법(法)을 써서 하련(煆鍊)시켜 죄를 만들었다'라고 함은 또 누구를 가리켜서 한 말입니까? 청주(淸州)의 수재(水災)가 이색(李穡)이 과연 주공(周公)과 같은 덕(德)이 있어서 이뤄지게 된 것입니까? 또 말하기를 '임신년 7월에 우리 태상왕(太上王)이 즉위(卽位)하자 공(公)을 꺼리는 자가 "공을 죄가 있다"라고 꾸며 극형(極刑)을 가하려고 했다'라고 했는데, 신 등이 생각하기를 우리 태조께서 처음부터 나라를 차지하려 생각한 것이 아니고 왕실(王室)에 충성(忠誠)을 다했으나 이색이 그 무리와 더불어 태조를 제거하려고 꾀하매 그 화(禍)가 헤아리지 못할 지경에 있었습니다. 그러므로 당시의 충의(忠義)로운 신하들이 천명(天命)과 인심(人心)이 (태조께) 돌아온 것이라 여겨 태조를 추대(推戴)했으니 칼날에 피 한 방울 묻히지 않고 집을 바꿔 나라를 이룬 것[化家爲國]입니다. 이것은 우부(愚夫)·우부(愚婦)도 다 아는 사실이니 어찌하여 죄 없는 사람에게 극형을 가하려 했겠습니까? 이색의 무리를 외방(外方)에 내쫓은 것은 사람이 한 것이 아니라 하늘이 그렇게 시킨 것인데, 그가 이른바 '공(公)을 꺼리는 자가 "공이 죄가 있다"라고 꾸며 극형을 가하려고 했다'라고 함은 또 누구를 가리킨 것입니까?

　신 등이 가만히 생각건대 하륜과 권근은 모두 이색의 무리라 국초

---

56 명백한 강지(降旨), 곧 중국 황제가 내린 칙지(勅旨)를 말한다.

(國初)의 죄인들인데, 전하의 특별하신 은혜를 입어 목숨을 보전했을 뿐 아니라 공신(功臣)의 열(列)에 참여하게 됐으니 진실로 마땅히 왕실(王室)에 충성(忠誠)을 다해 재조(再造)의 은혜에 보답해야 할 것입니다. 그런데 이 같은 생각은 하지 않고 한갓 문인(門人)과 인아(姻婭-인척)의 연고로 인해 동시(同時)에 쫓겨났던 울분(鬱憤)을 글을 빌려 거짓을 꾸미고 무문곡필(舞文曲筆)[57]해 마침내 사(邪)와 정(正)의 자리를 바꿔놓아 만세(萬世)에 의심을 사게 했으니 모르긴 하거니와 전하께서는 어떻게 생각하십니까? 몸이 살았거나 죽었거나, 때의 옛날과 지금이 없이 모두 죄를 다스려야 할 것이오니 이것은 『춘추(春秋)』의 세상을 경영하는 대전(大典)입니다. 엎드려 생각건대 전하께서는 『춘추』의 대의(大義)를 본받아 조종(祖宗) 만세(萬歲)의 계책을 위해 하륜의 죄를 국문(鞫問)하도록 허락하시어 율(律)에 따라 시행하게 하시고, 권근의 죄는 그 관(棺)을 베고 그 집을 헐어 못을 파며, 가산(家産)을 적몰(籍沒)해 뒤에 오는 자를 경계하시고, 따라서 행장(行狀)과 비명(碑銘)은 뜨거운 불에 태워버려 그 거짓을 제거하시고, 이색의 아들 종선(種善)과 임군례(任君禮)의 죄는 지난번 상소(上疏)에서 모두 말씀드렸으니 엎드려 바라옵건대 유윤(兪允)해 시행케 해야 할 것입니다.'

마침내 이졸(吏卒)을 보내 하륜의 집을 수직(守直)[58]하게 했다. 상이 말했다.

---

57 붓을 함부로 놀려 왜곡(歪曲)된 문사(文辭)를 쓰는 것을 말한다.
58 죄인이 도망하지 못하도록 그 집을 지키는 일을 말한다.

"하륜과 권근은 모두 이색의 문인(門人)들이라 일찍이 그 도당(徒黨)을 위했던 까닭에 보복(報復)으로 이것을 말했을 뿐이다."

곧 명해 이졸을 동원해 수직(守直)하는 것을 파(罷)하게 했다. 김여지(金汝知)에게 명해 하륜에게 가서 말하게 했다.

"내가 진련(陳璉)이 지은 글을 보고 마음이 편안하지 못했다. 또 권근이 지은 것을 보니 태조(太祖)의 일을 자세히 말했으나 말이 매우 바르지 못했다. 또 듣자니 경이 지은 비명(碑銘)도 모두 이와 같다고 하나 경의 글은 권근의 글을 모방해 지은 것이라 한다. 만일 이것을 비석(碑石)에다 밝힌다면 이는 분명히 남에게 보이는 것이 되니 어찌 부왕(父王)께 누(累)가 되지 않겠는가?"

하륜이 아뢰어 말했다.

"신이 가리켜 말한 용사자(用事者)란 대개 조준(趙浚)과 정도전(鄭道傳)을 가리켜 말한 것입니다. 태조께서 나라를 얻으신 것은 본래부터 뜻을 두었던 것이 아니었는데, 그때 용사(用事)하던 조준 같은 무리들이 태조의 뜻을 받들지 않고 마음대로 주륙(誅戮)을 행했으니 이것은 신이 그 사실을 잘 아는 바입니다. 그러므로 이것을 말한 것뿐이지, 어찌 감히 주상께 누가 됨이 있겠습니까?"

여지(汝知)가 그대로 아뢰니 상이 말했다.

"태조께서 나라를 얻었기 때문에 말을 이같이 했을 뿐이지, 만약 나라를 얻지 못했다면 의당 조준 등과 같이 비교했을 것이다."

명해 말했다.

"이종선은 고신(告身)을 거둬 먼 곳으로 유배 보내고, 임군례는 논하지 말라."

대간이 청해 말했다.

"종선의 죄는 가볍지 않으니 가벼운 법을 따르지 마시고, 군례도 또한 죄가 있습니다."

상이 명해 말했다.

"이종선은 장(杖) 100대를 가해 수속(收贖)하고, 임군례는 그 직(職)을 파면하라."

드디어 종선을 동래진(東萊鎭)에 유배 보냈다. 삼공신(三功臣)과 좌정승 성석린(成石璘) 등이 소를 올려 말했다.

'가만히 죽은 신하 길창군(吉昌君) 권근이 지었다는 죽은 신하 한산백(韓山伯) 이색(李穡)의 행장을 보건대 전조(前朝) 공양군(恭讓君) 때의 일을 논함에 있어 말하기를 "용사하는 자들이 공(公)이 자기를 따르지 않는 것을 꺼려해 장단(長湍)으로 내쫓았다"라고 했고, 또 말하기를 "윤이(尹彝)와 이초(李初)를 상국(上國)에 보냈다고 거짓을 꾸며 공 등 수십 명을 청주(淸州)에 잡아 가뒀는데 당시의 왕이 평소에 공이 다른 마음이 없었음을 알고 여러 차례 소환했으나 '용사하는 자의 꺼림을 받아 문득 배척을 당했다'라고 했고, 또 말하기를 "태조(太祖)가 즉위(卽位)함에 용사자(用事者)가 극형(極刑)을 가하려 했으나 태조께서 옛 친구라 해 특별히 용서했다"라고 했으니 신 등이 생각건대 공양군 때에 우리 태조께서 시중(侍中)이 되셨고 이색은 스스로 장단(長湍)으로 물러가 있었는데 "용사(用事)하는 자가 공(公)이 자기를 따르지 않는다고 꺼려하여 장단(長湍)으로 내쫓았다"라고 썼으며, 또 윤이와 이초의 일은 신(臣) 조반(趙胖) 등이 상국(上國)에 사신(使臣)으로 가서 윤이와 이초 등과 더불어 정변(廷辨)[59]할 때 윤이와 이초가 바친 글 속에 씌어 있는 성명(姓名)을 베껴 가지고 돌아왔는데 이것을 "윤이와 이초를 보낸 것으로 꾸몄다"라고 썼습니다.

생각건대 우리 태조께서 강명신무(剛明神武)하신 자품(資稟)으로 천운(天運)에 응해 나라를 여시니, 위복(威福) 정령(政令)이 모두 주상(主上)으로부터 나왔는데 "용사하는 자가 극형(極刑)을 가하려 했다"라고 했으니 대개 일은 사실대로 기록하는 것이 천하(天下)의 대공(大公)입니다. 권근(權近)은 몸이 재상(宰相)이 돼 마침내 자기의 사사로운 일로 시비(是非)를 망령되게 논해 좌주(座主-이색)의 아름다움을 나타내려 했으니 이는 군부(君父)의 대의(大義)를 잃고 『춘추(春秋)』의 대법(大法)을 어지럽힌 것으로 매우 붓을 잡은 문신(文臣)의 뜻이 아닙니다. 몸이 살았거나 죽었거나 관계없이 그 죄는 용서할 수 없는 것이오니 빌건대 벼슬을 추삭(追削)하고 이를 폐해 서인(庶人)을 만드소서. 그리고 영의정부사(領議政府事) 하륜(河崙)이 지은 비문(碑文)은 비록 행장(行狀)과는 상략(詳略)의 차이가 있다고 하나 대의(大義)로 말하면 이와 같습니다. 하륜이 오래도록 이 나라 대신(大臣)이 돼 대의를 살피지 않고 망령되게 군신(君臣) 간의 일을 의논했으니 그 죄가 권근보다 더합니다[浮]. 청컨대 유사(攸司)에 내려 그 죄를 밝게 바로잡으심으로써 뒤에 오는 자의 경계가 되게 해야 할 것입니다.'

따르지 않았다.

59 조정에서 대질(對質)해 변론(辯論)하는 일을 가리킨다.

○ 비로소 남부학당(南部學堂)을 성명방(誠明坊)[60]에 두었다.

○ 풍해도(豊海道) 대관량(大串梁)과 풍주량(豊州梁)의 천호(千戶)를 혁파했다. 병조(兵曹)에서 아뢰었다.

"대관량과 풍주량은 배가 적어 만호(萬戶)나 천호(千戶)를 임명하기가 모두 미편(未便)하오니 마땅히 천호를 혁파하소서."

그것을 따랐다.

○ 장흥부사(長興府使) 김기(金頎)를 파직했다. 기(頎)의 아내가 병(病)을 치료한다고 칭하며 신사(神事)를 아내(衙內)에서 거행하고 또 남편이 출타한 틈을 타서 다른 고을까지 가서 귀신에게 기도를 했다. 갔다가 돌아올 때에 부내(府內)의 창기(唱妓)와 종들과 더불어 노래를 부르고 피리를 불었다. 기가 가정을 다스리지 못한 것이 너무 심하다고 해 사헌부(司憲府)에서 그 도(道) 감사(監司)에게 공문을 보내 결국 그를 파직했다.

---

60 현재의 서울 시내 행정구역으로는 입정동, 을지로4가, 산림동, 주교동, 인현동1·2가, 충무로2·3가, 예장동, 남학동, 필동1·2가, 묵정동, 남대문로4가 각 일부가 이에 해당한다.

庚寅朔 前獻納張弛上書于議政府. 書曰:
경인 삭 전헌납 장이 상서우 의정부 서왈

'今者 明良相遇 治具畢張 太平之美 軼於成康 然天地之大也
금자 명량 상우 치구 필장 태평 지미 질어 성강 연 천지 지 대야

人猶有憾焉. 弛竊以爲外方楮貨贖罪之法 恐傷聖明無前之盛治也.
인유 유감 언 이 절 이위 외방 저화 속죄 지법 공상 성명 무전 지 성치 야

何則? 京城之內 則立濟用監和賣之所 令有罪者貿易而納之 是
하즉 경성 지내 즉입 제용감 화매 지소 영유죄 자무역 이 납지 시

一擧手一投足之勞耳 何難之有! 郡縣則距京城或至千餘里 雖以
일거수 일투족 지로이 하난 지유 군현 즉거 경성 혹지 천여 리 수이

金玉求楮貨 猶不可得 矧窮乏之徒乎? 雖囚繫累日 寧有得楮貨之
금옥 구저화 유 불가득 신 궁핍 지도호 수 수계 누일 영 유득 저화 지

理乎? 守令督之 窮乏者愁怨於閭巷之中 此無他 徵之以難得之
리호 수령 독지 궁핍 자 수원 어 여항 지중 차 무타 징지 이 난득 지

物也. 農夫釋耒耜而到京城貿易者 十之七八. 弛以爲楮貨則貨幣
물야 농부 석 뇌사 이도 경성 무역 자 십지 칠팔 이 이위 저화 즉 화폐

之權 在乎國家 有經營之易 而無轉輸之勞 此實良法也. 古人謂:
지권 재호 국가 유 경영 지이 이무 전수 지로 차 실 양법 야 고인 위

"贖法賊良民而惠奸軌." 今日之爲此贖者 只爲興楮貨 而權一時
속법 적 양민 이 혜 간궤 금일 지위 차 속자 지위 흥 저화 이권 일시

之宜也. 今楮貨之法 行之已久 民皆知楮貨之爲貴矣. 弛願依京中
지 의야 금 저화 지법 행지 이구 민 개지 저화 지 위귀 의 이 원의 경중

和賣之例 酌郡縣戶口多少 頒布楮貨 勿問穀帛 以其所有而易之
화매 지례 작 군현 호구 다소 반포 저화 물문 곡백 이기 소유 이 역지

則國有財産之豐 民有楮貨之利矣. 然後老病殘疾之有罪不能加刑
즉 국유 재산 지풍 민유 저화 지리 의 연후 노병 잔질 지 유죄 불능 가형

者 贖之以楮貨; 姦猾豪富之人 以其罪罪之 則民不犯法矣. 如
자 속지 이 저화 간활 호부 지인 이기 죄지 즉 민 불 범법 의 여

以爲可 轉聞于上.'
이위 가 전문 우상

議政府以啓 上曰: "贖罪楮貨 非永久之法 是一時權宜之事也.
의정부 이계 상왈 속죄 저화 비 영구 지법 시 일시 권의 지사 야

使人知楮貨之難得 則亦知犯罪之不易 期于無刑矣. 若經二三歲
사인 지 저화 지 난득 즉 역 지 범죄 지 불이 기우 무형 의 약경 이삼세

可除贖法也." 遂留之.
가 제 속법 야 수 유지

辛卯 上以冕服 率世子百官 上宗廟四室與神懿王后玉冊. 以
신묘 상 이 면복 솔 세자 백관 상 종묘 사실 여 신의왕후 옥책 이

贊成事李天祐爲封冊使 以兵曹判書朴訔行別祭.
찬성사 이천우 위 봉책사 이 병조판서 박은 행 별제

禁城中菜麻田 聽人造家. 召判漢城府事李貴齡曰: "南山之麓
금 성중 채마전 청인 조가 소 판한성부사 이귀령 왈 남산 지 록

臨壓宮闕之家 皆令破之. 且京城地窄 宜禁菜麻田.
임압 궁궐 지가 개령 파지 차 경성 지 착 의금 채마전

賜朴昭米豆十石 昭進杏子. 昭乃淳之子也.
사 박소 미두 십석 소 진 행자 소 내 순지 자야

命自今六月頒祿 永爲恒式.
명 자금 육월 반록 영위 항식

壬辰 御便殿視事. 刑曹判書林整啓曰: "曹有難決事. 一母求
임진 어 편전 시사 형조판서 임정 계왈 조 유 난결 사 일모 구

子之生 一母欲子之死." 上曰: "何?" 對曰: "都官婢某曰: '吾子
자지생 일모 욕 자지사 상 왈 하 대왈 도관 비 모 왈 오자

歐我 請殺之.' 臣等累日未得其情 且看子之容 甚劣弱 似不能歐
구아 청 살지 신등 누일 미득 기정 차 간 자지용 심 열약 사 불능 구

其母者也." 上曰: "母之欲殺其子 豈徒然哉? 其審察之." 大司憲
기모 자야 상 왈 모 지 욕살 기자 기 도연 재 기 심찰 지 대사헌

黃喜曰: "臣知此事. 此婢昔爲人妾 淫奔産此子 長於他處 本無
황희 유 신 지 차사 차비 석 위 인첩 음분 산 차자 장어 타처 본무

母子情愛 故常欲害之." 上不應. 整曰: "養馬者 竊豆一石 司僕
모자 정애 고 상 욕해 지 상 불응 정 왈 양마 자 절두 일석 사복

知之 將欲徵之 養馬者詐傳世子令旨曰: '勿徵.' 本曹鞫之 罪應
지지 장 욕 징지 양마 자 사전 세자 영지 왈 물징 본조 국지 죄응

絞. 其母當世子還殿之時 束手路傍 世子停驂問其故, 曰: '予是
교 기모 당 세자 환전 지시 속수 노방 세자 정참 문 기고 왈 여 시

養馬者之母也 乞速救之.' 世子曰: '非吾所敢擅也.' 敬承府具
양마 자 지 모야 걸 속 구지 세자 왈 비 오 소감 천 야 경승부 구

鷹揚衛不禁此女亂雜告訴之由 報于本曹 曹受理 律無正條 不敢
응양위 불금 차녀 난잡 고소 지유 보우 본조 조 수리 율 무 정조 불감

罪之." 上曰: "養馬 惑之甚者. 欲免罪 詐傳世子之言 不可執論
죄지 상 왈 양마 혹지 심자 욕 면죄 사전 세자 지언 불가 집론

宜減一等. 且其母爲子求生 請于世子 人情之常 何罪之有! 其母
의 감 일등 차 기모 위자 구생 청우 세자 인정 지상 하 죄지 유 기모

與鷹揚衛 宜速釋之."
여 응양위 의속 석지

宴領議政府事河崙及閔無恤等于解慍亭. 上以崙回自晋陽 無恤
연 영의정부사 하륜 급 민무휼 등우 해온정 상이륜 회자 진양 무휼

無悔終父喪 設宴慰之. 宗親及左政丞成石璘 右政丞趙英茂
무회 종 부상 설연 위지 종친 급 좌정승 성석린 우정승 조영무

完山君李天祐 吏曹判書李稷等侍宴. 崙進聯句云: "恩若昊天加
완산군 이천우 이조판서 이직 등 시연 륜진 연구 운 은약 호천 가

賜宴." 上對句曰: "心如堅石更無私." 群臣更相唱和. 酒半酗 崙
사연 상 대구 왈 심 여 견석 갱 무사 군신 갱상 창화 주 반감 륜

起舞獻爵, 宴罷 上命代言曰: "今日設宴 慰大臣千里之行 而兼
기무 헌작 연파 상명 대언왈 금일 설연 위 대신 천리 지행 이겸

慰諸閔也. 無恤等曾免喪 予在留後司時 始欲慰之 還都以後 若
위 제민 야 무휼 등 증 면상 여재 유후사 시 시욕 위지 환도 이후 약

議政府若功臣子壻宴享頻頻 故至今未果 此諸閔之心當未安. 今
의정부 약 공신 자서 연향 빈빈 고 지금 미과 차 제민 지심 당 미안 금

欲令無悔等 親自獻爵于中宮 如何?" 知申事金汝知等對曰: "待
욕령 무회 등 친자 헌작 우 중궁 여하 지신사 김여지 등 대왈 대

姻戚 有恩掩義者 有義勝恩者 在乎恩義之如何耳." 遂召入宮中
인척 유은 엄의 자 유의 승은 자 재호 은의 지 여하 이 수 소입 궁중

至夜乃罷.
지야 내 파

命刑曹贖死罪. 命曰: "死罪以上 不待秋報議政府以聞. 予當
명 형조 속 사죄 명왈 사죄 이상 부대 추보 의정부 이문 여당

減等贖之."
감등 속지

革種藥色 屬典醫監.
혁 종약색 속 전의감

議政府上應奉司事宜. 啓曰: "文書應奉司呈: '本司專掌
의정부 상 응봉사 사의 계왈 문서응봉사 정 본사 전장

事大文書 所係匪輕. 前此 以王府文書 應奉司幷郞舍口傳 專習
사대문서 소계 비경 전차 이 왕부 문서 응봉사 병 낭사 구전 전습

職事 近於永樂六年間 以兼官敎下 正三品知事一 從三品僉知事
직사 근어 영락 육년 간 이 겸관 교하 정삼품 지사 일 종삼품 첨지사

一 四品檢討官二 五品校理官二 六品修撰官二 參外書記四 專習
일 사품 검토관 이 오품 교리 관이 육품 수찬관 이 참외 서기 사 전습

吏文 以備製述 近來或因本司務劇 或因遞代無常 竟無實效.
이문 이비 제술 근래 혹인 본사 무극 혹인 체대 무상 경무 실효

乞依曾設衙名員數 充爲祿官 廣選可當職任者 敦加獎勸 以備
걸의 증설 함명 원수 충위 녹관 광선 가당 직임 자 돈가 장권 이비

任用 其書寫文書兼習吏文 亦以他官兼之 仍令提調官逐日坐司
임용 기 서사 문서 겸습 이문 역이 타관 겸지 잉령 제조관 축일 좌사

嚴加考察 每於朔望 擬出題目 課試咨呈奏啓 第其分數 置簿記錄
엄가 고찰 매어 삭망 의출 제목 과시 자정주계 제기 분수 치부 기록

以憑歲季試才之考. 若案司一節繳連 上押事大文書 提調官坐
이빙 세계 시재 지고 약 안사 일절 격련 상압 사대문서 제조관 좌

本司僉押 以申敬謹之禮 永爲恒式.'" 從之.
본사 첨압 이신 경근 지례 영위 항식 종지

癸巳 利城君徐愈卒. 愈字謙之 利川人. 洪武丙寅及第 建文
계사 이성군 서유졸 유 자 겸지 이천인 홍무 병인 급제 건문

辛巳 以庚辰之功 受翊戴佐命之號 歷至禮曹判書. 庚寅 復爲
신사 이 경진 지공 수 익대 좌명 지호 역지 예조판서 경인 부위

利城君 卒年五十六 諡良景. 上遣中官致祭 輟朝. 愈不事家産 以
이성군 졸년 오십육 시 양경 상견 중관 치제 철조 유 불사 가산 이

詩酒爲娛. 早喪父母 不及榮養 言及則必涕泣. 又敎子弟曰: "友其
시주 위오 조상 부모 불급 영양 언급 즉필 체읍 우교 자제 왈 우기

大夫士之賢者 勿與愚不肖相從." 其執心 槪如此也. 子三人 思川
대부 사 지현자 물여 우불초 상종 기 집심 개 여차 야 자 삼인 사천

楊根 敬興.
양근 경흥

司諫院左司諫大夫李明德等上疏. 疏略曰:
사간원 좌사간대부 이명덕 등 상소 소 약왈

'臣等職在言官 謹以一二管見 條陳于後.
신등 직재 언관 근이 일이 관견 조진 우후

一. 西北一道 比年水旱 飢饉相仍 其義州 麟州等 十二州爲甚.
일 서북 일도 비년 수한 기근 상잉 기 의주 인주 등 십이 주 위심

殿下軫念 遣使賑恤 誠父母斯民之心也. 然民傷飢饉 耕種愆期
전하 진념 견사 진휼 성 부모 사민 지심 야 연 민상 기근 경종 건기

收穫失候. 伏望渙發德音 深示憂憫 限今年蠲免租稅 仍寬徭役.
수확 실후 복망 환발 덕음 심시 우민 한 금년 견면 조세 잉관 요역

一, 乙酉丙戌年改量田後 諸郡之田 盈縮不同 且沿海諸郡
일 을유 병술년 개 양전 후 제군 지전 영축 부동 차 연해 제군

土地盡闢 而貢物之額 尚仍其舊 分田制貢 不可不改也. 伏望
토지 진벽 이 공물 지액 상잉 기구 분전 제공 불가 불개 야 복망

下令攸司 將其前定貢額 許其一年所費 不足者增之 有餘者損之
하령 유사 장 기 전정 공액 허기 일년 소비 부족 자 증지 유여 자 손지

一依田數 以定貢額; 每歲秋冬之交 收斂上納 以爲恒式. 如有
일의 전수 이정 공액 매세 추동 지교 수렴 상납 이위 항식 여유

不得已別例之斂 則給價貿易 以厚民業.
부득이 별례 지렴 즉 급가 무역 이후 민업

一. 外方各官公衙丘從 蒭藁炭木 遞代迎送 靡所不爲 誠不可
일 외방 각관 공아 구종 추고 탄목 체대 영송 미 소불위 성 불가

無也. 近歲 以官奴婢兼其役 而丘從移定他役 然官奴婢役使之
무야 근세 이 관노비 겸기역 이 구종 이정 타역 연 관노비 역사 지

苦 不可殫記 而又供丘從之役 則奚暇顧其資産哉? 盛邑猶之可也
고 불가 탄기 이우공 구종 지역 즉 해가 고기 자산 재 성읍 유지 가야

其在殘邑 將如之何? 由是守令亦不得已 將上項公衙雜役 皆定
기재 잔읍 장 여지하 유시 수령 역 부득이 장 상항 공아 잡역 개정

平民 甚者 境內各戶 定其日數 循環立役 閭閻愁嘆 由玆而興
평민 심자 경내 각호 정기 일수 순환 입역 여염 수탄 유자 이흥

今日之弊 反有甚於前日. 自今大小各官公衙丘從定數 以優民生.
금일 지폐 반유 심어 전일 자금 대소 각관 공아 구종 정수 이우 민생

一. 國家擇師長 設養賢庫以教養之 而赴學生員 常不過二十
일 국가 택 사장 설 양현고 이 교양 지 이부 학생원 상 불과 이십

其於教養之道如何? 願自今 大小文臣可爲師範者 隨品兼成均
기어 교양 지도 여하 원 자금 대소 문신 가위 사범 자 수품 겸 성균

之職 散官稱爲教官 同仕本官 各以所業 分訓諸生 講論道義 仍
지직 산관 칭위 교관 동사 본관 각이 소업 분훈 제생 강론 도의 잉

將各年榜目 京外生員 定期招集 而赴鄕試者 亦依館試圓點三百
장 각년 방목 경외 생원 정기 초집 이부 향시 자 역의 관시 원점 삼백

之例 曾居館滿二百點者 許令赴試 仍令正錄所 當會試錄名之際
지례 증 거관 만 이백 점자 허령 부시 잉령 정록소 당 회시 녹명 지제

不滿二百點而中鄕試來者 不許赴試 具錄姓名 移文憲司糾理.
불만 이백 점 이중 향시 래자 불허 부시 구록 성명 이문 헌사 규리

一. 各司錢穀 別立刷卷 追徵耗損 其示居官之戒昭矣. 然文字
일 각사 전곡 별립 쇄권 추징 모손 기시 거관 지계 소의 연 문자

之差 鼠竊之耗 累日積月 馴致減損 未知何等官吏不用心之致 然
지차 서절 지모 누일 적월 순치 감손 미지 하등 관리 불용심 지치 연

一朝遽徵累數之物 實爲未便. 伏望刷卷以前 不復追徵 以開自新
일조 거징 누수 지물 실위 미편 복망 쇄권 이전 불부 추징 이개 자신

之路. 自今每當歲抄 必令反庫 開寫授受 如有損耗 一依六典
지로 자금 매당 세초 필령 번고 개사 수수 여유 손모 일의 육전

追徵.'
추징

下議政府擬議.
하 의정부 의의

甲午 司憲府上疏請趙愼言及前兵馬使朴仁幹 知春州事李續
갑오 사헌부 상소 청 조신언 급 전 병마사 박인간 지춘주사 이속

等罪. 初春州人朴道幹之女 居母憂 芳幹之壻愼言 私使宦者韓奉
동죄 초 춘주 인 박도간 지녀 거 모우 방간 지서 신언 사사 환자 한봉

234

詐傳於道幹之弟仁幹曰:"上以汝之姪女 妻懷安君." 仁幹主婚而

妻之 事覺. 憲府窮推 慎言曰:"使奴升統啓矣." 憲府督納其奴

慎言匿而不出. 大司憲黃喜啓曰:"懷安君成婚事 全羅道監司具

終始以聞 李續迨今不報 請問其由." 命曰:"除慎言外 續與仁幹

問之." 上又謂喜曰:"仁幹之事 當此農月 人多繫獄 宜速決之."

喜對曰:"見證之人 時未盡來 臣又患病數日 是以緩也. 然懷安身

旣有罪 而又爲此擧 其罪難容. 道幹之女 丁母喪歸嫁 雖以平民

論之 不得無罪 其時率歸內官 亦有罪焉. 問其故於奉與各人 則

皆歸咎慎言. 慎言若已啓達 當告朝廷 移文監司守令 然後媒娉

之 顧乃私使韓奉詐傳仁幹 遂成其事 則慎言之罪 爲守法者不可

任置也." 上曰:"慎言乃璞之一子 其父鍾愛 不敎禮法 何以足論

懷安之罪 又何加焉!" 群臣啓事畢 以次出. 喜逡巡不退 上命之進

密議.

議政府啓曰:"今趙慎言矯旨之罪 耳不忍聞 在所不宥. 願罪之."

上曰:"予之所知也 更勿進言."

司諫院上疏曰:

'近日憲司將趙慎言及朴仁幹 李續等所犯 具疏以聞 未蒙兪允.

臣等竊惟 上項人員之罪 關係不小 不可不懲也. 慎言親父妻父

俱犯不宥之罪 身爲庶人 宜當小心惕慮 以保餘生 不此之顧 乃

私使人 往來中外 以成妻父之欲 其罪一也. 君命至重 而使人

詐傳 敢行不義 其罪二也. 父母之喪 古今所重 強奪衰絰之女
사전 감행 불의 기죄 이야 부모 지상 고금 소중 강탈 최질 지녀

以干邦憲 其罪三也. 婚姻乃人倫之重事 當媒娉以禮 別嫌明微 始
이간 방헌 기죄 삼야 혼인 내 인륜 지중사 당 매빙 이례 별혐 명미 시

欲自娶 反妻其舅 其罪四也. 家奴升統 備知事由 故憲府督納 而
욕 자취 반처 기구 기죄 사야 가노 승통 비지 사유 고 헌부 독납 이

恐露事情 匿不納之 凌慢自恣 其罪五也.
공로 사정 익 불납 지 능만 자자 기죄 오야

仁幹以同姓三寸 旣同一郡 憸小之徒 往來媒娉 固所知也 而佯
인간 이 동성 삼촌 기동 일군 섬소 지도 왕래 매빙 고 소지 야 이양

若不知 不卽告官 其罪一也. 當其婚夕 率親黨以餞行 累次劾問
약 부지 부즉 고관 기죄 일야 당기 혼석 솔 친당 이전행 누차 핵문

佐證明白 猶匿其實 其罪二也.
좌증 명백 유익 기실 기죄 이야

李續旣爲一郡之守 境內平民 流亡遷徙 尙且知之. 況托以內傳
이속 기위 일군 지수 경내 평민 유망 천사 상차 지지 황탁 이내전

強奪喪女以行 莫之察焉 其罪一也. 日守韓原 具告其狀 不卽
강탈 상녀 이행 막지 찰언 기죄 일야 일수 환원 구고 기장 부즉

馳報 且當劾問 不以實告 其罪二也.
치보 차당 핵문 불이 실고 기죄 이야

臣等竊謂定罪懲惡 以窒亂源也. 故春秋謹履霜之漸. 今愼言旣
신등 절위 정죄 징악 이질 난원 야 고 춘추 근 이상 지점 금 신언 기

以奸計 倡之於前; 仁幹 李續知情不告 欲掩其罪. 釋此不問 臣等
이 간계 창지 어전 인간 이속 지정 불고 욕엄 기죄 석차 불문 신등

竊恐陰謀扇亂之徒 無所懲矣. 伏望憲司所申 兪允施行.'
절공 음모 선란 지도 무소징 의 복망 헌사 소신 유윤 시행

上曰: "愼言之事 外人皆不知也. 其迹似乎詐傳 爾等之請是矣.
상왈 신언 지사 외인 개 부지 야 기적 사호 사전 이등 지청 시의

然勿復進言." 獻納鄭之唐對曰: "愼言再經大患 特蒙上慈 以保
연 물부 진언 헌납 정지당 대왈 신언 재경 대환 특몽 상자 이보

其身 幸矣. 曾莫之懲 以至如此 其罪極矣. 今若不罪 異日之事
기신 행의 증 막지 징 이지 여차 기죄 극의 금약 부죄 이일 지사

不可勝言." 不聽.
불가 승언 불청

命六品以上 各擧文武才幹.
명 육품 이상 각거 문무 재간

乙未 覽周易 命求會通以進.
을미 남 주역 명구 회통 이진

丙申 暴風.
병신 폭풍

幸長生殿. 相安太祖眞與開國功臣圖畫之所也. 遂詣仁德殿
<small>행 장생전 상안 태조 진여 개국공신 도화 지소야 수예 인덕전</small>

獻壽 極歡暮罷.
<small>헌수 극환 모파</small>

禁奪民間鵝鴨. 命議政府曰: "典廏署專養鵝鴨 不致孶息 以廢
<small>금탈 민간 아압 명 의정부 왈 전구서 전양 아압 불치 자식 이폐</small>

其職. 今後禁取於民 凡有所用 皆取給典廏."
<small>기직 금후 금취어민 범유 소용 개 취급 전구</small>

代言等請司僕官罪 命承政院曰: "前日所乘馬 幾乎顚蹶者再.
<small>대언 등청 사복관 죄 명 승정원 왈 전일 소승 마 기호 전궐 자재</small>

若執轡不固 則患在斯須." 左代言李安愚等對曰: "司僕掌御廏之
<small>약 집비 불고 즉환 재 사수 좌대언 이안우 등 대왈 사복 장 어구 지</small>

馬 使其調習 職也. 馬數顚蹶 至於上體驚動 請罪之." 上曰: "是
<small>마 사기 조습 직야 마삭 전궐 지어 상체 경동 청죄 지 상왈 시</small>

雖有罪 姑舍之." 安愚復啓曰: "司僕員吏 非獨今也 不敬其任者
<small>수 유죄 고 사지 안우 부계왈 사복 원리 비독 금야 불경 기임 자</small>

再三 罪在不宥." 上曰: "當還宮時 司僕員吏請御他馬 予實不聽
<small>재삼 죄재 불유 상왈 당 환궁 시 사복 원리 청어 타마 여 실 불청</small>

予之過也. 若不敬其任之罪 予將罷其職."
<small>여지과야 약 불경 기임 지죄 여장 파 기직</small>

日本國 雲州太守源銳 使人獻禮物.
<small>일본국 운주 태수 원예 사인 헌 예물</small>

戊戌 西北面都巡問使柳廷顯請除楮貨贖罪之法 不允. 上曰:
<small>무술 서북면 도순문사 유정현 청제 저화 속죄 지법 불윤 상왈</small>

"以楮貨贖罪 非特要行楮貨也 亦禁其犯法也.① 若以爲難得 則
<small>이 저화 속죄 비특 요행 저화 야 역 금기 범법 야 약 이위 난득 즉</small>

庶乎犯法者鮮矣."
<small>서호 범법자 선의</small>

前京畿都觀察使金天錫卒. 致賻米豆幷四十石 紙百卷 又遣人
<small>전 경기 도관찰사 김천석 졸 치부 미두 병 사십 석 지 백권 우 견인</small>

致祭 賜棺槨. 一子布.
<small>치제 사 관곽 일자 포</small>

司憲府復請趙愼言詐傳之罪 命曰: "愼言欲以朴道幹之女 妻
<small>사헌부 부청 조신언 사전 지죄 명왈 신언 욕이 박도간 지녀 처</small>

其舅 告我請之 予聞而不許 實予所知之事 但不待允許而成之耳.
<small>기구 고아 청지 여문이 불허 실여 소지 지사 단 부대 윤허 이성지 이</small>

愼言愚騃已甚 不識事理 爾等所知 何足論罪!"
<small>신언 우애 이심 불식 사리 이등 소지 하족 논죄</small>

戶曹啓儲穀之法. 啓曰: "凡倉粟 經數年則腐朽 以板排地貯穀
<small>호조 계 저곡 지법 계왈 범 창속 경 수년 즉 부후 이판 배지 저곡</small>

不能經久. 知議政府事朴信曰: '嘗聞 中國以磚排設 穀經久
불능 경구　지의정부사　박신왈　상문　중국　이전　배설　곡경구

不朽.' 臣等欲試而未就." 上曰: "試之可也."
불후　신등 욕시 이미취　상왈　시지 가야

流知蔚州事李復禮于善州. 慶尙道都觀察使報: '知蔚州事
유 지울주사 이복례 우 선주　경상도　도관찰사 보　지울주사

李復禮呈: "左道鹽場官强愉 請過客前監務金陽普 率妓五人
이복례 정　좌도 염장관 강유 청 과객전 감무 김양보 솔 기 오인

僕隷五人 乘舟入島 還時遭風 擧船沒水." 上怒曰: "女妓五人
복례 오인 승주 입도 환시 조풍 거선 몰수　상노왈　여기 오인

竝乘舟 則豈守令不知 而獨强愉行樂乎? 守令實與焉 而佯若不知
병 승주 즉기 수령 부지 이독 강유 행락호　수령 실여언 이양약 부지

飾辭欺罔 其罪極矣." 上又嘆曰: "以守令淫蕩之故 無罪之民亦
식사 기망 기죄 극의　상우 탄왈　이 수령 음탕 지고 무죄 지민 역

死. 强愉 陽普 其自取也 可哀隨從之人也. 又監司不能嚴令 不得
사　강유 양보 기 자취 야 가애 수종 지인 야　우 감사 불능 엄령 부득

辭其責矣." 左右曰: "臣等所聞 非獨此也 死者甚衆 乃守令匿報
사 기책 의　좌우왈　신등 소문 비독 차야 사자 심중 내 수령 익보

也." 上曰: "吾意亦知其誣也. 將復禮枷鎖以來 毋令逃遁." 復禮
야　상왈　오의 역지 기무 야　장 복례 가쇄 이래 무령 도둔　복례

至 下巡禁司鞫之 復禮伏: "與陽普 强愉招置萬戶鄭思賓會于島
지 하 순금사 국지 복례복　여 양보 강유 초치 만호 정사빈 회우 도

以妓樂竟日飲酒. 予與思賓 乘漁船乃還 陽普與愉 率妓僕隷 乘
이 기악 경일 음주　여여 사빈 승 어선 내환 양보 여유 솔 기 복례 승

小船覆沒 死者共十人也." 復禮罪律無正條 命贖過誤殺傷人罪
소선 복몰 사자 공 십인 야　복례 죄율 무 정조 명속 과오 살상 인죄

流之.
유지

兵曹請毀僧徒草幕. 啓曰: "懶惰僧徒不居有名寺社 規免役事
병조 청훼 승도 초막　계왈　나타 승도 불거 유명 사사 규면 역사

於南山 安巖 沙乙閑等處 搆草幕設齋 聚男女伐松木雜木 至堀
어 남산 안암 사을한 등처 구 초막 설재 취 남녀 벌 송목 잡목 지굴

木根. 請將草幕 悉令破取: 淨業院外 禁山內尼僧房 亦令破取."
목근　청장 초막 실령 파취　정업원 외 금산내 니승방 역령 파취

從之.
종지

己亥 選甲士. 自春徂夏 義興府兵曹聚武士于興仁門內 第其騎
기해 선 갑사　자춘 조하 의흥부 병조 취 무사 우 흥인문내 제기 기

步射 以充甲士. 至是 以不能者聚于三軍府 令走步手搏 勝三人
보사 이충 갑사　지시 이 불능 자취 우 삼군부 영 주보 수박 승 삼인

以上者 皆取之 其不能者 皆汰之.
이상 자 개 취지 기 불능 자 개 태지

庚子 命囚奉禮郞 尋釋之. 御正殿視朝 領議政河崙未至 奉禮
경자 명수 봉례랑 심 석지 어 정전 시조 영의정 하륜 미지 봉례

先引政丞以下入庭 崙尋入. 禮畢後 崙啓引接之失 命囚奉禮 崙反
선인 정승 이하 입정 륜 심입 예필 후 륜 계 인접 지실 명수 봉례 륜 반

請宥 上又釋之.
청유 상 우 석지

命新儀仗. 上曰: "於衙朝見儀仗年久無色 須令新造. 語曰:
명신 의장 상 왈 어 아조 견 의장 연구 무색 수령 신조 어왈

'致美乎黻冕 非敢好侈也.' 且中國以我邦爲東夷 則儀仗不可
치미 호 불면 비감 호치 야 차 중국 이 아방 위 동이 즉 의장 불가

不新也."
불신 야

流朴仁幹于寧海 李績于槐山 趙愼言于驪興. 議政府上疏曰:
유 박인간 우 영해 이적 우 괴산 조신언 우 여흥 의정부 상소 왈

'竊惟懷安君芳幹亂逆之罪 臣等所親見 而一國臣民誓不與
절유 회안군 방간 난역 지죄 신등 소친견 이 일국 신민 서 불여

俱生 殿下特以友愛之篤 俾保首領 宜其屛居 以終餘生 顧不是慮
구생 전하 특이 우애 지독 비보 수령 의기 병거 이종 여생 고 불시 려

陰求婚娶. 愼言逢迎其意 詐稱有旨 遣其根隨人金公 火者韓奉
음구 혼취 신언 봉영 기의 사칭 유지 견기 근수인 김공 화자 한봉

取故忠州牧使朴道幹之女: 道幹之弟仁幹 餞行于郊 乃匿而不告:
취고 충주목사 박도간 지녀 도간 지제 인간 전행 우교 내 익이 불고

春州知事李績 知而不聞於朝. 臣等以謂愼言 以亂臣之子 不自
춘주 지사 이적 지이 불문 어조 신등 이위 신언 이 난신 지자 부자

悔禍 而乃行詐謀 黨惡其舅; 仁幹 雖猥鄙不足責 然立於朝 位至
회화 이내 행 사모 당악 기구 인간 수 외비 부족 책 연 입어 조 위지

二品 乃嫁姪女於逆人而匿之; 李績又知情而不報. 臣等竊謂私通
이품 내 가 질녀 어 역인 이 익지 이적 우 지정 이 불보 신등 절위 사통

罪人 明有禁法. 前項人等肆行無忌 此而不問 無以戒後. 伏望
죄인 명유 금법 전항인 등 사행 무기 차 이 불문 무이 계후 복망

殿下 許令攸司 鞫問其罪 以杜亂萌.'
전하 허령 유사 국문 기죄 이두 난맹

命除韓奉外 皆流外方.
명제 한봉 외 개 유 외방

辛丑 司諫院 司憲府交章請李復禮 趙愼言等罪. 疏略曰:
신축 사간원 사헌부 교장 청 이복례 조신언 등죄 소 약왈

'復禮之罪 非輕也 律無正條 故以過誤殺傷收贖 流于善州 州
복례 지죄 비경 야 율무 정조 고 이 과오 살상 수속 유 우 선주 주

其所居鄕也. 蔚州人民聞其安於其鄕 則莫不痛憤於心. 且國家

法令 不可不嚴 願移他處. 又趙愼言 流于驪興 愼言之罪 臣等

再請 未蒙兪允 不得鞫問 灼知其實. 願更問劾知實 然後流之

外方 且驪興 地近京城 宜竄遠方.'

上曰:"復禮流海珍 愼言則勿論."

賜賻右政丞趙英茂妻母之喪. 致賻紙百五十卷 又遣人致祭

中宮亦遣人致祭. 英茂轉達于上曰:"妻母年八十而病死 無復生

之理 又多子孫 若不三日而葬 則今年無日月之吉 請葬於三日."

知申事金汝知等啓之 上曰:"此 敎禁事也. 爾等可否以聞." 對曰:

"三日而葬 國有明禁 不可毁之." 上曰:"如此受敎事 在前代言

或有啓者 或有中止者 是各有謂. 今爾等敢以此啓之 何也?"

汝知對曰:"以大臣之請 不敢中止 是臣等不明之罪也." 上曰:

"敎禁之事 大臣先毁 則朝臣黎庶 必皆效尤. 且三日而葬 有關

風俗之美惡 其可行乎? 如此無理之事 雖大臣言之 汝等詳其

可否 中止可也. 出納惟允 謂之代言 爾等思之. 英茂資質雖過人

不學故有是請也. 宜答以事關成法 不得啓達也."

成均館及五部儒生 始着靑衿. 依朝廷之制也.

壬寅 罷義禁府鎭撫文質職. 質誤以巡綽言的 達于東宮 命囚之.

上曰:"巡綽之約 所以備不虞也. 汝不之謹 法當科罪 今姑宥之."

癸卯 憂旱不視事. 命承政院曰:"今旱災爲甚 無一人以救旱

爲言者. 議政府以爲何如? 爾等言於政府六曹 各陳救荒之策
위언 자　　의정부 이위 하여　　이등 언어 정부 육조　각진 구황 지책

可也.” 金汝知對曰:“月初四日有雨 故臣等不之告也. 先儒曰:
가야　　김여지 대왈　　월초 사일 유우　고 신등 부지 고야　　선유 왈

‘十日不雨可乎? 曰不可.’ 今不雨旣十日矣 殿下之言 誠是矣.
십일 불우 가호　왈불가　　금 불우 기 십일 의　전하 지언　성 시의

臣等以謂白岳 木覓 南北郊 前旣禱雨 今宜禱於社稷宗廟及
신등 이위 백악　목멱　남북교　전기 도우　금 의 도어 사직 종묘 급

土龍.” 命汝知宣傳於議政府. 議政府舍人申槪啓曰:“一則禱雨
토룡　　명 여지 선전 어 의정부　　의정부 사인 신개 계왈　　일즉 도우

於諸神 一則求言於庶官 使陳政治得失 民間利害 薦擧遺逸.” 上
어 제신　일즉 구언 어 서관　사진 정치 득실　민간 이해　천거 유일　　상

曰:“求言雖切 未卽擧行 束之高閣 徒爲文具而已. 且有言楮貨
왈　　구언 수절　미즉 거행　속지 고각　도위 문구 이이　　차 유언 저화

之弊與奴婢之事 則處之如何?” 槪對曰:“令勿陳楮貨奴婢等二事
지폐 여 노비 지사　즉 처지 여하　　개 대왈　　영 물진 저화 노비 등 이사

可也.” 上曰:“名爲求言 而使之勿言 是亦非求言之體也. 姑除
가야　　상왈　　명위 구언　이 사지 물언　시 역비 구언 지체 야　　고제

求言 先於宗廟社稷土龍 精潔奠物 行祈雨祭可也.” 又命孔俯聚
구언　선어 종묘 사직 토룡　정결 전물　행 기우제 가야　　우명 공부 취

童男 行蜥蜴祈雨.
동남　행 석척 기우

上奉上王 置酒于廣延樓. 賞蓮也. 初 上命承政院曰:“予前日
상봉 상왕　치주 우 광연루　　상련 야　　초 상명 승정원 왈　　여 전일

告于上王曰:‘昌德宮池 荷花盛開 願一來賞.’ 是非予醉言也.
고우 상왕 왈　　창덕궁 지　하화 성개　원 일래 상　　시비 여 취언 야

父王旣逝 今予以事父王之心事之 上王近必來賞 爾等預知之.”
부왕 기서　금 여 이사 부왕 지심 사지　상왕 근필 내상　이등 예 지지

又命承政院曰:“明日欲請上王賞蓮 今旱氣爲甚 不可宴享 處之
우명 승정원 왈　　명일 욕청 상왕 상련　금 한기 위심　불가 연향　처지

如何?” 汝知等啓曰:“今此宴享 不可以常禮論也. 上王欲來 不可
여하　　여지 등 계왈　　금 차 연향　불가 이 상례 논야　　상왕 욕래　불가

止之.” 上曰:“爾等之言是也. 然則今日請之 明日又請 乃合於禮.
지지　　상왈　　이등 지언 시야　　연즉 금일 청지　명일 우청　내 합어 예

且予義當躬進 然有微疾不能 令世子進請如何如何?” 汝知啓曰:
차 여 의당 궁진　연 유 미질 불능　영 세자 진청 여하 여하　　여지 계왈

“上體未寧 則何敢動駕! 宜令世子進請.” 上卽遣世子 至是上王
상체 미령　즉 하감 동가　　의령 세자 진청　　상 즉견 세자　지시 상왕

至. 時方久旱 靈雨霈然 二聖歡甚. 世子宗親 皆侍宴. 上因製詩
지　　시방 구한　영우 패연　이성 환심　　세자 종친　개 시연　　상 인 제시

曰："車駕榮臨獻玉巵 霈然甘霈濕紅衣 半濃半淡新粧艷 西子

含嬌欲語時." 上命代言司 廣韻以進 乃謂韓尙德曰："汝曾爲臺諫

直言不諱 予甚嘉之 愈久不忘." 上起舞 上王亦起舞. 上獻靑段子

一匹 綠羅一匹 紅綃二匹于上王 至夜分乃罷.

命賑西北面豐海道飢. 上聞兩道旱乾尤甚 責汝知等曰："爾等

胡不告歟? 昔王安石曰：'不必論奏災祥之事.' 爾等其效之歟?"

對曰："但未之知耳." 上曰："今聞其民飢乏 宜遣人以賑之."

議政府上言曰："東北面都巡問使金承霍報：'吾都里 兀良哈

兀狄哈等 近因飢饉 絡繹數來 每求鹽糧 欲與之則難繼 不與則

必生邊釁. 請糶米若干 以答求望之心.' 臣等得此 深欲殄滅 然

未敢輕擧. 若不聽所求 則患在不測 請從之." 上曰："出米三十石

令鏡城兵馬使 每於野人往來 撙節均給."

乙巳 雨. 全羅道綾城 南平兩縣 因雨山崩水湧 凡數百餘處

男女溺死者十九人.

遣司僕正洪理 賑西北面飢. 先是 因西北面觀察使之報 命

議政府知印 往審旱乾飢饉之勢 又遣內資尹金晊賑之 皆以飢饉

不甚爲言. 至是 通事任君禮 回自京師啓曰："民多飢饉 未能

服田：旱甚 草木焦枯." 上聞之驚駭曰："前日所使之人 皆誑我也.

國之備糧餉 所以禦邊賑窮也. 幸今無寇 何慮後日之變 忍視目前

之窮民乎? 宜發倉四千石 急救之 如或不周 任意加發 使無一人

飢死 以副予恤民之意."
기사 이부 여 휼민 지의

丙午 雨. 命曰:"今旣雨矣 勿復祈雨 但當待秋行報祀耳."
병오 우 명왈 금기우의 물부 기우 단당대추행보사이

命議政府 令京畿都觀察使 問延安府使柳洵 知海豐郡事安耋
명 의정부 영경기 도관찰사 문 연안부사 유순 지해풍군 사 안질

知白州事李季卿等勸農遲緩之罪. 初 召京畿經歷金明理 問雨澤
지 배주사 이계경 등 권농 지완 지죄 초 소경기 경력 김명리 문 우택

禾稼之勢 明理啓曰:"延安 海豐 白州 苗之不生者 三分之一." 上
화가 지세 명리 계왈 연안 해풍 배주 묘지불생자 삼분지일 상

曰:"苗之或生或不生 雖關於旱氣 實由守令勸課之早晚勤怠也.
왈 묘지혹생혹불생 수관어 한기 실유 수령 권과 지조만 근태 야

若曰專在旱氣 則苗專不生矣 豈有或生或不生之理乎? 其生不生
약왈 전재 한기 즉묘전 불생 의 기유혹생혹불생 지리호 기생불생

在播種之早晚也. 宜加汝罪 姑勿論." 乃有是命. 觀察使李湘報
재 파종 지 조만 야 의가 여죄 고물론 내유 시명 관찰사 이상 보

政府云:"延安 白州 海豐守令 皆早勸耕播 旱不成苗 今旣雨矣
정부 운 연안 배주 해풍 수령 개 조권 경파 한 불성묘 금기우의

禾苗漸長." 政府以啓 上曰:"水旱 天也 耕播 人也. 修人事以待
화묘 점장 정부 이계 상왈 수한 천야 경파 인야 수 인사 이대

天時可矣. 三邑之守 若不早勸 則是慢棄人事也. 今云苗日長 姑
천시 가의 삼읍 지수 약불 조권 즉시 만기 인사 야 금운묘 일장 고

放還任 使之用心勸農 以待成效 然後更議."
방 환임 사지 용심 권농 이대 성효 연후 갱의

罷東北面家別抄. 先是 東北面咸州等處良民五百家 役屬于
파 동북면 가별초 선시 동북면 함주 등처 양민 오백 가 역속 우

太祖潛邸之時 守令莫得而役之 謂之家別抄. 上卽位之初 減其半
태조 잠저 지시 수령 막득 이 역지 위지 가별초 상 즉위 지초 감 기반

屬公 至是悉令罷之 乃曰:"我旣革之 其誰占執哉? 子壻之家
속공 지시 실령 파지 내왈 아기 혁지 기수 점집 재 자서 지가

若有其民往來者 則宜告之." 國人皆服上之無私. 咸州之民 曾爲
약유 기민 왕래 자 즉의 고지 국인 개복 상지 무사 함주 지민 증위

大護軍文貴所役使 別抄者求爲軍資吏 文貴執之不許. 上知之 讓
대호군 문귀 소역사 별초 자 구위 군자 리 문귀 집지 불허 상 지지 양

文貴曰:"良民求仕 何以爲不可?" 乃令入仕 其人感泣.
문귀 왈 양민 구사 하이 위불가 내령 입사 기인 감읍

戊申 改文書應奉司爲承文院 置判事一正三品 知事一從三品
무신 개 문서응봉사 위 승문원 치 판사 일 정삼품 지사 일 종삼품

僉知事二從四品 校理二從五品 副校理二正六品 正字二從七品
첨지사 이 종사품 교리 이 종오품 부교리 이 정육품 정자 이 종칠품

副正字二正八品. 先是 應奉司專修事大文書 不論時散 擇堪其任
者差之 歲久 以補銓選 至是爲祿官. 革承寧府 合典農寺. 革宗簿
令 敬承府少尹一 司宰注簿 校書副校理 供正庫注簿 成均諄諭
博士 京市注簿 以置承文院祿官.

己酉 賀聖節使張思靖 回自京師啓曰: "義州民八口 將馬五匹
投于遼東 思靖請令還本 都司不聽." 命移咨遼東 請還之.

罷禮賓少尹河演職. 先是 演爲東北面敬差官 到咸州 與敬承府
司尹黃旱雨 犯令張樂宴飮 監司罷咸州牧使李揚職. 司憲府聞而
劾請曰: "演以使臣 巡于道內 雖他人犯法 自當糾理 身自爲之.
旱雨遞任 新除司尹 宜速趨謝 橫入咸州 犯禁同宴 與演無異."
上曰: "旱雨 非使臣也." 只罷演職.

庚戌 命議政府 考察典廐之職. 上曰: "典廐署 專掌犠牲 今其
官吏 不能任事 宜令許權任之." 又命議政府曰: "典廐署不能孳息
依上林苑例 以倉庫奴婢養之." 政府啓: "典廐署別監 依上林苑例
差定." 從之.

禁擇楮貨. 上曰: "楮貨之紋 若有印信 則不須校其軟薄 今聞
不但市人 雖官吏亦擇善惡. 憲府刑曹漢城府 宜痛禁 如有犯者
重論."

辛亥 以甲士韓仲謙等 充鏡城戍卒. 仲謙等擊申聞鼓 自陳前年
與野人戰而有勞 以求陞職 命下獄以訊.

甲寅 鷄林府尹尹向 以廢寺金佛三 銀佛一 送于議政府 請資

國用也. 政府以聞 上曰:"宜置僧錄司. 若盡毀其道 則在所當用

今未悉革 何可毀之?"

改長生殿爲思勳閣. 初 太祖欲圖功臣之像于長生殿 又令安

御眞 至是命禮曹稽古制. 禮曹上言:"唯周畫周公抱成王之圖

耳. 漢之靈臺 唐之凌烟 只畫功臣 未有安御眞者."上曰:"是國初

不考古事 而徒以功臣賜書有曰:'立閣圖形' 故成此殿也. 且以

前朝 眞影殿觀之 則太祖獨入 而功臣不與焉. 古事旣如此 我國

雖小 凡所施爲 必師古昔. 君臣共安 若無古典 當毀殿 而只倣

凌烟之制 以掛功臣之像耳. 議政府稽漢唐古事 啓之亦如此 誠

是也. 然太祖之意旣如彼 而毀殿置閣 似未便也 史筆亦可懼也.

若太祖所建 在乎改與未改之間 則當存之耳. 卿等更議可否以聞."

星山君李稷曰:"若以義起 則可存. 不爾 何嫌於毀哉?"於是

改殿爲閣 號曰思勳. 仍敎之曰:"開國功臣不知此義者 將謂我廢

太祖之志 宜諭之."

司憲府劾上王殿中官 命勿擧論. 初 各宗有選 上王欲以所知僧

爲大選 請于僧錄司 中官詐傳上王之命 濫爲大選者頗多 憲府聞

而劾之故也.

丙辰 命議政府 議還安御眞于平壤可否.

命開城留後司 行齊陵朔望祭. 留後如有式暇服制 令預申報.

以安省爲參知議政府事 李潑漢城府尹.
이 안성 위 참지 의정부사 이발 한성부윤

戊午 流戶曹參議李種善于東萊鎭. 初 任君禮朝京師時 於
무오 유 호조참의 이종선 우 동래진 초 임군례 조 경사 시 어

太僕少卿祝孟獻處 受國子助敎羊城 陳璉所製本國文靖公李穡
태복소경 축맹헌 처 수 국자 조교 양성 진련 소제 본국 문정공 이색

碑銘以來 獻之. 上覽之 謂左右曰:"陳璉焉知穡之行事 而所製至
비명 이래 헌지 상 람지 위 좌우 왈 진련 언지 색지 행사 이 소제 지

如此乎?"左右對曰:"昔孟獻之奉使來也 求穡詩文以歸."上曰:
여차 호 좌우 대왈 석 맹헌 지 봉사 래야 구 색 시문 이귀 상왈

"予亦見穡之詩文矣. 璉徒見詩文 亦安能製作至如此乎?"左右曰:
여 역 견 색지 시문 의 련 도견 시문 역 안능 제작 지 여차 호 좌우 왈

"穡之行狀 權近製之. 今璉必見行狀."金汝知啓曰:"歲壬午 孟獻
색지 행장 권근 제지 금 련 필견 행장 김여지 계왈 세 임오 맹헌

之來也 代言柳沂與孟獻善. 沂乃穡子種德之女壻 沂必授行狀
지 래야 대언 유기 여 맹헌 선 기내 색자 종덕 지 여서 기필 수 행장

請製."上曰:"予知其時孟獻求穡之草藁而已 未知得穡之行狀.
청제 상왈 여지 기시 맹헌 구 색지 초고 이이 미지 득 색지 행장

今其銘中所載 過情者多矣. 且昔者本國使臣 或因卜命 以致生釁
금 기명 중 소재 과정 자 다의 차 석자 본국 사신 혹인 복명 이치 생흔

者. 君禮何私通孟獻以得書乎?"召君禮責之曰:"此後毋作生釁
자 군례 하 사통 맹헌 이 득서 호 소 군례 책지 왈 차후 무작 생흔

之事."左政丞成石璘進言曰:"李穡子孫私通中國 請撰碑銘 宜
지사 좌정승 성석린 진언 왈 이색 자손 사통 중국 청찬 비명 의

罪之."不從. 至是 諫院請罪 疏略曰:
죄지 부종 지시 간원 청죄 소 약왈

'臣等聞大明太僕少卿祝孟獻 得本國文靖公李穡行狀 請製
신등 문 대명 태복소경 축맹헌 득 본국 문정공 이색 행장 청제

碑銘於國子助敎陳璉 授任君禮以送. 臣等竊謂 人臣義無私交
비명 어 국자 조교 진련 수 임군례 이송 신등 절위 인신 의무 사교

所以杜朋黨之源也. 行狀碑銘 雖是穡之家事 身事兩朝 行事之
소이 구 붕당 지 원야 행장 비명 수시 색지 가사 신사 양조 행사 지

迹 有關於國體者多矣. 未有殿下之命 而文飾行狀 潛通朝官 以求
적 유관 어 국체 자 다의 미유 전하 지명 이 문식 행장 잠통 조관 이구

銘焉 是不可不問其故. 劾其子種善 其答曰:"去歲壬午任白州時
명언 시 불가 불문 기고 핵 기자 종선 기 답왈 거세 임오 임 배주 시

三寸姪女夫柳沂 將父草藁行狀 屬于祝孟獻以求銘."沂則已爲
삼촌 질녀 부 유기 장부 초고 행장 촉우 축맹헌 이 구명 기 즉 이위

物故 若種善 初非不知 不卽以聞 今當君禮之來 又不輒聞 是徒
물고 약 종선 초비 부지 부즉 이문 금 당 군례 지래 우 불첩문 시도

欲溢美其親 而不顧國體 以干私交之罪 其漸不可長也. 且君禮 職
욕 일미 기친 이불고 국체 이간 사교 지죄 기점 불가 장야 차 군례 직

在通事 入朝所聞 無有隱伏 以達天聰 復命之日 不卽以聞 淹留
재 통사 입조 소문 무유 은복 이달 천총 복명 지일 부즉 이문 엄류

旬日 乃進碑銘 亦何心哉? 伏望殿下 特命攸司 鞫問其由 以警
순일 내진 비명 역 하심 재 복망 전하 특명 유사 국문 기유 이경

後來.'
후래

　　上覽之曰: "牧隱則天下大儒 通中國而褒美之可也. 然陽村
　　상 람지왈 목은 즉 천하 대유 통 중국 이 포미 지 가야 연 양촌

所製行狀 今詳觀覽 不顧國體 而專美牧隱 文辭不無私恩之掩義.
소제 행장 금상 관람 불고 국체 이전 미목은 문사 불무 사은 지 엄의

以此觀之 牧隱門生與我太祖之臣 各自竝立矣. 然以行狀囑于
이차 관지 목은 문생 여아 태조 지신 각자 병립 의 연이 행장 촉우

孟獻者柳沂 今已死矣 憑誰以問? 種善則欲美其親 是人子之心也
맹헌 자유기 금 이사 의 빙수 이문 종선 즉 욕미 기친 시 인자 지심 야

君禮則身先來 而輜重不至 故稽遲 何罪之有!" 獻納鄭之唐上言
군례 즉신 선래 이 치중 부지 고 계지 하죄 지유 헌납 정지당 상언

曰: "初沂囑行狀時 種善雖在白州 豈不知耶? 君禮初不悉陳 其心
왈 초기 촉 행장 시 종선 수재 배주 기 부지 야 군례 초부 실진 기심

未可知也. 願將種善 君禮 卽下攸司 鞫問其由." 上曰: "是銘詳言
미가 지야 원장 종선 군례 즉하 유사 국문 기유 상왈 시명 상언

太祖國初之事 人苟求顯親之美 則予豈忍聞太祖之失乎? 今日適
태조 국초 지사 인구구 현친 지미 즉여 기 인문 태조 지실 호 금일 적

致齋 明日當召功臣 共議以斷."
치재 명일 당소 공신 공의 이단

　　上覽道經 每月二十七日必齋. 翼日 上召功臣宜寧君南在等曰:
　　상 람 도경 매월 이십 칠일 필재 익일 상소 공신 의령군 남재 등왈

"今觀上國陳璉所撰李穡之銘 又觀河崙 權近所著之辭 皆言國初
금관 상국 진련 소찬 이색 지명 우관 하륜 권근 소저 지사 개언 국초

之事. 近之書曰: '誣以遣彝初之輩.' 是尹彝 李初之事 其時臣民
지사 근지 서왈 무이 견이 초지 배 시 윤이 이초 지사 기시 신민

所共駁者也. 至今未知其故. 近書若爾 則是以虛爲實 史官所書 反
소공 해자 야 지금 미지 기고 근서 약이 즉시 이허 위실 사관 소서 반

爲誤也. 又曰: '淸州問事之時 公誠感天 有山崩水溢之變.' 蓋彝
위오 야 우왈 청주 문사 지시 공성 감천 유 산붕 수일 지변 개 이

初之事 高皇帝所言 而本國所共喧騰者也 豈有誣之者哉? 且風水
초 지사 고황제 소언 이 본국 소공 훤등 자야 기유 무지 자재 차 풍수

之災 無代無之 豈必穡之所感也? 又曰: '公不好佛.' 公在甓寺
지재 무대 무지 기필 색지 소감 야 우왈 공불 호불 공재 벽사

之事 予所眼見也. 近焉知其眞否? 又曰:'當恭讓君時 用事者
지사 여 소안견 야 근 연지기진부 우왈 당 공양군 시 용사자

忌公不附己.' 時我太祖爲國首相 未審用事者指誰歟? 近欲美
기공불부기 시 아 태조위국 수상 미심 용사자 지수 여 근 욕미

恩門 以顯後世 書有過情之譽 又借中國人憑作碑銘 以虛爲實 予
은문 이현 후세 서유 과정 지예 우차 중국인 빙작 비명 이허 위실 여

則以爲不然. 近書盛行于世久矣. 功臣等豈不目見乎? 爲功臣者
즉 이위 불연 근서 성행 우세 구의 공신 등 기불 목견 호 위 공신 자

與國同休戚者也. 其事關於太祖 何不告我乎? 且此書將以傳于
여국 동 휴척 자야 기사 관어 태조 하 불고 아호 차 차서 장이 전우

後世也. 我之所知 旣大謬矣 史册所載 亦必類此矣." 斂曰:"不曾
후세 야 아지 소지 기 대류 의 사책 소재 역필 유차 의 첨왈 부증

見之耳. 若得見之 則敢不告乎?" 皆惶懼. 共讀陳璉所製銘與近
견지 이 약득 견지 즉감 불고 호 개 황구 공독 진련 소제 명여 근

所製行狀曰:"是皆虛事." 上曰:"今此書刊行已久 其不傳之術 將
소제 행장 왈 시개 허사 상왈 금 차서 간행 이구 기 부전 지술 장

若之何? 卿等宜退而慮焉. 且舜初之事 史必誤矣. 太祖之史 如此
약지 하 경등 의퇴 이려 언 차 이초 지사 사필 오의 태조 지사 여차

其誤 當今之史 焉知其果實乎? 必皆誤也." 在等曰:"毀其行狀
기오 당금 지사 언지기 과실 호 필개 오야 재등왈 훼기 행장

不傳後世 則無疑矣. 臣等以謂作行狀者有罪耳." 上曰:"卿等宜去
부전 후세 즉 무의 의 신등 이위 작 행장 자 유죄 이 상왈 경등 의거

崙 近此篇 其餘詩文 不可廢也."
륜 근 차편 기여 시문 불가 폐야

司憲府亦上疏曰:
사헌부 역 상소 왈

'君禮朝上國 私受太僕少卿祝孟獻 請製於國子助敎陳璉 本國
군례 조 상국 사수 태복소경 축맹헌 청제 어 국자 조교 진련 본국

文靖公李穡墓誌以來. 今者問其授受之際所說言語及初請本國人
문정공 이색 묘지 이래 금자 문기 수수 지제 소설 언어 급 초청 본국인

之姓名與孟獻所指傳付處 皆以不知答之 然上國之人所製私藏
지 성명 여 맹헌 소지 전부처 개이 부지 답지 연 상국 지인 소제 사장

文書 不問初請人與傳囑處 而遽受出來 固無是理. 君禮雖不問
문서 불문 초 청인 여 전 촉처 이거 수 출래 고무 시리 군례 수 불문

孟獻一一指說 人之情也. 君禮意無證聽而可隱 飾辭不伏 誠有罪
맹헌 일일 지설 인지정야 군례 의무 증청 이 가은 식사 불복 성 유죄

焉. 種善答曰:"請述墓誌於孟獻者 三寸姪女夫柳沂之所爲也. 予
언 종선 답왈 청술 묘지 어 맹헌자 삼촌 질녀 부 유기 소위 야 여

任白州 未知其故." 然請囑雖柳沂所爲 爲子孫相傳 誇示後人
임 배주 미지 기고 연 청촉 수 유기 소위 위 자손 상전 과시 후인

一家大事 不與其子共議 遽囑上國之使 不近人情. 況孟獻請求

李穡文集於柳沂之時 種善以白州來入于京 則暗與沂 共議請述

之迹 昭然矣. 幸沂亡而對論無由 隱諱不服 大有罪也. 不寧惟是

私通王官 將來生釁非無 慮至於此 可爲寒心. 君禮 種善 宜收

告身 鞫問其由 依律斷罪 以警後來.'

　疏留中. 召議政府臺諫各一員曰: "前日憲府請種善之罪 其志

欲何爲也?" 大司憲黃喜對曰: "種善不顧國之大體 私通王官 非

臣子之心也. 請收告身 鞫問情由." 上曰: "種善 性本昏昧者也.

不察事理 濫欲顯親耳. 卿等請罪種善 末也. 卿等見穡之行狀乎?

所製者若存 予當問之矣. 其行狀以謂: '穡不事二君.' 然太祖擧義

回軍之日 送酒以迎 其可謂不事二君者乎? 至若尹彝李初之事

其時舉國之人 腐心者也. 延及於穡 而問事於清州之時 適有水溢

之災 乃謂: '用事者不附己而貶逐之 至於問事日 有山崩水溢之

災 實公忠誠所感.' 然則可比周公元聖感風雷之變乎? 又穡好佛

之事 國人所共知 闢寺之事 尤其明著也 乃謂: '僧徒請願文勸

予 不得已而應之.' 卿等以爲然否? 昔尹紹宗論穡曰: '曲學阿世

飾詐釣名者' 不其然乎?" 喜曰: "臣子若有罪 則身無存沒 皆得討

而不赦之也. 於權近有可問之罪 則豈可以身死而置之乎? 近與

種善 雖若一事 實則區以別矣. 今種善之罪著矣 先問情由 然後罪

必有所歸矣." 上曰: "種善之罪 更議以聞."

司憲府責納領議政府事河崙所撰文靖公碑銘而見之 與權近
사헌부 책납 영의정부사 하륜 소찬 문정공 비명 이 견지 여 권근

所製行狀 大意相似. 左司諫大夫李明德 司憲執義曹致等 交章請
소제 행장 대의 상사 좌사간대부 이명덕 사헌 집의 조치 등 교장 청

權近 河崙之罪 上留之. 其疏曰:
권근 하륜 지죄 상유지 기소 왈

'臣等竊見通事繕工少監任君禮齋來國子助教陳璉所製本國
신등 절견 통사 선공 소감 임군례 재래 국자 조교 진련 소제 본국

文靖公李穡墓誌 其記穡之行事世系 甚爲綢繆. 推穡之行狀
문정공 이색 묘지 기기 색지 행사 세계 심위 주무 추색 지행장

碑銘於其子種善 參考端由 其行狀則文忠公權近所編 其碑銘則
비명 어 기자 종선 참고 단유 기 행장 즉 문충공 권근 소편 기 비명 즉

領議政府事河崙所撰也. 命意措辭 與陳璉所製 相爲表裏. 臣等
영의정부사 하륜 소찬 야 명의 조사 여 진련 소제 상위 표리 신등

以爲 李穡遇知玄陵 立名敎於當時 而位至宰輔. 當玄陵之無後
이위 이색 우지 현릉 입명교 어 당시 이위 지재보 당 현릉 지무후

不謀立王氏 以全宗祧 乃阿權臣李仁任 以立辛禑. 禑乃不學
불모 립 왕씨 이전 종조 내아 권신 이인임 이립 신우 우 내 불학

無道 殺戮無辜 至興師旅以猾夏. 穡以師傅 曾無一言以匡救 及
무도 살륙 무고 지흥 사려 이 활하 색이 사부 증무 일언 이 광구 급

我太祖擧義還師之日 群臣議廢禑而立王氏 穡又阿大將曹敏修
아 태조 거의 환사 지일 군신 의폐 우 이립 왕씨 색 우 아 대장 조민수

立禑子昌 得爲左侍中 自使上國 請親朝而不得. 其還也 獨見禑
입우 자창 득위 좌시중 자사 상국 청 친조 이부득 기환 야 독현 우

於驪興 謀迎以還 未遂其計 遜職外戚以保全. 又當恭讓君權署
어 여흥 모영 이환 미수 기계 손직 외척 이 보전 우당 공양군 권서

之日 受判門下 而立於百官之上 略無怍色 時人目而議之曰: "是
지일 수판 문하 이입 어 백관 지상 약무 작색 시인 목 이 의지 왈 시

王氏之臣耶? 辛氏之臣耶?" 其反覆多詐 國人所共知也. 穡之
왕씨 지신 야 신씨 지신 야 기 반복 다사 국인 소공지 야 색지

門人 河崙 權近所製行狀碑銘曰: "己巳冬 恭讓君立 用事者忌公
문인 하륜 권근 소제 행장 비명 왈 기사 동 공양군 립 용사자 기공

不附己 劾貶長湍縣." 臣等以爲 所謂用事者忌公不附己 指誰而
불 부기 핵폄 장단현 신등 이위 소위 용사자 기공 불 부기 지수 이

言歟? 又曰: "庚午五月 誣以遣彝初于上國 繫公等數十人于淸州
언 여 우왈 경오 오월 무이 견이초 우 상국 계 공등 수십 인 우 청주

將用峻法 煆鍊成罪之時 忽大雨 山崩水湧 城門館舍沒 而問事官
장 용 준법 하련 성죄 지시 홀 대우 산붕 수용 성문 관사 몰 이 문사관

攀樹僅免. 淸之父老以爲 公忠誠所感." 臣等以爲尹彝李初之詐
반수 근면 청지 부로 이위 공 충성 소감 신등 이위 윤이 이초 지사

250

于上國 已有明降 可謂之誣乎? 爲國家之計 可不鞫問乎? 其用
_{우 상국 이유 명강 가위 지무 호 위 국가 지계 가불 국문 호 기용}

峻法 煆鍊成罪 又指誰而言歟? 淸之水災 稡果有周公之德而致之
_{준법 하련 성죄 우지수 이언여 청지 수재 색과유 주공 지덕이 치지}

乎? 又曰:"壬申七月 我太上王卽位 忌公者誣公以罪 欲加極刑."
_{호 우왈 임신 칠월 아 태상왕 즉위 기공자무공 이죄 욕가 극형}

臣等以爲 我太祖初非有意於國 盡忠王室 稡與其黨 謀去太祖 禍
_{신등 이위 아 태조 초비유의 어국 진충 왕실 색여 기당 모거 태조 화}

在不測. 當時忠義之臣 以天命人心之所歸 推戴太祖 不血一刃 而
_{재 불측 당시 충의 지신 이 천명 인심 지 소귀 추대 태조 불혈 일인 이}

化家爲國 是愚夫愚婦所得而知也. 豈以無罪 加之極刑乎? 稡黨
_{화가위국 시 우부 우부 소득 이지야 기이 무죄 가지 극형 호 색당}

之放逐于外 非人所爲 天之使然也. 其所謂忌公者誣公以罪 欲加
_{지 방축 우외 비인 소위 천지 사연 야 기 소위 기공자무공 이죄 욕가}

極刑 又指誰歟? 臣等竊惟 河崙 權近 皆稡之黨 國初之罪人.
_{극형 우지수 여 신등 절유 하륜 권근 개색 지당 국초 지 죄인}

蒙殿下不次之恩 非特保全 得與功臣之列 誠宜盡忠王室 以報
_{몽 전하 불차 지은 비특 보전 득여 공신 지열 성의 진충 왕실 이보}

再造之恩 顧不是念 徒以門人姻婭之故 同時斥逐之憤 寓之於書
_{재조지은 고불 시념 도이 문인 인아 지고 동시 척축 지분 우지 어서}

飾虛舞文 遂使邪正易處 以爲萬世之疑 未知殿下以爲何如? 身無
_{식허 무문 수사 사정 역처 이위 만세 지의 미지 전하 이위 하여 신무}

存沒 時無古今 皆得以討 是春秋經世之大典也. 伏惟殿下 體春秋
_{존몰 시무 고금 개 득이 토 시 춘추 경세 지 대전 야 복유 전하 체 춘추}

之大義 爲祖宗萬世之計 將河崙之罪 許令鞫問 依律施行; 將
_{지 대의 위 조종 만세 지계 장 하륜 지죄 허령 국문 의율 시행 장}

權近之罪 斬棺瀦宅 籍沒家産 以懲後來 仍將行狀碑銘 付之烈焰
_{권근 지죄 참관 저택 적몰 가산 이징 후래 잉장 행장 비명 부지 열염}

以去其僞. 稡之子種善與任君禮之罪 前疏已盡 伏望兪允施行.'
_{이거 기위 색지자 종선 여 임군례 지죄 전소 이진 복망 유윤 시행}

　遂遣吏卒 守直崙第. 上曰:"崙 近 皆稡之門人也. 嘗爲其黨 故
_{수견 이졸 수직 륜제 상왈 륜 근 개색 지문인 야 상위 기당 고}

以報復言之耳." 卽命罷吏卒守直者. 命金汝知往謂崙曰:"予觀
_{이 보복 언지 이 즉명 파 이졸 수직 자 명 김여지 왕위 륜왈 여관}

陳璉之書 心已未平 又覽權近所製 詳言太祖之事 言甚不直. 又
_{진련 지서 심이 미평 우람 권근 소제 상언 태조 지사 언심 부직 우}

聞卿所製碑銘 類皆如此 然卿之書 倣近書而撰也. 若明于石 是明
_{문 경 소제 비명 유개 여차 연 경지서 방근 서이 찬야 약명 우석 시명}

示人也 豈不有累於父王乎?" 崙曰:"臣之指言用事者 蓋指趙浚
_{시인 야 기 불유 누어 부왕 호 륜왈 신지 지언 용사자 개지 조준}

鄭道傳而言之也. 太祖得國 本非有意矣. 其時用事若浚輩 不承
정도전 이 언지 야 태조 득국 본비유의 의 기시 용사 약 준배 불승

太祖之意 擅行誅戮. 臣深知其事 故敢言之耳. 安敢有累於上也?"
태조 지의 천행 주류 신 심지 기사 고 감언 지이 안감 유누어 상야

汝知以啓 上曰:"太祖得國 故言之若此耳. 若非得國 當與浚等
여지 이계 상왈 태조 득국 고 언지 약차 이 약비 득국 당여 준등

比之矣."命收種善告身 流遠方; 君禮則勿論. 臺諫請曰:"種善之
차지 의 명수 종선 고신 유 원방 군례 즉 물론 대간 청왈 종선 지

罪非輕 毋從輕典. 君禮亦有罪."命加種善杖一百收贖 罷君禮職.
죄 비경 무종 경전 군례 역 유죄 명가 종선 장 일백 수속 파 군례 직

遂流種善于東萊鎭. 三功臣左政丞成石璘等上疏曰:
수유 종선 우 동래진 삼공신 좌정승 성석린 등 상소 왈

'竊見故臣吉昌君權近所撰故臣韓山伯李穡行狀 其論前朝
절견 고신 길창군 권근 소찬 고신 한산백 이색 행장 기론 전조

恭讓君時事 言:"用事者忌公不附己 劾貶長湍." 又言:"誣以遣
공양군 시사 언 용사자 기공 불 부기 핵폄 장단 우언 무 이견

彝初于上國 逮繫公等數十人于淸州. 時王素知公無他累次召還
이초 우 상국 체계 공 등 수십 인 우 청주 시왕 소지 공 무타 누차 소환

爲用事者所忌 輒見斥逐." 又言:"太祖卽位 用事者欲加極刑
위 용사자 소기 첩견 척축 우언 태조 즉위 용사자 욕가 극형

太祖以舊故 特原之."臣等以爲恭讓君時 我太祖爲侍中 李穡
태조 이 구고 특 원지 신등 이위 공양군 시 아 태조 위 시중 이색

自退長湍 書以"用事者忌公不附己 劾貶長湍." 又彝初事 臣趙胖
자퇴 장단 서이 용사자 기공 불 부기 핵폄 장단 우 이초 사 신 조반

等奉使上國 與彝初廷辨 傳寫彝初所獻書內姓名回還 書曰:"誣
등 봉사 상국 여 이초 정변 전사 이초 소헌 서내 성명 회환 서왈 무

以遣彝初."惟我太祖 以剛明神武 應運開國 威福政令 一出於上
이견 이초 유아 태조 이 강명 신무 응운 개국 위복 정령 일출 어상

書以"用事者欲加極刑."大抵記事以實 天下之大公也. 夫近身爲
서이 용사자 욕가 극형 대저 기사 이실 천하 지 대공 야 부 근신 위

宰相 乃以己私 妄論是非 欲揚座主之美 忘君父之大義 亂春秋之
재상 내 이기 사 망론 시비 욕양 좌주 지미 망 군부 지 대의 난 춘추 지

大法 甚非秉筆文臣之意也. 身無存沒 罪在不赦 乞追削爵位 廢爲
대법 심비 병필 문신 지의 야 신무 존몰 죄재 불사 걸 추삭 작위 폐위

庶人. 領議政府事河崙所撰碑文 雖與行狀有詳略之殊 大義則同.
서인 영의정부사 하륜 소찬 비문 수여 행장 유 상략 지수 대의 즉동

崙久爲當國大臣 不察大義 妄議君臣間事 罪浮于近. 請下攸司
륜 구위 당국 대신 불찰 대의 망의 군신 간사 죄 부우 근 청하 유사

明正其罪 以爲後來之戒.'
명정 기죄 이위 후래 지계

不從.
부종

始置南部學堂于誠明坊.
시 치 남부학당 우 성명방

革豐海道大串梁及豐州梁千戶. 兵曹啓: "大串梁及豐州梁 船隻
혁 풍해도 대관량 급 풍주량 천호 병조 계 대관량 급 풍주량 선척

數少 萬戶千戶 俱差未便 宜革千戶." 從之.
수소 만호 천호 구 차 미편 의혁 천호 종지

罷長興府使金頎職. 頎妻稱救病 行神事于衙內 又乘其夫之出
파 장흥부사 김기 직 기처 칭 구병 행 신사 우 아내 우 승 기부 지출

禱神于他鄕. 往還 以府娼妓與奴 唱歌吹笛 頎之不能齊家甚矣.
도신 우 타향 왕환 이 부 창기 여 노 창가 취적 기지 불능 제가 심의

憲府移文其道監司 遂罷其職.
헌부 이문 기도 감사 수 파 기직

| 원문 읽기를 위한 도움말 |

① 非特要行楮貨也 亦禁其犯法也. '非特~亦~'은 전형적으로 '~뿐만 아니
비특 요행 저화 야 역 금 기 범법 야 비특 역

라 ~도 또한'이라는 구문이다.

태종 11년 신묘년
7월

七月

경신일(庚申日-1일) 초하루에 상(上)이 인덕전(仁德殿)에 나아가 (상왕에게) 헌수(獻壽)하고 극진히 즐겼다. 상왕(上王)의 탄신(誕晨)이었다.

○ 삼공신(三功臣)과 대간(臺諫)에서 하륜(河崙)과 권근(權近)의 죄를 청했다. 삼공신이 아뢰어 말했다.

"두 사람이 지은 행장(行狀)과 비문(碑文)에 이르기를 '공양군(恭讓君)이 즉위할 때에 용사(用事)하는 자가 공(公)이 자기에게 붙좇지 않는 것을 꺼려 논핵해 장단(長湍)에 폄출(貶黜)했다'라고 했는데, 공양군 때에 우리 태조(太祖)가 좌시중(左侍中)이 됐으니 용사자(用事者)라 칭한 것은 바로 태조를 가리킨 것입니다. 청컨대 대불경의 죄를 가해야 합니다."

상이 말했다.

"하륜과 권근은 모두 나의 충신인데 어찌 우리 태조를 비방했겠는가? 이색(李穡)이 조준(趙浚), 정도전(鄭道傳)과 본래 틈이 있었고 하륜과 권근은 모두 이색의 문인(門人)이기 때문에 보복하려고 생각한 것일 뿐 실상은 본심에서 나온 것이 아니며 또 사직(社稷)에 관계되지도 않았다. 그러나 보복하는 것은 대신(大臣)의 도리가 아니다. 권근은 이미 죽었으니[物故] 추후에 죄줄 수 없고, 하륜은 이미 집에서 침체(沈滯)해 국정에 참여해 듣지 않으니 경 등은 다시 말하지 말라."

집의(執義) 조치(曹致)가 아뢰어 말했다.

"하륜과 권근은 정몽주(鄭夢周)에게 붙어서 조준, 정도전, 남은(南誾)과 꺼렸으니 만일 사사로운 일로 서로 미워했다면 오히려 괜찮지만 만일 태조를 추대하는 일을 꺼렸다면 이 두 사람의 일이 어찌 종사(宗社)에 관계되지 않겠습니까? 만일 정몽주가 살아 있고 두 사람이 뜻을 얻어서 드디어 조준의 무리를 죽였다면 태조의 큰일은 물건너갔을 것입니다. 다행히 정몽주가 복주(伏誅)된 연후에 큰일이 정해졌으니 이미 그렇게 된 자취를 본다면 지금 행장과 비명에 실린 일이 모두 본심에서 나온 것이 분명합니다."

좌사간(左司諫) 이명덕(李明德)이 아뢰어 말했다.

"두 사람이 비록 처음에 정몽주에게 붙어서 조준 등을 꺼렸으나 전하가 천명을 받게 되자 모두 익대(翼戴)한 공이 있어 종사(宗社)의 신하가 됐으니 마땅히 조준 등과 더불어 골육의 형제와 같이 보아야 옳았습니다. (그러나) 이미 그렇게 하지 않았으니 서로 꺼리는 마음을 일찍이 잊지 않은 것이고 언사에 나타난 것이 이와 같은 데에 이르렀습니다. 전하가 비록 말씀하시기를 '본심에서 나온 것이 아니다'라고 하시나 신이 생각건대 비록 연구(聯句)의 소시(小詩)라도 모두 마음에서 나오는 것인데 하물며 행장이나 비명 같은 것을 어찌 마음에도 없이 그렇게 했겠습니까? 바라건대 죄를 가해야 할 것입니다."

상이 말했다.

"하륜(河崙)으로 하여금 집에서 침체하게 한 것으로 족하니 다시는 말하지 말라."

륜(崙)의 아들 총제(摠制) 하구(河久)를 불러 말했다.

"근래에 삼공신과 대간에서 경의 아비의 죄를 청했는데 내가 좇지 않았다. 경이 아비에게 말해 두려워하지 말라고 하라."

○ 대간(臺諫)에서 다시 교장(交章)해 하륜과 권근의 죄를 청했다. 그 소(疏)는 이러했다.

'신 등이 생각건대 충의(忠義)는 남의 신하된 자[人臣]의 큰 절개입니다. 이색(李穡)은 대유(大儒)라고 이름하면서 곡학아세하며 다섯 조정을 내리 섬겨 임금 버리기를 비녀를 꽂듯이 하면서[棄君如鈿] 부귀를 누리면서 이단(異端)에 혹하고 좋아해 형해(形骸) 밖에 방랑해 오대(五代) 때의 풍도(馮道, 882~954년)[1]만도 못했습니다. 마땅히 법에 따라 처치해 명교(名敎)를 밝게 보여야 했건만 우리 태조(太祖)의 관휼(寬恤)한 은혜를 입어 천년(天年-수명)을 마친 것은 색(穡)의 행운입니다. 지금 하륜과 권근이 지은 글에 이르기를 "공(公)이 용사(用事)하는 자의 꺼림을 받아 여러 번 무고죄(誣告罪)에 빠졌다"라고 했습니다. 신 등이 생각건대 기사년과 경오년은 실로 우리 태조가 대정(大政)에 참여해[參裨] 왕실(王室)에 충성을 다하던 날이요, 임

---

1 당(唐)나라가 멸망하고 오대십국시대(五代十國時代)가 열리면서 왕조가 난립했지만 뛰어난 처세술로 다섯 왕조의 재상을 지냈으며 뛰어난 현실주의 정치가로 평가받는다. 평범한 가정에서 태어났으며 근면하고 성실한 성격의 소유자였다. 문학적 재능이 출중했지만 자신의 능력을 과신하거나 내세우는 법이 없었다고 전한다. 당나라 말기에 연(燕)나라의 유수광(劉守光)을 섬기고, 유수광이 패한 뒤 진(晉)나라의 본거지인 태원(太原)으로 피신했다. 여기에서 환관인 감군사(監軍使) 장승업(張承業)을 알게 돼 중요 서류를 기초하는 일에 종사했다. 923년 후당(後唐)의 장종(莊宗)이 즉위하자 한림학사에 임명됐으며 927년 명종(明宗) 때에는 박학다식과 원만한 인격을 인정받아 재상으로 발탁됐다. 이후 5왕조(후당, 후진, 요, 후한, 후주) 11천자(天子)를 섬기며 30년 동안 고관을 지냈고, 재상을 지낸 것만도 20년이 넘었다. 왕조가 바뀔 때마다 현실정치를 펼쳐 새 왕조를 옹호했는데, 이를 두고 지조가 없는 정치가라고 비난을 받기도 했다. 하지만 풍도는 자신의 저서 『장락로자서(長樂老自敍)』에서 자신은 황제를 섬긴 것이 아니라 나라를 섬겼다고 말했다.

신년 7월은 우리 태조가 여정(興情)에 굽어 따라서 화가위국(化家爲國)²하던 때[秋]입니다. 윤이(尹彛)와 이초(李初)의 옥(獄)³은 이미 황제의 명령이 있었으니[明降] 의리상으로 국문하지 않을 수 없었고, 임신년 이후에는 상작(賞爵)과 형벌이 신충(宸衷-임금의 마음)에서 재결(裁決)됐으니 어찌 당국(當國)한 대신에 위험과 복을 가만히 희롱해 죄 없는 사람을 무함(誣陷)하는 일이 있었겠습니까? 하륜을 핵문(劾問)한 답사(答辭)에 이르기를 "그때에 이색을 꺼리어 모함한 자는 조준과 정도전인데 이것은 감히 가리켜서 말하지 못한 것이다"라고 했습니다. 하륜과 권근 등이 국초에는 이색과 당이 돼 모두 찬축(竄逐)을 당했다가 다시 상은(上恩)을 입어서 공신의 열(列)에 참여했으니 마땅히 밤낮으로 삼가고 조심해 예전 원망을 품지 않아야 합니다. (그런데) 도리어 이것은 생각지 않고 허위로 문사(文辭)를 꾸며 중국 사람으로 하여금 보게까지 해 우리 군신에게 누를 끼쳤으니 이는 군부(君父)의 원수이므로 법에서 용서할 수 없습니다. 엎드려 바라옵건대 전하께서는 유윤해 시행하셔야 할 것입니다.'

신유일(辛酉日-2일)에 공신 남재(南在)와 조온(趙溫) 등이 나아와 류(崙) 등의 죄를 청했다. 상언(上言)해 말했다.

---

2 집을 일으켜 나라를 세운다는 뜻이다.

3 고려 공양왕(恭讓王) 2년(1390년)에 파평군(坡平君) 윤이와 중랑장(中郎將) 이초가 명(明)나라에 들어가 이성계(李成桂) 일파가 장차 명나라를 치려 한다고 밀고(密告)했는데, 당시 실권자이던 이성계 일파가 이를 계기로 반대파에 속한 이색(李穡), 우현보(禹玄寶), 권근(權近) 등 많은 유신(儒臣)을 청주(淸州) 옥(獄)에 가뒀던 사건을 말한다.

"류 등의 말한 것이 비록 준(浚)과 도전(道傳)의 무리를 가리켰다고 하나 도전을 임용한 이는 누구입니까? 준 등이 공양군(恭讓君)의 조정에서 크게 쓰이지 못했으니 용사자(用事者)라고 가리켜 말한 것이 어찌 준이겠습니까? 또 용사자라고 칭하는 것은 쇠한 세상의 일입니다.⁴ 어찌 우리 국초(國初) 때의 사람을 용사자라고 할 수 있겠습니까?"

상이 말했다.

"모든 일은 적당하게 하고 그만두는 것이다. 지금 이미 류으로 하여금 정사에 참여하지 못하고 집에 있게 했으니 이것으로도 충분한 것이다. 다시는 말하지 말라."

대간에서 또 나와 청하기를 마지않으니 상이 말했다.

"류과 근(近)이 처음에는 비록 태조에게 두 마음이 있었더라도 지금은 나의 충신이 됐고 너희도 또한 나의 신자(臣子)이니 마땅히 나의 말을 따르라."

○ 대간(臺諫)에서 류과 근의 죄를 청해 말했다.

"두 사람이 이미 준 등과 함께 사직의 신하가 됐으니 예전의 원망을 풀어버리는 것이 의리인데 꺼리는 마음이 문사에 나타났습니다. 하물며 두 사람은 모두 큰 선비여서 나라 사람들이 본받는 바인데, 그 하는 일이 이와 같은 데에 이르렀으니 나라 사람이 어찌 옳고 그른 것을 알겠습니까? 비록 극형에 처하지는 않더라도 바라건대 죄를 가해 많은 이에게 밝게 보이셔야 할 것입니다."

---

4 '용사자'라는 말은 임금이 무력할 때 재상 중에서 권력을 휘두르는 자를 칭하는 말이다.

상이 말했다.

"지금 두 신하의 일이 사직에 관계되면 마땅히 법으로 논하겠지만 그 본심을 추적해보면[原] 그렇지 않으니 어찌 죄를 줄 수 있겠는가?"

대간에서 굳게 간언하기를 두세 번에 이르렀으나 상이 좇지 않았다. 좌정승 성석린(成石璘), 우정승 조영무(趙英茂) 등 여러 공신이 또한 청했으나 상이 역시 좇지 않았다. 석린(石璘) 등이 말했다.

"무릇 만세에 전하는 것은 문자(文字)뿐입니다. 지금 하륜 등의 글에 태조의 국초 당시의 일을 기록하기를 '용사(用事)하는 자가 공(公)이 자기에게 붙좇지 않는 것을 꺼려 장단(長湍)에 폄출했다'라고 했습니다. 그 마음은 비록 알 수 없으나 글에 나타난 것이 이와 같으니 신 등이 분개해 굳게 청하는 것입니다."

상이 노해 말했다.

"경 등은 내가 반드시 륜을 극형에 처하지 않을 것이라 생각해 다만 유배 보내고자 하는 것이다. 그러나 륜 같은 사람은 국가에 없을 수 없다."

석린 등이 대답했다.

"륜 등의 말에는 군신(君臣) 사이가 섞여 (정확히) 가리키는 바를 알 수가 없습니다. 전하가 비록 말씀하시기를 '준 등 때문에 나온 말이다'라고 하시나 후세에 어찌 임금 때문에 나오지 않았는지 알겠습니까? 만일 륜 등에게 죄가 없다고 한다면 마땅히 신 등을 죄주소서."

상이 노해 말했다.

"그게 무슨 말인가? 내가 시비를 분별하지 못한다고 생각하는가?

이것은 곧 큰일이니 이렇게 단언할 수 없는 것이다. 경 등이 굳이 죄를 가하고자 한다면 그 문사가 오로지 태조를 가리켜 말한 곳을 분명히 말하는 것이 좋을 것이다."

영무가 말했다.

"신은 무인(武人)이라 예전 일과 문자는 알지 못하니 일단은 담쌓고 집 짓는 것으로 비유하겠습니다. 옛날 우리 태조가 성을 쌓을 때에 견고하지 못하다고 해 토공(土工)을 죄주시고 군자창(軍資倉)을 지을 때에 창고가 겨우 이뤄졌는데 바람에 무너졌으므로 목공을 죄줬습니다. 신이 전날에 전하께 들으니 말씀하시기를 '이색(李穡)의 행장(行狀)을 찢어버려 세상에 전하지 못하게 하라'고 하셨습니다. 글도 오히려 전하지 못하거든 하물며 글을 지은 자가 어찌 죄가 없겠습니까? 전하가 전날에 또 말씀하시기를 '이종선(李種善)은 그 아비를 후세에 나타내고자 하는데 나는 태조를 위해 이종선과 같이 하지 못한다'라고 하셨으니 이것이 바로 신 등이 분통이 터져서 마지못하는 것입니다."

미처 계달하기도 전에 명했다.

"내가 지금 병이 도져 일을 듣기가 어려우니 여러 신하는 마땅히 물러가라."

○ 공신 남재(南在), 이숙번(李叔蕃) 등과 대간(臺諫)이 다시 륜과 근의 죄를 청하니 상이 노해 말했다.

"공신들은 대간의 신하와 같지 않으니 간언했는데도 들어주지 않으면 물러나는 것이다. 어째서 그렇게 번잡하게 구는가? 륜이 말한 것이 만일 태조를 가리켰다면 내가 어찌 불쌍히[懋] 여기겠는가? 지금 물러가 집에 있으니 이것이 (륜을) 죄준 것이다."

대간에서 또 청하니 상이 말했다.

"죄가 의심스러우면 가볍게 하는 것이 옛날의 훌륭한 가르침이요, 세 번 간언해 들어주지 않으면 물러가는 것 또한 옛날의 법도다."

조금 뒤에 지신사(知申事) 김여지(金汝知)를 불러 성내며[艴然] 말했다.

불연

"륜은 고금에 통달하고 충성을 다하니 이와 같은 명신은 사책에 구하려 해도 진실로 많이 보지 못한다. (그런데) 공신과 대간이 반드시 쫓아버리고자 하니 또한 무슨 마음인가? 너희는 각사(各司)의 공사(公事)를 가지고 상량 토의해 계문(啓聞)해도 한 가지 일도 내 뜻에 맞는 것이 없는데 륜은 보익(補益)하는 것이 크고 많으니 우리나라에 이러한 신하가 있는 것이 빛나지 않느냐? 어째서 내 뜻을 여러 경(卿)들에게 전해 말하지 못하느냐? 맹세가 비록 아이의 장난이라 하더라도 너희가 하늘을 가리켜 맹세한다면 너희의 마음에 륜을 죄가 있다고 하겠느냐? 너희의 마음에 반드시 죄가 없다고 할 것이나 내 앞에서 감히 곧게 말하지 못하는 것은 다만 밖에 나가면 꾸짖는 자가 있음을 두려워하는 것이다. 내가 옛날에 대간과 수령(守令)을 경력(經歷)하지 못했기 때문에 풍속의 폐단을 알지 못했는데 오늘에 이르러서 알았다. 임금이 아무가 그르다고 하면 온 나라가 따르고 한 재상이 아무가 그르다고 하면 또한 그와 같이 하는데, 전조(前朝) 말기에 손바닥 뒤집듯이 패란(敗亂)이 서로 따른 것은 곧은 말을 하는 신하가 없었기 때문이었다. 너희가 무능하기 때문에 도리어 하륜을 해치고자 하니 부끄러움이 있지 않으냐? 나라를 다스리는 도리가 임금이 말을 하면 신하가 그 그른 것을 바로잡지 못하고 뇌동(雷同)해 물결치는 대로 따라가는 것이 옳겠느냐? 사풍(士風)이 퇴폐하고 쏠린 것이 하나같이 이에 이른 것은 무슨 까닭인가? 너희가 물러가 생각해보면 그 시비를 알 것이다."

오랫동안 한탄했는데 대개 이보다 앞서 사람들이 하륜과 권근의 글을 알면서도 고하는 자가 없다가 상의 뜻을 듣고 나서 뇌동해 죄를 청하기를 마지않기 때문에 탄식한 것이다.

○ 예조(禮曹)에 명했다.

"근일에 이질(痢疾)이 도져 일을 보기가 어려우니 조계(朝啓)[5]하지 말게 하라."

○ 공신과 대간에서 또 륜과 근의 죄를 청하니 상이 말했다.

"그들이 용사자(用事者)라고 말한 것이 만일 태조를 가리켰다면 경 등의 말을 기다리지 않고[不待=卽] 마땅히 법으로써 (처벌하는 _{부대} _즉 것을) 보였을 것인데 경 등은 어찌 굳게 청하는가? 다시는 말하지 말라."

하륜이 네 번이나[至四] 글을 올려 자기의 무죄함을 스스로 진달 _{지사} 하니 상이 그 번쇄함을 싫어해 그 글을 모두 돌려보냈다. 그 첫 번째 글은 이러했다.

'신이 불초(不肖)해 탄핵을 당했으니 부끄럽고 한탄스러움을 어찌 헤아릴 수 있겠습니까! 그러나 신이 가만히 생각건대 국가를 소유한

---

5   아침에 조회(朝會)를 할 때 신하들이 각사(各司)별로 임금에게 정무(政務)를 아뢰던 일을 가리킨다.

이[有國家者]⁶에게 창업과 수성(守成)은 같지 않습니다. 창업 군주는 반드시 전대(前代)의 쇠퇴하고 어지러운 말년에 나오기에 반드시 (함께하는) 호걸의 선비들이 있어 마음을 바치고[歸心] 꾀를 합해 그 사이에서 용사(用事)해 선비의 무리들을 가만히 끌어들여 자기에게 붙는 자는 나아가게 하고 자기와 다른 자는 배척하고, 옛 임금과 가깝고 옛 임금에게 충성하는 자는 모두 힘써 제거해 옛 임금의 세력이 위에서 고립되게 만들어 온 조정의 신하가 하나도 꺼릴 만한 사람이 없게 한 뒤라야 큰 계교가 마침내 이뤄졌습니다. 위(魏)나라와 진(晉)나라 이래로 송나라[趙宋]에 이르기까지 모두 그렇지 않은 나라가 없었습니다. 큰일이 이미 이뤄진 뒤에는 전대 때에 배척당한 신하가 모두 쓰이게 되니 이는 이치와 형세[理勢]상으로 그렇지 않을 수 없는 것입니다.

공손히 생각건대[恭惟] 우리 태조께서 신무(神武)와 불세출의 다움[德]으로 전조의 말년을 맞아 장상(將相)을 겸임하셨고 의로움을 내걸고 회군한 뒤에는 중심(衆心)이 추대하기를 원하고 천명이 그 한 몸에 모이셨습니다. (그러나) 전대의 임금과 신하의 분수가 아직 남아 있어 안위(安危)의 기틀을 살피지 않을 수 없었습니다. 어찌 한두 가지 기이한 꾀를 가진 신하가 그 사이에 용사(用事)해 자기에게 붙는 자는 끌어들이고, 자기와 다른 자는 배척한 뒤에야만 대업을 이루는 것이 아니겠습니까? 이색은 전조에 있어 벼슬이 총재(冢宰)가 돼 다만 상도(常道)를 지킬 줄만 알았으니 용사하는 신하에게 꺼림

---

6 임금을 가리키는 말이다. 흔히 천자는 유천하자(有天下者)라고 한다.

을 당하는 것은 마땅했습니다. 권근이 이색의 행장(行狀)을 지어 말하기를 '공양군(恭讓君)이 즉위하자 용사하는 자가 공(公)이 자기에게 붙지 않는 것을 꺼려 논핵해 폄출(貶黜)했다'라고 한 것은 오로지 중간에서 용사한 사람을 가리킨 것입니다. 하물며 윤이(尹彝)와 이초(李初)가 여러 사람의 이름을 연서(連署)해 중국(中國)에 글을 바쳐서 황자(皇子)를 맞이하기를 청한 것임에야 무슨 할 말이 더 있겠습니까! 본국의 풍속이 노비를 부리고 토전(土田)의 소출을 먹여서 집집마다 공후(公侯)의 낙(樂)[7]이 있으니 어찌 중국 사람을 얻어서 임금 삼기를 바랐겠습니까? 하물며 우현보(禹玄寶, 1333~1400년)[8]는 손부(孫婦)의 아비가 임금이 된 것을 다행스럽게 여겼으니 어찌 다른 사람을 세우고자 했겠습니까? 그것이 거짓 행위인 것은 명백한 것입니다.

태조의 눈 밝고 일에 밝으심[明睿]으로 조금도 의심하려 하지 않으셨는데, 다만 한두 용사하는 신하가 예전에 원망이 있는 사람의 여

---

7   국가에 수훈(殊勳)을 세워 일정한 표준에 의해 공(公)·후(侯)의 작위를 받아 이를 자손에게 세습하는 즐거움을 말한다.

8   1355년(공민왕 4년) 문과에 급제, 춘추관 검열(檢閱)이 됐다. 이어서 집의(執義) 등을 지내고, 우왕 때 밀직대언(密直代言)·정당문학(政堂文學) 등을 거쳐 삼사좌사를 역임했다. 1388년(우왕 14년) 찬성사(贊成事) 때 순충익대좌리공신(純忠翊戴佐理功臣)에 책록됐다. 그해 요동정벌 때 경성유수를 지냈고 좌시중(左侍中) 때 파직됐다. 공양왕이 즉위하자 인척관계로 단양부원군(丹陽府院君)에 책봉됐다. 1390년(공양왕 2년) 삼사판사(三司判事)로 있을 때 이초(彝初)의 옥사(獄事)에 연루, 유배됐다가 풀려나 단산부원군(丹山府院君)으로 개봉(改封)됐다. 조선 개국 뒤 다시 유배됐다가 풀려나 1398년(태조 7년) 복관(復官)돼 이듬해 단양백(丹陽伯)에 봉해졌다. 1400년(정종 2년) 2차 왕자의 난 때 이래(李來)로부터 반란 소식을 듣고 이를 이방원(李芳遠)에게 알린 공으로 난이 평정된 후 추충보조공신(推忠輔祚功臣)이 됐다.

러 이름 가운데에 들어 있으므로 힘써 그 의견을 주장해[力主] 그 ^{역주}
죄를 이루고자 한 것입니다. 하물며 태조가 추대될 때를 맞아 겸양
을 보이시어 굳이 거절하셨으니 즉위하던 날에 이르러 마땅히 관대
한 인덕(仁德)을 베풀어 유신(惟新)의 화(化)⁹를 이룰 것임에랴! 지난
번에 용사하던 자가 반드시 묵은 원망을 갚고자 해 이색 등에게 죄
를 돌렸으니 이것이 어찌 태조의 마음에서 나온 것이겠습니까? 수성
(守成)하는 날에 미쳐서 용사하는 신하가 한 번도 전일에 하던 일과
같이 하지 못했으니 태조의 밝은 판단과 전날에 한 일이 과연 모두
태조의 명령에서 나오지 않은 것을 알 수 있는 것입니다. 권근이 지
은 행장의 뜻이 이와 같기 때문에 신이 이로써 서문(序文)을 지은 것
입니다.

　신이 가만히 생각건대 송나라 태조가 선위(禪位)를 받을 즈음에
조보(趙普)¹⁰의 계책과 한통(韓通)의 죽음¹¹을 사책에 모두 태조가 알

9　모든 일을 개혁해 새롭게 하는 일을 말한다. 구폐(舊幣)를 일소해 혁신(革新)하는 것이다.
　　『시경(詩經)』「대아(大雅) 문왕(文王)」편에 "주(周)나라는 비록 옛 나라이지만 그 명(命)을
　　유신(維新)했다"라고 했다. 여기서는 조선이 건국해 고려 때의 구폐를 개혁해 모든 제도
　　를 새롭게 하는 것을 말한다.

10　송태조 조광윤은 황제에 오른 후에도 학자들을 존중하고 중용했다. 한번은 그가 어려운
　　문제를 만나 재상 조보에게 물었더니 조보가 대답을 하지 못했다. 그래서 그것을 다시
　　학자에게 물었더니 학사(學士) 도곡(陶穀)과 두의(竇儀)가 정확하게 대답했다. 태조는 "재
　　상은 반드시 학자를 등용해야지!"라는 의미심장한 말을 했다. 독서를 많이 하지 않는 문
　　신이나 무관들에게 태조는 항상 책을 많이 읽어서 자신의 부족한 점을 보충하라고 독려
　　했다. 이에 조보 같은 사람이 바로 그의 독려를 받으면서 손에 책을 놓지 않은 인물로 변
　　신했다.

11　조광윤은 대군을 거느리고 변경으로 회군했다. 후주의 대신 한통은 정변이 일어났다는
　　소식을 듣고 급히 군대를 조직해 대항할 준비를 하던 도중 조광윤의 부하에 의해 피살됐
　　으며 재상 범질(范質)과 왕부(王溥)는 협박에 못 이겨 굴복했다.

지 못하는 것으로 기록했으니 그 관대한 다움이 더욱 후세에 빛났습니다. 만일 창업해 처음 개국하던 때에 용사하는 신하의 기계(奇計)와 음모한 일이 모두 태조의 명령에서 나왔다 한다면 이종학(李種學)을 목매어 죽이고 이숭인(李崇仁)을 매질해 죽인 것 같은 6~7인의 일이 어찌 태조의 아는 것이겠습니까? 만일 사실대로 용사하는 자의 한 짓으로 쓰지 않고 모두 태조에게서 나온 것처럼 한다면 신은 태조의 성덕(盛德)의 빛이 후세에 누됨이 있을까 염려됩니다. 엎드려 생각건대 전하께서 성학(聖學-제왕학)이 밝고 넓으시어 의리가 정미한 것을 통해 마지않음이 없으니 다행히 성려(聖慮)를 더하시어 너그럽게 면하는 것을 입게 하면 살아 있는 자가 어찌 충성하기를 원하지 않으며, 죽은 자가 어찌 결초(結草-보답)[12]하기를 생각해 성덕의 만분의 일을 갚기를 도모하지 않겠습니까? 엎드려 바라옵건대 성자(聖慈)께서 너그러이 용서하소서.'

그 두 번째 글은 이러했다.

'신(臣) 륜(崙)은 용렬하고 사리에 어두워[庸暗=庸昧] 잘못과 과오를 저질러 그 죄가 예측할 수 없는 지경에 있는데 전하의 깊이 살피시고 밝게 판단하심[睿察明斷]을 입어 신으로 하여금 자취를 감추고[屛迹] 죄를 뉘우치게 하셨으니 다시 살게 해주진 은혜가 실로 하늘 땅과 같아 감격함을 어찌 이루 다 말할 수 있겠습니까? 그러나 신이

---

12 죽어서도 은혜를 잊지 않는 것을 말한다. 『좌전(左傳)』에 보면 위무자(魏武子)의 아들 위과(魏顆)가 서모(庶母)를 순사(殉死)시키지 않고 재혼(再婚)시켰는데, 그 후 싸움터에서 위과가 역사(力士) 두회(杜回)와 맞싸울 때 서모의 아버지 혼이 나타나서 풀을 잡아매어[結草] 두회로 하여금 넘어지게 해 위과가 생포할 수 있었다는 고사가 나온다.

삼가 상고하건대 권근이 지은 이색의 행장에 이르기를 "공양군(恭讓君)이 즉위하자 용사하는 자가 공(公)이 자기에게 붙좇지 않는 것을 꺼리어 탄핵해 장단(長湍)에 내쳤다"라고 했습니다. 신이 생각건대 공양군 때 임금과 정승 사이에서 용사한 자가 1~2인에 지나지 않는다는 것은 나라 사람들이 함께 아는 것입니다. 근이 어찌 용사(用事) 두 글자를 가지고 태조를 가리켰겠습니까? 신이 서문에서 '용사' 두 자를 깎아버리고 다만 "공(公)이 자기를 따르지 않는 것[不附己]을 꺼려 논핵해 장단에 폄출했다"라고 쓰고, 불부기(不附己) 세 글자를 버리지 않은 것은 만일 다만 공을 꺼렸다고만 쓴다면 후세 사람들이 꺼림을 당한 것이 무슨 일 때문인지 알지 못하겠기 때문에 아울러 쓴 것입니다. 그때 용사하는 한두 사람의 문(門)에 일국의 대소 신하가 혹은 자기가 가고, 혹은 자제를 보내 은근한 뜻을 보이지 않는 이가 없었는데 오직 이색은 태조에게 지우(知遇)가 있었으나 한 번도 그 문에 발걸음하지 않았고 또 꺼림을 받을 말을 한 사실도 신이 실로 압니다. 그러므로 이 세 글자를 깎지 않은 것이지 어찌 감히 털끝만큼이라도 은미한 뜻이 있었겠습니까?

그 행장에 또 말하기를 "공이 죽은 뒤에 공을 꺼리는 문형(文衡)[13]을 맡은 자가 비로소 표사(表辭)로 황제에게 견책을 당했다"라고 했으니 신은 글을 담당한[典文] 기공자(忌公者-공을 꺼린 자)가 곧 용사한 기공자임이 틀림없는 것으로 생각됩니다. 그 행장에 또 말하기를 "태상왕(太上王)이 즉위하자 용사하는 자가 공을 꺼려 공을 죄로 무

---

13 글을 담당한 대제학을 일러 말한 것이다.

함해 극형에 처하고자 했다"라고 했는데, 신은 이 용사자와 앞서 말한 용사자가 동일한 사람이라 생각됩니다. 그러나 신의 서문에는 '용사(用事)' 두 자를 깎아버리고 다만 "공을 꺼리는 자가 공을 죄로 무함해 극형에 처하고자 했다[欲真=欲置]"라고 했습니다. 신은 태조 대왕께서 귀 밝고 눈 밝고 신무(神武)한 자품으로 전조의 말년에 나시어 공로와 다움이 이미 높았으므로 도리어 그때 임금의 꺼림을 받아 위태하기가 누란(累卵)의 형세와 같았습니다. 휘하(麾下)의 기계(奇計)를 가진 선비들이 먼저 추대할 마음을 내어 세월이 흐를수록 실상이 나타나고 일이 긴박하게 된 뒤에야 태조께서 마침내 이를 아시고 노해 더욱 사피(辭避)하셨습니다. 여러 사람의 마음이 이미 굳어져서 부득이 즉위하셨으니 애초에 어찌 나라를 취하려는 데에 마음이 있어 미리 명이 있었겠습니까? 초창기(草創期)에는 기계(奇計)한 음모가 모두 용사하는 신하에게서 나오는 것이니 만일 용사자가 한 일이라고 감히 말하지 못한다 한다면 즉위하시어 유지(宥旨)를 내린 뒤에 때려서 죽이고 목매어 죽인 따위의 일이 어찌 태조께서 아시는 것이었겠습니까?

신이 일찍이 듣건대 산의생(散宜生)[14]이 (은나라 마지막 임금) 주(紂)에게 뇌물을 준 계책을 문왕(文王)이 알지 못했고, 진평(陳平)[15]이 여

---

14 주(周)나라 문왕(文王)·무왕(武王) 때의 신하다. 문왕의 4우(友)의 한 사람이다. 문왕이 곤경에 처했을 때 주왕(紂王)에게 뇌물을 주고 문왕을 구해주었다. 뒤에 무왕을 도와 주왕을 멸망시켰다.

15 한(漢)나라 고조(高祖) 때 신하다. 유방(劉邦)을 도와 여섯 번이나 기책(奇策)을 내고 반간(反間)을 놓아 공(功)이 많았다. 혜제(惠帝)와 문제(文帝) 때 승상(丞相)이 됐다.

섯 번 낸 계책을 한고조(漢高祖)가 알지 못했으며, 배적(裵寂)[16]과 유문정(劉文靖)[17]의 꾀를 당고조(唐高祖)가 처음에 알지 못했고, 묘훈(苗訓)[18]의 말과 조보(趙普)의 꾀를 송태조(宋太祖)가 애초에 알지 못했는데 사책(史策)에 사실대로 썼습니다. (그러나) 후세 사람들은 (그들에게는) 빼어난 다움[聖德]이 있는 것은 알면서도 조금 의논할 것이 있다는 것은 알지 못했습니다.

하물며 용사(用事)하는 사람이 사사로움을 끼고서[挾私] 한 일을 어찌 사실대로 쓰지 않아서 후세 사람으로 하여금 성덕(聖德)에 대해 의심이 있게 하겠습니까? 하물며 무인년 가을에 지난번의 용사하던 자가 어린 얼자(孽子-이방석)를 끼고 난을 꾸며 종친을 해치고자 했으니 이것이 진실로 어찌 태조의 아는 것이겠습니까? 전하께서 종사(宗社)의 대계(大計)로서 이 용사하는 무리들을 제거한 뒤에 종사가 편안해져서 오늘에 이르렀습니다. 무인년에 용사한 자가 곧 임신년에 용사한 자이니 사실대로 쓰지 않고 비호(庇護)할 수 있겠습니까? 무인년에 일이 진정된 뒤를 맞이해 중의(衆議)가 용사자의 맏아들을 죽이고자 했는데, 신이 생각건대 큰일이 이미 정해졌으니 다시 주륙(誅戮)이 있을 수 없다고 해 힘써 전하게 말씀드렸습니다. 곧 전하가 여

---

16 당(唐)나라 고조(高祖) 때의 신하다. 어려서부터 고조와 친해 당나라의 건국에 공로가 많았다. 뒤에 상서좌복야(尙書左僕射)가 됐다.

17 당(唐)나라 고조(高祖)와 태종(太宗) 때의 신하다. 수(隋)나라 말엽에 진양(晉陽)의 영(令)으로 있다가 당태종을 도와 건국에 큰 공을 세웠다. 뒤에 민부상서(民部尙書)가 됐다.

18 송(宋)나라 태조(太祖) 때 신하다. 천문(天文)을 보고 점(占)을 잘 쳐서 후주(後周) 말엽에 태조(太祖)를 따라 북정해 천자가 될 것을 예언했다. 뒤에 검교공부상서(檢校工夫尙書)가 됐다.

러 의논을 거절하고 살렸으니 이것은 전하가 밝게 아시는 것입니다. 그 자식의 몸에 보복하지 않고 빈말로 보복의 계교를 하고자 했다면 신이 비록 얕고 좁으나 어찌 감히 이런 일이 있겠습니까? 다만 용렬하고 우둔함으로 인해 권근이 지은 행장에 끌려 크게 필삭(筆削)을 가하지 못해 말뜻이 분명하지 못하게 했으니 이는 신의 죄입니다. 위로는 전하의 사람을 알아보시는 눈 밝으심[知人之明]을 더럽히고 아래로는 평소에 배운 것을 저버렸으니 부끄럽기 그지없어 몸 둘 땅이 없습니다. 바라건대 전하께서는 거듭 불쌍히 여겨 살피소서.'

그 세 번째 글은 이러했다.

'신이 엎드려 듣건대 의견을 올리는[獻議] 자가 말하기를 "권근이 지은 이색의 행장에 '용사자(用事者)'라고 말하고 신이 지은 비문(碑文)에 '기공자(忌公者)'라 하고 모두 성명(姓名)을 쓰지 않았으니 이것이 죄가 된다"라고 하지만 신은 삼가 당(唐)나라와 송(宋)나라 제유(諸儒)의 비갈문(碑碣文)과 언행록(言行錄)을 상고해 삼가 조목으로 다음과 같이 열거합니다.

하나, 한문공(韓文公-한유)이 유자후(柳子厚-유종원)의 묘지(墓誌)에 이르기를 "순종(順宗)이 즉위하자 예부원외랑(禮部員外郞)을 제수했는데, 용사(用事)하는 자를 만나 죄를 얻어 전례에 따라 나가서 자사(刺史)가 됐다"라고 했습니다.

하나, 주문공(朱文公-주희)이 지은 한위공(韓魏公)[19]의 언행록(言

---

19 송(宋)나라 한기(韓琦)를 가리킨다. 영종(英宗) 때 우복야(右僕射)로 위국공(魏國公)에 봉해졌다. 대책(大策)을 정해 사직을 안정시키는 데 공이 컸다.

行錄)에 이르기를 "조종(祖宗)의 옛법을 준용(遵用)한 지가 오래인데 근래에 한 선비의 편벽된 의논을 따라 여러 조정의 정률(定律)이 변했다"라고 했고, 부정공(富鄭公)이 지은 언행록에 이르기를 "신종(神宗)이 즉위하자 상(上)의 앞에서 '재이(災異)는 모두 천수(天數)이고 인사(人事) 득실(得失)의 소치(所致)가 아니다'라고 말한 자가 있었는데 공이 듣고 탄식하기를 '인군(人君)이 두려워하는 것은 오직 하늘인데 만일 하늘을 두려워하지 않으면 무슨 일을 하지 못하겠는가? 이것은 간신(奸臣)의 간사한 말을 드리고자 해 먼저 주상을 두려워하는 것이 없도록 인도하여 간쟁(諫爭)하는 신하를 어기게 한 것이니 이는 치란(治亂)의 기틀이다'라고 했다"라고 했고, 구양문충공(歐陽文忠公-구양수)의 언행록을 찬(撰)하기를 "공이 한림(翰林)에 있을 때 입언(立言)하기를 '참위(讖緯)의 설(說)은 일절 깎아 없애서 후학을 그르치지 말아야 한다'라고 했는데, 집정자(執政者)가 심히 주장하지 않아서 마침내 행하지 못했다"라고 했고 또 말하기를 "판태원부(判太原府)를 제수했는데 공이 사양하고 채주(蔡州)를 구(求)해 말하기를 '때는 신기(新奇)한 것을 좋아하는 사람이 많은데 신은 졸(拙)한 것을 지키기를 생각하고 여러 사람은 바야흐로 재리(財利)를 일으키는데 신은 상도(常道)를 따르고자 합니다'라고 하니 집정(執政)이 마침내 자기를 따르지 않을 것을 알았다"라고 했습니다. 신은 생각건대 한퇴지(韓退之-한유)의 문장과 주문공(朱文公)의 도덕은 후세 학자가 사모하고 본받는 바인데 일을 기록하는 글에 다만 그 사람의 행한 일만 쓰고 그 성명은 쓰지 않았으니 문장을 쓰는 법이 요컨대 함축(含蓄)이 있어서 사람으로 하여금 생각해 알아내게 하는 것입

274

니다. 권근이 성명을 쓰지 않은 것이 어찌 이것을 본받은 것이 아니겠습니까?

또 듣건대 의견을 올리는 자가 불부기(不附己) 세 자로 말을 한다고 하는데, 구양영숙(歐陽永叔-구양수)은 선진(先進)인 노유(老儒)이고 왕안석(王安石)[20]은 신진(新進)한 자인데 주문공(朱文公)이 지기불부기(知其不附己)라고 썼습니다. 무릇 위엄과 세력이 있는 곳에는 욕망이 있는 자가 일체 모두 달려가 붙어 환심을 사려 하니 이것이 이른바 "염(炎)에 나아가고 열(熱)에 붙는다"라는 것입니다. 이색(李穡)은 선진노유(先進老儒)이고 당시에 용사하는 자는 비록 신진이지마는 그 세력이 추부(趨附)하지 않을 수 없었는데, 이색이 한 번도 그 집에 가지 않고[不造] 또 그 사람을 곧게 여기지 않는 말을 했으니
부조
이것이 꺼림을 받은 까닭입니다. 권근이 쓴 것이 어찌 이 때문이 아니겠습니까? 신의 서문에 용사(用事) 두 자는 깎고, 불부기(不附己) 세 자는 깎지 않은 것은 신의 얕은 학식으로 권근의 그릇되지 않은 것을 보증한 것인데 신이 오늘에 이르러 실로 이것을 가지고 후회합니다. 여러 의견이 서로 모여 경중을 헤아리지 않고 죄를 가하고자 하는데 상자(上慈)께서 밝게 분별하심을 입어서 성명(性命)을 보전하게 하니 신의 지극히 감사한 마음은 천지 일월이 실로 조림(照臨)하는 바입니다. 엎드려 상감(上監)을 바랍니다.'

---

20 중국 송(宋)나라의 정치가다. 자는 개보(介甫), 호는 반산(半山)이다. 신종(神宗) 때 재상(宰相)이 돼 정치를 개혁하고자 해 신법(新法)을 제창해 부국강병(富國强兵)을 꾀했으나 구양수(歐陽脩) 등 구법당(舊法黨)의 반대로 실패했다. 그는 문장에도 뛰어나 당송팔대가(唐宋八大家)의 하나였다.

그 네 번째 글은 이러했다.

'신 륜은 생각건대 공양군(恭讓君)이 즉위하던 처음에 태조(太祖)가 당국(當國)하셨는데 이색을 꺼리는 자는 한두 사람에 지나지 않았습니다. 태조가 색을 예로 대접하기를 심히 두텁게 해 색을 꺼리는 자가 여러 번 위태한 처지에 두려 했으나 태조께서 곧장 구제해 보전할 수 있었습니다. 신이 어찌 이것을 알지 못해 태조께서 색을 꺼렸다고 했겠습니까? 만일 태조의 굳세고 눈 밝으심[剛明]으로 인해 용사하는 자가 있을 수 없다고 한다면 신의 서문에 말하기를 "공(公)을 꺼리는 자가 공을 죄로 무함해 극형을 가하고자 했다"라고 할 것입니다. 또 이어 말하기를 "왕이 용서했다"라고 했으니 용서하신 것은 태조의 굳세고 눈 밝으심 때문인 것입니다. 무엇이 빼어난 다음에 해로울 것이 있겠습니까? 만일 태조 때에 용사자가 한 일이 모두 옳다고 한다면 장차 전하께서 정사(定社)하던 때에 여러 공신이 한 일이 모두 그르다고 해야 할 것이니 전하는 어찌 이것을 생각지 못하십니까? 전하께서 종사의 대계로 태조 때에 용사하던 무리를 제거한 뒤에 종사가 편안해졌으니 마땅히 후에 사람들로 하여금 전하의 공로와 다움을 무궁하게 노래하게 해야 할 것입니다. 어째서 그 용사하던 자를 비호(庇護)하고자 해 도리어 전하의 공신(功臣)들을 능멸하겠습니까? 권근이 지은 제릉(齊陵)의 비문과 건원릉(健元陵)의 비문에 모두 용사한 자의 이름을 나타냈으니 또 다 비호할 수 있겠습니까? 바라건대 전하께서는 다시 성려(聖慮)를 더하셔야 할 것입니다.'

○공신 등이 다시 륜과 근의 죄를 청하고 대간(臺諫)에서 교장(交章)을 올리니 상이 읽어보지 않고 되돌려주며 중관(中官)을 시켜 소

(疏)의 뜻을 묻자 대답했다.

"륜 등의 죄를 청한 것입니다."

상이 노해 말했다.

"승정원(承政院)이 어찌 내 뜻을 전하지 않아서 번쇄하기가 이렇게 심한 데에 이르게 하는가? 다시는 말하지 말게 하라."

그 소는 이러했다.

'신 등이 전날에 륜과 근의 죄가 법으로 용서할 수 없다 해 두 번 소를 올려 신청했는데 전하가 말씀하시기를 "그 글을 지은[措辭] 정의(情意)를 그 원천으로 거슬러 올라가면[原] 이른바 용사자(用事者)라는 것은 당시에 일을 일으킨 사람을 가리킨 것이지 우리 태조를 말한 것이 아니다"라고 하셨습니다. 신 등이 생각건대 지금 륜의 말에 "그때 재상 조준과 정도전이 용사해 이색을 꺼려 죄로 무함했다"라고 했습니다. 준 등은 태조의 개국 원훈(元勳)인데 색과 무슨 사사로운 원한[私怨]이 있어서 무함했겠습니까? 하물며 우리 태조께서는 행의(行義)의 바른 것과 호생(好生)의 어지심으로 황천 상제(上帝)가 가만히 돕고 일국의 신민들이 함께 본 바이니 감히 사의(私意)를 써서 그릇되게 죄 없는 사람을 죽였다고 말할 수 있겠습니까? 륜 등이 송(宋)나라 말엽의 문천상(文天祥),[21] 원나라 말엽의 진유백(秦愈伯)[22] 처럼 그 임금이 있는 것만 알고 의(義)를 따르고 절개를 지킨다면 충

---

21 송(宋)나라 말엽의 충신(忠臣)이다. 수도 임안(臨安)이 원(元)에 함락된 뒤에도 단종(端宗)을 받들고 근왕군(勤王軍)을 일으켜 원군(元軍)과 싸우다가 잡혀 죽었다.
22 원(元)에 벼슬해 복건행성(福建行省) 낭중(郎中)이 됐으나 세상이 어지러워지자 벼슬을 버리고 상하이[上海]로 피해 가 살았다.

분(忠憤)의 뜻을 이기지 못해 바람직하지 못한 것[不經]에 가깝고자
하더라도 누가 안 된다고 하겠습니까?

지금 조선(朝鮮)에 몸을 맡겨[委質] 사직의 원훈과 주석(柱石) 같
은 대신이 됐으니 마땅히 신하의 도리를 다해 조선과 더불어 만세에
아름다움을 같이해야 할 것입니다. 도리어 문인(門人) 인아(姻婭-인
척)의 관계와 동시에 유배 갔던 분함으로 허위의 말을 꾸며 지명(誌
銘)을 짓고, 중국 사람으로 하여금 우리 본국에 없는 일을 알게 해
지금에 이르러 문핵(問劾)하자 실상이 나타나고 말이 궁해 태조의
고굉(股肱) 같은 신하를 가리켜 용사자라고 했으니 실로 우리 태조
에게 누를 끼치는 것입니다. 하물며 기사년과 경오년 사이에 전조(前
朝)를 보좌해 국정에 참여하고 도운 이는 오직 우리 태조뿐이므로
신 등은 불충한 죄로 다스리지 않을 수 없다고 해 교장(交章)을 올
려 여러 번 청했습니다. 전하께서는 특별히 용서하고 전지하시기를
"하륜 등이 일찍이 왕가(王家-왕실)에 공이 있다"라고 하고, 다만 자
기 집에 나가서 쉬게 했으니 신 등이 지극히 울읍(鬱悒)함을 이기지
못해 생각하기를 자기 집에 나가 한가하게 있고 조청(朝請)에 참여하
지 않는 것은 훈신(勳臣)을 높이고 예로 대접하는 예사(例事)인데 어
찌 전하가 훈로(勳老)를 대접하는 은혜를 가지고 불충한 신하를 대
접하는가 생각했습니다. 또 이색의 행장을 판각한 지 이미 오래됐고,
중외(中外)에 산재하고 있으니 마땅히 그 논술한 자를 죄주고 이어서
그 판본(板本)을 없앤 뒤에 사람 사람으로 하여금 그릇되고 망령된
것을 알게 해야 우리 태조의 광명정대한 업적이 만세에 밝혀질 것입
니다. 바라건대 전하는 전일에 아뢴 바와 같이 그대로 윤허해 시행하

서야 할 것입니다.'

○ 상이 승정원에 뜻을 전해 말했다.

"이숭인(李崇仁, 1347~1392년)[23]과 이종학(李種學 1361~1392년)[24]을 곤장을 때린 뒤에 또 교살(絞殺)했다고 말하는 사람이 있는데, 너희

---

23 야은(冶隱) 길재(吉再)를 대신해 목은(牧隱) 이색(李穡), 포은(圃隱) 정몽주(鄭夢周)와 함께 고려의 삼은(三隱)으로 일컬어지기도 한다. 공민왕 때 문과에 급제했고 문사(文士)를 뽑아 명나라에 보낼 때 수석으로 뽑혔으나 나이가 25세에 미달해 보내지 않았다. 우왕 때 전리총랑(典理摠郎)이 돼 김구용(金九容), 정도전(鄭道傳) 등과 함께 북원(北元)의 사신을 돌려보낼 것을 청하다가 유배를 갔다. 유배에서 돌아와 성균사성이 되고, 우사의대부(右司議大夫)로 전임해 동료와 함께 소를 올려 국가의 시급한 대책을 논했다. 이어서 밀직제학이 돼 정당문학(政堂文學) 정몽주와 더불어 실록을 편수하고, 동지사사(同知司事)로 전임했다. 창왕 때 박천상(朴天祥)·하륜(河崙) 등과 더불어 영흥군(永興君) 왕환(王環)의 진위를 변론하다 무고로 연좌됐고, 헌사(憲司)가 극형에 처하기를 청하자 피해 다니다가 시중 이성계(李成桂)의 도움으로 다시 서연(書筵)에 시강하게 됐다. 그러나 간관 구성우(具成佑), 오사충(吳思忠), 남재(南在), 심인봉(沈仁鳳), 이당(李堂) 등이 상소를 올려 탄핵해 경산부로 유배됐다. 당시 첨서밀직사사 권근(權近)이 이숭인을 구출하기 위해 무죄를 상소했으나, 간관이 도리어 권근의 상소가 거짓을 꾸민 것이라 상소해 우봉현(牛峯縣)으로 이배됐다. 공양왕 때 간관이 이숭인을 다시 논죄해 다른 군으로 이배됐고, 후에 청주옥(淸州獄)에 수감됐으나 수재로 인해 사면됐다. 얼마 뒤에 소환돼 지밀직사사·동지춘추관사가 됐으나 정몽주의 당이라 해 삭직당하고 멀리 유배됐다. 조선의 개국에 이르러 자기와 함께 처세하지 않은 데 앙심을 품은 정도전이 심복 황거정(黃居正)을 보내 유배지에서 장살(杖殺)했다. 이숭인은 타고난 자질이 뛰어나고 문사(文辭)가 전아(典雅)해 이색은 "이 사람의 문장은 중국에서 구할지라도 많이 얻지 못할 것이다"라고 칭찬했고, 명나라 태조(太祖)도 일찍이 이숭인이 찬한 표문(表文)을 보고 "표의 문사가 참으로 절실하다"라고 평가했으며, 중국의 사대부들도 그 저술을 보고 모두 탄복했다고 한다.

24 이색의 둘째 아들이다. 1389년(창왕 1년) 동지공거(同知貢擧)가 됐는데, 아버지 이색이 정권의 핵심에 있으면서 두 해에 걸쳐 과거를 관장하자 사람들의 시기를 받았다. 공양왕이 즉위하고 이색이 탄핵을 받게 되자 더불어 벼슬이 떨어지고 쫓겨나게 됐다. 1390년(공양왕 2년) 윤이(尹彝)와 이초(李初)의 옥사에 연루되어 부자가 모두 청주의 옥에 갇혔다가, 마침 홍수가 나서 사면됐으나 다음 해 다시 원지로 유배됐다. 그 뒤 다시 소환됐으나, 1392년 정몽주가 살해된 뒤 이숭인 등과 함께 탄핵을 받아 함창으로 유배됐다. 이해에 조선이 들어서면서 정도전(鄭道傳) 등이 손흥종(孫興宗)을 시켜 이종학을 살해하려고 했는데, 자기의 문생인 김여지(金汝知)가 판관으로 있어서 김여지의 비호를 받아 무사했으나, 장사현(長沙縣)으로 옮기는 도중 무촌역(茂村驛)에서 살해됐다.

는 들어보지 못했는가?"

지신사 김여지(金汝知)가 대답해 말했다.

"신(臣)도 들었습니다마는 눈으로 본 것은 아니니 그 실상을 알지 못합니다."

한상덕(韓尙德)이 말했다.

"그렇게 말하는 자가 아주 많습니다[多多]. 이종학이 죽음에 임해 시를 지어 그 아들에게 부치기를 '네 아비[翁]는 비록 단명하나 네 할아버지는 반드시 천수를 누리실 것이다[高年]. 너희는 내 뜻과 같이해 혼정신성(昏定晨省)을 혹시라도 틀림없게 하라'라고 했으니 이 시를 보면 자기 명대로 죽지 못한 것[不得其死]이 분명합니다."

조말생(趙末生)이 말했다.

"신이 옛날에 『태조실록(太祖實錄)』을 수찬(修撰)하는 임무에 참여했었는데, 사신(史臣)이 쓰기를 '상이 이숭인·이종학 등 12인의 죽음을 듣고 크게 노해 봉사(奉使)한 사람을 꾸짖었다'라고 했습니다."

상이 말했다.

"사람의 말이란 진실로 믿을 바가 못 되는데 사필(史筆)이라고 어찌 다 믿을 수 있겠는가? 속히 의정부에 전해 그때의 체복사(體覆使)와 그 도의 안렴사(按廉使) 및 위의 사람들이 가서 죽은 주군(州郡)의 수령과 죽은 곳에 사는 사람과 체복사가 데리고 갔던 사령(使令)을 추문(推問)해 그 사실을 밝게 파헤쳐 아뢰라. 그 말이 사실이라면 그때에 봉사(奉使)한 사람을 죄줄 것이고, 사실이 아니라면 말한 사람을 죄주겠다."

이어 의정부에 명했다.

"내가 들으니 임신년(壬申年-1392년)에 이숭인·이종학 등과 다른 죄인을 혹은 교살(絞殺)하고, 혹은 잘못 형벌해 죽게 했다고 하니 진실로 이 말과 같다면 명령을 꾸며 죽인 자가 유죄이고 만일 이 말이 사실이 아니라면 말한 자가 유죄이니 마땅히 법으로 논하겠다. 자세히 추문해 아뢰게 하라."

정부에서 사헌부에 이문(移文)했다. 이는 하륜이 밀봉(密封)[25]했기 때문에 이런 명이 있은 것이다.

○ 삼공신(三功臣)이 말씀을 올렸다.

"상께서 이미 하륜으로 하여금 집에 침체하게 하셨으나 판부(判付)[26]하지 않으시면 뒷사람들이 어떻게 그 사실을 알겠습니까?"

상이 말했다.

"맹세하는 글에 실린 말이 있기를 '일이 종사(宗社)에 관계되면 마땅히 법으로 논한다'라고 했다. (그런데) 지금 류의 죄는 종사에 관계되지 않는다. 만일 나더러 판부(判付)하라고 한다면 마땅히 말하기를 '태조를 가리킨 것이 아니고 실상은 보복을 위한 것이니 논하지 말라'라고 할 것이다. 만일 논하지 말라고 한다면 류은 죄가 없는 것이므로 마땅히 영의정(領議政)으로 다시 직사에 나와야 할 것이다. 지금의 물러가 있는 것으로 되지 않겠는가? 임신년에 이숭인과 이종학 등을 잘못 형벌해 죽게 한 것은 태조의 본의가 아니고, 당국(當

---

25 비밀리에 올리는 봉장(封章)이다. 다른 사람이 보지 못하도록 봉(封)해 올리는 상소문을 말한다.
26 주안(奏案)을 임금이 윤허하는 것을 말한다.

國)한 자가 이 사람을 꺼려 그릇되게 형벌해 죽게 한 것이다. 우정승 조영무(趙英茂)는 그 사유를 알지 못하지만 찬성사 남재(南在)는 반드시 알 터인데 전날의 풍습을 되살려서 하륜과 권근에게 죄를 가하고자 하는가?"

○ 대간(臺諫)에서 또 청해 말했다.

"전일에 신 등이 올린 소를 상께서 읽어봐 주시지도[賜覽] 않으니 신 등이 실망합니다. 죄의 경중은 오직 상의 재결(裁決)이니 바라건대 한번 읽어봐 주시기나 하소서."

상이 노해 중관(中官)을 꾸짖었다. 이때부터 공신과 대간 모두 더 이상 죄를 청하지 않았다.

○ 지신사 김여지(金汝知) 등에게 명해 말했다.

"옥중에서 글을 올린 일은 고대 사람들 중에도 있었다. 하륜이 세 번 글을 올려 옛사람이 비명(碑銘)을 지을 때에 흔히 그 이름을 분명히 말하지 않고 두루뭉수리로 칭한 것[泛稱]을 두루 인용하고 '신이 말한 용사자(用事者)라는 것도 이것을 모방한 것이다'라고 했다. 또한 국초(國初)에 이종학을 액살(縊殺)하고 이숭인을 장살(杖殺)한 일을 말했는데 내가 처음에는 알지 못했다. 이 일이 참으로 혼미(昏迷)하기가 진(晉)나라 영제(靈帝)와 같다면 혹 있을 수 있지마는 태조같이 굳세고 눈 밝은[剛明] 임금으로서 창업하는 처음에 어찌 이런 일이 있겠는가? 형벌을 감독하는 자가 명령을 받고 결장(決杖)한 뒤에, 또 권신(權臣)의 뜻에 맞춰 자기가 알아서 [追令] 목매게 했다면 명령을 전달한 자의 죄이고, 만일 그런 사실이 없는데 이런 말이 있다면 말한 자의 죄이니 헌사(憲司)로 하여금 사실을 조사해 아뢰게 하라."

여지(汝知) 등이 말했다.

"태조가 너그럽고 어진[寬仁] 임금으로서 창업할 당초부터 형벌
을 씀에 어찌 곤장을 때리고 다시 목매어 죽이도록 명할 리가 있
겠습니까? 만일 과연 목매어 죽였다면 명령을 전달하는 자가 반드
시 권신에 아부해 그 뜻에 맞춘 것입니다. 지금 만일 이 일을 처단
한다면 한편으로는 태조의 너그럽고 어진 다움[寬仁之德]을 드러내
고, 한편으로는 신하가 임의로 참람하게 형벌하는 것을 경계할 것입
니다."

상이 말했다.

"륜에게 물어보면 반드시 말한 자를 알 것이다."

○사간원 장무(掌務) 좌정언(左正言) 금유(琴柔)가 말씀을 올렸다.

"지금 의정부로 하여금 이숭인과 이종학을 잘못 형벌한 사실을 조
사하게 하셨습니다. (그런데) 신 등이 보건대 만일 잘못 죽였다면 태
조의 예감(睿鑑)으로 어찌 알지 못하셨겠으며 또 이숭인과 이종학의
자손이 어찌 보복하려고 하지 않겠습니까? 지금 하륜과 권근을 죄
주기를 청하게 되자 이런 명이 있으시니 신은 그 옳은 것을 알지 못
하겠습니다. 정지하시기를 청합니다."

대언 등이 말했다.

"상의 이번 명은 참으로 진정이시다. 지금 만일 아뢴다면 주상이
반드시 노할 것이니 일단은 서서히 하고 헌사(憲司)와 함께 토의해
아뢰는 것이 좋겠다."

임술일(壬戌日-3일)에 태백성이 낮에 보였다.

○ 영견방(永堅坊)[27] 본궁(本宮)을 수리하도록 명했다. 상이 지난 봄 본궁에 있을 때 협착해 정사를 볼 곳이 없었으므로 이제 짓기를 명한 것이다. 또 그 옆에다 각령(各領)의 대부(隊副)를 시켜서 못을 파게 하고 저화(楮貨) 1,000여 장을 역도(役徒)에게 내려주고 또 술 300병을 내려주었다.

계해일(癸亥日-4일)에 여산군(驪山君) 민무회(閔無悔)의 처상(妻喪)에 부의로 종이 150권, 납촉(蠟燭) 10정(丁)을 보내고 더불어 관곽(棺槨)을 내려주었다.

○ 상호군 고봉지(高鳳智)의 상(喪)에 부의를 내려주었다. 봉지(鳳智)는 제주(濟州)에 가서 병들어 죽었는데 명해 쌀과 콩 20석과 종이 100권을 부의로 내려주었다.

갑자일(甲子日-5일)에 광록시경(光祿寺卿) 권영균(權永均) 등의 녹과(祿科)를 정했다. 의정부에서 아뢰었다.

"광록시경 권영균은 아중대부(亞中大夫)이므로 중조(中朝-명나라 조정)의 정3품이니 본조(本朝) 종1품에 비해 한 등급을 감해 정2품 녹과에 의하고, 광록소경(光祿少卿) 이문명(李文命)은 정5품인데 본

---

27 조선 초기에 있던 한성부 서부 11방 중의 하나이다. 조선왕조가 1394년(태조 3년) 개경에서 한양으로 천도한 후 1395년 6월 6일에 한양을 한성부로 개칭하고 1396년(태조 5년) 4월에 한성부의 행정구역을 동부·서부·남부·북부·중부 등 5부로 나누고, 이를 다시 52방으로 나눌 때 서부에 속한 방 중의 하나였다.

조 정3품에 비해 한 등급을 감해 종3품 녹과에 의하고, 홍려시경(鴻臚寺卿) 임첨년(任添年)은 정4품인데 본조 정2품에 비해 한 등급을 감해 종2품 녹과에 의하고, 홍려소경(鴻臚少卿) 최득비(崔得霏)는 종5품인데 본조의 종3품에 비해 한 등급을 감해 정4품 녹과에 의거해야 할 것입니다."

그것을 따랐다.

○ 올량합(兀良哈), 최고시첩목아(崔古時帖木兒) 등 4인이 와서 예물을 바쳤다.

을축일(乙丑日-6일)에 전 총제(摠制) 고봉례(高鳳禮)에게 쌀과 콩 30석을, 검교한성(檢校漢城) 최복하(崔卜河)에게 쌀 10석을 내려주었다.

기사일(己巳日-10일)에 경기(京畿)의 수령관(首領官)[28] 김명리(金明理)를 불러 곡식의 이삭이 말라 죽은 상황을 묻고 명해 말했다.

"내가 듣건대 수원부(水原府) 등지에 화곡(禾穀)이 모두 말랐다고 하는데 그러한가?"

대답해 말했다.

"화곡이 비록 무성하지는 못하나 그렇게 심하지는 않습니다."

상이 말했다.

"(나에게) 말한 사람은 수원 사람이니 그대는 함께 가서 실상을 살

---

28 조선조 때 감영(監營)과 유수도(留守都)의 경력(經歷)과 도사(都事)를 일컫는다.

펴[質之] 거짓이거든 곤장을 때려라."
질지

경오일(庚午日-11일)에 예조에 명해 산천제신(山川諸神)에 비를 빌고
또 무당을 백악(白岳)에, 맹인(盲人)을 명통사(明通寺)에 모이게 해 빌
게 했다. 검교한성윤(檢校漢城尹) 공부(孔俯)를 불러 광연루(廣延樓)
아래에서 석척(蜥蜴)으로 비를 빌게 했다. 또 말했다. "『시경(詩經)』에
이르기를 '(흉년이 들면) 어떤 신(神)에게건 제사를 올리지 않는 바가
없다'²⁹라고 했으니 승도(僧徒) 100명으로 하여금 흥천사(興天寺) 사
리전(舍利殿)에 빌게 하라." 또 명해 토룡(土龍)³⁰에게 제사를 지냈다.

○ 사복정(司僕正) 홍리(洪理)가 서북면(西北面)에서 돌아와 복명
했다.

"가뭄이 다른 도(道)보다 더욱 심해 밭곡식[平田]은 먹을 수 있어
평전
도 논곡식은 심히 말랐으므로 기민(飢民) 500인에게 각각 두미(斗米)
로 진휼했습니다."

상이 듣고서 더욱 근심했다[軫慮].
진려
○ 풍해도 도관찰사(豊海道都觀察使) 심온(沈溫)이 그 도(道)의 사
의(事宜)를 올렸다.

'풍저창(豊儲倉)과 광흥창(廣興倉) 두 창고에 수납하는 소맥(小麥)
을, 바라건대 절반은 군현(郡縣)에 머물러두어 백성에게 종자로 꿔주
소서. 또 본도 백성이 전년 8월부터 10월까지 평양(平壤)의 축성(築

---

29 「대아(大雅) 운한(雲漢)」편에 나오는 구절이다.
30 흙으로 만든 용(龍)으로, 비를 기도할 때 사용했다.

城) 때문에 대맥과 소맥을 심지 못했고, 지금 또 한재가 심해 백성을 역사시킬 수 없으니 해주(海州) 읍성(邑城)을 다 쌓지 못한 곳은 명년 가을을 기다리게 하소서.'

상이 그것을 따랐다.

○ 일본(日本) 일기주(一岐州) 왜사(倭使)가 와서 토물을 바쳤다.

신미일(辛未日-12일)에 철주(輟酒)[31]하고, 감선(減膳)[32]하고, 전렵(田獵)을 금하고, 사시(徙市)[33]했다. 의정부에 명해 형조로 하여금 가벼운 죄는 용서하거나 면제하고 무거운 죄는 속히 결단하게 했다. 이는 대개 가뭄을 걱정한 때문이었다.

○ 지신사 김여지(金汝知) 등에게 명해 말했다.

"지금 오래도록 비가 내리지 않으니 정령(政令) 중에 빠뜨린 것이 있는가[有闕]? 원통하고 억울한 사정이 미처 펴지지 않았는가? 너희
_{유궐}
는 마땅히 아는 대로 말하라."

대답했다.

"만일 말할 만한 일이 있으면 어찌 하문(下問)하기를 기다리겠습니까? 우리나라가 좁고 작으니 어찌 원통하고 억울한 사정을 알지 못하는 것이 있겠습니까? 그러나 가뭄을 만나서 구언(求言)하는 것은

---

31 천재이변(天災異變)이나 나라의 큰 슬픔이 있을 때 임금이 근신하는 의미에서 술을 들지 않던 일을 말한다.
32 천재지변이나 나라의 어려운 일이 있을 때 임금이 근신하는 뜻에서 수라상의 반찬 가짓수를 줄이던 일을 말한다.
33 나라에 어려운 일이나 슬픔이 있을 때 저자를 닫고 일용품(日用品)을 거리에서 사고팔게 하던 것을 말한다.

참으로 아름다운 뜻입니다."

대언 조말생(趙末生)이 말했다.

"신이 생각건대 지난해 평양(平壤)에 성을 쌓느라고 서북(西北), 풍해(豐海) 두 도(道)가 폐해를 입었으니 어리석은 백성이 어찌 국가의 대체를 알겠습니까? 원망이 반드시 있을 것입니다. 옛 사람이 말하기를 '대군(大軍)의 뒤에 반드시 흉년이 있다'[34]라고 했는데, 신은 한재가 이 도에 심한 것이 혹시라도 이 때문인가 합니다."

상이 말했다.

"만일 구언(求言)하면 말하는 것이 모두 묵은 말[陳說]이기는 하나 혹 채택할 만한 것도 있을 것이니 의정부에 내려 토의하라."

정부에서 말했다.

"마땅히 구언하는 것이 좋습니다."

상이 말했다.

"아직은 천천히 하라."

본궁(本宮)의 역사를 정지할 것을 명했다. 좌의정 성석린(成石璘)이 아뢰었다.

"지금 전하가 이달 15일에 본궁에 이어(移御)하려 하시는데 신이 본궁에 나가 두루 살펴보니 협착해 정사를 들으실 곳이 없고 또 상체(上體)가 더위에 드실까[觸熱] 염려됩니다. 청컨대 3간(間)을 짓게 한 뒤에 이어하소서. 또 재목과 초석(礎石)이 이미 갖춰졌고 역사하는 자도 농민이 아니고 모두 대부(隊副)입니다."

---

34 『노자(老子)』에 나오는 말이다.

상이 그것을 따르고 공조판서 박자청(朴子靑)으로 하여금 감독하게 했다.

○ 의정부에 명해 말했다.

"풍년이 들면 거두고 흉년이 들면 나눠 주는 것은 옛날의 (바른) 도리다. 일찍이 연호미(煙戶米)³⁵를 거뒀으니 명년 봄에는 나눠 주어야겠다. 만일 저화(楮貨)로 대신 주면 호(戶)에 대소가 있어 거둔 쌀이 혹은 4~5승(升), 혹은 6~7승이 되어 그 수량이 저화의 값에 부족한 것이 매우 많으니 쪼개서 주는 것이 좋겠는가? 왜 예전 사람의 거두고 나눠 주는 법을 따르지 않는가?"

이에 앞서 정부에서 저화로 대신 호미(戶米-연호미)의 값을 주자고 아뢰었기 때문에 이런 명이 있었다.

○ 호조에 명해 말했다.

"호저화(戶楮貨)³⁶는 다만 통용되기를 바란 것이고 영구히 항식(恒式)으로 삼을 수는 없으니 이제부터는 거두지 말라."

○ 경기 수군도절제사(京畿水軍都節制使)를 혁파했다. 의정부의 청을 따른 것이다. 도만호(都萬戶)³⁷로 하여금 그 업무를 맡게 하고, 감사(監事)로 하여금 그들의 능하고 능하지 못한 것을 살피게 했다.

---

35 흉년에 대비하기 위해 평시에 대소 관료와 일반 민호(民戶)에서 거두던 미곡(米穀)을 말한다. 풍년에는 상호(上戶)에서 쌀 10두(斗)를, 중호(中戶)에서 쌀 6두(斗)를, 하호(下戶)에서 쌀 4두(斗)를 거뒀는데, 중년(中年)에는 이 수를 반감하고, 흉년에는 전면하고 미곡을 나눠 주었다. 호미(戶米)라고도 한다.

36 저화를 통용시키기 위해 나라에서 매년 호(戶)마다 거두던 저화를 말한다.

37 조선시대에 해상방어를 맡은 관직으로 충청좌도 도만호, 충청우도 도만호, 경상도 염포(鹽浦) 도만호, 경상도 가배량(加背梁) 도만호, 전라좌도 도만호, 전라우도 도만호 등 6명이 있었다.

계유일(癸酉日-14일)에 올량합(兀良哈) 12인에게 옷과 가죽 신발을 내려주었다. 돌아간다고 고(告)한 때문이다.

○ 풍해도 해주(海州) 영군(營軍) 600인을 혁파해 장연(長淵)·옹진 (甕津)·풍주(豐州) 3진(鎭)에 나눠 소속시켰다[分屬].
_{분속}

○ 사헌부에서 권영균(權永均) 등에게 월봉(月俸)을 주기를 청하니 그것을 따랐다. 상언해 말했다.

"신 등이 듣건대 이조(吏曹)에서 권영균 등에게 녹패(祿牌)를 주었다고 하는데, 가만히 생각건대 중국(中國)의 벼슬에 대해 본조에서 패(牌)를 주는 것은 맞지 않는[未便] 것 같습니다. 또 원윤(元尹)과
_{미편}
정윤(正尹)은 작질(爵秩)은 2품이라도 직사(職事)가 없기 때문에 강등해 4품의 녹을 따르는데, 지금 권영균 등이 직사가 없이 본조의 직에 준해 한 등급을 감해 녹을 받는 것이 또한 맞지 않습니다. 하물며 임첨년(任添年) 등의 관고(官誥)가 아직 이르지 않은 경우이겠습니까? 청컨대 별사례(別賜例)에 의해 매년 풍저창(豐儲倉)에서 주게 해야 할 것입니다."

상이 말했다.

"이는 정부(政府)의 의견이고 내가 아는 바가 아니다."

○ 사헌부가 다시 글을 올렸다. 대략은 이러했다.

'관수(官守-관리의 직책)가 있는 자가 녹을 먹는 것은 고금의 통규 (通規)입니다. 그러므로 일이 없이 녹을 먹는 자를 시록(尸祿)[38]이라고 합니다. 본조의 원윤과 정윤은 계급이 2품인데 내려서 4품의 녹

---

38 하는 일이 없이 녹(祿)만 받아먹는 일로 시위소찬(尸位素餐)이라고도 한다.

을 받는 것은 직사가 없기 때문입니다. 권영균에게 녹을 주는 일은 비록 중국 조정의 명령이 있으나 한가하게 일 없이 앉아서 두터운 녹을 허비하는 것은 설관(設官) 반록(頒祿)의 뜻에 합하지 않습니다. 또 광록시(光祿寺)와 홍려시(鴻臚寺)는 중국 조정의 관작인데, 본조 이조에서 명을 받고 패(牌)를 주는 것 또한 맞지 않으니 적당하게 쌀을 주어 조정의 명령을 높이고 반록의 마땅함[義]을 엄하게 해야 할 것입니다.'

그에 따라 다만 월봉만 주었다.

갑술일(甲戌日-15일)에 예조에 명해 덕적(德積), 감악(紺岳)과 개성(開城)의 대정(大井)의 제례(祭禮)를 정했다. 이보다 앞서 국가에서 전조(前朝-고려)의 잘못을 이어받아 덕적, 백악(白岳), 송악(松岳), 목멱(木覓), 감악, 개성의 대정, 삼성(三聖), 주작(朱雀) 등지에 봄가을로 기은(祈恩)[39]했는데 그때마다 환시(宦寺)·무녀(巫女)·사약(司鑰)으로 하여금 제사하고 또 여악(女樂)을 베풀게 했다. 이때에 이르러 상이 말했다.

"신(神)은 예(禮)가 아닌 것을 흠향하지 않는다."

널리 고전(古典)을 상고해 모두 폐지하고 내시별감(內侍別監)으로 하여금 향을 받들어 제사 지내게 했다.

○ 예조에서 또 아뢰었다. "대국제(大國祭)를 혁파했으니 이는 의궤

---

39 옛날 왕가(王家)의 복(福)을 빌기 위해 영험(靈驗)이 있는 곳에서 의장(儀仗)을 엄하게 하고, 악기를 갖춰 무당이나 환자(宦者)·사약(司鑰)으로 하여금 기도하게 하던 일을 가리킨다.

(儀軌)에 없기 때문이고 혁파하지 않은 것은 국무당(國巫堂)[40]뿐입니다."

○ 예조에서 아뢰었다.

"근래에 지시가 있어 송악(松岳), 백악(白岳), 감악(紺岳) 등지에 별감(別監)으로 하여금 향을 받들어 제사를 거행하게 했습니다. (그러나) 본조(本曹)의 월령(月令)을 상고해보면 백악 등지에 춘추(春秋)로 제사 지내니 또 따로 기은(祈恩)하는 것은 중첩해 거행하는 것입니다."

상이 말했다.

"따로 기은을 거행한 지가 오래됐으니 없앨 수 없다."

○ 주서(注書) 양질(楊秩)을 해풍(海豐)에 보내 전 총제(摠制) 김첨(金瞻)에게 삼성(三聖), 주작(朱雀), 대국(大國)의 신(神)의 제사에 대해 물으니 첨(瞻)이 대답했다.

"주작은 전조 때에 송도(松都) 본궐(本闕) 남훈문(南薰門) 밖에 설립하고, 주작 칠수(七宿)를 제사 지냈는데 이제 한경(漢京)에서도 또한 옛 장소에 제사 지내는 것은 실로 알맞지 않으니 다시 시좌궁(時坐宮) 남쪽에 단(壇)을 베푸는 것이 좋겠습니다. 삼성은 전조 충렬왕(忠烈王)이 세조황제(世祖皇帝-원나라 쿠빌라이)의 딸에게 장가들고 [尙] 중국 남방에 있는 신(神)을 청해 제사 지냈는데 이는 대개 수도상
(水道)와 화복(禍福)을 주장하는 것입니다. 대국(大國)은 중국 북방

---

40 국가적 행사로서 굿을 주관하게 하기 위해 도성 안에 두었던 무당이다. 고려 명종(明宗) 때 설치됐으나, 여말선초(麗末鮮初) 주자학(朱子學)의 대두로 음사(淫祀)라 하여 폐지됐다가 다시 부활됐다.

의 신인데 충렬왕이 또한 청해 제사 지낸 것입니다. 옛날에 주공(周
公)이 신읍(新邑)을 짓고, 사전(祀典)에 없는 신(神)도 모두 제사 지냈
으니 위의 두 신이 비록 바른 신은 아니나 사전에 실려 있으니 폐기
할 수 없습니다."

상이 말했다.

"주작은 새로 시좌궁(時坐宮) 남쪽에 설위(設位)하고 삼성도 또한
여제(厲祭)의 뜻을 모방해 전과 같이 제사하라."

○ 사리전(舍利殿) 기우행향사(祈雨行香使)[41] 옥천군(玉川君) 유창
(劉敞)이 대궐에 나아와 장차 향(香)을 받으려 하니 상이 말했다.

"종묘(宗廟), 사직(社稷), 산천(山川), 북교(北郊), 화룡(畫龍), 토룡(土
龍), 석척(蜥蜴) 등에 비를 비는 것은 예문에 실려 있으니 마땅히 거
행해야 한다. (그러나) 불우(佛宇-사찰)에 비를 비는 것은 예전에 그
예가 없었다. 하물며 내가 전번에 부처에게 비를 빌었을 때에도 조금
도 응험이 없었다. 불도가 비록 영험이 있다 하더라도 세상에 지공
(指空)[42] 같은 중이 없는데 어찌 그 응험이 있겠느냐."

드디어 정지했다.

○ 경상도 연해변(沿海邊) 주군(州郡)의 수령은 모두 문무를 겸비
한 자를 골라 내려보내라[差遣]고 명했다. 도관찰사 안등(安騰)이 보
차견
고했다.

---

41 기우제(祈雨祭)를 행할 때 나라에서 내리는 향(香)을 전달하는 사신을 가리킨다.

42 고려 충숙왕(忠肅王) 2년에 인도의 마가다(摩竭陀)국에서 온 승려다. 중국을 거처 우리나
라에 와 법화(法化)를 펴고 왕사(王師)가 됐다.

'도내(道內) 연해변 주군은 토지가 비옥하고 사람과 물자[人物]가 번성하고 많아서 왜인(倭人)의 흥리선(興利船-상선)이 늘 왕래하므로 주민들이 평범하게 보아 방비가 조금도 없으니 이에[其於] 편안해도 위태한 것을 잊지 않는 도리[安不忘危之道]에 실로 맞지 않습니다. 바라건대 남해(南海), 하동(河東), 사천(泗川), 고성(固城), 김해(金海), 양주(梁州), 기장(機張), 울주(蔚州), 장기(長鬐), 영일(迎日), 흥해(興海), 청하(淸河) 등의 고을에는 반드시 문무를 겸비한 자를 내려보내고[差=差遣] 또한 서북면의 판현령(判縣令)[43]이나 감무(監務)의 예에 의거해야 할 것입니다.'

그것을 따랐다.

○ 갑사(甲士) 표시라(表時羅)에게 명해 그의 고향에서 부모를 방문할 수 있게 했다[覲親]. 일본 지좌전(志佐殿)이 사자로 보낸 객인(客人)이 말씀을 올렸다.

"동모제(同母弟) 표시라의 어미가 나이 80세에 이르렀으므로 심히 서로 만나보고자 하니 데리고 가기를 청합니다."

그래서 이런 명이 있었다.

을해일(乙亥日-16일)에 태백성(太白星)이 낮에 보였는데 하늘을 가로질러 지나갔다. (경기도) 광주(廣州) 북쪽 지경에 우박이 내렸다.

○ 골간올적합(骨看兀狄哈)이 왔다.

---

43 무관(武官)이 겸관(兼官)하던 고을을 가리키는데 병마사(兵馬使)가 겸임했다.

정축일(丁丑日-18일)에 검교한성윤(檢校漢城尹) 고충언(高忠彦)에게 쌀 40석과 콩 30석을, 전 승녕부판관(承寧府判官) 고준(高俊)에게 쌀 10석과 콩 5석을 내려주었다. 충언(忠彦) 등은 제주 사람이다. 충언은 일찍이 말 3필을 바쳤고 준(俊)은 말 1필을 바쳤기 때문에 각각 차등 있게 내려준 것이다.

○ 여러 관아[庶司]의 천전(遷轉-인사이동)하는 법을 토의했다. 상이 말했다.

"정부(政府-의정부)와 예조참의 허조(許稠) 등이 말하기를 '많은 관원이 여러 번 서로 교체되기 때문에 실질적인 효과를 이루지 못한다'라고 했다. 이 말은 얼핏[似] 옳은 것 같지만 맞지 않는 것이 있다. 각사(各司)에서 반드시 개월(箇月)을 채우게 하면 수령(守令)으로 고만(考滿-임기만료)이 된 자는 장차 어느 벼슬에 전보하겠느냐?"

지신사 김여지(金汝知) 등이 말했다.

"그것뿐만 아니라 세초(歲抄)에 자격과 경력이 너무 많기 때문에 변경이 없을 수 없습니다. 그러나 창고(倉庫) 전구(典廄-마구간 담당)의 관원은 반드시 실질적인 효과를 내기를 기다려야 하고 만일 알맞지 않은 자가 있으면 그대로 두는 것[持久]만을 고집할 수는 없습니다. 그러므로 앙속육조(仰屬六曹)⁴⁴로 하여금 포폄(褒貶)해 서용(敍用)하게 하면 옳을 것입니다."

상이 말했다.

"그렇다. 마땅히 정부로 하여금 영구적인 법전을 만들게 하라."

---

44 각기 해당한 육조를 말한다.

의정부에서 말씀을 올렸다.

"호조, 형조, 예조, 전사시(典祀寺), 예빈시(禮賓寺), 전농시(典農寺), 감농관(監農官), 군자감(軍資監), 제용감(濟用監), 도관(都官), 사온서(司醞署), 풍저창(豐儲倉), 전구서(典廐署) 등 각사(各司)는 사무가 번잡해 자주 교체할 수 없으니 모두 20개월을 1고(考-임기)로 삼아 그중에서 능한 자는 가려 쓰고 능하지 못한 자는 곧 파면해야 할 것입니다."

상이 명했다.

"30개월을 1고(考)로 삼으라."

일은 끝내 시행되지 않았다.

무인일(戊寅日-19일)에 좌정승 성석린(成石璘)이 글을 올려 사직을 청하니[乞骸=乞骸骨] 상이 그 글을 돌려보내며 말했다.
걸해   걸해골

"나는 비록 늙지 않았는데도 오히려 기거(起居)함에 게을러지는데 하물며 경은 나이 70이 넘었으니 어찌 싫증이 나지 않겠는가? 그러나 벼슬을 사양할 때가 아니다. 경은 물러가기를 빌지 말고 나의 허물을 보필하라."

석린이 대답했다.

"나이 이미 늙어서 그 직임을 감당하지 못하니 나라에 도움이 될 것이 없고, 또 음양술수(陰陽術數)는 비록 믿을 수는 없으나 모두 금년과 명년이 불길하다고 말하니 사직하기를 청합니다."

상이 말했다.

"진퇴의 결단은 진실로 쉬운 일이 아니니 아직은 굳이 사직하지 말라."

○ 풍해도의 보리 종자를 서북면(西北面)으로 옮기라고 명했다. 의
정부에서 말씀을 올렸다.

"서북면의 창고 곡식이 모두 60만 석인데 빈궁한 백성에게 진대(賑
貸)한 것이 이미 30만 석이고 지금 또 가무니 만일 올해 흉년이 들어
[不稔] 또 진대해야 한다면 곡식이 장차 남음이 없을 것입니다. 풍해
도에서 상납하는 소맥 670여 석을 서북면에 수송해 실농한 각 고을
에 나눠 주어 수령으로 하여금 각호(各戶)의 비옥한 밭을 골라 경종
(耕種)하는 것을 친히 감독해 내년을 대비하고 또 금년의 풍해도 전
세(田稅)를 서북면에 수송해 모두 군량에 충당해 만약의 사태[不虞]
에 대비해야 할 것입니다."

일단 보리 종자만 옮기라고 명했다.

을묘일(乙卯日-20일)에 비가 내렸다.

○ 박은(朴訔)을 사헌부대사헌으로, 황희(黃喜)를 병조판서로 삼
았다. 은(訔)은 병을 핑계로 (관직에) 나오지 않았다. 이에 앞서 공신
들이 하륜(河崙) 등의 죄를 청하자 은이 말했다.

"이때의 용사자(用事者)란 조준(趙浚) 등을 가리킨 것이 분명하다.
이숭인(李崇仁)과 이종학(李種學)의 죽음은 이 권신(權臣)들이 용사
(用事)한 짓이다."

헌사(憲司)에서 이를 듣고 은을 핵문하니 은이 말했다.

"륜(崙)에게 들었다."

륜을 핵문하니 이렇게 말했다.

"종학(種學)의 아들에게 들었다."

헌사에서 추문(推問)하는 것이 끝나지 않았기 때문이었다.

○사형수 13인의 죄를 감형했다. 형조(刑曹)에서 사형수 30여 인의 죄안(罪案)을 올리니 상이 그 사실을 조사해[覈] 비록 극형에 해당하더라도 정상이 불쌍한 것이 있으면 모두 감등해 시행했다.

경진일(庚辰日-21일)에 비가 내렸다.

○비로소 술을 올렸다. 상이 말했다.

"입직(入直)하는 여러 경(卿)들이 습(濕)한 곳에서 자니 마땅히 약주(藥酒)를 내려주도록 하라."

갑신일(甲申日-25일)에 예빈윤(禮賓尹) 조겸(趙謙) 등 6인을 파직했다. 애초에 권지직장(權知直長) 정군실(鄭君實)이 감수(監守)하다가 스스로 창고 안의 전곡(錢穀)을 도둑질해 장(贓)이 한도에 차서 죄가 참형(斬刑)에 해당했다. 형조에서 아뢰니 명해 한 등급을 내렸다. 이때에 이르러 형조에서 글을 올렸다.

'근래에 정군실을 한 등(等) 줄여 시행하라는 명령이 있었습니다. 이는 순임금[帝舜]의 흠재(欽哉-삼가다)하던 아름다운 뜻이기는 하지만, 군실이란 자가 가만히 도필(刀筆)로 농간해 물건을 훔쳐 제 것으로 돌렸으니 이는 창고의 모적(蟊賊)이어서 법으로 용서할 수 없고 정상을 참작할 만한 것도 없습니다. 만일 상의 자애로움을 입게 되면 악을 징계할 방법이 없으니 바라건대 상전(常典)에 따라 후인을 경계시켜야 할 것입니다.'

그것을 따랐다. 또 글을 올렸다.

'예빈시(禮賓寺)의 원리(員吏)가 공물(貢物)을 수납할 때에 오로지 간리(奸吏)에게 붙여서 도둑질을 하게 하니 설관(設官) 분직(分職)한 뜻에 어떻겠습니까? 청컨대 율에 의거해 시행해야 할 것입니다.'

명해 모두 파직했다.

○ 군자감(軍資監)의 창고를 짓는 역사를 정지하라고 명했다. 애초에 호조판서 이응(李膺)이 말씀을 올렸다.

"용산강(龍山江)의 군자감 창고는 적은데 축적한 것은 많으니 마땅히 승도(僧徒)를 시켜 군자감 창고를 증치(增置)하고 강원도 조세(租稅)는 우선 회양(淮陽) 관(官)에 수납하고 풍해도 조세는 수납하지 말며 임진(臨津) 이북으로부터 대진(大津) 서쪽은 개성부(開城府)에 수납하게 하소서."

이를 허락했다. 이때에 이르러 의정부(議政府)에 명했다.

"토목 역사는 내가 싫어하는 바이니 우선 유후사(留後司)의 중들이 없는 사사(寺社)에 군량을 쌓아두라."

○ 의정부에서 아뢰었다.

"서북면 도순문사(西北面都巡問使)가 보고하기를 '평양성(平壤城)이 높고 낮은 것이 같지 않으니 이달 그믐께 역사를 시작해 10월 안에 쌓는 것을 마치고자 한다'라고 합니다. 그러나 금년은 가뭄이 너무 심하니 일단은 풍년을 기다려 쌓게 하소서."

그것을 따랐다.

○ (일본) 일기지주(一岐知主) 원량희(源良喜)가 사람을 보내 예물을 바치고 『대장경(大藏經)』을 요청했다.

병술일(丙戌日-27일)에 사간원(司諫院)에서 소(疏)를 올렸다. 소는 이러했다.

'옛날에는 가(家)에는 숙(塾)이 있고, 당(黨)[45]에는 상(庠)이 있고, 술(術)[46]에는 서(序)가 있어 어느 땅에도 학교가 없는 곳이 없고 한 사람도 가르치지 않는 바가 없었습니다. 전조(前朝) 때에 문헌공(文憲公) 최충(崔沖, 984~1068년)[47]이 (자기의) 사는 집과 창적(蒼赤)[48]을 내놓아서 구재(九齋)에 소속시켜 생도를 교육했으니 비록 사장(詞章)만을 숭상했더라도 문교(文教)에는 도움이 있었다고 하겠습니다. 국초에 구재(九齋)를 혁파하고 오부학당(五部學堂)을 설치해 성리(性理)의 학을 밝혔으니 참으로 삼대(三代) 교화의 아름다운 법입니다. 그러나 그 창적(蒼赤)을 부학(部學-오부학당)에 소속시키지 않고 모두 사가(私家)에 돌렸으니 문헌공의 뜻이 없어졌습니다. 다행히 지금 명해 오부도학당(五部都學堂)을 지어 인재를 교육하시니 바라건대 구재의 노비를 학당에 소속시켜 문헌공의 뜻을 이루면 전하께서 학문을 높여 일을 이뤄내는 아름다움[作成之美]이 더욱 나타날 것입니다. 검소한 것을 숭상하고 용도를 절약하는 것은 국가의 선무(先務)입니다.

---

45 500가(家)를 가리킨다.

46 1만 2,500가(家)를 가리킨다.

47 고려의 문신으로 문장과 글씨에 능해 해동공자로 불렸다. 1013년 국사수찬관으로 『칠대실록(七代實錄)』 편찬에 참여했다. 1047년 법률관들에게 율령을 가르쳐 고려 형법의 기틀을 마련했다. 농번기의 공역 금지 등을 상소해 시행했고 동여진을 경계해 국방을 강화했다. 벼슬에서 물러나 송악산 아래 사숙을 열고 많은 인재를 배출했는데 이를 문헌공도라 했다.

48 창생적자(蒼生赤子)의 줄임말이다. 또는 중국 한(漢)나라 때 노복들이 창건(蒼巾)을 쓰고 다닌 데서 유래해 노비의 의미로 쓰인다.

본조(本朝)의 촉밀(燭蜜)은 산출이 많지 않은데 경외(京外)의 대소 혼례(大小婚禮)와 각 관(各官)에 왕래하는 사명(使命)의 접대에 모두 촉밀(燭蜜)을 써서 다퉈 사치한 짓을 하니 잔관(殘官) 빈가(貧家)에 서도 이를 꾀하고 따라 해 실로 큰 폐단이 됩니다. 바라건대 이제부 터 공상(供上), 제향(祭享), 조신(朝臣) 접대 외에는 공사 간을 막론 하고 한결같이 금하소서. 각 관의 만기가 된 수령을 농삿달에 교체 하지 않는 것은 영송(迎送)의 번거로움이 농무(農務)를 방해하기 때 문입니다. 신 등이 듣건대 고만(考滿)이 된 수령이 다시 거관(居官)할 생각을 하지 않아 공무는 일삼지 않고 세월만 보내고, 심한 자는 관 물을 사사로이 남에게 주고 주찬(酒饌)을 갖춰 이웃 관(官)에 나가서 백성의 병폐를 가져오는 것이 도리어 영송보다 심한 것이 있습니다. 바라건대 이제부터는 고만이 된 수령은 반드시 교체해 바꿔 백성들 의 폐단을 제거해야 할 것입니다.'

(이를) 의정부에 내리니 토의해 말했다.

"구재(九齋)의 노비는 마땅히 학당에 환속(還屬)시켜야 할 것입 니다."

그것을 따랐다.

○ 제주목사(濟州牧使) 김정준(金廷雋)이 그 지방의 사의(事宜)를 올렸다. 상언(上言)은 이러했다.

'제주(濟州)에 동서(東西) 두 도(道)가 있는데 말을 기르는 자가 모 두 둔(屯)을 지어 매 둔(每屯)에서 해마다 말 1필을 바치는 것이 예 (例)입니다. 지금 보건대 토성(土性)이 푸석하고 들떠서 곡식을 파종 하는 자가 반드시 말과 소를 모아 그 땅을 밟아서 땅이 반드시 단단해진 뒤에 종자를 뿌리니 공사(公私)의 소와 말이 이 때문에 피곤해집니다. 공가(公家)에서 비록 금령(禁令)이 있으나 몰래 목자(牧子)와 짜고서 말을 병들게 합니다. 이제부터는 1둔(屯)마다 상마[雄] 1필에 피마[雌] 9필을 남기고 그 나머지 거세(去勢)한 말[騸馬]은 모두 조정에 바치는 것을 해마다 상례(常例)로 삼아야 할 것입니다.'

그것을 따랐다.

○ 사헌부에서 소(疏)를 올려 황거정(黃居正)과 손흥종(孫興宗)이 이숭인(李崇仁)과 이종학(李種學)을 임의로 죽인[擅殺] 죄를 청했다. 소는 이러했다.

'임신년의 교서사(教書使) 손흥종이 지금 풍해도 신은현(新恩縣)에 있는데 본부(本府)에서 그 도 감사(監司)로 하여금 이종학을 교살(絞殺)한 실상을 묻게 하니 감사가 보고하기를 "손흥종이 자복하기를 '그때 남은(南誾)과 정도전(鄭道傳)이 만일 곤장 100대를 때린 뒤에 죽지 않거든 교살하라고 했기 때문에 신이 교살했다'고 했습니다"라고 했으니 이것이 사실입니다. 그때 체복사(體覆使) 황거정에게 이숭인이 죽은 연유를 핵문하니 대답하기를 "장(杖) 이외의 다른 형벌은 없었고 다만 이에 앞서 병이 생겼기 때문에 장으로 해 죽게 된 것이다"라고 했습니다. 전라도 감사로 하여금 집장(執杖)했던 아전에게 이숭인이 죽게 된 연유를 묻게 했더니 감사가 보고하기를 "그때에 집장했던 나주호장(羅州戶長) 정철(鄭哲) 등 여러 사람이 고하기를 '그때 체복사 황거정이 반인(伴人)을 시켜 장목(杖木)을 두 번이나 점검해 물리치고, 그 허리를 때리게 하고 곧 말에 실어 순천부(順天府)에 옮겨두었는데, 노상(路上)에서 두 코에서 피가 나와 죽었다'고 했다"

302

라고 했으니 이와 같다면 손흥종과 황거정이 교살하고 함부로 형벌한 죄가 이미 나타났습니다. 청컨대 그 사유를 국문해야 할 것입니다.'

승정원(承政院)에 명했다.

"그때 태조(太祖)는 살리고자 했는데 권신이 법을 농간해 임의로 죽였으니 그 죄가 어떻게 되는가? 그러나 이미 사유(赦宥)를 지냈으니 내버려두고 논하지 말 것인가?"

지신사 김여지(金汝知) 등이 대답해 말했다.

"남의 신하된 자[人臣]의 죄 중에 임금을 속이는 것보다 더 큰 것이 없습니다. 또 모고살인(謀故殺人)은 또한 용서하지 않는 죄에 들어 있습니다."

상이 말했다.

"그렇다."

황거정과 손흥종을 가둬 신문하도록 명하고 순금사(巡禁司)에 일렀다.

"남의 신하된 자로서 어찌 군상(君上)의 명령도 없는데 임의로 죽일 수가 있겠느냐? 의령군(宜寧君) 남재(南在)는 그때에 참여해 들었고, 철성군(鐵城君) 이원(李原)도 또한 임신년에 전라도 안렴사(全羅道按廉使)였으니 어찌 알지 못했겠는가? 모두 알지 못한다고 대답하니 참으로 잘못됐다. 개국하던 처음에는 내가 일에 참여하지 않았던 것이 없었지마는 그 뒤로는 내가 알지 못했다. 그러므로 사람들이 이숭인과 이종학의 죽음을 말했지만 장사(杖死)한 것으로 생각했는데, 이제야 임의로 죽인 것을 알겠다. 마땅히 고략(拷掠-고문)해 물으라."

또 명해 말했다.

"그뿐만 아니라 그때 우홍수(禹洪壽, 1355~1392년)[49]도 원통한 형벌을 받고 죽었으니 아울러 추문하라."

홍수(洪壽)의 아들 승범(承範)이 글을 올렸으므로 상이 읽어보고 그 글을 순금사에 내린 것이다.

무자일(戊子日-29일)에 승도(僧徒)에게 명해 연복사(演福寺)에서 구병정근(救病精勤)을 거행했다. 세자의 딸이 병들었기 때문이다.

○ 풍해도 도관찰사 심온(沈溫)이 수군첨절제사(水軍僉節制使) 박영우(朴英祐)를 파직시켰다. 영우(英祐)는 경박스런 호령(號令)이 엄격하지 못하고 백성을 침노해 영선(營繕)만 하고 병기(兵器)는 연마하지 않았기 때문이다.

○ 경상도 신당포 만호(神堂浦萬戶)와 번계 천호(樊溪千戶)를 없앴다. 상주·진주 병마도절제사(兵馬都節制使)가 아뢰었다.

'신당포 만호를 없애 내이포 만호(乃而浦萬戶)로 하여금 겸해 거느리게 하고, 신당포 병선은 부인당포(夫人堂浦)에 합치고 또 번계 천호를 없애 가배량 만호(加背梁萬戶)로 하여금 겸해 거느리게 하고 순환해 방어하게 하는 것이 어떠합니까?'

---

49 단양백(丹陽伯) 우현보(禹玄寶)의 아들이다. 우왕 때 문과에 급제해 낭장(郎將)으로 성균박사를 겸했으며 지신사(知申事) 대사헌을 거쳐 창왕 때 첨서밀직사사(簽書密直司事)가 됐다. 1389년(창왕 1년) 김저(金佇)의 옥사에 관련돼 다음 해에 인주(仁州-지금의 인천)에 유배됐다가 1391년(공양왕 3년)에 다시 기용돼 동지밀직사사(同知密直司事)가 됐으나 1392년 정도전(鄭道傳)의 모함을 받아 정몽주(鄭夢周) 일파로 몰려 순천(順天)에 유배됐다가 장살당했으나 곧 신원(伸寃)됐다.

그것을 따랐다.

기축일(己丑日-30일)에 태백성이 낮에 보였고 하늘을 가로질러
갔다.

○ 경복궁(景福宮) 안에 개천[渠]을 파라고 명했다. 상이 말했다.
"경복궁은 태조(太祖)가 창건하신 것이니 마땅히 여기에 거처(居
處)해 이를 자손에게 보여야 한다. 상지(相地)하는 자가 말하기를 '명
당수(明堂水)가 없는 것이 흠(欠)이다'라고 하니 이에 개천을 파도록
하라."

庚申朔 上詣仁德宮 獻壽極歡. 上王誕晨也.

三功臣臺諫請河崙 權近之罪. 三功臣啓曰:"二人所撰行狀碑文

曰:'恭讓君卽位 時用事者忌公不附己 劾貶長湍.' 恭讓時 我

太祖爲左侍中 其稱用事者 是指太祖也. 請加以大不敬之罪."上

曰:"崙與近 俱我忠臣 豈謗我太祖乎? 稽與趙浚 鄭道傳等 素

有隙 崙 近俱稽之門人 故思欲報復耳 其實則非原情而發也. 且不

關於社稷 然報復 非大臣之道. 近則已爲物故 固不可追罪; 崙已

沈於家 而不得與聞國政矣. 卿等更勿言."執義曹致啓曰:"崙與

近 附於鄭夢周 而與趙浚 鄭道傳 南闇有忌 若以私事而交惡 則

猶云可也. 若以推戴太祖爲忌 則此二人之事 豈不關宗社乎? 儻

使夢周得存 而二人得志 遂殺浚輩 則太祖之大事去矣. 幸夢周

伏誅 然後大事以定. 觀其已然之迹 則今行狀碑銘所載之事 皆

原情而發 審矣."

左司諫李明德啓曰:"二人始雖附於夢周 而與浚等有忌 及至

殿下受命 俱有翼戴之勳 而爲宗社之臣 則宜與浚輩 視爲骨肉

兄弟可也. 旣不如是 相忌之心 未嘗忘也 發於言辭 至於如此.

殿下雖曰非原情而發 臣以爲雖聯句小詩 皆出於心. 況如行狀

碑銘 豈其無心而然也? 願加罪." 上曰: "使崙沈於家足矣 勿

復言." 乃召崙子摠制久曰: "近者三功臣臺諫請卿父之罪 予不從

之. 卿言於父 使之勿懼."

　　臺諫復交章請崙 近罪. 其疏曰:

　'臣等竊惟 忠義 人臣之大節. 李穡號爲大儒 曲學阿世 歷事

五朝 棄君如鈿 富貴自若 惑好異端 放浪形骸 曾不若五代之

馮道. 宜置於法 昭示名教 賴我太祖寬恤之恩 得終天年 穡之幸

也. 今 崙 近所述之辭曰: "公爲用事者所忌 屢陷誣罪." 臣等以爲

己巳庚午年 實我太祖參裨大政 盡忠王室之日也; 壬申七月 我

太祖俯循輿情 化家爲國之秋也. 彝初之獄 已有明降 義不可以

不鞫. 壬申以後 爵賞刑罰 裁自宸衷 安有當國大臣 竊弄威福

誣陷非辜於其間哉? 劾崙之答辭曰: "其時忌穡誣陷者 浚與道傳

是不敢斥言耳." 崙 近等 國初與穡爲黨 皆見竄逐① 還蒙上恩

得與功臣之列 宜當夙夜謹愼 不蓄舊怨 顧不是慮 虛飾文辭 至使

中國之人見之 以累我君臣 是君父之讎 法在不赦. 伏望殿下兪允

施行.'

　　辛酉 功臣南在 趙溫等 進請崙等之罪. 上言曰:

"崙等所言 雖指浚與道傳輩 然任道傳者誰歟? 浚等當恭讓之

朝 未得見用 其指爲用事者 豈其浚哉? 且稱用事者 衰世之事也.

豈可以我國初之人 爲用事者哉?"②

上曰:"凡事適可而止. 今已令崙不與政 沈于家 斯亦足矣 更勿言." 臺諫又進請不已 上曰:"崙 近初雖有二心于太祖 今爲予之忠臣 爾等亦吾臣子 宜從予言."

臺諫請崙 近之罪曰:"二人旣與浚等 同爲社稷之臣 消釋舊怨義也 其忌憚之心 著於文辭 況二人 俱是大儒 爲國人所取法者也. 其所施爲 至於如此 國人安知其是與非乎? 雖不置極刑 願加之罪 昭示衆人." 上曰:"今二臣之事 係於社稷 則當以法論 原其本心 則不然 豈可罪之?" 臺諫固諫至再至三 而上不從. 左政丞成石璘 右政丞趙英茂等諸功臣 亦請之 上亦不從. 石璘等曰:"凡傳於萬世者 文字而已. 今 崙等之文 紀太祖國初之事曰:'用事者忌公不附己 貶于長湍.' 其心 雖不可知 著於文者如此 臣等之所以憤悱而固請也." 上怒曰:"卿等謂我必不置崙於極刑 但欲其流斥也. 然如崙者 於國家不可無也." 石璘等對曰:"崙等之辭 混於君臣之間 莫知所指. 殿下雖曰爲浚等而發 後世安知其不爲君而發? 若以崙等爲無罪 則宜罪臣等." 上怒曰:"此何等語也? 謂我不能別是非乎? 此乃大事 不可若是其必也. 卿等固欲加罪明言其辭專指太祖而發處可也." 英茂曰:"臣武人 不識古事與文字 姑以築垣作室譬之. 昔我太祖築城之時 以不堅罪土工; 作軍資倉時 倉甫成而爲風所敗 罪木工. 臣前日聞於殿下曰:'裂稿

行狀 俾不傳於世.' 文辭尙不可傳 況作者豈無罪乎？ 殿下前日
행장 비부전 어세　　문사 상불가 전 황작자 기무죄호　　전하 전일

又曰：'種善欲顯其父於後世 予則不能爲太祖如種善.' 此臣等
우왈　 종선욕현 기부 어후세 여즉 불능 위태조 여종선　 차 신등

之憤悱而未已者也." 未及啓達 命曰："予今疾作 難於聽事 諸臣
지분비 이미이 자야　 미급 계달 명왈　 여금 질작 난어 청사　제신

宜退."
의퇴

　　功臣南在 李叔蕃等及臺諫復請崙 近之罪 上怒曰："功臣等
　　공신남재 이숙번 등급 대간 부청 륜 근지죄 상노왈　 공신등

非若臺諫之臣 諫不聽則去. 何其屑屑也？ 崙之所言 若指太祖 則
비약 대간 지신 간 불청 즉거　 하기 설설 야　 륜지 소언 약지 태조 즉

予豈懟之哉？ 今屛處于家 是罪之也." 臺諫又請之 上曰："罪疑惟
여기 은지 재　 금 병처 우가 시 죄지 야　 대간 우 청지 상왈　 죄의유

輕 古之訓也; 三諫不聽則去 亦古之法也." 旣而 召知申事金汝知
경 고지훈 야　 삼간 불청 즉거 역 고지법 야　 기이 소 지신사 김여지

等 艴然曰："崙 通古今盡忠誠. 如此名臣 求諸史册 亦未多見也.
등 불연왈　 륜 통 고금 진 충성　 여차 명신 구저 사책 역미 다견 야

功臣臺諫必欲去之 亦何心哉？ 汝等將各司公事 擬議啓聞 無一事
공신 대간 필 욕거 지 역 하심 재　 여등 장 각사 공사 의의 계문 무 일사

稱吾意 崙之補益弘多. 於我國有如此之臣 不其有光乎？ 乃何不
칭 오의 륜지 보익 홍다　 어 아국 유 여차 지신 불기 유광 호　 내 하부

傳說吾意於諸卿乎？ 盟雖兒戲 汝等指天誓之 汝等之心 以崙爲
전설 오의 어 제경 호　 맹수 아희 여등 지천 서지 여등 지심 이 륜위

有罪乎否？ 汝等之心 必以爲無罪 於吾前不敢直言者 但恐出外
유죄 호부　 여등 지심 필 이위 무죄 어 오전 불감 직언 자 단공 출외

有責之者. 吾昔日不經臺諫與州郡 故不知風俗之弊 至于今日 乃
유책 지자　 오 석일 불경 대간 여 주군 고 부지 풍속 지폐 지우 금일 내

知之矣. 君曰某非 則擧國隨之 一宰相曰某非 則亦如之. 前朝之
지지 의　 군왈 모비 즉 거국 수지 일 재상 왈 모비 즉 역 여지　 전조 지

季 如反掌敗亂相隨者 以無直言之臣也. 以汝等之無能 反欲害崙
계 여반장 패란 상수 자 이무 직언 지신 야　 이 여등 지 무능 반욕 해 륜

無乃有愧乎？ 爲國之道 君出言而臣下莫能矯其非 而雷同逐浪
무내 유괴 호　 위국 지도 군 출언 이 신하 막능 교기 비 이 뇌동 축랑

可乎？ 士風頹靡 一至於此 何哉？ 汝等退思之 則知其是非矣."
가호　 사풍 퇴미 일 지어 차 하재　 여등 퇴 사지 즉 지기 시비 의

咨嗟良久. 蓋先是 人知崙 近之書 莫有告之者 及聞上旨 雷同
자차 양구　 개 선시 인 지 륜 근지서 막유 고지 자 급문 상지 뇌동

請罪不已 故歎之也.
청죄 불이 고 탄지 야

命禮曹曰:"近日痾疾作 難於視事 勿令朝啓."
명 예조 왈 근일 이질 작 난어 시사 물령 조계

功臣臺諫又請崙 近之罪 上曰:"其所言用事者 若指太祖 不待
공신 대간 우청륜 근지죄 상왈 기 소언 용사자 약지 태조 부대

卿等之言 當示以法也. 卿等何以固請乎? 勿復言."崙上書至四
경등지언 당시 이법야 경등 하이 고청호 물부언 륜 상서 지사

自陳己之無罪 上厭其煩 悉還其書. 其一曰:
자진 기지 무죄 상영 기번 실환 기서 기일 왈

'臣以不肖被劾 愧歎何量! 然臣竊惟 有國家者 創業與守成
신 이 불초 피핵 괴탄 하량 연신 절유 유 국가 자 창업 여 수성

不同. 創業之主 必出於前代衰亂之季 必有豪傑之士 歸心協謀
부동 창업 지주 필 출어 전대 쇠란 지계 필유 호걸 지사 귀심 협모

用事於其間 陰引士類 附己者進之 異己者斥之 親於舊主而忠於
용사 어기간 음인 사류 부기 자진지 이기 자척지 친어 구주 이 충어

舊主者 務皆去之 使舊主之勢 孤立於上 舉朝之臣 無一忌憚者
구주 자 무개 거지 사 구주 지세 고립 어상 거조 지신 무일 기탄 자

然後大計乃成. 若魏晉以來至于趙宋 莫不皆然. 及至大事旣成
연후 대계 내성 약 위진 이래 지우 조송 막불 개연 급지 대사 기성

然後 前代之時斥去之臣 皆爲所用 此理勢之不得不然者也. 恭惟
연후 전대 지시 척거 지신 개위 소용 차 이세 지 부득 불연 자야 공유

我太祖 以神武不世之德 當前朝之季 任兼將相 自舉義回軍之後
아 태조 이 신무 불세 지덕 당 전조 지계 임겸 장상 자거의 회군 지후

衆心願戴 天命有歸矣. 然前代君臣之分尙存 安危之機 不可不察.
중심 원대 천명 유귀 의 연 전대 군신 지분 상존 안위 지기 불가 불찰

豈非一二奇計之臣 用事於其間 附己者進之 異己者斥之 然後
기비 일이 기계 지신 용사 어기간 부기 자진지 이기 자척지 연후

大業以成哉? 李穡在前朝 位爲冢宰 但知守常 宜爲見忌於用事之
대업 이성 재 이색 재 전조 위위 총재 단지 수상 의위 견기 어 용사 지

臣. 權近作穡行狀曰:"恭讓君立 用事者忌公不附己 劾貶."是專
신 권근 작 색 행장 왈 공양군 립 용사자 기공 불부기 핵폄 시전

指中間用事之人耳. 況尹彛 李初連署衆名 獻書上國 請迎皇子!
지 중간 용사 지인 이 황 윤이 이초 연서 중명 헌서 상국 청영 황자

本國之俗 役奴婢食土田 家家有公侯之樂 豈願得中國之人而爲主
본국 지속 역 노비 식 토전 가가 유 공후 지락 기원득 중국 지인 이위주

哉? 況禹玄寶旣幸孫婦之父爲君 豈欲立他人哉? 其爲詐僞灼然.
재 황 우현보 기행 손부 지부 위군 기욕 립 타인 재 기위 사위 작연

以太祖之明睿 不肯有小疑 但一二用事之臣 以其舊怨者之名 在
이 태조 지 명예 불긍 유 소의 단 일이 용사 지신 이기 구원 자지 명 재

衆名之中 力主其議 欲成其罪耳. 況太祖當推戴之時 謙讓固拒
중명 지중 역주 기의 욕성 기죄 이 황 태조 당 추대 지시 겸양 고거

至卽位之日 當施寬大之仁 以致惟新之化? 向之用事者 必欲報
지 즉위 지일 당시 관대 지인 이치 유신 지화 향지 용사자 필욕보

其舊怨 歸罪穡等 此豈出於太祖之心哉? 及乎守成之日 用事之臣
기 구원 귀죄색등 차기 출어 태조 지심재 급호 수성 지일 용사 지신

不得一有如前日之所爲 可以見太祖之明斷 而前日之所爲 果皆
부득 일유 여전일 지소위 가이 견 태조 지명단 이 전일 지소위 과개

非出於太祖之命矣. 近之行狀之意如此 故臣因而撰序文. 臣竊謂
비 출어 태조 지명의 근지 행장 지의 여차 고신 인이 찬 서문 신 절위

宋太祖受禪之際 趙普之謀 韓通之死 史策皆以太祖之不知書之
송태조 수선 지제 조보 지모 한통 지사 사책 개이 태조 지부지 서지

其寬大之德 益光於後世矣. 若謂創業草昧之時 用事之臣奇計
기 관대 지덕 익광어 후세의 약위 창업 초매 지시 용사 지신 기계

陰謀之事 皆以爲出於太祖之命 則有如縊殺李鍾學 杖殺李崇仁
음모 지사 개이위 출어 태조 지명 즉 유여 액살 이종학 장살 이숭인

等六七人之事 此豈太祖之所知哉? 若不以實書之 以用事者之
등 육칠 인지사 차기 태조 지소지재 약불 이실 서지 이 용사자 지

所爲 似皆出於太祖 則臣恐太祖之盛德光輝 有累於後世矣. 伏惟
소위 사개 출어 태조 즉신 공 태조 지성덕 광휘 유누어 후세의 복유

殿下 聖學緝熙 義理之精微 靡不融會 幸加聖慮 俾蒙寬免 則
전하 성학 즙희 의리 지정미 미불 융회 행가 성려 비몽 관면 즉

生者豈不願糜身 死者豈不思結草 圖報聖德之萬一哉? 伏望聖慈
생자 기 불원 미신 사자 기 불사 결초 도보 성덕 지 만일 재 복망 성자

優容焉.'
우용 언

其二曰:
기이 왈

'臣崙庸暗失誤 罪在不測 伏蒙殿下睿察明斷 許令臣屛迹悔罪
신 륜 용암 실오 죄재 불측 복몽 전하 예찰 명단 허령 신 병적 회죄

再生之恩 實同天地 感激之情 何可勝言! 然臣謹考權近所撰李穡
재생 지은 실동 천지 감격 지정 하가 승언 연신 근고 권근 소찬 이색

行狀曰: "恭讓君立 用事者忌公不附己 劾貶長湍." 臣謂 恭讓之
행장 왈 공양군 입 용사자 기공 불 부기 핵폄 장단 신위 공양 지

時 用事君相之間者 不過一二人 國人之所共知 近豈以用事二字
시 용사 군상 지간자 불과 일이인 국인 지 소공지 근기 이 용사 이자

指斥太祖乎? 臣於序文 削去用事二字 只書忌公不附己者 劾貶
지척 태조 호 신어 서문 삭거 용사 이자 지서 기공 불 부기 자 핵폄

長湍 其不去不附己三字者 若只書忌公 則後之人 不知見忌者爲
장단 기 불거 불 부기 삼자 자 약 지서 기공 즉 후지인 부지 견기 자위

何事 故幷書之. 其時用事一二者之門 一國大小之臣 或自往 或遣
하사 고 병 서지 기시 용사 일이자 지문 일국 대소 지신 혹자왕 혹견

子弟 無不致慇懃之意 惟穡遇知於太祖 足不一躡其門. 又出見忌

之言 臣實知之 故不削此三字 豈敢有一毫微意哉? 其行狀又曰:

"及公沒 忌公者典文 始以表辭 見責於帝." 臣謂此典文之忌公者

便是用事之忌公者無疑矣. 其行狀又曰:"太上王卽位 用事者忌

公 誣公以罪 欲置極刑." 臣謂此用事者 與前言用事者同是一人.

然臣之序文 削去用事二字 只書忌公者誣公以罪 欲寘極刑. 臣

竊恐太祖大王 以聰明神武之資 出於前朝之季 功德旣崇 反爲

時君所忌 危如累卵 麾下奇計之士 先出推戴之心 積以歲月 及至

情見事迫 然後太祖乃知之 怒而益避 衆心旣固 不獲已卽位 初豈

有心於取國 而預有命令哉? 其草昧之際 奇計陰謀 皆出於用事之

臣 若以爲不敢言用事者之所爲 則卽位宥旨之後 杖殺縊殺等事

豈爲太祖之所知乎? 臣嘗聞散宜生賄紂之計 文王不之知; 陳平

六出之計 漢祖不之知; 裵寂 劉文靖之謀 唐祖初不知; 苗訓之

言 趙普之謀 宋祖初不知 史策實書之. 後世之人 知有聖德 不知

其小有可議. 況其用事之人挾私之事 何不以實書之 使後世之人

有疑於聖德哉? 又況戊寅之秋 向之用事者 欲挾幼孼爲亂 謀害

宗親 此亦豈太祖之所知哉? 殿下以宗社大計 去此用事之輩 然後

宗社乃安 式至今日. 戊寅之用事者 乃其壬申之用事者也. 可不

以實書之 而庇護之哉? 當戊寅事定之後 衆議欲誅用事者之長子

臣謂大事旣定 不可更有誅戮 力言於殿下 卽蒙殿下拒衆議而活之

此殿下之所明知也. 不報復於其子之身 欲以空言爲報復之計 臣

雖淺狹 豈敢有此哉? 只緣庸暗 牽於近之行狀 不能大加筆削 使

語意未瑩 此則臣之罪也. 仰累殿下知人之明 下負平日之所學③

慙愧之至 措躬無地. 伏望殿下 更垂矜察焉.'

其三曰:

'臣伏聞獻議者曰: "權近所撰李穡行狀 曰用事者 臣所撰碑文

曰忌公者 俱不書姓名 是爲有罪." 臣謹稽唐宋諸儒碑碣之文

言行之錄 謹條列如左. 一, 韓文公撰柳子厚墓誌曰: "順宗卽位

拜禮部員外郞 遇用事者得罪 例出爲刺史." 一, 朱文公撰韓魏公

言行錄曰: "祖宗舊法 遵用斯久 屬者遵一士之偏議 變數朝之

定律." 撰富鄭公言行錄曰: "神宗卽位 有於上前言災異皆天數

非人事得失所致. 公聞之 嘆曰: '人君所畏唯天 若不畏天 何事

不爲!' 此奸臣欲進邪說 先導上無所畏 使咈諫諍之臣 此治亂之

機也." 撰歐陽文忠公言行錄曰: "公在翰林 立言 讖緯之說 一切

削去 無誤後學 執政者不甚主之 竟不行." 又曰: "除判太原府 公

辭求蔡州曰: '時多喜新奇 而臣思守拙 衆方興財利 而臣欲循常.'

執政知其終不附己." 臣竊謂韓退之文章 朱文公道德 後世學者

之慕效者也. 其於記事之文 只書其人之行事 而不書其姓名者

爲文之法 要有含蓄 而使人思而得之也. 近之不書姓名者 豈非體

此乎? 又聞獻議者 以不附己三字爲說. 歐陽永叔 先進老儒 而

王安石 新進者也. 朱文公以知其不附己書之. 凡威勢之所在 有欲
왕안석　신진 자야　주문공 이지기불 부기 서지　범 위세 지 소재　유욕

者一皆趨附而取悅焉 此所謂趨炎附熱者也. 穡 先進老儒 而當時
자 일개 추부 이취열 언　차 소위 추염부열 자야　색 선진 노유　이 당시

用事者 雖爲新進 其勢不可不趨附也 而穡一不造其門 且出不直
용사자　수위 신진　기세 불가 불 추부 야　이색 일부조 기문　차 출 부직

其人之言 此其所以見忌也. 近之所書 豈非以此乎? 臣之序文 削
기인 지언　차기 소이 견기 야　근지 소서　기비 이차 호　신지 서문　삭

其用事二字 不削其不附己三字者 臣以學淺 保近之不誤 臣至
기 용사 이자　불삭 기불 부기 삼자 자　신 이 학천　보 근지 불오　신 지

今日 實以此爲悔. 衆議交集 不量輕重 欲加之罪 伏蒙上慈明辨
금일　실 이차 위회　중의 교집　불량 경중　욕 가지 죄　복몽 상자 명변

俾全性命 臣心感謝之極 天地日月 實所照臨. 伏惟上鑑.'
비전 성명　신심 감사 지극　천지 일월　실 소조림　복유 상감

　其四曰:
　기사 왈

　'臣崙竊謂 恭讓君卽位之初 太祖當國 忌穡者不過一二人 太祖
　신륜 절위　공양군 즉위 지초　태조 당국　기색 자불과 일이인　태조

以禮待穡甚厚 忌穡者屢欲寘危地 太祖便救之得全. 臣豈不知此
이 예대 색 심후　기색 자누 욕치 위지　태조 편 구지 득전　신기 부지 차

乃以太祖爲忌穡哉? 獻議者若謂太祖剛明 不可謂有用事者 則
내 이 태조 위기 색재　헌의 자약 위 태조 강명　불가위 유 용사자　즉

臣之序文曰: "忌公者誣公以罪 欲加極刑." 繼之曰: "王原之."
신지 서문 왈　기공 자무 공 이죄　욕가 극형　계지 왈　왕 원지

其所以原之者 乃太祖之剛明也 何傷於聖德乎? 若謂太祖之時
기 소이 원지 자　내 태조 지 강명 야　하 상어 성덕 호　약위 태조 지시

用事者之所爲皆是 則將謂殿下定社之時 諸功臣之所爲 皆非矣.
용사자 지 소위 개시　즉장 위 전하 정사 지시　제 공신 지 소위　개 비의

殿下何不念此乎? 殿下以宗社大計 去太祖之時用事之輩 然後
전하 하 불념 차호　전하 이 종사 대계　거 태조 지시 용사 지배　연후

宗社乃安. 當使後世之人詠歌殿下之功德於無窮矣 乃何欲庇護其
종사 내안　당사 후세 지인 영가 전하 지 공덕 어무궁 의　내 하욕 비호 기

用事者 而反埋沒殿下之功臣乎? 權近所撰齊陵之碑 健元陵之碑
용사자　이반 매몰 전하 지 공신 호　권근 소찬 제릉 지비　건원릉 지비

皆著用事者之名 又何得而盡庇護之哉? 伏望殿下更加聖慮.'
개저 용사자 지명　우 하득 이진 비호 지재　복망 전하 갱가 성려

　功臣等又請崙 近之罪 臺諫上交章 上不覽還之 使中官問其
　공신 등 우청 륜　근 지죄　대간 상 교장　상 불람 환지　사 중관 문기

疏意 對曰: "請崙等之罪也." 上怒曰: "承政院何不傳吾意 以至
소의　대왈　청륜 등 지죄 야　상 노왈　승정원 하 부전 오의　이지

屑屑如此之甚乎? 令勿復言." 其疏曰:
설설 여차 지심 호 영물 부언 기소 왈

'臣等於前日 以河崙 權近之罪 法所不赦 再疏申請 殿下以謂:
신등 어 전일 이 하륜 권근 지죄 법 소불사 재소 신청 전하 이위

"原其措辭情意 所謂用事者 指當時起事之人 非謂我太祖也."
원 기 조사 정의 소위 용사자 지 당시 기사 지인 비위 아 태조 야

臣等竊謂今崙之言曰:"其時宰相趙浚 鄭道傳等 用事忌穡 誣陷
신등 절위 금륜 지언 왈 기시 재상 조준 정도전 등 용사 기색 무함

以罪." 趙浚等 太祖開國元勳也. 未知與穡有何私怨 而誣陷乎?
이죄 조준 등 태조 개국 원훈 야 미지 여색 유하 사원 이 무함 호

況我太祖行義之正 好生之仁 皇天上帝之所陰騭 一國臣民之
황 아 태조 행의 지정 호생 지인 황천 상제 지 소음즐 일국 신민 지

所共覩 敢以用私意 言枉害非辜乎? 崙等若宋季之文天祥 元末
소공도 감 이용 사의 언왕 해 비고 호 륜등 약 송계 지 문천상 원말

之秦愈伯 知有其君而順義守節 則不勝忠憤之志 欲涉不經 誰曰
지 진유백 지유 기군 이 순의 수절 즉 불승 충분 지지 욕섭 불경 수왈

不可!
불가

今委質於朝鮮 爲社稷元勳 柱石大臣 固宜克盡臣道 與朝鮮
금 위질 어 조선 위 사직 원훈 주석 대신 고의 극진 신도 여 조선

匹休於萬世 顧以門人姻婭之故 同時竄逐之憤 賁飾虛僞 製爲
필휴 어 만세 고 이 문인 인아 지고 동시 찬축 지분 분식 허위 제위

誌銘 至使中朝之人知我本國所無之事 及今問劾 情見辭遁 以
지명 지사 중조 지인 지 아 본국 소무 지사 급금 문핵 정현 사둔 이

太祖股肱之臣 指爲用事 實所以累我太祖也. 況在己巳庚午年間
태조 고굉 지신 지위 용사 실 소이 누 아 태조 야 황재 기사 경오 연간

挾輔前朝 參補國政 惟我太祖而已. 是故臣等以不忠之罪 不可
협보 전조 참보 국정 유 아 태조 이이 시고 신등 이 불충 지죄 불가

不治 上章累請 殿下特原而傳旨曰:"崙等曾有功於王家 只令就休
불치 상장 누청 전하 특원 이 전지 왈 륜등 증 유공 어 왕가 지령 취휴

私第." 臣等不勝鬱悒之至 以謂就閑私第 不與朝請 尊禮勳臣之
사제 신등 불승 울읍 지지 이위 취한 사제 불여 조청 존례 훈신 지

例事也. 乃何殿下以勳老之恩 待不忠之臣乎? 且穡之行狀 板刊
예사 야 내하 전하 이 훈로 지은 대 불충 지신 호 차 색 지 행장 판간

已久 散在中外 必當罪其論述者 仍毀其板本 然後可使人人 得知
이구 산재 중외 필 당죄 기 논술 자 잉훼 기 판본 연후 가사 인인 득지

謬妄 而我太祖正大光明之業 昭晣於萬世矣. 伏望殿下 一如前日
유망 이 아 태조 정대 광명 지업 소절 어 만세 의 복망 전하 일여 전일

所申 兪允施行.'
소신 유윤 시행

上傳旨承政院曰: "人有言李崇仁 李鍾學 杖後又絞 汝等聞
乎否?" 知申事金汝知對曰: "臣亦聞之 然非目見 其實則未知."
韓尙德曰: "如是說者多多. 李鍾學臨死 作詩以寄其子曰: '汝翁雖
短命 汝祖必高年. 汝等如吾志 晨昏莫或怨.' 觀是詩 則不得其死
明矣." 趙末生曰: "臣昔與於太祖實錄修撰之任 史臣書曰: '上聞
崇仁 種學等十二人之死 大怒 責奉使之人.'" 上曰: "人言固不足
信 史筆豈可盡信! 速傳議政府 推其時體覆其道按廉使及右人等
往死州郡守令 死所居人與體覆率行使令 明覈其實以聞. 其言然
則罪其時奉使之人 不實 則罪言之者." 仍命議政府曰: "予聞壬申
年間 崇仁 種學等及他罪人 或絞殺 或枉刑致死. 信如此言 則
矯命殺之者有罪 若此言不實 則言之者有罪 當以法論 其令細推
以聞." 政府移文司憲府. 因河崙密封 有此命也.

　三功臣上言曰: "上已令崙沈于家 然不判付 則後人焉知其實!"
上曰: "盟載有曰: '事關宗社 當以法論.' 今崙罪不關宗社 如使予
判付 則當曰: '非指太祖 實爲報復 宜勿論之.' 若曰勿論 則崙固
無罪 當以領議政還就職矣. 今之屛處 不其可乎? 壬申年間 崇仁
種學等 枉刑致死 此非太祖本意 當國者乃忌此人 使之枉刑致死.
右政丞趙英茂不知其由 贊成事南在必知之. 欲復前日之風 而
加罪於崙 近乎?"

　臺諫亦請曰: "前日臣等上疏 上不賜覽 臣等缺望. 罪之輕重 惟

316

上所裁 願一賜覽." 上怒叱中官. 自此功臣臺諫 皆不復請罪.
상 소재 원일 사람　상노질 중관　자차 공신 대간 개 불부 청죄

命知申事金汝知等曰:"獄中上書 古人亦有之. 河崙三上書 歷
명 지신사 김여지 등왈　옥중 상서 고인 역 유지　하륜 삼 상서 역

引古人製碑銘多不明言其名而泛稱之者 臣之言用事者 亦倣此也.
인 고인 제 비명 다 불 명언 기명 이 범칭 지자 신지언 용사자 역 방차 야

又云國初縊殺李鍾學 杖殺李崇仁之事 予初不之知也. 此事 誠
우운 국초 액살 이종학 장살 이승인 지사 여초 부지지야 차사 성

昏迷如晋靈帝 則或有之矣 以太祖剛明之主 創業之初 豈有如是
혼미 여진 영제 즉 혹 유지의 이 태조 강명 지주 창업 지초 기유 여시

之事哉? 其監刑者承命決杖之後 又希權臣之旨 追令縊之 則將命
지사재 기 감형 자 승명 결장 지후 우 희 권신 지지 추령 액지 즉 장명

者之罪也. 若無其實 而有如是之語 則言者之罪也. 須令憲司覈實
자지죄야 약무 기실 이유 여시 지어 즉 언자 지죄야 수령 헌사 핵실

以聞." 汝知等曰:"太祖以寬仁之主 當創業之初 豈於用刑之際
이문　여지 등왈　태조 이 관인 지주 당 창업 지초 기어 용형 지제

有旣杖而復命縊殺者哉? 若果縊殺 則將命者必阿附權臣 奉迎
유 기장 이 부명 액살 자재 약과 액살 즉 장명 자 필 아부 권신 봉영

指意也. 今若斷此事 則一以著太祖寬仁之德 一以戒臣子擅刑之
지의야 금약 단 차사 즉 일이 저 태조 관인 지덕 일이 계 신자 천형 지

僭." 上曰:"問於崙 則必知言之者矣."
참　상왈　문어 륜 즉 필지 언지 자의

司諫院掌務左正言琴柔上言曰:"今命議政府 覈枉刑崇仁 種學
사간원 장무 좌정언 금유 상언 왈 금명 의정부 핵 왕형 숭인 종학

之實. 臣等以爲若枉殺 則以太祖之睿鑑 豈不知之? 且崇仁 種學
지실 신등 이위 약 왕살 즉 이 태조 지 예감 기 부지 지 차 숭인 종학

子孫 豈不欲報復乎? 今當請罪崙 近 有是命 臣未知其可也.
자손 기 불욕 보복 호 금당 청죄 륜 근 유 시명 신 미지 기가 야

請停之." 代言等曰:"上之是命 誠然矣. 今若啓聞 則必致上怒 姑
청정지 대언 등왈　상지 시명 성 연의 금약 계문 즉 필치 상노 고

徐之 與憲司共議以聞可也."
서지 여 헌사 공의 이문 가야

壬戌 太白晝見.
임술 태백 주견

命修永堅坊本宮. 上於去春在本宮 狹窄無視事之所 故今命構之.
명수 영견방 본궁 상어 거춘 재 본궁 협착 무 시사 지소 고 금 명구 지

又於其傍 役各領隊副鑿池 以楮貨千餘張賜役徒 又賜酒三百瓶.
우어 기방 역 각령 대부 착지 이 저화 천여 장 사 역도 우 사주 삼백 병

癸亥 致賻驪山君閔無悔妻喪紙百五十卷 蠟燭十丁 仍賜棺槨.
계해 치부 여산군 민무회 처상 지 백오십 권 납촉 십정 잉사 관곽

賜賻上護軍高鳳智之喪. 鳳智往濟州病死 命致賻米豆二十石
紙百卷.

甲子 定光祿寺卿權永均等祿科. 議政府啓:

"光祿寺卿權永均亞中大夫 中朝正三品 比本朝從一品 減一等
依正二品祿科; 光祿少卿李文命正五品 比本朝正三品 減一等
依從三品祿科; 鴻臚寺卿任添年正四品 比本朝正二品 減一等依
從二品祿科; 鴻臚少卿崔得霏從五品 比本朝從三品 減一等依
正四品祿科."

從之.

兀良哈 崔古時帖木兒等四人 來獻禮物.

乙丑 賜前摠制高鳳禮米豆三十石 檢校漢城崔卜河米十石.

己巳 召京畿首領官金明理 問苗稿之狀. 命曰: "予聞 水原府
等處禾穀盡稿(槁) 然乎?" 對曰: "禾穀雖不盛茂 不若是之甚也."
上曰: "言之者 水原人也. 汝偕往質之 誣則杖之."

庚午 命禮曹禱雨于山川諸神 又聚巫于白岳 盲人于明通寺
禱之. 召檢校漢城尹孔俯 蜥蜴祈雨于廣延樓下. 又曰: "詩云: '靡
神不擧.' 令僧徒一百 禱于興天寺舍利殿." 又命祭土龍.

司僕正洪理 回自西北面復命曰: "旱乾尤於他道 平田可食 水田
甚稿. 賑飢民五百人各斗米." 上聞之 尤軫慮.

豐海道都觀察使沈溫 上其道事宜: '豐儲 廣興 兩倉納小麥

乞將一半留于郡縣 以貸民種. 且本道之民 自前年八月至十月 因
_{걸장 일반 유우 군현 이대민종 차 본도 지민 자전년 팔월 지십월 인}

平壤築城 未種兩麥 今又旱甚 不可役民. 海州邑城未畢處 姑待
_{평양 축성 미종 양맥 금우 한심 불가 역민 해주 읍성 미필 처 고대}

明年秋節.'上從之.
_{명년 추절 상 종지}

日本一岐州倭使 來獻土物.
_{일본 일기주 왜사 내헌 토물}

辛未 輟酒減膳 禁田獵徙市. 命議政府 令刑曹輕罪原免 重罪
_{신미 철주 감선 금 전렵 사시 명 의정부 영 형조 경죄 원면 중죄}

速斷. 蓋憂旱也.
_{속단 개 우한 야}

命知申事金汝知等曰: "今久不雨 政令有闕 而冤抑未伸歟?
_{명 지신사 김여지 등왈 금구 불우 정령 유궐 이 원억 미신 여}

爾等宜以所知言之." 對曰: "若有可言之事 豈待下問乎? 我國
_{이등 의 이 소지 언지 대왈 약유 가언 지사 기대 하문 호 아국}

褊小 焉有冤抑而莫之知也? 然遇旱求言 誠美意也." 代言趙末生
_{편소 언유 원억 이 막지 지야 연 우한 구언 성 미의 야 대언 조말생}

曰: "臣則以爲去年城平壤 西北豐海二道受弊 愚民焉知國家之
_{왈 신 즉 이위 거년 성 평양 서북 풍해 이도 수폐 우민 언지 국가 지}

大體乎? 其怨咨必矣. 古人曰: '大軍之後 必有凶年.' 臣恐旱災
_{대체 호 기 원자 필의 고인 왈 대군 지후 필유 흉년 신 공 한재}

甚於此道 或以此也." 上曰: "若求言 則所言者皆陳說 然或有
_{심어 차도 혹 이차 야 상왈 약 구언 즉 소언 자 개 진설 연 혹 유}

可採者 宜下議政府擬議." 政府啓曰: "宜求言." 上曰: "姑徐之."
_{가채 자 의하 의정부 의의 정부 계왈 의 구언 상왈 고 서지}

命停本宮之役. 左議政成石璘啓曰: "今殿下欲於月十五日 移御
_{명정 본궁 지 역 좌의정 성석린 계왈 금 전하 욕 어 월 십오일 이어}

本宮 臣詣本宮徧觀之 狹隘無聽政之所 且恐上體觸熱. 請令營
_{본궁 신 예 본궁 편 관지 협애 무 청정 지소 차 공 상체 촉열 청령 영}

三間 而後移御. 且材木礎石已具 役者非農民 皆隊副也." 上從之
_{삼간 이후 이어 차 재목 초석 이구 역자 비 농민 개 대부 야 상 종지}

以工曹判書朴子靑監督之.
_{이 공조판서 박자청 감독 지}

命議政府曰: "豐年則斂之 凶年則散之 古之道也. 曾斂烟戶米
_{명 의정부 왈 풍년 즉 렴지 흉년 즉 산지 고지도 야 증 렴 연호미}

明春宜散. 若以楮貨代給 則戶有大小 斂米或四五升或六七升
_{명춘 의산 약 이 저화 대급 즉 호유 대소 염미 혹 사오 승 혹 육칠 승}

其數不足楮貨之價者頗多 其可剪而與之乎? 盍從古人斂散之法
_{기수 부족 저화 지가 자 파다 기가 전 이 여지 호 합 종 고인 염산 지법}

乎?"先是 政府啓以楮貨代給戶米之價 故有是命也.
호 선시 정부 계이 저화 대급 호미 지가 고유 시명 야

命戶曹曰:"戶楮貨 只要興行 不可永爲恒式 今後勿斂."
명 호조 왈 호저화 지요 흥행 불가 영위 항식 금후 물렴

革京畿水軍都節制使. 從議政府之請也. 以都萬戶掌其務 令
혁 경기 수군도절제사 종 의정부 지청야 이 도만호 장기무 영

監司察其能否.
감사 찰 기 능부

癸酉 賜兀良哈十二人衣靴. 告還也.
계유 사 올량합 십이 인 의화 고환 야

革豐海道 海州營軍六百人 分屬長淵 瓮津 豐州三鎭.
혁 풍해도 해주 영군 육백 인 분속 장연 옹진 풍주 삼진

司憲府請給權永均等月俸 從之. 上言曰:
사헌부 청급 권영균 등 월봉 종지 상언 왈

"臣等聞吏曹給權永均等祿牌 竊謂中朝之爵 本朝給牌 似爲
신등 문 이조 급 권영균 등 녹패 절위 중조 지작 본조 급패 사위

未便. 且元尹正尹秩二品 而無職事 故降從四品之祿. 今永均等
미편 차 원윤 정윤 질 이품 이무 직사 고강 종사품 지록 금 영균 등

無職事 而準本朝之職 減一等受祿 亦爲未便. 況任添年等官誥猶
무 직사 이준 본조 지직 감 일등 수록 역위 미편 황 임첨년 등 관고 유

未至乎? 請依別賜例 每年豐儲倉給之."
미지 호 청의 별사 례 매년 풍저창 급지

上曰:"是政府之議 非吾所知."
상 왈 시 정부 지의 비오 소지

司憲府復上書. 略曰
사헌부 부 상서 약왈

'有官守者食其祿 此古今之通規也. 故無事而食祿者 謂之尸祿.
유 관수 자 식 기록 차 고금 지 통규 야 고 무사 이 식록 자 위지 시록

本朝元尹正尹 階爲二品 而降受四品之祿 以其無職事也. 永均
본조 원윤 정윤 계 위 이품 이강수 사품 지록 이기 무 직사 야 영균

給祿之事 雖有朝廷之命 然居閑無事 坐費厚祿 未協於設官頒祿
급록 지사 수유 조정 지명 연 거한 무사 좌비 후록 미협 어 설관 반록

之義. 且光祿鴻臚 係朝廷官爵 而本朝吏曹承命賜牌 亦爲未便.
지 의 차 광록 홍려 계 조정 관작 이 본조 이조 승명 사패 역위 미편

量宜賜米 以尊朝廷之命 以嚴頒祿之義.'
양의 사미 이존 조정 지명 이엄 반록 지의

從之 只給月俸.
종지 지급 월봉

甲戌 命禮曹定德積 紺岳 開城大井祭禮. 先是 國家承前朝之
갑술 명 예조 정 덕적 감악 개성 대정 제례 선시 국가 승 전조 지

謬 於德積 白岳 松岳 木覓 紺岳 開城大井 三聖 朱雀等處 春秋
류 어 덕적 백악 송악 목멱 감악 개성 대정 삼성 주작 등처 춘추

祈恩 每令宦寺及巫女司鑰祀之 又張女樂. 至是 上曰: "神不享
기은 매령환시급무녀 사약 사지 우장여악 지시 상왈 신불향

非禮." 令禮官博求古典 皆罷之 以內侍別監 奉香以祀之.
비례 영예관박구고전 개파지 이내시별감 봉향이사지

禮曹且啓: "革大國祭 以儀軌所無也 所不革者 國巫堂耳."
예조차계 혁대국제 이의궤소무야 소불혁자 국무당이

禮曹啓: "近有旨松岳 白岳 紺岳等處 令別監奉香行祭. 考於曹
예조계 근유지송악 백악 감악등처 영별감봉향행제 고어조

月令 白岳等處 春秋有祭 又有別祈恩 是疊行也." 上曰: "別祈恩
월령 백악등처 춘추유제 우유별기은 시첩행야 상왈 별기은

行久矣 不可廢也."
행구의 불가폐야

遣注書楊秩于海豐 問前摠制金瞻以三聖 朱雀 大國之神之祀
견주서양질우해풍 문전총제김첨이삼성 주작 대국지신지사

瞻對曰: "朱雀 前朝之時 設立於松都本闕南薰門外 祀朱雀七宿.
첨대왈 주작 전조지시 설립어송도본궐남훈문외 사주작칠수

今在漢京 亦祭古處 實爲未便 更設壇於時坐南可也. 三聖則前朝
금재한경 역제고처 실위미편 갱설단어시좌남가야 삼성즉전조

忠烈王尙世祖皇帝女 請中國在南之神祭焉 蓋主水道禍福也.
충렬왕상세조황제녀 청중국재남지신제언 개주수도화복야

大國則中國北方之神 忠烈王亦請祀之. 昔周公作新邑 咸秩無文.
대국즉중국북방지신 충렬왕역청사지 석주공작신읍 함질무문

右二神 雖非其正 載在祀典 不可廢也." 上曰: "朱雀 新設位於
우이신 수비기정 재재사전 불가폐야 상왈 주작 신설위어

時坐南 三聖亦倣厲祭之意 仍舊祀之."
시좌남 삼성역방여제지의 잉구사지

舍利殿祈雨行香使玉川君劉敞 詣闕將受香 上曰: "宗廟社稷
사리전기우행향사옥천군유창 예궐장수향 상왈 종묘사직

山川 北郊 畫龍 土龍 蜥蜴等祈雨 載諸禮文 宜擧行. 若佛宇
산천 북교 화룡 토룡 석척등기우 재저예문 의거행 약불우

祈雨 古無其禮. 況予前此祈雨於佛 略無其應. 佛道雖驗 世無僧
기우 고무기례 황여전차기우어불 약무기응 불도수험 세무승

如指空者 安有其應!" 遂停之.
여지공자 안유기응 수정지

命慶尙道沿海州郡守令 皆擇文武兼備者差遣. 都觀察使安騰報:
명경상도연해주군수령 개택문무겸비자차견 도관찰사안등보

'道內沿海州郡土地沃饒 人物繁庶 倭人興利船尋常往來 居民
도내연해주군토지옥요 인물번서 왜인흥리선심상왕래 거민

視以爲常 殊無備焉 其於安不忘危之道 實爲未便. 乞於南海
시 이위 상 수 무비 언 기어 안 불망 위 지도 실위 미편 걸어 남해

河東 泗川 固城 金海 梁州 機張 蔚州 長鬐 迎日 興海 淸河等官
하동 사천 고성 김해 양주 기장 울주 장기 영일 흥해 청하 등관

必差文武兼備者 且依西北面 判縣令監務之例.
필차 문무 겸비 자 차 의 서북면 판현령 감무 지례

從之.
종지

命甲士表時羅 覲親于其鄕. 日本 志佐殿使送客人上言曰:
명 갑사 표시라 근친 우 기향 일본 지좌전 사송 객인 상언 왈

"同母弟表時羅母年至八十 深欲相見 請率去." 故有是命.
동모제 표시라 모 연지 팔십 심욕 상견 청 솔거 고유 시명

乙亥 太白晝見經天. 雨雹于廣州北境.
을해 태백 주견 경천 우박 우 광주 북경

骨看兀狄哈來.
골간을적합 래

丁丑 賜檢校漢城尹高忠彦米四十石 豆三十石 前承寧府判官
정축 사 검교 한성윤 고충언 미 사십 석 두 삼십 석 전 승녕부 판관

高俊米十石 豆五石. 忠彦等 濟州人也. 忠彦嘗獻馬三匹 俊獻馬
고준 미 십석 두 오석 충언 등 제주인 야 충언 상 헌마 삼필 준 헌마

一匹 故賜各有差.
일필 고사 각 유차

議庶司遷轉之法. 上曰:"政府及禮曹參議許稠等言:'庶事之
의 서사 천전 지법 상왈 정부 급 예조참의 허조 등언 서사 지

官 屢相更遞 故未有成效.'此言似是 而有未便者. 各司必滿箇月
관 누상 갱체 고 미유 성효 차언 사시 이유 미편 자 각사 필만 개월

則守令考滿者 將補何官?"知申事金汝知等曰:"不惟此也 歲抄
즉 수령 고만 자 장보 하관 지신사 김여지 등왈 불유 차야 세초

資歷甚多 故不得無變更也. 然倉庫 典廐之官 須待成效. 若有
자력 심다 고 부득 무 변경 야 연 창고 전구 지관 수대 성효 약유

不稱者 不可泥於持久 故令仰屬六曹 褒貶敍用則可."上曰:"然.
불칭 자 불가 니어 지구 고영 앙속 육조 포폄 서용 즉가 상왈 연

宜命政府 著爲永久之典."議政府上言:"戶曹 刑曹 禮曹 典祀
의명 정부 저위 영구 지전 의정부 상언 호조 형조 예조 전사

禮賓 典農寺監農官 軍資 濟用監都官 司醞 豐儲 典廐等各司
예빈 전농지 감농 관 군자 제용감 도관 사온 풍저 전구 등 각사

事務繁劇 不宜數遞 竝以二十月爲考 其中能者擢用 否者卽罷."
사무 번극 불의 삭체 병이 이십 월 위고 기중 능자 탁용 부자 즉파

命曰:"宜以三十月爲一考."事竟不行.
명왈 의이 삼십 월 위 일고 사경 불행

戊寅 左政丞成石璘上書乞骸 上還其書曰: "予雖未老 猶倦
무인　좌정승　성석린　상서　걸해　상환　기서　왈　여수미로　유권

起居. 況卿年踰七十 豈不厭之? 然非辭位之時也. 卿勿乞退 以補
기거　황경연유칠십　기불염지　연비사위지시야　경물걸퇴　이보

予過." 石璘對曰: "年旣老矣 不堪其任 無補於國. 且陰陽術數 雖
여과　석린　대왈　연기로의　불감기임　무보어국　차음양술수　수

不可信 皆謂今明年不吉 請辭." 上曰: "進退之際 固不易也 姑勿
불가신　개위금명년불길　청사　상왈　진퇴지제　고불이야　고물

固辭."
고사

命移豊海道麥種于西北面. 議政府上言曰:
명이　풍해도　맥종우　서북면　의정부　상언　왈

"西北面倉粟共六十萬石 賑貸窮民者已三十萬. 今又旱乾 歲
서북면　창속공육십만속　진대궁민자이삼십만　금우한건　세

若不稔 則又必賑貸 穀將無餘矣. 以豊海道上納小麥六百七十
약불임　즉우필진대　곡장무여의　이풍해도　상납　소맥육백칠십

餘石 輸于西北面 分給于失農各郡 使守令擇各戶膏腴田 親監
여석　수우서북면　분급우실농각군　사수령택각호고유전　친감

耕種 以備來歲 又以今年豊海道田稅 輸于西北面 悉充軍餉 以備
경종　이비내세　우이금년풍해도　전세　수우서북면　실충군향　이비

不虞."
불우

命姑移麥種.
명고이맥종

乙卯 雨.
을묘　우

以朴訔爲司憲府大司憲 黃喜兵曹判書. 訔稱病不出. 先是 功臣
이　박은위　사헌부대사헌　황희　병조판서　은칭병불출　선시　공신

等請崙等之罪 訔曰: "此用事者 指趙浚等明矣. 崇仁 種學之死 是
등청륜등지죄　은왈　차용사자　지조준등명의　숭인　종학지사　시

權臣用事之所爲也." 憲司聞而劾訔 訔曰: "聞諸崙." 劾崙 曰: "聞
권신　용사지소위　야　헌사문이핵은　은왈　문저륜　핵륜왈　문

諸種學之子." 憲司推之未畢故也.
저종학지자　헌사　추지　미필　고야

減死囚十三人罪. 刑曹上死囚三十餘人罪案 上覈其實 雖當
감사수　십삼인죄　형조　상　사수　삼십여인　죄안　상　핵기실　수당

極刑 情有可矜 則皆減等施行.
극형　정유가긍　즉개감등시행

庚辰 雨.
경진　우

始進酒. 上曰:"入直諸卿宿濕處 宜賜藥酒."
시 진주　상왈　입직 제경 숙 습처　의사 약주

甲申 罷禮賓尹趙謙等六人職. 初 權知直長鄭君實 監守自盜
갑신　파 예빈 윤 조겸 등 육인 직　초 권지 직장 정군실 감수 자도

庫中錢穀 贓滿罪當斬 刑曹以聞 命減一等. 至是 刑曹上書曰:
고중 전곡 장만죄 당참 형조 이문 명감 일등　지시 형조 상서 왈

'近有旨鄭君實減一等施行. 此則帝舜欽哉之美意 然君實者 竊弄
근 유지 정군실 감 일등 시행　차즉 제순 흠재 지 미의 연 군실 자 절농

刀筆 盜物歸己 此倉庫之蠹賊 法不可赦 情不可矜. 若被上慈
도필 도물 귀기 차 창고 지 두적 법 불가사 정 불가긍　약 피 상자

懲惡無門 願從常典 以戒後人.' 從之. 又上書曰:'禮賓員吏 於
징악 무문 원종 상전 이계 후인　종지　우 상서 왈 예빈 원리 어

貢物收納之時 專付奸吏 使之爲盜 其於設官分職之意何? 請
공물 수납 지시 전부 간리 사지 위도 기어 설관 분직 지의 하 청

依律施行.' 命皆罷之.
의율 시행 명개 파지

命停軍資監造成之役. 初 戶曹判書李膺上言:"龍山江軍資監
명정 군자감 조성 지역　초 호조판서 이응 상언 용산 강 군자감

倉少而畜積多. 宜以僧徒增置監倉 姑令江原道租稅納淮陽
창소 이 축적 다　의 이 승도 증치 감창 고령 강원도 조세 납 회양

官 豐海道租稅 勿令收納 自臨津以北 大津以西 宜納開城倉."
관 풍해도 조세 물령 수납 자 임진 이북 대진 이서 의 납 개성창

許之. 至是 命議政府曰:"土木之役 予所惡也. 姑於留後司無僧
허지 지시 명 의정부 왈 토목 지역 여 소오 야 고 어 유후사 무승

寺社 積置軍糧."
사사 적치 군량

議政府啓:"西北面都巡問使報:'平壤城子高低不同 欲於月晦
의정부 계 서북면 도순문사 보 평양 성자 고저 부동 욕어 월회

始役 十月內畢築.' 然今年旱氣太甚 姑待豐年築之."從之.
시역 십월 내 필축 연 금년 한기 태심 고대 풍년 축지 종지

一岐知主源良喜 使人獻禮物 求大藏經.
일기 지주 원량희 사인 헌 예물 구 대장경

丙戌 司諫院上疏. 疏曰:
병술 사간원 상소 소왈

'古者家塾黨庠術序 無一地非學 無一人不敎. 前朝文憲公崔沖
고자 가숙 당상 술서 무 일지 비학 무 일인 불교 전조 문헌공 최충

自捐居宅蒼赤 以屬九齋 敎育生徒. 雖專尚詞章 其於文敎 可謂
자연 거택 창적 이속 구재 교육 생도　수 전상 사장 기어 문교 가위

有補矣. 國初革九齋 設五部學堂 以明性理之學 眞三代敎化之
유보 의 국초 혁 구재 설 오부학당 이명 성리 지학 진 삼대 교화 지

美法也. 然其蒼赤不屬部學 皆歸於私 文憲公之意掃地矣. 幸今
命作五部都學堂 敎育人材 願將九齋奴婢 屬于學堂 以成文憲公
之志 則殿下崇學作成之美 益以彰矣. 崇儉節用 國家所先務也.
本朝燭蜜之産 固不多矣 而京外大小婚禮 各官往來使命支待 俱
用燭蜜 競爲浮靡 殘官貧家 企而及之 實爲巨弊. 願自今供上
祭享朝臣支待外 公私一禁. 各官考滿守令 農月不遞者 以迎送之
煩妨農務也. 臣等竊聞考滿守令 無復爲居官之計 不事公務 淹延
日月 甚者 將官物私施於人 具酒饌出隣官 以致民瘼者 反有甚於
送迎也. 願自今 考滿守令 須遞換 以除民弊.'

下議政府議得: "九齋奴婢 宜還屬學堂." 從之.

濟州牧使金廷雋 上其土事宜. 上言:

'州有東西二道 凡畜馬者皆作屯 每屯歲獻馬一匹 例也. 今觀
土性虛浮 凡播穀者必聚馬牛 以踏其地 地必堅硬 然後播種 公私
牛馬 因此困疲. 公家雖有禁令 潛與牧子通同 以致馬病. 自今每
一屯留雄一雌九 其餘騸馬 盡貢于朝 歲爲常例.'

從之.

司憲府上疏請黃居正 孫興宗擅殺李崇仁 李鍾學之罪. 疏曰:

'壬申年敎書使孫興宗 今在豊海道新恩縣. 本府令其道監司 問
以絞殺李鍾學之實 監司報: "興宗伏: '其時南闈 鄭道傳云: "若
杖一百後不死 則須絞殺" 故臣絞殺之.' 是實." 劾問其時體覆使

黃居正以李崇仁致死之由 答曰：“杖外無刑 但前此發病 故因杖

致死耳.”令全羅道監司 問執杖之吏以致死之由 監司報：“其時

執杖羅州戶長鄭哲等數人告：‘其時體覆使黃居正 令伴人再度

點退杖木 使杖其腰 卽載馬移實 順天府路上 兩鼻出血而死.’”

如此則興宗 居正絞殺枉刑之罪已著 請鞫問其由.’

命承政院曰：“其時太祖欲生之 而權臣弄法擅殺 其罪如何？然

已經赦宥 實而勿論乎？”知申事金汝知等對曰：“人臣之罪 莫大

於欺君. 且謀故殺人 亦在不宥.”上曰：“然.”命囚居正 興宗訊之.

謂巡禁司曰：“人臣豈無君上之命 而擅殺者哉？宜寧君南在 其時

與聞之 鐵城君李原 亦壬申 全羅道按廉使也. 夫豈不知？予

問之而不知爲答 亦非矣. 開國之初 予於事無不與 厥後則予未之

知也. 故人有言崇仁 種學之死 則意爲杖死 今乃知擅殺之也. 宜

拷掠以問.”又命曰：“非特此也 其時禹洪壽 亦受枉刑而死 竝宜

推之.”洪壽之子承範上書 上覽之 下其書巡禁司.

戊子 命僧徒行救病精勤于演福寺. 以世子之女病也.

豐海道都觀察使沈溫 罷水軍僉節制使朴英祐職. 英祐輕薄

號令不嚴 侵民營繕 不練兵器故也.

革慶尙道神堂浦萬戶 樊溪千戶. 尙州 晉州兵馬都節制使

啓曰：‘革神堂浦萬戶 使乃而浦萬戶兼領之 以神堂浦兵船 合于

夫仁堂浦. 又革樊溪千戶 使加背梁萬戶兼領 循環防禦何如？’

從之.
종지

己丑 太白晝見經天.
기축　태백　주견　경천

命開渠于景福宮中. 上曰:"景福宮 太祖所創也 宜居于此 以示
명 개거 우 경복궁 중　상 왈　　경복궁　태조 소창 야　의거 우차　이시

子孫. 相地者曰:'所欠者 明堂水也.' 其令開渠."
자손　상지 자왈　소흠 자　명당수 야　기 령 개거

| 원문 읽기를 위한 도움말 |

① 皆見竄逐. 여기서 見은 竄逐을 수동형으로 만들어준다.
　개 견 찬축　　　　　견　　찬축

② 豈可以我國初之人 爲用事者哉? 이는 '以~爲~'의 구문으로 '~를 ~로
　기가 이 아 국초 지 인　위 용사자 재　　　　　　이　위
간주하다'라는 뜻이다.

③ 仰累殿下知人之明 下負平日之所學. '仰~下~'의 구문으로 '위로는~ 아
　앙 루 전하 지인 지명　하부 평일 지 소학　　앙　하
래로는~'라는 뜻이다.

태종 11년 신묘년
8월

八月

신묘일(辛卯日-2일)에 다시 하륜(河崙)을 영의정부사(領議政府事)로 삼고, 최윤덕(崔閏德)을 우군동지총제(右軍同知摠制)로, 조비형(曹備衡)을 상주·진주도 병마도절제사(兵馬都節制使)로, 창원부판사(昌原府判事)로, 윤자당(尹子當)을 길주도 찰리사(吉州道察理使)로, 윤유충(尹惟忠)을 강계도 도병마사(江界道都兵馬使)로, 권천(權踐)을 사헌장령(司憲掌令)으로 삼았다. 상(上)이 의정부(議政府), 육조(六曹), 대간(臺諫)에게 일러 말했다.

"지금 손흥종(孫興宗) 등이 권신(權臣)의 뜻에 맞춰[希] 이숭인(李崇仁)과 이종학(李種學)을 잘못 죽인 것[枉殺=誤殺]이 이미 드러났으니 어찌 마음이 아프지 않겠느냐? 하륜(河崙) 권근(權近)이 말한 용사자(用事者)는 내가 태조를 가리킨 것이 아니라고 말한 것이 맞지 않는가?"

여러 경(卿)들이 대답하지 못했다. 순금사 겸 판사(巡禁司兼判事) 이천우(李天祐) 등이 진언(進言)해 말했다.

"손흥종과 황거정(黃居正)이 모두 바른대로 말을 하지 않으니 봉문(棒問)[1]을 청합니다."

명해 말했다.

---

1 몽둥이로 때려서 문초하는 것을 말한다.

"손흥종은 늙은 간신[老姦]이니 형문(刑問)하는 것이 좋겠다."

또 명했다.

"풍해도(豐海道) 수령관(首領官)과 수령(守令) 가운데 흥종(興宗)을 추문(推問)한 자를 불러 빙거(憑據)해 물어서 사실을 캐내라. 또 거정(居正)이 숭인(崇仁)을 감형(監刑)했을 당시의 사령(使令) 또한 모두 잡아와[拿來] 빙거해 묻도록[憑問] 하라."

○ 순금사에서 아뢰었다.

"손흥종을 풍해도 경력(豐海道經歷) 및 신은현령(新恩縣令)과 대질시켜 변론하게 하니 흥종이 자복하기를 '종학을 교살(絞殺)한 것은 태조(太祖)의 명이 아니라 마침내 정도전(鄭道傳)과 남은(南誾)의 뜻에 맞춘 것이다'라고 했고, 황거정을 형방(刑房) 아전 및 집장자(執杖者)와 대질 변론하게 하니 이에 불복하기를 '숭인을 때릴 때 곤장을 고른 것은 내가 명한 것이지만 그 허리를 때린 것은 나는 모른다. 그때 함께 앉았던 안렴사(按廉使) 이원(李原, 1368~1429년)[2]이 증인이

---

2 1382년(우왕 8년) 진사가 되고 1385년 문과에 급제, 사복시승(司僕寺丞)을 거쳐 예조좌랑과 병조정랑 등을 역임했다. 1392년 조선이 개국되자 지평이 됐고 1400년(정종 2년) 좌승지 때 이방원(李芳遠)이 동복형인 이방간(李芳幹)의 난을 평정하고 왕위에 오르는 데 협력한 공으로 1401년(태종 1년) 좌명공신(佐命功臣) 4등에 책록됐다. 그해 철성군(鐵城君)에 봉작됐고, 같은 해 공안부소윤(恭安府少尹)을 거쳐 대사헌으로 있을 때 순군(巡軍) 윤종(尹琮)을 구타한 죄로 한때 파직됐다. 이듬해 복직돼 경기좌우도 도관찰출척사가 됐고 1403년 승추부제학(承樞府提學)으로 있으면서 고명부사(誥命副使)가 돼 명나라에 다녀왔다. 1414년 영길도 도순문사(永吉道都巡問使)를 거쳐 이듬해 6월 예조판서로 있다가 12월에 대사헌이 됐다. 이어 참찬을 거쳐 1416년 3월 판한성부사, 5월 병조판서, 1417년 판우군도총제와 찬성을 거쳐 이듬해 우의정에 올랐다. 1419년(세종 1년) 영경연사(領經筵事)를 겸했고, 1421년 1월에 사은사로 명나라에 다녀왔다. 그해 12월에 좌의정으로 승진했고, 우의정 정탁(鄭擢)과 함께 도성수축도감도제조가 돼 8도의 정부(丁夫) 32만 5,000여 명을 징발, 1422년 1월부터 두 달에 걸쳐 토성이던 도성 성곽을 석성으로 개축

될 수 있다'라고 했습니다."

즉시 원(原)을 순금사에 내려 물으니 원이 말했다.

"내가 처음에는 거정과 같이 앉았다가 곤장을 때릴 때는 은문(恩門)인 관계로 밖으로 나가기를 청했으니 나는 실제 알지 못합니다."

또 연성군(延城君) 김로(金輅)를 순금사에 내렸다. 이에 앞서 의령군(宜寧君) 남재(南在)가 상에게 고해 말했다.

"로(輅)가 신에게 말하기를 '교서사(敎書使)로 충청도(忠淸道)에서 돌아오니 태조가 신을 앞으로 나오게 해 말씀하시기를 "들으니 경 등이 지나치게 형벌을 내렸다고 하는데 사실이 그러한가?"라고 하기에 신이 대답하기를 "어찌 그릇되게 형벌을 내렸겠습니까? 하늘이 두렵습니다"라고 했다'고 했습니다."

이때에 이르러 옥에 가두고 물으니 로가 말했다.

"이것은 내가 한 일을 말한 것이고 홍종과 거정을 가리켜 말한 것이 아닌데 사실상 남재가 잘못 들은 것입니다."

또 명해 남재를 가두고 물으니 재가 말했다.

"생각건대 로가 교서사(敎書使) 등이 지나치게 형벌하지 않는 것을 총괄해 말한 것인가 했는데, 지금 로의 말과 같다면 내가 실로 잘못 들은 것입니다."

사실을 아뢰니 상이 말했다.

"내가 이 무리를 가둔 것은 그 실정을 알기 위함이니 다른 사람

했다. 1425년 등극사(登極使)로 다시 명나라에 다녀왔다. 이듬해 많은 노비를 불법으로 차지했다는 혐의로 사헌부의 탄핵을 받아 공신녹권(功臣錄券)을 박탈당하고 여산(礪山)에 안치됐다가 배소에서 죽었다.

에게 뻗쳐 미치게[延及] 하지 말고 다시 흥종과 거정을 심문해 아뢰라."
_{연급}

김로, 남재, 이원은 풀어주라고 명했다.

○ 상이 남재를 불러 말했다.

"개국(開國)에 대한 일은 경이 모르는 것이 없는데 종학(種學) 등의 일을 어째서 모르는가? 임신년 이전의 일은 내가 모두 알지마는 그 뒤는 나를 꺼리는 사람이 있었기 때문에 동북면(東北面)에 출사(出使)했었다. 그런데 경이 어째서 모른다고 하는가?"

대답했다.

"임신(1392년) 연간의 일은 신이 그때 대언(代言)이었으니 어찌 모르는 것이 있겠습니까? 그런데 이 일은 실로 알지 못했습니다. 신이 만일 이 일을 알았다면 어찌 이미 죽은 아우를 위해서라도 임금을 속이겠습니까?"

상이 말했다.

"개국의 공은 남은(南誾)이 많았으니 심지어 눈물을 흘리면서 힘써 아뢴 일이 있었으나 정도전(鄭道傳)은 개국할 때에도 일찍이 한마디 말도 없었고, 그 뒤에 적서(嫡庶)를 분변할 때에도 한마디 언급하지 않았고, 고황제(高皇帝)에게 득죄(得罪)함에 이르러서는 굳이 피하고 가지 않고 사(私)를 끼고 임금을 속였고, 흉포(凶暴)한 짓을 자행해 그 몸의 허물을 없애고, 이숭인(李崇仁) 등을 함부로 죽여 그 입을 멸했으니 죄가 공(功)보다 크다. 마땅히 전민(田民)을 적몰(籍沒)하고 자손을 금고(禁錮)하라."

○ 경상도에 창고(倉庫)를 더 지었다. 감사(監司)가 보고했다.

'도내(道內)의 창고가 모두 찼으니 청컨대 금년의 전조(田租)를 쌓아둘 창고를 짓고 또 언양(彦陽) 객사(客舍)가 불탔으니 또한 수리하게 하소서.'

그것을 따랐다.

○ 호조(戶曹)에서 말씀을 올렸다.

"국고(國庫)가 모두 찼으니 충청·강원·풍해·경기에서 나무를 베어 창고를 짓게 하소서."

상이 토목의 역사(役事)를 꺼리어 정부(政府)에 물으니 정부에서 말씀을 올렸다.

"구경(舊京-개경)의 사사(寺社)가 모두 비었으니 금년의 조세를 마땅히 여기에 수납하소서."

호조판서 이응(李膺)이 아뢰었다.

"신이 생각건대 충주(忠州) 금천(金遷)의 군자(軍資) 곡식은 도성(都城)을 거쳐 구경(舊京)에 둘 수 없으니 상류(上流)인 여흥(驪興) 등지에 두는 것이 마땅합니다."

의정부에 내렸고 정부에서 토의해 보고하니[議聞] 그것을 따랐다.
_{의문}

갑오일(甲午日-5일)에 검교참의(檢校參議) 박승(朴昇)에게 쌀 5석을 내려주었다. 승(昇)이 포도(葡萄)를 바치니 상이 말했다.

"승은 예전에 오랫동안 나를 따라다녔는데 몹시 가난한[貧窶] 사람이었다."
_{빈구}

○ 우군동지총제 최윤덕(崔潤德)을 경성 등처 도병마사(鏡城等處都兵馬使)로 삼았다.

을미일(乙未日-6일)에 손실경차관(損實敬差官)³을 여러 도에 나눠 보냈다.

○ 전 총제(摠制) 김한(金閑)⁴이 졸(卒)했다. 한(閑)이 병들자 쌀과 콩 20석을 내려주었고, 이때에 이르러 또 쌀과 콩 50석과 종이 150권을 부의로 내려주었다. 또 관곽(棺槨)을 내려주고 사람을 보내 치전(致奠)했다. 정비전(靜妃殿)도 또한 중관(中官)을 보내 제사했다. 아들이 둘 있으니 유돈(有敦), 유장(有章)이다.

병신일(丙申日-7일)에 태백성이 낮에 보였는데 2일 동안 하늘을 가로질러 지나갔다.

정유일(丁酉日-8일)에 전 개성유후(開城留後) 우홍부(禹洪富)에게 쌀과 콩 20석을 내려주었다. 이때 홍부가 병들었는데 쌀을 주어 약이(藥餌)에 보태어 쓰게 했다. 이는 대개 계해년(癸亥年-1383년)의 지공거(知貢擧) 현보(玄寶)⁵의 아들이었기 때문이다.

○ 경상도(慶尙道) 안동(安東) 민가의 암소[牸牛^{자우}]가 한꺼번에 송아지[犢^독] 세 마리를 낳았다.

무술일(戊戌日-9일)에 본궁(本宮)에 이어(移御)했다. 이는 대개 액막

---

3 해마다 농작의 상황을 조사해 조세를 부과하기 위해 중앙에서 파견하던 관원이다. 손(損)이 1푼(分)이면 1푼의 조세(租稅)를 감면하고 손이 8푼이면 전액의 조세를 감면했다.

4 익안대군(益安大君) 이방의(李芳毅)의 사위다.

5 태종이 문과에 급제했을 때 선발위원이 우현보였다는 말이다.

이[度厄]를 위한 것이다. 궁 서쪽에 못을 팠는데 동서가 170척이고,
남북이 150척이었다. 중간에 작은 누각을 지었는데 밝고 화려했다.
상이 올라가 보고 가까운 신하들을 불러 술자리를 베풀었다.

○ 전 대사헌 맹사성(孟思誠)에게 쌀과 콩 20석을 내려주었다.

○ 승문원(承文院) 제조(提調)를 두었다. 또 서원(書員) 15인을 두
어 7품에 거관(去官)⁶하고 서리(書吏) 15인을 두어 8품에 거관하게
했다.

경자일(庚子日-11일)에 명했다.

"정도전(鄭道傳), 손흥종(孫興宗), 황거정(黃居正)은 폐해 서인(庶人)
으로 삼고 자손은 금고(禁錮)하되 남은(南誾)은 논하지 말라."

은(誾)은 개국의 공이 있었기 때문이다.

○ 순금사(巡禁司)에서 아뢰었다.

"거정(居正)과 흥종(興宗) 등이 권신(權臣) 도전(道傳)과 남은의 말
을 듣고 두 사람을 잘못 죽였습니다. 빌건대 명률(明律)의 출입인죄
조(出入人罪條)에 의거해 장(杖) 100대에 도(徒-징역형) 3년에 처해야
할 것입니다."

상이 대언(代言) 등을 앞으로 나오게 해 토의하고 드디어 순금사
장무(掌務) 전흥(田興)을 불러 명했다.

"흥종과 거정이 태조의 명을 따르지 않고 권신의 사주(使嗾)를 들
어 함부로 죄 없는 사람을 죽여 태조의 살리기 좋아하는 다움[好生

─────────
6 임기가 차서 그 벼슬을 떠나 다른 관직으로 옮기는 일을 말한다.

之德]을 더럽혔다. 이는 신하가 있는 것만 알고 임금이 있는 것은 알
지 못한 것이니 임금을 속인 죄가 이보다 더 클 수 없다. 만일 관사
(官司) 출입인죄(出入人罪)[7]로 논하면 마땅히 용서해야 한다. 또 공신
이라 해도 일이 종사(宗社)에 관계되면 마땅히 법으로 논해야 하니
어찌 대충[汎] 이 조문(條文)으로 논할 수 있겠는가? 마땅히 임금을
속인 죄로 논해 후악(後惡)을 징계하는 것이 좋겠다. 다시 율(律)을
상고해 아뢰라."

순금사는 모살인(謀殺人)에 해당한다고 해 이렇게 말했다.

"수모한 자는 죽이고 추종한 자는 교형(絞刑)해야 합니다."

명해 말했다.

"이 또한 적합하지 않다. 정부로 하여금 토의해 보고하게 하라."

○사간원 좌사간(司諫院左司諫) 이명덕(李明德) 등이 소를 올려 이
렇게 말했다.

'의령군(宜寧君) 남재(南在)는 은(誾)의 동모형(同母兄)입니다. 깊은
모의와 비밀스런 계책을 알지 못함이 없을 것입니다. 흥종(興宗)과
거정(居正)이 봉사(奉使)하던 날을 맞아 비밀리에 사주해 숭인(崇仁)
과 종학(種學)을 함부로 죽인 것을 재가 어찌 알지 못할 까닭이 있겠
습니까? 전일에 전하가 불러 함부로 죽인 까닭을 물었는데 재가 알
지 못한다고 대답해 천총을 기망(欺罔)했으니 바라건대 유사에 내려

---

7 재판을 할 때 잘못해 무죄(無罪)한 사람을 죄에 빠뜨리고 또 유죄(有罪)한 사람을 풀어
   주는 죄를 말한다. 당률(唐律) 단옥(斷獄) 관사 출입인죄에 의하면 "즉 죄를 결단할 때 잘
   못해 죄에 빠뜨린 자는 각각 3등을 감하고, 잘못해 풀어주는 자는 각각 5등을 감한다"라
   고 했다.

국문해야 할 것입니다.'

상이 말했다.

"남재(南在) 형제가 평소에 우애하지 못한 것은 사람들이 다 아는 것이다. 어찌 재(在)가 알고서 사실대로 고하지 않았겠는가? 다시는 묻지 말라."

○ 정부에서 말씀을 올렸다.

"거정과 흥종은 마땅히 모살인률(謀殺人律)에 해당합니다."

상이 말했다.

"적당치 않으니[未當] 다시 토의해 아뢰라."
미당

정부에서 말씀을 올렸다.

"거정과 흥종이 실은 도전과 남은의 계책을 따랐는데 도전과 남은은 정말로 사감(私憾)을 낀 것이 아니었습니다. 종학과 숭인 등이 개국할 때 전조(前朝)의 당(黨)이었습니다. 도전 등이 우리 사직을 이루고자 해 어찌 그 당을 해치려고 하지 않았겠습니까? 형적(形迹)은 비록 임금을 속였으나 마음은 실로 사직을 지키려 한 것입니다."

상이 말했다.

"임신년 7월에 대업(大業)이 이미 정해졌는데 어찌 피차의 당이 있겠는가? 도전 등이 방자하게 무군(無君)의 마음을 자행했는데 어째서 사직을 호위했다고 말하는가? 처음으로 이 말을 낸 자는 누구인가?"

개국공신(開國功臣) 우정승 조영무(趙英茂), 한천군(漢川君) 조온(趙溫), 흥녕군(興寧君) 안경공(安景恭), 청성군(淸城君) 정탁(鄭擢), 옥천군(玉川君) 유창(劉敞), 서천군(西川君) 한상경(韓尙敬), 평성군(平城君) 조견(趙狷) 등도 말씀을 올렸다.

"남은 정도전은 개국 초에 거의 죽을 뻔하다가 다행히 종사의 영(靈)에 힘입어 면했습니다. 만일 이 무리가 없었다면 태조가 누구와 더불어 개국했겠습니까? 이것을 가지고 저것을 미워하는 것은 이치상 진실로 그러한 것이니 도전의 사사로운 원한이 아닙니다. 그 마음을 쓴 것은 공정함에서 나왔으니 이는 용서할 만합니다. 신 등이 또한 개국에 참여했으므로 감히 이 청을 드리는 것입니다."

상이 웃으며 말했다.

"그게 무슨 말인가? 임금을 속인 죄를 구제하고자 해 이런 말을 하는데 차마 입에서 나오는가? 그게 무슨 말인가? 개국공신 가운데 지량(智量)이 있는 자가 많은데 어째서 이렇게 그릇되게 하는가? 도전과 남은이 사사로운 원망을 품고 몰래 사주해 죄 없는 사람을 잘못 죽였으니 다른 사람의 신하[人臣]된 도리에 어떻겠는가? 내가 이것을 죄주는 것은 숭인과 종학을 위해 복수하는 것이 아니라 천하만세의 계책을 위함이다. 또 태조는 굳세고 눈 밝으신[剛明] 임금인데도 오히려 이와 같은 신하가 있었으니 후세에 만일 용렬한 임금[庸君]이나 약한 임금[弱主]이 있게 되면 신하가 혹 이를 본받아 못하는 짓이 없을 것이다. 내가 『춘추(春秋)』의 법으로 도전 등을 죄주어 법을 만세에 남겨 난의 싹을 막고자 하는데, 형벌을 맡은 자가 말하기를 '율(律)에 기군(欺君)에 대한 바른 조문이 없다'라고 하므로 의정부(議政府)에 내려 토의하게 한 것은 대개 공론을 듣고자 한 것인데 경 등이 어찌 갑자기 청하는가?"

영무가 대답했다.

"어리석은 신의 소견에도 이것을 옳다고 하는 것은 아닙니다. 다만 그 정상을 캐어보면 용서할 만하다는 것입니다."

상이 말했다.

"『춘추』의 법으로 본다면 임금을 속이고 사(私)를 행했으니[誣上行私] 법으로 용서할 수 없는 것이다. (그런데) 지금 경 등의 말이 지극히 간절하니 내가 마땅히 다시 생각하겠다."

영무 등이 기뻐하며 물러 나왔는데 곧 이 명이 있었다.[8]

신축일(辛丑日-12일)에 여량군(礪良君) 송거신(宋居信)에게 명해 승도(僧徒) 60여 명에게 정릉(貞陵) 재궁(齋宮)에서 음식을 먹었다. 현비(顯妃)의 기신(忌晨)이기 때문이었다.

○사헌부대사헌 박은(朴訔) 등이 소를 올려 각 도의 손실경차관(損實敬差官)을 없앨 것을 청했다. 소는 이러했다.

'신 등이 생각건대 밭이라는 것은 민생(民生)의 평온과 근심[休戚=休慼] 그리고 창고의 차고 비는 것이 매달려 있으니 수조(收租)하기를 삼가지 않을 수 없습니다. 맹자(孟子)가 말하기를 "많으면 걸(桀)이고 적으면 맥(貊)이다"라고 했습니다. (그런데) 지금 국가에서 조(租)를 거두는 것이 알맞지 않아[不中] 경차관을 나눠 보내 공사(公私)를 편하게 하니 백성을 불쌍히 여기는 뜻은 지극합니다. 그러나 경차관이 도(道)마다 각각 2~3인 혹은 3~4인이 돼 그 보고 타량하는 것[見量]이 같지 않다 보니 한 도 안에 손실(損實)의 경중이 동쪽과 서쪽이 뚜렷하게 다르고 또 가끔 이름을 좋아하는 무리가 전하의 백성을 사

---

8 이 명이란 다시 토의하게 한 것을 말한다.

랑하는 뜻을 본받지 않고, 근근이 그 지경(地境)에 들어가면 먼저 이전 해의 손실의 수를 물어서 오로지 실(實)이 많은 쪽으로 힘쓰는 자가 흔히 있고, 이전의 숫자를 비교해 허위로 보태 꾸미는 자가 있습니다. 이로 인해 조세(租稅)가 맞지 않고 백성의 살림이 날로 박해져서 원망이 조정에 미치니 근본을 튼튼하게 하고 백성을 불쌍히 여기는 뜻에 있어 어떻겠습니까? 바라건대 경차관을 없애 오로지 감사(監司)에게 소속시키고 때 없이 행대감찰(行臺監察)⁹을 나눠 보내 손실(損實)의 경중, 국민의 고락, 수륙(水陸) 장리(將吏)¹⁰의 능하고 능하지 못한 것을 두루 돌아다니며 체찰(體察) 신문(申聞)해 삼가 부지런하지[恪勤] 못한 것을 징계하도록 해야 할 것입니다.'

상이 읽어보고 의정부(議政府)에 내려 상량 토의해 아뢰도록 했다. 정부에서 아뢰었다.

"금년에 잠정적으로 없애 내년을 기다리면 경차관이 있고 없는 것의 이해(利害)를 알 수 있을 것입니다. 헌부(憲府)의 청을 따르소서."

상이 말했다.

"가볍게 고칠 수 없으니 예전대로 시행하라."

헌부(憲府)에서 다시 청했다.

"만일 없애지 않겠거든 마땅히 차등을 두어 차견(差遣)하소서."

---

9 조선조 초엽에 민간의 이해(利害), 수령의 치적(治績)·근만(勤慢), 향리(鄕吏)의 횡포를 조사하기 위해 지방에 파견하던 사헌부감찰(司憲府監察)을 말한다. 분대(分臺)라고도 한다.
10 수령을 말한다.

그대로 따라서 경상도·전라도·충청도·강원도·서북면(西北面)은 각각 2인씩으로, 풍해도·경기도·동북면(東北面)은 각각 1인씩으로 하고, 경차관(敬差官)에게 명했다.

"내가 듣건대 근년 이래로 경차관이 도리어 백성을 몹시 가혹하게 다스리는 것을 급한 일로 삼는다고 하는데 너희는 너그럽고 공평하게 하는 데에 힘쓰도록 하라."

계묘일(癸卯日-14일)에 세자를 벽제역(碧蹄驛)에 보내 사신을 맞아 위로하게 했다.

갑진일(甲辰日-15일)에 조정 사신 환관태감(宦官太監) 황엄(黃儼)이 왔다. 상이 시복(時服) 차림으로 백관을 거느리고 모화루(慕華樓)에 나가 맞이해 채붕(綵棚) 잡희(雜戲)를 갖추고 경복궁(景福宮)으로 맞아들여 예를 행했다. 엄(儼)이 예부(禮部)의 자문(咨文)을 내놓았는데 자문은 이러했다.

'근래에 조선 국왕(朝鮮國王)의 자문에 준(准)하면 "사람을 보내 약단(藥單)[11]을 싸 가지고 경사(京師)에 가서 사들인다"라고 했습니다. 본부관(本部官)에서 절해(節該)[12]를 받아 흠의(欽依)하니 "약재는 다른 곳에서 살 것 없이 때를 기다려 사람을 보내서 가지고 가게 하라"라고 했습니다. 흠준(欽遵)해 약재를 점고 완비해 태감 황엄을 흠차

---

11 약명(藥名)을 적은 단자(單子)를 가리킨다.
12 공문서(公文書)의 해당 구절(句節)을 간추려 기재(記載)한 것을 말한다.

(欽差-파견)해 싸서 보내 가게 합니다. 약재는 29미(味)[13]입니다.'

대개 지난해 정씨(鄭氏)가 경사(京師)에 갈 때 자문해 청했기 때문이다. 엄이 또 일깨워 말했다.

"제(帝)께서 다시 자색(姿色)이 있는 여자를 구합니다. 정윤후(鄭允厚)의 딸을 얻은 사실은 조관(朝官)으로 하여금 알지 못하게 했습니다. 왕이 약물(藥物)을 구한 것을 회답하는 것처럼 가탁(假托)한 것이나 지금 주신 약물은 실로 정씨가 경사(京師)에 온 것을 보답하는 것입니다."

엄이 태평관(太平館)으로 가니 상이 조금 후에[尋] 관(館)에 이르러 잔치를 베풀었다. 엄이 또 자문(咨文)을 내놓았는데 자문은 이러했다.

'근자에 조선 국왕의 자문에 준하면 "광록시소경(光祿寺少卿) 여귀진(呂貴眞)이 병으로 죽었다"라고 하므로 갖춰 아뢰고서 태감 황엄을 흠차해 제문(祭文)과 강향(降香)을 싸 가지고 제물을 판비(辦備)해 이자(移咨)하는 것이니 본관(本官) 가속(家屬)으로 하여금 알게 하소서.'

엄이 또 제(帝)의 뜻이라 해 선유(宣諭)했다.

"장차 불경(佛經)을 써서 서역(西域)으로 보내려 하니 마땅히 종이를 바치시오."

상이 엄에게 말했다.

"장차 1만 장을 바치겠다."

이어서 안마(鞍馬)를 주고 또 두목관(頭目官) 7인에게 안마(鞍馬)를

---

13 종류를 가리킨다.

주었다. 황엄은 말이 몹시 좋지 못하다며 부족하게 생각해 다시 어리고 잘 걷는 것을 요구했다.

을사일(乙巳日-16일)에 상이 태평관에 가서 사신에게 잔치를 베풀고 안마(鞍馬)를 내려주었다. 이튿날 사신이 두목 한 사람을 시켜 용안(龍眼), 여지(荔枝) 및 호박대(琥珀帶), 향대(香帶), 환선(紈扇), 옥영(玉纓)을 바치니 상이 친히 받았는데 사명(使命)을 공경한 때문이다. 두목에게 저포(苧布)와 마포(麻布) 4필을 주었다.

병오일(丙午日-17일)에 세자를 보내 사신에게 연향(宴享)했다.
○ 사헌부와 사간원에서 교장(交章)해 손흥종(孫興宗)과 황거정(黃居正)의 죄를 청했다. 소는 이러했다.
'임금을 속이고 사(私)를 행하는 것[誣上行私]은 남의 신하된 자의 가장 큰 죄입니다. 정도전(鄭道傳)은 음험한 성품으로 우홍수(禹洪壽) 형제가 자기를 천하게 여긴 것에 한을 품었고, 숭인(崇仁)과 종학(種學)이 재주를 믿고 자기에게 붙좇지 않는 것을 꺼린 지가 여러 해가 됐습니다. 전조 말년에 숭인 등이 마침 당죄(黨罪)로 나뉘어 유배를 갔는데, 우리 태조께서 천명을 받아 즉위하자 사람을 살리기 좋아하는 다움[好生之德] 덕분에 특별히 관대한 은혜를 내려 교서(教書)를 반포해 보이고 죄인을 과단(科斷)하는 것을 다만 결장(決杖)만 하게 했습니다. 도전은 남은과 더불어 감히 임금을 속이는 마음을 자행해 비밀리에 교서사(教書使) 손흥종 등을 사주해 숭인 등을 임의로 죽여 위로 태조를 속이고 아래로 형벌의 권세를 제 마음대로 했으니 견빙(堅氷)의 조짐[14]이 시작된 것입니다. 무인년에 이르러 이 흉하고 교활한 무리를 놓아두어 거의 사직을 기울어뜨릴 뻔했으니 옛날에 무군(無君)의 마음이 여기에 이르러 증험된 것입니다. 이는 왕법에 반드시 죽여야 하고 죽어도 남은 죄가 있는 자인데 흥종과 거정 등이 권신(權臣)이 있는 것만 알고 태조가 있는 것은 알지 못해 몸소 교서를 받들고 명령을 어기며 잘못 죽여 권신의 욕심을 이루게 했으니 법에 상고하면 도전 등과 그 죄가 같습니다. 마땅히 극형에 처해 만세를 경계해야 할 것인데, 지금 순금사(巡禁司)가 무군의 마음을 추원(推原)하지 않고 모살(謀殺)의 율(律)에 얽매여서 망령되게 수(首)와 종(從)을 나눠 죄가 교형(絞刑)에 그쳤으니 그 잘못이 이미 컸고 한두 공신이 또한 이 율에 얽매여 그 죄를 감하기를 청했으니 그 잘못이 더욱 심합니다. 전하께서 또 관대한 법전을 따라서 그 머리를 보전하게 하시니 진실로 난신(亂臣)을 베는 마땅함이 아닙니다. 엎드려 바라옵건대 전하께서는 흥종과 거정을 모두 극형에 처하고 남은은 비록 공훈이 있으나 스스로 용서할 수 없는 죄를 범해 공보다 죄가 더하니 마땅히 도전과 함께 폐해 서인(庶人)으로 만들고 자손을 금고(禁錮)해 후세에 경계를 남기셔야 할 것입니다.'

상이 명했다.

"소의 뜻은 그러하나 나의 처결(處決)이 적중함을 얻었다[得中]. 내가 장차 친히 경 등을 보고서 말하겠다."

---

14 서리가 내리면 차거운 얼음이 이른다는 뜻으로, 일의 조짐을 보고 미리 그 화(禍)를 경계하는 말이다. 『주역(周易)』의 곤괘(坤卦)에 "서리를 밟으면 단단한 얼음이 이를 것이다"라는 말에서 나온 것이다.

정미일(丁未日-18일)에 천사(天使)에게 옷과 갓과 가죽을 내려주고 또 두목(頭目) 등에게도 주었다.

○ 대사헌(大司憲) 박은(朴訔)과 좌사간(左司諫) 이명덕(李明德) 등이 교장(交章)해 정도전과 황거정 등의 죄를 청했다. 소는 이러했다.

'사람들이 도전, 남은, 흥종, 거정이 임금을 속이고 사(私)를 행한 죄를 알지 못한 지가 이미 20년이 됐습니다. 전하께서 빼어나시고 눈 밝으신[聖明] 자품(資稟)으로 은미한 것을 나타내고 그윽한 것을 드러내[顯微闡幽] 그 죄를 바르게 하고자 하는데 순금사가 한결같이 율에 구애되어 모살(謀殺)로 적용하니 이미 사실에 어긋났습니다. 또 한두 공신이 말감(末減)을 따르기를 청하므로 전하께서 특별히 관인(寬仁)한 덕을 베푸시어 다만 폐해 서인(庶人)으로 삼고 자손을 금고 하게 했습니다. 신 등이 생각건대 죄명을 이루지 않으면 당대 사람이 그 죄를 알지 못할 것이니 사필(史筆)이 어떻게 후세에 전하겠습니까? 청컨대 그 죄명을 밝혀서 만세에 보이셔야 할 것입니다.'

상이 말했다.

"붓을 잡은 자가 그 사실을 알지 못한 지가 이미 오래다. 이번 일로 인해 또한 밝혀질 것이니 다시는 말하지 말라."

○ 대간(臺諫)에서 또 글을 올려 말했다.

'도전(道傳)과 남은(南誾)은 힘써 사사로운 원망을 갚으려고 감히 임금을 속이는 마음을 자행해 흥종(興宗)과 거정(居正)을 몰래 사주해 숭인(崇仁)의 무리를 마음대로 죽였고 흥종 등은 그 수족이 돼 그들의 욕심을 이루게 해주었습니다. 그 흔적을 보면 실로 무군(無君)의 마음에서 나온 것이니 마땅히 그 죄를 바르게 해서 법을 쓰는 것이 지극히 공정함을 보여줘야 합니다. 또 한두 공신(功臣)은 마침 내 거정이 범한 것이 종사에 관계되지 않는다고 해 죄를 줄여줄 것 을 청했고 정부도 또한 감히 바르게 의견을 내지 못했으니 신 등이 감히 청하는 바입니다.'

상이 말했다.

"이것으로 족히 징계되는 것이고 또 한재(旱災)가 있는데 만일 한 두 신하가 피혐(避嫌)하고 사진(仕進)하지 않으면 이것도 또한 나라 의 상서롭지 못한 일이니 다시는 말하지 말라."

집의(執義) 조치(曹致)와 지평(持平) 이윤상(李允商)이 본부(本府) 의 탄핵을 받았다. 이는 대개 원의(圓議)[15]할 때 "지금은 사신이 와 있으니 잠정적으로 정지하는 것이 좋겠다"라고 말한 때문이었다.

○ 좌정승 성석린(成石璘), 우정승 조영무(趙英茂), 찬성(贊成) 이천 우(李天祐) 등이 모두 피혐하고 나오지 않으니 모두 직무에 나오라고 명했다. 석린(石璘)과 영무(英茂)가 말씀을 올렸다.

"정부(政府)는 백관의 장(長)입니다. (그런데) 이제 신 등은 모두 재 주가 없는 사람으로서 외람되게 그 직임에 있는 꼴이 됐습니다. 어제 흥종과 거정의 죄를 논함에 있어 『춘추(春秋)』의 법으로 한다면 참 으로 무군(無君)의 마음이 있지마는 정도전의 마음을 거슬러 올라 가 본다면 사직을 위태롭게 하기를 꾀한 마음이 있는 것은 아닙니다. 그러므로 순금사에서 올린 율(律)에 의해 말한 것인데 이제 대간에

---

15 사헌부의 관원들이 쭉 둘러앉아 관리의 서경(署經)이나 풍헌(風憲) 및 탄핵(彈劾)에 관한 일을 의논하던 것을 말한다.

서 함께 그르다고 합니다. 또 대사헌 박은(朴訔)이 일찍이 병조(兵曹)에서 신 등을 욕하는 말로 무함했으니 신 등이 무슨 면목으로 다시 묘당(廟堂)에 출사(出仕)하겠습니까?"

상이 말했다.

"전일 정부(政府)의 의견을 (저들이) 그르다고 말하는 것은 참으로 옳다. 대간(臺諫)은 오히려 임금의 일도 논하는데 정부의 일을 논하는 것이 이상할 게 무엇이 있는가?"

상이 지신사(知申事) 김여지(金汝知) 등을 불러 말했다.

"도전이 뱃속에 흉포한 마음을 품고 비밀히 흥종(興宗)을 사주해 감히 지나친 형벌을 자행했다. 숭인(崇仁)은 재주가 있으니 진실로 꺼리는 바였다지만 종학(種學)은 무슨 죄였는지 모르겠다. 숭인과 종학이 만일 죽어야 합당하다면 마땅히 죄명을 바르게 해 베어야 했을 것이다. 본래 죽을죄가 아닌데 자기 마음대로 형벌을 가했으니 이것이 어찌 군상(君上)이 있는 마음이냐? 군상이 없는[無君] 마음이 나타났는데 종사에 관계되지 않는다고 말하는 것은 무엇인가? 공신 한상경(韓尙敬)과 정탁(鄭擢)은 유자(儒者)라고 이름하면서 거정의 죄를 감하기를 청했으니 대간이 어찌 논핵해 폄출(貶黜)하기를 잎 떨어진 나무와 같이 하지 않겠는가? 조영무(趙英茂)는 본래 질박하고 솔직해 학문이 적은 사람이니 와서 청하는 것을 반드시 책할 것이 없다. 옛날부터 재변이 없는 해가 없었는데 지금은 없는 달이 없으니 내가 어찌 감히 의(義)가 아닌 것으로 말하겠느냐? 네가 곧 가서 일러서 직사에 나오게 하라. 또 대국을 섬기는 것은 두려워하는 것이 아니라 예(禮)가 그러한 것이다. 지금 내사(內史)가 온 때에 어찌 자리를 피하겠는가?"

성석린 등이 대답했다.

"모두 재상의 자격이 없으면서 잘못돼 묘당(廟堂)에 있고 또 대간의 무시를 당했기 때문에 피한 것입니다. (그러나) 상께서 이미 직사에 나오라고 명하셨으니 어찌 감히 따르지 않겠습니까!"

기유일(己酉日-20일)에 사신 황엄(黃儼)이 현인비(顯仁妃) 권씨(權氏)의 어머니 집을 방문했다. 이로부터 임첨년(任添年), 정윤후(鄭允厚), 최득비(崔得霏)의 집에서 모두 잔치를 베풀어 위로하고 저마포(苧麻布) 몇 필(匹)씩을 주었다. 엄(儼)이 그들의 집에 갈 때마다 먼저 말했다.

"이 집에서도 반드시 나에게 베를 줄 텐데 나는 가는 베를 좋아한다."

경술일(庚戌日-21일)에 밤에 유성(流星)이 팔곡성(八穀星)에서 나와 하늘 북쪽 가로 들어갔는데 모양이 됫박[升]과 같았다.
○ 일본국(日本國) 대마도(對馬島) 종정무(宗貞茂)가 사람을 시켜 토산물을 바쳤다.

신해일(辛亥日-22일)에 좌정승 성석린(成石璘)이 사직했다. 말씀을 올렸다.

"영무(英茂)는 나이가 아직 쇠하거나 늙지 않았으니 직임을 감당할 만하지만 신은 나이 74세여서 이미 치사(致仕)할 때가 지났습니다.

지난번에 글을 올려 사면했으나 유윤(兪允)을 얻지 못해 드디어 대간의 비방과 국인(國人)의 무시를 당하게 됐습니다. 어제 대언(代言)을 보내 신으로 하여금 출사(出仕)하게 하셨으므로 어쩔 수 없이 나오기는 했으나 몹시 부끄러워 눈으로 차마 볼 수가 없습니다. 또 조사(朝士)가 대간(臺諫)의 기강(紀綱)을 꺼리는 것은 참으로 아름다운 풍속입니다. 신이 대간의 무시를 당하고도 버젓이 직사에 나오면 또한 녹을 탐하고 은총을 바란다는 비방이 있을 것이니 물러가 숨어 있기를 간절히 원합니다."

상이 말했다.

"내가 이미 직사에 나오게 했는데 대간의 말을 두려워하는가? 그대는 경중(輕重)을 어디에 두고 있는가"

성석린이 말했다.

"대간의 말을 중하게 여겨서가 아닙니다. 『전(傳)』에 이르기를 '여러 신하를 내 몸과 같이 여긴다[體群臣]'[16]라고 했습니다. 바라건대 노신(老臣)의 마음을 알아주시어 신의 여년(餘年)을 편안히 지내도록 해주시고 풍교(風敎)를 세워서 후세에 복록이나 생각하고 은총을 굳게 하려는 사람[懷祿固寵]을 경계하셔야 할 것입니다."

상이 말했다.

"경이 물러가기를 원한 지가 여러 해이나 이런 까닭으로 사면할 수는 없으니 가서 일을 보도록 하라."

대간에서 또 말씀을 올렸다.

---

16 『중용(中庸)』에 나오는 말이다.

"정부에서 진언(進言)한 것이 다만 피혐(避嫌)하는 일이고 흥종(興宗) 등의 일에 대해 가부를 말한 것이 없습니다. 청컨대 전일에 올린 일을 육조(六曹)에 내리시어 그 죄를 밝혀 이론(異論)하는 자로 하여금 부끄러워할 줄을 알게 해야 할 것입니다."

또 성석린, 조영무와 공신 조온(趙溫), 안경공(安景恭), 정탁(鄭擢), 조견(趙狷), 한상경(韓尙敬), 유창(劉敞) 등이 말감(末減)을 따르기를 청한 연유를 탄핵하고 글을 올렸다.

'남은(南誾)은 공이 있어 홀로 면하고 흥종(興宗)과 거정(居正) 또한 성명(性命)을 보전했으니 이것은 죄는 같은데 벌은 다른 것입니다. 또 영무가 공신 조온 등을 거느리고 대궐에 나와 감(減)하기를 청했으니 이 또한 흥종의 당입니다. 석린이 또한 영무에게 붙어서 시비를 돌아보지 않고 대궐에 나와 감하기를 청했으니 이는 또한 무슨 생각입니까?'

상이 힐문해 말했다.

"여러 해나 된 일이 족히 징계됐는데 어째서 다시 말하는가? 또 조정 사신을 앞으로 누가 대접하라고 정부를 내보내겠는가? 좌상(左相)은 감하기를 청한 일이 없는데 어째서 탄핵하는가?"

대간에서 대답했다.

"신하가 임금을 속인 것은 죽어도 남은 죄가 있는데 이제 다만 서인(庶人)으로만 되게 했으므로 다시 청하는 것입니다. 또 사신을 접대하는 것이 급함은 모르고, 다만 법을 밝히지 않을 수 없는 것만압니다. 석린이 대궐에 나와 흥종 등의 죄는 청하지 않고 오직 피혐(避嫌)하는 것만을 말했기 때문에 말씀드리는 것입니다."

상이 말했다.

"정부(政府)의 의논이 비록 잘못됐으나 대간(臺諫) 또한 그릇됐다. 망령되게 감하기를 청했다고 칭해 대신을 탄핵하는 것은 잘못이다. 또 사신의 접대도 정부가 아니면 누가 하겠는가?"

드디어 청가(請假)[17]하게 했다. 상이 좌우를 물리치고 지신사 김여지(金汝知)와 대언(代言) 조말생(趙末生)을 나오게 해 말했다.

"정부와 대간에서 형세가 서로 용납하지 않으니 권도(權道)로 대간을 꺾은 뒤에 정부로 하여금 출사하게 하는 것이 옳겠다."

또 말했다.

"박은(朴訔)은 이종학(李種學)의 일가[18]인데 어째서 강경하게 이러한 행동을 하는가?"

여지(汝知)가 말했다.

"종학을 교살한 일이 나타나지 않았다면 은(訔)이 마땅히 피하겠지만 그 일이 이미 나타났으니 왕법으로 반드시 베어야 합니다. 족친이라 해 피할 수는 없습니다."

상이 말했다.

"내 마음 또한 그와 같을 뿐이다."

○ 공조판서 박자청(朴子靑)에게 명해 경복궁(景福宮)을 수리하게 했다. 자청에게 명해 말했다.

---

17 원래는 관리가 휴가(休暇)를 청(請)하던 일을 말한다. 그런데 여기서는 관리가 허물이 있을 때 스스로 물러가기 위해 말미를 청하던 것을 뜻한다. 청가(請暇)라고도 한다.
18 이종학의 아버지 이색이 박은의 외삼촌이다.

"경복궁은 태조께서 세우신 것인데 내가 만일 거처하지 않으면 자손들이 반드시 거처하지 않을 것이니 경은 즉시 수리하라."

그리하여 북루(北樓) 아래에 못을 파라고 명하고 또 안성군(安城君) 이숙번(李叔蕃)과 의정부지사(議政府知事) 이응(李膺)에게 명해 감독하게 했다.

임자일(壬子日-23일)에 사헌장령(司憲掌令) 권천(權踐), 지평(持平) 허성(許誠)이 대간(臺諫)에서 말한 자를 용서해줄 것을 청했다. 천(踐) 등은 전일의 청에 참여하지 않았는데 이때에 이르러 말씀을 올렸다.

"대간은 인주(人主)의 눈과 귀로써 무릇 (정치의) 얻고 잃음에 있어서 말하지 않음이 없습니다. 지금 흥종(興宗) 등의 죄를 올바르게 밝히지 않아 이를 말했을 뿐인데 도리어 청가(請假)를 명하시니 신 등은 후일에 언로(言路)가 폐지될까 두렵습니다."

따르지 않았다.

○ 상이 정부사인(政府舍人) 홍여방(洪汝方)에게 말했다.

"좌우 정승이 모두 탄핵을 당해 일을 보지 못하니 도당(都堂-의정부)의 여러 사무를 영의정(領議政) 하륜(河崙)에게 품의하라."

여방(汝方)이 뜻을 전하니 륜이 대답했다.

"두 정승은 나라의 훈구(勳舊)이고 또 자기 자신에게 죄가 있는 것도 아니고 다만 흥종 등의 죄명을 토의하다가 대간(臺諫)과 틀어진 것일 뿐입니다. 정승을 진퇴시키는 것은 나라의 중한 일이니 어찌 사소한 연고를 가지고 물리칠 수 있겠습니까? 하물며 내사(內史-명나라 사신)가 바야흐로 사관(使館)에 있으니 만일 두 정승이 어디 있느냐고 물으면 장차 어떻게 대답하겠습니까? 사소한 연고로 정승을 파면시키는 것을 들리게 해서는 안 될 것입니다. 또 신이 근자에 작은 병이 있어 빈객을 대접하는 것도 견디지 못하니 어찌 감히 묘당(廟堂)에 앉아서 국정을 결단하겠습니까? 바라건대 상감(上監)은 다시 생각하소서.”

상이 듣고 그 말을 옳게 여겼다[是=然].

○ 이조판서 이직(李稷)을 불러 말했다.

“대신이 탄핵을 당하면 가볍게 (다시) 나올 수 없으니 장차 다시 제수해 직사에 나오게 하는 것이 어떻겠는가?”

직(稷)이 대답했다.

“대신의 출처(出處)는 참으로 쉽지 않으니 전하의 말씀이 옳습니다.”

다시 성석린(成石璘)을 좌정승으로, 조영무(趙英茂)를 우정승으로, 박은(朴訔)을 호조판서로, 이응(李膺)을 지의정부사(知議政府事)로, 이명덕(李明德)을 형조우참의(刑曹右參議)로, 정전(鄭悛)을 좌사간(左司諫)으로 삼았다. 헌부(憲府)에서 다시 조영무를 논핵해 드디어 글을 올려 말했다.

‘영무가 이미 대체(大體)를 잃었고 또 대간의 핵문(劾文)에 대답하지 않았습니다.’

상이 말했다.

“핵문에 대답하지 않은 것은 잘못이다.”

○ 지평(持平) 허성(許誠)이 말씀을 올렸다.

“인군(人君)이 홀로 다스리지[獨理=獨治] 못하기 때문에 대간(臺諫)을 눈과 귀로 삼습니다. (그런데) 어째서 눈과 귀가 되는 관원을 폐하고 다시 영무를 씁니까? 바라건대 전일에 올린 상소를 윤허하고 또 대간으로 하여금 직사에 나오게 해야 할 것입니다."

따르지 않았다.

○ (사헌부)지평(持平) 허성(許誠)이 다시 우정승 조영무(趙英茂)를 탄핵했다. 글을 올려 말했다.

'영무(英茂)가 자신이 이미 죄가 있고 또 대간(臺諫)의 물음에 대답하지 않고 공공연하게 출사하니 마침내 기강과 법도[紀法]에 어긋나므로 상재(上裁)를 바랍니다.'

상이 노해 말했다.

"네가 국체(國體)를 생각하지 않고 또 대신을 논핵하니 네가 사신을 접대하려느냐?"

성(誠)이 말했다.

"신이 비록 국체는 알지 못하지만 정부 대신이 모두 있으니 설사 우정승이 없더라도 정말로 무슨 해로울 것이 있겠습니까? 신이 생각건대 대간은 기강과 법도가 있는 곳인데 이로 인해 기강과 법도가 허물어질까[隳=虧] 두렵습니다."

상이 노해 순금사(巡禁司)의 당직(當直)하는 아전을 불러 성을 붙잡아 집으로 돌려보내려고 하니 지신사 김여지(金汝知) 등이 말했다.

"죄가 있으면 하옥하는 것은 마땅하지마는 붙잡아서 집으로 돌려보내는 것은 불가한 것 같습니다."

그것을 따라 청가(請假)를 하고 영무에게는 직사에 나오라고 명했으나 영무가 나오지 않았다. 상이 김여지와 조말생(趙末生)에게 명해 말했다.

"전 대사헌 박은(朴訔)에게 이색(李穡)은 삼촌(三寸)인데 이 흥종과 거정의 죄는 이색에게 근거를 두고 있으니 조카로서 마땅히 물러가 피해야 할 것인데 어째서 정부를 탄핵했는가?"

말생(末生)이 대답했다.

"은(訔)의 생각으로는 죄가 종사(宗社)에 관계되고 또 흥종과 거정이 속으로 정도전(鄭道傳)의 사주를 듣고 이숭인(李崇仁) 등을 잘못 죽인 죄로 청한 것일 뿐이고 이색에게는 관계되지 않습니다."

상이 그렇다고 여겨 말했다.

"영무가 핵문에 대답하지 않은 것은 다른 뜻이 있어서가 아니다. 이 가문(家門)에 본래 도리를 아는 사람이 없기 때문에 이와 같은 일이 있는 것이다. 내가 들으니 헌부(憲府)의 졸도(卒徒)가 영무의 집을 침노해 능멸했다고 하는데, 핵문에 대답하지 않은 것이 의미가 없기 때문에 내가 금하지 않은 것이다. 대사헌이 만일 있었다면 정부와 다시 틈이 있을 것이다."

○ 조영무(趙英茂)를 다시 우정승으로, 박경(朴經)을 대사헌으로 삼았다. 영무(英茂)가 사직을 올려 말했다.

"신이 태조(太祖)가 개국하던 초기부터 오늘에 이르렀어도 별로 과오가 없었는데 지금은 꿈쩍만 하면[動輒] 허물을 얻어 유사(攸司)의 탄핵을 당하니 청컨대 신의 직책을 면하게 해주소서."

명했다.

"영의정 하륜(河崙) 또한 일찍이 탄핵을 당했는데 내가 출사를 명하면 출사했다. 마땅히 그것을 따르라."

영무가 직사에 나왔다.

○ 광록소경(光祿少卿) 이문명(李文命)[19]이 졸(卒)했다.

갑인일(甲寅日-25일)에 호조(戶曹)에서 동북면 수령에게 아록전(衙祿田)[20]을 줄 것을 청했다. 이에 앞서 동북면 수령의 늠록(廩祿)을 모두 창고의 쌀로 제공했는데 이때에 이르러 호조가 올려 청하니 [上請] 그것을 따랐다.
상청

○ 예조(禮曹)에서 제사에 사용하는 폐백(幣帛)의 제도를 상정했다. 말씀을 올렸다.

"「증자문(曾子問)」[21]에 이르기를 고(告)하는 데에 생폐(牲幣)를 쓰는 것에 대한 주(註)에서 '폐백이 길이가 1장(丈) 8척(尺)이다'라고 했고, 『두씨통전(杜氏通典)』[22]에 또한 말하기를 '폐백은 증(繒)인데 1장 8척이다'라고 했고, 『문헌통고(文獻通考)』[23] 주문공(朱文公) 석전의(釋奠儀) 당(唐)·송(宋)의 제도에 모두 1장 8척을 썼고, 『홍무예제(洪武禮制)』의 주현사직의(州縣社稷儀)와 전조(前朝)의 상정례(詳定禮)에

---

19 1408년(태종 8년)에 딸이 명나라 영락제(永樂帝)의 진헌녀(進獻女)에 뽑혀 공안부판관(恭安府判官)에 제수됐다. 딸과 명나라까지 동행했으며 소의(昭儀)의 직첩을 받은 딸로 인해 자신은 작질 4품인 광록소경의 직책을 받았다. 아들 무창(茂昌)이 있다.

20 조선조 때 관청의 인건비나 기타 경비를 조달하기 위해 나라에서 지급하던 토지를 가리킨다.

21 『예기(禮記)』의 편명(篇名)으로 길흉관혼(吉凶冠昏)의 변례(變禮)가 많이 기록되어 있다.

22 당(唐)나라 두우(杜佑)가 편찬한 책으로 모두 200권이다. 식화(食貨)·선거(選擧)·직관(職官)·예(禮)·악(樂)·병(兵)·형(刑)·변방(邊防)의 8문(門)으로 나눠 황우(黃虞) 시대에서 당나라 천보(天寶) 연간에 이르기까지 정전(政典)을 기록했다.

23 원(元)나라 마단림(馬端臨)이 편찬한 책으로 348권이다. 두우(杜佑)의 통전(通典)에 기초해 통전(通典) 8문(門)을 19문(門)으로 나누고, 다시 경적(經籍)·제계(帝系)·봉건(封建)·상위(象緯)·물이(物異)의 5문(門)을 더 넣어 모두 24문으로 되었는데, 남송(南宋) 영종(寧宗) 시대까지 다루고 있다. 송조(宋朝)의 제도가 가장 상세하게 기록돼 있다.

도 또한 예전 제도를 승습해 무릇 신명에게 예(禮)하는 폐백은 모두 1장 8척을 썼고, 상제(上帝)에게 제사하는 데는 폐백을 창색(蒼色)으로 하고, 오제(五帝)에게는 각각 그 방위의 빛을 따르고, 선농(先農)에게는 청색(靑色)으로 하고, 선잠(先蠶)에게는 흑색(黑色)으로 하고, 그 나머지 신명에게 제사하는 폐백은 모두 백색을 썼습니다. 지금 우리 조정에서 쓰는 폐백이 예전 제도에 어긋나니 그 색과 길이를 한결같이 예전 제도에 의거하고, 모두 주문공의 조례기척(造禮器尺)[24]을 써야 할 것입니다."

그것을 따랐다.

을묘일(乙卯日-26일)에 내사(內史) 황엄(黃儼)이 여귀진(呂貴眞)의 묘(墓)에 가서 제사 지냈는데 양(羊) 한 마리, 돼지 한 마리, 거위 두 마리는 모두 (중국에서부터) 싸 가지고 온 것이었다. 그 제문(祭文)은 이러했다.

'유(維) 대명(大明) 영락(永樂) 9년(九年) 세차(歲次) 신묘(辛卯) 8월 삭(八月朔) 월모일(越某日)에 황제(皇帝)는 태감(太監) 황엄을 보내 광록소경 여귀진(呂貴眞)의 영(靈)에 제사한다. 너는 온후하고 순실해 평소부터 착한 것을 좋아했다. 내척(內戚)[25]으로 귀하게 됐으나 더욱 삼가고 조심했다. 너의 천리(踐履-평소 처신)로 보아서 마땅히 장수(長

---

24 자의 하나로 예기(禮器)를 만들 때 사용하는데, 황종척(黃鍾尺) 1자는 이 자의 8촌(寸) 3푼(分) 3리(釐)에 해당한다고 한다.
25 천자(天子)의 총애를 받는 부인(婦人)의 친척을 가리킨다.

壽)하리라 생각했는데 갑자기 병으로 죽었으니 참으로 슬퍼하는 바이다. 영(靈)이 만일 알고 있다면 이 유제(諭祭)[26]에 흠향하라.'

○ 철성군(鐵城君) 이원(李原)의 어머니 빈소에 쌀 20석과 종이 100권을 부의로 주고 또 중관(中官)을 보내 사제(賜祭)했다.

병진일(丙辰日-27일)에 금성(金星)이 헌원좌각(軒轅左角)을 범했다.

○ 상이 태평관에 가서 사신 황엄(黃儼)에게 잔치하고 안마(鞍馬)를 주니 엄(儼)이 기뻐서 사례했다.

○ 제주(濟州) 사람 고상온(高尙溫)이 세직(世職)을 승급하도록 명했다. 전 총제(摠制) 고봉례(高鳳禮)가 말씀을 올렸다.

'제주(濟州) 도주관좌도지(都州官左都知)[27]는 신의 세직(世職)이니 장자(長子) 고상온으로 대신하기를 청합니다.'

그것을 따랐다.

정사일(丁巳日-28일)에 (경상도) 울주(蔚州)에 부처(付處-유배)한 강거보(康居寶)를 용서했다. 아비의 나이 82세인데 병을 앓고 있었기 때문이었다.

---

26 황제가 사신을 보내 제사하는 것 또는 중국 황제가 외국의 국왕에게 내려준 제문(祭文)을 말한다. 중국 황제는 조선 사람으로서 황실의 외척이 된 자나 조선 국왕이 죽은 경우 사신을 통해 제문을 보냈다.

27 제주도 고씨(高氏)의 토관직(土官職)이다. 신라에서 성주(星主)라고 작호를 내려주었는데 태종 4년 5월 고봉례(高鳳禮)가 너무 참람한 것 같다고 해 고치기를 청했으므로 도주관좌도지관(都州官左都知官)으로 고쳤다.

무오일(戊午日-29일)에 화성(火星)이 여귀성(輿鬼星)을 범했다.

○ 병조판서 황희(黃喜), 좌군총제(左軍摠制) 하구(河久)를 보내 경사(京師)에 가게 했다. 약재(藥材)를 보내준 것에 사은하기 위해서였다. 희(喜) 등이 푸저우[福州]에서 도망쳐 온 군사 김백(金白)과 김일(金一) 등을 돌려보내는 자문(咨文)을 함께 싸 가지고 갔다.

○ 상이 태평관(太平館)에 가서 내사(內史)를 전별하고 옷 한 벌을 주고 또 두목(頭目)에게 사람마다 각각 옷 한 벌씩을 주었다.

○ 서북면 도순문사(西北面都巡問使) 유정현(柳廷顯)이 글을 올려 사직했다. 글은 이러했다.

'신이 본래 병이 있는데 억지로 공사(公事)를 행해왔습니다. 요즈음 미워하는 무리들이 망령되게 신이 한 일을 가지고 익명서(匿名書)를 만들었습니다. 그 두어 조목은 변명할 수 있지마는 오직 가뭄에 대한 일은 실로 재주롭지 못해 부른 것입니다. 바라건대 신의 직책을 해면해 신으로 하여금 병을 치료하게 하소서.'

상이 말했다.

"오고 가는 허튼소리를 괴이하게 여길 것이 없다. 경이 어찌 사직하려는가?"

드디어 지신사 김여지(金汝知)에게 말했다.

"수령(守令)들이 그의 엄정(嚴正)함을 꺼린 것일 뿐이다. 바야흐로 장차 불러 쓰려고 하는데 어찌하여 이에 사직하는가?"

辛卯 復以河崙領議政府事 崔潤德右軍同知總制 曺備衡尙州
신묘 부이 하륜 영의정부사 최윤덕 우군동지총제 조비형 상주

晉州道兵馬都節制使 判昌原府事尹子當吉州道察理使 尹惟忠
진주도 병마도절제사 판 창원부 사 윤자당 길주도 찰리사 윤유충

江界道都兵馬使 權踐司憲掌令. 上謂議政府六曹臺諫曰: "今
강계도 도병마사 권천 사헌장령 상 위 의정부 육조 대간 왈 금

孫興宗等 希權臣之意 枉殺崇仁 種學之實已著 豈不可爲痛心哉!
손흥종 등 희 권신 지의 왕살 숭인 종학 지실 이저 기 불가위 통심 재

河崙 權近所言用事者 予謂非指太祖者 無乃驗乎?" 諸卿不能對.
하륜 권근 소언 용사자 여위비지 태조 자 무내 험호 제경 불능 대

巡禁司兼判事李天祐等進言曰: "興宗 居正 皆不直言 請棒問."
순금사 겸판사 이천우 등 진언 왈 흥종 거정 개 부직언 청 봉문

命曰: "興宗老姦 刑問可也." 又命曰: "召豊海道首領官及守令推
명왈 흥종 노간 형문 가야 우 명왈 소 풍해도 수령관 급 수령 추

興宗者 憑問劾實. 且居正監刑崇仁時使令 亦皆拿來憑問."
흥종 자 빙문 핵실 차 거정 감형 숭인 시 사령 역개 나래 빙문

巡禁司啓曰: "將興宗與豊海道經歷 新恩縣令對論 興宗服曰:
순금사 계왈 장 흥종 여 풍해도 경력 신은현령 대론 흥종 복왈

'絞殺種學 非太祖之命 乃希道傳 南誾之意也.' 將居正與刑房吏
교살 종학 비 태조 지명 내 희 도전 남은 지의 야 장 거정 여 형방 리

及執杖者對論 仍不服曰: '杖崇仁時擇杖吾之命也 杖其腰 則非
급 집장 자 대론 잉 불복왈 장 숭인 시 택장 오지명야 장 기요 즉 비

吾所知也. 其時同坐按廉使李原爲證.'" 卽下原于巡禁司問之 原
오 소지 야 기시 동좌 안렴사 이원 위증 즉 하원 우 순금사 문지 원

曰: "予初與居正同坐 當杖時 以恩門故 請出于外 予實不知." 又
왈 여초 여 거정 동좌 당장시 이은문 고 청출 우외 여실 부지 우

下延城君金輅于巡禁司. 先是 宜寧君南在告于上曰: "輅與臣
하 연성군 김로 우 순금사 선시 의령군 남재 고우 상왈 로 여신

云: '以敎書使 回自忠淸 太祖進臣曰: "聞卿等濫刑 然乎否?" 臣
운 이 교서사 회자 충청 태조 진신왈 문 경등 남형 연호 부 신

對曰: "豈可枉刑! 天可畏也."'" 至是 下獄問之 輅曰: "此則言我
대왈 기가 왕형 천 가외 야 지시 하옥 문지 로왈 차즉 언 아

之所爲 非指興宗 居正而言也. 實南在誤聽耳." 又命囚在問之 在

曰: "予以爲輅摠言敎書使等不濫刑也. 今若輅言 則予實誤聽."

事聞 上曰: "予之下囚此輩 要得其情 勿令延及他人. 更問興宗

居正以聞." 命釋輅 在與原.

上召南在曰: "開國之事 卿無不知 種學等事 何故不知? 壬申

以前之事 予皆知之 其後人有忌我者 故出使東北面矣. 卿何以

不知言歟?" 對曰: "壬申間事 臣時爲代言 焉有不知者哉? 此事

則實未嘗知也. 臣若知之 則肯爲已死之弟 以欺君哉?"上曰:

"開國之功 南誾居多 至有涕泣而力白之者 若道傳則其於開國也

曾無一言. 其後辨嫡庶之時 又無一言以及之. 至其得罪于高皇帝

則固避不赴 挾私欺君 恣其凶暴 以沒其身之咎 濫殺崇仁等 以滅

其口. 罪不掩功 宜籍沒田民 禁錮子孫."

增營慶尙道倉庫. 監司報: '道內倉庫皆盈 請營今年田租所藏之

庫 且彦陽客舍火 亦令修造.' 從之.

戶曹上言: "國庫皆盈 請令忠淸 江原 豐海 京畿 斫木以營

倉庫." 上憚土木之役 問政府. 政府上言: "舊京寺社皆空 今年

租稅 宜納于此." 戶曹判書李膺啓曰: "臣以爲忠州 金遷軍資之粟

不可過都而置於舊京 宜置上流驪興等處." 下議政府 政府議聞

從之.

甲午 賜檢校參議朴昇米五石. 昇進葡萄 上曰: "昇昔年久從我

貧窶者也."
빈구 자 야

以右軍同知摠制崔潤德爲鏡城等處都兵馬使.
이 우군 동지총제 최윤덕 위 경성 등처 도병마사

乙未 分遣損實敬差官于諸道.
을미 분견 손실경차관 우 제도

前摠制金閑卒. 閑病 賜米豆二十石 至是 又賜賻米豆五十石
전 총제 김한 졸 한병 사미두 이십 석 지시 우 사부 미두 오십 석

紙百五十卷 又賜棺槨 遣人致奠. 靜妃殿亦遣中官以祭. 有二子
지 백 오십 권 우 사 관곽 견인 치전 정비 전 역 견 중관 이제 유 이자

有敦 有章.
유돈 유장

丙申 太白晝見 經天二日.
병신 태백 주견 경천 이일

丁酉 賜前開城留後禹洪富米豆二十石. 時洪富病 賜米以資
정유 사 전 개성 유후 우홍부 미두 이십 석 시 홍부 병 사미 이자

藥餌. 蓋以癸亥年知貢擧玄寶之子也.
약이 개 이 계해년 지공거 현보 지자 야

慶尙道安東民家 有牸牛一産三犢.
경상도 안동 민가 유 자우 일산 삼 독

戊戌 移御本宮. 蓋度厄也. 宮西鑿池 東西百七十尺 南北
무술 이어 본궁 개 도액 야 궁서 착지 동서 백 칠십 척 남북

百五十尺 中開小閣明麗. 上登覽 召近臣設酌.
백 오십 척 중개 소각 명려 상 등람 소 근신 설작

賜前大司憲孟思誠米豆二十石.
사 전 대사헌 맹사성 미두 이십 석

置承文院提調. 又置書員十五人 七品去官; 書吏十五人 八品
치 승문원 제조 우 치 서원 십오 인 칠품 거관 서리 십오 인 팔품

去官.
거관

庚子 命鄭道傳 孫興宗 黃居正廢爲庶人 子孫禁錮; 南誾勿論.
경자 명 정도전 손흥종 황거정 폐 위 서인 자손 금고 남은 물론

以誾有開國之功也.
이 은 유 개국 지공 야

巡禁司啓:"居正 興宗等 聽權臣道傳 南誾之言 枉殺二人. 乞依
순금사 계 거정 흥종 등 청 권신 도전 남은 지 언 왕살 이인 걸의

明律出入人罪條 杖一百徒三年." 上進代言等議之 遂召巡禁司
명률 출입 인 죄조 장 일백 도 삼년 상 진 대언 등 의지 수 소 순금사

掌務田興 命曰:"興宗 居正 不從太祖之命 而聽權臣之嗾 濫殺
장무 전흥 명왈 흥종 거정 부종 태조 지명 이 청 권신 지주 남살

無辜 以汚太祖好生之德. 此知有其臣 而不知有其君者也 欺君

之罪 莫此爲大. 若以官司出入人罪論之 則在所當赦 且功臣事關

宗社 當以法論 豈可汎以此條而論哉? 當以欺君之罪論 以懲後惡

可也 更按律以聞." 巡禁司以謀殺人當之曰: "首議者斬 從之者

絞." 命曰: "此亦未合也 令政府議聞."

司諫院左司諫李明德等上疏以爲:

'宜寧君南在 乃誾之母兄也. 深謀秘計 宜無不知. 當興宗 居正

奉使之日 密嗾濫殺崇仁 種學 在豈有不知之理乎? 前日殿下

召問濫殺之故 在對以不知 欺罔天聰. 願下攸司鞫問.'

上曰: "南在兄弟 平時不友 人所共知. 豈在知而不以實告乎?

宜勿復問."

政府上言: "居正 興宗 宜當謀殺人律." 上曰: "未當 宜更議

以聞." 政府上言: "居正 興宗實從道傳 南誾之計 道傳 南誾 亦

非挾私憾也. 種學 崇仁等 在開國之時 前朝之黨也. 道傳等欲成

我社稷 豈不欲害其黨乎? 迹雖欺君 心實衛社稷也." 上曰: "壬申

七月 大業已定 焉有彼此之黨乎? 道傳等肆行無君之心 何以曰衛

社稷也? 始發此言者誰歟?" 開國功臣右政丞趙英茂 漢川君趙溫

興寧君安景恭 淸城君鄭擢 玉川君劉敞 西川君韓尙敬 平城君

趙狷等亦上言曰: "南誾 鄭道傳 在開國之初 濱于死地 幸賴宗社

之靈得免. 若無此輩 太祖誰與開國乎? 以此惡彼 理固然矣 非

道傳私怨也. 其設心出於公 是可恕也. 臣等亦參開國 敢有此請."

上笑曰: "是何言也? 欲救欺君之罪而發此言 可忍出諸口乎? 是

何言也? 開國功臣 多有智量者 何若是其誤乎? 道傳 南誾 乃懷

私怨 陰嗾使臣 枉殺無辜 其於人臣之道何? 予之罪此 非爲崇仁

種學復讐也 爲天下萬世之計也. 且太祖 剛明之主也 尙有如此之

臣 後世儻有庸君弱主 則臣或效此 無所不爲矣. 予欲以春秋之法

罪道傳等 垂法後世 以杜亂萌 而掌刑者言律 無欺君正條 故下

議政府議之 蓋欲聞公論也. 卿等何遽請之乎?" 英茂對曰: "愚臣

小見 亦不以此爲是 但原其情 則可恕也." 上曰: "以春秋之法

觀之 則誣上行私 法所不赦. 今卿等之言至切 予當更思." 英茂等

欣然而退 乃有是命.

辛丑 命礪良君宋居信 飯僧徒六十于貞陵齋宮. 以顯妃忌晨也.

司憲府大司憲朴訔等 上疏請罷各道損實敬差官. 疏曰:

'臣等竊謂田者 民生休戚 倉廩盈虛係焉 收租不可不愼也.

孟子曰: "多則桀 寡則貉." 今國家收租不中 分遣敬差 以便公私

恤民之意至矣. 然敬差官 道各二三員 或至三四 其見量有不同 故

一道之內 損實輕重 東西懸絕. 且往往好名之徒 不體殿下字民之

意 才入其境 先問前歲損實之數 專以實多爲務者 比比有之 較其

前數 虛爲增飾者 亦有之. 因此租稅不中 而民産日薄 怨及朝廷

其於固本恤民之意何? 願罷敬差 專付監司 無時分遣行臺監察

損實輕重 軍民苦樂 水陸將吏之能否 周行體察申聞 以懲不恪.'
손실 경중 군민 고락 수륙 장리 지능부 주행 체찰 신문 이징 불각

上覽之 下議政府擬議以聞. 政府啓曰:"今年姑罷之 以待來年
상 람지 하 의정부 의의 이문 정부 계왈 금년 고 파지 이대 내년

則敬差有無之利害 可知矣 宜從憲府之請." 上曰:"不可輕改
즉 경차 유무 지 이해 가지 의 의종 헌부 지청 상왈 불가 경개

仍舊施行."憲府復請:"若不罷之 宜差等減差."從之. 慶尙 全羅
잉구 시행 헌부 부청 약불 파지 의 차등 감차 종지 경상 전라

忠淸 江原 西北面各二員 豊海 京畿 東北面各一. 命敬差官曰:
충청 강원 서북면 각 이원 풍해 경기 동북면 각일 명 경차관 왈

"予聞近年以來 敬差官反以厲民爲急. 爾等務欲寬平."
여문 근년 이래 경차관 반이 여민 위급 이등 무욕 관평

癸卯 遣世子于碧蹄驛 迎勞使臣.
계묘 견 세자 우 벽제역 영로 사신

甲辰 朝廷使臣宦官太監黃儼來. 上以時服率百官 出迎于
갑진 조정 사신 환관 태감 황엄 래 상 이시복 솔 백관 출영 우

慕華館 備綵棚雜戲 迎入景福宮行禮. 儼出禮部咨 咨曰:
모화관 비 채붕 잡희 영입 경복궁 행례 엄 출 예부 자 자왈

'近準朝鮮國王咨:"差人將齎藥單 赴京收買."本部官節該奉
근준 조선국 왕자 차인 장재 약단 부경 수매 본부 관 절해 봉

欽依 藥材不要他買 等有時着人送將去 除欽遵打點完備 欽差
흠의 약재 불요 타매 등유시 착인 송 장거 제 흠준 타점 완비 흠차

太監黃儼齎送前去. 開藥材二十九味.'
태감 황엄 재송 전거 개 약재 이십 구미

蓋去年鄭氏赴京時咨請故也. 儼又諭之曰:"帝更求有姿容處女.
개 거년 정씨 부경 시 자청 고야 엄 우 유지 왈 제 갱구 유 자용 처녀

其得鄭允厚女 不令朝官知 若托以答王求藥物也. 今賜藥物 實報
기득 정윤후 녀 불령 조관 지 약 탁 이답 왕구 약물 야 금사 약물 실보

鄭氏之赴京也."儼如太平館 上尋至于館享之 儼又出咨. 咨曰:
정씨 지 부경 야 엄 여 태평관 상 심 지우 관 향지 엄 우 출자 자왈

'近準朝鮮國王咨:"開光祿寺少卿呂貴眞病故."除具奏外 欽差
근준 조선국 왕자 개 광록시 소경 여귀진 병고 제 구주 외 흠차

太監黃儼齎祭文降香備辦祭物 合行移咨 轉令本官家屬知會.'
태감 황엄 재 제문 강향 비판 제물 합행 이자 전령 본관 가속 지회

儼又宣帝旨曰:"將寫佛經 送于西域 宜進紙地."上謂儼曰:"將
엄 우 선 제비 왈 장 사 불경 송우 서역 의진 지지 상 위 엄 왈 장

進一萬張."仍贈鞍馬 又贈鞍馬于頭目官七人. 儼以馬未盡善爲慊
진 일만 장 잉 증 안마 우 증 안마 우 두목관 칠인 엄 이 마 미진선 위겸

又求齒少而善步者.
우구 치소 이 선보 자

乙巳 上如太平館享使臣 贈鞍馬. 翼日 使臣令頭目一人 獻
<small>을사 상여 태평관 향 사신 증 안마 익일 사신 영 두목 일인 헌</small>

龍眼 荔枝及琥珀帶 香帶 紈扇 玉纓 上親受之 敬使命也. 贈頭目
<small>용안 여지급 호박대 향대 환선 옥영 상친 수지 경사명야 증두목</small>

苧麻布四匹.
<small>저마포 사 필</small>

丙午 遣世子享使臣.
<small>병오 견 세자 향 사신</small>

司憲府司諫院交章請孫興宗 黃居正之罪. 疏曰:
<small>사헌부 사간원 교장 청 손흥종 황거정 지죄 소왈</small>

'誣上行私 人臣之大罪. 鄭道傳以陰險之資 懷禹洪壽兄弟以己
<small>무상 행사 인신 지대죄 정도전 이 음험 지자 회 우홍수 형제 이기</small>

爲賤之恨 忌崇仁 種學負才不附己有年矣. 前朝之季 崇仁等適以
<small>위천 지한 기 숭인 종학 부재 불부기 유년 의 전조 지계 숭인등 적이</small>

黨罪分配 我太祖受命卽位 以好生之德 特垂寬大之恩 頒示敎書
<small>당죄 분배 아 태조 수명 즉위 이 호생 지덕 특수 관대 지은 반시 교서</small>

科斷罪人 止令決杖. 道傳乃與南誾 敢肆欺上之心 密嗾敎書使
<small>과단 죄인 지령 결장 도전 내여 남은 감사 기상 지심 밀주 교서사</small>

孫興宗等 擅殺崇仁等 上欺太祖 下專刑柄 堅氷之漸兆矣. 及至
<small>손흥종 등 천살 숭인 등 상기 태조 하전 형병 견빙 지점조 의 급지</small>

戊寅 縱此兇狡 幾傾社稷 昔日無君之心 至此驗矣. 此王法所必誅
<small>무인 종차 흉교 기경 사직 석일 무군 지심 지차험 의 차 왕법 소필주</small>

而死有餘辜者也. 而興宗 居正等 知有權臣 而不知有太祖 身奉
<small>이사 유여 고자 야 이 흥종 거정 등 지유 권신 이 부지 유 태조 신봉</small>

敎書 而違命枉殺 以遂權臣之欲. 稽之於法 與道傳等 厥罪惟鈞
<small>교서 이 위명 왕살 이수 권신 지욕 계지 어법 여 도전 등 궐죄 유균</small>

宜置極刑 以戒萬世. 今巡禁司不原無君之心 拘於謀殺之律 妄
<small>의치 극형 이계 만세 금 순금사 불원 무군 지심 구어 모살 지율 망</small>

分首從 罪止於絞 其失固已大矣 一二功臣 亦拘此律 請減其罪
<small>분 수종 죄지어교 기실 고 이대 의 일이 공신 역구 차율 청감 기죄</small>

其失尤甚 殿下又從寬典 全其首領 固非誅亂臣之義也. 伏望殿下
<small>기실 우심 전하 우종 관전 전기 수령 고비주 난신 지의 야 복망 전하</small>

將興宗 居正 竝置極刑; 南誾雖有功勳 身犯不赦之罪 功不可以
<small>장 홍종 거정 병치 극형 남은 수유 공훈 신범 불사 지죄 공 불가이</small>

掩罪 宜同道傳廢爲庶人 禁錮子孫 垂戒後來.'
<small>엄죄 의동 도전 폐위 서인 금고 자손 수계 후래</small>

命曰:"疏意然矣 然予之處決得中. 予將親見卿等言之."
<small>명왈 소의 연의 연 여지 처결 득중 여장 친견 경등 언지</small>

丁未 贈天使衣笠與靴 又賜頭目等.
<small>정미 증 천사 의입 여화 우사 두목 등</small>

大司憲朴訔 左司諫李明德等 交章請鄭道傳 黃居正等罪.

疏曰:

'人不知道傳 南誾 興宗 居正 誣上行私之罪 今已二十年. 殿下 以聖明之資 顯微闡幽 欲正其罪 巡禁司一拘於律 以當謀殺 已乖 於實. 又一二功臣 請從末減 殿下特垂寬仁 只令廢爲庶人 子孫 禁錮. 臣等以爲不成罪名 則當世之人 不知其罪 史筆焉得而傳於 後世乎? 請名其罪 以示萬世.'

上曰: "秉筆者曾不知其實久矣. 因此亦足以明矣 更勿復言."

臺諫又上書曰:

'道傳 南誾 務修私怨 敢肆欺上之心 密嗾興宗 居正 擅殺崇仁 輩 興宗等爲其手足 以濟其欲. 觀其迹 實由有無君之心 宜正其罪 以示用法之至公. 又有一二功臣 乃以居正所犯 不關宗社 請減 其罪 至於政府 亦莫敢正議 臣等所以敢請也.'

上曰: "此足以懲之矣 且有旱災. 若一二臣避嫌不仕 則是亦國 之不祥也 勿復言." 執義曺致 持平李允商 被本府劾. 蓋當圓議時 曰: "今値使臣 宜姑停也."

左政丞成石璘 右政丞趙英茂 贊成李天祐等 皆被嫌不出 命皆 就職. 石璘 英茂上言:

"政府 百官之長也. 今臣等俱以不才 濫居其任 昨論興宗 居正 之罪. 若以春秋之法 則誠有無君之心矣 若原道傳之心 則非有

謀危社稷之心也 故依巡禁司所上之律言之 今臺諫共非之. 且
모위 사직 지심야 고의 순금사 소상 지율 연지 금 대간 공 비지 차

大司憲朴訔 曾在兵曹 誣臣等以辱辭 臣等何面目復仕廟堂乎?"
대사헌 박은 증재 병조 무 신등 이욕사 신등 하 면목 부사 묘당 호

上曰:"前日政府之議 謂之非亦可也. 臺諫尙論人主之事 其論
상왈 전일 정부 지의 위지비역 가야 대간 상 논 인주 지사 기론

政府之事 何足怪也?"上召知申事金汝知等曰:"道傳藏凶暴於
정부 지사 하족 괴야 상소 지신사 김여지 등 왈 도전 장 흉포 어

巨肚 密嗾興宗 敢肆濫刑. 崇仁有才 固其所忌 種學未知何罪?
거두 밀주 흥종 감사 남형 숭인 유재 고기 소기 종학 미지 하죄

崇仁 種學 若合於死 當正名而誅之矣. 本非死罪 擅自加刑 是
숭인 종학 약합 어사 당 정명 이 주지 의 본비 사죄 천자 가형 시

豈有君上之心者哉? 無君之心極著 而謂之不關宗社 何哉? 功臣
기유 군상 지심 자재 무군 지심 극저 이위지 불관 종사 하재 공신

韓尙敬 鄭擢 號爲儒者 請減居正之罪 何也? 臺諫何不劾貶 如
한상경 정탁 호위 유자 청감 거정 지죄 하야 대간 하불 핵폄 여

脫葉之木乎? 英茂本質直少文 其來請 不必責也. 自古災變 無歲
탈엽 지목 호 영무 본 질직 소문 기 내청 불필 책야 자고 재변 무세

無之 今則無月無之. 予何敢以非義而言之乎? 爾卽往諭 其令
무지 금즉 무월 무지 여 하감 이비의 이 언지 호 이즉 왕유 기령

就職. 且事大 非畏之 禮則然矣. 今內史來時 何以避位乎?"石璘
취직 차 사대 비 외지 예즉 연의 금 내사 래시 하이 피위 호 석린

等對曰:"俱乏宰相之才 誤居廟堂 又被臺諫之欺 故避之耳. 上旣
등 대왈 구핍 재상 지재 오거 묘당 우피 대간 지기 고 피지 이 상기

命就職 安敢不從!"
명 취직 안감 부종

己酉 使臣黃儼訪顯仁妃權氏母家. 自是於任添年 鄭允厚
기유 사신 황엄 방 현인비 권씨 모가 자시 어 임첨년 정윤후

崔得霏家 皆設宴以慰 贈苧麻布若干匹. 儼至每家 先曰:"此家必
최득비 가 개 설연 이위 증 저마포 약간 필 엄지 매가 선왈 차가 필

贈我以布 我以細爲貴."
증아 이포 아 이세 위귀

庚戌 夜 流星出八穀 入天北際 狀如升.
경술 야 유성 출 팔곡 입천 북제 상여승

日本國對馬島宗貞茂 使人來獻土物.
일본국 대마도 종정무 사인 내헌 토물

辛亥 左政丞成石璘辭. 上言曰:
신해 좌정승 성석린 사 상언 왈

"英茂年未衰老 宜克堪任 臣年七十有四 已經致仕之時. 向者
영무 연미 쇠로 의극 감임 신연 칠십유사 이경 치사 지시 향자

上書辭免 未蒙兪允 遂致臺諫之誚 國人之欺. 昨遣代言 令臣出仕

故不獲已而出 然羞愧之極 目不能覩. 且朝士憚臺綱 誠美俗也.

臣被臺諫之欺 倨然就職 亦有貪祿懷寵之譏 深願退藏."

　上曰:"予已令就職矣 畏臺諫之言乎? 其於輕重何如?"石璘曰:

"非重臺諫之言也. 傳曰:'體群臣.'願體老臣之心 俾養臣之餘年

以樹風教 戒後世懷祿固寵之人."上曰:"卿之乞退有年矣. 然未可

因此辭免也 其往視事."臺諫又上言曰:"政府進言者 但避嫌之事

未有可否興宗等事. 請下前日所上之事于六曹 以明其罪 使異論

者知愧."又劾石璘 英茂及功臣趙溫 安景恭 鄭擢 韓尙敬 劉敞

等請從末減之由 仍上書曰:

'南闥有功獨免 興宗 居正亦全性命 則是罪同罰異也. 且英茂率

功臣趙溫等 詣闕請減 是亦興宗之黨也. 石璘亦附英茂 不顧是非

詣闕請減 是亦何心哉?'

　上詰之曰:"積年之事 足以懲之矣 何以更言? 且朝廷之使 誰

將待之 而乃遣政府乎? 左相則固無請減 何以劾之?"臺諫對曰:

"臣之欺君 死有餘辜 今只爲庶人 故更請之耳. 且不知接待使臣

之危急 而唯知法之不可不明耳. 石璘詣闕 不請興宗等罪 唯以

避嫌爲辭 故言之."上曰:"政府之議雖失 臺諫亦誤矣. 妄稱請減

以劾大臣 非也. 且使臣之待 非政府而誰歟?"遂令請假. 上辟

左右 進知申事金汝知 代言趙末生曰:"政府臺諫 勢不相容 權

挫臺諫 而後 令政府出仕可也." 又曰:"朴訔 乃種學之族 何强爲
此擧?" 汝知曰:"絞殺種學之事未彰 則訔當避之. 其事已著 則
王法所必誅也. 不可以族親避之." 上曰:"予心亦如此耳."

命工曹判書朴子靑 修景福宮. 命子靑曰:"景福宮 太祖所建.
予若不處 則子孫必不居矣 卿卽修之." 仍命鑿池于北樓下 又命
安城君李叔蕃 知議政府事李膺監之.

壬子 司憲掌令權踐 持平許誠 請宥臺諫言者. 踐等不與前日
之請 至是上言曰:"臺諫 人主之耳目 凡於得失 無不言之. 今不
明正興宗等罪 故言之耳 反命請假 臣等恐後日言路廢矣." 不從.

上諭政府舍人洪汝方曰:"左右相俱被劾 未得視事. 都堂庶務
宜稟領議政河崙." 汝方傳旨 崙對曰:

"兩相 國之勳舊 且非親於其身有罪 但議興宗等罪名 與臺諫
異耳. 進退宰相 國之重事 豈以細故退之哉? 況內史方在館 若問
兩相安在 將何以對? 以細故而輕罷大相 非所以聞於朝廷也. 且
臣近有微疾 接遇賓客 亦所不堪 豈敢坐于廟堂 裁斷國政乎? 惟
上監更思之."

上聞而是之.

召吏曹判書李稷曰:"大臣被劾 不可輕出 將復除授以就職
如何?" 稷對曰:"大臣出處 誠不易矣 殿下之言是矣." 復以
成石璘爲左政丞 趙英茂右政丞 朴訔戶曹判書 李膺知議政府事

372

李明德刑曹右參議 鄭悛左司諫. 憲府又劾趙英茂 遂上書曰:
이명덕　형조　우참의　　정전　좌사간　　헌부　우핵　조영무　수　상서　왈

'英茂旣失大體 又不答臺諫劾文.' 上曰: "不答誤矣."
영무　기실　대체　우부답　대간　핵문　　상왈　　부답　오의

持平許誠上言曰: "人君不能獨理 以臺諫爲耳目. 何廢耳目之官
지평　허성　상언　왈　　인군　불능　독리　이　대간　위　이목　　하폐　이목지관

而復用英茂乎? 願允前日所上疏 且令臺諫就職." 不從.
이　부용　영무　호　원윤　전일　소상　소　차령　대간　취직　　부종

持平許誠又劾右政丞趙英茂. 上書曰: '英茂身旣有罪 又不答
지평　허성　우핵　우정승　조영무　　상서　왈　　영무　신기　유죄　우부답

臺諫之問 公然出仕 乃違紀法 願上裁.' 上怒曰: "汝不念國體 又
대간　지문　공연　출사　내위　기법　원상재　　상노왈　　여불념　국체　우

劾大臣 汝待使臣乎?" 誠曰: "臣雖未知國體 政府大臣俱在 雖
핵　대신　여대　사신　호　　성왈　　신수　미지　국체　정부　대신　구재　수

乏右相 亦何傷乎! 臣謂臺諫 紀法之所在 恐因此隳紀法." 上怒
핍　우상　역하상호　신위　대간　기법　지소재　공　인차　휴　기법　　상노

將召巡禁司當直吏 執歸于家 知申事金汝知等曰: "有罪則當下獄.
장소　순금사　당직　리　집귀　우가　지신사　김여지　등왈　　유죄　즉당　하옥

執歸于家 似不可也." 從之 令請暇. 命英茂就職 英茂不出. 上命
집귀　우가　사불가　야　종지　영청가　명영무　취직　영무　불출　상명

金汝知 趙末生曰: "前大司憲朴訔 李穡之三寸也. 此興宗 居正之
김여지　조말생　왈　　전　대사헌　박은　이색　지삼촌　야　차　흥종　거정　지

罪 根於李穡 以三寸宜退避 何故劾政府乎?" 末生對曰: "訔之心
죄　근어　이색　이삼촌　의　퇴피　하고　핵　정부　호　　말생　대왈　　은지심

以謂 罪關宗社 且興宗 居正陰德道傳之嗾 枉殺崇仁等罪 請之耳
이위　죄관　종사　차　흥종　거정　음덕　도전　지주　왕살　숭인　등죄　청지　이

不干李穡." 上然之曰: "英茂之不答劾問 殊無意. 此家門無識理
불간　이색　　상연지왈　　영무　지부답　핵문　수무의　차　가문　무식리

者 故有如此事. 予聞憲府卒徒 侵凌英茂家 然不答無意 故不禁
자　고유　여차사　여문　헌부　졸도　침릉　영무　가　연부답　무의　고불금

也. 大司憲若在 則與政府當更有隙矣."
야　대사헌　약재　즉여　정부　당갱　유극　의

以趙英茂復爲右政丞 朴經大司憲. 英茂呈辭曰: "臣自太祖
이　조영무　부위　우정승　박경　대사헌　영무　정사　왈　　신자　태조

開國之初 濫與勳臣之列 以至于今 別無過擧. 今乃動輒得咎 爲
개국　지초　남여　훈신　지열　이지우금　별무　과거　금내　동첩　득구　위

攸司所劾① 請免臣職." 命曰: "領議政河崙 亦嘗被劾 予命仕之
유사　소핵　청면　신직　명왈　　영의정　하륜　역상　피핵　여명　사지

則仕矣 宜從之." 英茂就職.
즉사　의　의종지　영무　취직

光祿少卿李文命卒.
광록 소경 이문명 졸

甲寅 戶曹請給東北面守令衙祿田. 先是 東北面守令之廩 皆以
갑인 호조 청급 동북면 수령 아록전 선시 동북면 수령 지름 개이

倉庫米供之 至是戶曹上請 從之.
창고미 공지 지시호조 상청 종지

禮曹詳定祭祀用幣之制. 上言:
예조 상정 제사 용폐지제 상언

'曾子問告用牲幣註云: "幣長丈八尺." 杜氏通典亦曰: "幣繒
증자 문고용 생폐 주운 폐장 장 팔척 두씨통전 역왈 폐증

丈八尺." 文獻通考及朱文公釋奠之儀 唐宋之制 皆丈八尺;
장 팔척 문헌통고 급 주문공 석전 지의 당송 지제 개장 팔척

洪武禮制州縣社稷儀 前朝詳定禮 亦承古制 凡禮神之幣 皆用丈
홍무예제 주현 사직 의 전조 상정례 역승 고제 범 예신 지폐 개용 장

八尺. 其祀上帝則幣以蒼 五帝各隨其方之色 先農以靑 先蠶以黑
팔척 기사 상제 즉폐 이창 오제 각수 기방 지색 선농 이청 선잠 이흑

其餘 祀神之幣 皆用白. 今我朝所供之幣 有違古制 其色與長
기여 사신 지폐 개용 백 금 아조 소공 지폐 유위 고제 기색 여장

一依古制 皆用朱文公造禮器尺.'
일의 고제 개용 주문공 조례기척

從之.
종지

乙卯 內史黃儼往祭呂貴眞之墓 羊一豕一鵝二 皆所齎來也. 其
을묘 내사 황엄 왕제 여귀진 지묘 양일 시일 아이 개 소재 래야 기

祭文曰:
제문 왈

'維大明 永樂九年歲次辛卯八月朔 越某日 皇帝遣太監黃儼
유 대명 영락 구년 세차 신묘 팔월 삭 월 모일 황제 견 태감 황엄

諭祭于光祿少卿呂貴眞之靈曰: 爾溫厚醇實 樂善有素 貴爲內戚
유제 우 광록 소경 여귀진 지령왈 이 온후 순실 낙선 유소 귀위 내척

愈執謙愼 以爾所履 宜膺壽考 遽殞於疾 良用傷悼. 靈其有知 服
유 집 겸신 이이 소리 의응 수고 거운 어질 양용 상도 영기 유지 복

斯諭祭.'
사 유제

賜賻鐵城君李原母殯米二十石 紙百卷 又遣中官賜祭.
사부 철성군 이원 모빈 미 이십 석 지 백권 우견 중관 사제

丙辰 金犯軒轅左角.
병진 금 범 헌원 좌각

上如太平館 享使臣黃儼 贈鞍馬 儼喜謝.
상 여 태평관 향 사신 황엄 증 안마 엄 희사

374

命濟州人高尙溫襲世職. 前摠制高鳳禮上言: ‘濟州都州官
　　명 제주인　고상온　습 세직　전 총제　고봉례　상언　　제주　도주관

左都知 臣之世職也. 乞代以長子尙溫.’ 從之.
　좌도지　신 지 세직 야　걸대 이 장자 상온　　종지

丁巳 宥蔚州付處康居寶. 父年八十二 患病故也.
정사　유 울주 부처 강거보　부년 팔십 이　환병 고야

戊午 火星犯輿鬼.
무오　화성 범 여귀

遣兵曹判書黃喜 左軍摠制河久如京師. 謝賜藥材也. 喜等兼齎
견 병조판서 황희　좌군 총제 하구 여 경사　사사 약재 야　희 등 겸재

福州逃軍金白 金一等還送咨文以行.
복주 도군 김백　김일 등 환송 자문 이행

上如太平館餞內史 贈衣一襲 又贈頭目人各衣一.
상 여 태평관 전 내사　증 의 일습　우 증 두목 인각 의 일

西北面都巡問使柳廷顯上書辭. 書曰:
서북면　도순문사　유정현　상서 사　서왈

‘臣本有疾 强勉行公. 今茲憎惡之徒 妄以臣之所爲 造匿名書.
신 본 유질　강면 행공　금자 증오 지 도　망 이 신 지 소위　조 익명서

其數條皆可辨明 唯旱氣之事 實惟不才所召也. 乞免臣職 令臣
기 수조 개 가 변명　유 한기 지 사　실 유 부재 소소 야　걸면 신직　영 신

養病.’
양병

上曰: “往來浮誕之辭 不足爲怪 卿何辭焉?” 遂謂知申事金汝知
상 왈　왕래 부탄 지 사　부족 위괴　경 하사 언　　수 위 지신사　김여지

曰: “守令等憚其嚴正耳. 方將召用 何乃辭之?”
왈　수령 등 탄 기 엄정 이　방 장 소용　하내 사지

| 원문 읽기를 위한 도움말 |

① 爲攸司所劾. ‘爲~所~’의 구문으로 ‘~에게 ~당하다’라는 뜻이다.
　위 유사 소핵　위　소

태종 11년 신묘년
9월

九月

　기미일(己未日-1일) 초하루에 화성(火星)이 귀성(鬼星)으로 들어 갔다.

　○ 내사(內史)에게 양마(良馬) 1필, 저마포(苧麻布) 50필을 주고 또 초구(貂裘)·모관(毛冠)·화(靴) 각 하나씩, 인삼(人蔘) 30근, 화석(花席) 12장(張)을 주고, 두목(頭目) 공봉(公奉) 등 5인에게 각각 저마포(苧麻布) 4필씩을 주고, 그 이하는 차등 있게 주었으며, 또 유겹의(襦裌衣) 한 벌을 주었다. 정비전(靜妃殿)에서 저마포 15필을 주고, 세자(世子)가 저마포 6필을 주었다. 무릇 황엄(黃儼)이 요구해 공조(工曹)로 하여금 준비해 제공하게 한 물건의 수는 이루 다 기록할 수 없었다.

　○ 상(上)이 세자에게 명해 사신을 전송했다.

　○ 서북면(西北面) 평양(平壤) 등지에 굶주림이 심했다. 가뭄 때문이었다.

　경신일(庚申日-2일)에 서북면 도순문사(西北面都巡問使) 유정현(柳廷顯)이 저화(楮貨)로 속죄(贖罪)하는 법을 없앨 것을 다시 청하니 그것을 따랐다. 정현(廷顯)이 말씀을 올렸다.

　'백성 중에 죄를 범한 자를 모두 저화로 속죄하게 하니 전택(田宅)을 팔아서 바치는 자가 있고 심지어는 도피(逃避)해 살 곳을 잃은 자

도 있습니다. 청컨대 자원(自願)대로 들어주어야 할 것입니다.'

○ (풍해도) 연안(延安)과 배천(白川)의 수군(水軍)을 나눠 4번(番)으로 만들어 윤차(輪次-순차)로 방수(防戍)하게 했는데 흉년이 들어 먹을 것이 없기 때문이었다.

○ 전라도 도관찰사(全羅道都觀察使)가 여러 고을에 창고를 설치할 것을 청하니 그것을 따랐다. 보고해 말했다.

'나주(羅州), 금산(錦山), 복순(福順), 곡성(谷城), 옥과(玉果), 태인(泰仁), 진원(珍原) 등 고을에 창고가 모두 차서 곡식을 쌓을 곳이 없습니다.'

임술일(壬戌日-4일)에 내사(內史) 황엄(黃儼)이 돌아가니 상이 모화루(慕華樓)에 나가 전송하고 또 세자에게 명해 벽제역(碧蹄驛)에서 전송하게 했다.

○ 영의정부사 하륜(河崙)과 우정승 조영무(趙英茂)를 불러 길례(吉禮-혼례)에 대한 일을 토의했다. 상이 일찍이 밤에 지신사 김여지(金汝知)를 소침(小寢)¹으로 불러 사람을 물리치고[辟人=辟左右=屏
　　　　　　　　　　　　　　　　　　　　　　　　　벽인　벽 좌우　병
左右] 말했다.
좌우

"부부(夫婦)란 사람의 대륜(大倫)인데 지금 정비(靜妃)가 민무구(閔無咎) 등의 일 때문에 속으로 불평을 품고 여러 번 불손한 말을 했다. 지난날에 내가 창병(瘡病)이 몹시 크게 났을 때 민무구 등이

---

1 편전(便殿)을 말한다. 임금의 거소(居所)를 침(寢)이라 하는데 중앙에 있는 정전(正殿)을 노침(路寢)이라 하고, 그 동서 양쪽에 있는 편전을 소침(小寢)이라 했다. 연침(燕寢)이라고도 한다.

가만히 여시(女侍)와 결탁해 병세를 엿보고 드디어 이무(李茂)와 더불어 불궤(不軌)를 음모(陰謀)했으니 이것이 실로 무구(無咎)의 죄였다. 정비가 이는 돌아보지 않고 사사로운 분한(忿恨)을 품으니 내가 폐출(廢黜)해 후세를 경계하고자 하나 조강지처(粗糠之妻)임을 생각해 차마 갑자기 버리지 못하겠다."

김여지(金汝知)가 대답했다.

"정비(靜妃)께서는 이미 정적(正嫡)이고 국본(國本-세자)의 어머니이며 또 자손이 많으니 가볍게 움직일 수 없습니다. 바라건대 깊이 생각하소서."

상이 말했다.

"나도 가볍게 폐하고자 하는 것이 아니다. 다시 내사(內事-집안일)를 대신해 주장할 만한 자를 선택해 들이고자 하는 것이다."

드디어 여지(汝知)에게 명해 기초(起草)시켰다.

"부인(婦人)이 남편의 집을 안으로 하고 부모를 밖으로 하는 것은 고금에 통한 의리다. 정비가 무구의 일로 원망을 품고 여러 번 불손한 말을 해 장차 폐출하고자 했으나 다만 예전의 뜻을 생각해 스스로 새로워지기[自新]를 기다리겠다. 정부는 훈구(勳舊)의 집과 충의(忠義)의 문에서 내사(內事)를 잘 보살필 수 있는 여자를 선택해 아뢰라."

이때에 이르러 륜(崙)과 영무(英茂)를 불러서 토의했다.

계해일(癸亥日-5일)에 동교(東郊)에 가서 매사냥을 구경했다.

○ 경복궁(景福宮) 성 서쪽 모퉁이를 파고 명당(明堂) 물을 금천(禁川)으로 끌어들이라고 명했다.

갑자일(甲子日-6일)에 대간(臺諫)에게 다시 직사에 나올 것을 명했다. 대사헌 박경(朴經)의 청을 따른 것이다. 대간에게 명해 말했다.

"임금과 신하 사이에는 마땅히 간언하면 듣고 명(命)하면 따라야 한다. 전날의 일은 이미 결단(決斷)했으니 다시 진언하지 말라."

○ 가례색(嘉禮色)을 설치했다. 정부(政府)에 명해 말했다.

"충신(忠臣) 의사(義士)의 가문에서 내사(內事)를 잘 보살필 수 있는 자를 선택해 아뢰라."

김여지(金汝知)가 기초한 글은 내리지 않았다. 영의정 하륜(河崙), 좌정승 성석린(成石璘), 우정승 조영무(趙英茂)를 도제조(都提調)로 삼고, 의정부찬성사 이천우(李天祐), 칠성군(漆城君) 윤저(尹柢), 대사헌 박경(朴經), 의정부지사 이응(李膺)을 제조(提調)로 삼고, 좌사간(左司諫) 정준(鄭悛) 등을 별감(別監)으로 삼고, 오부(五部)에 명해 혼인을 금지했다.

을축일(乙丑日-7일)에 의정부(議政府)에서 내를 파는[開川] 일을 아뢰었다.
_{개천}

"오는 10월부터 명년 2월 중에 내를 파야 할 것입니다."

상이 말했다.

"10월은 바로 상수리[橡實]를 주울 때이니 2월을 기다려서 시행하라."
_{상실}

○ 의정부에서 말씀을 올려 상왕(上王)이 온정(溫井-온양)에 가는 것을 정지하도록 청했으나 회답이 없었다. 상왕이 충청도(忠淸道) 온정(溫井)에 가고자 하니 의정부에서 말씀을 올렸다.

"봄부터 가을까지 가뭄이 심해 화곡(禾穀)이 결실하지 못하고, 충청도는 비록 가뭄이 심하지는 않았으나 풍년이라고 할 수는 없습니다. 그러니 온천에 가시는 것을 신 등은 상왕께 여쭈어 중지하기를 청합니다."

상이 말했다.

"안 된다. 상왕의 병은 사람이 모두 아는 것이므로 이번 이 일을 내가 정지하기를 두 번이나 청했으나 좋지 않았다. 만일 정부에서 청하면 어찌 내가 알지 못한다고 하겠는가? 화곡이 익지 않은 것을 내가 안다."

경기·충청 감사에게 명해 길 옆의 화곡을 빨리 거두게 했다.

병인일(丙寅日-8일)에 태백성(太白星)이 낮에 보였고 하늘을 가로질러 갔다.

○ 대사헌 박경(朴經)과 좌사간(左司諫) 정전(鄭悛) 등이 소를 올려 도전(道傳), 남은(南誾), 홍종(興宗), 거정(居正)의 죄를 청했다. 대략은 이러했다.

'도전 등이 화심(禍心)을 마음에 품고 뛰어난 이를 투기하고 유능한 이를 미워해 몰래 거정과 홍종을 사주해 숭인과 종학을 사지(死地)에 이르게 했습니다. 예로부터 무군(無君)하는 마음을 가진 자는 『춘추(春秋)』의 법에서 반드시 죽이는 것입니다. 바라건대 도전과 남은 등은 저택(瀦宅)²하고 그 관(棺)은 베고 홍종과 거정 등은 전형(典

---

2   대역죄인(大逆罪人)의 집을 헐어 없애고 그 터를 파서 못을 만들었던 일을 가리킨다.

刑)을 밝혀 바르게 해서 한편으로는 남의 신하가 되어서 두 마음을 품는 자를 경계하고, 한편으로는 만세의 법을 바로잡아야 할 것입니다.'

상이 말했다.

"내가 이것을 결단했는데 충분히 후세에 보일 수 있으니 (더 이상) 강요하지 말라."

○ 민수산(閔壽山)의 고신(告身)을 돌려주라고 명했다. 상이 승정원(承政院)에 명해 말했다.

"수산(壽山)은 나의 옛 친구인데 별로 큰 죄가 없으니 마땅히 고신을 주어 별시위(別侍衛)에 소속시켜라."

이에 앞서 수산 형제가 상(喪)을 당해[丁憂] 아비의 과전(科田)을 다퉈 풍속을 더럽혔기 때문에 유사(攸司)에서 그 직첩을 거둔 바 있었다.

기사일(己巳日-11일)에 가례색별감(嘉禮色別監)을 유후사(留後司-개경)에 보내라고 명했다. 처녀(處女)를 선발하기 위함이었다.

○ 제향(祭享) 때의 재계(齋戒)를 토의했다. 상이 말했다.

"청재(淸齋)³는 사흘이면 충분하다."

예조참의(禮曹參議) 허조(許稠)가 말씀을 올렸다.

"당(唐)나라 『개원례(開元禮)』에 따르면 대사(大社)에서는 반드시

---

3 마음을 깨끗이 해 재계(齋戒)하던 일로, 치재(致齋)와 산재(散齋)를 아울러 일컫는 말이다.

7일을 재계하고 작(酌)을 드린 뒤에, 또 당내(堂內)에서 재배(再拜)를 행하는 것이 예(禮)입니다. 지금 다만 사흘을 재계하고 헌작(獻酌)한 뒤에 또 절을 하지 않으니 맞지 않는 것 같습니다."

상이 말했다.

"무릇 제사에는 반드시 열렬함과 삼감[誠敬]이 있어야 하는데 예법
성경
이 번거로우면 게을러지는 것이다."

조(稠)가 또 말했다.

"옛날에 성주(成周-주나라) 때에는 7일 계(戒) 3일 재(齋)를 했고, 한(漢)나라·당(唐)나라·송(宋)나라에서는 4일 계(戒) 3일 재(齋)를 했는데 지금 우리 조정에서는 전년의 태조(太祖) 부묘(祔廟) 때부터 2일 계(戒) 1일 재(齋)를 하고 있으니 옛 예법에 부합하지 않습니다. 바라건대 옛날의 제도에 의거하소서."

상이 말했다.

"시왕(時王-현재의 황제)인 대명(大明)의 제도를 따라 영의정 하륜 (河崙)이 정한 것이다."

조가 말했다.

"대명(大明) 예제(禮制)에 실린 것은 주부군현(州府郡縣)에서 향사 (鄕社)에 제사하는 예이고, 천자(天子)나 제후(諸侯)의 예가 아니니 준수(遵守)하기 어려울 것 같습니다."

대언(代言) 한상덕(韓尙德)이 말했다.

"선왕이 제정한 예를 경솔히 고칠 수 없습니다. 예전 법을 따르는 것이 아주 의리에 합합니다. 삼년상은 예전의 도리인데 한문제(漢文帝)가 고쳐 날로 달을 바꿨으니[以日易月] 후세에 의논하는 자가 유
이일역월

감이 없을 수 없을 것입니다. 지금 7일 재계를 줄여서 3일로 만들었으니 만세에 법을 남기는 게 어떠하겠습니까?"

상이 말했다.

"시대에 따라서 더하고 덜어내는 것[損益]은 예전에도 있었다. 한 문제가 단상(短喪)한 것은 (백성들을 생각하느라) 군친(君親)에게는 박하게 한 것이지만 지금 나의 뜻은 이와 같지 않다."

정부(政府)에 명했다.

"무릇 제사는 미리 먼저 치재(致齋)해야 신명(神明)을 사귈 수 있으니 금후로 향관(享官)과 제집사(諸執事)는 미리 4~5일 전에 서계(誓戒)⁴ 치재해 임명 차정(差定)해서 범염(犯染)⁵을 하지 않게 하라. 삭망제 행향사(朔望祭行香使)도 또한 4~5일 전에 계문(啓聞)해 낙점(落點)을 받아서 시행하라."

○ 대마도(對馬島) 종정무(宗貞茂)에게 쌀과 콩 300석을 내려주고 또 호군(護軍) 평도전(平道全)에게 쌀과 콩 30석, 옷 1벌, 안장 1면(面)을 내려주어 대마도에 보냈다. 도전은 종정무의 휘하(麾下)다. 이번에 보낸 것은 화호(和好)를 맺고 침입하는 왜적을 금하기를 요구한 것이다.

---

4 국제(國際)를 행할 때 집사관(執事官)이 의정부에 모여서 서약하던 일을 말한다. 그 내용은 "함부로 술을 마시지 말고, 파·부추·마늘·염교를 먹지 말며, 조상(弔喪)하거나 문병(問病)하지 말고, 음악을 듣지 말며, 형벌을 행하지 말고, 형살문서(刑殺文書)에 판결 서명하지 말며, 더럽고 악한 일에 참여하지 말고 각기 그 직무를 행한다"라고 했다.

5 초상집에 드나드는 일을 말한다.

경오일(庚午日-12일)에 예조(禮曹)에 명해 6아일(六衙日)[6]에 일을 아뢰게[啓事] 했다. 상이 말했다. "근일에 몸의 기력이 평온함을 잃어 날마다 정사를 볼 수 없다." 그러고는 이런 명이 있었다.

○ 동교(東郊)에 행차해 매사냥을 구경했다. 거가(車駕)를 움직이는 것이 너무 일러서 위사(衛士)가 미처 호종하지 못했고 또 갑사(甲士)로 하여금 성문을 지키게 하고는 조사(朝士)가 나와서 따르는 것을 금했다.

○ 상왕(上王)이 금주(衿州) 안양사(安養寺)에 행차했는데 탕목(湯沐-목욕)하고자 함이었다. 애초에 충청도 온수(溫水)에 가고자 했으나 정부에서 정지하기를 청하는 뜻을 알고 드디어 금주로 나갔다. 세자가 강가에서 전송하고 이어 동교에 나갔다.

○ 경기 관찰사에게 명해 고봉(高峯-지금의 고양), 행주(幸州) 등지에서 일찍 화곡을 거두게 했다. 장차 사냥을 구경하고자[觀獵] 함이었다.

임신일(壬申日-14일)에 명해 풍해도(豐海道) 호급둔전(戶給屯田)의 조(租)를 감해주었다. 감사(監司) 심온(沈溫)의 청을 따른 것이다. 온(溫)이 보고했다.

'금년에 한재가 심하니 청컨대 호급둔전의 조를 감하고 다만 전에 준 종자의 수량만 거둬 민심을 위로하소서.'

---

6 한 달에 여섯 번씩 백관(百官)이 조회(朝會)해 임금에게 정사(政事)를 아뢰던 날을 말한다. 고려 때에는 초하루·초닷새·열하루·열닷새·스무하루·스무닷새였고, 조선조 초엽에는 초하루·초엿새·열하루·열엿새·스무하루·스무엿새였다.

○ 온(溫)이 또 보고했다.

'도내(道內)가 한재로 인해 실농(失農)했으니 금년에 광흥창(廣興倉)에 바치는 녹봉(祿俸)의 쌀은 주군(州郡)에 저축한 것으로 수량을 계산해 수운하고, 금년에 거두는 새 곡식은 각 관(各官)에 저축했다가 봄을 기다려서 백성에게 주어 파종하게 하소서.'

그것을 따랐다.

○ 가례색별감(嘉禮色別監) 신개(申槪)를 충청도에 보냈다. 처녀를 선발하기 위함이었다.

○ 병조참의(兵曹參議) 안속(安束)과 호조참의(戶曹參議) 윤사영(尹思永)에게 직사에 나오도록 명하고 전사주부(典祀注簿) 윤상은(尹尙殷)을 가뒀다. 애초에 윤상은이 사직(社稷) 제사에 제복(祭服)을 나눠 줄 때 영사(令史)[7]로 하여금 예조정랑(禮曹正郎)과 사헌감찰(司憲監察)에게는 제복을 주고 참의(參議)에게는 주지 말게 했다. 그 때문에 참의가 노해 영사(令史)를 때렸다[抶]. 전사(典祀)가 헌사(憲司)에 보고하니 헌사가 참의를 탄핵했다. 상이 상은(尙殷)을 불러 그 연유를 물으니 이렇게 대답했다.

"감찰은 비록 낮으나 대헌(臺憲)을 맡고 있고 예조정랑은 또한 직접 상관[仰官]입니다. 참의는 비록 높으나 진정(進呈)하는 예(例)가 없습니다."

상이 말했다.

"감찰은 낮고 참의는 높으니 이는 곧 사적(私的)으로 좋아하는 것

7　각사(各司)에 소속된 8품의 관원을 말한다.

388

이고 공도(公道)는 아니다."

○ 안성군(安城君) 이숙번(李叔蕃)이 윤하(尹夏)를 외형(外兄)[8] 윤
자당(尹子當)의 반인(伴人-심부름꾼)으로 삼도록 청하니 상이 말
했다.

"비록 창기(娼妓)라도 친구가 관계한 것은 범하지 못하는 것인데
하(夏)가 하구(河久)의 첩을 도둑질했으니 심히 불초(不肖)하다. 재상
이 어찌하여 이러한 사람을 천거하는가?"

계유일(癸酉日-15일)에 황거정(黃居正)과 손흥종(孫興宗)의 가산을
적몰(籍沒)할 것을 명했다. 간원(諫院)의 청을 따른 것이다.

○ 충주(忠州) 금천(金遷)에 창고를 지으라고 명했다. 의정부에서
말씀을 올렸다.

"국가의 축적(蓄積)은 남고 창고는 좁으니 청컨대 충주 물가에 창
고를 지어 경상도의 조(租)를 수납하게 하소서. 만일 급한 일[緩急]
완급
이 있으면 조운(漕運)하기가 아주 편리할 것입니다."

그것을 따랐다.

갑술일(甲戌日-16일)에 유배 간 사람 조신언(趙愼言) 등 6인을 용서
했다. 여흥(驪興)에 부처(付處)한 조신언, 순천(順天)에 부처한 김공보
(金公寶), 영해(寧海)에 부처한 박인간(朴仁幹), 곡주(谷州)에 부처한
박성간(朴成幹), 안변(安邊)에 부처한 피원량(皮原亮), 괴주(槐州)에 부

---

8 동모이부(同母異父)의 형을 말한다.

처한 이속(李續) 등을 경외종편(京外從便)[9]하게 했다.

을해일(乙亥日-17일)에 풍해도 안악(安岳), 송화(松禾) 등 고을에 우박이 내려 곡식을 손상시켰다.

○ 대간(臺諫)에서 교장(交章)해 정도전, 남은, 손흥종, 황거정 등을 극형에 처할 것을 청하니 상이 말했다.

"정도전 등의 일은 미워할 만하다. 내가 20년 전의 일을 가지고 거론한 것은 후세에 신하 되는 자의 거울로 삼기 위함이다. 적몰(籍沒)하고 금고(禁錮)하는 것만이 좋은 일은 아니다. 후인이 어찌 이것을 가볍다고 해 논핵하겠는가? 다시는 말하지 말라."

병자일(丙子日-18일)에 상이 세자를 거느리고 상왕(上王)을 한강(漢江) 북봉(北峰)에서 맞이해 자리를 베풀었는데 조금 있다가 우박이 쏟아지고 크게 우레와 번개가 치고 바람이 불어 포막(布幕)이 모두 찢어지니 많은 사람이 모두 안색을 잃었다. 박신(朴信)과 김여지(金汝知)를 불러 말했다.

"옛적에 우순(虞舜)은 열풍(烈風)과 뇌우(雷雨)에 미란(迷亂)하지 않았으니 일이 마음에 부끄러울 것이 없기 때문이요, 공자(孔子)는 빠른 우레와 강렬한 바람에 반드시 안색을 변했으니[10] 하늘의 노함

---

9 유배된 죄인을 적소(謫所)에서 풀어주어 서울 밖의 어느 곳에서든지 뜻대로 살게 하던 일을 가리킨다.

10 『논어(論語)』「향당(鄕黨)」편에 나오는 말이다.

을 공경한 것이다. 두 빼어난 이가 한 일이 다르기는 하지만 마음에
부끄러움이 없기는 한가지다. 지금 내가 효제(孝悌)의 뜻으로 여기에
이르렀으니 하는 일이 비록 좋지 않은 것은 아니나 하늘의 견책(譴
責)을 소홀히 할 수는 없다."

신(信)이 말했다.

"전하는 대순(大舜)의 다움이 있으시기 때문에 미란(迷亂)함이 없
으신 것입니다."

조금 뒤에 하늘이 맑게 갰다. 상왕이 일어나 춤추고 상도 춤춰 마
음껏 즐기고 날이 저물어서 환궁했다.

정축일(丁丑日-19일)에 달이 오거성(五車星) 동남쪽을 범해 간격이
반자쯤 됐다.

○ 예조(禮曹)에서 비빈(妃嬪)의 제도를 올렸다. 글은 이러했다.

'가만히 생각건대 가례(嘉禮)는 내치(內治)를 바르게 하는 소치로,
위로는 종묘(宗廟)를 받들고 아래로는 후사(後嗣)를 잇자는 것이니
신중히 해 예를 갖추지[備禮] 않을 수 없습니다. 삼가 상고하건대『예
기(禮記)』「곡례(曲禮)」에 이르기를 "공후(公侯)는 부인(夫人)이 있고
세부(世婦)가 있고, 처(妻)가 있고 첩(妾)이 있다"라고 하고 그 수는
말하지 않았고,「혼의(昏義)」에 이르기를 "천자(天子)의 후(后)는 6궁
(宮), 3부인(夫人), 9빈(嬪) 27세부(世婦), 81어처(御妻)를 세워 천하(天
下)의 내치를 듣고, 천자는 6관(官), 3공(公), 9경(卿), 27대부(大夫),
81원사(元士)를 세워 천하의 외치(外治)를 듣는다"라고 했으니 내치
의 수가 외치의 수와 같은 것입니다. 왕제(王制)에 이르기를 "대국(大

國)은 3경(卿), 하대부(下大夫) 5인, 상사(上士) 27인이다"라고 했고, 『예기(禮記)』「제의(祭義)」에 "제후부인(諸侯夫人)은 3궁을 세우면 대국(大國)의 부인은 3궁, 3세부, 5처, 27첩을 세우는 것이다"라고 했습니다. 또 『춘추호씨전(春秋胡氏傳)』을 상고하면 "제후(諸侯)는 한 번에 아홉 여자에게 장가드는데 적부인(嫡夫人)이 행(行)하면 질제(姪娣)가 따른다. 그런즉 부인이 1이고 잉(勝)이 2이고 질제가 6이다"라고 했습니다. 생각건대 한(漢)나라 이래로 천자의 후(后)를 황후(皇后)라 했고 제후(諸侯)의 부인을 비(妃)라 했는데 지금 우리 국가는 이미 적비(嫡妃)가 있어 중궁(中宮)에 정위(正位)했으나 예전 제도에는 갖추지 못한 것이 있습니다. 빌건대 예전 제도에 의해 훈(勳)·현(賢)·충(忠)·의(義)의 후예를 선택해 3세부, 5처의 수를 갖추고, 그 칭호는 세부를 빈(嬪)으로 하고 처를 잉(勝)으로 해 후세에 법을 삼으면 거의 여망(輿望)에 부합할 것입니다.'

1빈(嬪), 2잉(勝)을 제도로 삼도록 명했다.

무인일(戊寅日-20일)에 달이 오거성(五車星)을 범했다.

○ 양주(楊州) 들에 행차해 매사냥을 하다가 밤에 돌아왔다. 상이 말했다.

"내가 들으니 동북면(東北面)과 서북면(西北面)에서 매를 팔에 받치고 오는 자가 길에 잇달았다고 하니 폐해가 백성에게 미칠까 두렵다."

좌대언(左代言) 이안우(李安愚)가 대답했다.

"신이 일찍이 함주목사(咸州牧使)를 지냈으므로 폐단이 있는 것을 알고 있습니다."

해청응자(海靑鷹子) 외에는 바치지 말라고 명했다.

○ 공조참의 염치용(廉致庸)을 보내 경사(京師)에 가게 했다. 지차(紙箚)[11]를 바치기 위함이었다.

○ 이무(李茂)의 집을 의령군(宜寧君) 남재(南在)에게 내려주었다. 재(在)의 집을 동궁(東宮)으로 삼고 연화방(蓮花坊) 동궁을 가례(嘉禮)를 행하는 장소로 삼기 위함이었다.

기묘일(己卯日-21일)에 김자수(金子粹)를 강릉대도호부판사(江陵大都護府判事)로, 심계몽(沈啓蒙)을 사헌부지평(司憲府持平)으로 삼았다. 계몽(啓蒙)이 상주목판관(尙州牧判官)으로 있다가 지평(持平)에 제배됐는데 대간(臺諫)에서 고신(告身)에 서경(署經)을 하지 않았으니 청렴하지 못하기 때문이었다. 앞서 대간을 모두 청가(請假)하게 했다. 상이 말했다.

"지평 허성(許誠)의 말은 심히 강직하고 곧아서[鯁直] 내가 대답할
_{경직}
말이 없었다. 다만[第=但] 대신을 위로하기 위해 아직 사진(仕進)하
_{제 단}
지 말게 한 것일 뿐이다."

드디어 성(誠) 등을 파면했다.

○ 경상도 의령현(宜寧縣) 사비(私婢) 사계(四季)가 한꺼번에 딸 셋을 낳았다.

---

11 중국에 바치는 표지(表紙-외교문서용 종이)를 말한다.

경진일(庚辰日-22일)에 풍해도 문화(文化) 평주(平州)에 우박이 내려 곡식을 손상시켰다.

○ 신의왕후(神懿王后) 기신재(忌晨齋)를 흥덕사(興德寺)에서 베풀었다. 명해 말했다.

"이제부터 태조(太祖)와 신의왕후 기신재에는 의정부(議政府) 대언사(代言司)가 모두 참여하라."

임오일(壬午日-24일)에 개국공신(開國功臣) 흥녕군(興寧君) 안경공(安景恭), 청성군(淸城君) 정탁(鄭擢), 옥천군(玉川君) 유창(劉敞), 평성군(平城君) 조견(趙狷), 서천군(西川君) 한상경(韓尙敬), 한천군(漢川君) 조온(趙溫)을 불러 모두 직사에 나오게 했다. 경공(景恭) 등이 일찍이 도전과 남은의 죄를 감해줄 것을 청하다가 대간(臺諫)의 탄핵을 당했기 때문이다.

계미일(癸未日-25일)에 세자를 데리고 동교(東郊)에 가서 매사냥을 구경했다.

갑신일(甲申日-26일)에 예관(禮官)에게 종묘제례(宗廟祭禮)를 다시 정할 것을 명했다. 상이 고례(古禮)에 부합하지 않을 것을 의심해 중조(中朝)의 제례를 청하고자 하니 예관(禮官) 설미수(偰眉壽)·허조(許稠) 등과 우정승 조영무(趙英茂), 지의정(知議政) 박신(朴信) 등이 말했다.

"지금 명(明)나라 예(禮)가 아주 간략하니 황제가 만일 사대부(士

394

大夫)의 제례로 내려주면 어찌할 것이며 또 이전에 행한 제례를 물으면 장차 어떻게 대답하겠습니까? 아조(我朝)에서는 모두 당(唐)나라 예를 모방했으니 바른대로 대답하면 참람하지 않겠습니까? 후환이 있을까 두렵습니다."

상이 말했다.

"번국(藩國)이 중국(中國)의 제도를 청하는 것은 사리에 맞는 것[禮]이다. 지금 이 청은 다만 의심나는 것을 묻고자 하는 것뿐이다. 옛날에 황제가 상공(上公)의 옷으로 주었으니 사대부의 제례를 주지는 않을 것을 알 수 있다."

영의정 하륜(河崙), 좌정승 성석린(成石璘)의 의견이 또한 상의 뜻과 같으니 명하기를 여러 신하가 모여서 다시 토의하라고 했다.

○ 예조(禮曹)에서 글을 올려 말했다.

'예(禮)라는 것은 상하(上下)를 분별하는 것이어서 언어(言語)·문자(文字)에 있어 서로 범할 수 없는 것입니다. 천자(天子)에게서 나오는 것을 '조(詔)' 또는 '고(誥)'라 하고, 태자(太子)나 제왕(諸王)에게서 나오는 것을 '영(令)' 또는 '교(敎)'라 하니 신하가 감히 어기고 범할 수 없는 것입니다. 지금 국조(國朝)에서 전조(前朝)의 소박하고 간략한 폐습을 계승해 전하에게서 나오는 것을 '판(判)'이라 하니 신하가 감히 범할 수 없는데, 이에 판서(判書)·판사(判事)·판관(判官)을 직함으로 한 것이 있습니다. 바라건대 "신판의신(申判依申)"[12]을 봉교의

---

12 임금이 윤허(允許)한 것을 받드는 일을 가리킨다.

윤(奉敎依允)이라 하고, "신판가(申判可)"[13]를 봉교가(奉敎可)라 하고, "신판부(申判付)"를 봉교하(奉敎下)[14]라고 하면 거의 예문(禮文)에 합할 것입니다.'

그것을 따랐다.

○ 의정부(議政府)에서 윤하(尹夏)와 박미(朴楣)의 죄를 청했다. 아뢰어 말했다.

"전년 5월 15일 동북면(東北面) 용성(龍城) 싸움에 경차관(敬差官) 윤하와 박미 등이 그 군관(軍官)의 공적의 등수를 정해 와서 고해 관직으로 상을 주었습니다. (그런데) 지금 듣건대 미(楣) 등이 공이 없는 자를 함께 기록해 아뢰었다고 합니다. 바라건대 미 등을 그때 경원절제사(慶源節制使) 곽승우(郭承祐)와 한곳에 모아 조사해 일을 어지럽힌[矇矓] 죄를 바로잡아야 할 것입니다."
_{몽롱}

그것을 따랐다.

을유일(乙酉日-27일)에 예조(禮曹)에서 종묘제례(宗廟祭禮)를 올렸다. 예조에서 당(唐)·송(宋)의 제의(祭儀)와 전조(前朝-고려)의 『상정고금례(詳定古今禮)』와 (명나라) 조정(朝廷)의 예제(禮制)를 상고 참작해서 정해 아뢰었다.

○ 예조에서 또 아뢰었다.

"무릇 제사의 전물(奠物)을 각사(各司)에서 제사 하루 전에 저녁

---

13 임금이 가(可)하다고 재결(裁決)한 것을 받드는 일을 가리킨다.
14 임금이 내리는 명령을 받드는 일을 가리킨다.

늦게서야 하전(下典-아전)을 시켜 진배(進排)하는데 비록 정결하지 못하더라도 미처 고쳐 배설(排設)하지 못하니 신명(神明)에게 제사하는 도(道)에 적합하지 않습니다. 금후로는 제사 이틀 전에 관리가 몸소 친히 진배하는 것을 항식(恒式)으로 삼아야 할 것입니다."

그것을 따랐다.

○ 예조에서 아뢰었다.

"마땅히 당·송의 예에 따라서 친향(親享)하는 제사에는 작헌(酌獻)한 뒤에 재배(再拜)를 행하소서."

영의정 하륜(河崙)이 말했다.

"시왕(時王)의 제도에는 작헌(酌獻)에 절을 하지 않고 또 제왕(帝王)이 제사를 행함에 예가 번거로워서는 안 됩니다."

상이 예관에게 명했다.

"이번 동향(冬享)은 내가 친히 종묘제례를 행하고자 하니 마땅히 전년 부제(祔祭) 때의 의주(儀注)에 따라서 행하라."

○ (충주) 금천(金遷) 창고의 역사를 정지하라고 명했다. 그전에 의정부에서 청했다.

"서울과 양강(兩江)에 빈 창고가 없어 경상도 군자(軍資)를 쌓을 곳이 없으니 청컨대 충주(忠州) 강가에 창고를 짓되 인부는 경상도 백성을 쓰소서."

상이 그대로 따랐는데 이때에 이르러 영조(營造)하는 간각(間閣)의 수를 물으니 지의정(知議政) 이응(李膺)이 300간으로 대답했다. 상이 말했다.

"날씨가 추워지니 300간을 짓자면 반드시 얼어 죽는 사람이 있을 것이다. 하물며 경상도 군자가 많지 않으니 정부(政府)의 의견이 잘 못됐다."

응(膺)이 말했다.

"충주 강가에 300간을 짓고 남는 나무는 서울 안에 수운해 쓰는 것이 마땅합니다."

상이 말했다.

"이것도 안 될 일이다. 사람을 보내 군정(軍丁)과 재목의 수를 살펴오고, 군정은 대한(大寒) 전에 빨리 놓아 보내게 하라."

○ 별사전왕패(別賜田王牌)[15]를 고쳐서 지급했다. 상이 말했다.

"박자청(朴子靑)은 조종(祖宗)의 능침(陵寢)을 감독하느라고 수고했고, 정업원(淨業院) 주지(住持) 김씨(金氏)는 상왕(上王) 대비(大妃)의 언니이고 한간(韓幹)은 삼대(三代)를 시종(侍從)한 공로가 있으므로 회수한 별사전(別賜田)을 모두 돌려주고자 하는데 정부(政府)에서 응하지 않는 것은 무슨 까닭인가? 하물며 친시전(親試田)은 처음에 공론에 의해 주었는데 어째서 또한 돌려주지 않는가?"

지신사 김여지(金汝知)가 대답했다.

"사패(賜牌) 없는 별사전(別賜田)은 도로 속공(屬公)하는 법이 이미 성립됐기 때문입니다."

상이 말했다.

"이것은 어렵지 않다. 모두 사패(賜牌)를 주라."

---

15 별사전을 줄 때 임금이 내려주던 왕패(王牌)다. 패가 없는 별사전은 본인이 죽으면 모두 속공했다.

○ 예문관제학(藝文館提學) 변계량(卞季良)에게 전지 20결을 내려 주었다. 그 사패는 이러했다.

'내가 정해년 4월에 친히 유신(儒臣)을 시험해 고하(高下)의 등차 서열을 정해 10인을 취했는데 경(卿)이 을과(乙科) 제일인(第一人)에 뽑혔다. 내가 그 재주를 아름답게 여겨 전지 20결(結), 노(奴) 1인, 비(婢) 1인을 내려주니 경은 자손에게 상전(相傳)하라.'

제이인(第二人) 이하도 모두 패(牌)를 받았는데 전지의 수에 차등이 있었다. 이 전지와 노비는 당초에 과거(科擧)에 급제했을 때에 이미 주었는데 대개 의례로 준 전지는 환수(還收)했기 때문에 이런 명이 있었던 것이다.

무자일(戊子日-30일)에 원종공신(元從功臣)을 기록해 3등(三等)을 만들었다. 의령군(宜寧君) 남재(南在) 등 19인은 1등이 되고, 순녕군(順寧君) 이지(李枝) 등 15인은 2등이 되고, 참지의정부사(參知議政府事) 정역(鄭易) 등 49인은 3등이 됐다.

○ 의정부에서 아뢰었다.

"공신을 포숭(褒崇)하는 것을 이조와 공신도감(功臣都監)이 함께 토의해 시행하는 것이 이전의 규정입니다. 지금 칭하원종삼등공신(稱下元從三等功臣)의 포숭하는 법전을 이조(吏曹)로 하여금 오로지 관장(管掌)하게 하소서."

그것을 따랐다.

○ 남부학당(南部學堂)이 이뤄졌다.

己未朔 火入鬼.
기미 삭 화입귀

贈內史良馬一匹 苧麻布五十匹 又贈貂裘毛冠靴各一 人蔘三十
증 내사 양마 일필 저마포 오십필 우증 초구 모관화각일 인삼 삼십

觔 花席十二張; 贈頭目公奉等五人 各苧麻布四匹; 其下有差 又
근 화석 십이장 증두목 공봉 등 오인 각 저마포 사필 기하 유차 우

以襦袂衣一襲贈之. 靜妃殿所贈苧麻布十五匹 世子所贈苧麻布
이 유겹의 일습 증지 정비전 소증 저마포 십오필 세자 소증 저마포

六匹. 凡儀之所求 令工曹備辦 物數不可勝紀.
육필 범 엄지 소구 영공조 비판 물수 불가 승기

上命世子餞使臣.
상 명 세자 전 사신

西北面平壤等處饑. 因旱也.
서북면 평양 등처 기 인한 야

庚申 西北面都巡問使柳廷顯 復請除楮貨贖罪之法 從之. 廷顯
경신 서북면 도순문사 유정현 부청 제 저화 속죄 지 법 종지 정현

上言: '民之犯罪者 皆贖以楮貨 有賣田宅以納之 至有逃避失所
상언 민지 범죄자 개 속 이 저화 유매 전택 이 납지 지유 도피 실소

者,① 請聽自願.'
자 청청 자원

分延安 白川水軍爲四番 輪次防戍 年荒乏食也.
분 연안 배천 수군 위 사번 윤차 방수 연황 핍식 야

全羅道都觀察使請增置倉庫于諸州 從之. 報曰: '羅州 錦山
전라도 도관찰사 청 증치 창고 우 제주 종지 보왈 나주 금산

福順 谷城 玉果 泰仁 珍原等官倉庫皆盈 無儲穀處也.
복순 곡성 옥과 태인 진원 등관 창고 개영 무 저곡 처야

壬戌 內史黃儼還 上出慕華樓餞之 又命世子餞于碧蹄驛.
임술 내사 황엄 환 상출 모화루 전지 우명 세자 전우 벽제역

召領議政府事河崙 右政丞趙英茂議吉禮事. 上嘗夜召知申事
소 영의정부사 하륜 우정승 조영무 의 길례 사 상 상야 소 지신사

金汝知于小寢 辟人語曰: "夫婦 人之大倫也. 今靜妃以無咎
김여지 우 소침 벽인 어왈 부부 인지 대륜 야 금 정비 이 무구

400

等事 內懷不平 屢發不遜之言. 曩予發瘡甚鉅 無咎等暗結女侍
등사 내회 불평 누발 불손 지언 낭여 발창 심거 무구 등 암결 여시

以覘病勢 遂與李茂 陰謀不軌 此實無咎之罪 靜妃不此之顧 挾
이점 병세 수여 이무 음모 불궤 차실 무구 지죄 정비 불 차지고 협

其私忿. 予欲廢黜 以戒後世 然以糟糠之意 不忍遽棄也." 汝知
기 사분 여욕 폐출 이계 후세 연이 조강 지의 불인 거기 야 여지

對曰:"靜妃旣爲正嫡 國本之母 且子孫衆多 不可輕動. 願熟慮."
대왈 정비 기위 정적 국본 지모 차 자손 중다 불가 경동 원숙려

上曰:"予亦非欲輕廢之也 更選可爲攝主內事者以納之耳." 遂命
상왈 여역비욕 경폐 지야 갱선 가위 섭주 내사 자이 납지 이 수명

汝知起草曰:"婦人內夫家外父母 古今通義也. 靜妃挾無咎之怨
여지 기초왈 부인 내부가 외 부모 고금 통의 야 정비 협 무구 지원

屢發不遜之言 將欲廢黜 但念舊意 以俟自新. 爾政府 其選勳舊之
누발 불손 지언 장욕 폐출 단념 구의 이사 자신 이 정부 기선 훈구 지

家忠義之門 有可以攝主內事之女以聞." 至是 召崙 英茂議之.
가 충의 지문 유 가이 섭주 내사 지녀 이문 지시 소륜 영무 의지

癸亥 幸東郊觀放鷹.
계해 행 동교 관 방응

命鑿景福宮城西隅 引入明堂水于禁川.
명착 경복궁 성서 우 인입 명당수 우 금천

甲子 命臺諫還就職. 從大司憲朴經之請也. 命臺諫曰:"君臣之
갑자 명 대간 환 취직 종 대사헌 박경 지청 야 명 대간 왈 군신 지

間 宜諫則聽之 命則從之. 前日之事已決 勿復進言."
간 의간 즉 청지 명 즉 종지 전일 지사 이결 물부 진언

設嘉禮色. 命政府曰:"擇忠臣義士之門 可攝主內事者以聞."
설 가례색 명 정부 왈 택 충신 의사 지문 가 섭주 내사 자 이문

汝知所書草則不下. 領議政河崙 左政丞成石璘 右政丞趙英茂
여지 소서 초 즉 불하 영의정 하륜 좌정승 성석린 우정승 조영무

爲都提調 以議政府贊成事李天祐 漆城君尹柢 大司憲朴經
위 도제조 이 의정부찬성사 이천우 칠성군 윤저 대사헌 박경

知議政府事李膺爲提調 左司諫鄭悛等爲別監 命五部禁婚.
지의정부사 이응 위 제조 좌사간 정전 등 위 별감 명 오부 금혼

乙丑 議政府啓開川之事. 啓曰:"來十月明年二月中開川." 上
을축 의정부 계 개천 지사 계왈 내 십월 명년 이월 중 개천 상

曰:"十月 正拾橡實之時 須待二月施行."
왈 십월 정 습 상실 지시 수대 이월 시행

議政府上言 請止上王溫井之行 不報. 上王欲幸忠淸道溫井
의정부 상언 청지 상왕 온정 지행 불보 상왕 욕행 충청도 온정

議政府上言:"自春徂秋旱甚 禾穀不熟 忠淸道雖不旱甚 未可
의정부 상언 자춘 조추 한심 화곡 불숙 충청도 수불 한심 미가

謂之豐穰. 溫井之行 臣等請白罷之.”上曰:“未可也 上王之疾 人
위지 풍양 온정 지행 신등 청백 파지 상왈 미가 야 상왕 지질 인

所共知. 今此之擧 予請止至再不從. 若政府上請 則豈以予爲不知
소공지 금 차지거 여청지 지재부종 약 정부 상청 즉기 이여위 부지

哉? 禾之未登 予知之矣.”命京圻 忠淸道監司 令速收路傍禾穀.
재 화지미등 여지지의 명경기 충청도 감사 영속수 노방 화곡

丙寅 太白晝見經天.
병인 태백 주견 경천

大司憲朴經 左司諫鄭悛等上疏請道傳 南誾 興宗 居正之罪.
대사헌 박경 좌사간 정전 등 상소 청 도전 남은 흥종 거정 지죄

略曰:
약왈

‘道傳等包藏禍心 妬賢疾能 陰嗾居正 興宗 以致崇仁 種學於
도전 등 포장 화심 투현 질능 음주 거정 흥종 이치 숭인 종학 어

死地. 自古有無君之心者 春秋之法必誅. 願將道傳 南誾等 瀦
사지 자고 유무군 지심자 춘추 지법 필주 원장 도전 남은 등 저

其宅斬其棺; 興宗 居正等 明正典刑 一以戒爲人臣而懷二心者
기택 참기관 흥종 거정 등 명정 전형 일이 계위 인신 이회 이심 자

一以正萬世之法.’②
일이 정 만세 지법

上曰:“予之斷此 足示後世 勿强之.”
상왈 여지 단차 족시 후세 물 강지

命還給閔壽山告身. 上命承政院曰:“壽山 予之故人 別無大罪
명 환급 민수산 고신 상 명 승정원 왈 수산 여지 고인 별무 대죄

宜給告身 屬別侍衛.”先是 壽山兄弟丁憂 爭父科田 以汚風俗 故
의급 고신 속 별시위 선시 수산 형제 정우 쟁부 과전 이오 풍속 고

攸司收其職牒也.
유사 수기 직첩 야

己巳 命遣嘉禮色別監于留後司. 選處女也.
기사 명견 가례색 별감 우 유후사 선 처녀 야

議祭享齋戒. 上曰:“淸齋三日足矣.”禮曹參議許稠進言:“唐
의 제향 재계 상왈 청재 삼일 족의 예조참의 허조 진언 당

開元禮 大祀須齋七日 酌獻後 又行再拜于堂內 禮也. 今只齋三日
개원례 대사 수재 칠일 작헌 후 우행 재배 우 당내 예야 금지재 삼일

酌獻後又無拜 似未便.”上曰:“凡祭須要誠敬. 禮煩則怠矣.”稠
작헌 후우 무배 사 미편 상왈 범제 수요 성경 예번 즉 태의 조

又曰:“昔成周七日戒三日齋 漢唐宋四日戒三日齋 今我朝自前年
우왈 석 성주 칠일 계 삼일 재 한당송 사일 계 삼일 재 금 아조 자 전년

太祖祔廟時 二日戒一日齋 未合於古 願依古制.”上曰:“遵時王
태조 부묘 시 이일 계 일일 재 미합 어고 원의 고제 상왈 준 시왕

大明之制 領議政河崙所定也." 稠曰:"大明禮制所載 乃州府郡縣

대명 지제 영의정 하륜 소정 야 조왈 대명 예제 소재 내 주부군현

祭鄕社禮也 非天子諸侯之禮也 似難遵守." 代言韓尙德曰:"先王

제 향사 례야 비천자 제후 지례야 사난준수 대언 한상덕왈 선왕

制禮 不可輕改 率由舊章 甚合於義. 三年之喪 古之道也 而漢

제례 불가 경개 솔유 구장 심합어 의 삼년지상 고지도 야 이한

文帝改之 以日易月 後世議者 不無憾焉. 今減七日齋戒 約爲三日

문제 개지 이일역월 후세 의자 불무 감언 금감 칠일 재계 약위 삼일

於垂法萬世何?" 上曰:"因時損益 古亦有之. 漢文短喪 薄於

어 수법 만세 하 상왈 인시 손익 고역 유지 한문 단상 박어

君親 今予之意 不如是也." 命政府曰:"凡祭祀 預先致齋 可以交

군친 금여지의 불여시야 명정부왈 범제사 예선 치재 가이교

於神明. 今後享官諸執事 預於誓戒致齋前四五日命差 不令犯染

어 신명 금후 향관 제 집사 예어 서계 치재 전 사오 일명차 불령 범염

朔望祭行香使 亦於前四五日啓聞 受點施行."

삭망제 행향사 역어 전 사오 일 계문 수점 시행

賜對馬島宗貞茂米豆三百石 又賜米豆三十石 衣一襲 鞍一面于

사 대마도 종정무 미두 삼백 석 우사 미두 삼십 석 의 일습 안 일면 우

護軍平道全 遣于對馬島. 道全 貞茂之麾下. 令遣之 要結和好 禁

호군 평도전 견우 대마도 도전 정무 지 휘하 영 견지 요결 화호 금

侵賊也.

침적 야

庚午 命禮曹以六衙日啓事. 上曰:"近日體氣失平 未能日日

경오 명 예조 이 육아일 계사 상왈 근일 체기 실평 미능 일일

視事." 乃有是命.

시사 내유 시명

幸東郊觀放鷹. 動駕太早 衛士不及扈從 又令甲士守城門 禁

행 동교 관 방응 동가 태조 위사 불급 호종 우영 갑사 수 성문 금

朝士出從者.

조사 출종 자

上王幸衿州安養寺 欲湯沐也. 初 欲幸忠淸溫水 知政府請止之

상왕 행 금주 안양사 욕 탕목 야 초 욕행 충청 온수 지정부 청지 지

意 遂出衿州. 世子餞于江濱 仍詣東郊.

의 수출 금주 세자 전우 강빈 잉예 동교

命京畿觀察使高峯 幸州等處 早收禾穀. 將以觀獵也.

명 경기관찰사 고봉 행주 등처 조수 화곡 장이 관렵 야

壬申 命減豊海道戶給屯田之租. 從監司沈溫之請也. 溫報:

임신 명감 풍해도 호급둔전 지조 종 감사 심온 지청 야 온보

'今年旱甚 請減戶給屯田之租 只收前給種數 以慰民心.'

금년 한심 청감 호급둔전 지조 지수 전급 종수 이위 민심

溫又報: '道內因旱失農 今年廣興倉納祿俸之米 以州郡所畜
計量漕運 今年所收新穀 畜于各官 待春給民播種.' 從之.

遣嘉禮色別監申槪于忠淸道. 選處女也.

命兵曹參議安束 戶曹參議尹思永就職 囚典祀注簿尹尙殷.

初 尙殷於社稷祭分祭服時 俾令史進禮曹正郞司憲監察處 參議
前不爾 故參議怒 挃令史. 典祀報憲司 憲司劾參議 上召尙殷

問其由 對曰: "監察雖卑執臺憲 正郞亦仰官也. 參議雖尊 進呈
無例." 上曰: "監察卑而參議尊 此乃私好 非公道也."

安城君李叔蕃 請以尹夏爲外兄尹子當伴人 上曰: "雖娼妓
朋友之所私者 則不可犯 夏竊河久之妾 不肖甚矣. 宰相何薦
如此人乎?"

癸酉 命籍沒黃居正 孫興宗家産. 從諫院之請也.

命營倉庫於忠州金遷. 議政府上言: "國家畜積有餘 倉廩狹隘
請於忠州水邊作庫 納慶尙之租 如有緩急 則漕運甚便." 從之.

甲戌 宥流人趙愼言等六人. 驪興付處趙愼言 順天金公寶 寧海
朴仁幹 谷州朴成幹 安邊皮原亮 槐州李續等 京外從便.

乙亥 雨雹于豊海道安岳松禾等郡 損穀.

臺諫交章請鄭道傳 南誾 孫興宗 黃居正等 置之極刑 上曰:
"道傳等事可憎 吾以二十年後事擧論者 欲後世爲人臣者之鑑也.
籍沒禁錮 非好事也 後人豈以此爲輕而劾之哉? 宜勿更言."

丙子 上率世子 迎上王于漢江北峯設筵 俄頃雨雹 大雷電以風
병자 상솔세자 영상왕우한강 북봉 설연 아경 우박 대 뇌전 이풍

布幕皆裂 衆皆失色. 召朴信 金汝知曰: "昔虞舜烈風雷雨不迷
포막 개열 중개실색 소박신 김여지 왈 석우순 열풍 뇌우 불미

無事愧于心也; 孔子迅雷風烈必變 敬天之怒也. 二聖所爲不同
무사 괴우심야 공자 신뢰 풍렬 필변 경천지노 야 이성 소위 부동

其無愧於心則一也. 今予以孝悌之意至此耳 所爲雖非不善 然
기 무괴어심즉 일야 금여이 효제 지의 지차이 소위 수비 불선 연

不可以忽天譴也." 信曰: "殿下有大舜之德 故亦不迷也." 須臾天
불가이 홀 천견 야 신왈 전하 유 대순 지덕 고역 불미야 수유 천

乃開霽 上王起舞 上亦舞 極歡 至暮還宮.
내 개제 상왕 기무 상역무 극환 지모 환궁

丁丑 月犯五車東南 隔半尺許.
정축 월범 오거 동남 격 반척 허

禮曹上妃嬪之制. 書曰:
예조 상 비빈 지제 서왈

'竊惟嘉禮 所以正內治 上以奉宗廟 下以繼後嗣. 不可不愼重而
절유 가례 소이 정 내치 상이 봉 종묘 하이 계 후사 불가불 신중 이

備禮. 謹按禮記曲禮曰: "公侯有夫人 有世婦 有妻有妾" 而不言
비례 근안 예기 곡례 왈 공후 유 부인 유 세부 유처유첩 이 불언

其數 昏義曰: "天子后立六宮三夫人九嬪二十七世婦八十一御妻
기수 혼의 왈 천자 후입 육궁 삼부인 구빈 이십칠 세부 팔십 일 어처

以聽天下之內治; 天子立六官三公九卿二十七大夫八十一元士
이청 천하 지 내치 천자 입 육관 삼공 구경 이십칠 대부 팔십 일 원사

以聽天下之外治" 則 內治之數 與外治同矣. 王制曰: "大國三卿
이청 천하 지 외치 즉 내치 지수 여 외치 동의 왕제 왈 대국 삼경

下大夫五人 上士二十七人." 禮記祭義 諸侯夫人立三宮 則大國
하대부 오인 상사 이십칠인 예기 제의 제후 부인 입 삼궁 즉 대국

之夫人立三宮三世婦五妻二十七妾矣. 又按春秋胡氏傳曰: "諸侯
지 부인 입 삼궁 삼 세부 오처 이십칠첩 의 우안 춘추호씨전 왈 제후

一娶九女. 嫡夫人行 姪娣從 則夫人一媵二姪娣六也." 臣等竊謂
일취 구녀 적부인 행 질제종 즉 부인 일잉 이 질제 육야 신등 절위

自漢以來 天子之后曰皇后 諸侯之夫人曰妃. 今我國家 旣有嫡妃
자 한 이래 천자 지후왈 황후 제후 지 부인 왈비 금 아 국가 기유 적비

正位中宮 然於古制 有所未備. 乞依古制 妙選勳賢忠義之裔
정위 중궁 연 어 고제 유 소미비 걸의 고제 묘선 훈현 충의 지예

以備三世婦五妻之數 其稱號則以世婦爲嬪 以妻爲媵 以爲後世之
이비 삼 세부 오처 지수 기 칭호 즉 이 세부 위빈 이처 위잉 이위 후세 지

法 庶合輿望.'
범 서합 여망

命以一嬪二媵爲制.

戊寅 月犯五車.

幸楊州郊放鷹 夜還. 上曰：“吾聞東西北面臂鷹來者 絡繹于道 恐弊及民也.” 左代言李安愚對曰：“臣曾牧咸州 知有弊也.” 命海靑鷹子外毋進.

遣工曹參議廉致庸如京師. 獻紙箚也.

賜李茂家于宜寧君南在. 欲以在家爲東宮 以蓮花坊東宮爲嘉禮之所也.

己卯 以金自粹判江陵大都護府事 沈啓蒙爲司憲府持平. 啓蒙以尙州牧判官拜持平 臺諫不署告身 以不廉也. 前此臺諫 皆令請暇. 上曰：“持平許誠 言甚鯁直 予無辭以對. 第以慰大臣 故姑使之不仕耳.” 遂罷誠等.

慶尙道宜寧縣私婢四季一産三女.

庚辰 雨雹于豐海道文化 平州 損穀.

設神懿王后忌辰齋于興德寺. 命曰：“自今於太祖及神懿王后忌辰齋 議政府代言司皆赴.”

壬午 召開國功臣興寧君安景恭 淸城君鄭擢 玉川君劉敞 平城君趙狷 西川君韓尙敬 漢川君趙溫 皆就職. 景恭等嘗請減道傳 南誾之罪 被劾臺諫故也.

癸未 率世子幸東郊 觀放鷹.

甲申 命禮官 更定宗廟祭禮. 上疑不合古禮 欲請中朝祭禮 禮官
갑신 명예관 갱정 종묘 제례 상의 불합 고례 욕청 중조 제례 예관

偰眉壽 許稠等及右政丞趙英茂 知議政朴信等曰：“當今 明禮
설미수 허조 등 급 우정승 조영무 지의정 박신 등 왈 당금 명례

甚簡 皇帝若賜士大夫祭禮 終如之何？ 且問前此所行祭禮 則將
심간 황제 약사 사대부 제례 종 여지하 차문 전차 소행 제례 즉장

何以對之？ 我朝皆倣唐禮 直辭以對 則無乃僭乎？ 恐有後患.”上
하이 대지 아조 개방 당례 직사 이대 즉 무내 참호 공유 후환 상

曰：“藩國請華制 禮也. 今玆之請 直欲質疑耳. 昔帝賜以上公服.
왈 번국 청 화제 예야 금자 지청 직욕 질의 이 석제 사이 상공복

其不賜士大夫祭禮 可知矣.”領議政河崙 左政丞成石璘之議 亦
기 불사 사대부 제례 가지 의 영의정 하륜 좌정승 성석린 지의 역

如上旨 命會群臣更議.
여 상지 명회 군신 갱의

禮曹上書曰：
예조 상서 왈

‘禮者 所以辨上下 於言語文字 不可相犯. 出乎天子者 曰詔曰
예 자 소이 변상하 어 언어 문자 불가 상범 출호 천자 자 왈조 왈

誥：太子諸王 曰令曰敎 則臣下不敢違犯. 今國朝承前朝樸略之弊
고 태자 제왕 왈령 왈교 즉 신하 불감 위범 금 국조 승 전조 박략 지폐

出於殿下 謂之判 則臣下當不敢有犯 乃有以判書判事判官爲銜
출어 전하 위지 판 즉 신하 당 불감 유범 내유 이 판서 판사 판관 위함

者 乞以申判依申 爲奉敎依允 以申判可爲奉敎可 以申判付爲
자 걸이 신판 의신 위 봉교 의윤 이 신판 가위 봉교 가 이 신판 부 위

奉敎下 庶合禮文.’
봉교하 서합 예문

從之.
종지

議政府請尹夏 朴楣之罪. 啓曰：
의정부 청 윤하 박미 지죄 계왈

“前年五月十五日 東北面龍城之戰 敬差官尹夏 朴楣等 第其
전년 오월 십오일 동북면 용성 지전 경차관 윤하 박미 등 제기

軍官功績 來告賞職. 今聞楣等 以無功者幷錄啓聞. 願將楣等 以
군관 공적 내고 상직 금문 미 등 이무공 자 병록 계문 원장 미 등 이

其時慶源節制使郭承祐一處憑考 以正矇曨之罪.”
기시 경원 절제사 곽승우 일처 빙고 이정 몽롱 지죄

從之.
종지

乙酉 禮曹上宗廟祭禮. 禮曹稽唐宋祭儀 前朝詳定古今禮及
을유 예조 상 종묘 제례 예조 계 당송 제의 전조 상정고금례 급

朝廷禮制 參定以聞.

禮曹又啓:“凡祭奠物 各司於祭前一日乘晚 令下典進排 雖未精潔 不及改排 不合祀神之道. 今後祭前二日 官吏躬親進排 以爲恒式.”從之.

禮曹啓:“宜從唐宋禮 親享祭酌獻後行再拜.”領議政河崙曰: “時王之制 獻酌無拜 且帝王行祭 不可禮煩.”上命禮官曰:“今冬享 予欲親行宗廟祭禮 宜以前年祔祭儀行之.”

命停金遷倉庫之役. 前此 議政府以京中及兩江無虛庫 慶尙道軍資無藏處 請於忠州江邊作庫 人夫用慶尙之民 上從之. 至是問營造間閣之數 知議政李膺對以三百間 上曰:“時近沍寒 作三百間 則人必有凍死者矣. 況慶尙軍資之數不多 政府之議非矣.” 膺曰:“忠州江邊 作三百間 餘木 宜輸用京中.”上曰:“是亦不可 遣人審察軍丁材木之數以來. 軍丁則大寒前 速令放送.”

改給別賜田王牌. 上曰:“朴子靑 祖宗陵寢 監督勤勞; 淨業院住持金氏 上王大妃姊也; 韓幹 有三代侍從之勞. 所收別賜田 皆欲還給 政府不肯 何故也? 況親試之田 初以公論給之 乃何亦不還給乎?”知申事金汝知對曰:“無賜牌別賜田還屬公之法 已立故也.”上曰:“是不難 皆給賜牌.”

賜藝文館提學卞季良田二十結. 其賜牌曰:‘予於丁亥四月 親試儒臣 第其高下 取十人焉. 卿擢居乙科第一人 予嘉乃才 賜田二十

408

結 奴一 婢一 卿其子孫相傳.' 第二人以下 皆受牌田數有差.
결 노일 비일 경기자손 상전　제이인 이하 개 수패 전수 유차

此田與奴婢 當初擢第時已賜矣 厥後凡例賜田還收 故有是命也.
차전 여노비 당초 탁제 시이사 의 궐후 범례 사전 환수 고유 시명 야

戊子 錄元從功臣三等; 宜寧君南在等十九人爲一等 順寧君
무자 녹 원종공신 삼등　의령군 남재 등 십구 인위 일등　순녕군

李枝等十五人爲二等 參知議政府事鄭易等四十九人爲三等.
이지 등 십오 인위 이등 참지 의정부사 정역 등 사십 구인 위 삼등

議政府啓: "功臣襃崇 吏曹及功臣都監同議施行 前規也 今
의정부 계　공신 포숭 이조 급 공신도감 동의 시행 전규 야 금

稱下元從三等功臣襃崇之典 宜令吏曹專掌." 從之.
칭하 원종 삼등공신 포숭 지전 의령 이조 전장　종지

南部學堂成.
남부학당 성

| 원문 읽기를 위한 도움말 |

① 有賣田宅以納之 至有逃避失所者. '有~至有~'는 '~가 있고 심지어 ~도
유 매 전택 이 납지 지유 도피 실소 자 유　지유
있다'라는 구문이다.

② 一以戒爲人臣而懷二心者 一以正萬世之法. '一以~一以~'는 '한편으로는~
일이 계 위 인신 이 회 이심 자 일이 정 만세 지 법 일이　일이
한편으로는~'의 구문이다.

태종 11년 신묘년
10월

十月

신묘일(辛卯日-3일)에 종묘(宗廟)에 친히 제사를 올렸다[享]. 하루 전에 상(上)은 강사포(絳紗袍)를 입고 법가(法駕)¹를 타고 왕세자와 백관을 거느리고 종묘에 나가 알묘례(謁廟禮)²를 거행하고 재궁(齋宮)으로 돌아왔다. 종헌관(終獻官)인 영의정부사(領議政府事) 하륜(河崙)과 여러 집사(執事)가 묘정(廟廷)에서 의식을 연습했다. 상이 풍악 소리를 듣고 지신사(知申事) 김여지(金汝知), 집례(執禮) 예조참의 허조(許稠)에게 명해 말했다.

"묘정에서 습례(習禮)하는 것은 불경(不敬)에 가까운 것으로 어느 시대에 시작됐는지 (모르지만) 매우 잘못된 것으로 여긴다. 또 전작(奠酌)한 뒤에 절이 없고 지게문[戶]의 내외(內外)에서 읍(揖)이 없으니 너무 간략하지 않은가?"

조(稠)가 대답했다.

"묘정에서 습례하는 것은 신 등도 그릇되게 여기나 전조(前朝)부터 국초에 이르기까지 으레 하는 일로 여기고 있고, 전작한 뒤에 절이

---

1 임금이 거둥할 때의 의장의 하나 또는 그때 타는 수레를 가리킨다. 임금이 선농(先農)에 친히 제향(祭享)하고, 국학(國學)에 행차해 석전례(釋奠禮)를 행하고, 사단(射壇)에서 활 쏘기를 할 때나 무과(武科)의 전시(殿試)에 사단(射壇)에서 활 쏘는 것을 구경할 때 이를 사용했다.
2 임금이 종묘(宗廟)에 배알(拜謁)하는 예(禮)를 말한다.

없고 지게문 내외에서 읍이 없는 것은 하륜의 헌서(獻書)로 인해 한 결같이 경인년(1410년) 부묘(祔廟)의 예에 의거했기 때문에 신 등은 비록 그릇되다고 여기나 감히 고치지 못하는 것입니다.”

제사가 끝나자 상이 말했다.

“이번에 행한 향사(享祀)에 여러 집사(執事)가 각각 열렬함과 삼감 [誠敬]을 다해 예의(禮儀)가 어그러지지 않았고 또 일기가 맑아서 나 는 아주 기쁘다. 그러나 친히 종묘(宗廟)에 향사하는 것은 임금의 상 사(常事)이니 향관(享官)을 제수하면 후세에 법이 될까 두렵기 때문 에 내가 하지 않았다.”

하륜(河崙)에게 안마(鞍馬)를, 봉조관(奉俎官) 김승주(金承霔), 찬례 (贊禮) 안성(安省), 집례(執禮) 허조(許稠)·탁신(卓愼), 판통례(判通禮) 김구덕(金九德)·변이(邊頤) 및 여러 대언(代言)에게 구마(廏馬)를 각 각 한 필씩 내려주고, 의정부와 육조판서, 여러 종친을 불러 광연루 (廣延樓)에서 잔치를 베풀어 지극히 즐겼다. 상이 여지(汝知)와 박신 (朴信)에게 일러 말했다.

“친히 강신(降神)하는 예가 십분 즐겁고 기쁘나 다만 궁중에 마음 편찮은 일이 있을 뿐이다.”

이는 대개 중궁과 서로 화합하지 못함을 말한 것이었다. 여지 등 이 대답했다.

“전하만 기쁜 것이 아니라 무릇 분주(奔走)하게 일을 돕는 자로서 누가 감히 기뻐하지 않겠습니까?”

임진일(壬辰日-4일)에 세자에게 강무(講武)의 행차에 호종(扈從)

414

하도록 명했다. 빈객(賓客) 이래(李來)와 조용(趙庸) 등이 말씀을
올렸다.

"세자가 천사(天使)를 영접한 뒤로부터 서연(書筵)에 나오려고 하지
않는데 지금 전하께서 또 강무의 행차에 따라갈 것을 명하시니 신
등은 세자의 학문의 뜻이 날로 더욱 게을러질까 두렵습니다."

상이 말했다.

"근래 세자의 궁은 일정한 곳이 없어 항상 궐내에 있으므로 내가
데리고 가고자 하는 것이다. 경 등이 청하는 것은 옳다. 빈객(賓客)이
많지 않은 것이 아닌데 경 등이 감히 청하니 내가 몹시 기쁘다."

○ 사간원(司諫院)에서 소(疏) 3통(通)을 올렸다. 그 첫째는 이러
했다.

'세자는 나라의 근본이니 중시하지 않을 수 없습니다. 그러므로
예전에 눈 밝은 임금[明王]은 세자를 가르치고 기르는 데 있어 방
정(方正)·단량(端良)한 선비를 골라 스승 및 벗으로 삼고, 충신(忠
信)·돈중(敦重)한 사람을 골라 관속(官屬)으로 삼은 뒤에야 견문이
넓어지고 지혜가 더욱 밝아지며 심술(心術)이 바르게 돼 다움이 더
욱 진보된 것입니다. 한(漢)나라에서 박망원(博望苑)³을 두어 빈객을
통하게 했는데, 강충(江充)⁴이 이단(異端)을 소개해 마침내 무고(巫
蠱)의 화(禍)가 있었고, 진(陳)나라에서 저궁(儲宮)을 세웠는데 강

───────────

3 한나라 무제(武帝)가 위태자(衛太子)를 위해 세운 원(苑)이다. 지금 산시성[陝西省] 장안현
   (長安縣) 북쪽에 그 유지(遺址)가 있다.
4 한나라 무제 때의 사람으로 자는 차청(次倩)이다. 본명은 제(齊)이고 무제에게 중용(重用)
   됐으나 태자(太子)와 사이가 나빠서 태자를 무고하다가 태자에게 죽었다.

총(江摠)⁵이 부화(浮華)로 부채질해 마침내 유련(流連)의 음란을 가져왔으니 다른 까닭이 아니라 현량(賢良)한 사람을 멀리해 배척하고 아첨하는 자를 친근하게 했기 때문입니다. 우리 세자는 타고난 성품이 숙성해 어질고 효도하여[仁孝] 호학(好學)했는데, 상호군(上護軍) 심정(沈泟)이 일찍이 좌사위(左司衛)의 직임을 맡아 관속(官屬)의 장(長)이 돼 조석으로 항상 옆에서 아양 부리는 태도로 기이하고 교묘한 일들을 난잡하게 바치니 신 등은 세자가 음벽(淫僻)한 행동에 동화(同化)될까 두렵습니다. 바라건대 정(泟)을 파직해 내쫓아서 간사한 소인들의 아첨하는 풍습을 막아야 할 것입니다.'

애초에 정이 매와 기생을 바쳐 세자를 즐겁게 하니 빈객 이래 등이 헌사(憲司)에 알려 탄핵하고자 했으나, 정의 형 심인봉(沈仁鳳)·심종(沈淙)·심온(沈溫)이 모두 권요(權要-권세가)가 됐으므로 탄핵하지 못했는데 이때에 이르러 상이 소(疏)를 보고 간관(諫官)을 불러 말했다.

"인군(人君)이 된 자는 간(諫)하는 것을 좇지 않을 수 없고, 간관이 된 자는 말을 다 하지 않을 수 없으니 큰일은 소를 갖춰 아뢰고 작은 일은 승정원(承政院)에 말해 진달하게 하라. 지금 정이 과연 경 등의 말과 같다면 어찌 한 사람을 아끼겠는가?"

곧 그를 파직했다. 둘째는 이러했다.

'절약과 검소를 숭상하는 것은 백성을 풍족하게 하고 다스림을 극

---

5   진나라 말엽의 사람이다. 태자 중사인(太子中舍人)이 돼 날마다 후주(後主)와 유연(遊宴)하고 시작(詩作)을 행했다. 뒤에 수(隋)나라 때 상개부(上開府)에 벼슬했다.

진히 하는 것입니다. 토목(土木)의 일에 있어서는 종묘(宗廟)와 궁궐(宮闕)의 수리는 폐할 수 없지만 대지(臺池) 같은 것은 천천히 해도 되는 것으로 급히 할 것이 아닙니다. 지금 공조판서 박자청(朴子靑)은 본래 재덕(才德)이 없이 성명(聖明)을 만나서 좋은 벼슬에 높이 올랐습니다. 무릇 국가의 영조(營造)하는 사무를 모조리 관령(管領)해 오로지 조탁(雕琢)하고 영구(營構)하는 것을 힘써 공역(工役)이 쉬지 못하고 있습니다. 바라건대 전하께서는 살피시어 선공(繕工)을 겸판(兼判)하는 직임을 파면하고, 임금을 사랑하고 백성을 사랑하는 마음이 있는 자로 하여금 대신 시키고, 대지와 같이 항상 거처하고 거듭하는 것이 아닌 곳은 수리하지 못하게 해 검소하고 절약하는 것을 보이셔야 할 것입니다.'

상이 말했다.

"자청이 배우지는 못했으나 다만 부지런하고 곧다[勤直]. 종묘사직
_{근직}
을 수리하는 일은 내가 모두 명해 역사를 동독(董督-감독)하게 한 것이다. 어찌 한 몸의 계책을 위해 이 일을 했겠느냐? 모화루(慕華樓) 같은 것은 내가 놀고 구경하는 곳이 아니라 조정 사신을 영접하는 곳이니 하나는 국가의 체면을 보이는 것이고, 하나는 사대(事大)의 성의를 보이는 것이다. 본궁(本宮)의 못과 정자 같은 것은 다만 휴식하기 위한 곳이나 준우(峻宇-큰 집) 조장(彫墻-화려한 담장)에 비할 바는 아니다. 내가 비록 자청을 파직시키더라도 대신하는 자가 앉아서 보기만 하고 한 사람의 백성도 역사시키지 않겠는가? 경 등은 다시 말하지 말라."

셋째는 이러했다.

'궁궐은 정령(政令)을 펴고 첨시(瞻視)를 높이자는 것입니다. 경복궁(景福宮)은 태조(太祖)가 개국하던 초기에 창건한 것인데 그 규모와 제도가 후세의 법이 될 만합니다. 전하가 여러 해를 거처하지 않으시니 신 등은 후세에 반드시 본받아서 허기(虛器)를 만들까 두려우니 그 태조의 창건하신 뜻이 어떠하겠습니까? 바라건대 시좌소(時坐所-임시 집무실)로 삼아서 매번 아조(衙朝) 때 근정전(勤政殿)에 나아가시어 사대부를 두루 인견(引見)해 신민(臣民)의 바라는 바를 위로하셔야 할 것입니다.'

상이 말했다.

"내가 어찌 경복궁을 허기(虛器)로 만들어서 쓰지 않는 것이냐? 내가 태조의 개창(開創)하신 뜻을 알고 또 지리(地理)의 설(說)이 괴탄(怪誕)한 것을 알지만, 술자(術者)가 말하기를 '경복궁은 음양(陰陽)의 형세에 합하지 않는다'라고 하니 내가 듣고 의심이 없을 수 없으며 또 무인년(1398년) 규문(閨門)의 일은 내가 경들과 말하기에는 부끄러운 일이다. 어찌 차마 이곳에 거처할 수 있겠는가? 조정의 사신이 오는 것과 성절(聖節)의 조하(朝賀)하는 일 같은 것은 반드시 이 궁에서 하기 때문에 때로 수즙(修葺)해 기울고 무너지지 않게 하는 것이다."

또 말했다.

"세자는 마땅히 학문을 삼가야 하고 일이 없이 게을리 놀아서는 안 되며, 무사(武事)도 또한 폐할 수 없는 것이다. 이제 강무(講武)하는 때에 세자로 하여금 따라 행하게 한 것이니 경 등은 말하지 말라."

사간(司諫) 정전(鄭悛)이 대답했다.

"임금이 나가면 세자가 감국(監國)[6]하는 것은 예전 제도입니다."

상이 말했다.

"경 등의 말이 옳다. 그러나 강무하는 것은 한편으로는 종묘(宗廟)를 위해 변두(籩豆-제기)를 채우는 것이고, 한편으로는 도중(徒衆)을 사열(查閱)해 무의(武儀)를 익히는 것이다. 손으로 금수(禽獸)를 쏘고 말을 달려 돌아다니기를 좋아하는 것은 아니다. 내가 세자로 하여금 사냥하는 법을 보게 하려는 것일 뿐이다."

상이 정언(正言) 김고(金顧)를 편전(便殿)으로 끌어들여 대면해 명했기 때문에 사람들이 듣지 못했다.

○ 의흥부(義興府)에 명해 말했다.

"강무(講武)는 종묘에 봉공(奉供)하려고 하는 것이니 반드시 많이 잡을 필요가 없다. 또 지금은 화곡이 아직 익지[登場] 않았으니 다만 갑사(甲士) 1,000명만 따르게 하라."

계사일(癸巳日-5일)에 옥천군(玉川君) 유창(劉敞), 대제학(大提學) 유관(柳觀)을 보내 종묘사직에 강무하는 것을 고하고 겸해서 기청제(祈晴祭)를 거행했다.

갑오일(甲午日-6일)에 (경기도) 광주(廣州)에서 강무(講武)했다.

○ 전 이성도병마사(泥城都兵馬使) 신유현(辛有賢)이 졸(卒)했다. 사

6　왕이 도성을 비울 때 세자가 국정을 대신 청단하는 것을 말한다.

제(賜祭)하고 부의를 내려주었다.

을미일(乙未日-7일)에 종묘에 날짐승[禽]을 바쳤다.
○ 상왕(上王)이 고봉(高峯)에 가서 매사냥을 구경하고 이튿날 환궁했다.

병신일(丙申日-8일)에 전 개성유후(開城留後) 허응(許應)이 졸(卒)했다. 응(應)은 양천(陽川) 사람인데 개성윤(開城尹) 허교(許喬)의 아들이다. 홍무(洪武) 신해년(1371년)에 급제(及第)해 여러 번 대간관(臺諫官)을 지냈다. 성품이 어질고 다른 사람을 아껴주어[仁愛] 항상 의약(醫藥)을 남에게 베풀어 치료해준 것이 매우 많았다. 운명할 때[垂絶] 아들 반석(盤石) 등에게 경계시켜 말했다.

"부도(浮屠-불교)의 법을 쓰지 말라."

또 말했다.

"남자는 부인의 손에서 죽지 않는다."[7]

여시(女侍)를 물리쳐 버리고 피해 작은 방에 나가서 죽었다. 부의(賻儀)를 보내 사제(賜祭)하고 시호(諡號)를 경혜(景惠)라 했다. 아들이 넷인데 반석(盤石), 안석(安石), 말석(末石), 만석(晩石)이다.

○ 서북면 도순문사(西北面都巡問使) 유정현(柳廷顯)이 글을 올려 의주절제사(義州節制使) 우박(禹博)의 죄를 청했다. 글은 이러했다.

'박이 보고하기를 "황천사(黃天使)를 영접하는 요동지휘(遼東指揮)

---

7 이 말은 원래 『예기(禮記)』에 나오는 말이다. 그만큼 유가의 가르침을 따랐다는 뜻이다.

방준생(方俊生)이 생견(生絹) 15필을 주기에 제가 3일 동안을 거절하다가 어쩔 수 없이 받고, 녹비(鹿皮) 10장(張), 팔승포(八升布) 2필을 회답하고, 이제 견필(絹匹)을 완봉(完封)해 보내드린다'라고 했습니다. 신이 생각건대 박(博)으로서는 받지 않는 것이 맞는데 준생(俊生)의 주는 것이 너무 많으므로 굳이 사양하지 못하고 피포(皮布)로 회답해 마치 매매(賣買)하는 것처럼 했습니다. 사풍(士風)이 아름답지 못할 뿐만 아니라 변장(邊將)의 수어(守禦)하는 뜻에 어긋남이 있습니다. 바라건대 박을 율에 의거해 죄를 주어야 할 것입니다.'

논하지 말라고 명했다.

기해일(己亥日-11일)에 환궁했다. 상이 환궁하고자 하니 우정승 조영무(趙英茂)가 머물러 있기를 청했으나 상이 말했다.

"지금 큰비를 만났고[値=當] 또 광주(廣州) 산골이 매우 험하니 곧 서울로 돌아가고 봄철 따뜻한 때를 기다리는 것이 좋겠다. 하물며 이미 종묘에 천신(薦新)했는데 더 사냥할 필요가 무엇인가?"

경자일(庚子日-12일)에 예문관대제학(藝文館大提學) 유관(柳觀)을 불러 『통감(通鑑)』[8]을 강했다. 상이 말했다.

"내가 온공(溫公-사마광)의 『통감(通鑑)』과 『십칠사(十七史)』를 보면 요순(堯舜) 때 군신(君臣)의 일을 아주 자세히 실었는데 삼황(三

---

8 사마광(司馬光)의 『자치통감(資治通鑑)』을 가리킨다.

皇)⁹에 대해서는 군신의 일을 말한 것이 없으니 무슨 글을 읽으면 그 신하의 일을 알 수 있겠는가?"

관(觀)이 대답했다.

"외기(外紀)는 아주 간략하고 『십칠사』는 조금 자세한데 삼황 때 군신의 일을 싣지 않았으니 신도 또한 다른 글은 알지 못합니다."

또 『대학연의(大學衍義)』와 『춘추(春秋)』를 내어 강했다.

계묘일(癸卯日-15일)에 이종선(李種善) 등을 용서해 경외종편(京外 從便)하게 했다. 지신사 김여지(金汝知), 좌대언 이안우(李安愚)를 불 러 좌우를 물리치고[辟=屛] 말했다.

"예전에 여러 실직(失職)한 자를 거느리고 난(亂)을 꾸민 자가 있 으니 너희는 아느냐? 임오년(壬午年-1402년)에 난에 참여했다가 폄출 (貶黜)된 자가 매우 많고, 이무(李茂)의 무리, 민씨(閔氏)의 무리, 강 씨(康氏)와 신씨(辛氏)의 일가가 또 아래에 나열해 있다. 나의 춘추 (春秋)가 바야흐로 한창이니 이때에 어찌 난을 선동하는 자가 있겠 는가? 또 세자를 보건대 진실로 잔약한 바탕[孱質=懦弱]은 아니다. 그러나 회안군(懷安君)이 밖에 있으니 여불위(呂不韋)¹⁰ 같은 자가 있 어 기화(奇貨)를 사둘 만하다고 말하는지 어찌 알겠는가? 내가 모두

---

9 중국 고대 전설상의 세 임금으로 여러 가지 설이 있는데 대체로 수인씨(燧人氏)·복희씨 (伏羲氏)·신농씨(神農氏)를 가리킨다.

10 진(秦)나라 장양왕(莊襄王)이 조(趙)나라에 볼모가 됐을 때 이를 기화(奇貨)로 생각해 계 략을 써서 장양왕을 구출해 왕이 되게 했다. 문신후(文信侯)가 됐으나 장양왕의 아들 진 시황제(秦始皇帝) 때 불의(不義)의 관계로 자결했다.

용서해 나의 큰 교화와 길러줌[化育] 속에 넣고자 한다. 즐겁고 기뻐
해 전일의 찬축(竄逐)된 근심을 씻어주면 반드시 내게 마음과 힘을
다할 것이니 하나는 관대한 은혜를 보이고, 하나는 불령(不逞)한 뜻
을 사라지게 하는 것이 어떠한가? 영의정(領議政) 및 좌우상(左右相)
과 토의해 아뢰라."

하륜(河崙)이 말했다.

"죄줄 것은 죄주고 용서할 것은 용서하는 것은 제왕(帝王)의 권한
입니다. 옛말에 '천지의 위엄은 하루 종일 갈 수 없고, 제왕의 노여움
은 정(情)을 잊지 않는다'라고 했습니다. 이 거조(擧條-조치)가 좋습
니다."

석린(石璘)이 말했다.

"상설(霜雪-벌)과 우로(雨露-상)는 천지의 은혜와 위엄입니다."

영무(英茂)가 말했다.

"불령(不逞)한 무리를 밖에 널려 있게 할 것이 아닙니다. 상의 말씀
이 옳습니다."

○ 의정부(議政府)에 명해 말했다.

"외방종편(外方從便)[11]한 박만(朴蔓)·임순례(任純禮)·허형(許衡)·양
득춘(楊得春)·권치(權錙)·박문숭(朴文崇)·배홍점(裵鴻漸)·성충(成翀)·
최식(崔湜), 경상도 동래(東萊)에 부처(付處)한 이종선(李種善), 사천(泗
川)에 부처한 조말통(趙末通), 전라도 완산(完山)에 부처한 박모(朴

---

11 죄인을 외방(外方)의 일정한 곳에 유배하던 제도다. 서울을 제외한 지방 어느 곳이건 자
유롭게 살게 하는 경외종편과는 구별된다.

謨), 광주(光州)에 부처한 유후(柳厚) 등은 경외종편(京外從便)하고, 동북면(東北面) 경성(鏡城)에 충군(充軍)한 한충겸(韓沖謙)·이원기(李原奇)·김달(金達)·김용례(金用禮)·박임수(朴林秀), 풍해도 풍주(豐州)에 도역(徒役)한 최천갑(崔天甲)·김경(金涇), 옹진(甕津)에 도역(徒役)한 이천간(李天幹)·홍덕생(洪德生), 해주(海州)의 영직(營直)인 승(僧) 보원(寶元), 장연(長淵)에 도역(徒役)한 일로(一老) 및 종이 된 조아(趙雅)·조수(趙須) 등을 모두 석방해 용서하라."

의정부(議政府)에서 반박해 곧바로 받들어 행하지 않고 말씀을 올렸다.

"임순례와 박만은 한 방면을 전제(專制)하면서 임오년의 일을 저지하지 못했고, 조말통은 근시(近侍)로서 역적 조순화(趙順和)를 숨겼고, 유기(柳沂)의 아비 유후(柳厚)와 조호(趙瑚)의 아들 조수(趙須)·조아(趙雅) 또한 용서할 수 없습니다."

그것을 따르고 그 나머지는 모두 사면했다.

○ 대간(臺諫)에서 다시 교장(交章)해 도전(道傳), 남은(南誾), 홍종(興宗), 거정(居正)의 죄를 청했다. 소(疏)는 이러했다.

'전일에 대간에서 교장해 위 항목의 사람들의 죄악을 거듭 청했는데[申請] 전하께서 뜻을 내리시기를[下旨] "남은은 개국 초에 공로가 있었으니 내버려두어 논하지 말고 도전·거정·홍종 등은 폐해 서인(庶人)으로 삼고 자손을 금고(禁錮)하라"라고 하셨는데, 근일에 또 홍종·거정 등을 적몰(籍沒)하는 데에만 그치게 하셨습니다. 신 등이 생각건대 도전 등이 제 뜻을 행하고자 해 남모르게 당여(黨與)를 사주해 무군(無君)한 마음을 감히 행했습니다. 홍종과 거정 등은

424

이지기사(頤指氣使)¹²해 임의로 죽이는 것을 자행했으니 이것은 수범(首犯)과 종범(從犯)을 나누지 않고 반드시 죽여야 할 자들입니다. 도전은 비록 천주(天誅)에 굴복했다 하더라도 말감(末減)할 수가 없는데, 하물며 홍종과 거정은 오히려 머리를 보전했으니 어찌 일대(一代)의 신자(臣子)의 마음에 부합하겠습니까[愜=洽足]? 바라건대 도전 등은 가산을 적몰하고 자손을 노예(奴隷)로 만들고 거정과 홍종 등은 전형(典刑)을 올바르게 밝혀서 만세에 밝게 보이셔야 할 것입니다[昭示].'

○ 대간(臺諫)에서 다시 교장(交章)해 말했다.

'무릇 악(惡)을 제거할 때는 그 본 뿌리를 뽑고 지엽(枝葉)까지 없애야 합니다. 도전과 남은 등이 험피(險陂)하고 꺼리고 능멸해[凌克] 거정과 홍종 등을 시켜 이숭인(李崇仁) 등을 마음대로 죽였으니 모두 무군한 마음이 있어 법으로 용서할 수 없는 자들입니다. 전일에 신 등이 교장(交章)해 죄를 청했는데, 전하께서 말씀하시기를 "은(誾)만은 개국 초에 공이 있으니 내버려두어 논하지 말고 도전·거정·홍종 등은 폐해 서인(庶人)으로 삼고 자손을 금고(禁錮)하라"라고 하셨는데 근일에 간원(諫院)의 청으로 인해 거정과 홍종 등의 가산을 적몰하는 데 그쳤습니다. 신 등이 생각건대 은은 비록 공이 있으나 공으로 그 죄를 속(贖)할 수는 없습니다. 다행히 도전과 더불어 하늘의 버림을 받아 몸은 비록 이미 죽었으나 말감(末減)할 수는 없습니다. 하물며 거정과 홍종은 이미 함께 동모(同謀)했으니 어찌 구차히 성명

---

12 사람을 자유로이 부린다는 뜻이다.

(性命)을 보전하게 할 수 있겠습니까? 바라건대 도전과 남은 등은 자손을 노비로 삼고 가산을 적몰하며 거정과 흥종 등은 전형(典刑)을 올바르게 밝혀서 후세에 보이셔야 할 것입니다.'

상이 말했다.

"나의 처리[區處]가 각각 그 마땅함[其當]을 얻었다. 다시는 말하지 말라."
　　　구처　　　　　　　　기당

○ 동북면(東北面)과 서북면(西北面)에 하교(下敎)해 송골(松鶻)[13]과 퇴곤(堆困)[14]을 많이 바치게 했다. 가르쳐 말했다.

"송골·퇴곤 응자(鷹子-매)는 잡는 대로 계속해 바치라."

지방 사람들이 좋은 매를 퇴곤(堆困)이라 하는데 대개 송골(松鶻) 다음가는 것이다.

○ 명해 삼사(三司)에서 신판(申判)한 저화(楮貨)를 금지했다. 애초에 건문(建文) 연간에 비로소 저화(楮貨)를 만들어 '삼사신판(三司申判)'이라고 써서 민간에서 사용한 지가 이미 오래됐다. 그 뒤에 폐지해 없앴다가 경인년(庚寅年-1410년)에 이르러 다시 행해 새로 만든 '호조신판(戶曹申判)' 저화(楮貨)를 사용하는데, 혹은 건문 연간의 저화에 연호(年號)를 삭제해 영락(永樂)으로 고쳐 쓰고 인신(印信)을 가해 섞어 사용했다. 이때에 이르러 개성유후(開城留後) 이문화(李

---

13 해동청(海東靑)을 말한다. 가장 날쌔고 사나운 매인데 그 종류는 『세종실록』 제35권에 의하면 귀송골(貴松骨: 玉海靑)·거졸송골(居捽松骨: 蘆花海靑)·저간송골(這諫松骨: 蘆花海靑)·거거송골(居擧松骨: 靑海靑)이 있다고 한다.
　　　　　　　　옥해청　　　　　　　　　　　　　로화해청
　로화해청　　　　　　　청해청
14 흰 매[白鷹]를 말한다. 『세종실록』 제35권에 의하면 '퇴곤(堆困)은 털과 깃이 희고, 눈이
　　　백응
누르고, 부리와 발톱이 검고, 다리와 발이 누른데, 혹은 깃의 문채가 약간 누른 점이 있어 누른 매와 비슷한 모양도 있다'고 했다.

文和)가 아뢰어 다만 '호조저화(戶曹楮貨)'를 사용하고 또 '삼사저화 (三司楮貨)'를 사섬서(司贍署)에서 호조저화(戶曹楮貨)에 준해 바꾸게 했다.

○ 강릉대도호부판사(江陵大都護府判事) 조휴(趙休)[15]가 졸(卒)했다.

을사일(乙巳日-17일)에 사헌부(司憲府)에서 글을 올렸다.

첫째는 이러했다.

'근년에 수재와 한재가 서로 겹쳐 빠진 해가 거의[殆] 없습니다. 금 년 봄부터 가을까지 여러 달 비가 오지 않아 한건(旱乾)한 것이 재 앙이 돼 경기·풍해도 서북계(西北界)가 실농(失農)한 것이 더욱 심합 니다. 바라건대 전하께서는 반성(反省)하고 두려워해 궐내(闕內)의 영 선(營繕)과 안팎 토목(土木)의 역사를 일절 모두 정지해 없애야 할 것입니다.'

둘째는 이러했다.

'전에는 금주령(禁酒令)이 외방에서만 엄격하고 서울 안에서는 다 만 연석(宴席)에서 마시는 것만 금지했으니 지극히 잘못된 것입니다.

---

15 영의정 독곡(獨谷) 성석린(成石璘)의 사위다. 1399년(정종 1년) 시사(侍史)로 있을 때 상당 후(上黨侯) 이저(李佇)가 취한 기생 효도(孝道)가 이저의 아비 이거이(李居易)가 취했던 기 생이라며 탄핵하려던 것이 드러나 해주(海州)로 유배됐다. 1402년(태종 2년) 새로 개간된 땅을 계문(啓聞-보고)하라는 명을 받고 전라도 안렴사(全羅道按廉使)로 내려갔으나 단지 이문(移文-공문)만 보내고 계문하지 않았다 해 면직됐다. 1403년(태종 3년) 사헌부집의(司 憲府執義), 1404년(태종 4년) 사간원좌사간대부(司諫院左司諫大夫)에 제수돼 이저와 이거 이가 불충함을 도모했다고 탄핵했지만 오히려 황해도 배천(白川)으로 유배됐다. 1408년 (태종 8년) 상경하라는 명을 받고 올라왔다가 강릉(江陵) 대도호부판사(大都護府判事)에 제수됐다.

제향(祭享)과 공상(供上)을 제외하고 금년 겨울을 시초로 해 일절 모두 금단(禁斷)해야 할 것입니다.'

셋째는 이러했다.

'전하께서는 깊이 구중(九重)에 계시니 민간의 폐막(弊瘼-폐단)을 다 알기 어려우실 것입니다. 바라건대 이제부터 각 도(各道)에 출사(出使)했다가 복명하는 사신과 수령(守令)을 입대(入對)하도록 허락하소서.'

넷째는 이러했다.

'소를 도살하는 것을 금지하는 것은 이미 『육전(六典)』에 실려 있는데, 화척(禾尺)이 궁벽한 땅에 둔취(屯聚)해 살아서 농업을 일삼지 않고 도살하는 것으로 업을 삼아 추악한 풍속이 여러 대가 되어도 변하지 않습니다. 따로 살아서 부락을 이뤄 저희끼리 서로 혼인하기 때문입니다. 영락(永樂) 7년에 평민과 섞여 살게 해 저희끼리 서로 혼인하는 것을 금지해 일찍이 교하(敎下)했는데도 지금까지 폐해 행하지 않습니다. 빌건대 전에 내린 조획(條畫)에 의거해 그 호수(戶數)를 성적(成籍)해 나눠 나와서 섞여 살아서 백성과 더불어 혼인하고 저희끼리 서로 혼인한 자는 이이(離異-이혼)시켜 논죄해야 할 것입니다.'

다섯째는 이러했다.

'담제(禫祭)는 상(喪)이 끝나는 날이니 자식된 자가 마땅히 처창(悽愴)해야 하는데, 묘 앞에 술을 차려놓고 노래하고 춤추니 예속(禮俗)에 어그러짐이 있습니다. 이제부터 담제에 잔치를 베푸는 것을 일절 금지해야 할 것입니다.'

여섯째는 이러했다.

'향원(鄕愿)[16]을 추핵(推劾)하는 법을 여러 해 동안 거행하지 않기 때문에 백성을 침노해 폐단을 짓는 자가 매우 많습니다. 마땅히 감찰(監察)을 보내 규리(糾理)해야 할 것입니다.'

의정부에 내리니 토의해 결정을 내렸다.

"안팎에 술을 금지하는 것은 오는 임진년(壬辰年-1412년)부터 시작해 소(疏)와 같이 시행하고, 화척(禾尺)의 일 또한 명년부터 시작해 도성(都城) 90리(里) 밖에 옮겨두고, 도살을 금하는 것을 거듭 엄하게 하고 어기는 자는 『육전』에 의거해 치죄하고, 서울 안의 오부(五部) 관리(官吏), 각방(各坊)의 관령(管領), 외방(外方)의 각 관(各官) 수령(守令), 각리정장(各里正長)으로서 능히 고찰(考察)하지 못하는 자는 모두 율에 의거해 과단(科斷)해야 할 것입니다."

그것을 따랐다.

○ 단주(端州)와 안변(安邊)에서 금(金)을 캤다. 상이 사대(事大)하는 금은(金銀)이 장차 다 떨어질 것을 염려해 전 낭장(郎將) 김윤하(金允河)를 동북면(東北面) 단주(端州)와 안변(安邊)에 보내 금을 캤다. 군인(軍人) 70여 명으로 하여금 20여 일을 역사하게 했으나 겨우 한 냥(兩)을 얻었다.

○ 좌사간대부(左司諫大夫) 정전(鄭悛)이 사직(司直) 은아리(殷阿里)를 내칠 것을 청했다. 아리(阿里)가 무재(武才)와 교묘한 생각[巧思] 교사

---

16 고려·조선조 때 각 향리(鄕里)에서 겉으로는 덕(德)이 있는 사람인 체 행동하면서 실제로는 남을 속여 실속을 차리던 악덕 토호(土豪)를 가리킨다. 원래는 『논어(論語)』에 나오는 말이다.

이 있고 영인(伶人) 오방(五方)은 음률(音律)과 회해(詼諧)를 잘하는데 두 사람이 저궁(儲宮-세자궁)에 출입했다. 전(悛) 등이 지신사 김여지(金汝知)에게 일러 말했다.

"이 두 사람은 직사(職事-맡은 책)도 없는데 출입하는 것이 절도가 없으니 쫓아버리기를 청합니다."

여지(汝知)가 두 사람을 불러 꾸짖었다. 세자가 듣고 내시(內侍)를 시켜 전(悛) 등에게 말했다.

"이 두 사람이 비록 궁중에 출입하기는 했으나 어찌 나를 인도해 그른 짓을 할 수 있겠는가? 그러나 경 등의 말을 듣고 벌써 내보냈으니 성총(聖聰)을 번거롭게 하지 말라."

그가 군친(君親)을 공경하지 않고 허물을 고치기를 꺼리는 것이 이와 같았다.

○ 우빈객(右賓客) 계성군(雞城君) 이래(李來) 등이 진언(進言)했다.

"성색(聲色)과 응견(鷹犬)은 마땅히 멀리 끊어야 합니다. 지금 듣건대 저내(邸內)에 공인(工人)을 끌어들여 거문고를 타고 피리를 불고 또 매 2련(連)을 두었다 하니 이 말이 만일 밖에 들리면 저하(低下)의 강학(講學)하는 공로가 어디 있으며, 또 상께서 들으시고 물으면 저하께서 어떻게 대답하며 신 등도 또한 무슨 말을 하겠습니까? 나타나기 전에 도모하소서."

세자가 말했다.

"그런 일이 없다."

래(來) 등이 강경하게 말하자 세자가 말했다.

"매는 한 련(連)뿐인데 오늘 마땅히 그 주인에게 돌려보내겠고 효령군(孝寧君)의 거문고와 비파 또한 다시는 들이지 않겠다."

○ 전 호군(護軍) 문방보(文方寶)로 하여금 고봉지(高鳳智)를 대신해 제주(濟州) 정해진(靜海鎭) 도사수(都司守)[17]를 삼았다.

병오일(丙午日-18일)에 영의정 하륜(河崙)이 가례사의(嘉禮事宜)를 올리니 윤허하지 않았다. 륜(崙)이 아뢰었다.

"가례 때에 임헌명사(臨軒命使), 납채(納采), 문명(問名), 납길(納吉), 납징(納徵), 고기(告期), 고묘(告廟) 등의 일을 예조로 하여금 아뢰게 하소서."

상이 말했다.

"천자(天子)도 납후(納后)하는 외에는 이 예를 행하지 않는데 하물며 제후(諸侯)가 빈잉(嬪媵)을 들이는 것이겠느냐?"

정미일(丁未日-19일)에 검교좌정승(檢校左政丞) 이성중(李誠中)이 졸(卒)했다. 상이 말했다.

"성중(誠中)은 노덕(老德)이 있으니 마땅히 예장(禮葬)하라."

대언사(代言司)가 아뢰었다.

"검교(檢校)는 유품(流品) 밖[18]이어서 원래 그 예(例)가 없습니다."

---

17 제주도 토관직(土官職)의 하나다. 태종 4년 5월에 동도천호소(東道千戶所)를 동도정해진(東道靜海鎭)으로, 서도천호소(西道千戶所)를 서도정해진(西道靜海鎭)으로 삼고, 도천호(都千戶)를 도사수(都司守)로 고쳤다.
18 정1품에서 종9품 사이의 유품에 있지 아니하는 관직을 말한다. 예를 들면 검교(檢校)나 토관(土官) 같은 것인데 이를 유외(流外)라고도 했다.

상이 말했다.

"검교정승(檢校政丞)은 반드시 노덕(老德)이 있는 자이다. 하물며 종1품 이상은 모두 예장이 있는데 비록 검교라도 어찌 종1품 아래에 두겠는가? 이제부터 마땅히 예장법(禮葬法)을 세우라."

성중은 경주(慶州) 사람인데 문과(文科)로 출신(出身)해 우리 태조(太祖)의 원종공신(原從功臣)이 됐다. 여러 벼슬을 거쳐 정헌대부(正憲大夫)·판공안부사(判恭安府事)에 이르고, 드디어 검교의정부좌정승(檢校議政府左政丞)이 됐다. 졸(卒)하니 나이 80이었다. 조회를 3일 동안 정지했으며 사제하고 부의(賻儀)를 보냈다. 시호(諡號)를 정순(靖順)이라 내려주고 유사에 명해 예장(禮葬)했다. 아들이 셋인데 원(援), 부(扶), 휴(李携)다.

무신일(戊申日-20일)에 동교(東郊)에서 곡식 거두는 것을 살피고 이어 매사냥을 했다. 상이 안성군 이숙번(李叔蕃)을 불러서 말했다.

"근일에 체기(體氣)에 열이 오르니 나가서 사냥할 생각이 있다."

숙번(叔蕃)이 불가하게 여기자 상이 듣지 않고 말했다.

"겨우[才=纔] 하룻밤 자는 것일 뿐이다."
　　재　　재

기유일(己酉日-21일)에 천둥이 쳤다.

○ 일본 국왕(日本國王)이 사신을 보내 토산물을 바쳤으니 『대장경(大藏經)』을 구하고자 함이었다. 대내전(大內殿) 다다량 덕웅(多多良德雄)이 사자를 보내 수레와 병기(兵器)를 바쳤으니 역시 장경을 구하고자 함이었다.

432

○ 종정무(宗貞茂)가 사람을 시켜 토산물을 바쳤다.

신해일(辛亥日-23일)에 명해 조호(趙瑚)의 처를 용서했다. 상이 일찍이 관천(官賤)에 속해 있는 조호의 아내와 아들 조수(趙須)와 조아(趙雅) 등을 모두 석방해 용서할 일을 가지고 다시 의정부에 내렸는데 정부에서 불가하다고 아뢰니 이에 다만 그 아내만 용서했다.

○ 경상도 노량 만호(露梁萬戶) 김설(金設)의 죄를 논했다. 도관찰사(都觀察使)가 청했다.

'설이 둔전을 경영하고 바다를 감시하는 등의 일로 풍편(風便)을 살피지 않아 선군(船軍) 15인이 빠져 죽었으니 마땅히 율에 의거해 과단(科斷)해야 합니다.'

그것을 따랐다.

○ 양계(兩界-동북면과 서북면)에 가르침을 내려[下敎] 좋은 매[俊鷹]를 바치게 했다.

임자일(壬子日-24일)에 상이 상왕전(上王殿)에 나아가 헌수(獻壽)했다.

○ 대사헌 박경(朴經)이 손흥종(孫興宗)을 옮겨두기를 청했다. 흥종(興宗)은 신은(新恩)[19]에 부처(付處)했는데 그의 집이 있는 곳이기 때문에 옮겨두기를 청한 것이다. 상이 윤허(允許)하지 않았다.

○ 마리산(摩利山-강화도 마니산) 참성(塹城) 동면(東面) 중봉(中峰)

---

19 황해도 신계(新溪)의 옛 지명이다.

의 큰 돌이 무너졌는데 길이와 넓이가 각각 5척(尺)쯤 됐다. 서운부
정(書雲副正) 장득수(張得壽)에게 명해 가서 보게 하고, 그 뒤에 서운
정(書雲正) 애순(艾純)을 보내 해괴제(解怪祭)를 거행했다.

○ 마조(馬祖), 선목(先牧), 마사(馬社), 마보(馬步) 등에 제사하는 데
모두 강일(剛日)[20]을 쓸 것을 명했다. 예조에서 말씀을 올렸다.

"『월령(月令)』에 마조 등 제사에 모두 강일을 쓴다는 말이 있고,
『의례통해속(儀禮通解續)』[21]에 '정사일(丁巳日)을 쓴다'라고 했고, 소
(疏)에 이르기를 '갑(甲)·병(丙)·무(戊)·경(庚)·임(壬)이 강일이 된다'
라고 했고, 『시경(詩經)』에 이르기를 '길일(吉日) 무(戊)에 백(伯)[22]에
제사하고 빈다'[23]라고 했으니 이것으로 본다면 강일이라는 것이 갑·
병·무·경·임이 되는 것이 분명합니다. 지금 서운관(書雲觀)에서 모
두 천강(天剛)[24]을 쓰니 예전 제도에 어긋남이 있습니다. 청컨대 예전
제도대로 시행해야 할 것입니다."

그것을 따랐다.

○ 별사전(別賜田) 40결(結)을 여승(女僧) 김씨(金氏)에게 돌려주었
으니 상왕(上王)의 청 때문이었다.

---

20 기수(奇數)의 날로 십간(十干)의 갑·병·무·경·임의 날을 말한다. 이에 대해 우수(偶數)
   의 날을 유일(柔日)이라고 한다.
21 송(宋)나라 황간(黃幹)이 지은 책으로 29권이다. 주희(朱喜)가 지은 『의례경전통해(儀禮經
   典通解)』를 보완한 것이다.
22 마조를 가리킨다.
23 「소아(小雅) 길일(吉日)」편에 나오는 구절이다.
24 강일을 가리킨다.

갑인일(甲寅日-26일)에 예조에서 글을 올렸다. 애초에 상이 지신사 김여지(金汝知)에게 명해 말했다.

"내가 옛날의 글을 보아도 아일(衙日)이라는 명칭이 있는 것을 아직 보지 못했다. 우리나라에 아일의 조의(朝儀-조정의례)가 있는 것은 무슨 까닭인가?"

여지(汝知)가 대답했다.

"아(衙)라는 것은 여러 신하가 조회(朝會)하는 곳의 이름인데, 지금 6아일의 이름이 있는 것은 잘못인 것 같습니다. 임금이 매일 조회를 받고 일을 보는 것은 예(禮)입니다."

상이 말했다.

"옛날에 5일에 한 번 조회를 보고 잠깐 만에 도로 들어가는 임금이 있었는데, 이것은 반드시 전조(前朝) 말년에 정사(政事)에 게을러서 한 달에 6일로 조회를 보는 예(禮)가 있었던 것이니 오늘날 행할 수 있는 법은 아니다. 연고가 없으면 내가 마땅히 매일 조회를 보겠고 반드시 6아일에 할 것은 아니다."

이때에 이르러 예조에서 말씀을 올렸는데 대략 이러했다.

"당(唐)나라 제도에 천자(天子)가 거(居)하는 것을 '아(衙)'라 하고 행(行)하는 것을 '가(駕)'라 했으며 또 아(衙)는 모이는 것이며, 또 당(唐)나라에서 선정전(宣政殿)으로 정아(正衙)를 삼았습니다."

상이 읽어보고 말했다.

"나도 일찍이 상고해봤는데 아자(衙字)는 모인다[集]는 뜻이 있고, 또한 관사(官司)가 있는 곳이라는 뜻이 있다. 아조(我朝)의 아일(衙日)의 명칭은 모인다는 것을 말함이니 조회 보는 날을 아(衙)라고 한다고 해서 의심스러울 것은 없다."

상이 또 말했다.

"종묘(宗廟) 제도는 마땅히 (명나라에) 시왕(時王)의 제도를 아뢰어 청해야 한다."

예조판서 설미수(偰眉壽)가 대답했다.

"『문헌통고(文獻通考)』를 상고하면 천자(天子)와 경대부(卿大夫)의 예(禮)만 있으니 만일 경대부의 제례(祭禮)를 (명나라에서) 반강(頒降) 하면 장차 어찌합니까?"

상이 말했다.

"이미 (명나라 황제가) 구장면복(九章冕服)[25]을 주었으니 반드시 경대부의 예는 반강하지 않을 것이다."

대답했다.

"개국(開國)한 지가 이미 오랜데 이제 비로소 청하면 너무 늦지 않습니까?"

상이 말했다.

"청하지 않는 것보다는 차라리 늦더라도 해로울 것이 없다."

대답했다.

"아조(我朝)의 제의(祭儀)는 제후(諸侯)의 나라를 따르지 않은 것이 매우 많은데, 만일 너무 간략한 것으로 반강하면 장차 어찌하겠습니까?"

---

25 황제(皇帝)나 임금이 입는 구장복(九章服)과 면류관(冕旒冠)을 말한다. 임금의 대례복(大禮服)으로서 9장(九章)은 용(龍), 산(山), 화충(華蟲), 화(火), 종이(宗彛), 조(藻), 분미(粉米), 보(黼), 불(黻)의 무늬를 말한다.

상이 말했다.

"지금 쓰는 제의도 또한 증감(增減)한 것이 있으니 만일 너무 간략하면 어찌 가감(加減)하는 권도(權道)가 없겠는가?"

대답했다.

"고황제(高皇帝-주원장)의 칙서(勅書)에 '의례(儀禮)는 본속(本俗)을 따르고 법(法)은 구장(舊章)을 지킨다'라고 했으니 청하지 않는 것만 못합니다."

상이 말했다.

"작헌(爵獻)한 뒤에 절을 하는지 하지 않는지를 알아야 하겠다."

하륜(河崙)이 말했다.

"하나를 들으면 열을 알 수 있습니다. 홍무예제(洪武禮制)에서 산천(山川) 사직(社稷)에 모두 절을 하지 않으니 조묘(祖廟)에 헌작(獻爵)한 뒤에 절을 하지 않는 것은 따라서 알 수 있습니다."

허조(許稠)가 말했다.

"지금 중국(中國)에서 비록 절을 하지 않으나 당(唐)나라·송(宋)나라 때에는 모두 절을 했으니 어떻게 절을 하지 않을 수 있습니까?"

상이 말했다.

"청하기 전에는 아직 부묘(祔廟)의 의(儀)를 따르겠다."

이는 대개 절을 하지 않는 것을 가리킨 것이다.

을묘일(乙卯日-28일)에 통례문판사(通禮門判事) 김구덕(金九德)의 딸을 맞아 빈(嬪)으로 삼고, 전 제학(提學) 노구산(盧龜山)의 딸과 전 지성주사(知成州事) 김점(金漸)의 딸을 맞아 두 잉(媵)으로 삼았다.

예조에서 아뢰었다.

"가례(嘉禮) 때 나이 어린 시녀(侍女)를 남장(男裝)을 해서 입히고 또 털이 있는 호립(胡笠)을 사용했는데, 이것은 실로 원조(元朝) 공주(公主) 때의 남은 제도입니다. 지금 원(元)나라 조정의 구제도를 모두 다 고쳤는데 이것만 아직 남아 있으니 준수할 것이 아닙니다. 모(帽)가 없고 형체가 작은 청초여립(靑綃女笠)을 사용하게 해야 할 것입니다."

그것을 따랐다. 또 명했다.

"가례날 시녀의 복색은 풍속을 따르게 하라."

○ 다시 원단(圓壇)을 남교(南郊)에 쌓았다. 이에 앞서 정부(政府)에서 말씀을 올렸다.

"천자(天子)가 아니면 하늘에 제사할 수 없습니다."

그래서 없앴다. (그런데) 이때에 이르러 어떤 사람이 말했다.

"진(秦)나라가 서쪽에 있기 때문에 다만 백제(白帝)만 제사했는데, 우리나라는 동쪽에 있으니 진실로 마땅히 청제(靑帝)를 제사해야 합니다."

그래서 다시 쌓은 것이다.

○ 사간원(司諫院)에서 소(疏)를 올려 이양수(李養修)와 박초(朴礎)의 파직을 청했다. 소는 대략 이러했다.

'형벌이 미더워진 뒤에 법이 서고 인심이 복종하는 것입니다. 전 지고성군사(知高城郡事) 이양수, 전 선공감승(繕工監丞) 박초가 교활하고 간사하고 스스로 마음대로 하는 것[自許]이 너무 지나쳐 감히 법에 어긋나는 일을 했습니다. 일찍이 경관(京官)이 돼 함께 감수자

438

도(監守自盜)의 죄를 범했는데 전하께서 헌사(憲司)의 신청(申請)에 의거해 양수는 직첩을 추탈(追奪)해 표부과명(標付過名)[26]하고, 초는 자자(刺字-문신)하는 것을 면제해 도역(徒役)에 채웠습니다. 일찍이 몇 해가 못 돼 용서를 받아 종편(從便)했는데 조금도 부끄러워함이 없으니 어찌 이전의 마음을 징계해 염치(廉恥) 있고 청수(淸水)한 선비가 됐다고 하겠습니까? 지금 함께 해도만호(海道萬戶)의 직책을 받았습니다. (그런데) 신 등이 생각건대 위 항목의 사람들이 일찍이 경관(京官)이 돼 사림(士林)의 비난과 헌사(憲司)의 탄핵을 조금도 생각지 않고 감히 탐하는 짓을 했는데, 하물며 지금 만부(萬夫)의 장(長)이 됐으니 비록 침어(侵漁) 박할(剝割)의 이(利)를 자행하더라도 어리석은 백성들이 누가 막겠습니까? 이와 같으면 더욱 꺼리는 것이 없어 성조(盛朝-성대한 조정)의 사람 쓰는 공도(公道)에 누(累)가 됨이 있을 것입니다. 바라건대 양수와 초를 파직해 청렴하고 정직한 사람으로 대신하게 해 악한 일을 하면 반드시 벌을 주는 신의를 보이셔야 할 것입니다.'

상이 읽어보고 (윤허를) 내리지 않은 채 말했다.

"양수를 제수한 것은 내가 처음에 살피지 않았고, 초는 유자(儒者)로서 만호(萬戶)가 되었으니 이는 부끄러운 일이다. 그리고 글에 능하고 활을 잘 쏘면 또한 쓸 수 있는 것이다. 제수하는 날을 당해 파면시키겠다."

---

26 관리가 허물을 저질렀을 때 그 과오(過誤)를 별지(別紙)에 써서 정안(政案)에 붙여두던 일을 말한다. 후일 도목(都目-인사평가)의 자료로 삼기 위한 것이다.

간신(諫臣)이 말했다.

"청컨대 유사(攸司)에 내려 백관에게 알려서 뒤에 오는 사람들을 경계하소서."

드디어 파직을 명했다.

병진일(丙辰日-28일)에 예조에서 예장식(禮葬式)을 올렸다. 아뢰어 말했다.

"종1품 이상은 예장(禮葬)해 시호(諡號)를 주고, 정2품은 시호를 내려 부의를 보내고, 종2품은 다만 부의를 주는 것만을 행하고, 검교정승(檢校政丞)은 일찍이 나타난 영갑(令甲-법령)이 없으니 아울러 예장을 행하게 하소서."

辛卯 親享于宗廟. 前一日 上服絳紗袍 乘法駕 率王世子百官
신묘 친향 우 종묘 전 일일 상 복 강사포 승 법가 솔 왕세자 백관

詣宗廟行謁廟禮 還齋宮. 終獻官領議政府事河崙 諸執事 習儀
예 종묘 행 알묘례 환 재궁 종헌관 영의정부사 하륜 제 집사 습의

于廟庭. 上聞樂聲 命知申事金汝知 執禮禮曹參議許稠曰 "習禮
우 묘정 상 문 악성 명 지신사 김여지 집례 예조참의 허조 왈 습례

於廟 近於不敬 始於何代? 深以爲未便. 且奠爵後無拜 戶內外
어묘 근어 불경 시어 하대 심 이위 미편 차 전작 후 무배 호 내외

無揖 無乃太簡乎?" 稠對曰 "廟庭習禮 臣等亦以爲未便 然自
무읍 무내 태간 호 조 대왈 묘정 습례 신등 역 이위 미편 연 자

前朝至于國初 率以爲常. 奠爵後無拜 戶內外無揖 則因崙之獻書
전조 지우 국초 솔 이위 상 전작 후 무배 호 내외 무읍 즉 인륜 지 헌서

一依庚寅祔廟之禮 故臣等雖以爲未便 未敢改耳." 祭畢 上曰:
일 의 경인 부묘 지 례 고 신등 수 이위 미편 미감 개 이 제필 상왈

"今行享祀諸執事 各盡誠敬 禮義不愆 且天氣明朗 予甚喜之. 然
금 행 향사 제 집사 각 진 성경 예의 불건 차 천기 명랑 여 심 희지 연

親享宗廟 人君之常事 除授享官 恐爲法於後世 故予不爲也." 賜
친향 종묘 인군 지 상사 제수 향관 공 위법 어 후세 고 여 불위 야 사

崙鞍馬 奉俎官金承霑 贊禮安省 執禮許稠 卓愼 判通禮金九德
륜 안마 봉조관 김승주 찬례 안성 집례 허조 탁신 판통례 김구덕

邊頤及諸代言 賜廄馬各一匹. 召議政府六曹判書諸宗親 設宴于
변이 급 제 대언 사 구마 각 일필 소 의정부 육조판서 제 종친 설연 우

廣延樓極歡. 上謂汝知及朴信曰 "親祼之禮 十分懽喜 但宮中
광연루 극환 상 위 여지 급 박신 왈 친관 지 례 십분 환희 단 궁중

有心未安事耳." 蓋謂中宮不相和攝也. 汝知等對曰 "非獨殿下
유심 미안 사 이 개 위 중궁 불상 화섭 야 여지 등 대왈 비독 전하

懽喜 凡在駿奔 孰敢不喜!"
환희 범 재 준분 숙감 불희

壬辰 命世子扈講武之行. 賓客李來 趙庸等上言 "世子自迎接
임진 명 세자 호 강무 지 행 빈객 이래 조용 등 상언 세자 자 영접

天使之後 不欲出書筵 今殿下又命隨講武之行 臣等恐世子學問之
천사 지후 불욕 출 서연 금 전하 우 명수 강무 지행 신등 공 세자 학문 지

志 日益怠矣." 上曰:"近來世子之宮 未有定處 常在闕內 故予欲
지 일익 태의 상왈 근래 세자 지궁 미유 정처 상재 궐내 고여욕

率行 卿等之請然矣. 賓客非不多也 卿等敢請 予甚喜焉."
솔행 경등지청연의 빈객비부다야 경등감청 여심희언

司諫院上疏三通. 其一曰:
사간원 상소 삼통 기일 왈

'世子 國之根本 不可不重也. 故古之明王 教養世子 爲之擇
세자 국지 근본 불가 부중 야 고고지명왕 교양 세자 위지택

方正端良之士 以爲師友: 忠信敦重之人 以爲官屬 然後聞見博而
방정 단량 지사 이위 사우 충신 돈중 지인 이위 관속 연후 문견 박이

智益明 心術正而德益進矣. 漢置博望 使通賓客 而江充以異端進
지 익명 심술 정이덕 익진 의 한치 박망 사통 빈객 이 강충 이 이단 진

卒有巫蠱之禍; 陳立儲宮 而江摠以浮華進 竟致流連之淫 無他
졸유 무고 지화 진입 저궁 이 강총 이 부화 진 경치 유련 지음 무타

踈斥賢良 親近諂諛故也. 我世子天資夙成 仁孝好學 上護軍沈汀
소척 현량 친근 첨유 고야 아세자 천자 숙성 인효 호학 상호군 심정

曾爲左司衛之任 而居官屬之長 朝夕常在左右 乃以嫵媚之態 雜
증위 좌사위 지임 이거 관속 지장 조석 상재 좌우 내이 무미 지태 잡

進奇巧之事 臣等恐世子化於淫僻之行也. 願將沈汀罷職退黜
진 기교 지사 신등 공 세자 화어 음벽 지행 야 원장 심정 파직 퇴출

以杜憸小之徒諛佞之風.'
이두 섬소 지도 유녕 지풍

初 汀進鷹妓 以娛世子 賓客李來等 諷憲司欲劾之 汀兄 仁鳳
초 정진 응기 이오 세자 빈객 이래 등 풍헌사 욕핵지 정형 인봉

淙 溫 皆爲權要 故不能擧劾. 至是 上覽疏 召諫官曰:"爲人君者
종 온 개위 권요 고불능 거핵 지시 상람소 소간관 왈 위인군자

不可以不從諫; 爲諫官者 不可以不盡言. 大事具疏以聞 小事
불가이 부종간 위 간관 자 불가이 부진언 대사 구소 이문 소사

言於承政院以達. 今 汀果如卿等所言 則何惜一人!"卽罷其職.
언어 승정원 이달 금 정 과여경등 소언 즉 하석 일인 즉 파 기직

其二曰:
기이 왈

'崇節儉 所以裕民而致治也. 至於土木之事 宗廟宮闕之修 不可
숭 절검 소이 유민 어치치 야 지어 토목 지사 종묘 궁궐 지수 불가

廢也 若臺池則可弛 而不可殫也. 今工曹判書朴子靑 本無才德
폐야 약 대지 즉 가이 이 불가 극야 금 공조판서 박자청 본무 재덕

遭遇聖明 卓處膴官 凡國家營造之務 悉皆領之 專務雕琢營構
조우 성명 탁처 무관 범 국가 영조 지무 실개 영지 전무 조탁 영구

工役不休. 願殿下察之 罷其繕工兼判之任 以有愛君愛民之心者
공역 불휴 원 전하 찰지 파기 선공 겸판 지임 이유 애군 애민 지심 자

代之: 其臺池非常御幸處 勿令繕修 以示儉約.'
<small>대지 기 대지 비상 어행 처 물령 선수 이시 검약</small>

上曰: "子靑不學 但勤直. 若宗廟社稷修治之事 予皆命之董役
<small>상왈 자청 불학 단 근직 약 종묘 사직 수치 지사 여개 명지 동역</small>

豈爲一身之計而爲是擧也! 若慕華樓則非予游觀之地 乃迎接
<small>기위 일신 지계 이위 시거 야 약 모화루 즉비여 유관 지지 내 영접</small>

朝廷使臣之所 一以示國家之體 一以示事大之誠. 若本宮之池亭
<small>조정 사신 지소 일이 시 국가 지체 일이 시 사대 지성 약 본궁 지 지정</small>

則但爲休息之所 然非峻宇彫墻之比也. 予雖罷子靑之職 其代之
<small>즉단위 휴식 지소 연비 준우 조장 지비야 여수 파 자청 지직 기 대지</small>

者 坐視而不役一民乎? 卿等勿復言."
<small>자 좌시 이 불역 일민 호 경등 물 부언</small>

其三曰:
<small>기삼 왈</small>

'宮闕 所以布政令尊瞻視也. 景福宮 太祖開國之初所創建 其
<small>궁궐 소이 포 정령 존 첨시 야 경복궁 태조 개국 지초 소창건 기</small>

規模制度 可爲後世法也. 殿下曠年不御 臣等恐後世必效以爲
<small>규모 제도 가위 후세 법야 전하 광년 불어 신등 공 후세 필효 이위</small>

虛器 於太祖創立之意何? 願爲時坐所 每於衙朝 御勤政殿 延引
<small>허기 어 태조 창립 지의 하 원위 시좌소 매어 아조 어 근정전 연인</small>

士大夫 以慰臣民之望.'
<small>사대부 이위 신민 지망</small>

上曰: "予豈以景福宮爲虛器而不用? 予固知太祖開創之勤 且
<small>상왈 여기이 경복궁 위 허기 이 불용 여 고지 태조 개창 지근 차</small>

知地理之說之怪誕 然有術者曰: '景福宮 不合於陰陽之形勢.' 予
<small>지 지리 지설 지 괴탄 연유 술자 왈 경복궁 불합 어 음양 지 형세 여</small>

聞之 不能無疑. 且戊寅閨門之事 予與卿等言之 可爲羞愧. 安能
<small>문지 불능 무의 차 무인 규문 지사 여여 경등 언지 가위 수괴 안능</small>

忍居此地! 若朝廷使命之來及聖節朝賀之事 則必於此宮 故以時
<small>인거 차지 약 조정 사명 지래 급 성절 조하 지사 즉필 어 차궁 고 이시</small>

修葺 毋令傾圮耳."
<small>수줍 무령 경비 이</small>

又曰: "世子當愼學問 不可無事慢游 然武事亦不可廢也. 今
<small>우왈 세자 당신 학문 불가 무사 만유 연 무사 역 불가 폐야 금</small>

講武之時 使世子從行 卿等勿言." 司諫鄭悛對曰: "君出則世子
<small>강무 지시 사 세자 종행 경등 물언 사간 정전 대왈 군출 즉 세자</small>

監國 古之制也." 上曰: "卿等之言是也. 然講武 一以爲宗廟而充
<small>감국 고지제 야 상왈 경등 지언 시야 연 강무 일이 위 종묘 이충</small>

籩豆 一以簡徒衆而習武儀也. 非手擊禽獸而好馳騖也. 予欲使
<small>변두 일이 간 도중 이 습무의 야 비 수격 금수 이호 치무 야 여욕 사</small>

世子 觀其蒐狩之法耳."上引入正言金顧于便殿面命 人不得聞.
세자 관기 수수 지법이 상인입 정언 김고 우 편전 면명 인 부득 문

命義興府曰:"講武 所以奉宗廟 不必多獲 且今禾未登場 只令
명 의흥부 왈 강무 소이 봉종묘 불필 다획 차금화미 등장 지령

甲士千人隨之."
갑사 천인 수지

癸巳 分遣玉川君劉敞 大提學柳觀 告講武于宗廟社稷 兼行
계사 분견 옥천군 유창 대제학 유관 고 강무 우 종묘사직 겸행

祈晴祭.
기청제

甲午 講武于廣州.
갑오 강무 우 광주

前泥城都兵馬使辛有賢卒 賜祭致賻.
전 이성 도병마사 신유현 졸 사제 치부

乙未 獻禽于宗廟.
을미 헌금 우 종묘

上王幸高峰觀放鷹 翼日還宮.
상왕 행 고봉 관 방응 익일 환궁

丙申 前開城留後許應卒. 應 陽川人 開城尹喬之子. 洪武辛亥
병신 전 개성 유후 허응 졸 응 양천 인 개성윤 교지자 홍무 신해

及第 累歷臺諫官. 性仁愛 常以醫藥施人 療治甚衆. 垂絶 戒子
급제 누력 대간 관 성 인애 상 이 의약 시인 요치 심중 수절 계자

盤石等曰:"勿用浮屠法."且曰:"男子不絶於婦人之手."屛去女侍
반석 등 왈 물용 부도 법 차왈 남자 부절 어 부인 지수 병거 여시

避就小室而逝. 致賻賜祭 諡景惠. 子四 盤石 安石 末石 晩石.
피취 소실 이서 치부 사제 시 경혜 자사 반석 안석 말석 만석

西北面都巡問使柳廷顯 上書請義州節制使禹博罪. 書曰:
서북면 도순문사 유정현 상서 청 의주 절제사 우박 죄 서왈

‘博報云:"迎黃天使 遼東指揮方俊生 以生綃十五匹見贈 博
박 보운 영 황 천사 요동 지휘 방준생 이 생초 십오 필 견증 박

拒之三日 不獲已受之 以鹿皮十張 八升布二匹回答. 今將綃匹
거지 삼일 불획이 수지 이 녹비 십 장 팔승 포 이필 회답 금 장 초 필

完封送納."臣竊謂爲博計者 不受可也. 俊生之贈過多 不能固辭
완봉 송납 신 절위 위박 계자 불수 가야 준생 지증 과다 불능 고사

乃以皮布答之 似乎買賣. 不惟士風不美 有乖邊將守禦之意 願將
내 이 피포 답지 사호 매매 불유 사풍 불미 유괴 변장 수어 지의 원장

博按律罪之.'
박 안율 죄지

命勿論.
명 물론

444

己亥 還宮. 上欲還宮 右政丞趙英茂請止 上曰："今值大雨 且
廣州山谷甚險 宜卽還京 以待春和. 況已薦廟 何必更獵！"

庚子 召藝文館大提學柳觀 講通鑑. 上曰："予觀溫公通鑑及
十七史 載堯舜君臣之事甚詳 而於三皇 未有言君臣之事. 讀何書
而知其臣之事乎？"觀對曰："外紀甚略. 十七史稍詳 而不載三皇
時君臣之事 臣亦未知他書矣."又出大學衍義 春秋講之.

癸卯 宥李種善等 京外從便. 召知申事金汝知 左代言李安愚
辟左右曰："古有率群失職以作亂者 爾知之乎？ 壬午年 與亂貶黜
者頗多 李茂之黨 閔氏之徒 姜氏 辛氏之族 又羅列在下 予春秋
方盛 此時安有扇亂者哉？ 又觀世子 亦非孱質也. 然懷安在外
安知有如呂不韋者 謂奇貨之可居乎？ 予欲盡宥 納吾洪化之中
懽欣悅懌 以滌前日竄逐之憂 則必竭心力於我. 一以示寬大之恩
一以消不逞之志如何？ 其與領議政左右相議聞."河崙曰："可罪
則罪 可赦則赦 帝王之權也. 古語有之 天地之威 不能竟日 帝王
之怒 不可放情. 此擧善矣."石璘曰："霜雪雨露 天地之恩威也."
英茂曰："不逞之徒 不宜布列 上言是矣."

命議政府曰："外方從便朴蔓 任純禮 許衡 楊得春 權錙 朴文崇
裵鴻漸 成𤲮 崔湜 慶尙道東萊付處李種善 泗川付處趙末通
全羅道完山付處朴謨 光州付處柳厚 京外從便: 東北面鏡城充軍
韓冲謙 李原奇 金達 金用禮 朴林秀 豊海道豊州徒役崔天甲

金涇 瓮津徒役李天幹 洪德生 海州營直僧寶元 長淵徒役一老及
爲奴趙雅 趙須等 竝放宥." 議政府駁之 不卽奉行 上言:"任純禮
朴蔓專制方面 不能弭壬午之事; 趙末通爲近侍而匿逆賊趙順和;
柳沂之父 厚, 趙瑚之子須 雅 又不可宥者也." 從之 其餘皆宥.

臺諫復交章請道傳 南誾 興宗 居正之罪. 疏曰:

'前日 臺諫交章 申請上項人罪惡 殿下下旨以爲:"誾獨有功於
開國之初舍置勿論 道傳 居正 興宗等 廢爲庶人 禁錮子孫 近日
又令興宗 居正等 止於籍沒. 臣等竊謂道傳等欲行己意 陰嗾黨與
敢行無君之心; 興宗 居正等 爲其頤指氣使 肆行擅殺 此不分
首從而必誅者也. 道傳雖伏天誅 不可末減 況興宗 居正 尙保首領
豈愜一代臣子之心乎? 願將道傳等 籍沒家産 收拏子孫; 將居正
興宗等 明正典刑 昭示萬世.'

臺諫復交章曰:

'凡除惡者 拔其本根 幷去其枝葉. 道傳 南誾等險陂忌克 使
居正 興宗等 擅殺李崇仁等 皆有無君之心 法所不赦者也. 前日
臣等交章請罪 殿下以爲:"誾獨有功於國初 宜置勿論." 將道傳
居正 興宗等廢爲庶人 禁錮子孫 近日又因諫院之請 居正 興宗等
止於籍沒家産. 臣等竊謂 誾獨有功 不可以功贖其罪. 幸與道傳
爲天所棄 身雖已沒 不可末減. 況居正 興宗旣與之同謀 豈可使
苟存性命者乎? 願將道傳 南誾等 收拏子孫 籍沒家産; 將居正

興宗等 明正典刑 以示後世.'
홍종 등 명정 전형 이시 후세

上曰:"予之區處 各得其當 勿復進言."
상왈 여지 구처 각득 기당 물부 진언

敎東西北面多進松鶻 堆困. 敎曰:"松鶻 堆困鷹子 隨所獲絡繹
교동 서북면 다진 송골 퇴곤 교왈 송골 퇴곤 응자 수 소획 낙역

以進." 鄕人謂鷹之善者爲堆困 蓋亦松鶻之次也.
이진 향인 위응지 선자 위 퇴곤 개 역 송골 지차 야

命禁三司申判楮貨. 初 建文年間 始造楮貨 書以三司申判 民間
명금 삼사 신판 저화 초 건문 연간 시조 저화 서이 삼사신판 민간

用之已久 其後停罷 至庚寅復行 用新造戶曹申判楮貨 而或以
용지 이구 기후 정파 지경인 부행 용신조 호조 신판 저화 이혹 이

建文年間楮貨 削年號改書永樂 加以印信雜用之. 至是 以開城
건문 연간 저화 삭 연호 개서 영락 가이 인신 잡용 지 지시 이 개성

留後李文和所啓 但用戶曹楮貨 又命以三司楮貨 準換戶曹楮貨于
유후 이문화 소계 단용 호조 저화 우명 이 삼사 저화 준 환 호조 저화 우

司贍署.
사섬서

判江陵大都護府事趙休卒.
판 강릉대도호부 사 조휴 졸

乙巳 司憲府上書:
을사 사헌부 상서

'一曰 近年水旱相仍 殆無虛歲 今年自春徂秋 連月不雨 旱乾
일왈 근년 수한 상잉 태무 허세 금년 자춘 조추 연월 불우 한건

爲災 京畿 豐海西北界 失農尤甚. 願殿下省躬恐懼 闕內營繕
위재 경기 풍해 서북계 실농 우심 원 전하 성궁 공구 궐내 영선

中外土木之役 一皆停罷. 二曰 在前禁酒之令 嚴於外方 京中止
중외 토목 지역 일개 정파 이왈 재전 금주 지령 엄어 외방 경중 지

禁宴飮 最爲未便. 除祭享供上外 今冬爲始 一皆禁斷. 三曰 殿下
금 연음 최위 미편 제 제향 공상 외 금동 위시 일개 금단 삼왈 전하

深居九重 民間弊瘼 固難悉知. 願自今各道出使復命使臣及守令
심거 구중 민간 폐막 고 난 실지 원 자금 각도 출사 복명 사신 급 수령

許令入對. 四曰 宰牛之禁 已載六典 然而禾尺屯處僻地 不事
허령 입대 사왈 재우 지금 이재 육전 연이 화척 둔처 벽지 불사

農務 以業宰殺 醜惡之風 世久不變 良由別處成屯 自相婚嫁之
농무 이업 재살 추악 지풍 세구 불변 양 유 별처 성둔 자상 혼가 지

致. 然其在永樂七年 令雜處平民禁自相婚嫁 已曾敎下 至今廢閣.
치 연기재 영락 칠년 영 잡처 평민 금 자상 혼가 이증 교하 지금 폐각

乞依前降條畫 籍其戶數 分出雜處 與民婚嫁 其自相婚嫁者 離異
걸의 전강 조획 적기 호수 분출 잡처 여민 혼가 기 자상 혼가 자 이이

論罪. 五曰 禫祭喪畢之日 人子所當愴惻. 塋前置酒歌舞 有乖
禮俗. 自今禫祭設宴一禁. 六曰 鄕愿推核之法 累年不擧 故侵民
作弊者 頗多 宜遣監察糾理.'

下議政府議得:

"中外禁酒 來壬辰年爲始 如疏施行. 禾尺之事 亦以明年爲始
都城三舍外移置 申嚴禁殺 違者依六典治罪. 京中五部官吏 各坊
管領及外方各官守令 各里正長 不能考察 竝皆按律科斷."

從之.

採金于端州 安邊. 上慮事大金銀將盡 遣前郞將金允河于
東北面端州 安邊 試採金. 以軍人七十餘名 役二十餘日 只得
一兩.

左司諫大夫鄭悛請黜司直殷阿里. 阿里有武才巧思 伶人五方善
音律詼諧. 二人出入儲宮 悛等謂知申事金汝知曰:"此二人無職事
出入無節 請逐之."汝知召二人叱之. 世子聞之 使內竪謂悛等曰:
"此二人雖出入宮中 豈能導我爲非者耶! 然聞卿等之言 已出之
宜勿煩於聖聰."其不敬君親 憚於改過如是.

右賓客雞城君李來等進曰:"聲色鷹犬 宜所遠絶也 今聞邸內引
工人彈琴吹笛 又置鷹二連. 此言若聞于外 邸下講學之功安在?
且上聞而問之 則邸下何以答之? 臣等亦何辭焉? 宜不見是圖也."
世子曰:"無之."來等强之 世子曰:"鷹唯一連也 今日當還其主.

448

孝寧君琴瑟 亦不復入.”
효령군 금슬 역 불부 입

以前護軍文方寶代高鳳智爲濟州靜海鎭都司守.
이 전 호군 문방보 대 고봉지 위 제주 정해진 도사수

丙午 領議政河崙上嘉禮事宜 不允. 崙啓:“嘉禮時 臨軒命使
병오 영의정 하륜 상 가례 사의 불윤 륜 계 가례 시 임헌 명사

納采問名 納吉 納徵 告期 告廟等事 令禮曹啓聞.”上曰:“天子
납채 문명 납길 납징 고기 고묘 등사 영 예조 계문 상 왈 천자

納后外 不行此禮 況諸侯納嬪媵乎!”
납후 외 불행 차례 황 제후 납 빈잉 호

丁未 檢校左政丞李誠中卒. 上曰:“誠中有老德 宜禮葬.”
정미 검교 좌정승 이성중 졸 상 왈 성중 유 노덕 의 예장

代言司啓:“檢校是流品之外 固無其例.”上曰:“檢校政丞 必有
대언사 계 검교 시 유품 지 외 고 무 기례 상 왈 검교 정승 필유

老德者也. 況從一品以上 皆有禮葬 雖檢校豈居從一品之下乎!
노덕 자야 황 종일품 이상 개 유 예장 수 검교 기거 종일품 지 하 호

自今宜立禮葬之法.”誠中 慶州人 出身文科 爲我太祖原從功臣
자금 의립 예장 지법 성중 경주인 출신 문과 위 아 태조 원종공신

也. 累官至正憲 判恭安府事 遂爲檢校議政府左政丞. 卒年八十.
야 누관 지 정헌 판공안부사 수 위 검교 의정부 좌정승 졸년 팔십

輟朝三日 賜祭致賻 贈諡靖順 命攸司禮葬. 子三 援 扶 携.
철조 삼일 사제 치부 증시 정순 명 유사 예장 자 삼 원 부 휴

戊申 省斂于東郊 因放鷹. 上召安城君李叔蕃曰:“近體氣上熱
무신 성렴 우 동교 인 방응 상 소 안성군 이숙번 왈 근 체기 상열

有出田之志.”叔蕃不可 上不聽曰:“才一宿耳.”
유 출전 지지 숙번 불가 상 불청 왈 재 일숙 이

己酉 雷.
기유 뇌

日本國王遣使來獻土物 求大藏經也. 大內殿多多良德雄遣使
일본국 왕 견사 내헌 토물 구 대장경 야 대내전 다다량 덕웅 견사

來獻輿及兵器 亦以求藏經也.
내헌 여 급 병기 역 이 구 장경 야

宗貞茂使人來獻土物.
종정무 사인 내헌 토물

辛亥 命宥趙瑚妻. 上以嘗屬官賤趙瑚妻及子須 雅等皆放宥事
신해 명유 조호 처 상 이 상속 관천 조호 처 급 자 수 아 등 개 방유 사

更下議政府 政府啓以不可 乃只宥其妻.
갱하 의정부 정부 계 이 불가 내 지유 기처

論慶尙道露梁萬戶金設罪. 都觀察使請:‘設以營田望海等事
논 경상도 노량 만호 김설 죄 도관찰사 청 설 이 영전 망해 등사

不察風便 以致船軍十五人溺死 宜按律科斷.'從之.
불찰 풍편 이치 선군 십오 인익사 의 안율 과단 종지

下敎兩界進俊鷹.
하교 양계 진 준응

壬子 上詣上王殿獻壽.
임자 상예 상왕 전 헌수

大司憲朴經請移置孫興宗. 興宗付處新恩 乃其家舍所在也 故
대사헌 박경 청 이치 손흥종 흥종 부처 신은 내 기 가사 소재 야 고

請移置 上不允.
청 이치 상 불윤

摩利山塹城東面中峰大石崩 長廣各五尺許. 命書雲副正
마리산 참성 동면 중봉 대석 붕 장광 각 오척 허 명 서운 부정

張得壽往視之 後遣書雲正艾純 行解怪祭.
장득수 왕 시지 후 견 서운 정 애순 행 해괴제

命祭馬祖 先牧 馬社 馬步 皆用剛日. 禮曹上言:
명제 마조 선목 마사 마보 개용 강일 예조 상언

"月令有馬祖等祭 皆用剛日 儀禮通解續日用丁巳 疏曰:'甲
월령 유 마조 등제 개용 강일 의례통해속 일용 정사 소왈 갑

丙戊庚壬爲剛日.' 詩曰:'吉日維戊 旣伯旣禱.' 由此觀之 所謂
병무 경임 위 강일 시왈 길일 유무 기백 기도 유차 관지 소위

剛日爲甲丙戊庚壬明矣. 今書雲觀 皆用天剛 有違古制 請依古制
강일 위 갑병무경임 명의 금 서운관 개용 천강 유위 고제 청의 고제

施行." 從之.
시행 종지

賜還別賜田四十結于尼金氏 因上王之請也.
사환 별사전 사십 결 우 니 김씨 인 상왕 지 청야

甲寅 禮曹上書. 初 上命知申事金汝知曰:"予覽古書 未見有
갑인 예조 상서 초 상 명 지신사 김여지 왈 여람 고서 미견 유

衙日之名. 我國有衙日朝儀 何哉?" 汝知對曰:"衙者 群臣朝會之
아일 지명 아국 유 아일 조의 하재 여지 대왈 아자 군신 조회 지

所之名也 今有六衙日之名 恐非也. 人君每日受朝視事 禮也." 上
소지 명야 금 유 육아일 지명 공 비야 인군 매일 수조 시사 예야 상

曰:"昔有五日一視朝 須臾還入之君 此必前朝之季 怠於政事 有
왈 석유 오일 일시조 수유 환입 지군 차필 전조 지계 태어 정사 유

一月六日視朝之禮 非今日可行之法也. 無故則予當每日視朝 不必
일월 육일 시조 지례 비 금일 가행 지법 야 무고 즉 여 당 매일 시조 불필

六衙日也." 至是 禮曹上言 略曰:'唐制 天子居衙 行曰駕 又衙
육아일 야 지시 예조 상언 약왈 당제 천자 거 아 행왈 가 우아

集也. 又唐以宣政殿爲正衙.' 上覽之曰:"予亦嘗考之矣 衙字有集
집야 우 당 이 선정전 위 정아 상 람지 왈 여역 상 고지 의 아자 유집

意 亦有官司所治之意. 我朝衙日之名 正集之之謂也. 其視朝之日
謂之衙 無嫌也."上又曰:"宗廟之制 宜奏請時王之制."禮曹判書
偰眉壽對曰:"考之於文獻通考 只有天子卿大夫之禮 若頒卿大夫
之祭禮 則將何如哉?"上曰:"旣賜九章之服 必不頒卿大夫之禮
矣."對曰:"開國已久 今而始請 無乃已緩乎?"上曰:"與其不請
寧緩無傷."① 對曰:"我朝祭儀 不遵侯國者頗多. 若頒之以太簡
則將如何?"上曰:"今所用之儀 亦有增減之者. 若太簡 則豈無
加減之權乎?"對曰:"高皇帝勅曰:'儀從本俗 法守舊章.'不若
不請."上曰:"酌獻後拜之有無不可不知也."河崙曰:"聞一以知
十. 今洪武禮制 山川社稷皆無拜 祖廟獻爵後無拜 從可知矣."
許稠曰:"今 中國雖無拜 唐宋皆有之 如之何不拜!"上曰:"未請
間 姑從祔廟之儀."蓋謂無拜也.

乙卯 聘判通禮門事金九德女爲嬪 前提學盧龜山女 前知成州事
金漸女爲二媵. 禮曹啓:"嘉禮時年幼侍女 作男裝穿著 且用有毛
胡笠 此實元朝公主時遺制. 今元朝舊制 悉皆改之 獨此尙存
不宜遵守. 用無帽體小靑綃女笠."從之. 又命嘉禮日侍女服色
許令從俗.

更築圓壇于南郊. 先是 政府上言:"非天子 不得祭天."故罷.
至是 或以爲:"秦在西 只祭白帝 我國在東 亦宜祭靑帝."故更
築之也.

司諫院上疏罷李養修 朴礎職. 疏略曰:

'刑罰信 而後法立而人心服. 前知高城郡事李養修 前繕工監丞

朴礎 豪猾奸黠 自許太過 敢爲非法. 曾爲京官 俱犯監守自盜之

罪 殿下依憲司所申 將養修追奪職牒 標付過名; 將朴礎除刺字充

徒役. 曾未幾年 蒙宥從便 恬然無恥 豈肯創艾前心 爲廉恥淸修

之士哉! 今俱受海道萬戶之職. 臣等謂上項人等 曾爲京官 士林之

譏議 風憲之彈劾 蔑以爲意 敢爲貪饕 況今爲萬夫之長 雖肆爲

侵漁剝割之利 蚩蚩之民 誰得而禁之! 如是則益無忌憚 有累於

盛朝用人之公道. 願將養修 朴礎罷職 以公廉正直之人代之 以示

爲惡必罰之信.'

上覽之 不下曰: "養修之除授 予初不審; 礎以儒者而爲萬戶

是可愧也 且能文而善射 亦可用也. 待除授日當罷之." 諫臣曰:

"請下攸司 令百官知之 以戒後來." 遂命罷職.

丙辰 禮曹上禮葬式. 啓曰: "從一品以上 禮葬贈諡; 正二品

贈諡致賻; 從二品 只行致賻; 檢校政丞 曾無著令 竝行禮葬."

| 원문 읽기를 위한 도움말 |

① 與其不請 寧緩無傷. '與其~寧~'의 구문으로 '~하기보다는 차라리
~한다'라는 구문이다.

태종 11년 신묘년
11월

十一月

무오일(戊午日-1일) 초하루에 사약(司鑰) 유원무(柳原茂)를 파직했다. 이에 앞서 궁중에 모두 갈대 발[葦簾]을 쓰고 또 선을 두르는 것을 없애라고 명했다. (그런데) 이때에 이르러 새 대궐의 발을 베를 써서 선을 꾸몄으므로 상(上)이 노해 이런 명이 있었다.

○ 사간원(司諫院)에서 말씀을 올려 황거정(黃居正)과 손흥종(孫興宗)을 다른 고을로 옮길 것을 청했으나 답하지 않았다.

○ 사간원에서 소(疏)를 올렸다. 소는 대략 이러했다.

'국가에서 십학(十學)¹ 도시(都試)의 법을 베풀어 연말마다 그 공부한 것을 시험해 등수를 매겨 뽑아 쓰는 데에 대비하니 참으로 사람을 취하는 좋은 법입니다. 유학(儒學) 한 가지 일로 말하면 삼관(三館)²의 7품(品) 이하 직사(職事)를 받은 자는 모두 전일에 경학(經學)을 강해 국시(國試)에 합격한 자입니다. 또한 십학의 시험에 참여하게 해 사서삼경(四書三經)의 문장을 강론해 제조관(提調官)이 그 거칠거나 숙달한 등급을 매기니 기운이 날카롭고 민첩해[銳敏] 말 잘하는 자는 위 반열에 두어 초천(超遷)하게 하고, 노둔한 자는 비록

---

1 태종 6년에 설치한 10가지 교육기관이다. 유학(儒學), 무학(武學), 이학(吏學), 역학(譯學), 음양풍수학(陰陽風水學), 의학(醫學), 자학(子學), 율학(律學), 산학(算學), 악학(樂學)을 말한다.

2 예문관(藝文館), 성균관(成均館), 교서관(校書館)을 가리킨다.

경서(經書)에 박흡(博洽)하더라도 아래 반열에 두었으며, 또 풍수(風水)·의(醫)·영인(伶人)의 시험에 섞이니 뜻이 있는 자는 모두 부끄러워합니다.

바라건대 삼관의 직사를 받은 자로 하여금 사서오경(四書五經), (사마광의)『통감(通鑑)』, (진덕수의)『대학연의(大學衍義)』, (굴원의)『초사(楚辭)』그리고 한(韓)·유(柳)³의 문장에 모두 다 통달하게 하고, 성균관(成均館)·예문관(藝文館)·교서관(校書館)의 장관(長官)이 때 없이 권면(勸勉)하고, 연말에 십학(十學)의 시험에 참여하지 말게 하고, 매번 봄가을 중월부시(仲月賦詩)⁴ 때에 예문관에 모여 경학(經學)을 강론하게 하고, 아무 중월(仲月)에 아무 경(經)·아무 서(書)를 강했다고 명백하게 치부(置簿)하면 경서가 통하지 않는 것이 없고 이치가 밝아지지 않는 것이 없어서 거의 우문(右文) 숭유(崇儒)의 뜻에 합할 것입니다.'

의정부(議政府)에 내리니 토의해 결론을 내렸다.

"이미 정한 법제이니 고칠 필요가 없습니다."

기미일(己未日-2일)에 손방(巽方-동남쪽)에 번개 빛이 있었다.

○ 김사순(金思純)과 김영귀(金英貴) 등을 사면해 경외종편(京外從便)하게 하고 또 전라도 수군(水軍)에 정속(定屬)한 한사량(韓士

---

3 한유와 유종원을 가리킨다.

4 봄가을의 중월에 시산(時散-현직 전직) 3품 이하 문신(文臣)으로 하여금 사가(私家)에서 시(詩)와 표(表)를 지어 바치게 해 이것으로 30인의 입격자(入格者)를 뽑던 제도다.

良)을 놓아주었다.

경신일(庚申日-3일)에 원종공신(元從功臣)들이 경복궁(景福宮) 북쪽에서 회맹(會盟)하니 대언(代言) 조말생(趙末生)을 보내 궁온(宮醞-술)을 내려주었다.

○ 초입사(初入仕)⁵한 자는 모두 다방(茶房)에 소속시키라고 명했다. 이조판서 이직(李稷)이 진언(進言)해 말했다.

"지금의 다방은 전조(前朝) 때의 아개치(阿介赤)⁶인데, 아개치에 벼슬하는 자는 모두 용렬한 사람이므로 지금의 자제(子弟)들은 다방에 출사(出仕)하려고 하지 않습니다."

그래서 이런 명이 있었다.

임술일(壬戌日-5일)에 장(杖) 100대 이하의 죄인은 자원(自願)대로 속(贖) 받는 것을 허락하라고 명했다. 이전에 속(贖)을 거두는 데에 반드시 저화(楮貨)를 사용하게 했으므로 백성이 심히 곤란하게 여겼는데 이때에 이르러 이 명령이 있었으니 대사헌(大司憲) 박경(朴經)이 아뢴 것 때문이었다.

○ 대호군(大護軍) 박미(朴楣)를 가뒀다가 풀어주었다. 이전에 올량합(兀良哈)이 변방을 침노해 곽승우(郭承祐)가 싸움에 패했다[敗績].
패적

---

5 공신(功臣)의 자제로서 과거(科擧)에 합격하지 않더라도 도염서(都染署)의 관원 따위로서 벼슬길에 나가던 제도다. 삼망(三望)을 거치지 않고, 30명 또는 40명씩 한꺼번에 임명됐다.

6 고려 때 다방(茶房)을 몽골식으로 일컫던 말이다. 아가치(Aghachi[阿加赤])다.
아가치

미(楣)를 보내 가서 살피게 했는데 마침 적이 공격해오자 미가 전선에 가서 그 군졸들의 공과 허물을 기록해 보고했다. 정부(政府)에서 아뢰었다.

"미가 공을 기록한 것이 사실과 같지 않으니 마땅히 사정과 연유[情由]를 물어야 하겠습니다."

이날 순금사(巡禁司)에서 옥사(獄辭)를 갖춰 보고하니 상이 말했다.

"싸우는 동안에 누가 이를 구별할 수 있겠는가? 강제로 추핵(推劾)할 수 없으니 일단은 그냥 두라."

○ 호조에서 원종공신전(元從功臣田)을 줄 것을 청했다. 아뢰어 말했다.

"지금 원종공신 83인을 칭하(稱下)하고 전지 1,680결(結)을 주는데 각사(各司)의 합속(合屬)인 의순고(義順庫), 연복궁(延福宮)의 내장고(內藏庫) 등 경기(京畿) 전지 900결(結)로 주고, 부족한 780결은 군자전(軍資田)으로 충당하되 태조(太祖)의 원종공신의 예(例)에 의거해야 할 것입니다."

그것을 따랐다. 상이 지신사(知申事) 김여지(金汝知)에게 일러 말했다.

"예로부터 제왕(帝王)이 흥함은 모두 천명(天命)과 인심(人心)으로 얻은 것이다. 지금 포상(褒賞)한 원종공신들이 상(賞)으로 받은 전민(田民)을 모두 자손에게 상전(相傳)하려고 하니 이는 무슨 까닭인가? 내가 생각건대 임금이 신하에게 은혜가 없을 수 없기 때문에 명한 것일 뿐이다. (그런데) 지금 전례를 삼아서 사패(賜牌)⁷를 구하고자

─────────

7 왕족이나 공신에게 전지(田地)나 노비를 하사할 때 딸려 주던 문서로, 토지나 노비의 소

하는 것은 잘못이다. 너는 마땅히 이것으로 대답하고 나의 말이라고
는 하지 말라."

　○ 상이 정부(政府)와 육조(六曹)에 일러 말했다.

　"우리나라가 본래 큰일이 없는데 내가 추운 때에도 매일 정사를 보
아서 경(卿) 등에게 일찍 조회해 번거롭게 하는 것은 다른 뜻이 없
고 옛 사람이 말하기를 '마땅히 항상 『무일(無逸)』[8]을 읽어야 한다'라
고 했으니 내가 안일(安逸)함이 없고자[無逸] 하는 것이다. 내가 만
일 병이 없으면 항상 이와 같이 해 경천근민(敬天勤民)하는 도리를
다하겠다."

유 기한 등을 규정한 것이다. 사패를 딸려 하사한 토지를 사패전(賜牌田) 또는 사전(賜田)
이라 하고, 노비를 사패 노비라 했다. 수조권(收租權)으로서 지급되던 사패전의 소유권은
1대한(一代限)과 3대 세습의 2종류가 있어 이를 사패에 규정해 '가전영세(可傳永世)'의 문
구가 있으면 3대 세습, 없으면 1대 후에 모두 국가에 반환하도록 규정했으나 이 규정은
고려 이후 지켜지지 않아 사패의 규정은 실효를 거두지 못했다.

8　태종은 즉위 첫해인 1401년 윤3월 11일 정전(正殿)을 고쳐 짓고서 더불어 궁궐의 북쪽
　에 정자 하나를 지은 다음 총애하는 신하이자 학식이 뛰어난 하륜(河崙)과 권근(權近)에
　게 궁궐과 이름을 짓게 했다. 이에 두 사람은 청화(淸和), 요산(樂山), 무일(無逸) 세 가지
　를 후보로 올렸다. 청화는 맑고 온화한 정치를 해달라는 기대를 담은 것이다. 요산은 『논
　어(論語)』에 나오는 말로, 인자(仁者)는 산을 좋아하고 지자(知者)는 물을 좋아한다고 한
　데서 온 것으로 태종에게 어진 정치를 펼쳐달라는 소망을 드러낸 것이다. 무일은 『서경
　(書經)』에서 따온 것으로 안일함이나 게으름에 젖어서는 안 된다는 경계의 의미를 담고
　있다. 여기서 게으름이란 몸의 게으름뿐만 아니라 마음의 게으름도 함께 포함한다. 태종
　은 그중에서 무일을 골라 정전의 이름으로 삼았다. 정전이란 경복궁으로 치면 근정전(勤
　政殿)에 해당하는 가장 중요한 건물이다. 이어 청화를 골라 정자의 이름으로 삼았다. 그
　래서 태종은 무일전(無逸殿)에서 주요 정사를 다뤘다. 원래 무일은 주나라 때 주공(周公)
　이 섭정을 하다가 마치고 나서 조카인 성왕(成王)에게 전권을 넘겨주면서 경계해야 할
　딱 한 마디로 '게을러서는 안 된다'는 뜻을 담아 쓴 글의 제목이다. 그런데 군주가 게으
　르다는 것은 과연 무슨 뜻일까? 백성들의 삶이 얼마나 힘든지를 진실로 안다면 군주는
　게으를 수가 없다는 뜻이다. 그래서 주공은 "군주는 늘 무일을 마음 한가운데 오랫동안
　두어야 합니다"라고 했던 것이다.

우부대언(右副代言) 한상덕(韓尙德)이 대답했다.

"정사를 부지런히 하는 것은 제왕(帝王)이 힘써야 할 일이요, 연안(宴安)한 것은 예전 사람이 경계한 것이니 비록 별다른 일이 없더라도 매일 조회를 보는 것은 참으로 아름다운 법입니다."

○ 의정부지사(議政府知事) 박신(朴信)이 아뢰었다.

"통진현(通津縣) 사람 전 내부소윤(內府少尹) 이방선(李方善)은 사천(私賤)인데 각기(脚氣)를 잘 고쳐 사람들이 그의 지은 약 한 냥만 먹으면 곧 낫습니다."

상이 놀랍고 기이하게 여겨 곧장 명해 그를 불렀다.

계해일(癸亥日-6일)에 대간(臺諫)에서 다시 교장(交章)해 손흥종(孫興宗)과 황거정(黃居正)의 죄를 청했다. 소는 이러했다.

'상벌(賞罰)은 나라의 큰 법전이니 밝게 하지 않을 수 없습니다. 흥종(興宗)과 거정(居正) 등은 태조(太祖)가 즉위하던 초기에 태조의 살리기 좋아하는 다움[好生之德]은 생각지 않고 몰래 도전(道傳)과 남은(南誾)의 사감(私感)을 낀 사주(使嗾)를 받고, 마음대로 이숭인(李崇仁) 등을 죽였으므로 온 나라 사람들이 마음 아파하지 않는 이가 없으니 마땅히 법에 처치해 인심을 통쾌하게 해야 할 것입니다. (그런데) 전하께서는 오히려 너그러운 법전을 따라서 머리를 보전하게 하고, 신 등이 교장(交章)한 지 이미 여러 날이 됐어도 유윤을 얻지 못했으니 실망해 가슴을 칩니다. 엎드려 바라옵건대 전하께서는 한결같이 지난번에 올린 소에 의거해 그 죄를 밝혀 바로잡아야 할 것입니다.'

○ 노숭(盧崇)을 검교의정부우정승(檢校議政府右政丞)으로, 김승주(金承霔)·정탁(鄭擢)을 참찬의정부사(參贊議政府事)로 삼았다.

○ 전 (전라도) 장흥부사(長興府使) 김기(金頎)를 덕산(德山)에 안치(安置)했다. 기가 신문고(申聞鼓)를 쳐서 원종(元從)의 반열에 참여하기를 원했다. 상이 불러 원종의 사유(事由)를 물으니 대답했다.

"무인년에 상께서 경복궁 남문(南門) 밖에 계실 때 신이 장철(張哲) 등 15인과 함께 세자(世子) 이방석(李芳碩)을 성 서쪽에서 죽였습니다."

상이 말했다.

"골육 간에 서로 해친 것[骨肉相殘]을 내가 비록 면할 수 없으나 방석을 죽이는 데에 대해서는 일찍이 한마디 말도 한 일이 없다. 너로 하여금 형(刑)을 감독하게 한 자는 누구인가?"

곧바로 기(頎)를 순금사(巡禁司)에 내렸다. 상이 마음이 아파 승정원(承政院)에 명해 말했다.

"이 사람은 내가 이름과 얼굴을 알지 못하는데 이제 와서 이런 말을 하니 내가 심히 가슴이 아프다. 무인년의 일은 그 대체(大體)의 경우 내가 아는 것이지마는 방석(芳碩)이 죽은 곳과 날짜와 시간은 지금까지도 내가 알지 못한다. 내가 만일 기와 장철(張哲)을 시켜 형(刑)을 행했다면 내가 어찌 숨기고 피하겠는가[隱諱]? 이 사람을 장차 어떻게 처치할 것인가?"

지신사 김여지(金汝知) 등이 대답했다.

"이 사람의 말은 상께서 차마 들으실 수 없는 것이니 국문하면 말이 길어질 것입니다. 신 등이 생각건대 신문고(申聞鼓)를 잘못 친 것으로 해서 장(杖) 100대를 때려 먼 변방에 유배 보내는 것이 좋을까 합니다."

상이 말했다.

"불가하다. 옛적에 당태종(唐太宗)이 영명(英明)한 임금으로 오히려 규문(閨門)의 참덕(慙德)[9]을 면치 못했다. 하물며 무인년의 위급한 때를 당해 골육이 상잔(相殘)하는 것을 내가 어떻게 면하겠는가? 그대체는 그러한데 지금까지 하늘에 고하고 뉘우친다. 그러나 그때를 당해 내가 흥안군(興安君)을 구제하고자 했으나 마침내 구하지 못했는데 하물며 기 등 15인으로 하여금 골육을 죽이겠는가? 그때에 싸움이 일어나서 공을 이룬 자가 많으니 기가 또한 반드시 말을 들은 곳이 있을 것이다. 반드시 국문해 의혹을 풀어야 하며 국문한 뒤에는 어찌 반드시 죄를 주겠느냐?"

여지(汝知)가 대답했다.

"상의 말씀이 옳습니다."

명해 국문하니 과연 사실이 아니었다. 죄가 장(杖) 100대에 도(徒) 3년에 해당하는데 다만 자원안치(自願安置)하게 했다. 또 원종공신(元從功臣) 첨총제(僉摠制) 차지남(車指南), 대호군(大護軍) 전흥(田興) 등을 불러 기가 원종(元從)한 연유와 무인년에 따라다닌 일을 물으니 대답했다.

"신 등은 알지 못합니다."

---

9   참덕이란 임금의 다움에 부끄러움이 있는 바를 말한다. 규문의 참덕이란 집안사람들 간의 떳떳치 못한 일을 가리킨다.

갑자일(甲子日-7일)에 의정부참찬사(議政府參贊事) 정탁(鄭擢), 의정부참지사(議政府參知事) 안성(安省)을 보내 경사(京師)에 갔으니 명년 정삭(正朔)을 하례하기 위해서다. 또 예부(禮部)에 자문(咨文)했다.

'본국(本國)에서 조묘(祖廟) 및 사직(社稷), 산천(山川), 문묘(文廟) 등 제사에 성조(聖朝)가 제정한 것을 알지 못해 번국(藩國)의 의식(儀式)이 그대로 전대(前代) 왕씨(王氏)의 구례(舊禮)를 쓰고 있으니 심히 미편(未便)하다. 위 항목의 제례(祭禮)를 주청(奏請)하니 만일 반강(頒降)을 얻는다면 흠의(欽依)해 준수하겠다.'

○ 안성군(安城君) 이숙번(李叔蕃)이 글을 올려 말했다.

'처부(妻父-장인) 정총(鄭摠)이 (명나라에) 입조(入朝)했다가 몸이 죽었는데 해골(骸骨)이 있는 곳을 알지 못합니다. 아들 효문(孝文)이 입조해 찾기를 바랍니다.'

상이 명해 효문을 타각부(打角夫)[10]로 삼았다. 숙번(叔蕃)이 아뢰었다.

"효문은 곧 정당문학(政堂文學)의 아들이고 또 벼슬이 공안부소윤(恭安府少尹)에 이르렀는데, 도리어 타각부로서 통사(通事) 최호(崔浩)의 밑에 있게 되니 청컨대 임첨년(任添年)의 반인(伴人)으로 삼아 입조하게 하소서."

상이 말했다.

"그러나 다만 아비의 유골을 찾고자 함이니 어찌 몸의 비천(卑賤)함을 걱정하는가? 또 나는 옛날에 전교부령(典校副令)을 타각부

---

10 조선조 때 외국에 가는 사신 일행의 모든 물건을 감수(監守)하던 관원으로 통사 중에서는 가장 낮은 직급이다.

로 삼았었다."

숙번이 나가니 상이 말했다.

"효문이 애초에 아비의 유골을 거두는 일로 청을 해놓고 이미 허
가를 얻고 나자 감사하게 여기기는커녕 도리어 비천하다 해 말을 하
니 안 될 일이지 않은가?"

효문은 결국 타각부로 갔다.

○ 전 소감(少監) 김서(金敍)에게 쌀 10석을 내려주었다. 서(敍)가
말을 그려서 바치니 상이 좋게 생각한 때문이었다.

을축일(乙丑日-8일)에 한평군(漢平君) 조연(趙涓)이 연향(宴享)을 베
풀었는데 종친(宗親) 부마(駙馬)가 (상을) 모셨다. 전날 타구(打毬)할
때의 약속 때문이었다.

○ 충주(忠州) 금천(金遷)에 창고(倉庫)가 완공됐는데 200여 간이
었다.

○ 대간(臺諫)에서 다시 거정(居正-황거정) 등의 죄를 청하니 상이
말했다.

"20년 전의 일을 가지고 폐해 서인(庶人)으로 삼고 자손을 금고(禁
錮)하고 가산을 적몰했으니 충분하다. 내가 이것을 처결함에 심히 적
중한 도리를 얻었다[得中]. 무릇 대간이 감히 높은 의논을 해 적중한
도리를 지나치는데, 내가 종간(從諫)의 이름¹¹을 얻고자 뜻을 굽혀
좇는 것이 옳단 말이냐?"

---

11 신하의 간언을 잘 따르는 임금이라는 칭송을 말한다.

병인일(丙寅日-9일)에 평양군(平壤君) 조대림(趙大臨)을 보내 태조(太祖)의 진용(眞容-어진)을 받들어 도로 평양부(平壤府)에 봉안(奉安)했는데 각사(各司)에서 한 사람씩 모화루(慕華樓)에서 지송(祗送)했다.

정묘일(丁卯日-10일)에 서북면 도순문사(西北面都巡問使) 유정현(柳廷顯)에게 표리(表裏-옷감)를 내려주었는데 흰 매[白鷹]를 바쳤기 때문에 상을 준 것이다.

○ 사헌장령(司憲掌令) 이방(李倣)이 글을 올렸다. 첫째는 이러했다.

'대사헌(大司憲) 박경(朴經)은 일찍이 지의정부사(知議政府事)가 돼 흥종(興宗)과 거정(居正)의 죄를 토의할 때 가벼운 법전을 따를 것을 청했습니다. (그런데) 지금 대간(臺諫)에서 교장(交章)해 흥종 등을 극형에 처하도록 청해놓고 (다시) 면계(面啓-대면보고)할 때에는 다만 외방에 유배 보낼 것을 청했으니 잘못입니다.'

둘째는 이러했다.

'남성군(南城君) 홍서(洪恕), 형조참의 양수(梁需), 만호(萬戶) 양배(楊培), 감찰(監察) 조수(曹隨) 등이 권문(權門)에 분경(奔競-인사청탁)했으니 빌건대 그 직을 없애야 할 것입니다.'

셋째는 이러했다.

'집의(執義) 권엄(權嚴), 장령(掌令) 김유성(金由性)이 이미 분경한 사람을 알고도 그 죄를 청하지 않았으니 헌직(憲職)에 마땅치 않습니다.'

넷째는 이러했다.

'남은(南誾), 도전(道傳), 흥종(興宗), 거정(居正)은 군부(君父)를 멸시하고 임의로 주륙(誅戮)을 행했으니 빌건대 중한 죄를 가해야 할 것입니다.'

상이 모두 들어주지 않았다. 상이 방(倣)에게 일러 말했다.

"너도 또한 이목(耳目)이 있을 것이다. 대간(臺諫)은 내가 둔 것인데 네가 모두 탄핵했으니 장차 어떤 사람으로 바꿔 다시 임명하겠는가? 또 박경(朴經)은 대신이다. 어째서 가볍게 탄핵하느냐? 흥종은 20년 전 일을 가지고 내가 이미 징계했는데 어째서 여러 번[屑屑] 말하느냐? 김유성(金由性) 등이 만일 분경하는 사람을 잡고도 내버려두고 묻지 않았다면 탄핵할 만하나 만일 핵문(劾問)하고자 한다면 너의 탄핵 또한 잘못이다."

방이 말했다.

"흥종의 일은 신이 일찍이 알지 못했습니다. 만일 알았다면 백년 사이의 일이라 해서 어찌 감히 묻지 않겠습니까?"

상이 말했다.

"네가 일찍이 지평(持平)을 지냈는데 이 일을 알지 못했느냐? 만일 알지 못했다면 간사함이 심한 것이다. 내가 다행히 지금 이 일을 발견했지만 네가 어찌 알지 못했겠느냐? 너는 신명(神明)에게도 모르고 있었다고 고하겠느냐?"

좌우의 여러 신하가 모두 얼굴이 붉어졌다[赧面]. 거정과 흥종의 일은 사람이 모두 들어서 아는데 상이 허실(虛實)을 묻자 모두 모른다고 대답하고, 그러한 일이 절대로 없다고 대답한 자까지 있었다. 이때에 이르러 상이 방을 가리켜 간사하다고 한 것은 조정의 신하들까지 꾸짖은 것이다. 방이 물러가 직책을 다하지 못했음을 이유로 사직을 올렸다. 승정원(承政院)에 명해 유성(由性)에게 분경(奔競)을 탄핵하지 않은 연유를 물으니 대답했다.

"홍서(洪恕)와 양수(梁需)는 직질(職秩)이 이미 높으니 비록 좌대언(左代言) 이안우(李安愚)의 집에 이르렀더라도 분경이 아닙니다.'"

상은 이에 김유성이 끝내 탄핵하지 않으리라는 것을 알았다. 대리(臺吏-사헌부 관리)가 승정원에 고해 감찰(監察)의 분대(分臺)[12]할 것을 청하니 상이 윤허하지 않고 말했다.

"방이 대원(臺員)을 모두 탄핵하고 또 스스로 사직하니 이것이 무슨 놈의 법인가? 감찰을 분대(分臺)시키지 말라."

방의 사장(辭狀)은 이러했다.

'박경과 김유성의 죄를 신청해도 윤허하지 않고, 손(孫)·황(黃)·남(南)·정(鄭)의 죄에 또한 주륙을 가하지 않고, 홍서와 양수가 감히 분경을 해도 묻지 않았습니다. 또 신이 언로(言路)에 합당치 않으니 청컨대 신의 직책을 거두소서.'

상이 웃으며 말했다.

"이방이 말한 바는 불경(不敬)하다. 전에 정사(呈辭)한 것들 중에 이와 같은 것은 없었다. 그러나 후일에는 임용(任用)할 만한 자다."

기사일(己巳日-12일)에 상당군(上黨君) 이애(李薆)에게 교서(敎書)를

---

12 지방 관리의 치적(治績)·근만(勤慢)·청탁(淸濁)과 백성의 빈부고락(貧富苦樂)을 조사하고, 각 관청의 감독(監督)과 검열(檢閱)을 위해 사헌부감찰(司憲府監察)을 파견하던 일을 가리킨다.

내려주었다. 상이 경연청(經筵廳)에 나아가 일을 보고 여러 신하가 다 나갔는데 오직 공신 이직(李稷)과 박은(朴訔), 지신사 김여지(金汝知)만을 머무르게 하고 말했다.

"지난번에 이애를 불러 쓰면서 다만 공신녹권(功臣祿券) 사패(賜牌)만 주고 교서(敎書)를 돌려주지 않았는데 이는 대개 상왕(上王)의 교서이기 때문이었다. 지금 상왕은 비록 비첩(婢妾)에게서이긴 하지만 아들이 많으니 애(薆)의 자손들 중에 만일 서로 결탁하는 자가 있다면 반드시 서로 말하기를 '우리 부조(父祖)가 상왕에게 공이 있다'라고 해 서로 모의한다면 좋지 못하다. 하물며 애의 아비 거이(居易)가 쫓겨날 때 상왕에게 말한 바가 있음에랴? 무인년에 남은(南誾) 등이 장차 우리 동모(同母) 형제(兄弟)를 해도(海島)로 쫓으려 할 때 애가 남은의 척속(戚屬)이기 때문에 그 꾀를 알고 가만히 내게 말하기를 '화가 장차 발생할 것이니 형(兄)은 장차 어떻게 하겠습니까?'라고 하기에 내가 먼저 일을 도모하려는 까닭을 알리니 이때부터 내게 마음을 돌려 함께 큰 계교를 정했다. 이 공을 고쳐 의논해[改論] 교서를
개론
준다면 애도 기뻐할 것이다. 이렇게 하면 후일의 음모를 조용히 해소시키는 것이다."

직(稷) 등이 말했다.

"화(禍)의 기틀에는 반드시 그 싹이 있으니 먼저 그 싹을 끊어버리는 것이 좋습니다."

여지(汝知)에게 명해 그 교서를 애(薆)에게 돌려주며 말했다.

"이것은 상왕의 교서다. 오늘 찬양(贊襄)한 공을 다시 의논해주면 어떠한가?"

애가 말했다.

"무릇 교서는 반드시 명실상부해야 되는 것입니다. 신은 본래 작은 공도 상왕에게 없습니다. 만일 전하가 무인년의 촌공(寸功)을 논해 교서를 고쳐 주신다면 장차 이것을 안고 구천(九泉) 아래에 가서 죽어도 썩지 않을 것입니다."

이때에 이르러 정사(定社)와 좌명(佐命)의 공로를 논해 교서를 내려주었다.

경오일(庚午日-13일)에 임첨년(任添年)과 최득비(崔得霏)가 경사(京師)에 갔는데 월봉(月俸)을 주는 것과 아울러 고명(誥命)을 받은 것을 사례하기 위함이었다. 상이 첨년(添年)에게 저마포(苧麻布) 12필, 득비(得霏)에게 6필을 내려주었다.

○ 사헌장령(司憲掌令) 이방(李倣)을 수원(水原)에 부처(付處)했다. 의정부에서 식목녹사(式目錄事)[13]를 시켜 장령 이방을 핵문(劾問)하는 글을 올렸다.

'무릇 대간(臺諫)에서 마땅히 탄핵할 것이 있으면 해당 1원(員)을 제외하고 전체 사(司)를 핵문하지 말라는 것이 이미 나타난 영(令)이 있는데, 지금 방(倣)은 이미 대사헌 박경(朴經)을 탄핵하고 (다시) 집의(執義) 권엄(權嚴)과 장령(掌令) 김유성(金由性)을 탄핵했으니 이미 법을 받드는 뜻에 어긋났고, 또 상소한 지 하루도 못 돼 드디어 스스로

---

13 녹사란 조선시대 중앙·지방 관서의 행정실무를 맡은 서리(書吏)와 경아전(京衙前)에 속한 상급 서리(胥吏)를 말한다.

사직해 공상(供上)하는 각사(各司)로 하여금 대원(臺員)을 청하지 못하게까지 했으니 죄가 또한 무겁습니다. 바라건대 유사로 하여금 방에게 그 사유를 물어 불각(不恪-삼가지 못함)한 것을 징계해야 할 것입니다.'

상이 자원부처(自願付處)를 명했다. 정부에서 아뢰었다.

"방이 박경을 탄핵하면서 일찍이 지의정부사(知議政府事)가 돼 본부(本府)의 의논에 참여해 판부(判付-임금의 판단)가 있기 전에 몽롱(朦朧)하게 계문(啓聞)했다는 말이 있으니 신 등은 이것을 보고 온 부(府)가 스스로 놀랐습니다. 무릇 판부(判付)라고 말하는 것은 소(疏)로 인한 것인데 이것은 어떤 소를 가리킨 것입니까? 또 몽롱이라는 것은 흰 것을 검다 하고 옳은 것을 그르다 하는 것을 말하는 것입니다. 지난번에 신 등이 황거정과 손흥종의 죄를 의논했는데 '교형(絞刑)에 그칠 것이 아닌 듯합니다'라고 했으니 어찌 몽롱하게 계문(啓聞)한 것입니까? 신 등이 비록 재주는 없으나 백관의 장(長)으로 이러한 말을 들을 수 있습니까? 바라건대 유사에 내려 사유를 국문해야 할 것입니다."

상이 옳다고 여겨 이방을 순금사 옥에 내렸다. 흥종과 거정이 임금을 속인[欺君] 죄가 있는데 정부(政府)에서 말을 꾸며 감하도록 청하니 물의(物議-여론)가 더럽게 여겼다. 상이 지신사 김여지(金汝知) 등에게 일렀다.

"이방의 말이 진실로 옳지 않은 것은 아니나 정부에서 가두기를 청하니 정부는 내가 공경하고 무겁게[敬重] 여기기 때문에 그대로 따른 것뿐이다. 그러나 전에는 대신의 청으로 인해 간관(諫官)을 가둔 일은 없었다. 내가 지금 늙었으니 세자(世子)가 장차 이를 맡아

해야 할 것인데 대신의 청으로 인해 간관(諫官)을 가두는 것을 보여줄 수는 없으니 나는 이를 후회한다. 그러니 지의정부사(知議政府事) 이응(李膺)과 토의하고 누설하지는 말라. 만일 대신들이 이것을 알면 형세상 장차 사퇴할 것이다. (일단은) 대신이 잘못인 줄 알기를 기다려서 마땅히 방을 용서할 것이다."

○ 이튿날 좌정승(左政丞) 성석린(成石璘)이 말씀을 올렸다.

"이방이 비록 죄가 있으나 바라건대 용서하소서. 신 등이 하지 않은 몽롱한 일을 길게 말하기[長言] 때문에 감히 가두기를 청했던 것일 뿐입니다."

상이 웃으며 말했다.

"정승이 방더러 길게 말한다고 하니 우습다."

드디어 방을 수원(水原)에 부처(付處)하게 했는데 (그곳으로 간 것은) 자원에 따른 것이다.

○ 전 개성유후(開城留後) 안원(安瑗)이 졸(卒)했다. 원(瑗)은 순흥(順興) 사람이고 예전 이름은 정(定)인데 정당문학(政堂文學) 원숭(元崧)의 손자다. 홍무(洪武) 갑인(甲寅-1374년)에 급제(及第)해 여러 벼슬을 거쳐 사헌부대사헌(司憲府大司憲)에 이르렀다. 사람됨이 온화하고 누그러지고 부지런하고 근신하고[和緩勤謹] 용의(容儀)가 장엄하고 진중해[莊重] 비록 창졸(倉卒)한 일을 당해도 일찍이 질언(疾言) 거색(遽色)이 없었다. 병이 나자 자부(子婦-며느리)가 기도하기를 청하니 말리며 말하기를 '(사람에게는) 명이 있다'라고 했다. 졸했을 때 나이 66세였다. 조회를 3일 동안 정지하고 사제(賜祭)했으며 부의로 종이 150권, 촉(燭) 10정(丁)을 내려주고 시호(諡號)를 경질(景質)이

라 했다. 아들은 6명인데 종약(從約), 종례(從禮), 종의(從義), 종렴(從廉), 종신(從信,) 종검(從儉)이다.

신미일(辛未日-14일)에 건방(乾方)[14]에 우레가 있었다.

○ (경상도) 개운포 만호(開雲浦萬戶) 조민로(曹敏老)의 직첩을 거뒀다. 사간원(司諫院)에서 소를 올려 말했다.

'관작(官爵)은 국가의 명기(名器)여서 무겁게 여기지 않을 수 없기 때문에 나라에 큰 공이 있어 특지(特旨)로 등급을 뛰어 제수하는 외에는 차서를 건너 관직을 줄 수 없습니다. (그런데) 지금 민로는 어모 (禦侮-방어)의 재주가 있는 것이 아니고 또 큰 공도 없는데, 5품인 전함안군지사(咸安郡知事)로서 3품 만호(萬戶)의 관작을 받았으니 이를 보고 듣는 자가 명기(名器)를 쉽게 얻을 수 있다고 생각할까 두렵습니다. 바라건대 민로의 직첩을 추탈(追奪)함으로써 분수에 맞지 않는 기대[非分之望]를 막아야 할 것입니다.'
비분 지 망
그것을 따랐다.

임신일(壬申日-15일)에 우레가 약간 있었다. 상은 때가 아닌데 뇌동 (雷動)하므로 친히 여러 글을 상고하고 정부(政府)에 일깨워 말했다.

"마땅히 궁핍(窮乏)한 사람을 구제하고 고아로서 어린이[孤幼]를 불쌍히 여기라."
고유

---

14 24방위의 하나로 정북쪽과 정서쪽 사이의 한가운데를 중심으로 한 15도 각도 안의 방위를 말한다.

계유일(癸酉日-16일)에 예조에서 외학제(外學制)를 올렸다. 아뢰어 말했다.

"송(宋)나라 제도에 나라 남쪽에 외학(外學)을 세워 천하의 공사(貢士)를 받아서 행실과 재예(才藝)가 목표지점에 맞은[中率]^{중솔} 뒤에 태학(太學)으로 승진시키고 국자좨주(國子祭酒)로 하여금 학사(學事)를 총괄해 다스리게 하고, 그 관속(官屬)은 태학박사(太學博士) 정록(正錄)을 줄여서 외학(外學)으로 돌렸습니다. 이제 오부학당(五部學堂)은 빌건대 이 제도에 의거해 성균관(成均館)으로 하여금 사(司)를 나눠 가르치게 하고 6품 두 사람으로 교수관(敎授官)을 삼고, 7품 이하 5인으로 훈도(訓導)를 삼아 반드시 하비(下批)¹⁵해 그 직임을 전담하게 하소서. 무릇 학문의 도리는 마땅히 매우 짧은 시간도 아껴야 하는 것이니 교수 훈도를 아울러 본사(本司)의 임무를 면하게 하고, 조회에 참석하는 것도 또한 성균관의 예에 의거해 매월 초하루 외에는 조회에 나오는 것을 허락하지 마소서."

또 말했다.

"예전에 10세가 되면 외부(外傅)에게 나갔으니 바라건대 10세 이상으로서 학당에 나오게 하고 15세가 돼 『소학(小學)』의 공부가 성취되면 차례로 성균관에 승진시키고, 성균관에는 항상 100 사람을 양성해 만일 궐석(闕席)이 있으면 본조관(本曹官)이 성균관원과 함께 학당에 나가서 읽은 것을 강해 세 곳을 통하는 자로 승진 보충하게 하소서."

또 말했다.

---

15 삼망(三望)을 갖추지 않고 한 사람만 적어 올려서 임금이 임명하던 일을 가리킨다.

"권과(勸課)하는 법을 또한 송(宋)나라 제도에 의거해 성균관으로 하여금 그 학(學)을 총괄해 다스리게 해 성균관 식(式)에 의거하게 하고, 성균관의 분교학당(分敎學堂)은 오로지 교훈만을 위임해 다른 사무는 겸하지 말게 하소서."

그것을 따랐다.

○ 의정부에서 모반율문(謀反律文) 내(內)에 있는 사람의 면죄법(免罪法)을 올리니 그것을 따랐다. 아뢰어 말했다.

"『대명률(大明律)』「모반대역조(謀反大逆條)」에 이르기를 '무릇 모반 대역은 다만 공모(共謀)한 자라도 수범(首犯)과 종범(從犯)을 나누지 않고 모두 능지처사(凌遲處死)한다. 부자(父子) 16세 이상은 모두 교형(絞刑)에 처한다. 15세 이하의 모녀(母女), 처첩(妻妾), 조손(祖孫), 형제(兄弟), 자매(姉妹), 아들의 처첩은 공신의 집에 주어 종으로 삼고 재산은 아울러 관가에 몰수한다. 남자 나이 80과 독질(篤疾) 부인(婦人) 나이 60과 폐질(廢疾)은 아울러 연좌(緣坐)의 죄를 면한다. 백숙부와 형제의 자식은 호적의 같고 다른 것에 관계 없이 3,000리 유배를 보내 안치(安置)한다. 연좌된 사람이 동거하는 자가 아니면 재산은 관가에 몰입(沒入)하는 한계를 두지 않는다. 만일 딸이 출가를 허락해 이미 그 남편에게 돌아가기로 정해졌거나 자손이 남에게 양자(養子)로 가서[過房] 아내를 맞아 성혼하지 않은 자는 모두 연좌하지 않는다' 라고 했습니다. 출가하기로 허락해 이미 그 남편에게 돌아가기로 정해진 딸자식은 연좌하지 않고, 남편에게로 돌아가서 따로 사는 자매는 율에 일일이 넣지 않았기 때문에 이것으로 인해 죄에 연루됩니다. 친 딸자식은 출가를 허락해 남편에게로 돌아가면 연좌하지 않고, 자매는 비록 출가를 허락해 남편에게로 돌아가서 따로 살아도 연좌하는 것은 사리에 맞지 않습니다[未便]. 전후 죄인의 혼가를 허락해 남편에게 돌아간 자매는 아울러 연죄하지 말아야 할 것입니다."

그것을 따랐다.

○ 전 사헌감찰(司憲監察) 김음(金音)의 자자(刺字)¹⁶를 면제하라고 명했다. 음(音)이 (충청도) 여산감무(礪山監務)가 돼 탐오(貪汚)해 불법을 저질렀고 심지어 문적을 불태워 형적을 없앴다. 사헌부에서 국문해 죄를 살펴 시행하기를 청하니 그것을 따랐다. 이때에 이르러 음의 아들이 신정(申呈)해 아비의 자자(刺字)를 용서하기[貸=赦]를 비니 명해 자자는 면제하고 순금사에 가둬 결절(決絶)하게 했다. 하륜(河崙)의 아들 하구(河久)가 이종덕(李種德)의 딸에게 장가를 들었으나 자식이 없어 음의 딸을 첩으로 삼았는데 상이 륜(崙)을 중하게 여기기 때문에 이런 명이 있었다.

을해일(乙亥日-18일)에 올량합(兀良哈) 최사안불화(崔沙顔不花) 등 3인이 와서 토산물을 바쳤다.

○ 상서사(尙瑞司)가 호부(虎符)¹⁷를 주고받는 법을 올렸다. 아뢰어 말했다.

---

16 얼굴에 먹으로 글자를 새기는 경형(黥刑)을 말한다.
17 군사를 발병(發兵)할 때 사용하던 병부(兵符)다. 한 면에는 '발병(發兵)'이라 쓰고 다른 면에는 '모도(某道) 관찰사(觀察使)' 또는 '모도(某道) 수륙절제사(水陸節制使)'라고 쓰고, 그 한가운데를 쪼개 우부(右符)는 그 책임자에게 주고, 좌부(左符)는 중앙의 상서사(尙瑞司)에 두었다가 임금이 발병(發兵)할 때 이 좌부를 내려보내 우부와 맞추어본 뒤 동병(動兵)했다.

"이제부터는 각 도(各道)의 새 감사(監司)와 절제사(節制使) 중에 호부(虎符)를 맡아 관장(管掌)할 자는 반드시 정부(政府)의 승전이문(承傳移文)[18]을 기다린 뒤에 주고받되 그 자호(字號)와 여러 사연과 주고받은 곳과 일월(日月)을 갖춰 써서 신정(申呈)하고, 본사(本司)에 계하(啓下)해 명백하게 시행하는 것으로써 항식(恒式)을 삼아야 할 것입니다. 이미 일찍이 전해 받은 감사와 절제사 또한 신정(申呈)하게 하소서."

그것을 따랐다.

병자일(丙子日-19일)에 편전(便殿)에 나아가 정사를 보았다. 상이 정부(政府), 육조(六曹), 대간(臺諫)에 일러 말했다.

"내가 깊이 궁중에 있어 날마다 하는 일이 없기 때문에 경 등을 접해보는 것이니 만일 말할 것이 있거든 숨기지 말라."

대언(代言) 등에게 명해 말했다.

"각 도 수령(守令) 중에 혹 불법(不法)한 자가 있다는 말을 내가 들었는데 너희는 어째서 말하지 않는가?"

대답했다.

"신 등은 듣지 못했습니다."

상이 말했다.

"감사가 혹 거주(擧主)를 보아서 포폄(褒貶)을 하기 때문에 수령 가운데 정치를 어지럽히는 자가 혹 상등(上等)을 차지한다고 하는데 내가 바른 대로 말하고 싶으나 내게 고한 자가 혹 공정하지 않을까

---

18 임금이 공문을 보내는 것을 말한다.

두렵다. 뒤에 반드시 공론(公論)이 있을 것이다. 너희는 마땅히 좌정 승과 이조판서에게 말하라."

○ 전 총제(摠制) 고봉례(高鳳禮)에게 쌀 20석을 내려주었다. 봉례 (鳳禮)가 큰 구리 화로[銅鑪]를 바쳤기 때문이다.

ᐧ동로

○ 영의정부사(領議政府事) 하륜(河崙)을 승문원도제조(承文院都提 調)로, 이조판서 이직(李稷)·서천군(西川君) 한상경(韓尙敬)·예조판서 설미수(偰眉壽)·검교판한성부사(檢校判漢城府事) 정이오(鄭以吾)를 제조(提調)로 삼았다.

정축일(丁丑日-20일)에 김씨(金氏)를 봉해 명빈(明嬪)으로 삼고, 노 씨(盧氏)는 소혜궁주(昭惠宮主)로, 김씨(金氏)는 숙공궁주(淑恭宮主) 로 삼았다. 상이 구덕(九德)에게 벼슬을 제수하고자 해 지신사 김여 지(金汝知) 등에게 일러 말했다.

"판각(判閣)이나 근시(近侍)의 벼슬은 빈(嬪)의 아비로 시킬 수 없 을까?"

대답했다.

"전례(前例)로는 마땅히 군(君)에 봉해야 합니다."

상이 말했다.

"옛적에 한(漢)나라에서 유씨(劉氏)가 아니면 왕이 되지 못했으니 이것이 비록 사정(事情)은 다르나 군(君)에 봉할 수 없다. 또 후세에 예(例)로 삼으면 불가하다."

상이 말했다.

"천자(天子)가 황후(皇后)에게, 제후(諸侯)가 부인(夫人)에게 천지

(天地) 일월(日月) 같아서 높고 낮은 것이 등급이 있는데, 옛날 사람이 말하기를 '남편이 아내에게 굽힌다'라고 했으니 만일 헌수(獻酬) 기거(起居)의 예(禮)가 있으면 장차 어떻게 할 것인가?"

예조참의 허조(許稠)가 대답했다.

"경적(經籍-경전)에 있지 않기 때문에 그 자세한 것은 알 수 없으나 남편은 아내의 벼리[綱]가 되는데, 어떻게 항례(抗禮)[19]할 수가 있겠습니까?"

○ 유정현(柳廷顯)을 사헌부대사헌으로, 이승상(李升商)을 형조판서로, 임정(林整)을 서북면 도순문사(西北面都巡問使)로, 안순(安純)을 의정부참지사로, 이지(李漬)를 사헌집의(司憲執義)로, 이승직(李繩直)을 장령(掌令)으로 삼았다. 박경(朴經), 권엄(權嚴), 김유성(金由性)은 파직했다.[20]

○ 경차관(敬差官)을 외방에 나눠 보냈다. 애초에 상이 말했다.

"나는 백성 가운데에 혹 큰 추위에 살 곳을 얻지 못한 자가 있을까 몹시 염려된다."

박자청(朴子靑)이 대답했다.

"지금 국가가 백성을 역사시키는 일이 없으니 어찌 살 곳을 잃은 자가 있겠습니까?"

상이 말했다.

"비록 그러하나 마땅히 조사(朝士) 중에 강명(剛明)하고 자혜(慈惠)

---

19 동등한 예로 대하는 것을 말한다.
20 이 인사는 이방의 간언을 거의 그대로 받아들인 것이다.

한 자를 골라 각 도(各道)에 나눠 보내 백성의 질고(疾苦)를 물어서 아뢰라."

이때에 이르러 조신(朝臣)을 나눠 보내 민생의 질고와 옥송(獄訟)의 원통하고 지체된 것과 무릇 화기를 상하고 수재와 한재를 부르는 연유가 되는 것을 캐물어 아뢰게 했다. 충청도·전라도에는 예조우참의(禮曹右參議) 이지강(李之剛)을, 풍해도·서북면에는 전농정(典農正) 조치(曹致)를, 강원도·동북면에는 예빈윤(禮賓尹) 유의(柳顗)를, 경상도에는 호조정랑(戶曹正郎) 이유희(李有喜)를 보냈다. 정부(政府)에서 아뢰어 말했다.

"만일 수령(守令)이 불법한 일을 하고, 간사한 아전이 작폐(作弊)해 백성이 그 해독을 받는 자는 자세히 추문(推問)해 3품 이상은 가두고 신청(申請)하고, 4품 이하는 율(律)에 의거해 직접 결단하고, 감사(監司)와 수륙군관(水陸軍官) 가운데 만일 그 직책에 맞지 않는 자가 있으면, 또한 실지 형적을 갖춰 신문(申聞)하고 무릇 재앙을 구제하고 환란을 불쌍히 여기며, 이익 되는 것을 일으키고 해악 되는 것을 제거하는 사건을 빠짐 없이 캐물을 일을 아울러 위촉하는 것이 어떠합니까?"

그것을 따랐다.

무인일(戊寅日-21일)에 서리가 나무에 붙었고, 어두운 안개가 사방에 가득 찼다.

○ 편전(便殿)에 나아가 정사를 보았다. 상이 말했다.

"풍해도(豐海道)와 서북면(西北面) 두 도(道)의 흉년을 장차 어떻게 구제할 것인가?"

모두 말했다.

"두 도가 모두 산을 의지하고 바다에 임해 산물(産物)이 절핍(絶乏)되지 않으니 굶주림에 이르지는 않을 것입니다. 강화(江華)와 교동(喬桐) 군자전(軍資田)의 소출을 바닷가에 쌓았다가 봄에 수운해 나눠 주게 하면 거의 기근(饑饉)은 면할 것입니다."

상이 말했다.

"이뿐만 아니라 유후사(留後司)에 저축한 것도 많으니 이것으로 진대(賑貸)해주도록 하라."

○ 상이 말했다.

"빈(嬪)과 잉(媵)의 명호(名號)가 이미 정해졌으니 그 공어(供御-대우)를 어떻게 할 것인가?"

좌정승 성석린(成石璘)이 대답했다.

"빈(嬪)과 궁주(宮主)가 비록 등급은 있으나 모두 잉첩(媵妾)입니다. 시녀(侍女)와 환관(宦官)은 각각 소속한 것이 있으니 그 공어(供御)와 집역(執役)하는 사람을 똑같이 하는 것이 어떠합니까?"

상이 윤허했다.

기묘일(己卯日-22일)에 서리가 나무에 붙었다.

○ 편전(便殿)에 나아가 정사를 보았다. 상이 말했다.

"서리가 나무에 붙는 것을 혹 말하기를 '목가(木稼)'라고 하는데 어느 글에서 나왔는가?"

사간(司諫) 정전(鄭悛)이 대답했다.

"옛날에 왕안석(王安石)이 말하기를 '목가는 전부터 달관(達官-고위 관리)이 두려워한다[怕=懼]'라고 했습니다."

상이 말했다.

"옛날의 임금은 만일 천변(天變) 지괴(地怪)가 있으면 반드시 널리 백성의 병 되는 것을 물었다. 내가 여러 글에 상고해보니 서리가 나무에 붙어 있는 것은 작은 재앙이고, 겨울 우레는 작은 재앙이 아니다. 마땅히 빨리 조신(朝臣)을 보내 민막(民瘼-민폐)을 물어보라."

이지강(李之剛)을 돌아보며 일러 말했다.

"너도 경차관(敬差官)이지?"

지강(之剛)이 대답했다.

"신의 생각에는 이런 (성대한) 때를 당해 어찌 민막(民瘼)이 있겠습니까? 다만 옥송(獄訟) 간에 혹 바르지 못한 것이 있는가 할 뿐입니다."

상이 말했다.

"그렇다. 내가 경중(京中)의 일로써 이를 알고 있다. 병조(兵曹)·순금사(巡禁司)·도관원(都官員)이 하나가 아닌데도 오히려 오결(誤決)이 있는데, 하물며 주군(州郡)의 관원이 하나뿐인 경우이겠느냐? 네가 가서 자세히 살펴라. 옛날에 평양군(平壤君) 조대림(趙大臨)을 하옥(下獄)했을 때에 순금사(巡禁司)에서 조대림은 굳이 추문하고, 목인해(睦仁海)는 가볍게 핵실한다는 것을 듣고 내 마음이 아프고 상해 한(漢)나라 병길(丙吉)[21]이 옥(獄)의 원통한 것을 잘 살핀 말을 생각

---

21 율령(律令)을 배워 처음에는 옥리(獄吏)가 되고, 나중에 정위감(廷尉監)에 올랐다. 정화(征和) 2년(기원전 91년) 무고(巫蠱)의 옥사 때 크게 활약해 여태자(戾太子)의 손자인 유순(劉詢-훗날의 선제(宣帝))의 목숨을 구했다. 유순이 제위에 오르자 태자태부(太子太傅)와 어사대부(御史大夫)를 거쳐 기원전 67년 승상(丞相)이 됐다. 항상 대의예양(大義禮讓)

하고 순금사가 반드시 틀린 것이리라 해 내관(內官) 박유(朴輶)를 보내 감문(監問)²²하게 했는데 유(輶)도 역시 대림을 장차 중형(重刑)에 처하려고 했다. 내가 유를 꾸짖기를 '감문(監問)하는 때에 밝지 못한 것이 이와 같으니 너와 같은 자는 비록 열 사람이 죽어도 가하다'라고 하고 마침내 유를 가두고 다시 지신사(知申事) 황희(黃喜)를 보내 감문(監問)해 그 사실을 알아내 목인해가 주형(誅刑)을 당했다. 만일 조대림이 (사위가) 아니었다면 반드시 죄를 잘못 당했을 것이다."

이조판서 이직(李稷), 의정부지사 이응(李膺)이 대답했다.

"그때 목인해(睦仁海)가 조대림(趙大臨)의 반란한 것을 고했기 때문에 어쩔 수 없이 굳이 물은 것인데, 대림(大臨)은 말을 어물거리며 스스로 변명하지 못하고 인해(仁海)는 말을 잘해 능히 대답하니 만일 말로 하고 사실대로 하지 않았다면 대림이 거의 면하지 못할 뻔했습니다. 다행히 한두 가지 의심스러운 일이 드러나고 인해가 말을 실수해 죄에 굴복한 것입니다."

상이 말했다.

"내가 이 일을 겪고 나서 더욱더 옥송(獄訟)을 자세히 살피지 않을 수 없다는 것을 알았다. 이는 곧 대림에게는 불행이었으나 실로 후인에게는 다행한 일이다."

○ 경차관(敬差官) 이지강(李之剛) 등이 하직하니 상이 만나보고서

을 중히 여겨 길에서 불량배들이 싸우는 것을 단속하는 일은 시장의 직분이므로 재상이 관여할 바가 아니지만, 수레를 끄는 소가 숨을 헐떡이는 것은 계절의 변화 탓일지도 모르므로 음양을 가리고 자연의 조화를 꾀하는 것은 재상의 직분이라고 했다.

22 죄인을 심문(審問)할 때 임금이 따로 사람을 보내 문초하던 일을 가리킨다.

명해[面命] 말했다.
　면명

　"재위(在位)한 지 10여 년 동안에 천재(天災) 지괴(地怪)가 없는 해가 없었고 또 없는 때가 없었다. 내가 스스로 마땅히 반성해야 하겠으나 외방(外方) 민생의 질고를 어떻게 꿰뚫어 볼 수 있겠는가? 너희가 가서 삼가며 살펴라[欽哉]."
　　　　　　　　　　　　　　　　　　　　　　흠재

　신사일(辛巳日-24일)에 경상도 도관찰사(慶尙道都觀察使) 안등(安騰)이 준마(駿馬)를 바치니 상이 좋다고 칭찬하고 말을 가지고 온 사람에게 저화(楮貨) 30장(張)을 내려주었다.

　○ 사간원에서 소(疏)를 올렸다. 소는 대략 이러했다.

　'백성이 풍족하면 임금이 누구와 더불어 부족하며, 백성이 풍족하지 못하면 임금이 누구와 더불어 풍족하겠습니까?[23] 지금 국가에서 연호둔전(煙戶屯田)을 베풀어 종자(種子) 1말[斗]을 주고, 그 소출 5말
　　　　　　　　　　　　　　　　　　　　　　　　　　두
을 거두어 군자(軍資)에 보충하니 이것이 참으로 부국강병(富國强兵)의 방법입니다. 신 등이 생각건대 경작하는 전지가 본래 적은데 이미 조세(租稅)를 거두고 또 둔전의 소출을 거두니 백성이 심히 괴롭게 여깁니다. 하물며 금년에는 가뭄으로 인해 화곡이 여물지 않으니 민생이 불쌍합니다. 바라건대 이제부터 연호둔전의 법을 혁파해 금년에

───────────

23 『논어(論語)』「안연(顏淵)」편에 나오는 애공(哀公)과 공자의 제자 유약(有若)의 대화에서 나오는 말이다. 애공이 유약에게 물었다. "올해는 기근으로 인해 나라의 재용이 부족하니 어떻게 하면 좋은가?" 유약이 말했다. "어찌 철법을 쓰지 않습니까?" 이에 애공은 말했다. "(지금 거두고 있는) 10분의 2도 내 오히려 부족한데 어떻게 그런 철법을 쓸 수 있겠는가?" 그러자 유약은 이렇게 답했다. "백성의 양식이 풍족하면 군주가 누구와 더불어 부족할 것이, 백성의 양식이 부족하면 군주는 누구와 더불어 풍족하겠습니까?"

는 종자의 수량만 거두고 소출은 거두지 말아서 민생을 두텁게 해야 할 것입니다. 소금은 또 민용(民用)에 긴절(緊切)해 하루도 없을 수 없는 것입니다. 국가에서 염장관(鹽場官)을 설치해 소금을 굽게 해 백성의 포화(布貨)와 바꾸니 백성이 몹시 편하게 여겼는데, 기축년부터 소금으로 쌀을 바꾸니 백성 가운데 가난한 자는 그 이(利)를 얻지 못하고, 깊고 먼 곳에 사는 자는 쌀을 운반하기에 곤란합니다. 바라건대 전례에 의해 주(紬)·저(苧)·정포(正布)·저화(楮貨)로 바꿔 국용(國用)에 이바지하고 민생을 편하게 해야 할 것입니다.'

정부(政府)에 내리니 이런 결론을 얻었다.

"연호둔전은 흉년에는 실농(失農)했으니 각 관(各官)은 소출을 거두는 것을 면제하게 하고, 소금 값은 쌀·베·저화로 각자 원하는 바에 따르게 하소서."

그것을 따랐다.

임오일(壬午日-25일)에 비가 내리고, 우레와 번개가 치고, 무지개가 보이고 얼음이 풀렸다.

○ 황도(黃稻) 등을 소환(召還)했다. 사간원정언(司諫院正言) 박융(朴融)이 진언(進言)해 말했다.

"지금 내관(內官) 황도 등이 개와 말을 가지고 장연(長淵)에 가서 사냥하고 있습니다. (그런데) 풍해도에 실농(失農)이 더욱 심하니 불가하지 않습니까?"

상이 말했다.

"개와 말은 여기에 있더라도 먹이가 있으니 비록 그곳에 가더라도 더하고 덜할 것이 없다."

융(融)이 말했다.

"개와 말의 먹이는 그러하지마는 개와 말을 조련하고 연습시키는 때에는 장연(長淵) 사람들이 어찌 수고롭지 않겠습니까?"

상이 말했다.

"말은 무용(武用)에 이바지하는 것인데, 유생(儒生)이 타고 다닐 말 같으면 참으로 조련시키는 폐단이 없지마는 봄가을로 강무(講武)하는 것을 폐지할 수는 없기 때문에 내가 조련하게 한 것일 뿐이다. 그러나 간관의 말이니 따르지 않을 수 없다."

마침내 소환한 것이다.

○ 상이 서북면(西北面)의 기근을 걱정해 말했다.

"평양군(平壤君) 조대림(趙大臨)이 서북면에서 돌아와 말하기를 금년의 흉년이 지난해보다 심하다 하니 장차 어찌할 것인가? 풍해도의 저축한 곡식을 수로와 육로로 운수해 진휼하고, 풍해도의 굶주리는 백성은 개성(開城)에 저축한 8만 석과 임진(臨津) 이북 각 고을의 곡식을 수운해주면 구제할 수 있을 것이다."

○ 풍해도 감사가 보고했다.

"각 고을에 쌓여 있는 묵은 콩 500석(石)으로 장(醬)을 담가 굶주리는 백성을 진제(賑濟)하겠습니다."

그것을 따랐다.

계미일(癸未日-26일)에 총제(摠制) 곽승우(郭承祐)의 직첩을 회수하고 외방에 부처(付處)하라고 명했다. 의흥부(義興府)에서 말씀을 올렸다.

"총제 곽승우가 교지(敎旨)를 두려워하지 않고 사사로이 금병(禁兵) 정의(鄭義) 등 9인을 거느리고 여러 날 성밖에서 사냥했습니다. 의(義) 등도 또한 본부(本府)의 명령이 없이 승우의 말을 듣고 좇아서 행했으니 아울러 유사(攸司)에 내려 죄를 과(科)하소서."

의 등도 아울러 외방부처(外方付處)하라고 명했다.

○사간원에서 소를 올려 승우 등의 죄를 청해 말했다.

'법을 세운 것은 본래 난(亂)을 방지하자는 것이고 병권(兵權)은 난을 꾸미기가 쉽습니다. 만일 법령을 믿고 병권을 삼가지 않아 화란(禍亂)이 장차 미치게 되면 후회한들 무슨 소용이 있겠습니까? 지난번에 정부(政府)에서 수판(受判)한 한 조목[款]에 이르기를 "병조(兵曹)와 의흥부(義興府)의 명문(明文)이 없이 사사로이 군사를 모은 자는 반역을 꾀한 것으로 논한다"라고 했으니 그 법이 가히 주밀(周密)하다고 하겠습니다. 이 법을 행한 지가 지금 이미 3년이 됐으니 귀와 눈이 있는 자는 함께 보고 들은 것입니다. 총제 곽승우는 직책이 삼군(三軍)에 있어 일찍 이 영(令)을 알았고, 정의 등은 몸이 금병(禁兵)이 돼 먼저 이 영을 들었는데 승우는 꺼리지도 않고 임의로 모았고, 의 등은 듣고 순종해 사양하지 않았습니다. 때가 바야흐로 얼고 추운데 밖에서 이틀 밤이나 잤으니 비록 사냥이라고는 하나 법을 세운 지 얼마 안 돼 승우와 의가 첫째로 그 영을 범했습니다. 만일 가벼운 법전으로 처단한다면, 설령 후일에 속으로 다른 뜻을 품고 놀면서 사냥한다고 지칭해 사사로이 군마를 모으는 자가 있으면 장차 어떻게 제재하겠습니까? 전일에 의흥부에서 사실을 조사해 갖춰 아뢰었는데 전하가 특히 관대한 은혜를 베풀어 다만 외방에 부처하게 했습니다. 신 등은 군령(軍令)을 불신하는 시초가 이미 여기에서 열리고, 태아(太阿)를 거꾸로 가지는 근심²⁴이 장차 여기에서 시작될까 두렵습니다. 엎드려 바라옵건대 전하는 한결같이 정부에서 수판한 것에 의거해 밝게 그 죄를 다스려서 이상(履霜)²⁵을 삼가고 후래를 징계하소서.'

상이 말했다.

"승우가 비록 법을 범했으나 모인 사람이 많지 않고 또 그 마음이 모반(謀叛)한 것이 아니므로 이미 부처(付處)를 명했으니 반드시 다시 논할 것이 없다."

○사간원이 다시 승우 등의 죄를 청하니 상이 말했다.

"지금 승우가 다만 9인을 거느리고 들에 나가 사냥했으니 그 마음이 반역을 꾀한 것이 아니고 또 승우가 어리석고 미혹해 사리를 알지 못하나 그 아비와 비교하면 조금 낫다. 그 죄를 논하면 삼족(三族)을 멸해야 하고, 그 실상을 캐어보면 용서할 만하다. 전일에 다만 외방에 부처하게 했는데 지금 너희가 두세 번 청하니 내가 마땅히 죄를 더하겠다."

상이 드디어 아울러 고신(告身)을 거두고 원방(遠方)에 부처하라고 명했다.

---

24 권병(權柄)을 다른 사람에게 주는 것을 말한다. 즉 태아(太阿)는 옛날 중국의 보검(寶劍)인데, 이것을 거꾸로 가져 그 자루를 남에게 주면 결국 자기에게 불리하고 남을 이롭게 하는 것이다.

25 미리 화(禍)를 경계하는 것을 말한다.

○동지(冬至)에 헌수(獻壽)하는 것을 정지하라고 명했다. 의정부에서 청하니 상이 들어주지 않고 말했다.

"서쪽 방면에 심한 흉년이 들었으니 어찌 감히 잔치해 즐길 수 있겠느냐?"

○강원도 도관찰사가 흰 꿩[白雉]을 바치니 상이 말했다.

"이것은 산군(山郡)에 있는 것이니 상서로운 것이 아니다."

○경성도병마사(鏡城都兵馬使) 최윤덕(崔閏德)에게 약을 주었는데 윤덕(閏德)이 병이 있다는 말을 들었기 때문이다.

갑신일(甲申日-27일)에 예조에서 정조(正朝)와 동지(冬至)에 조하(朝賀)하는 의주(儀注-의례 규정)를 올렸다.

○서북면 도순문사(西北面都巡問使) 임정(林整)이 대궐에 나아와 하직 인사를 하니 상이 만나보고서 명해 말했다.

"그 도민(道民)이 주린다는 말을 듣고 내가 심히 불쌍히 여긴다. 지금 경(卿)을 명해 가라고 하는 것은 바로 백성을 구제하고자 함이다. 곡식을 옮겨 진제(賑濟)하는 것은 이미 영을 내렸다."

을유일(乙酉日-28일) 동지에 왕세자(王世子) 이하 백관이 향궐하례(向闕賀禮)를 행하기를 의식(儀式)과 같이 했다. 상이 편치 않아 정부(政府)에 뜻을 전했다.

"내가 오늘 병이 났으니 경 등은 내가 게을러 예(禮)를 행하지 않는다 하지 마라."

정부 백관이 들어와 하례하고 강원도에서 흰 노루 가죽 두 장을 바쳤다. 정부와 입직(入直)한 신료(臣僚)에게 술과 과실을 주었는데 아래로 군사에까지 이르렀다.

병술일(丙戌日-29일)에 전 총제(摠制) 고봉례(高鳳禮)가 졸(卒)했다. 봉례는 제주(濟州) 사람이다. 상이 몹시 슬퍼해 대언(代言)에게 명했다.

"이 사람이 과인(寡人)을 사랑하고 사모해 멀리 친척을 떠나와서 벼슬했으니 내가 대단히 불쌍히 여겼다. 지금 죽었으니 내가 몹시 슬프게 여긴다. 상장(喪葬)의 제구를 모두 부의하라."

양전(兩殿)이 모두 사제(賜祭)하고, 종이 150권, 초 10자루, 쌀과 콩 40석과 관곽(棺槨)을 부의했다.

○ 상이 말했다.

"금년은 12월 윤달[閏月]이 있으니 도목정(都目政)²⁶이 어느 달에 있어야 하겠느냐? 음양(陰陽)의 기수(氣數)로 한다면 마땅히 윤달을 써야 하겠고, 경외(京外)의 고만(考滿)으로 한다면 마땅히 12월로 해야 하겠다."

이조판서 이직(李稷)이 대답했다.

"외방 수령(守令)의 개월(箇月)은 윤달도 계산합니다."

상이 말했다.

"그렇다면 12월에 하는 것이 좋겠다."

---

26 관원의 근무 성적을 고과(考課)해 출척(黜陟)과 이동(移動)을 행하던 일을 가리킨다. 매년 6월에 행하던 것을 소정(小政) 또는 권무정(權務政)이라 하고 12월에 행하던 것을 대정(大政)이라 하는데, 이를 합해 도목정(都目政)이라 했다.

戊午朔 罷司鑰柳原茂職. 先是 命宮中皆用葦簾 又去緣飾 至是

新殿之簾 皆用布爲飾. 上怒 有是命.

司諫院上言請移黃居正 孫興宗於他郡 不報.

司諫院上疏. 疏略曰:

'國家設十學都試之法 每於歲季 試其所業 次其等第 以備擢用

誠爲取人之良法. 以儒學一事言之 受三館七品以下職事者 皆

前日講經學中國試者也 亦令與於十學之試 例以四書三經 臨文

講論. 提調官第其粗熟之等 其氣銳敏給者 或居上列 以被超遷:

其魯鈍者 雖博洽經書 或居下列. 且混於風水醫伶人之試 有志

者皆恥焉. 願令受三館職事者 於四書五經 通鑑 大學衍義 楚辭

韓柳之文 悉皆通曉: 成均藝文校書長官 無時勸勉 毋令與歲季

十學之試 每等春秋仲月賦詩之際 令聚於藝文館 講論經學 於某

仲月講某經某書 明白置簿 則經無不通 理無不明 庶合右文崇儒

之意.'

下議政府 議得: "已定法制 不必更改."

己未 異方有電光.

宥金思純 金英貴等 京外從便 又放全羅道水軍定屬韓士良.
유 김사순 김영귀 등 경외종편 우 방 전라도 수군 정속 한사량

庚申 元從功臣等會盟于景福宮北 遣代言趙末生 賜宮醞.
경신 원종공신 등 회맹 우 경복궁 북 견 대언 조말생 사 궁온

命初入仕者皆屬茶房. 吏曹判書李稷進言曰: "今之茶房 前朝
명 초입사 자개속 다방 이조판서 이직 진언 왈 금지 다방 전조

阿介赤 而仕於阿介赤者 皆庸人也. 今之子弟不肯仕於茶房." 故
아개치 이 사어 아개치 자 개용인 야 금지 자제 불긍 사어 다방 고

有是命.
유 시명

壬戌 命杖一百以下罪人 許自願收贖. 前此收贖 必用楮貨 民甚
임술 명장 일백 이하 죄인 허 자원 수속 전차 수속 필용 저화 민심

難之 至是有是命 因大司憲朴經所啓也.
난지 지시 유 시명 인 대사헌 박경 소계 야

釋大護軍朴楣囚. 前此 兀良哈侵邊 郭承祐敗績. 遣楣往審 適
석 대호군 박미 수 전차 올량합 침변 곽승우 패적 견 미 왕심 적

有賊來 楣亦赴戰 錄其軍卒功過以聞. 政府啓: "楣錄功不以實
유적래 미 역 부전 녹기 군졸 공과 이문 정부 계 미 녹공 불 이실

宜問情由." 是日 巡禁司具獄辭以聞 上曰: "劍戟間誰能辨之!
의문 정유 시일 순금사 구 옥사 이문 상 왈 검극 간 수능 변지

不可强推 姑置之."
불가 강추 고 치지

戶曹請給元從功臣田. 啓曰:
호조 청급 원종공신 전 계왈

"今稱下元從功臣八十三人 賜田一千六百八十結 以各司合屬
금 칭하 원종공신 팔십 삼인 사전 일천 육백 팔십 결 이 각사 합속

義順庫 延福宮 內藏庫等 京畿田九百結給之 不足七百八十結 以
의순고 연복궁 내장고 등 경기전 구백 결 급지 부족 칠백 팔십 결 이

軍資田充之 依太祖元從功臣例."
군자전 충지 의 태조 원종공신 예

從之. 上謂知申事金汝知曰: "自古帝王之興 皆以天命人心而
종지 상 위 지신사 김여지 왈 자고 제왕 지흥 개 이 천명 인심 이

得之 今所襃賞 元從功臣等其受賞田民 皆欲子孫相傳 此何理也!
득지 금 소포상 원종공신 등 기 수상 전민 개욕 자손 상전 차 하리 야

予以爲君之於臣 不可無恩 故命之耳. 今欲以爲例而求賜牌 非也.
여 이위 군 지어 신 불가 무은 고 명지 이 금욕 이위례 이구 사패 비야

爾宜以此答之 毋以爲予之言也."
이 의 이차 답지 무 이위 여지언 야

上謂政府六曹曰: "我國本無事 予當沍寒 每日視事 煩卿等早朝
상 위 정부 육조 왈 아국 본 무사 여당 호한 매일 시사 번 경 등 조조

者無他 古人云: '宜常讀無逸' 予欲所其無逸也. 予若無疾 恒當
자 무타 고인 운 의상독무일 여욕소기무일야 여약무질 항당

如此 以盡敬天勤民之道." 右副代言韓尙德對曰: "勤政 帝王之
여차 이진 경천 근민 지도 우부대언 한상덕 대왈 근정 제왕 지

所務: 宴安 古人之所戒. 雖無事 每日視朝 誠美法也."
소무 연안 고인 지소계 수무사 매일 시조 성 미법 야

知議政府事朴信啓曰: "通津縣人前內府少尹李方善 私賤也.
지의정부사 박신 계왈 통진현 인전 내부 소윤 이방선 사천 야

善治脚氣 人服所劑藥一兩 服卽効." 上驚異之 卽命召之.
선치 각기 인복 소제 약 일냥 복 즉효 상 경이 지 즉명 소지

癸亥 臺諫復交章請孫興宗 黃居正罪. 疏曰:
계해 대간 부교장 청 손흥종 황거정 죄 소왈

'賞罰 國之大典 不可不明. 興宗 居正等當太祖卽位之初 不念
상벌 국지 대전 불가 불명 흥종 거정 등당 태조 즉위 지초 불념

太祖好生之德 陰聽道傳 南誾挾私之嗾 擅殺李崇仁等 一國之
태조 호생 지 덕 음청 도전 남은 협사 지주 천살 이숭인 등 일국 지

人 罔不痛心 宜置於法 以快人心. 殿下尙循寬典 使之得保首領
인 망불 통심 의치 어법 이쾌 인심 전하 상순 관전 사지 득보 수령

臣等交章已有日 未蒙兪允 觖望拊心. 伏望殿下一依前疏 明正
신등 교장 이유일 미몽 유윤 결망 부심 복망 전하 일의 전소 명정

其罪.'
기죄

以盧崇爲檢校議政府右政丞 金承霔 鄭擢參贊議政府事.
이 노숭 위 검교 의정부 우정승 김승주 정탁 참찬 의정부사

置前長興府使金頎于德山. 頎擊申聞鼓 願得參元從之列 上
치전 장흥부사 김기 우 덕산 기격 신문고 원득 참 원종 지열 상

召問元從之由 對曰: "於戊寅年 上在景福宮南門外 臣與張哲等
소문 원종 지유 대왈 어 무인년 상제 경복궁 남문 외 신여 장철 등

十五人殺世子芳碩于城西." 上曰: "骨肉相殘 予雖未免 然於殺
십오 인살 세자 방석 우 성서 상왈 골육상잔 여수 미면 연어 살

芳碩也 未嘗發一言矣. 令汝監刑者誰歟?" 卽下頎于巡禁司. 上
방석 야 미상 발 일언 의 영여 감형 자 수여 즉하 기우 순금사 상

痛心而命承政院曰: "此人 予不知名面 今發此言 予甚痛之. 戊寅
통심 이명 승정원 왈 차인 여부지 명면 금발 차언 여심 통지 무인

之事 其大體則固予所知 然芳碩之死處與日時 至今予不知之.
지사 기대체 즉고 여 소지 연 방석 지 사처 여 일시 지금 여 부지 지

予若使頎與張哲而刑之 則予何隱諱! 不知此人將何以處之?"
여 약사 기여 장철 이형 지 즉여 하 은휘 부지 차인 장하 이 처지

知申事金汝知等對曰: "此人之言 上之所不忍聞 鞫問則言之長也.
지신사 김여지 등 대왈 차인 지언 상지 소불인 문 국문 즉 언지 장야

492

臣等謂以誤擊鼓杖一百而流遠方可也." 上曰: "不可. 昔唐太宗
신등 위 이 오 격고 장 일백 이 유 원방 가야   상왈   불가 석 당태종

以英明之君而猶不免閨門之慙德 況當戊寅危急之時 骨肉相殘
이 영명 지 군 이 유 불면 규문 지 참덕   황 당 무인 위급 지 시   골육상잔

予何免焉! 其大體則然也. 至今告天而悔之 然當其時 予欲救
여 하면 언   기 대체 즉 연야   지금 고천 이 회지 연 당 기시 여 욕구

興安君而卒不得 況使顧等十五人而殺骨肉乎! 於斯時也 兵刃
흥안군 이 졸 부득   황 사 기등 십오 인 이 살 골육 호   어 사시 야 병인

交接 而奏功者多 顧亦必有聽言處也. 須問而解之 問後何必
교접 이 주공 자 다 기 역 필유 청언 처야   수문 이 해지 문후 하필

罪之!" 汝知對曰: "上敎然矣." 命鞫問 果不實 罪應杖一百徒
죄지   여지 대왈   상교 연의   명 국문 과 부실 죄응 장 일백 도

三年 只令自願安置. 又召元從僉摠制車指南 大護軍田興等 問顧
삼년 지 령 자원안치 우 소 원종 첨총제 차지남   대호군 전흥 등 문 기

元從之由與戊寅從行之事 對曰: "臣等未之知也."
원종 지 유 여 무인 종행 지 사 대왈   신등 미지 지야

甲子 遣參贊議政府事鄭擢 參知議政府事安省如京師 賀明年
갑자 견 참찬 의정부사 정탁 참지 의정부사 안성 여 경사 하 명년

正也. 且咨禮部曰: '本國祖廟及社稷山川文廟等祭 未知聖朝所制
정야 차자 예부 왈   본국 조묘 급 사직 산천 문묘 등 제 미지 성조 소제

藩國儀式 仍用前代王氏舊禮 深爲未便. 上項祭禮 理合奏請 如
번국 의식 잉용 전대 왕씨 구례 심 위 미편   상항 제례 이합 주청 여

蒙頒降 欽依遵守.'
몽 반강 흠 의 준수

安城君李叔蕃上書言: "妻父鄭摠入朝身死 不知骸骨所在. 子
안성군 이숙번 상서 언   처부 정총 입조 신사 부지 해골 소재 자

孝文願入朝求之."上命以孝文爲打角夫.① 叔蕃啓曰: "孝文乃
효문 원 입조 구지   상 명 이 효문 위 타각부   숙번 계왈   효문 내

政堂文學之子 且官至恭安府少尹 反以打角夫 居通事崔浩之
정당문학 지 자 차 관 지 공안부 소윤 반 이 타각부 거 통사 최호 지

下 請爲任添年伴人入朝."上曰: "然 但欲收父骨 何患身之卑賤
하 청위 임첨년 반인 입조   상왈   연 단 욕수 부골 하환 신 지 비천

乎! 且予昔日以典校副令爲打角夫." 叔蕃出 上曰: "孝文初以收
호 차 여 석일 이 전교 부령 위 타각부   숙번 출 상왈   효문 초 이 수

父骨請之 旣得 不以爲感 反以卑賤爲辭 無乃不可乎!" 孝文遂以
부골 청지 기득 불 이 위감 반 이 비천 위사 무내 불가 호   효문 수 이

打角夫行.
타각부 행

賜前少監金銼米十石. 銼畫馬以進 上善之.
사 전 소감 김저 미 십석 저 화마 이진 상 선지

乙丑 漢平君趙涓設享 宗親駙馬侍焉. 以前日打毬之約也.

忠州金遷倉庫成 二百餘間也.

臺諫復請居正等罪 上曰: "以二十年前事 廢爲庶人 禁錮子孫

籍沒家産足矣. 予之處此 甚得其中. 大抵臺諫敢爲高論而過乎中

予欲得從諫之名而屈意從之 可乎?"

丙寅 遣平壤君趙大臨 奉太祖眞 還安于平壤府 各司一員祗送

于慕華樓.

丁卯 賜表裏于西北面都巡問使柳廷顯 賞其獻白鷹也.

司憲掌令李倣上書:

'一曰 大司憲朴經曾爲知議政府事 議興宗 居正之罪 請從

輕典. 今臺諫交章 請以興宗等置之極刑 其於面啓之時 只請流

外方 非也. 二曰 南城君洪恕 刑曹參議梁需 萬戶楊培 監察曹隨

等奔競權門 乞罷其職. 三曰 執義權嚴 掌令金由性 旣得奔競之

人 不請其罪 不宜憲職. 四曰 南誾 道傳 興宗 居正 蔑視君父

擅行誅戮 乞加重罪.'

上皆不聽. 上謂倣曰: "爾亦有耳目矣. 臺諫 予之所置也 汝皆

劾之 將何人而更置之乎? 且朴經 大臣也. 何輕劾之乎? 興宗

二十年前事 予旣懲之 何屑屑言之歟? 金由性等若執奔競之人

置而不問 則可劾矣 若欲劾問 則汝之劾亦非也." 倣曰: "興宗之

事 臣曾未之知也. 若知之 則百年間事 安敢不問!" 上曰: "汝曾

經持平矣　曾不知此事乎!　若曰不知　則姦之甚也.　予幸今發此事
耳　汝豈不知乎!　汝於神明　可以不知告之乎?　左右群臣皆赧面.
居正　興宗之事　人皆聞之　及上問虛實　皆以不知答之　至有以絶無
此事對之者.　至是　上指倣爲姦者　所以責擧朝臣子也.　倣退以不
稱職呈辭.　命承政院問由性以不劾奔競之由　對曰:　"洪恕　梁需
職秩已高　雖至左代言李安愚之第　不是奔競也."　上於是知由性終
不劾焉.　臺吏告承政院　請以監察分臺　上不允曰:　"倣俱劾臺員　又
自辭職　是何等法也?　毋以監察分臺."　倣之辭狀曰:　'朴經　金由性
之罪　申請而不允;　孫　黃　南　鄭之罪　又不加誅;　洪恕　梁需　敢爲
奔競而不問.　且臣不合言路　請收還臣職.'　上笑曰:　"倣所言不敬.
前此呈辭　未有如此者　然後日可任用者也."

　己巳　賜敎書于上黨君李薆.　上御經筵廳視事　群臣皆出　獨留
功臣李稷　朴訔及知申事金汝知曰:　"往者召用李薆　只給功臣錄券
賜牌　而不還敎書者　蓋以上王之敎書也.　今上王雖婢妾而多子　薆
之子孫　若有相結之者　則必相語曰:　'吾之父祖　乃有功於上王.'
相與謀議　則未可也.　況薆之父　居易之被逐　語于上王乎!　歲在
戊寅　南誾等將逐我同母兄弟於海島　薆以誾之戚屬　故知其謀
潛語予曰:　'禍將發矣　兄將若何?'　予告之以先發之故　自是歸心
于我　共定大計　改論此功　以給敎書　則薆亦喜之.　如此則潛消
後日之謀矣."　稷等曰:　"禍之幾必有其萌　先絶其萌可也."　命

汝知還其教書于蔓曰:"此上王之教書也 更論今日贊襄之功以賜

如何?" 蔓曰:"凡教書 必名實相當乃可. 臣本無寸功於上王矣 若

殿下論戊寅之寸功 改賜教書 則將抱歸于九泉之下 死且不朽矣."

至是 論定社 佐命之功 賜之.

庚午 任添年 崔得霏如京師 謝賜月俸兼受誥命也. 上賜添年

苧麻布十二匹 得霏六匹.

司憲掌令李倣 水原付處. 議政府令式目錄事劾問掌令李倣而

上書曰:

'凡臺諫有所當劾 除當該一員外 毋得闔司劾問 已有著令. 今倣

旣劾大司憲朴經 又劾執義權嚴 掌令金由性 已違奉法之意 而又

上疏不日 遂自辭職 至使供上各司不得請臺 罪亦重矣. 願令攸司

將倣問其事由 以懲不恪.'

上命自願付處. 政府啓曰:

"倣劾朴經有曰:'嘗爲知議政府事 參本府之議 而未判付前

曚曨啓聞.' 臣等見此 合府自驚. 凡曰判付者 因疏也. 此指何疏

歟? 且曚曨云者 以白爲黑 以是爲非之謂也. 向者 臣等議居正

興宗之罪曰:'不應止於絞也.' 豈是曚曨啓聞乎! 臣雖不才 居

百官之長而得聞如是之言乎! 願下攸司 鞫問事由."

上然之 下倣巡禁司獄. 興宗 居正 有欺君之罪 政府飾辭請減

物議鄙之. 上謂知申事金汝知等曰:"李倣之言 固非不是 而政府

496

請囚. 政府 予所敬重 故從之耳. 然前此未嘗有因大臣之請而囚
청수 정부 여 소경중 고종지 이 연전차 미상 유인 대신 지청 이수

諫官者. 予今老矣 世子將有此任 不可示以因大臣之請囚諫官
간관 자 여금 노의 세자 장유 차임 불가 시이 인 대신 지청 수 간관

也 予悔之矣. 其與知議政府事李膺議之 勿洩. 若大臣知 則勢將
야 여 회지의 기여 지의정부사 이응 의지 물설 약 대신 지 즉세장

退辭矣. 待大臣知非 當宥倣矣."
퇴사 의 대 대신 지비 당유 방의

翼日 左政丞成石璘進言曰:"李倣雖有罪 願宥之. 臣等所不爲
익일 좌정승 성석린 진언 왈 이방 수 유죄 원 유지 신등 소불위

曚曨之事 長言之故 敢請囚耳." 上笑曰:"政丞謂倣長言 爲可笑
몽롱 지사 장언 지고 감청 수이 상 소왈 정승 위방 장언 위 가소

也." 遂令倣水原付處 從自願也.
야 수령 방 수원 부처 종 자원 야

前開城留後安瑗卒. 瑗順興人 古名定 政堂文學元崇之孫. 洪武
전 개성 유후 안원 졸 원 순흥인 고명 정 정당문학 원숭 지손 홍무

甲寅及第. 歷官至司憲府大司憲. 爲人和緩勤謹 容儀莊重 雖當
갑인 급제 역관 지 사헌부대사헌 위인 화완 근근 용의 장중 수 당

倉卒 未嘗疾言遽色. 及有疾 子婦請祈禱 則止之曰:"有命." 卒年
창졸 미상 질언 거색 급 유질 자부 청 기도 즉 지지 왈 유명 졸년

六十六 輟朝三日 賜祭致賻紙百五十卷 燭十丁 贈諡景質. 子六
육십육 철조 삼일 사제 치부 지 백오십 권 촉 십정 증시 경질 자육

從約 從禮 從義 從廉 從信 從儉.
종약 종례 종의 종렴 종신 종검

辛未 乾方雷.
신미 건방 뇌

收開雲浦萬戶曹敏老職牒. 司諫院上疏曰:
수 개운포 만호 조민로 직첩 사간원 상소 왈

'官爵 國家之名器 不可不重 故有大功於國 而特旨除授超等
관작 국가 지명기 불가 부중 고 유 대공 어국 이 특지 제수 초등

外 不可越次授職. 今敏老非有禦侮之才 且無大功 而以五品前
외 불가 월차 수직 금 민로 비유 어모 지재 차 무 대공 이이 오품 전

知咸安郡事 受三品萬戶之職 恐觀聽者以爲名器可易得也. 願將
지 함안군 사 수 삼품 만호 지직 공 관청 자 이위 명기 가 이득 야 원장

敏老 追奪職牒 以杜非分之望.'
민로 추탈 직첩 이두 비분 지망

從之.
종지

壬申 微雷. 上以雷動非時 親考諸書 諭政府曰:"宜賑窮乏恤
임신 미뢰 상 이 뇌동 비시 친고 제서 유 정부 왈 의진 궁핍 휼

孤幼."
고유

癸酉 禮曹上外學制. 啓曰:
계유 예조 상 외학 제 계왈

"宋制 國南建外學 以受天下貢士 行藝中率 然後升于太學.
송제 국남건 외학 이수 천하 공사 행예 중솔 연후 승우 태학

以國子祭酒 總治學事 其官屬減太學博士正錄 歸于外學. 今
이 국자제주 총치 학사 기 관속 감 태학 박사 정록 귀우 외학 금

五部學堂 乞依此制 使成均館分司而敎 以六品二員爲敎授官 以
오부학당 걸의 차제 사 성균관 분사 이교 이 육품 이원 위 교수관 이

七品以下五人爲訓導 必須下批 以專其任. 凡學問之道 當惜分陰
칠품 이하 오인 위 훈도 필수 하비 이전 기임 범 학문 지도 당석 분음

其敎授訓導 竝免本司之任 其參朝亦依成均館例 每月初一日外
기 교수 훈도 병면 본사 지임 기 참조 역의 성균관 예 매월 초일일 외

不許赴朝."
불허 부조

又言: "古者 十歲出就外傅 乞以十歲以上 令赴學堂 及其十五
우언 고자 십세 출취 외부 걸이 십세 이상 영부 학당 급 기 십오

小學之功已就 則以次升于成均. 成均常養百人 如有其闕 本曹官
소학 지공 이취 즉이차 승우 성균 성균 상양 백인 여유 기궐 본조 관

同成均館員詣學堂講所 讀三處通者升補."
동 성균관 원예 학당 강소 독 삼처 통자 승보

又言: "勸課之法 亦依宋制 使成均總治其學 令依成均館式
우언 권과 지법 역의 송제 사 성균 총치 기학 영의 성균관 식

成均館分敎學堂 則專委敎訓 毋兼他務." 從之.
성균관 분교 학당 즉 전위 교훈 무겸 타무 종지

議政府上謀反律文內人免罪之法 從之. 啓曰:
의정부 상 모반 율문 내인 면죄 지법 종지 계왈

"大明律謀反大逆條云: '凡謀反大逆 但共謀者 不分首從 皆
대명률 모반대역 조운 범 모반대역 단 공모자 불분 수종 개

凌遲處死. 父子年十六以上皆絞: 十五以下母女妻妾及祖孫兄弟
능지처사 부자 연 십육 이상 개교 십오 이하 모녀 처첩 급 조손 형제

姊妹若子之妻妾 給付功臣之家爲奴 財産竝入官: 男夫年八十及
자매 약 자지 처첩 급부 공신 지가 위노 재산 병 입관 남부 연 팔십 급

篤疾 婦人年六十及廢疾 竝免緣坐之罪: 伯叔父兄弟之子 不限籍
독질 부인 연 육십 급 폐질 병면 연좌 지죄 백숙부 형제 지자 불한 적

之同異 流三千里安置: 緣坐之人非同居者 財産不在入官之限: 若
지 동이 유 삼천리 안치 연좌 지인 비 동거자 재산 부재 입관 지한 약

女許嫁已定歸其夫 子孫過房與人及聘妻未成者 俱不坐.' 許嫁
여 허가 이정 귀 기부 자손 과방 여인 급 빙처 미성 자 구 부좌 허가

498

已定歸其夫 女子不坐罪 歸夫各居姊妹 律不枚擧 因此坐罪. 親
女子許嫁歸夫不坐 姊妹雖許嫁歸夫 各居坐罪未便. 前後罪人
許嫁歸夫姊妹 竝不坐罪."

從之.

命免前司憲監察金音刺字. 音爲礪山監務 貪汚不法 至燒文籍
以滅迹 司憲府請鞫問按罪施行 從之. 至是 音子申呈 乞貸父
刺字 命除刺字 移囚巡禁司決之. 河崙之子久娶李鍾德女無子 以
音女爲妾 上重崙 故有是命.

乙亥 兀良哈崔沙顔不花等三人來獻土物.

尙瑞司上虎符授受之法. 啓曰:

"今後各道新監司節制使當管虎符者 必待政府承傳移文 然後
授受: 其字號諸緣及授受之處日月 開具申呈 啓下本司 明白施行
以爲恒式. 已曾傳受監司節制使 亦令申呈."

從之.

丙子 御便殿視事. 上謂政府六曹臺諫曰: "予深居宮禁 日無
所爲 故每日延見卿等 如有所言 勿諱." 命代言等曰: "予聞各道
守令內 或有不法者 爾等何不言之?" 對曰: "臣等未之聞也." 上
曰: "監司或以擧主爲褒貶 故守令之亂政者 或居上等 予欲直言之
恐告我者或不公也. 後必有公論 爾等宜言於左政丞及吏曹判書."

賜前摠制高鳳禮米二十石. 鳳禮進大銅鑪.

以領議政府事河崙爲承文院都提調 吏曹判書李稷 西川君
이 영의정부사 하륜 위 승문원 도제조 이조판서 이직 서천군

韓尙敬 禮曹判書偰眉壽 檢校判漢城府事鄭以吾提調.
한상경 예조판서 설미수 검교 판한성부사 정이오 제조

丁丑 封金氏爲明嬪 盧氏昭惠宮主 金氏淑恭宮主. 上欲除九德
정축 봉 김씨 위 명빈 노씨 소혜 궁주 김씨 숙공 궁주 상 욕제 구덕

之官 謂知申事金汝知等曰: "判閣 近侍之官 不可以嬪父爲之."
지관 위 지신사 김여지 등왈 판각 근시 지관 불가이 빈부 위지

對曰: "例當封君." 上曰: "昔 漢非劉氏不王 此雖情異 不可封君.
대왈 예 당 봉군 상왈 석 한비유씨불왕 차 수 정이 불가 봉군

且後世以爲例 則不可." 上曰: "天子之於皇后 諸侯之於夫人 若
차 후세 이위예 즉 불가 상왈 천자 지어 황후 제후 지어 부인 약

天地日月 其尊卑有等而古人云: '夫屈於婦者.' 若有獻酬起居之
천지 일월 기 존비 유등 이 고인 운 부굴 어부자 약유 헌수 기거 지

禮 則將如何?" 禮曹參議許稠對曰: "經籍所未有 故不知其詳然
례 즉 장 여하 예조참의 허조 대왈 경적 소미유 고 부지 기상 연

夫爲妻綱 豈有抗禮者哉!"
부위처강 기유 항례 자재

以柳廷顯爲司憲府大司憲 李升商刑曹判書 林整西北面
이 유정현 위 사헌부대사헌 이승상 형조판서 임정 서북면

都巡問使 安純參知議政府事 李漬司憲執義 李繩直掌令. 罷朴經
도순문사 안순 참지 의정부사 이지 사헌 집의 이승직 장령 파 박경

權嚴 金由性職.
권엄 김유성 직

分遣敬差官于外方. 初 上曰: "予深慮小民 或有祁寒 不得其所
분견 경차관 우 외방 초 상왈 여 심려 소민 혹유 기한 부득 기소

者." 朴子靑對曰: "今國家無役民之事 豈有失所者乎!" 上曰:
자 박자청 대왈 금 국가 무역민 지사 기유 실소 자호 상왈

"雖然宜擇朝士之剛明慈惠者 分遣各道 問民疾苦以聞." 至是
수연 의 택 조사 지 강명 자혜 자 분견 각도 문민 질고 이문 지시

分遣朝臣 民生疾苦 獄訟寃滯凡所以傷和氣召水旱之由者 採訪
분견 조신 민생 질고 옥송 원체 범소이 상 화기 소 수한 지유자 채방

以聞. 忠淸 全羅道禮曹右參議李之剛 豊海西北面典農正曹致
이문 충청 전라도 예조 우참의 이지강 풍해 서북면 전농 정 조치

江原東北面禮賓尹柳顗 慶尙道戶曹正郎李有喜. 政府啓: "若
강원 동북면 예빈 윤 유의 경상도 호조정랑 이유희 정부 계 약

守令不法 奸吏作弊 民受其害者 細推 三品以上 監囚申請 四品
수령 불법 간리 작폐 민 수 기해 자 세추 삼품 이상 감수 신청 사품

以下 照律直斷; 監司及水陸軍官 如有不稱其職者 亦具實迹申聞.
이하 조율 직단 감사 급 수륙 군관 여유 불칭 기직 자 역구 실적 신문

凡可以救災卹患興利除害事件 無遺訪問事 幷囑之何如?"從之.
범 가이 구재 휼환 홍리 제해 사건 무유 방문 사 병 촉지 하여 종지

戊寅 霜附木 昏霧四塞.
무인 상 부목 혼무 사색

御便殿視事. 上曰:"豐海西北二道 將何以救荒?"僉曰:"兩道
어 편전 시사 상왈 풍해 서북 이도 장 하이 구황 첨왈 양도

皆附山臨海 所產不乏 不至於飢. 其令江華 喬桐軍資田所出
개 부산 임해 소산 불핍 부지 어기 기령 강화 교동 군자전 소출

積于海邊 至春漕運以給之 庶免饑饉矣."上曰:"不獨此也.
적우 해변 지춘 조운 이 급지 서면 기근 의 상왈 부독 차야

留後司所儲亦多 又以此賑貸之."
유후사 소저 역다 우 이차 진대 지

上曰:"嬪媵名號已定 其供御如何?"左政丞成石璘對曰:"嬪與
상왈 빈잉 명호 이정 기 공어 여하 좌정승 성석린 대왈 빈여

宮主 雖有等級 皆媵也. 其侍女宦官則各有所屬 其供御執役之人
궁주 수유 등급 개잉야 기 시녀 환관 즉 각유 소속 기 공어 집역 지인

共之何如?"上允之.
공지 하여 상 윤지

己卯 霜附木.
기묘 상부목

御便殿視事. 上曰:"霜附木 或曰木稼 出於何書?"司諫鄭悛
어 편전 시사 상왈 상부목 혹왈 목가 출어 하서 사간 정전

對曰:"昔王安石曰:'木稼由來達官怕.'"上曰:"古之人君 若有
대왈 석 왕안석 왈 목가 유래 달관 파 상왈 고지 인군 약유

天變地怪 必廣詢民瘼. 予考諸書 霜附木 小災也 冬雷 非小災
천변 지괴 필 광순 민막 여 고 제서 상부목 소재야 동뢰 비 소재

也. 宜速遣朝臣咨訪."顧謂李之剛曰:"爾亦爲敬差官."之剛
야 의속 견 조신 자방 고위 이지강 왈 이 역위 경차관 지강

對曰:"臣以爲當此之時 豈有民瘼! 但意獄訟間 或有未正耳."上
대왈 신 이위 당 차지시 기유 민막 단 의 옥송 간 혹유 미정 이 상

曰:"然. 予以京中事知之. 刑曹巡禁司都官員非一 猶有誤決 況
왈 연 여이 경중 사 지지 형조 순금사 도관 원 비일 유유 오결 황

州郡之一員乎! 爾往詳察. 昔平壤君趙大臨之下獄也 聞巡禁司
주군 지 일원 호 이왕 상찰 석 평양군 조대림 지 하옥 야 문 순금사

堅推大臨 輕覈睦仁海 於予心痛傷. 思漢之丙吉善察獄冤 以爲
견추 대림 경핵 목인해 어 여심 통상 사 한지 병길 선찰 옥원 이위

巡禁司必誤 乃遣內官朴犕監問 犕亦以大臨將置於重刑 予責犕
순금사 필오 내견 내관 박유 감문 유 역이 대림 장치어 중형 여 책유

曰:'監問之際 不明如此. 如汝者雖十人 死猶可也.'乃囚犕 更
왈 감문 지제 불명 여차 여여자 수 십인 사유 가야 내수 유 갱

遣知申事黃喜監問 得其實 仁海伏誅. 若非大臨 必誤得罪矣."

吏曹判書李稷 知議政府事李膺等對曰:"當其時 仁海告以大臨

之反 故不獲已堅問. 大臨言訥不能自辨 仁海辯給而能對 若以言

而不以實 則大臨幾乎未免 幸有一二可疑事露 仁海失辭伏罪."上

曰:"予經此事 尤知獄訟之不可不審. 此乃大臨之不幸也 實後人

之幸也."

敬差官李之剛等辭 上面命曰:"在位十餘年間 天災地怪 無歲

無之 且無時無之. 予自當反躬 然外方民生疾苦 安能洞見! 汝往

欽哉!"

辛巳 慶尙道都觀察使安騰獻駿馬 上稱善 賜齎進人楮貨三十張.

司諫院上疏. 疏略曰:

'百姓足 君孰與不足 百姓不足 君孰與足! 今國家設烟戶屯田

給種一斗 收其所出五斗 以補軍資 此誠富國强兵之術也. 臣等

竊謂所耕之田本少 而旣收租稅 又收屯田所出 民甚苦之 況今年

因旱 禾穀未實 民生可哀! 願自今革烟戶屯田之法 今年但收其

種數 勿收所出 以厚民生. 鹽又切於民用 不可一日無也. 國家設

鹽場官使燔之 易民布貨 民甚便之. 自歲己丑 以其鹽易米 民之

貧乏者 不得其利 居深遠者 艱於運米. 願依前例 易以紬苧正布

楮貨 以供國用 以便民生.'

下政府議得:"烟戶屯田 凶年則失農 各官宜免收所出 鹽價則

米布楮貨 宜從自願." 從之.

壬午 雨雷電虹見 解凍.

召還黃稻等. 司諫院正言朴融進言曰: "今內官黃稻等將犬馬往長淵以獵. 豐海道失農尤甚 無乃不可乎?" 上曰: "犬馬在此 尚有廩粟 雖往於彼 亦無加損." 融曰: "犬馬之食雖如此 其於犬馬調習之際 長淵之人 豈不勞乎!" 上曰: "馬供武用. 若儒生之馬則固無調習之弊 春秋講武不可廢 故我令調習之耳. 然諫官之言不可不從." 乃召還焉.

上憂西北面之饑曰: "平壤君趙大臨回自西北面曰: '今年之饑甚於往年.' 其將如何? 其以豐海道所儲之穀 水陸轉運以賑之 豐海飢民則以開城所畜八萬石及臨津以北各郡之穀 漕運以給 則可救也."

豐海道監司報: "以各官所儲陳豆五百石 合醬以賑飢民." 從之.

癸未 命收摠制郭承祐職牒 外方付處. 義興府上言: "摠制郭承祐不畏敎旨 私率禁兵鄭義等九人 累日畋于城外; 義等亦無本府之令 聽從承祐以行 竝下攸司科罪." 命幷義等外方付處.

司諫院上疏請承祐等罪曰:

'立法本以防亂 兵權易以爲亂. 苟不信法令謹兵權 禍亂將至悔之奚及! 往者政府受判一款云: "無兵曹義興府明文 私聚軍士者 皆以謀逆論." 其法可謂周且密也. 此法之行 今已三年 有耳目

者所共見聞. 摠制郭承祐職居三軍 夙知此令; 鄭義等身爲禁兵
先聞此令 承祐擅聚而不忌 義等聽順而不辭. 時方沍寒 信宿于外
雖曰遊獵 立法未幾 承祐與義首犯其令 若斷以輕典 則脫有後日
陰畜異志 指稱游畋私聚軍馬者 將何以制! 前日義興府驗實具聞
殿下特推寬恩 止令外方付處. 臣等竊恐軍令不信之端 已啓於此;
太阿倒持之患 將基於此. 伏望殿下一依政府受判 明治其罪 以謹
履霜 以懲後來.'

上曰: "承祐雖犯法 所聚者不多. 且其心非謀叛 已令付處 不必
更論."

司諫院又請承祐等罪 上曰: "今承祐只率九人 出郊畋獵 其心
不是謀叛 且承祐愚惑 不知事理 比其父差可. 論其罪 則夷三族
原其情 則可恕 前日只令外方付處. 今爾等請之再三 予當加罪
之." 遂命竝收告身 遠方付處.

命止冬至上壽. 議政府請之 上不聽曰: "西方面饑甚 其敢宴樂乎!"

江原道都觀察使獻白雉 上曰: "是山郡所有 非瑞也."

賜鏡城都兵馬使崔潤德藥 聞潤德有疾也.

甲申 禮曹上正朝冬至朝賀儀注.

西北面都巡問使林整詣闕辭 上面命曰: "聞其道民饑 予甚閔焉
今命卿以往 正欲救民也. 移粟賑濟 已下令矣."

乙酉 冬至 王世子以下百官行向闕賀禮如儀. 上未寧 傳旨政府

曰:"予今日病矣 卿等 勿以予爲懶慢而不爲禮也." 政府百官入賀
왈   여 금일 병 의 경 등 물이여위 나만 이불 위례 야   정부 백관 입하

江原道獻白獐皮二張. 賜政府及入直臣僚酒果 下逮軍士.
강원도 헌 백장 피 이장 사 정부 급 입직 신료 주과 불체 군사

丙戌 前摠制高鳳禮卒. 鳳禮 濟州人也. 上悼甚 命代言曰:
병술 전 총제 고봉례 졸 봉례 제주인 야 상 도심 명 대언 왈

"此人愛慕寡人 遠離親戚而來仕 甚可憐也. 今其亡也 予甚哀之
차인 애모 과인 원리 친척 이래 사 심 가련 야 금기 망야 여심 애지

喪葬之具 其悉賻恤." 兩殿皆賜祭 賻紙百五十卷 燭十丁 米豆
상장 지구 기실 부휼 양전 개 사제 부지 백 오십 권 촉 십정 미두

四十石及棺槨.
사십 석급 관곽

上曰:"今年十二月閏 都目政當在何月? 以陰陽氣數 宜用閏月
상 왈 금년 십이월 윤 도목정 당 재 하월 이 음양 기수 의용 윤월

以京外考滿 當用十二月也."
이 경외 고만 당용 십이월 야

吏曹判書李稷對曰:"外方守令簡月 竝計閏." 上曰:"然則用
이조판서 이직 대왈 외방 수령 개월 병 계윤 상 왈   연즉 용

十二月可也."
십이월 가야

| 원문 읽기를 위한 도움말 |

① 上命以孝文爲打角夫. '以~爲~'의 구문으로 '~를 ~로 삼다'라는 뜻이다.
   상 명 이 효문 위 타각부   이   위
   즉 효문을 타각부로 삼으라고 명한 것이다.

태종 11년 신묘년
12월

十二月

정해일(丁亥日-1일) 초하루에 일본 국왕(日本國王)의 사신과 대내전(大內殿)의 사인(使人)이 돌아간다고 고하니 상(上)이 경연청(經筵廳)에 나아가 인견(引見)하며 말했다.

"너희 왕이 양수(梁需)를 겁박하고 노략질한 도적을 끝까지 토벌할 뜻을 보이니 내가 심히 기뻐하고 감사한다."

사인이 대답했다.

"우리 왕이 『대장경(大藏經)』을 구합니다."

이에 1부(部)를 내려주라고 명했다.

○ 대언사(代言司)가 아뢰었다.

"집의(執義) 이지(李漬)는 간원(諫院)의 탄핵을 당하고 대사헌(大司憲) 유정현(柳廷顯)은 평양(平壤)에서 병으로 돌아오지 못했으며 장령(掌令) 지평(持平)은 아직 직사에 나오지 않아 오늘 다시(茶時)[1]를 빠뜨렸으니 청컨대 방주감찰(房主監察)로 대신하게 해야 할 것입니다."

명해 정부에 내려 대간(臺諫)의 잘잘못을 토의해 아뢰게 했는데 이는 대개 (상이) 간원(諫院)을 미워한 때문이다.

○ 사간(司諫) 정준(鄭悛)이 말씀을 올렸다.

---

1 사헌부(司憲府)의 벼슬아치가 날마다 한 번씩 회좌(會座)해 차를 마시면서 공사(公事)를 의논하던 일을 가리킨다.

"집의 이지(李漬)가 상관(上官-도임(到任))하는 날에 그가 갑자기 장령(掌令) 이승직(李繩直)의 고신(告身)을 서출(署出)했기 때문에 탄핵했습니다."

상이 말했다.

"지(漬)가 이미 사은(謝恩)했으니 비록 개함(改銜)하지 않았으나 서출하는 것이 무엇이 해로운가? 또 상관(上官)하는 것은 공사(公事)를 행하자는 것이다."

무자일(戊子日-2일)에 서북면(西北面)과 풍해도(豊海道)의 실농(失農)한 주군(州郡)의 금년 조세를 면제해주었다.

○『대명률(大明律)』을 번역하고[2] 원(元)나라 율(律)을 섞어 쓰지 말라고 명했다.

기축일(己丑日-3일)에 (사헌부)장령 이승직과 지평(持平) 남이(南珥) 등이 소(疏)를 올려 좌사간대부(左司諫大夫) 정전(鄭悛) 등의 죄를 청했다. 소는 이러했다.

'남의 신하가 돼서 그 임금을 공경하지 않으면[不敬=不恪] 죄가 그보다 더 큼이 없습니다. 전일에 장령 이방(李倣)이 대사헌(大司憲) 박경(朴經)과 집의 권엄(權嚴) 등을 탄핵해 분대(分臺)하지 못하고 또 자신이 정사(呈辭-사직서를 올림)해 공상(供上)을 빠뜨리기에 이르렀습니다. 정부 대신이 듣고 황공해 계문(啓聞)해 논죄했으니 이는 간

---

2   번역했다는 것은 이두나 구결을 붙여 읽을 수 있게 했다는 말이다.

원(諫院)에서 보고 들은 것입니다. 집의 이지가 비록 용서하지 못할 죄가 있더라도 잠시 장령과 지평이 관(官)에 출사(出仕)한 뒤를 기다려서 탄핵해도 늦지 않은데, 지금 또 분대(分臺)를 못해 공상(供上)을 빠뜨리게 했습니다. 이것은 임금을 공경하는 마음이 없는 것이니 죄가 그보다 더 무거울 수 없습니다. 빌건대 행수(行首) 정전(鄭悛), 장무(掌務) 김고(金顧)의 직첩을 거두고 그 죄를 국문해야 할 것입니다.'

윤허하지 않았다.

임진일(壬辰日-6일)에 취각(吹角)[3]하라고 명했는데 갑사(甲士) 여러 명이 말에서 떨어졌다. 의흥부(義興府)에 명해 말했다.

"사졸을 훈련해 양성하는 것은 적을 막자는 것인데 지금도 아직 이와 같으니 하물며 위급한 때이겠느냐?"

아패(牙牌)[4]를 가지고 영삼군사(領三軍事) 조영무(趙英茂), 판의흥부사(判義興府事) 이천우(李天祐)와 윤저(尹柢) 등을 불러 직문기(織紋旗) 세 기를 나눠 주며 말했다.

"이 일이 비록 시끄러워서 사람의 눈과 귀를 놀라게는 하나 실상은 군법을 익히자는 것이니 경 등은 삼군(三軍)을 거느리고 서산(西山)에 가서 사냥하라."

---

3 임금이 영(令)을 내려 각(角)을 불어서 졸지에 대소 신료(大小臣僚)와 군사를 모으던 일을 가리킨다.
4 임금이 2품 이상의 관원을 부를 때 내려주던 신부(信符)를 가리킨다.

총제(摠制) 황록(黃祿)을 보내 술을 내려주고 위로했다.

○ 의흥부지사(義興府知事) 심구령(沈龜齡)이 아뢰어 말했다.

"취각(吹角)하는 때에 갑사(甲士)가 대(隊)를 만들어 군령(軍令)을 엄하게 해 영의정부사(領議政府事) 하륜(河崙), 좌정승(左政丞) 성석린(成石璘)도 들어오지 못했습니다."

상이 말했다.

"예전에 (한나라) 주아부(周亞夫)[5]가 군벽(軍壁)의 문을 열지 않았는데 지금까지도 (사람들이) 그것을 사모한다. 군령은 이와 같이 엄격해야 좋다."

○ 의정부(議府)에서 글을 올려 총제(摠制) 권희달(權希達)의 죄를 청했다. 글은 이러했다.

'희달이 지난번에 본부(本府) 녹사(錄事) 박문경(朴文經)을 보고서 무례하다고 책해 욕하고 꾸짖었을 뿐 아니라 또 그 노복을 때렸고 또 녹사 정신(鄭侁)을 길에서 보고 제 복종(僕從)을 시켜 머리를 부여잡아 개천 가운데에 집어넣었는데, 정신이 부(府)에 고했으나 부에서 내버려두고 묻지 않았는데 거의 반성하리라 보았기 때문입니다.

---

5 고조를 도와 한나라를 건국하는 데에 공을 많이 세운 강후(絳侯) 주발(周勃)의 아들이다. 문제(文帝) 6년(기원전 158년) 하내태수(河內太守)로 있다가 아버지가 죽자 뒤를 이어 조후(條侯)로 봉해졌다. 흉노(匈奴)가 침범하자 장군(將軍)이 돼 세류(細柳)를 방어했다. 이때 황제가 군대를 위로하고자 했지만 병사들이 막아 들어가지 못했는데, 사신에게 지절(持節)을 들고 장군에게 보내 예를 갖춘 뒤에 떠나니 군대의 기강이 엄명(嚴明)하다고 칭송하면서 중위(中尉)에 임명했다. 경제(景帝) 전원(前元) 3년(기원전 154년) 오초(吳楚)가 반란을 일으키자 태위(太尉)로서 칠국(七國)의 난을 평정했다. 오왕(吳王)을 죽인 뒤 승상(丞相)이 됐다. 나중에 율태자를 폐하는 일에 충간을 했다가 경제의 심기를 건드렸다. 후원(後元) 원년(기원전 143년) 그의 아들이 관기(官器)를 훔쳐 팔았다는 고발을 당하고 연루돼 정위(廷尉)에게 넘겨지자 음식을 전폐하고 굶어 죽었다.

또 녹사 문중계(文中啓)를 꾸짖어 복종(僕從)을 시켜 더러운 개천에 잡아넣고 사람을 시켜 걸터앉게 했습니다. 문중계가 부(府)에 고소하므로 부에서 헌사(憲司)에 이문(移文)했으니 이것은 녹사의 무리를 비호하는 것이 아니라 대개 시비를 분변하게 한 것일 뿐입니다. (그런데도) 희달이 이문한 것에 노해 본부(本府)를 헐뜯어 추한 말을 하는데 못 하는 말이 없습니다. 희달이 광패(狂悖)하고 사나워서 나라의 법을 두려워하지 않고 형벌을 임의로 하고 예를 망치므로 헌사(憲司)와 간원(諫院)의 탄핵이 한두 번이 아니었으나, 특별히 상의 자애를 입어 지위가 총제에 이르렀으니 마땅히 조심해야 할 것인데 도리어 욕하고 꾸짖는 것을 방자히 해 본부(本府)에까지 미칩니다. 이것이 비록 신 등의 용렬한 소치이기는 하나, 정부는 백관을 통솔하고 호령을 내는 곳이니 어찌 이렇게까지 능욕(凌辱)되게 할 수 있습니까? 엎드려 상재(上裁)를 바랍니다.'

소를 궁중에 머물러두었다.

○ 영의정부사 하륜(河崙)과 예조참의 허조(許稠) 등이 다만 동방청제(東方靑帝)를 제사할 것을 청해 아뢰었다.

"제후(諸侯)의 나라로서 하늘을 제사하는 것은 예에 합하지 않으니 청제(靑帝)만 제사하기를 청합니다."

상이 말했다.

"우리 동방(東方)에서 원단(圓壇)에 제사한 지가 이미 오래지만 경 등의 의견이 옳다. 그러나 만일 수한(水旱)의 재앙이 있으면 원단에 제사하지 않은 까닭이라고 말하지 않겠는가?"

계사일(癸巳日-7일)에 하구(河久)를 중군도총제(中軍都摠制)로, 권완(權緩)을 경기 도관찰사(京畿都觀察使)로, 이발(李潑)을 충청도 도관찰사(忠淸道都觀察使)로 삼았다.

을미일(乙未日-9일)에 예조좌랑 정애연(鄭藹然)과 병조좌랑 금유(琴柔)를 파직했다. 애초에 상이 왜사(倭使)를 조아(朝衙)에 참여시키고자 했는데, 병조에서 일기(馹騎-역마)를 제공(提供)하지 않아 미치지 못했고 또 새롭게 의장(儀仗)을 베풀지 않았다. 상이 노해 헌사(憲司)에 추문(推問)하도록 명하니 헌사에서 소를 올려 말했다.

'예조좌랑 정애연은 지난번에 일본 사인(使人)이 예궐하는 일을 늦게 이문(移文)해 병조로 하여금 의장(儀仗)을 배설하지 못하게 했고 또 사인으로 하여금 도보로 예궐하게 했으며, 병조좌랑 금유는 역기(驛騎)를 많이 궐문에 배치해 불우에 대비하는 것이 직책인데 다만 7필을 머물러두어 미처 준비해 보내지 못했으니 모두 직책을 감당하지[稱職] 못한 것입니다. 위의 두 사람의 죄를 상재(上裁)해 시행하셔야 할 것입니다.'

이에 이런 명이 있었다.

○ 주작(朱雀)을 남방(南方)에 제사하는 것을 없앴다. 예조에서 말씀을 올렸다.

"사전(祀典)에 상고해보면 주작의 신(神)을 남방에 홀로 제사할 것이 아닙니다."

없애라고 명했다.

○ 사헌부대사헌 유정현(柳廷顯), 형조판서 이승상(李升商), 전 대

사헌 맹사성(孟思誠) 등에게 잔치를 베풀었다. 상이 말했다.

"정현(廷顯)은 친척인데[6] 오래 밖에서 수고했고, 승상은 동방(同榜)[7] 친구인데 지금 어미의 상을 마쳤고, 사성(思誠)은 일찍이 죄를 받아 밖에 있었다."

모두 명해 불러 술자리를 베풀어 위로했다. 종친들이 참여했다.

○ 금주(衿州)에서 은(銀)을 캐도록 명했다. 상이 말했다.

"사대(事大)하는 나라에 금은(金銀)이 없을 수 없다. 내가 들으니 서북면(西北面)의 태주(泰州), 경기(京圻)의 금주(衿州), 경상도(慶尙道)의 김해(金海)와 안동(安東)에 모두 백은(白銀)이 난다고 하니 찾아서 캐도록 하라. 백성을 수고롭게 하는 것이 비록 무거운 일이나 일이 자봉(自奉)을 위한 것이 아니니 하늘이 어찌 싫어하겠는가?"

여러 신하가 모두 말했다.

"그렇습니다."

상이 말했다.

"금주는 가까운 땅이다."

공조판서 박자청(朴子靑)을 금주에 보내 시굴(試掘)하게 했다. 자청(子靑)이 금주에서 돌아와 말했다.

"은석(銀石)이 연약해 사용하기 어려워 겨우 은 1냥을 얻었습니다."

상이 말했다.

---

6 친척이라 한 것은 유정현이 이성계의 이복형 이원계의 딸과 혼인했기 때문이다. 이원계의 둘째 딸은 먼저 변중량(卞仲良)에게 시집갔다가 다시 유정현에게 시집갔다.

7 같은 때에 과거에 급제해 방목(榜目)에 같이 오른 동료라는 말이다.

"우리나라에서 사대(事大)하는데 수년 후에는 금은을 얻기 어려울 것이니 마땅히 각 도(各道)에서 널리 채집해야 한다."

반영(潘泳)을 풍해도에, 사공제(司空濟)를 경상도에 보냈다. 정부에서 아뢰어 말했다.

"금주에서 은을 캐는 것은 재력은 많이 들고 얻는 것은 심히 적으니 그 역사를 파하는 것이 마땅합니다."

그것을 따랐다. 상이 말했다.

"본국에서 금은이 나지 않는데 해마다 중국(中國)에 바치는 것이 모두 700여 냥이나 되니 매우 염려된다. 수안(遂安), 단주(端州), 안변(安邊) 등지에서 정련(精鍊)하라."

○ 형조좌참의(刑曹左參議) 양수(梁需)와 예빈녹사(禮賓錄事) 정함(鄭諴) 등을 파직했다. 수(需) 등이 일찍이 분경(奔競)을 범했는데 이때에 이르러 헌사(憲司)에서 죄를 청한 때문이다.

○ 총제(摠制) 권희달(權希達)을 가둘 것을 명했다. 정부(政府)에서 청했기 때문이다. 또 명해 정부녹사(政府錄事) 문중계(文中啓)를 가뒀는데 이는 대개 권희달에게 예를 잃었기[失禮] 때문이다. 상이 말했다.

"권희달이 녹사를 때린 것[扶]은 비록 허물이 있으나 녹사가 재상에게 무례하게 군 것은 심히 잘못됐다. 녹사가 무례한 것은 예전[疇昔]에도 그랬다. 전조(前朝) 때에 부왕(父王)이 시중(侍中)이 되셨는데 녹사가 항상 문에 있었다. 내가 그 언담(言談)·거지(擧止)를 엿보니 심히 용렬한 사람들이었다. 또 녹사가 말 타는 것은 불가하다. (그런데) 부왕(父王)이 재상이 되고 내가 (성균관) 정록(正錄)이 돼 성

516

균관(成均館)에 있었는데, 사람을 보내 말을 가져오니 부왕이 말하기를 '예전에는 삼관(三館)의 선비들이 모두 걸어 다녔으니 어찌 반드시 말을 타겠느냐'라고 하셨으니 이것은 예전에 참외(參外)가 모두 걸어 다닌 것이다. 지금 녹사가 무례하기가 이와 같으니 마땅히 걸어 다니게 해야겠다. 경 등은 저지(沮止)하지 말라. 또 권희달이 나의 좌우에 있어 시위(侍衛)하니 잠시도 없을 수 없는 사람이다. 일찍이 어떤 사람이 내 말 머리를 지나서 달아나는데 사금(司禁)이 비록 많았지만, 한 사람도 벽제(辟除)하는 자가 없었으나 희달(希達)이 말을 달려 잡았으니 희달이 아니면 누가 이렇게 하겠는가?"

의정부참지사 정역(鄭易)이 아뢰어 말했다.

"희달이 정부를 욕한 것은 몹시 나쁩니다."

상이 말했다.

"희달이 정부를 욕한 것은 잘못이나, 재상이 추워 얼음이 얼어붙는 때에 3일 동안이나 옥(獄)에 있었으니 참으로 충분히 징계가 되었을 것이다."[8]

희달을 석방하라 명하고 정부에 명했다.

"본조(本朝)의 고제(古制)에 녹사가 걸어 다녔으니 상정(詳定)해 아뢰라."

대사헌 유정현(柳廷顯)이 희달의 죄를 굳게 청하니 상이 말했다.

"녹사가 말타는 것을 상정(詳定)한 뒤에 희달의 죄를 정하겠다."

---

8 의정부의 권력에 제한을 두려는 마음에서 나온 발언으로 보인다.

정유일(丁酉日-11일)에 종친을 봉군(封君)하는 법을 토의했다. 편전 (便殿)에 나아가 정사를 보니 이조판서 이직(李稷)이 말했다.

"지난번에 종친(宗親)이 총제(摠制)로서 원윤(元尹)으로 봉해진 자 가 있었는데, 강등(降等)해 4품의 녹을 받았으니 마땅히 그 과(科)를 고쳐야 합니다."

하륜(河崙)이 말했다.

"이미 총제를 지낸 자는 마땅히 봉군(封君)해야 합니다."

상이 말했다.

"내 뜻으로는 태조(太祖)의 정파자손(正派子孫)이 아니면 봉군하는 것은 옳지 않다고 생각한다. 국초에 영안군(寧安君) 이양우(李良祐) 가 다행히 환왕(桓王)의 서손(庶孫)으로 봉군을 받았고, 그 뒤에 종 친 가운데 이 예(例)를 끌어다가 봉군한 자가 대개 많았다. 만일 종 친인 까닭으로 모두 봉군한다면 후대의 종지(宗支)가 다 셀 수 없을 것이니 어떻게 사람마다 봉해 천록(天祿)을 누릴 수 있겠는가? 또 적 자(嫡子)가 아닌데 군을 봉하는 것은 좋은 계책이 아니다. 한 가지를 들어 말했으니 마땅히 경은 알아야 할 것이다. 지금 종실 사이에 재 주가 무직(武職)에 합당한 자는 내가 총제를 주었으니 총제에서 다 시 원윤이 된 자는 녹을 총제의 과(科)를 따르는 것이 좋은 것이다. 재주가 무직에 합당치 않은 자는 자취(自取)한 것이다."

직(稷)이 대답했다.

"상의 생각이 옳습니다. 신 또한 정파(正派)가 아니고서 봉군하는 것은 장원(長遠)한 규정이 아니라고 생각합니다. 마땅히 법을 세워야 합니다."

상이 말했다.

"서둘러야 할 것은 아니니 누설하지 말라."

○ 명해 동북면(東北面) 수군(水軍)의 만호(萬戶)와 천호(千戶)를 민관(民官)으로 겸임시켰다. 의정부에서 말씀을 올렸다.

"동북면의 수군 만호와 천호는 변경(邊警)도 없는데 선군(船軍)을 둔취해 한갓 군량을 허비하니 마땅히 민관으로 겸임시키소서. 일이 없으면 선군으로 하여금 방수(防戍)를 면하게 해 집으로 돌아가게 하고, 일이 있으면 되돌아오게 하소서."

그것을 따랐다.

○ 동북면(東北面)과 서북면(西北面)에 양전(量田)할 것을 명했다. 이에 앞서 국가에서 이 두 계(界)의 땅이 중국에 붙어 있으므로 일찍이 타량(打量)하지 않았다. 이때에 이르러 승평(昇平)한 지가 이미 오래이므로 조사(朝士)를 나눠 보내 그 밭을 타량했다.

무술일(戊戌日-12일)에 명해 호군(護軍) 오부(吳溥)의 죄를 감하고 장(杖) 60대를 속(贖) 받았다. 순금사(巡禁司)에서 아뢰었다.

"오부가 성동문(城東門)을 닫지 않은 죄는 율에 장(杖) 90대에 해당합니다."

감하라고 명했다.

"경복궁 제공(景福宮提控) 신양(申揚)은 궁서문(宮西門)을 닫지 않았으니 율에 장(杖) 100대에 충군(充軍)하는 것에 해당합니다."

장 70대를 속 받으라고 명했다.

○ 사헌부(司憲府)에서 소(疏) 3통(通)을 올렸다. 하나는 취각(吹角)

을 듣고 대궐에 나오지 않은 죄를 청한 것이고, 하나는 의영고부사(義盈庫副使) 박질(朴質)이 취각(吹角)하는 날에 허위로 동료(同僚) 직장(直長) 김오문(金五文)의 이름에 서명한 죄를 청한 것이고, 하나는 계성전(啓聖殿) 향상(向上) 이창(李敞) 등이 제사를 행하는 날을 당해 내향(內香)을 지송(祗送)하지 않은 죄를 청한 것이다. 박질은 다른 일을 면제하고 태(笞) 50대를 속 받고 복직시키고, 이창의 죄는 율에 의거해 속을 거두고 환임(還任)시키고 취각(吹角)할 때에 이르지 아니한 지승문원사(知承文院事) 유현(俞顯) 등 11인은 모두 면직하고, 그 나머지 공신인 조온(趙溫)·윤곤(尹坤)·김우(金宇)·송거신(宋居信)과 신병이 있는 사람, 말에서 떨어진 사람 등은 아울러 논하지 말라고 명했다.

○ 유정현(柳廷顯)이 아뢰어 말했다.

"지난해에 잡물(雜物)을 추징(推徵)하는 일을 본부(本府)로 하여금 맡게 했는데, 조사(朝士) 가운데 일찍이 전곡(錢穀)의 직임(職任)을 지낸 자는 모두 탄핵을 당해 출사(出仕)하지 않으니 어찌하겠습니까?"

상이 말했다.

"만일 추징(推徵)하는 법을 폐지하면 기강(紀綱)이 무너질 것이다. 긴요하지 않은 잡물은 제외하고 다만 금은(金銀), 포화(布貨), 미곡(米穀)만을 추징하라."

지금부터 궐내에서 금은 그릇을 쓰는 것을 금지하라고 명했다.

경자일(庚子日-14일)에 사헌부에서 소를 올려 다시 권희달(權希達)

의 죄를 청했다. 소는 이러했다.

'정부(政府)는 백관의 장(長)이어서 백성이 우러러보는 바입니다. 총제 권희달이 정부가 헌사(憲司)에 이문(移文)해 자기 죄를 핵문했다고 해 자기의 잘못은 돌아보지 않고 불공한 말로 도리어 도당(都堂)을 욕해 못 하는 말이 없었습니다. 전하께서 특별히 너그럽고 어지심을 베풀어 다만 수일 동안 옥에 가뒀다가 석방하셨으니 조야(朝野)가 마음에 분개하지 않는 이가 없습니다. 빌건대 법으로 처단해 신민(臣民)이 바라는 것을 위로하소서.'

소를 궁중에 머물러두었다.

○ 곡산군(谷山君) 연사종(延嗣宗)의 아비 상(喪)에 부의로 쌀·콩 40석과 종이 150권, 초 10자루를 내려주었다. 사종(嗣宗)이 함주(咸州)에서 분상(奔喪)[9]하니 또 그 도(道)의 감사(監司)로 하여금 약주(藥酒)를 내려주게 했다.

신축일(辛丑日-15일)에 대마도(對馬島) 종정무(宗貞茂)의 사인(使人)이 와서 조회했다.

○ 예조에서 회색(灰色)과 옥색(玉色)의 의복을 금할 것을 청했다. 아뢰어 말했다.

"금년 4월 27일에 왕지(王旨)가 있어 대소 조회에 회색과 옥색 의복을 금지했습니다. (그런데) 그 뒤에 대소 인원이 조회하는 이외에

---

9 먼 곳에서 어버이의 죽음을 듣고 급히 집으로 달려오는 것을 말한다. 분상하는 사람에게는 가능한 한 편의를 봐주는 것이 통례였다.

궐내와 조로(朝路)[10]에서 공공연하게 입고 다니니 참으로 잘못됐습니다."

내년 임진년 정월 초1일부터 시작해 일절 금지하라고 명했다.

○ 상이 말했다.

"전조(前朝-고려) 때에 회색(灰色)을 금하는 영이 있었는데 이는 대개 동방(東方)은 목덕(木德)이기 때문이다. 나도 또한 나라를 잃어버리는 것 같은 짓을 미워하기 때문에 금지하는 것이다."

하륜(河崙)이 말했다.

"옛날에 유창(劉敞)이 태조(太祖)께 말하기를 '참서(讖書)에 이르기를 "왕씨(王氏)가 망할 때에 사람이 모두 비둘기 빛[鳩色]이 된다"고 _{구색}했습니다'라고 했는데 그 말이 과연 맞았습니다."

○ 전 참찬문하부사(參贊門下府事) 조희고(趙希古)에게 쌀과 콩 20석을 내려주었으니 (과거에) 몽골학(蒙古學)을 맡은[知] 자였다. _지

○ 오도리(吾都里) 천호(千戶) 최어부개(崔於夫介)와 마대수(馬大愁) 두 사람이 총이말[驄馬]을 바쳤다. _{총마}

○ 전함(前銜-전직) 검교재추(檢校宰樞)에게 회소(會所-모임 장소)를 주었다. 의정부(議政府)에서 말씀을 올렸다.

"전함 검교재신(檢校宰臣)이 정조(正朝)나 탄일(誕日)에 하례(賀禮)할 때에 의지할 곳이 없으니 마땅히 임사(任使)할 사람과 회소(會所)를 주어야 합니다."

그것을 따랐다.

---

10 조회(朝會)하러 여러 신하(臣下)가 왕래(往來)하던 길을 가리킨다.

○ 우부대언(右副代言) 한상덕(韓尙德)에게 명해 『대학연의(大學衍義)』의 말을 전벽(殿壁)에 크게 썼다. 상이 대언(代言) 등에게 말했다.

"『대학연의』는 서산 진씨(西山眞氏)[11]가 고금의 격언(格言)을 모아서 만든 책인데 내가 매번 읽어보면 그 사이에 덕형(德刑) 선후(先後)의 분간과 전리(田里) 휴척(休戚-편안함과 근심)의 실상이 더욱 중요한 것이다."

이에 상이 상덕에게 명해 크게 써서 전(殿)의 안벽 위에 걸어놓고 여러 신하로 하여금 보도록 했다.

○ 의정부전리(議政府典吏)에게 직(職)을 내려주어 윤차(輪次)로 차하(差下-벼슬을 하게 함)했다. 정부(政府)에서 아뢰었다.

"부(府)의 전리(典吏)가 50여 명인데 모두 녹봉(祿俸)도 없이 종사(從仕)하는 것은 심히 괴롭습니다. 빌건대 전 규정에 의거해 전옥서승(典獄署丞)과 대비원부사(大悲院副使)를 윤차로 차하하소서."

○ 제주목관(濟州牧官)에게 정조(正朝) 동지(冬至) 탄일(誕日)에 말 10필을 바치라고 명했다. 이전까지는 다만 4필을 바쳤는데 지금부터 또 6필을 더하고, 국마(國馬)를 가지고 민간의 좋은 말과 바꿔 바치

---

11 송나라 학자 진덕수(眞德秀)를 가리킨다. 일설에는 원래 성이 신(愼)이었는데, 효종(孝宗)의 조신(趙昚)의 이름을 피해 고쳤다고도 한다. 영종(寧宗) 경원(慶元) 5년(1199년) 진사(進士)가 되고, 개희(開禧) 원년(1205년) 박학굉사과(博學宏詞科)에 합격했다. 이종(理宗) 때 예부시랑(禮部侍郎)에 발탁돼 직학사원(直學士院)에 올랐다. 사미원(史彌遠)이 그를 꺼려 탄핵을 받고 파직됐다. 나중에 천주(泉州)와 복주(福州)의 지주(知州-지사)를 지냈다. 단평(端平) 원년(1234년) 입조해 호부상서(戶部尙書)에 오르고, 한림학사(翰林學士)와 지제고(知制誥)가 됐다. 다음 해 참지정사(參知政事)에 이르렀는데, 얼마 뒤 죽었다. 강직하기로 유명해 조정에서 명성이 자자했다. 시정(時政)에 대해 자주 건의했고, 주소(奏疏)는 수십만 자에 이르렀다.

게 했다.

○아악(雅樂)을 정했다. 예조에서 말씀을 올렸다.

"전조(前朝-고려) 광왕(光王-광종)이 사신을 보내 당(唐)나라 악기(樂器)와 악공(樂工)을 청해 그 자손 대대로 그 업을 지키게 했는데, 충렬왕(忠烈王) 조(朝)에 이르러서는 김여영(金呂英)이 맡았고 충숙왕(忠肅王) 조에는 그 손자 득우(得雨)가 맡았습니다. 또 송(宋)나라 악서(樂書)를 상고하면 '원풍(元豐) 연간에 고려(高麗)가 악공(樂工)을 구해 가르쳤다'라고 했습니다. 그렇다면 우리 동방(東方)의 악(樂)이 실상은 중국에서 나온 것인데, 유전(流傳)한 지 대(代)가 오래돼 혹은 와오(訛誤)된 것이 있을까 두렵습니다. 바라건대 관습도감(慣習都監)과 함께 자세히 살펴 그 예전 악보(樂譜)를 찾아 당(唐)·송(宋)의 남은 음(音)을 좇아서 성조(盛朝)의 정악(正樂)을 정해야 할 것입니다."

그것을 따랐다.

○취각령(吹角令)을 거듭 엄하게 했다. 의정부에서 말씀을 올렸다.

"기(旗)를 세우고 각(角)을 불면 갑사(甲士)와 시직(時職), 산직(散職)의 대소 신료(臣僚)가 서둘러서 빨리 대궐에 나오는 것이 마땅한데 혹은 복제(服制), 식가(式暇-정기휴가), 족친간병(族親看病), 영래(迎來), 송거(送去) 때문에 미처 나오지 못하는 자가 많습니다. 이후부터는 부모 상중에 있는 자, 병이 중한 자, 70세 이상 노인 이외에 대소 시직·산직의 인원이 부득이해 문밖에 출입하는 연고가 있으면 아무 날에 나갔다가 아무 날 돌아오는 사유를 갖춰 전함(前衛) 재추(宰樞)는 본부(本府)에, 동반(東班)은 각각 그 앙속(仰屬-해당 부서)

에, 서반(西班) 및 당번(當番) 수전패(受田牌)·의흥부(義興府)·성중애마(成衆愛馬)는 각각 소속에 고장(告狀)한 뒤에 출입하고, 만일 기한이 지나도 이르지 않는 자가 있으면 동반은 정직(停職)하고, 서반(西班) 4품 이하 전함 재추, 당번 수전패 등은 외방에 부처(付處)하고, 서반 5품 이하는 수군(水軍)에 편입하고, 비록 연고가 있어 취각(吹角)할 때에 이르지 못하더라도 당일 내에나 이튿날 아침에 연고를 갖춰 정장(呈狀)하는 자는 아울러 논죄하지 마소서."

그것을 따랐다.

○ 헌부(憲府)에서 말씀을 올렸다.

"이달 초6일 취각(吹角)할 때 사간 정전(鄭悛), 헌납 정지아(鄭之雅)가 연고도 없이 이르지 않았고, 지사간(知司諫) 서종준(徐宗俊), 정언 김고(金顧)가 병을 칭탁하고 이르지 않았고, 헌납 이종화(李種華), 정언 박융(朴融)은 중도에 돌아갔으니 바라건대 과죄(科罪)하소서."

신병이 있는 자를 제외하고 모두 면직하라고 명했다.

○ 병조(兵曹)에서 군사(軍士)로 하여금 병서(兵書)를 강습(講習)하게 할 것을 청했다. 아뢰어 말했다.

"갑사(甲士) 중에 글자를 아는 자를 골라 병서를 강습하게 하소서."

상이 말했다.

"병서를 가르치는 것은 장수를 구하려는 것이다. 무엇 때문에 모조리 군사들에게 다 그 법을 배우게 하느냐? 마땅히 무과에 합격한 자로 하여금 부지런히 강습하게 하라."

계묘일(癸卯日-17일)에 편전(便殿)에 나아가 정사를 보았다. 상이 병사(兵事)에 대해 언급하니 여러 경들이 각각 그 계책을 진술했다. 상이 천명(天命)과 인심(人心)이 가고 오는[去就] 이치를 논했다.

"무인년에 입직(入直)하는 갑사(甲士)가 갑옷을 버리고 달아났으니 이는 서얼(庶孽)을 도울 것이 아님을 안 것이다. 그때 내가 말하기를 '오늘 일은 정히 천명에 있다'라고 하니 안성군(安城君) 이숙번(李叔蕃)이 말하기를 '이 위급한 때를 당해 어찌 한갓 천명만을 믿을 수가 있습니까? 곧 급한 때에 달려가야 합니다'라고 했다."

상이 또 말했다.

"궐문 밖에서 취각(吹角)하면 가까운 자는 먼저 듣고 먼 자는 미치지 못한다. 이제부터는 종루(鐘樓)에서 취각(吹角)해 소리가 4문(四門)에 다다르게 해 아무도 듣지 못하는 사람이 없게 하라."

지의정부사(知議政府事) 이응(李膺)이 대답했다.

"이렇게 하면 일이 늘어집니다. 가까운 자는 먼저 이르고 먼 자는 잇대어 이르는 것이 맞습니다."

갑진일(甲辰日-18일)에 의흥부(義興府)에서 절제사(節制使) 정진(鄭鎭) 등의 죄를 청했다. 아뢰어 말했다.

"지난달 20일에 순작(巡綽)하는 갑사 56명이 나오는 것을 빼먹었으니 그 절제사(節制使) 정진(鄭鎭), 상호군(上護軍) 이득방(李得坊), 대호군(大護軍) 문중가(文仲可) 지백안(池伯顔)을 빌건대 과죄(科罪)하소서."

명해 상호군 이하는 태(笞) 50대를 때리고, 갑사 이하는 40대를 때리고, 절제사는 용서했다.

○ 풍저창부사(豐儲倉副使) 최윤복(崔閏福)을 파직했다. 헌사(憲司)에서 말씀을 올렸다.

"순금사(巡禁司)는 곧 조옥(詔獄)입니다. 마음대로 죄수를 방문하는 것은 일찍이 드러낸 금령이 있습니다. (그런데) 지금 권희달(權希達)이 구금됐을 때에 판공안부사(判恭安府事) 김남수(金南秀), 풍산군(豐山君) 심구령(沈龜齡), 총제(摠制) 유습(柳濕)이 임의로 들어가서 방문했고, 풍저창부사 최윤복 등은 마음대로 문 지키는 군졸을 구타하고 곧장 들어가 방문했으니 청컨대 모두 처벌해야 할 것입니다."

명해 최윤복은 파직하고 나머지는 모두 용서했다. 윤복(閏福)은 권희달의 누나의 아들이었다.

○ 대마도(對馬島) 종정무(宗貞茂)의 사인(使人)이 와서 토산물을 바쳤다.

○ 경상도에 명해 광흥창(廣興倉)에 바치는 오승포(五升布) 1만 필로 면주(綿紬)·저마포(苧麻布)를 무역하게 했는데, 이는 의정부(議政府)의 청에 따른 것이다.

을사일(乙巳日-19일)에 사헌집의(司憲執義) 이지(李漬)가 사직하기를 빌었으나 윤허하지 않았다. 지(漬)가 대(臺)에 나오니 감찰이 모두 지영(祗迎)하지 않았다. 헌부에서 지가 본부(本府)에 병이라고 알리고 대사헌의 집에 사사로이 가서 만나보았다[私覿]고 탄핵했기 때문이었다.
                                        사적

○ 대사헌 유정현(柳廷顯)이 아뢰었다.

"대개 대원(臺員)이 행수(行首)에게 알현(謁見)한 뒤에 출사(出仕)하는 것이 예(例)입니다. 그래서 집의 이지가 병이라고 알린 뒤에 신(臣)에게 와서 보았습니다. 감찰 등이 그것을 알고 부(府)에 고했다 합니다. 병을 알린 뒤에 공공연하게 알현하는 것은 대장(臺長)[12]이 마땅히 할 일은 아닙니다."

상이 말했다.

"안 될 일이지만 그러나 조그만 잘못이다. 나오라고 명하면 출사할 수 있겠는가?"

정현(廷顯)이 대답했다.

"비록 나오라고 명하더라도 감찰이 반드시 지영하지 않을 것입니다."

상이 웃으며 말했다.

"헌부(憲府)는 정말 험한 곳이구나."

병오일(丙午日-20일)에 좌정승 성석린(成石璘)이 전(箋)을 올려 사임하니 윤허하지 않았다. 이조정랑(吏曹正郎) 정흠지(鄭欽之)를 보내 불윤(不允)하는 비답(批答)을 내려주었다.

정미일(丁未日-21일)에 무과(武科)에 입격(入格)한 자에게 무경(武經)의 강습(講習)을 명했다. 정부(政府)에서 아뢰었다.

"무과에 입격한 자가 출신(出身)한 이후에는 그 본업을 돌아보지

---

12 사헌부나 사간원에서 실무(實務)를 전장(專掌)하던 각 분서(分署)의 우두머리를 가리킨다. 사헌부의 집의(執義)·장령(掌令)·지평(持平), 사간원의 사간(司諫)·헌납(獻納)을 말한다.

않으니 금후로는 훈련관(訓鍊觀)에서 문과(文科)의 예에 의해 5품 이하는 무경(武經)을 가르쳐 익히고, 매번 연말이 되면 그 높고 낮은 등수를 매겨 1등은 서용(敍用)해야 할 것입니다.”

그것을 따랐다.

○ 올량합(兀良哈)의 보을간(甫乙看) 지휘(指揮)와 보을오(甫乙吾) 지휘(指揮)가 사람을 보내와서 조회했다.

○ 형조에서 사직(司直) 장희걸(張希傑)의 죄를 청했다. 희걸(希傑)이 그 첩을 구타해 죽였으니 장(杖) 100대, 유(流) 3,000리에 해당됐으나 상이 희걸은 영의정부사(領議政府事) 하륜(河崙)의 비첩의 사위이기 때문에 순금사(巡禁司)로 하여금 다만 장 100대만 때리게 했다.

경술일(庚戌日-24일)에 사헌부(司憲府)에서 군기감승(軍器監丞) 최해산(崔海山), 사헌감찰(司憲監察) 최세창(崔世昌)의 죄를 청하니 명해 태(笞) 50대를 속(贖) 받게 했다. 해산(海山) 등이 정밀하게 살피지 못하고, 권지직장(權知直長) 장의(張誼)로 하여금 철(鐵) 133근을 지나치게 내게 했기 때문이다. 헌부(憲府)에서 또 장흥고직장(長興庫直長) 변차희(邊次憙)의 죄를 청했는데 차희(次憙)가 장생전(長生殿-개국공신전)에 벽(壁)을 바를 때 표지(表紙) 14권을 모실(耗失)하게 했으므로 죄줄 것을 청한 것이다. 논하지 말라고 명했으니 차희는 곧 공신 심구령(沈龜齡)의 사위였기 때문이다.

신해일(辛亥日-25일)에 밤에 제군소(諸君所) 남랑(南廊)과 창고에 불이 나서 관복(冠服)과 미곡(米穀)이 다 타버렸다.

임자일(壬子日-26일)에 비가 내렸다.

○ 순녕군(順寧君) 이지(李枝) 등 83인에게 원종공신(原從功臣) 녹권(錄券)을 내려주었다.

○ 풍해도(豊海道)의 굶주림을 진휼했다. 경차관(敬差官) 조치(曹致)가 말씀을 올렸다.

"풍주(豊州) 등 18군(郡)에 기근(飢饉)이 더욱 심하니 국고(國庫)의 쌀과 콩 500석으로 진휼해 꿔줄 것을 청합니다."

그것을 따랐다. 치(致)가 또 말씀을 올렸다.

"풍주(豊州)·장연(長淵)·옹진(甕津) 3진(鎭)이 금년에 모두 실농(失農)했으니 내년 춘등(春等)·하등(夏等) 월과(月課) 군기(軍器)를, 빌건대 잠정적으로 정지하고 아울러 귀농(歸農)하게 해 민폐(民弊)를 제거하게 하소서."

또 말했다.

"전에는 3월에 무정(務停)[13]했는데 금년에는 한재로 인해 기근이 심하니 바라건대 이제부터 간도(奸盜)나 인명에 관계되는 죄 외에 잡송(雜訟)은 일절 모두 중단하고 오로지 진휼에 힘쓰고 농상(農桑)을 권과해 민생을 두텁게 해야 할 것입니다."

모두 그것을 따랐다.

계축일(癸丑日-27일)에 전라도 경차관(全羅道敬差官) 이지강(李之剛)이 병마도절제사(兵馬都節制使) 홍유룡(洪有龍)의 죄를 청했다. 지강

---

13 잡송(雜訟)의 청리(聽理)를 중단한다는 말이다.

(之剛)이 말씀을 올렸다.

"임실감무(任實監務) 최점(崔漸)이 권농(勸農)을 일삼지 않고 토목(土木)을 일으켰기 때문에 장(杖) 100대를 때려 파면했습니다."

또 유룡(有龍)이 범한 것 두어 가지 일을 말하니 상이 말했다.

"이 소임을 감당할 사람을 얻기가 어렵다. 지금 유룡이 범한 것은 모두 작은 잘못이니 그대로 두는 것이 마땅하다. 내가 어찌 유룡을 옳다고 하는 것이겠는가? 헌사(憲司)에서 반드시 청할 것이니 청하면 마땅히 그 직을 파면하겠다."

○ 홍유룡이 글을 올려 말했다.

'경차관 이지강이 신의 없는 일을 가지고 아뢰었습니다. 빌건대 그 도(道) 감사(監司)에게 내려 사실을 조사하소서.'

상이 말했다.

"이렇게 하면 이지강이 반드시 피혐(避嫌)해 일을 보지 않을 것이다."

성산군(星山君) 이직(李稷)이 말했다.

"일을 마치고 복명(復命)한 뒤에 핵실하는 것이 좋겠습니다."

상이 옳다고 여겼다.

갑인일(甲寅日-28일)에 형조에서 사직(司直) 김자양(金自養)의 죄를 청했다. 자양이 순금사(巡禁司) 장무(掌務)가 돼 죄인의 가산(家産)을 곧 정부(政府)에 보고하지 않아 말을 굶어 죽게 했다. 정부에서 형조를 시켜 사실을 조사해 아뢰게 하니 상이 말했다.

"자양(自養)이 영리하고 민첩한데[穎悟] 만일 파직을 시킨다면 장
영오

차 어떤 사람으로 충당할 것인가?"

드디어 명해 태(笞) 40대를 속(贖) 받게 하고 복직시켰다.

○ 성산군(星山君) 이직(李稷)에게 궁온(宮醞-고급술)을 내려주었다. 이직의 아비 인민(仁敏)이 (태종이 응시했던) 계해년(1383년)의 문과(文科)를 맡았는데 그 문인(門人) 김한로(金漢老) 등이 명족(名簇)[14]을 바치기 전에 인민이 졸(卒)했다. 이때에 이르러 직(稷)에게 부탁하니 직이 잔치를 베풀게 됐다. 상이 잠저(潛邸)에 있을 때에 이 과거에 합격했었기 때문에 동부대언(同副代言) 조말생(趙末生)을 보내 궁온을 내려주었으니 대개 사우(師友)의 예전의 정을 잊지 않았던 것이다.

---

14 과거에 급제한 사람들이 지공거(知貢舉)에게 예물로 바치던 족자(簇子)다. 과거에 급제한 사람들이 시관(試官)을 좌주(座主)라 해 스승처럼 모셨고, 시관(試官)은 과거에 합격한 자를 문생(門生)이라 해 제자나 자식같이 보았다.

丁亥朔 日本國王使及大內殿使人告還 上御經筵廳引見曰:
정해 삭 일본국왕 사급 대내전 사인 고환 상어 경연청 인견 왈

"爾王示以究討刦掠梁需之賊 予甚喜謝." 使人對曰:"吾王求
이왕 시이 구토 겁략 양수 지적 여심 희사 사인 대왈 오왕 구

大藏經."乃命賜一部.
대장경 내 명사 일부

代言司啓:"執義李漬被諫院之劾 大司憲柳廷顯在平壤有疾
대언사 계 집의 이지 피 간원 지해 대사헌 유정현 재 평양 유질

未還 掌令持平時未就職 今日闕茶時 請以房主監察代之."命下
미환 장령 지평 시미 취직 금일 궐 다시 청이 방주 감찰 대지 명하

政府 議臺諫得失以聞 蓋惡諫院也.
정부 의 대간 득실 이문 개오 간원 야

司諫鄭悛上言曰:"執義李漬於上官日 遽署掌令李繩直告身 故
사간 정전 상언 왈 집의 이지 어 상관 일 거서 장령 이승직 고신 고

劾之."上曰:"漬旣謝恩 雖未改銜 署之何害! 且上官所以行公也."
핵지 상왈 지기 사은 수미 개함 서지 하해 차 상관 소이 행공 야

戊子 免西北面豐海道失農州郡今年租.
무자 면 서북면 풍해도 실농 주군 금년 조

命譯大明律 勿雜用元律.
명역 대명률 물 잡용 원률

己丑 掌令李繩直 持平南珥等上疏請左司諫大夫鄭悛等罪.
기축 장령 이승직 지평 남이 등 상소 청 좌사간대부 정전 등죄

疏曰:
소왈

'爲人臣而不敬其君 罪莫大焉. 前日掌令李倣劾大司憲朴經
위 인신 이 불경 기군 죄 막대 언 전일 장령 이방 핵 대사헌 박경

執義權嚴等 不得分臺 又自呈辭 至闕供上. 政府大臣聞而惶懼
집의 권엄 등 부득 분대 우 자정 사 지궐 공상 정부 대신 문이 황구

申聞論罪 是諫院之所見聞也. 執義李漬雖有不原之罪 姑待掌令
신문 논죄 시 간원 지 소견문 야 집의 이지 수유 불원 지죄 고대 장령

持平出官後劾之 猶爲未晚 今又不得分臺 致闕供上 是無敬君之
지평 출관 후 핵지 유위 미만 금우 부득 분대 치궐 공상 시무 경군 지

心 罪莫重焉. 乞收行首鄭悛 掌務金顧職牒 鞫問其罪.'
심 죄 막중 언 걸수 행수 정전 장무 김고 직첩 국문 기죄

不允.
불윤

壬辰 命吹角 有甲士數人墜馬. 命義興府曰: "練養士卒 所以
임진 명 취각 유 갑사 수인 추마 명 의흥부 왈 연양 사졸 소이

禦敵 今尙如此 況於危急哉!" 以牙牌召領三軍事趙英茂
어적 금상 여차 황어 위급 재 이 아패 소 영삼군사 조영무

判義興府事李天祐 尹柢等 分賜織紋三旗曰: "此雖喧顚 駭人
판의흥부사 이천우 윤저 등 분사 직문 삼기 왈 차수 훤전 해인

耳目 實要習軍法也. 卿等將三軍往獵于西山." 遣摠制黃祿 賜酒
이목 실 요습 군법 야 경 등 장 삼군 왕렵 우 서산 견 총제 황록 사주

慰之.
위지

知義興府事沈龜齡等啓曰: "吹角之時 甲士作隊 申嚴軍令
지의흥부사 심구령 등 계왈 취각 지시 갑사 작대 신엄 군령

領議政府事河崙 左政丞成石璘亦不得入." 上曰: "昔周亞夫不開
영의정부사 하륜 좌정승 성석린 역 부득 입 상 왈 석 주아부 불개

壁門 至今慕之. 軍令之嚴如此可也."
벽문 지금 모지 군령 지엄 여차 가야

議政府上書請摠制權希達之罪. 書曰:
의정부 상서 청 총제 권희달 지죄 서왈

'希達頃見本府錄事朴文經 責其無禮 不啻辱罵 又從而撻
희달 경견 본부 녹사 박문경 책 기 무례 불시 욕매 우 종이 달

其僕.① 又見錄事鄭佋於途 使其僕從扶執頭髮 納之溝中 佋告於
기복 우견 녹사 정신 어도 사 기 복종 부집 두발 납지 구중 신 고어

府 府置而勿問 庶可省也 又叱錄事文中啓 使僕從扶納汚溝 令人
부 부 치이 물문 서가 성야 우 질 녹사 문중계 사 복종 부납 오구 영인

跨踞. 中啓告訴於府 府移文憲司 非是掩護錄事輩也 蓋使其辨
과거 중계 고소 어부 부 이문 헌사 비시 엄호 녹사 배야 개 사 기 변

是非耳. 希達怒其移文 詆毀本府 言語之醜 無所不至. 希達狂悖
시비 이 희달 노 기 이문 저훼 본부 언어 지추 무소부지 희달 광패

強虐 不畏邦憲 擅刑敗禮 憲司諫院之劾 固非一二 特蒙上慈 位
강학 불외 방헌 천형 패례 헌사 간원 지핵 고비 일이 특몽 상자 위

至摠制 是宜小心 顧乃恣其辱罵 及於本府. 此雖臣等庸劣之致 然
지 총제 시의 소심 고내 자기 욕매 급어 본부 차수 신등 용렬 지치 연

政府統百官出號令 豈可使凌辱至是哉! 伏惟上裁.'
정부 통 백관 출 호령 기가 사 능욕 지시 재 복유 상재

疏留中.
소 유중

534

領議政府事河崙 禮曹參議許稠等請只祭東方靑帝. 啓曰: "以
侯國而祀天 未合於禮 請只祭靑帝." 上曰: "吾東方祭圓壇已久
卿等之議是矣. 然儻有水旱之災 無乃以謂不祀圓壇之致然歟!"

癸巳 以河久爲中軍都摠制 權緩京畿都觀察使 李潑忠淸道
都觀察使.

乙未 罷禮曹佐郎鄭藹然 兵曹佐郎琴柔職. 初 上欲以倭使與
朝衙 兵曹不供馹騎而致不及 且不設新儀仗 上怒 命憲司推之.

憲司上疏曰:

'禮曹佐郎鄭藹然 曩以日本使人詣闕事 遲緩移文 使兵曹不得
排設儀仗 且令使人徒步詣闕; 兵曹佐郎琴柔 多置驛騎於闕門 以備
不虞 職也 只留七匹 不及辦送 皆不稱職. 右二人之罪 上裁施行.'

乃有是命.

罷祀朱雀于南方. 禮曹上言: "考諸祀典 朱雀之神 不宜獨祀
南方." 命罷之.

宴司憲府大司憲柳廷顯 刑曹判書李升商 前大司憲孟思誠等.
上曰: "廷顯 親戚也 久勞于外; 升商 同榜故人也 今免母喪; 思誠
曾受罪在外." 皆命召 設酌慰之 宗親與焉.

命採銀於衿州. 上曰: "事大之國 金銀不可無也. 予聞 西北面
泰州 京圻衿州 慶尙道金海 安東 皆産白銀 其令訪採之. 勞民雖
重事 非以自奉也 天何厭之!" 群臣皆曰: "唯." 上曰: "衿州 近地

也." 乃遣工曹判書朴子靑 如衿州試之. 子淸回自衿州言:"銀石

軟弱難用 只得銀一兩." 上曰:"我朝事大數年之後 難得金銀 宜

廣採各道." 遣潘泳于豐海道 司空濟于慶尙道. 政府啓:"衿州

採銀 財力多而所得甚少 宜罷其役." 從之. 上曰:"本國不産金銀

而歲貢上國 共七百餘兩 深爲可慮. 遂安 端州 安邊等處 宜鍊之."

罷刑曹左參議梁需 禮賓錄事鄭誠等職. 需等曾犯奔競 至是

憲司請罪也.

命囚摠制權希達 以政府之請也. 又命囚政府錄事文中啓 蓋

失禮於權希達也. 上曰:"權希達抶錄事 雖有過 錄事之無禮於

宰相 甚非也. 錄事之無禮 疇昔然矣. 前朝時 父王爲侍中 錄事常

在門 予窺見其言談擧止 甚庸人也. 且錄事之騎馬 不可也. 父王

爲宰相 予爲正錄 時在成均 遣人取馬以來 父王曰:'昔三館儒輩

皆徒行 何必騎馬!' 是則古者參外皆步行. 今錄事無禮如此 當

使之步行 卿等勿沮. 且希達在予左右侍衛 不可須臾無者也. 嘗

有人過予馬首而走 司禁雖多 無一人辟之 希達騁馬捕之. 非希達

孰能如此!" 參知議政府事鄭易啓曰:"希達之辱政府甚惡." 上

曰:"希達之辱政府非也 然宰相當沍寒 三日在獄 亦足懲也."

命釋希達囚. 命政府曰:"本朝古制 錄事徒行 詳定以聞." 大司憲

柳廷顯固請希達之罪 上曰:"錄事騎馬 詳定 而後定希達之罪矣."

丁酉 議宗親封君法. 御便殿視事 吏曹判書李稷曰:"向者有

宗親自摠制封元尹者 降受四品之祿 宜改其科." 河崙曰:"已經
摠制者 宜封君." 上曰:"予意以爲非太祖正派子孫 則封君未可
也. 國初 寧安君良祐幸以桓王庶孫而得封君 其後宗親援例而
封者蓋多. 若以宗親之故而皆封君 則後代宗支 不可勝數 焉得
人人而封之 以享天祿乎! 且非嫡子而封君 亦非良策也. 擧一則
卿宜識之. 今玆宗室間才合武職者 我授以摠制 自摠制而復爲
元尹者 祿從摠制之科可也. 才不合於武職者 其自取之也." 稷
對曰:"上慮是矣. 臣亦謂非正派而封君 非長遠之規也 宜立法."
上曰:"未可遽也 勿露."

命東北面水軍萬戶千戶以民官兼之. 議政府上言:"東北面水軍
萬戶千戶 無有邊警 而屯聚船軍 徒費糧餉 宜以民官兼之 無事則
令船軍免戍歸家 有事則復之." 從之.

命量田于東西北面. 先是 國家以此二界 地連上國 不曾打量.
至是昇平已久 故分遣朝士 以量其田.

戊戌 命減護軍吳溥罪 贖杖六十. 巡禁司啓:"吳溥城東門不關
之罪 律應杖九十." 命減之. "景福宮提控申揚不閉宮西門 律應杖
一百充軍." 命贖杖七十.

司憲府上疏三通. 一 請聞角不詣闕之罪. 一 請義盈庫副使朴質
於吹角日 僞署同僚直長金五文之名之罪. 一 請啓聖殿向上李敞
等當行祭日 不祗送內香之罪. 命朴質除他事 贖笞五十復職; 李敞

之罪 按律收贖還任. 吹角時不及知承文院事兪顯等十一人 皆
免職. 其餘功臣趙溫 尹坤 金宇 宋居信及身病墜馬人等 竝勿論.

柳廷顯啓曰: "往年雜物推徵事 使本府掌之. 當時朝士曾經
錢穀之任者 皆被劾而不仕 則如之何?" 上曰: "若廢推徵之法
紀綱毁矣. 除不緊雜物 只徵金銀布貨米穀." 命自今闕內禁用
金銀器.

庚子 司憲府上疏復請權希達之罪. 疏曰:

'政府 百官之長 民所瞻仰. 摠制權希達以政府移文憲司 劾問
其罪 不顧己非 以不恭之言 反辱都堂 無所不至. 殿下特垂寬仁
但繫獄數日而釋之 朝野罔不痛心. 乞斷之以法 以慰臣民之望.'

疏留中.

賜賻谷山君延嗣宗父喪米豆四十石 紙百五十卷 燭十丁. 嗣宗
奔喪于咸州 又令其道監司賜藥酒.

辛丑 對馬島宗貞茂使人來朝.

禮曹請禁灰色玉色衣服. 啓曰: "今四月二十七日 有旨: '大小
朝會 禁灰色玉色衣服.' 其後大小人員朝會外 闕內及朝路 公然
着持 誠爲未便." 命來壬辰正月初一日始一禁.

上曰: "前朝有禁灰色令 蓋以東方爲木德也. 予亦惡其如喪國
故禁之." 河崙曰: "昔劉敞言於太祖曰: '讖書有曰: "王氏之亡 人
皆鳩色."' 其言果驗."

538

賜前參贊門下府事趙希古米豆二十石 知蒙學者也.
사 전 참찬문하부사 조희고 미두 이십 석 지 몽학 자야

吾都里千戶崔於夫介 馬大愁等二人獻驄馬.
오도리 천호 최어부개 마대수 등 이인 헌 총마

賜前銜檢校宰樞會所. 議政府上言: "前銜及檢校宰臣 於正朝
사 전함 검교 재추 회소 의정부 상언 전함 급 검교 재신 어 정조

誕日凡賀禮 無所依處 宜給任使人與會所." 從之.
탄일 범 하례 무 소의 처 의급 임사인 여 회소 종지

命右副代言韓尙德 大書衍義之言于殿壁. 上謂代言等曰:
명 우부대언 한상덕 대서 연의 지언 우 전벽 상 위 대언 등 왈

"大學衍義 西山眞氏集古今格言爲書. 予每讀之 其間德刑先後之
대학연의 서산진씨 집 고금 격언 위서 여 매 독지 기간 덕형 선후 지

分 田里戚休之實 尤要者也." 乃命尙德大書 掛殿內壁上 使群臣
분 전리 척휴 지실 우요 자야 내 명 상덕 대서 패 전내 벽상 사 군신

觀之.
관지

賜議政府典吏職 輪次差下. 政府啓: "府典吏五十餘人 皆無
사 의정부 전리직 윤차 차하 정부 계 부 전리 오십 여인 개 무

祿俸 從仕甚苦. 乞依前規 典獄署丞大悲院副使 輪次差下."
녹봉 종사 심고 걸의 전규 전옥서 승 대비원 부사 윤차 차하

命濟州牧官於正朝冬至誕日 進馬十匹. 前此 唯進四匹 自今又
명 제주목 관어 정조 동지 탄일 진마 십필 전차 유진 사필 자금 우

加六匹 以國馬易換民之善馬以進.
가 육필 이 국마 역환 민지 선마 이진

定雅樂. 禮曹上言:
정 아악 예조 상언

"前朝光王遣使請唐樂器及工 其子孫世守其業 至忠烈王朝
전조 광왕 견사 청 당 악기 급 공 기 자손 세수 기업 지 충렬왕 조

金呂英掌之 忠肅王朝 其孫得雨掌之. 又按宋樂書 元豐年間
김여영 장지 충숙왕 조 기손 득우 장지 우 안 송 악서 원풍 연간

高麗求樂工而敎之. 然則吾東方之樂 實出中國也. 流傳世久 恐或
고려 구 악공 이 교지 연즉 오 동방 지악 실출 중국 야 유전 세구 공 혹

有訛 乞與慣習都監詳加審察 尋其舊譜 追唐宋之遺音 定盛朝之
유와 걸 여 관습도감 상 가 심찰 심 기 구보 추 당송 지 유음 정 성조 지

正樂."
정악

從之.
종지

申嚴吹角令. 議政府上言:
신엄 취각령 의정부 상언

"建旗吹角則甲士與時散大小臣僚奔走詣闕宜矣 或以服制
건기 취각 즉 갑사 여 시산 대소 신료 분주 예궐 의의 혹이 복제

式暇 族親看病 迎來送去之故 未及者多. 自後父母在喪者 疾病
식가 족친 간병 영래 송거 지고 미급 자다 자후 부모 재상 자 질병

深重者 七十以上老人外 大小時散人員有不得已門外出入之
심중 자 칠십 이상 노인 외 대소 시산 인원 유 부득이 문외 출입 지

故 則某日出歸 某日還來具由 前銜宰樞於本府; 東班各其仰屬;
고 즉 모일 출귀 모일 환래 구유 전함 재추 어 본부 동반 각기 앙속

西班及當番受田牌義興府成衆愛馬 各其所屬告狀後出入. 如有
서반 급 당번 수전패 의흥부 성중애마 각기 소속 고장 후 출입 여유

過期不到 東班停職; 西班四品以下及前銜宰樞當番受田牌等
과기 부도 동반 정직 서반 사품 이하 급 전함 재추 당번 수전패 등

外方付處; 西班五品以下 身充水軍. 雖有故吹角次不及 則當日內
외방부처 서반 오품 이하 신 충 수군 수유고 취각 차 불급 즉 당일 내

及翼日朝前 具緣故以呈者 竝不論罪."
급 익일 조전 구 연고 이정 자 병불 논죄

從之.
종지

憲府上言:
헌부 상언

"於月初六日吹角時 司諫鄭悛 獻納鄭之雅 無故不至; 知司諫
어 월초 육일 취각 시 사간 정전 헌납 정지아 무고 부지 지사간

徐宗俊 正言金顧 托病不至; 獻納李種華 正言朴融 中道乃還.
서종준 정언 김고 탁병 부지 헌납 이종화 정언 박융 중도 내환

乞科罪."
걸 과죄

命除身病外 竝皆免職.
명제 신병 외 병개 면직

兵曹請令軍士講習兵書. 啓曰: "擇甲士中識字者 令講習兵書."
병조 청령 군사 강습 병서 계왈 택 갑사 중 식자 자 영 강습 병서

上曰: "訓兵書 所以求將也. 何用悉令軍士盡學其法! 宜令中武科
상 왈 훈 병서 소이 구장 야 하용 실영 군사 진학 기법 의령 중 무과

者勸勉講習."
자 권면 강습

癸卯 御便殿視事. 上言及兵事 諸卿各陳其策. 上論天命人心
계묘 어 편전 시사 상 언급 병사 제경 각진 기책 상론 천명 인심

去就之理曰: "歲當戊寅 入直甲士棄甲而走 是知庶孼之不當輔
거취 지리 왈 세 당 무인 입직 갑사 기갑 이주 시지 서얼 지 부당 보

也. 其時 予曰: '今日之事 定在天命.'" 安城君李叔蕃曰: "當此
야 기시 여왈 금일 지사 정재 천명 안성군 이숙번 왈 당차

540

危急之時 豈可徒恃天命! 宜卽赴急." 上又曰：“吹角於闕門外則

近者先聞 遠者不及. 自今吹角於鍾樓 令聲達四門 人無不聽."

知議政府事李膺對曰："如此則事緩矣. 近者先到 而遠者繼至

可也."

甲辰 義興府請節制使鄭鎭等罪. 啓曰："前月二十日 巡綽甲士

五十六名闕進. 其節制使鄭鎭 上護軍李得坊 大護軍文仲可

池伯顔 乞科罪." 命上護軍以下笞五十 甲士以下四十 節制使則

原之.

罷豐儲倉副使崔閏福職. 憲司上言：

"巡禁司 乃詔獄也 擅訪罪囚 曾有著禁. 今權希達被囚

判恭安府事金南秀 豐山君沈龜齡 摠制柳濕擅入相訪；豐儲倉

副使崔閏福等擅歐門卒 直入以訪 請皆罪之."

命罷閏福職 餘皆宥之.閏福 希達之姊子.

日本對馬島宗貞茂使人來獻土物.

命慶尙道 以廣興倉納五升布一萬匹 貿易綿紬苧麻布 從

議政府之請也.

乙巳 司憲執義李漬乞辭 不允. 漬赴臺 監察皆不祗迎. 憲府劾

漬以告病于本府 私覲于大司憲之第故也.

大司憲柳廷顯啓曰："大抵臺員謁見行首 然後出仕 例也 執義

李漬告病後來見臣. 監察等知之 告府云：‘告病後公然謁見 非

臺長之所當爲也.'” 上曰:“不可. 然小失也. 命之出則可仕乎?”
대장 지 소불위 야　　상왈　불가　연 소실 야　명지 출즉 가사 호

廷顯對曰:“雖命出 監察必不祗迎.” 上笑曰:“憲府 乃險地也.”
정현 대왈　수 명출　감찰 필부 지영　　상 소왈　헌부　내 험지 야

丙午 左政丞成石璘上箋辭. 不允. 命遣吏曹正郞鄭欽之 賜不允
병오　좌정승 성석린 상전 사　불윤　명견 이조정랑　정흠지　사 불윤

批答.
비답

丁未 命武科入格者講習武經. 政府啓:
정미 명 무과 입격자 강습 무경　정부 계

“武科入格者 出身以後 不顧其業. 今後訓鍊觀依文科例 自
무과 입격자　출신 이후　불고 기업　금후 훈련관 의 문과 예　자

五品以下訓習武經 每當歲季 第其高下 一等敍用.” 從之.
오품 이하 훈습 무경　매당 세계　제기 고하　일등 서용　종지

兀良哈 甫乙看指揮 甫乙吾指揮遣人來朝.
올량합　보을간 지휘　보을오 지휘 견인 내조

刑曹請司直張希傑罪. 希傑歐殺其妾 當杖一百流三千里 上以
형조 청 사직 장희걸 죄　희걸 구살 기첩　당장 일백 유 삼천 리　상 이

希傑爲領議政府事河崙婢妾壻 故令巡禁司止杖一百.
희걸 위 영의정부사　하륜 비첩 서　고령 순금사 지장 일백

庚戌 司憲府請軍器監丞崔海山 司憲監察崔世昌罪 命贖笞
경술　사헌부 청 군기감 승 최해산　사헌 감찰 최세창 죄　명속 태

五十. 海山等不能精察 致令權知直長張誼濫出鐵一百三十三斤
오십　해산 등 불능 정찰　치령 권지 직장 장의 남출 철 일백 삼십 삼 근

故也. 司憲府又請長興庫直長邊次喜罪. 次喜於長生殿塗壁時 至
고야　사헌부 우 청 장흥고 직장 변차희 죄　차희 어 장생전 도벽 시　지

使表紙十四卷耗失 請罪之 命勿論. 次喜 乃功臣沈龜齡之壻也.
사 표지 십사 권 모실　청 죄지　명 물론　차희　내 공신 심구령 지 서 야

辛亥 夜 諸君所南廊及庫災. 冠服米穀皆火.
신해　야　제군소 남랑 급 고 재　관복 미곡 개 화

壬子 雨.
임자　우

賜順寧君李枝等八十三人原從功臣錄券.
사 순녕군 이지 등 팔십 삼 인 원종공신 녹권

賑豊海道飢. 敬差官曹致上言:“豊州等十八郡 飢饉尤甚 請以
진 풍해도 기　경차관 조치 상언　풍주 등 십팔 군　기근 우심　청 이

國庫米豆五百石賑貸.” 從之. 致又上言:“豊州 長淵 瓮津三鎭
국고 미두 오백 석 진대　종지　치 우 상언　풍주 장연 옹진 삼진

今年皆失農. 來春夏等月課軍器 乞姑停之 竝使歸農 以除民弊.”
금년 개 실농　내 춘하 등 월과 군기　걸 고 정지　병사 귀농　이제 민폐

又曰: "在前三月務停 今年則因旱飢饉 願自今奸盜人命所係外

雜訟 一皆禁斷 專務賑恤 勸課農桑 以厚民生." 皆從之.

　　癸丑 全羅道敬差官李之剛請兵馬都節制使洪有龍罪. 之剛

上言: "任實監務崔漸不事勸農 以興土木." 故杖一百罷免. 又言

有龍所犯數事 上曰: "當此任者難得. 今有龍所犯 皆小失也 宜

置之. 予豈以有龍爲是乎! 憲司必請之 請則當罷其職."

　　洪有龍上書曰: '敬差官李之剛將臣所無之事以聞. 乞下其道

監司覈實.' 上曰: "如此則之剛 必避嫌廢事矣." 星山君李稷曰:

"畢事復命後覈之可也." 上然之.

　　甲寅 刑曹請司直金自養罪. 自養爲巡禁司掌務 罪人家産 不卽

報政府 以致馬飢死. 政府使刑曹核實以聞 上曰: "自養穎悟 若罷

其職 則將何人以充之?" 遂命贖笞四十 復職.

　　賜星山君李稷宮醞. 稷父仁敏掌癸亥文科 其門人金漢老等

未呈名簇 仁敏卒. 至是囑稷 稷爲設宴. 上於潛邸中此科 故遣

同副代言趙末生以賜之 蓋不忘師友之舊也.

　　| 원문 읽기를 위한 도움말 |

① 不啻辱罵 又從而撻其僕. '不啻~ 又~'는 '~뿐만 아니라 ~도 또한'의 구문
이다. 不啻는 非特과 같은 뜻이다.

태종 11년 신묘년
윤12월

閏十二月

정사일(丁巳日-1일) 초하루에 예조에서 축문식(祝文式)을 올렸다. 아뢰어 말했다.

"종묘(宗廟)의 존호(尊號) 옥책(玉册)에는 송(宋)나라 제도와 『홍무예제(洪武禮制)』에 의거해 '유영락9년세차신묘(維永樂九年歲次辛卯)'라고 쓰고, 제향의 축문에 이르러서는 당(唐)나라 제도에 의거해 '유태세신묘(維大歲辛卯)'라고 써서 이처럼 같지 않은 것이 있습니다. 위의 축문(祝文) 격식은 진실로 옥책(玉册)의 예에 의거하소서."

그것을 따랐다.

○ 도랑을 여는[開渠][1] 일을 토의했다. 상(上)이 말했다.

"이 도성에 도랑을 여는 일을 각 도(各道)에 이문(移文)했는가?"

좌정승(左政丞) 성석린(成石璘)이 대답했다.

"명년 2월 초1일에 역사를 시작하는 것으로 해서 이미 충청도와 강원도에 이문했습니다."

상이 말했다.

"금년은 윤12월 15일이 입춘(立春)이니 정월의 기후가 반드시 따뜻할 것이다. 2월을 기다리면 농시(農時)를 빼앗을까 두려우니 마땅히 정월 보름이 되는 때에 부역(赴役)하게 하라. 금년에는 경상도와 전라

---

1 지금의 청계천이다.

도도 조금 풍년이 들었으니 또한 소집하는 것이 좋겠다."

의정부지사(議政府知事) 박신(朴信)이 대답했다.

"경상도 백성에게는 충주창(忠州倉)을 짓는 일을 이미 이문(移文)했습니다."

상이 말했다.

"그러면 노역을 겹쳐서 행할 수는 없으니 전라상도(全羅上道)의 백성을 부역하게 하는 것이 좋겠다."

○ 의정부(議政府)에서 아뢰어 말했다.

"충청도·강원도·전라도 군사가 모두 4만 인입니다."

상이 말했다.

"도랑을 여는 것은 큰일인데 군인의 수가 적다."

정부에서 다시 아뢰어 말했다.

"5만 인으로 하고 정월 15일에 역사를 시작하는 것이 어떻겠습니까?"

상이 말했다.

"괜찮다."

안동대도호부사(安東大都護府使) 최용소(崔龍蘇), 충청도 도관찰사 한옹(韓雍) 등이 와서 말했다.

"갑사(甲士) 및 선군(船軍)과 그 조호(助戶-봉족)는 다른 역사에 참여하지 말라는 것이 이미 드러낸 영갑(슈甲)에 있습니다. 지금 도랑을 여는 군인을 조발하자면 수를 채우기가 어려우니 비록 이 호수(戶數)라도 인정(人丁)이 많이 있으면 아울러 초집(抄集)해 가을을 기다려서 역사하게 하는 것이 옳을까 합니다."

상이 지신사(知申事) 김여지(金汝知)에게 명해 영의정부사(領議政府

事) 하륜(河崙), 좌정승(左政丞) 성석린(成石璘), 우정승(右政丞) 조영무(趙英茂)와 의견을 나누게 하고서 이어 명했다.

"내가 송도(松都)에 있을 때 인가가 점점 많아져서 성안에 거의 가득 찼었는데 마음속으로 생각하기를 '부왕이 개국하고 한양(漢陽)에 도읍을 세웠는데 버리고 여기로 온 것은 참으로 안 될 일이다'라고 했다. 대신과 모의를 해 천도(遷都)했다. 해마다 장맛비에 시내가 불어나 물이 넘쳐 민가가 침몰되니 밤낮으로 근심이 돼 도랑길[川道]을 열고자 한 지가 오래다. 이번에 이 일이 백성에게 폐해가 없겠는가? 아직 후년을 기다리거나 혹 자손 대에 이르게 하는 것이 진실로 옳지 않겠는가?"

륜(崙)이 말했다.

"기쁨으로 백성을 부리고 백성을 적절한 시기에 부리는 것은 옛날의 바른 도리[古之道]입니다. 만일 의리에 부합한다면 비록 창 끝과 살촉에 죽더라도 참으로 분수가 있는 것입니다. 기쁘게 하는 도리는 창고를 열어 양식을 주고 밤에는 역사를 쉬게 해 피로함으로 인한 병이 나지 않게 하는 것이 가장 좋습니다."

성석린과 조영무도 말했다.

"도랑을 여는 것은 폐지할 수 없습니다. 때는 바야흐로 농한기이니 무엇이 불가한 것이 있겠습니까?"

상이 그렇게 여겼다.

○ 예조에서 말씀을 올렸다.

"월령(月令)에 이르기를 '정월에는 대중(大衆)을 일으키지 말라'고 했는데, 지금 대중을 움직여 도랑을 여는 것이 또한 경칩의 기후를 맞았으니 청컨대 잠시 정지하소서."

상이 말했다.

"도랑을 여는 데 따른 편하고 불편한 것은 의정부(議政府)와 승정
원(承政院)이 이미 알고 있다."

드디어 정부에 내리니 정부에서 아뢰었다.

"신도(新都)의 이 역사는 서두르지 않을 수 없습니다. 또 지금 기계
가 이미 갖춰지고 군인의 수가 이미 정해졌으니 정지해 파할 수 없
습니다."

그것을 따랐다.

○ 사헌부(司憲府)가 소를 올려 평성군(平城君) 조견(趙狷)의 죄를
청했다. 소는 이러했다.

'견(狷)이 과부(寡婦) 표씨(表氏)의 뜻을 빼앗고자 했으니 조금도
재상(宰相)의 뜻이 없습니다. 중매한 자인 사직(司直) 박지(朴枝)는
빌건대 고신(告身)을 거두고 문죄하소서.'

지(枝)는 안율(按律)해 과죄(科罪)하고 견은 논하지 말라고 명했
으니 그가 공신이기 때문이다. 표씨(表氏)는 고(故) 판도판서(版圖判
書) 덕린(德麟)의 딸이요, 오건(吳虔)의 아내인데 집이 부유하고 일찍
과부가 됐다. 지가 일찍이 견에게 중매했는데 표씨가 허락했다. 혼인
날 저녁이 돼 표씨는 견이 늙어서 수염이 흰 것을 엿보고 도망쳐 드
디어 헌부(憲府)에 호소하기를 견이 강제로 장가들려고 한다고 하니
그때 사람들이 (그녀를) 비방했다. 얼마 아니 돼[未幾] 수원부사(水原
府使) 조계생(趙啓生)에게 시집갔다.
미기

○ 헌부에서 또 온수감무(溫水監務) 김좌(金佐)가 무첩(巫妾) 비자

(婢子) 등을 거느리고 임소에 있는 죄와 전 의랑(議郎) 방여권(方與權)이 온수공리(溫水貢吏)를 지나치게 형벌한 죄를 청하니 명해 좌(佐)는 자원부처(自願付處)하고 여권은 장(杖) 80대를 때렸다. 또 의영고부사(義盈庫副使) 박질(朴質), 사온서승(司醞署丞) 김안례(金安禮), 주부(注簿) 민공(閔恭), 봉례(奉禮) 김관(金灌), 직장(直長) 오운(吳耘)과 권맹경(權孟慶) 등이 기생을 데리고 밤에 의영고 공청(公廳)에서 술을 마신 죄를 청하니 모두 파직하라고 명했다.

무오일(茂午日-2일)에 각 도(各道)에 나이 어린 환관을 뽑아 바치라고 명했다.

○ 예조에서 몽골학(蒙古學)을 학습시킬 것을 계청(啓請)했다.

"사역원(司譯院)의 직책은 사대(事大) 교린(交隣)에 있는데, 지금 몽학훈도(蒙學訓導)가 겨우[才=纔] 두 사람이고 익히는 자가 또 적으니 마땅히 5부학(五部學) 중에 총명하고 지혜 있는 자 30인을 뽑아서 그 말을 익히게 해야 할 것입니다. 또 그 악음(樂音)이 장차 폐하게 됐으니 관습도감(慣習都監)으로 하여금 아울러 익혀서 교린(交隣)에 대비하게 하소서."

정부에 명해 토의하게 했다.

○ 외척(外戚)의 일을 토의했다. 상이 한(漢)나라·당(唐)나라 이후 제왕(帝王) 때에 외척(外戚)이 궁중에 들어와서 용사(用事-권력을 휘두름)한 폐단을 논하고서 마침내 말했다.

"대체로 제가(齊家) 치국(治國)하는 일로 논하면 외척으로 하여금 궁중에 가깝게 하는 것이 임금의 원대한 계책은 아니다. 바야흐로 지금 국가가 한가하고 안팎에 근심이 없으니 조금도 의심하고 꺼릴 것은 없으나 그 폐단이 후에 일어날지 어찌 알겠는가? 마땅히 싹이 트기 전에 제어하는 것이 좋다. 또 여자는 안에서 주장하고 남자는 밖에서 주장하는 것이 예전 제도인데, 지금 궁중에서 전조(前朝-고려)의 제도를 승습해 각사(各司)의 노비(奴婢) 동남(童男)을 '파지(巴只)'²라고 칭해 안에서 소제(掃除)하고 여자를 '무수리[水賜伊]'³라고 칭해 번(番)갈아 출입해 궁중의 말들을 외부에 들리게 하니 내가 심히 안 좋게 생각한다. 동전(東殿)의 파지는 일찍이 소녀(少女)로 대신 시켰으니 대전(大殿)의 파지도 다만 환자로 대신 시키고 무수리도 또 밖에 나가지 못하게 하고자 하는데 이것이 어떠하겠는가?"

의정부지사 이응(李膺)이 대답했다.

"상의 가르침이 참으로 옳습니다."

○ 상이 또 여러 신하에게 일렀다.

"의식(衣食)은 사람이 살아감에 있어 중요한 것이니 어느 한 가지에 치우치거나 폐할 수 없는 것이다. 예전에는 후비(后妃)가 부지런하고 알뜰해 진실로 후부인(后夫人)이 친히 누에를 친 일이 있었는데, 지금은 아래로 궁중 시녀까지 모두 배불리 먹고 일이 없어 과인(寡人)의 의복까지 모두 사서 바친다. 금후에는 삼을 거두는 법을 정해

---

2 궁중 각사(各司)에서 소제(掃除)하는 일을 맡아보던 동남(童男)이다. 몽골어 파치(Pachi)를 음역한 것이다.

3 궁중에서 나인(內人)의 세숫물을 드리는 일을 맡아보던 여자 종이다. 몽골말로 소녀(少女)라는 뜻이다.

궁중 시녀로 하여금 길쌈하는 것을 맡아서 내용(內用-궁중의 쓰임)에 대비하게 하라."

여러 신하가 모두 말했다.

"상의 가르침이 옳습니다."

○ 상이 외척(外戚)의 폐단을 절실하게 말하고 이어 말했다.

"김과(金科)가 『연의(衍義)』를 초록(抄錄)할 때 외척의 일을 기록하지 않았기 때문에 그를 내쳤다."

또 말했다.

"궐내에 잡류(雜類)의 출입이 너무 번다하다. 여러 신하가 직질(職秩)에 따라 근수(根隨)[4]의 수를 정한 것이 일찍이 정해진 법령이 있는데, 지금 폐지하고 행하지 않으니 지금부터 예전의 법령을 거듭 밝히어 출입을 엄금하고 재상(宰相)의 구사(丘史)[5]는 2명, 3품·4품은 1명, 5품·6품 이하는 없애게 하고 다만 이전(吏典)은 논하지 말라."

경신일(庚申日-4일)에 경상도 봉화현(奉化縣)에 지진(地震)이 났다.

○ 종친들을 불러 편전에서 술자리를 베풀었다.

○ 올량합(兀良哈) 지휘(指揮) 자용가(者容可) 등 14인이 와서 토산물을 바쳤다.

○ 원평군지사(原平郡知事)[6] 이양실(李陽實)을 제용감(濟用監)으로

---

4 관원이 출입할 때 따라다니며 시중 드는 관아(官衙)의 하례(下隷)를 가리킨다.
5 종친이나 재상에게 구종(驅從)으로 하사한 관노비(官奴婢)를 가리킨다.

삼았다. 순금사사직(巡禁司司直) 황상렴(黃尙廉)이 아뢰어 말했다.

"신이 이언(李彦)을 잡아올 때 양실(陽實)이 호송을 하지 않았으니 이는 임금의 명을 공경하지 않은 것[不敬]입니다."

상이 노해 양실을 잡아다가 순금사에 가두고 상렴(尙廉)과 대질 변론[對論]하라고 명했다. (그 결과) 상렴이 도리어 무고죄(誣告罪)에 반좌(反坐)돼 장(杖) 90대에 해당했는데 명해 장 60대에 파직시켰다. 상은 양실이 참소를 당해[被讒] 누설(縲絏-감옥) 가운데에 있었음을 불쌍히 여겨 특별히 제용감(濟用監)을 제수했다. 언(彦)은 그 아들과 함께 임오년 겨울에 반역(反逆)으로 도망했던 자다. 정부에서 아뢰어 말했다.

"역신(逆臣) 이언이 도망한 지가 이미 10년인데 지금 전 부사정(副司正) 김정(金定)이 처음 고했으니 바라건대 관직으로 상을 주소서."

명해 1급(級)을 뛰어 관직을 주고 드디어 정부(政府), 형조(刑曹), 대성(臺省) 각각 한 사람씩으로 하여금 순금사에 모여 이언을 신문하게 했다. 순금사에서 아뢰었다.

"역신 이언이 도망 중에 있을 때 알고도 고하지 않은 자가 밖에 흩어져 있으니 모두 잡아오게 하소서."

그것을 따랐다.

신유일(辛酉日-5일)에 (전라도) 나주에 천둥이 쳤다.

---

6 태조 7년에 서원(瑞原)과 파평(坡平)을 합쳐 원평군이라고 했다.

계해일(癸亥日-7일)에 하구(河久) 노구산(盧龜山)을 좌군총제(左軍摠制)로, 김구덕(金九德)을 우군동지총제(右軍同知摠制)로, 한옹(韓雍)을 한성부윤(漢城府尹)으로, 김점(金漸)을 공조참의(工曹參議)로, 맹사성(孟思誠)을 충주목판사(忠州牧判事)로, 탁신(卓愼)을 동부대언(同副代言)으로 삼았다. 애초에 구(久)를 도총제로 삼았는데 구의 아비 륜(崙)이 말씀을 올렸다.

"도총제는 늙은 장수의 직책인데 구는 나이가 젊고 아는 것이 없으니 이 직책에 합당치 않습니다."

상이 이에 다시 (고쳐서) 구를 총제로 삼았으니 륜의 청을 따른 것이다. 예조에서 아뢰었다.

"관습도감제조(慣習都監提調) 맹사성(孟思誠)은 음률에 정통해 거의 선왕(先王)의 음악을 회복할 수 있는데 근일에 판충주(判忠州)를 제수했습니다. 신 등이 생각건대 한 고을의 정무(政務)는 사람마다 능한 이가 많지마는 선왕의 음악은 사람마다 능히 할 수 있는 것이 아닙니다. 청컨대 사성(思誠)을 (서울에) 머물게 해 정악(正樂)을 가르치게 해야 할 것입니다."

갑자일(甲子日-8일)에 사헌부에서 공안부윤(恭安府尹) 우홍강(禹洪康)의 죄를 청했다. 애초에 홍강(洪康)이 이조참의(吏曹參議)가 돼 그 아들 사섬서승(司贍署丞) 원규(元珪)와 더불어 전서(典書) 강단봉(姜丹鳳)의 과전(科田)을 진고(陳告)했는데 단봉은 그때 죽지 않았다.

"홍강은 어리석은 사람이다. 옛날에 우시중(禹侍中-우현보)이 내가 근심스럽고 위태한 일이 있는 것을 먼저 알고 깨우쳐주었기 때문에 화를 면했다. 은부(恩府)⁷의 은혜를 어찌 감히 잊겠는가?"

홍강은 면직시키고 그 아들 원규는 유배 보냈다.

을축일(乙丑日-9일)에 올량합(兀良哈) 천호(千戶) 야오가(也吾可) 등
이 와서 토산물을 바쳤다.

○ 비로소[始] 궐내에 출입하는 자에게 인패(印牌)를 주게 했다.

○ 호조에서 전제(田制) 조건(條件)을 올렸다. 정부(政府)에 내려 토
의해 결론을 얻었다.

"하나, 재가(再嫁)한 여자의 전남편의 자식은 그 아비의 전지를 대
신 받을 것.

하나, 친자식이 장죄(杖罪)를 범하면 부모의 전지를 대신 받지 못
하는데 만일 강상(綱常)을 무너뜨렸거나 탐오해 장죄(臟罪)에 연좌된
것이 아니면 자손으로 하여금 대신 받게 할 것.

하나, 친부모의 전지를 자손이 각각 과(科)로서 받고 남은 전지는
유약한 손자에게 비록 부모가 있더라도 각각 휼양전(恤養田)⁸ 5결(結)
을 줄 것.

하나, 수절하는 과부는 부모의 전지와 남편의 부모의 전지를 남편
의 과(科)에 의거해 절급(折給-지급)할 것."

그것을 따랐다.

---

7 은혜를 받은 스승을 가리킨다. 사문(師門)과 같은 뜻이다.
8 국가에서 나이 어린 아이들을 보호하기 위해 지급하던 토지로 술양전(邮養田)이라고도
   한다.

병인일(丙寅日-10일)에 상이 상왕(上王)을 받들고 내전(內殿)에 술자리를 베풀었다. 격구(擊毬)하고 극진히 즐겼는데 종친들이 참여했다. 상왕의 어가(御駕)가 돌아가니 상이 돈화문(敦化門) 안 돌다리[石橋]까지 전송하고 꿇어앉아 말했다.

"양친[雙親]이 다 돌아가셨으니 이제 효도하고 봉양할 데가 상위(上位)를 제쳐놓고[捨] 누구이겠습니까?"

상왕이 말했다.

"그렇도다."

무진일(戊辰日-12일)에 대간(臺諫)에 보복(報復)을 행하지 말도록 명했다. 상이 대사헌 유정현(柳廷顯)과 사간 윤회종(尹會宗)에게 일러 말했다.

"근일에 대(臺)와 간(諫)이 긴요하지 않은 일을 가지고 서로 죄를 청해 일을 폐하고 직무를 빠뜨리는 데에까지 이르고 있다. 이제부터 부득이한 풍속에 관계되는 일 이외에는 사사로이 서로 보복하지 말라."

기사일(己巳日-13일)에 대사헌 유정현이 죄가 거주(擧主-천거인)에게 미치는 법을 거듭 밝히도록 아뢰었다.

"우정승 조영무(趙英茂)가 천거한 풍해도 수군첨절제사(豐海道水軍僉節制使) 박영우(朴英祐)는 직임에 합당하지 않으므로 직무를 정지시켰으니 마땅히 거주를 죄주어야 합니다."

상이 말했다.

"죄가 천거한 주인에게 미치는 것은 비록 『육전(六典)』에 있으나 이

전에는 일찍이 거행하지 않았다."

정현(廷顯)이 말했다.

"전에 일을 아뢴 뒤에 공조판서 박자청(朴子靑)이 술에 취해 말하기를 '지금 도랑을 여는 일을 감역(督役)하는 원리(員吏)를 차정(差定)한 것이 모두 사정(私情)으로 인해 쓸 만한 자가 없다'라고 하고, 또 말하기를 '정부에서 들으면 반드시 나를 미워할 것이다'라고 했습니다. 자청(子靑)의 말이 공손하지 못하기 때문에 탄핵합니다."

상이 말했다.

"자청이 불손한 말을 했다는 것을 나도 들었다. 그러나 자청은 본래 술주정을 하는 사람[使酒者]이므로 반드시 이 말을 했을 것이니 경이 탄핵해 묻는 것도 마땅하다."

마침내 자청을 불러 직사에 나오게 했다.

○ 사헌부에서 여량군(礪良君) 송거신(宋居信)의 죄를 청했다. 거신(居信)이 금하는 물건인 금은(金銀)을 갖고서[用=以] 왜관(倭館)과 무역한 일이 발각됐다. 헌사(憲司)에서 청하니 논하지 말라고 명했다.

○ 강원도 도관찰사 박습(朴習)이 경차관(敬差官) 유의(柳顗)의 죄를 청했다. 아뢰어 말했다.

"마음대로 회양교수관(淮陽敎授官) 이로(李路)에게 역마를 주어 자기의 도망친 노비(奴婢)를 찾게 했으니 조금도 사신(使臣)의 체통이 없습니다."

의(顗)에게 행공(行公)을 그만두고 도로 서울로 올라오라고 명했다.

○ 유의가 복명해 민간의 폐막(弊瘼-폐단)을 진달했는데 한 조목은 이러했다.

"승정원(承政院)과 전농시(典農寺)에서 사람을 보내 물건을 구했는데, 박습(朴習)이 규찰(糾察)을 행하지 않고 또 청하는 물건을 주고 역마를 보내기까지 했습니다."

○ 오도리(吾都里) 지휘(指揮) 동다음파로(童多音波老) 등 9인이 와서 토산물을 바쳤다.

○ 성안에 장랑(長廊)을 지으라고 명하고 강원도 군정(軍丁) 1만 3,000명으로 재목(材木)을 벴다.

경오일(庚午日-14일)에 개거도감(開渠都監)을 설치했다. 성산군(星山君) 이직(李稷), 공조판서 박자청(朴子靑), 의정부지사 이응(李膺)을 제조(提調)로 삼았다. 개천을 준설할 기초를 마련하고 전라도·경상도·충청도 3도(道) 군인으로 하여금 정월 15일에 역사를 시작하게 했다.

○ 사헌부에서 개성유후사낭리(開城留後司郎吏) 이원상(李原常)·이감(李敢)·최맹온(崔孟溫) 등의 죄를 청했다. 원상(原常) 등이 사인(司人)의 저화(楮貨)를 위조(僞造)한 일을 깨닫지 못했기 때문에 헌사에서 청했는데, 모두 태(笞) 40대를 속(贖) 받고 환임하라고 명했다.

○ 헌사에서 우정승 조영무(趙英茂)를 탄핵했으니 그가 천거한 만호(萬戶) 박영우(朴英祐)가 그 임무를 감당하지 못해 파직됐기 때문이다. 영무(英茂)에게 직사에 나오도록 명하니 영무가 병을 칭탁하고 나오지 않았다.

임신일(壬申日-16일)에 병조정랑 송치(宋寘), 좌랑 최예(崔汭)를 파직했다. 사헌부에서 소를 올려 말했다.

'가만히 생각건대 관작(官爵)은 임금의 큰 보배여서 1자(資) 1급(級)도 구차스럽게 할 수 없는 것입니다. 신 등이 엎드려 보건대 전 지고원군사(知高原郡事) 이양수(李養修), 전 지함안군사(知咸安郡事) 조민로(曹敏老) 등에게 모두 5품으로 있다가 뛰어서 3품 만호(萬戶)의 직을 주었습니다. (그런데) 이 사람들을 보거(保擧)[9]하는 자가 산관(散官)이라 쓰지 않고, 다만 전 군사(郡事)로 칭했는데 병조정랑 송치, 좌랑 최예가 자세히 상고하지 못했고, 지병조사(知兵曹事)인 대언 이안우(李安愚) 또한 자세히 살피지 못했습니다. 청컨대 모두 예(例)에 의거해 시행해 삼가지 못한 것[不恪]을 징계하소서. 민로(敏老)가 뛰어 받은 관고(官誥)는 간원(諫院)에서 이미 일찍이 수탈했으니, 양수(養修)의 관고도 또한 마땅히 추탈해 요행을 바라는 것을 막으소서.'

명했다.

"양수와 민로의 관고는 거두고 치(寘)와 예(汭)는 파직하고 안우(安愚)는 논하지 말라."

○ 사헌부에서 홍서(洪恕), 마천목(馬天牧), 유익지(柳翼之), 최진성(崔進誠) 등의 죄를 청했다. 소(疏)는 이러했다.

'인재를 천거하는 것을 삼가지 않을 수 없습니다. 그러므로 천거한 것이 적당한 사람이 아니면 죄가 거주(擧主)에게 미치는 것은 영갑(슈甲)에 나타나 있습니다. 엎드려 보건대 전 만호 이양수는 간사하

---

9   보증 천거하던 일을 말한다.

고 교활하기[奸猾]가 비할 데 없고 소견 좁은 비부(鄙夫)여서 일찍이
감림(監臨)하다가 스스로 도둑질한 죄를 범해 표부과명(標付過名)한
것은 사람들이 모두 함께 아는 것인데, 어찌 마땅히 군사를 관할하
고 무리를 어거하는 데 합당하겠습니까? 남성군(南城君) 홍서(洪恕)
와 회령군(會寧君) 마천목(馬天牧)이 어찌 알지 못하고 천거했겠습니
까? 이뤄진 법을 두려워하지 않고 사사로운 정에 따라 그릇 천거한
것이 분명합니다. 또 임실감무(任實監務) 최점(崔漸)은 나주판관(羅州
判官) 유익지(柳翼之)와 공주판관(公州判官) 최진성(崔進誠)이 천거한
자인데, 지금 백성을 수고롭게 하고 폐단을 일으키다가 파직됐으니
이치상으로 엄중히 징계해야 마땅합니다. 엎드려 바라옵건대 서(恕)·
천목(天牧)·익지(翼之)·진성(進誠) 등을 율에 의거해 시행해 삼가지
못한 것[不恪]을 징계하면 공도(公道)가 심히 다행하겠습니다.'

모두 논하지 말라고 명했다.

○ 헌사(憲司)에서 다시 익지와 진성 등의 죄를 청하니 마침내 파
직을 명했다.

○ 의령군(宜寧君) 남재(南在)의 처 홍씨(洪氏)의 빈소에 사제(賜祭)
하고 중궁(中宮) 또한 사람을 보내 제사 지냈다.

계유일(癸酉日-17일)에 예문관서리(藝文館書吏) 김위(金衛)에게 장
(杖) 80대를 때렸다. 형조판서 이승상(李升商)이 아뢰어 말했다.

"위(衛)가 궐내의 은젓가락[銀箸]을 도둑질했으니 율문(律文)을 상
고하면 참형에 해당합니다."

상이 말했다.

"한 개의 은젓가락을 도둑질한 것을 가지고 갑자기 죽이면 안 될 일 같다. 마땅히 관물(官物)을 도둑질한 율로 논하라."

승상이 말했다.

"궐내의 물건을 관물로 같이 논하는 것은 안 될 일입니다."

상이 말했다.

"유사(有司)가 청하면 따르기는 하겠으나 젓가락 하나를 도둑질하고 죽는 것은 내 마음에 깊이 편안치 못하니 마땅히 등수를 감해 장(杖) 80대를 때려라."

갑술일(甲戌日-18일)에 사헌부에서 소를 올려 이조좌랑 장진(張晉)이 다시 장가든 죄를 청했다. 소는 이러했다.

'진이 나이 젊었을 때 전 부정(副正) 김생려(金生麗)의 딸과 결혼해 자녀를 낳고 20여 년을 살았습니다. 김씨가 비록 병이 있더라도 도리가 마땅히 약을 써서 구제해야 할 것인데, 하물며 병이 이미 회복됐는데도 사연을 핑계로 김씨를 버리고 재신(宰臣) 정남진(鄭南晉)의 딸에게 다시 장가들었으니 특히 부부(夫婦) 해로(偕老)의 뜻에 합하지 않을 뿐만 아니라 풍속이 야박하기가 이보다 더 심할 수가 없습니다.'

명해 순금사(巡禁司)에 내려 율에 의거해 시행하게 했다.

○ 골간올적합(骨看兀狄哈) 달빈개(達賓介) 등이 와서 토산물을 바쳤다.

○ 우정승 조영무(趙英茂)가 사직하니 윤허하지 않았다. 영무(英茂)가 말씀을 올렸다.

"신이 배우지 못해 학술이 없어 대체(大體)에 어두운데, 특히 오래 복사(服事)해 은혜를 입은 것이 이에 이르렀습니다. 외람되게 우규(右揆-우의정)에 있은 지 3년 동안에 많은 비방을 이르게 했으므로 마음으로 진실로 사면하려 했으나 진걸(陳乞)[10]하기를 얻지 못했습니다. 나라를 받들고 백성을 염려하는 것이 실효가 있지 못해 음양(陰陽)이 조화를 잃고 재변이 여러 번 이르러 위로 성덕에 누를 끼치고 아래로 인망(人望)에 어그러졌습니다. 청컨대 무거운 짐을 풀어서 오랜 은혜를 보전하게 하소서."

을해일(乙亥日-19일)에 호조판서 박은(朴訔)이 사직하니 한상경(韓尙敬)으로 대신하고, 성발도(成發道)를 좌군도총제(左軍都摠制)로, 맹사성(孟思誠)을 공안부윤(恭安府尹)으로, 김을화(金乙和)를 전라도 수군도절제사(全羅道水軍都節制使)로 삼았다. 좌정승 성석린(成石璘)이 아뢰어 말했다.

"신이 지위가 수상(首相)에 이르고, 지금 자식 발도(發道)가 또 도총제로 제수돼 첨망(瞻望)에 합당치 못하니 해면하기를 빕니다."

윤허하지 않았다.

무인일(戊寅日-22일)에 건주위(建州衛) 오도리(吾都里) 사람이 와서 토산물을 바쳤다.

---

10 70이 넘은 신하가 임금에게 고향에 돌아가 편안히 쉬기를 빌던 일을 말한다. 걸골(乞骨)이라고도 한다.

○ 충청도·전라도 경차관(敬差官) 이지강(李之剛)이 복명해 아뢰어 전라 수군도절제사(全羅水軍都節制使) 홍유룡(洪有龍)을 파직했다. 유룡(有龍)이 직사를 부지런히 하지 않고 육지에 영(營)을 지어서 기생 첩을 많이 거느리고 황음(荒淫)하고 사냥을 좋아하며 역말을 타고 자주 가향(家鄕)에 왕래했기 때문이다. 또 아뢰었다.

"당진감무(唐津監務) 임을생(任乙生)이 수령(守令)의 직임에 맞지 않으므로 신이 칠최(七最)의 조목[11]을 쓰게 하니 벽(闢)을 벽(碧)으로 쓰고, 증(增)을 증(憎)으로 쓰고, 간(簡)을 간(諫)으로 썼습니다. 이러한 글자도 오히려 분변하지 못하는데 하물며 일을 거행하겠습니까? 그래서 정파했습니다."

을생(乙生)은 지의정부사(知議政府事) 박신(朴信)이 천거한 자인데, 헌사(憲司)에서 소를 올려 거주(擧主)의 죄를 청하니 임금이 따르지 않고 말했다.

"인재를 천거한 자를 준엄한 법으로 논할 수는 없다."

기묘일(己卯日-23일)에 달이 방성(房星) 남쪽의 두 별을 범했다.

○ 예조(禮曹)에서 복제식(服制式)을 올렸다. 아뢰어 말했다.

"『춘추전(春秋傳)』에 '복(服)은 실정[情]을 저울질해 절문(節文)을 정한 것이다'라고 했습니다. (그런데) 지금 『경제육전(經濟六典)』 오복(五服)의 제도가 『문공가례(文公家禮)』와 같지 않아서 인정에 맞지

---

11 수령(守令)이 자기 고을을 다스리는 데 힘써야 할 일곱 가지 일이다. 즉 농상(農桑)이 진흥하고, 호구(戶口)가 늘고, 학교가 일어나고, 군정(軍政)이 잘되고, 부역(賦役)이 고르게 되고, 사송(詞訟)이 잘 처리되고, 간활(奸猾)이 없어지게 한다는 것이다.

않는 것이 네 가지입니다.

첫째는『문공가례』에 자매(姉妹)의 아들은 생질(甥姪)인데 복이 소공(小功)이고 그 아내는 시마(緦麻)이고 자매(姉妹)의 딸은 생녀(甥女)인데, 복은 소공(小功)이고 출가해 남에게로 가면 한 등을 내리는데 지금『육전(六典)』에 이성(異姓) 형제 사촌(四寸)에는 오히려 복이 있는데 이성(異姓) 3촌질(三寸姪)과 질녀(姪女)에게는 복이 없으니 경중이 차서를 잃었습니다. 바라건대 가례에 의거해 이성 3촌질은 소공을 입고 그 아내는 시마를 입고, 삼촌 질녀는 소공을 입고 출가하면 시마를 입게 하소서.

둘째는『가례(家禮)』에 처부모(妻父母)와 여서(女壻)의 복을 모두 시마로 했는데, 우리 동방(東方)의 혼례는 남편이 아내의 집으로 가서 중국과 다르기 때문에 전대(前代) 성종(成宗) 때에 복을 정해 처부모는 기년(朞年)을 입고 여서(女壻)는 소공을 입었는데, 지금『육전(六典)』에는 사위는 처부모를 위해 그 제도에 따라 기년을 입고 처부모는 사위에게 중국 제도를 따라서 다만 시마를 입으니 두렵건대 실정에 맞지 않는 것 같습니다. 바라건대 이제부터 사위의 복은 또한 동방의 제도에 의거해 소공에 준하고 휴가 15일을 주소서.

셋째는『가례』에 무릇 여자가 친정에 있으면 복이 남자와 같은데, 지금『육전』에는 이성 형제는 시마를 입고 자매는 복이 없으니 바라건대 지금부터 이성 사촌 자매도 시마를 입고 출가하면 복이 없게 하소서.

넷째는『가례』에는 외손(外孫)이 시마를 입고 그 아내도 같은데, 지금『육전』에는 외손은 시마를 입고 아내는 복이 없으니 바라건대 이제부터 외손의 아내도 시마를 입게 하소서."

그것을 따랐다.

경진일(庚辰日-24일)에 상왕이 건원릉(建元陵)에 참배하니 상이 청평군(淸平君) 이백강(李伯剛)과 내관(內官) 이광(李匡)을 시켜 술과 찬을 갖춰 교외에서 맞이하게 했다.

○상이 말했다.

"내년 원일(元日-설날)에는 상왕전(上王殿)에 상수(上壽)하고 이어 각사(各司)에 주과(酒果)를 주는 것이 어떠한가?"

우대언(右代言) 유사눌(柳思訥) 등이 대답했다.

"군신(君臣)이 함께 잔치하는 것은 폐지할 수 없고 상수(上壽)하는 것은 비록 다른 날에 하더라도 진실로[亦] 괜찮습니다."
역

신사일(辛巳日-25일)에 예조에서 임금과 신하가 함께 잔치하는 예도(禮度)와 악장(樂章)의 차례를 올렸다. 「몽금척(夢金尺)」[12]·「수보록(受寶籙)」[13]을 첫째로 삼고, 「근천정(覲天庭)」·「수명명(受明命)」을 다음으로 삼고, 또 「정동방곡(靖東方曲)」·「납씨곡(納氏曲)」·「문덕곡(文德曲)」·「무덕곡(武德曲)」 등의 곡(曲)을 그다음으로 삼았다. 상이 살펴보고 승정원(承政院)에 일러 말했다.

---

12 조선 태조 2년인 1393년에 정도전이 만든 춤곡이다. 조선 태조가 왕위에 오르기 전에 꿨던 꿈에서 신인(神人)으로부터 금척을 받았는데 그것이 머지않아 국왕이 될 것이라는 계시였다는 내용을 담고 있다.
13 이것도 악장으로 정도전이 지어 올렸다.

"만일 먼저 태조의 일을 노래하고자 한다면 「몽금척(夢金尺)」·「수보록(受寶錄)」은 꿈 가운데 일이거나 혹은 도참(圖讖)의 설이다. 어찌 태조(太祖)의 참된 다움[實德]을 기록할 곡조가 없느냐? 너희가 토의해 아뢰라."

대언(代言) 유사눌(柳思訥)·한상덕(韓相德)·탁신(卓愼)이 대답했다.

"전하의 말씀이 참으로 옳습니다. 신 등은 생각하기를 여러 신하가 헌수(獻壽)하는 날에 마땅히 먼저 「근천정」·「수명명」 등의 곡조를 노래한 뒤에 태조(太祖)의 「정동방곡」·「납씨곡」·「수보록」·「몽금척」 등의 곡조를 노래하는 것이 맞습니다. 신 등이 상의 뜻을 맞추려고 하는 것이 아니라 대개 예악(禮樂)이라는 것은 인정에 맞춰 하는 것인데, 만일 먼저 태조(太祖)의 실덕의 곡조를 노래하면 「납씨곡」·「정동방곡」 등의 곡조는 잔치를 파할 때의 음절이고, 초연(初筵)에 연주(演奏)할 것이 아닙니다."

우부대언(右副代言) 조말생(趙末生)이 말했다.

"기린(麒麟)의 태어남은 개와 양과 다르고 신인(神人)의 태어남은 보통 사람과 다릅니다. 그러므로 직(稷)의 태어남을 찬미하는 자가 말하기를 '상제(上帝)의 발자취를 밟고 빠르게 흠동(歆動)했다'라고 했고, 설(契)의 태어남을 찬미하는 자가 말하기를 '하늘이 현조(玄鳥)를 명했다'라고 했으니 지금 보록을 받고 금척을 꿈꾼 것이 실상 태조가 천명을 받은 부험(符驗)이니 악장(樂章)의 첫머리로 삼는다고 해서 불가할 것이 없고, 하물며 이 예는 만대(萬代)의 군신이 함께 잔치하는 악장이니 반드시 태조의 다움을 미뤄 근원으로 삼아 먼저 노래하는 것이 좋을 것입니다. 만일 「몽금척」과 「수보록」으로 악장의 첫머리를 삼을 수 없다면 마땅히 태조의 참된 다움의 곡조로 첫머리를 삼고, 「몽금척」과 「수보록」을 그다음으로 삼은 뒤에 「근천정」과 「수명명」으로 다음을 삼는 것이 또한 좋을 것입니다."

상이 말했다.

"큰 발자취[巨跡]와 현조(玄鳥)의 설은 참으로 거짓이 아니다. 그러나 그날 여러 신하가 내게 헌수하는 것은 예조(禮曹) 상정색(詳定色)과 함께 다시 토의하라."

그때 지신사 김여지(金汝知)가 복제(服制-상중)로 집에 있었다. 상이 불러서 토의하니 조말생의 말과 같았다. 영의정(領議政) 하륜(河崙)이 글을 올려 말했다.

'신이 부재(不才)한데도 외람되게 예를 의논하라는 명령을 받았습니다. 지금 예조에서 정조(正朝) 하례(賀禮)와 연례(宴禮)를 가지고 와서 토의하는데, 절목이 같지 않은 것이 있는 것을 감히 마음대로 스스로 절충하지 못하고 삼가 기록하기를 다음과 같이 합니다.

하나, 조하(朝賀)의 치어(致語-치하하는 말)는 당(唐)·송(宋) 때에는 조관(朝官) 반수(班首)가 치어(致語)를 쓰고 표문(表文)은 쓰지 않았는데, 지금 조정에서도 또한 같고 원(元)나라 조정에서는 중서성(中書省)에서 표문을 썼는데 전조(前朝) 문하부(門下府)에서 또한 표문을 썼습니다. 신이 생각건대 중국은 예의(禮義)가 나온 곳인데, 당·송과 지금 조정[明]의 예를 마땅히 준용(遵用)하셔야 할 것입니다.

하나, 시연(侍宴)하는 여러 신하의 좌차(坐次)는 당나라에서는 문관·무관을 나누지 않고 다만 직차(職次)로 앉았는데, 지금 조정에서도 또한 같습니다. 전조에서는 송조(宋朝)를 인습해 문신 4품 이상은 시신(侍臣)으로 상계(上階)에 앉고, 6품 이상은 중계(中階)에 앉고, 무신 3품 이하는 반(班)에 따라 동서랑(東西廊)에 앉았습니다. 신이 생각건대 문무를 경(輕)하게 하거나 중(重)하게 할 수 없으니 조정의 예에 의해 문무를 나누지 말고 모두 직차로 상계에 앉고, 좌석이 좁으면 중계에 앉고, 또 좁으면 양랑(兩廊)에 앉는 것이 편하겠습니다.'

상이 말했다.

"치어(致語)하는 것은 마땅히 당(唐)·송(宋)을 따르고, 시신(侍臣)은 전조의 예에 의거해 가까이 앉는 것이 좋겠다."

륜(崙)이 또 진언(進言)했다.

"마땅히 「수보록」과 「몽금척」의 곡조로 정조(正朝)에 군신(君臣)이 동연(同宴)하는 악장(樂章)의 첫머리를 삼아야 할 것입니다."

상이 말했다.

"예로부터 제왕(帝王)이 흥(興)하는 것이 천명(天命)과 인심(人心)에 있으니 어찌 부참(符讖)을 족히 믿을 수 있겠는가? 광무제(光武帝)가 도참(圖讖)을 믿었는데 사람들이 모두 비난했고, 당(唐)나라 배도(裵度)[14]가 장차 회(淮)와 채(蔡)를 칠 때에 또한 참서(讖書)가 있었으니 제왕의 상서(祥瑞)가 아니다. 또 이러한 보록을 받은 것과 금척의 꿈은 태조(太祖)의 실덕(實德)이라고 가리켜 말할 수 없다. 주관(周官)에 육몽(六夢)의 설이 있고 무왕(武王)이 또한 말하기를 '짐의 점(占)과 꿈에 합한다'라고 했으니 비록 예전 사람이 하기는 했으나 악장의

---

14 당나라 헌종(獻宗)·목종(穆宗) 때의 명신(名臣)이다. 회채(淮蔡)의 난을 평정하고 평장사(平章事)가 됐다.

첫머리를 삼을 것은 아니다."

륜이 말했다.

"보록에 대한 말은 신이 일찍이 들었는데 개국하기 전에 어떤 중이 이를 얻었다고 하니 허망하다고 말할 수는 없습니다. 공자(孔子)가 비록 괴력(怪力)은 말하지 않았으나 촉산(蜀山) 사람 동오경(董五經)의 말이 『중용(中庸)』에 보이고, 청청천리초(靑靑千里草)라는 것은 동탁(董卓)을 가리킨 것인데, 주자(朱子)가 감흥(感興)의 시(詩)에 붙였으니 참서(讖書)도 또한 고인이 폐하지 않은 것입니다. 또 제왕(帝王)의 흥함에 반드시 앞서 정(定)한 참서가 있으면 사람의 분수가 아닌 욕망(欲望)을 저지할 수 있는 것입니다."

상이 말했다.

"도참(圖讖)은 제왕의 일은 아닌데 만일 폐하지 않는다면 다만 악부(樂府)에만 넣을 것이요, 첫머리에 내는 것은 마땅치 않다."

마침내 「근천정(覲天庭)」과 「수명명(受明命)」의 곡조를 수장(首章)으로 했다. 상이 또 대언(代言) 등에게 일렀다.

"예로부터 도참을 믿을 수 없다. 지금 보록(寶錄)의 설을 내가 믿지 않는다. 첫째는 '삼전삼읍(三奠三邑)이 응당 삼한(三韓)을 멸할 것이다'라고 했는데, 사람들이 삼전(三奠)을 정도전(鄭道傳)·정총(鄭摠)·정희계(鄭熙啓)라고 하는데, 정희계는 재주와 덕이 없고 개국하는 데에도 별로 공이 없으니 이것이 과연 때에 응해 나온 사람이겠는가?

둘째는 '목자장군검(木子將軍劍) 주초대부필(走肖大夫筆) 비의군자지(非衣君子智) 부정삼한격(復正三韓格)이다'라고 했는데, 사람들이 말하기를 '비의(非衣)는 배극렴(裴克廉)이다'라고 한다. 배극렴이 정승이 된 것이 오래지 않고, 보좌해 다스린 것이 공효가 없었다. 마땅히 다시 영의정에게 고해 하륜이 지은 「근천정(覲天庭)」을 제1곡으로 하고, 「수보록(受寶籙)」은 악부에서 삭제하라."

류이 대궐에 나와 친히 청해 보록의 곡조를 제3곡으로 했다.

임오일(壬午日-26일)에 상이 상왕전(上王殿)에 나아가 헌수하고서 극진히 즐기고 마주 춤을 췄다[對舞]. 종친(宗親)과 한천군(漢川君) 조온(趙溫) 등이 참여했다.

계미일(癸未日-27일)에 대사헌 유정현(柳廷顯)이 박신(朴信)과 임정(林整) 등의 죄를 청했다. 소는 이러했다.

'천거한 것이 적당한 사람이 아니면 죄가 거주(擧主)에게 미치는 것은 국가의 일정한 법전입니다. 지금 서북면 도순문사(西北面都巡問使) 임정과 지의정부사(知議政府事) 박신이 천거한 당진감무(唐津監務) 임을생(任乙生)이 문자를 알지 못하기 때문에 파면됐고, 신(信)과 정(整)의 죄를 청했었는데 지금 신에게 직사에 나올 것을 명하셨으니 법에 어그러지는 것이 있는가 합니다.'

상이 말했다.

"신은 비록 (고대 중국의 명재상인) 이윤(伊尹)과 주공(周公)에 비교는 안 되나 또 당대의 준걸(俊傑)이고 정은 그 도(道)에 있으면 능히 굶주리는 백성을 진휼 구제할 수 있을 것이니 이 사람들을 버리고 달리 구하면 또한 적당한 사람[其人]을 찾기가 어렵다."

헌사(憲司)에서 굳게 청하니 상이 말했다.

"천거를 받은 자가 만일 탐오하고 불법하거나 사람을 죽였거나 사람을 상했으면 천거한 사람은 반드시 죄가 있다 할 것이다. (그런데) 지금 을생(乙生)이 이러한 죄를 범하지 않고 다만 문자를 알지 못하는 것뿐이니 신과 정이 천거한 것에 또 무엇을 허물할 것이 있는가? 경 등은 다시 말하지 말라."

○사간원(司諫院)에서 소(疏) 두 가지[二道]를 올렸다. 그 첫째는
이도
이러했다.

'국가에서 지방에 주부군현(州府郡縣)을 설치하고 신료(臣僚)를 선택해 인부(印符)를 나눠 백성을 다스리게 하고, 그래도 수령(守令)이 그 직책을 삼가지 않을까[不謹=不恪] 염려해 또 감사(監司)를 보
불근   불각
내 한 방면을 전제(專制)하게 합니다. 감사가 된 자는 덕음(德音-임금의 말씀)을 선포(宣布)하고 출척(黜陟)을 밝게 행하는 것이 그 직책인데 지금 강원감사 박습(朴習)이 근신[左右]을 섬겨 남의 아름다움을
좌우
빼앗고 은혜를 사고자 해 면포와 마포 모두 52필을 대언사(代言司)와 전농시(典農寺)에 나눠 증여(贈與)했는데 운수할 즈음에 역마와 식량의 비용이 적지 않아서 일이 발각됐습니다. 경차관(敬差官) 예빈시윤(禮賓寺尹) 유의(柳顗)가 주상에게 아뢰고자 하다가 실행하지 못했는데 박습이 먼저 유의의 죄를 달려가 아뢰었습니다.

무릇 관물(官物)은 비록 1전(錢)의 적은 것이라도 모두 백성에게서 나오는 것인데, 도내(道內)의 회양부사(淮陽府使) 민교(閔校), 양주지사(襄州知事) 박고(朴翶), 삼척부사(三陟府使) 이원밀(李原密), 간성군지사(杆城郡知事) 조경부(趙敬夫), 통주지사(通州知事) 이숙경(李叔

卿), 고성군지사(高城郡知事) 김저(金渚), 울진현판사(蔚珍縣判事) 노의(盧倚), 평창군지사(平昌郡知事) 남인전(南仁琠), 영월군지사(寧越郡知事) 김익정(金益精), 원주판관(原州判官) 오선경(吳先敬), 강릉판관(江陵判官) 이맹상(李孟常), 홍천감무(洪川監務) 성익지(成翼之), 횡천감무(橫川監務) 송사은(宋斯殷) 등이 또한 면포와 가죽과 종이를 기증(寄贈)해 보냈으니 이것은 감사가 선창(先倡)하니까 수령들이 두려워하지 않는 것입니다. 백성에게 거둬 화뢰(貨賂)를 행한 죄를 징치하지 않을 수 없습니다. 유의는 경차관(敬差官)의 명을 받고 가서 이곳에 이르러 도로에서 증괴(贈餽)하는 물건을 보고 거두어 원주에 두고, 즉시 계문(啓聞)하지 않고 감사가 자기의 죄를 청한 것을 들은 뒤에야 아뢰었고, 또 도망한 노비를 찾으려고 해서 집의 종을 치중(輜重)의 말에 태워서 군현(郡縣)을 두루 돌아다녔고, 또 제가 좋아하는 회양교수관(淮陽敎授官) 이로(李路)에게 임의로 휴가를 주어 역마를 태워 집에 돌아가게 했으니 그 죄가 작지 않습니다. 우대언(右代言) 조말생(趙末生)은 근시(近侍)하는 신하로서 항상 궁금(宮禁)에 있으니 공비(供費)하는 물건을 밖에 구할 것이 아닌데, 이에 파오치(波吾赤) 김승례(金承禮)로 하여금 물건을 강원도(江原道)에서 구했고, 전농시판사(典農寺判事) 이각(李慤), 장무(掌務) 판관(判官) 민서각(閔犀角) 등이 또한 청구를 행했으니 이 사람들을 율에 의해 (처벌을) 시행하소서.'

그 둘째는 이러했다.

'인재를 천거해 끌어주는 것을 삼가지 않을 수 없습니다. 그러므로 국가에서 천거하는 법을 세워서 천거한 것이 적합한 사람이 아니면 죄가 거주(擧主)에게 미치는데, 지금 안성군(安城君) 이숙번(李叔蕃)이 천거한 송극량(宋克良)이 선주(宣州)를 맡았을 때에 정사를 어지럽혀서 면직됐고, 전 총제(摠制) 이승간(李承幹)이 천거한 김하산(金河山)이 이천(利川)과 양덕(陽德) 두 고을을 맡았다가 모두 폄출(貶黜)을 당했으니 마땅히 그릇 천거한 죄를 더해야 합니다. 또 극량(克良)이 파면된 지 얼마 안 돼 곧바로 경상우도 만호(慶尙右道萬戶)의 직임을 받았으니 두렵건대 상벌(賞罰)의 법이 없으면 악한 짓을 하는 자를 징계할 수가 없을 것입니다. 청컨대 극량의 직첩을 거둬 징계하소서.'

상이 말했다.

"숙번(叔蕃)과 승간(承幹)의 죄는 논하지 말라."

○사간원(司諫院)에서 또 소를 올려 도랑을 여는[開渠] 역사(役事)개거를 정지하도록 청하니 상이 말했다.

"도랑을 여는 의견은 이미 오랜데 간원(諫院)에서 매번 조계(朝啓)에 참여하면서 왜 당초에 그치게 하지 못했는가?"

드디어 대언(代言) 등에게 일러 말했다.

"도랑을 여는 일의 편하고 불편한 것은 이미 세 정승과 의논했는데, 지금 간원에서 이 의논을 듣고 상소하는 것인가."

상이 다시 간관(諫官)을 불러 말했다.

"지금 상소해 청한 강원도(江原道)의 감사(監司)·수령(守令) 등과 조말생(趙末生)의 죄는 나도 일찍이 조사(曹司)·대언(代言)을 했었는데 청구하는 버릇이 예로부터 그러한 것이다. 금후(今後)로는 영을 내려 금하겠으니 아직 논하지 말라. 만일 그 사람들을 다 죄준다면 강원도 수령의 수가 10여 인에 이르니 장차 어떤 사람을 얻어서 보충하겠는가? 판각(判閣) 이각(李慤)도 또한 그 일에 참여했으나 근일에 원일 조회(元日朝會)와 군신동연(君臣同宴)을 앞두고 있으니 그 직임을 폐할 수가 없다."

○ 이언(李彦)이 복주(伏誅)됐다. 그 아들 세 사람은 참형(斬刑)에 해당되고, 정상을 알고도 자수(自首)하지 않은 자는 교형(絞刑)에 해당됐으나 명해 모두 한 등을 감하게 하고, 정상을 알고도 자수하지 않은 자는 조순화(趙順和)의 예에 따르게 했다.

丁巳朔 禮曹上祝文式. 啓曰:
정사 삭 예조 상 축문식 계왈

"宗廟尊號玉册 依宋制及洪武禮制 書'維永樂九年歲次辛卯'
종묘 존호 옥책 의 송제 급 홍무예제 서 유 영락 구년 세차 신묘

至祭享祝文則依唐制 書'維太歲辛卯'有此不同. 右祝文格式 亦
지 제향 축문 즉 의 당제 서 유 태세 신묘 유차 부동 우 축문 격식 역

依玉册例."從之.
의 옥책 례 종지

議開渠事. 上曰:"此都開渠事 移文各道乎否?"左政丞成石璘
의 개거 사 상왈 차도 개거 사 이문 각도 호부 좌정승 성석린

對曰:"明年二月初一日始役事 已移文忠淸 江原道矣."上
대왈 명년 이월 초 일일 시 역사 이 이문 충청 강원도 의 상

曰:"今年閏十二月十五日立春 正月氣候必暖 待二月則恐奪
왈 금년 윤 십이월 십오일 입춘 정월 기후 필난 대 이월 즉 공탈

農時也 宜令正月望時赴役. 今年慶尙 全羅道稍稔 亦宜招集."
농시 야 의령 정월 망시 부역 금년 경상 전라도 초임 역의 초집

知議政府事朴信對曰:"慶尙之民則忠州倉造成事 已移文."上曰:
지의정부사 박신 대왈 경상 지민 즉 충주 창 조성 사 이 이문 상왈

"然則不可疊行勞役 其令全羅上道之民赴役可也."
연즉 불가 첩행 노역 기령 전라 상도 지민 부역 가야

議政府啓曰:"忠淸 江原 全羅道軍共四萬人."上曰:"開渠事
의정부 계왈 충청 강원 전라도 군공 사만 인 상왈 개거 사

巨 軍數少矣."政府更啓曰:"五萬人 正月十五日始役何如?"上
거 군수 소의 정부 갱 계왈 오만 인 정월 십오일 시역 하여 상

曰:"可."安東大都護府事崔龍蘇 忠淸道都觀察使韓雍等來言:
왈 가 안동대도호부 사 최용소 충청도 도관찰사 한옹 등 내언

"甲士船軍及其助戶 毋與他役 曾有著令 今調開渠軍 難以充數
갑사 선군 급 기 조호 무여 타역 증유 저령 금조 개거 군 난이 충수

雖此戶 多有人丁則許令幷抄 待秋役之可也."上命知申事金汝知
수 차호 다유 인정 즉 허령 병초 대추 역지 가야 상명 지신사 김여지

等 議于領議政府事河崙 左政丞成石璘 右政丞趙英茂 仍命曰:
등 의우 영의정부사 하륜 좌정승 성석린 우정승 조영무 잉 명왈

"予在松都 見人家漸多 幾滿城中 心竊以爲我父王開國 建都于
漢陽 棄而來此 誠不可也 乃與群臣協謀而遷. 年年霖雨 川漲水
溢 民戶墊溺 日夜爲慮 欲開川道久矣. 今此之擧 無乃有弊於民
乎? 姑待後年 或至子孫 不亦可乎?" 崙對曰: "悅以使民 使民
以時 古之道也. 苟合於義 雖死於鋒鏑 亦其分也. 悅之之道 無如
發倉給糧 夜則停役 勿令勞困生病." 石璘 英茂亦曰: "開渠不可
廢也. 時方農隙 何有不可!" 上然之.

禮曹上言曰: "月令 正月毋起大衆. 今動衆開渠 且値啓蟄之候
請姑停之." 上曰: "開渠便否 議政府承政院已知之矣." 遂下政府.
政府啓曰: "新都此役 不可不亟也. 且今器械已備 軍數已定 未可
停罷." 從之.

司憲府上疏請平城君趙狷罪. 疏曰: '狷欲奪寡婦表氏志 殊無
宰相之意. 爲媒者司直朴枝 乞收告身問罪.' 命枝按律科罪 狷則
勿論 以功臣也. 表氏 故版圖判書 德麟之女 吳虔之妻也. 家富
早寡 枝嘗媒狷 表氏許諾 及婚夕 表窺見狷年老鬚白而逃 遂訴于
憲府 謂狷强娶 時人譏之. 未幾嫁于水原府使趙啓生.

憲府又請溫水監務金佐率巫妾婢子等在任之罪及前議郎方與權
濫刑溫水貢吏之罪 命佐自願付處 與權杖八十. 又請義盈庫副使
朴質 司醞署丞金安禮 注簿閔恭 奉禮金灌 直長吳耘 權孟慶等
携妓夜飮于義盈庫公廳之罪 命皆罷職.

戊午 令各道選進年少宦者.

禮曹啓請習蒙學. 啓曰:"司譯院 職在事大交隣. 今蒙學訓導者

才二人 習者又少 宜擇五部學中聰慧者三十人 以習其語. 其樂音

又將廢墜 令慣習都監幷肄習之 以備交隣."

命政府議之.

議外戚事. 上論漢唐以後帝王之時外戚入宮中用事之弊 乃曰:

"大抵以齊家治國之事論之 則使外戚近于宮中 非人君長遠之

計也. 方今國家閑暇 內外無虞 暫無疑忌 然安知其弊起於後日

乎! 當制之於未萌可也. 且女主乎內 男主乎外 古制也. 今宮中承

前朝之制 將各司奴婢童男稱巴只 掃除於內; 女稱水賜伊 更番

出外 使宮中之言聞于外 予深以爲未便. 東殿巴只 曾以少女

代之 大殿巴只 欲以宦者代之; 水賜伊 亦令不出於外 是如何?"

知議政府事李膺等對曰:"上敎誠然."

上又謂群臣曰:"衣食 人生所重 不可偏廢者也. 古者后妃勤儉

亦有后夫人親蠶之事 今也下至宮中侍女 皆飽食無事 寡人衣服

皆買而供之. 今後定收斂麻枲之法 令宮中侍女任其紡績 以備

內用." 群臣咸曰:"上敎然矣."

上切言外戚之弊 因曰:"金科抄衍義時 不錄外戚之事 故斥之."

又曰:"闕內雜類出入太煩 以群臣職秩 定根隨之數 曾有著令

今也廢閣不行. 自今申明前令 嚴禁出入 宰相丘史二名 三四品

578

一名 五六品以下無之. 但吏典則不論."
일명 오육 품 이하 무지 단 이전 즉 불론

庚申 慶尙道 奉化縣地震.
경신 경상도 봉화현 지진

召宗親 置酒于便殿.
소 종친 치주 우 편전

兀良哈指揮 者容可等十四人來獻土物.
올량합 지휘 자용가 등 십사 인 내헌 토물

以知原平郡事李陽實爲濟用監. 巡禁司司直黃尙廉啓曰:"臣執
이 지 원평군 사 이양실 위 제용감 순금사 사직 황상렴 계왈 신 집

李彥來時 陽實不爲護送 是不敬君命."上怒 命執來 因于巡禁司
이언 내시 양실 불위 호송 시 불경 군명 상 노 명집래 수 우 순금사

與尙廉對論, 尙廉反坐誣告罪 應杖九十 命杖六十 罷職. 上憐
여 상렴 대론 상렴 반좌 무고죄 응장 구십 명장 육십 파직 상 련

陽實被讒 誤在縲絏之中 特授濟用監. 彥 與其子壬午冬反逆在逃
양실 피참 오재 누설 지중 특수 제용감 언 여기자 임오 동 반역 재도

者也. 政府啓曰:"逆臣李彥在逃已十年 今前副司正金定首告 願
자 야 정부 계왈 역신 이언 재도 이 십년 금 전 부사정 김정 수고 원

賞職."命超一級授職 遂令政府刑曹臺省各一員會于巡禁司 訊
상직 명 초 일급 수직 수 령 정부 형조 대성 각 일원 회우 순금사 신

李彥. 巡禁司啓:"逆臣李彥在逃時 知而不告者 散在於外 皆令
이언 순금사 계 역신 이언 재도 시 지이 불고 자 산재 어외 개령

執來."從之.
집래 종지

辛酉 羅州雷.
신유 나주 뢰

癸亥 以河久 盧龜山爲左軍摠制 金九德右軍同知摠制 韓雍
계해 이 하구 노구산 위 좌군 총제 김구덕 우군 동지총제 한옹

漢城府尹 金漸工曹參議 孟思誠判忠州牧事 卓愼同副代言. 初
한성부윤 김점 공조참의 맹사성 판 충주목 사 탁신 동부대언 초

以久爲都摠制 久父崙上言:"都摠制 老將之職也. 久年少無知
이구 위 도총제 구부륜 상언 도총제 노장 지직 야 구 연소 무지

不合是職."上乃復以久爲摠制 從崙請也. 禮曹啓曰:"慣習都監
불합 시직 상 내부이구위총제 종륜청야 예조 계왈 관습도감

提調孟思誠 精於音律 庶復先王之樂 乃於近日 除判忠州. 臣等
제조 맹사성 정어 음률 서복 선왕 지악 내어 근일 제 판충주 신등

以爲一州之務 人多能之 先王之樂 非人人之所能爲也. 請留思誠
이위 일주 지무 인 다 능지 선왕 지악 비 인인 지 소능 위야 청류 사성

以敎正樂."
이교 정악

甲子 司憲府請恭安府尹禹洪康罪. 初 洪康爲吏曹參議 與其子
갑자 사헌부 청 공안부 윤 우홍강 죄 초 홍강 위 이조참의 여 기자

司贍署丞元珪陳告典書姜丹鳳科田 丹鳳時未死. 上曰: "洪康
사섬서 승 원규 진고 전서 강단봉 과전 단봉 시 미사 상왈 홍강

愚人也. 昔禹侍中先知吾有虞危之事而曉之 故得免焉. 恩府之恩
우인 야 석우시중 선지 오 유위 지사 이효지 고 득면 언 은부 지은

其敢忘哉!" 免洪康職 流其子元珪.
기 감망 재 면 홍강 직 유 기자 원규

乙丑 兀良哈千戶 也吾可等來獻土物.
을축 올량합 천호 야오가 등 내헌 토물

始令闕內出入者給印牌.
시 령 궐내 출입자 급 인패

戶曹上田制條件 下政府議得:
호조 상 전제 조건 하 정부 의득

"其一 再嫁女前夫子息 遞受其父之田. 其一 親子息犯杖罪
기일 재가녀 전부 자식 체수 기부 지전 기일 친 자식 범 장죄

不得遞受父母之田 若非敗毀綱常 貪汚坐贓 則令子孫遞受. 其一
부득 체수 부모 지전 약비 패훼 강상 탐오 좌장 즉 영 자손 체수 기일

親父母田 子孫各以科受之 餘田則幼弱孫子 雖有父母 各給
친부모 전 자손 각 이과 수지 여전 즉 유약 손자 수유 부모 각급

恤養田五結. 其一 守信寡婦父母田及夫之父母田 依夫科折給."
휼양전 오결 기일 수신 과부 부모 전급 부지 부모 전 의 부과 절급

從之.
종지

丙寅 上奉上王 置酒于內殿 擊毬盡歡 宗親與焉. 上王駕還 上
병인 상 봉 상왕 치주 우 내전 격구 진환 종친 여언 상왕 가환 상

送于敦化門內石橋 跪曰: "雙親俱逝 當今孝養 捨上位而誰歟?"
송우 돈화문 내 석교 궤왈 쌍친 구서 당금 효양 사 상위 이 수여

上王曰: "是也."
상왕 왈 시야

戊辰 命臺諫勿行報復. 上謂大司憲柳廷顯 司諫尹會宗曰:
무진 명 대간 물행 보복 상위 대사헌 유정현 사간 윤회종 왈

"日者 臺諫以不緊之事 互相請罪 至於廢事闕職. 自今不得已
일자 대간 이 불긴 지사 호상 청죄 지어 폐사 궐직 자금 부득이

關係風俗外 毋得私相報復."
관계 풍속 외 무득 사상 보복

己巳 大司憲柳廷顯啓申明罪及擧主之法. 啓曰: "右政丞趙英茂
기사 대사헌 유정현 계 신명 죄 급 거주 지법 계왈 우정승 조영무

所擧豐海道水軍僉節制使朴英祐 以不稱職停任 當罪擧主." 上
소거 풍해도 수군 첨절제사 박영우 이 불칭직 정임 당죄 거주 상

曰:"罪及擧主 雖在六典 然前此未嘗擧行." 廷顯曰:"前日啓事後
工曹判書朴子靑醉曰:'政府今差開渠督役員吏 皆以私情 無有
可用者.'且曰:'政府聽之 則必惡我矣.' 子靑之言不遜 故劾之."
上曰:"予亦聞子靑有不遜之言 然子靑 本使酒者也 必發此言 卿
之劾問當矣." 竟召子靑就職.

司憲府請礪良君宋居信罪. 居信用禁物金銀 貿易倭館 事覺
憲司請之 命勿論.

江原道都觀察使朴習請敬差官柳顗罪. 啓曰:"擅給淮陽敎授官
李路驛馬 令尋自己逃奴婢 殊無使臣之體." 命顗除行公還赴京.

柳顗復命 陳民間弊瘼 一款云:"承政院及典農寺遣人求物
朴習不行糾察 且與請物 至使傳驛以送."

吾都里指揮童多音波老等九人來獻土物.

命作城內長廊 以江原道軍一萬三千斫材木.

庚午 置開渠都監. 以星山君李稷 工曹判書朴子靑 知議政府事
李膺爲提調. 是日 經始開渠之基 令全羅慶尙忠淸三道軍人正月
十五日始役.

司憲府請開城留後司郎吏李原常 李敢 崔孟溫等罪. 原常等
不覺司人僞造楮貨之事 故憲司請之 命皆贖笞四十 還任.

憲司劾右政丞趙英茂 以所擧萬戶朴英祐不堪其任罷職故也. 命
英茂就職 英茂稱病不出.

壬申 罷兵曹正郎宋寘 佐郎崔汭職. 司憲府上疏曰:
<small>임신 파 병조정랑 송치 좌랑 최예 직 사헌부 상소 왈</small>

'竊惟官爵 人君之大寶 一資一級 不可苟也. 臣等伏見前知
<small>절유 관작 인군 지대보 일자 일급 불가 구야 신등 복견 전지</small>

高原郡事李養修 前知咸安郡事曹敏老等 俱以五品 超授三品
<small>고원군 사 이양수 전지 함안군 사 조민로 등 구이 오품 초수 삼품</small>

萬戶之職. 此人等保擧者 不書散官 但以前郡事稱之 兵曹正郎
<small>만호 지직 차인 등 보거 자 불서 산관 단이 전 군사 칭지 병조정랑</small>

宋寘 佐郎崔汭 不能詳考; 知兵曹事代言李安愚 亦不詳察 請皆
<small>송치 좌랑 최예 불능 상고 지병조사 대언 이안우 역불 상찰 청개</small>

依例施行 以懲不恪. 敏老超受官誥 諫院已曾收奪 養修官誥 亦
<small>의례 시행 이징 불각 민로 초수 관고 간원 이증 수탈 양수 관고 역</small>

宜追奪 以杜徼倖.'
<small>의 추탈 이두 요행</small>

命收養修 敏老官誥; 寘 汭罷職; 安愚勿論.
<small>명수 양수 민로 관고 치 예 파직 안우 물론</small>

司憲府請洪恕 馬天牧 柳翼之 崔進誠等罪. 疏曰:
<small>사헌부 청 홍서 마천목 유익지 최진성 등 죄 소왈</small>

'薦擧人才 不可不愼也 故擧非其人 則罪及擧主 著在令甲.
<small>천거 인재 불가 불신 야 고 거비 기인 즉 죄급 거주 저재 영갑</small>

伏見前萬戶李養修奸猾無比 屑屑鄙夫. 嘗犯監臨自盜 標付過名
<small>복견 전 만호 이양수 간활 무비 설설 비부 상 범 감림 자도 표부 과명</small>

人所共知 豈宜管軍以禦衆哉! 南城君洪恕 會寧君馬天牧等 豈
<small>인 소공지 기 의 관군 이 어중 재 남성군 홍서 회령군 마천목 등 기</small>

不知而擧之哉! 其不畏不遜成法 徇私謬擧審矣. 且任實監務崔漸
<small>부지 이 거지 재 기 불외 불손 성법 순사 유거 심의 차 임실 감무 최점</small>

乃羅州判官柳翼之 公州判官崔進誠等所擧也. 今以勞民作弊
<small>내 나주판관 유익지 공주판관 최진성 등 소거 야 금이 노민 작폐</small>

見罷 理宜痛懲. 伏望將洪恕 天牧 翼之 進誠等 依律施行 以懲
<small>견파 이의 통징 복망 장 홍서 천목 익지 진성 등 의율 시행 이징</small>

不恪 公道幸甚.'
<small>불각 공도 행심</small>

命皆勿論.
<small>명개 물론</small>

憲司復請翼之 進誠等罪 乃命罷職.
<small>헌사 부청 익지 진성 등 죄 내 명 파직</small>

賜祭于宜寧君南在妻洪氏之殯 中宮亦遣人祭之.
<small>사제 우 의령군 남재 처 홍씨 지빈 중궁 역 견인 제지</small>

癸酉 命杖藝文館書吏金衛八十. 刑曹判書李升商啓曰: "衛盜
<small>계유 명장 예문관 서리 김위 팔십 형조판서 이승상 계왈 위 도</small>

闕內銀筯 考於律文當斬." 上曰:"盜一箇銀筯遽斬 似未便. 當以
盜官物律論." 升商曰:"闕內之物 以官物等論未便." 上曰:"有司
請則從之. 然盜一筋而死 於予心深以爲未安 宜減等杖八十."

甲戌 司憲府疏請吏曹佐郎張晋改娶之罪. 疏曰:'晋年少時 娶
前副正金生麗之女 生子女 居二十餘年. 金氏雖有疾 理宜救藥 況
疾已平復 托辭棄之 改娶宰臣鄭南晋之女 非特不合夫婦偕老之
義 風俗衰薄 莫此爲甚.' 命下巡禁司 按律施行.

骨看兀狄哈達賓介等來獻土物.

右政丞趙英茂辭 不允. 英茂上言曰:"臣不學無術 昧於大體 特
以服事之久 蒙恩至此 濫居右揆 三年之間 多致謗訕 心誠辭免
未獲陳乞. 奉國慮民 未有其效 陰陽失和 災變屢至 上累聖德 下
乖人望. 請釋重負 以保舊恩."

乙亥 戶曹判書朴訔辭 以韓尙敬代之. 以成發道爲左軍都摠制
孟思誠恭安府尹 金乙和全羅道水軍都節制使. 左政丞成石璘
啓曰:"臣位至首相 今子發道 又拜都摠制 未合瞻望 乞免之."
不允.

戊寅 建州衛吾都里人來獻土物.

忠淸 全羅道敬差官李之剛復命 啓罷全羅水軍都節制使洪有龍
職. 有龍不勤職事 作營于陸地 多畜妓妾 荒淫游畋 乘驛騎數往
家鄉也. 又啓曰:"唐津監務任乙生 不稱守令之任. 臣使書七最之

目 以闘爲碧 以增爲憎 以簡爲諫. 此字尙未辨 況擧行乎! 是用
목 이벽위벽 이증위증 이간위간 차자 상 미변 황 거행 호 시용

停罷." 乙生 知議政府事朴信所擧也. 憲司疏請擧主之罪 上不從
정파 을생 지의정부사 박신 소거 야 헌사 소청 거주 지죄 상 부종

曰:"擧人才者 不可以峻法論之.①"
왈 거 인재 자 불가 이 준법 논지

己卯 月犯房南二星.
기묘 월 범 방 남 이성

禮曹上服制式. 啓曰:
예조 상 복제 식 계왈

"春秋傳曰:'服 稱情而爲之節者也.' 今經濟六典五服之制 與
춘추전 왈 복 칭정 이 위지 절 자야 금 경제육전 오복 지제 여

文公家禮不同 而未稱人情者四.
문공 가례 부동 이 미칭 인정 자사

其一, 文公家禮姊妹之子曰甥 服小功 其妻緦麻; 姊妹之女曰
기일 문공 가례 자매 지자 왈생 복 소공 기처 시마 자매 지녀 왈

甥女 服小功 適人降一等. 今六典 異姓四寸兄弟 尙有服 而於
생녀 복 소공 적인 강 일등 금 육전 이성 사촌 형제 상 유복 이어

異姓三寸姪及姪女無服 輕重失序. 願依家禮 異姓三寸姪服小功
이성 삼촌 질 급 질녀 무복 경중 실서 원의 가례 이성 삼촌 질 복 소공

其妻緦麻 三寸姪女小功 出嫁則緦麻.
기처 시마 삼촌 질녀 소공 출가 즉 시마

其二, 家禮 妻父母女壻之服 皆曰緦麻 吾東方婚姻之禮 夫就
기이 가례 처부모 여서 지복 개왈 시마 오 동방 혼인 지례 부취

婦家 異於中國 故前代成宗時定服 於妻父母服期年 女壻小功.
부가 이어 중국 고 전대 성종 시 정복 어 처부모 복 기년 여서 소공

今六典壻爲妻父母從其制服期年 妻父母於壻乃從中國之制 止
금 육전 서위 처부모 종 기제 복 기년 처부모 어서 내종 중국 지제 지

服緦麻 恐未稱情. 願自今女壻服 亦依東方之制 準小功 給暇
복 시마 공 미 칭정 원 자금 여서 복 역의 동방 지제 준 소공 급가

十五日.
십오일

其三, 家禮 凡女子在室 則服與男子同 今六典異姓兄弟服緦麻
기삼 가례 범 여자 재실 즉복 여 남자 동 금 육전 이성 형제 복 시마

而姊妹則無服. 願自今異姓四寸姊妹 亦服緦麻 出嫁則無服.
이 자매 즉 무복 원 자금 이성 사촌 자매 역 복 시마 출가 즉 무복

其四 家禮 外孫服緦麻 其妻同 今六典於外孫服緦麻 而妻則
기사 가례 외손 복 시마 기처 동 금 육전 어 외손 복 시마 이 처즉

無服. 願自今外孫之妻 亦服緦麻."
무복 원 자금 외손 지처 역 복 시마

從之.

庚辰 上王謁健元陵 上命淸平君李伯剛 內官李匡 備酒膳迎
于郊.

上曰：“來年元日 上壽於上王殿 仍賜各司酒果如何？”右代言
柳思訥等對曰：“君臣同宴 不可廢也. 上壽 雖在他日亦可.”

辛巳 禮曹上君臣同宴禮度及樂章次第：以夢金尺 受寶籙爲首
次之以觀天庭 受明命 又次之以靖東方 納氏 文德 武德等曲. 上
覽之 謂承政院曰：“若先歌太祖之事 則夢金尺 受寶籙 是夢中
之事 或圖讖之說耳. 豈無記太祖實德之曲乎？ 爾等議聞.”代言
柳思訥 韓尙德 卓愼對曰：“殿下之言 誠是也. 臣等以爲群臣獻壽
之日 宜先歌殿下 觀天庭 受明命等曲 然後歌太祖靖東方 納氏
受寶籙 夢金尺等曲可也. 臣等非以逢迎上意 夫禮樂 稱人情而
爲之也. 若先歌太祖實德之曲 則 納氏 靖東方等 曲 乃罷宴音節
非初筵所奏也.”右副代言趙末生曰：“麒麟之生 異於犬羊 神人之
生 異於常人 故美稷之生者曰履帝武敏歆 美契之生者曰天命玄鳥
今受寶籙 夢金尺 實太祖受命之符也. 以爲樂章之首 未爲不可
況此禮乃萬世君臣同宴之樂 必推源太祖之德 而先歌之可也. 若
以夢金尺 受寶籙 不可以樂章之首 則當以紀太祖實德之曲爲首
而次之以夢金尺 受寶籙 然後次之以觀天庭 受明命 亦可也.”上
曰：“巨跡玄鳥之說 誠不誣矣. 然其日群臣獻壽於我也 其與禮曹

詳定色更議之."時知申事金汝知以服在家 上召議之 與末生之言
同. 領議政河崙上書曰:

　'臣以不才 濫承議禮之命. 今者禮曹以正朝賀禮及宴禮來議 其
有節目不同者 不敢擅自折中 謹錄如左. 一, 朝賀致語 唐宋朝官
班首用致語 不用表文 今朝廷亦同. 元朝中書省用表文 前朝
門下府亦用表文. 臣竊謂中國 禮義所自出 唐宋及今朝廷之禮
宜當遵用. 一, 侍宴群臣坐次 唐不分文武 只以職次而坐 今朝廷
亦同. 前朝因宋朝 文臣四品以上 以侍臣坐於上階 六品以上
坐於中階 武臣三品以下 隨班坐於東西廊 臣竊謂文武不可輕重
依朝廷之禮 不分文武 俱以職次而坐上階 座狹則坐中階 又狹
然後乃坐兩廊便.'

　　上曰:"致語宜遵唐宋 侍臣則依前朝之禮 近坐可也."崙又進言
曰:"宜以受寶籙 夢金尺之曲爲正朝君臣同宴樂章之首."上曰:
"自古帝王之興 在乎天命人心 豈符讖之足恃哉! 光武信圖讖 人
共非之! 唐裴度將討淮蔡 亦有讖書 非帝王之瑞也. 且此寶籙之
受 金尺之夢 不可指爲太祖之實德也. 周官有六夢之說 武王亦曰:
'協朕卜.' 占夢 雖古人所爲 不宜爲樂章之首也."崙曰:"寶籙之
說 臣嘗聞之 開國之前 有僧得之 而不可謂妄也. 孔子雖不言怪力
然蜀山人董五經之說 見於中庸. 靑靑千里草 指董卓 而朱子寓
諸感興之詩 則讖亦古人所不廢也. 且帝王之興 必有前定之讖 則

可以沮人非分之望矣." 上曰: "圖讖 非帝王之事. 若不廢 則但

序於樂府耳 不宜首進." 乃以覲天庭 受明命之曲爲首章. 上又謂

代言等曰: "自古圖讖不足信也. 今實錄之說 予不信矣. 其一曰:

'三奠三邑 應滅三韓.' 人謂三奠爲 鄭道傳 鄭摠 鄭熙啓也. 熙啓

無才德 於開國固無功 是果應時而出者乎? 其二曰: '木子將軍

劍 走肖大夫筆 非衣君子智 復正三韓格.' 人謂非衣是裵克廉也.

克廉亦作相不久 輔治無效. 宜更告於領議政 以河崙覲天庭 爲

第一曲 受實錄則削之樂府." 崙詣闕親請 乃以實錄之曲爲第三.

壬午 上詣上王殿獻壽 極懽對舞. 宗親及漢川君趙溫等與焉.

癸未 大司憲柳廷顯請朴信 林整等罪. 疏曰: '舉非其人 則罪及

舉主 是國家之常典也. 今西北面都巡問使林整 知議政府事朴信

所薦唐津監務任乙生 以不識字見罷 故請信 整之罪 今命信就職

恐有乖於法.' 上曰: "信雖非伊周之比 亦當時之俊乂也. 整在其道

必能賑濟飢民 捨之他求 亦難其人." 憲司固請 上曰: "所舉者若

貪汚不法 殺人傷人 則舉之者必有罪. 今乙生不犯此罪 但不曉

文字而已. 信 整之舉 又何尤焉! 卿等宜勿復言."

司諫院上疏二道. 其一曰:

'國家外設州府郡縣 選揀臣僚 分符治民 猶恐守令不謹其職

又遣監司 專制一方. 爲監司者 宣布德音 明行黜陟 其職也. 今

江原監司朴習欲事左右 掠美市恩 將綿麻布共五十二匹 分贈

代言司與典農寺 其轉輸之際 驛廩之費不貲. 事露 敬差官禮賓寺
대언사 여 전농시 기 전수 지제 역름 지비 부자 사로 경차관 예빈시

尹柳頔欲聞于上 而不果 習先以頔罪馳聞. 凡官物雖一錢之微 皆
윤유의 욕문 우상 이 불과 습 선 이의 죄 치문 범 관물 수 일전 지 미 개

出於民 道內 淮陽府使閔校 知襄州事朴翺 三陟府使李原密 知
출어 민 도내 회양부사 민교 지양주사 박고 삼척부사 이원밀 지

杆城郡事趙敬夫 知通州事李叔卿 知高城郡事金渚 判蔚珍縣
간성군 사 조경부 지 통주 사 이숙경 지 고성군 사 김저 판 울진현

事盧倚 知平昌郡事南仁琠 知靈越郡事金益精 原州判官吳先敬
사 노의 지 평창군 사 남인전 지 영월군 사 김익정 원주판관 오선경

江陵判官李孟常 洪川監務成翼之 橫川監務宋斯殷等 亦以綿布
강릉 판관 이맹상 홍천 감무 성익지 횡천 감무 송사은 등 역 이 면포

皮紙贈送 是監司倡之而守令不懼也. 其斂民行貨之罪 不可不徵.
피지 증송 시 감사 창지 이 수령 불구 야 기 염민 행화 지죄 불가 부징

　頔承敬差之命 行至此道 路見贈餽之物 收置原州 不卽啓聞 聞
의 승 경차 지명 행지 차도 노견 증궤 지물 수치 원주 부즉 계문 문

監司請己之罪 而後乃聞. 又要得在逃臧獲 以其家奴載諸輜重
감사 청 기지죄 이후 내문 우 요득 재도 장획 이 기 가노 재저 치중

之馬 遍行郡縣 且以所善淮陽敎授官李路 擅自給暇 乘馹還家
지마 편행 군현 차 이 소선 회양 교수관 이로 천자 급가 승일 환가

其罪不小. 右代言趙末生 以近侍之臣 常居宮禁 供費之物 不當
기죄 부소 우대언 조말생 이 근시 지신 상거 궁금 공비 지물 부당

外求 乃令波吾赤金承禮求貨於江原道: 判典農寺事李慤 掌務
외구 내령 파오치 김승례 구화 어 강원도 판전농시사 이각 장무

判官閔犀角等 亦行求請. 請將此人等 按律施行.'
판관 민서각 등 역행 구청 청장 차인 등 안율 시행

　其二曰:
　기이 왈

　'薦引人材 不可不愼也 故國家立薦擧之法 而擧非其人 則罪
　천인 인재 불가 불신 야 고 국가 입 천거 지법 이 거비 기인 즉죄

及擧主. 今安城君李叔蕃所擧宋克良任宣州 亂政免職; 前摠制
급 거주 금 안성군 이숙번 소거 송극량 임 선주 난정 면직 전 총제

李承幹所擧金河山任利川 陽德二縣 皆見貶黜 宜加謬擧之罪. 且
이승간 소거 김하산 임 이천 양덕 이현 개견 폄출 의가 유거 지죄 차

克良見罷未幾 旋受慶尙右道萬戶之任 竊恐賞罰無章 則爲惡者無
극량 견파 미기 선수 경상우도 만호 지임 절공 상벌 무장 즉 위악 자무

所徵(所懲)矣. 請收克良職牒懲之. 上曰: "叔蕃 承幹之罪勿論."
소징 소징 의 청수 극량 직첩 징지 상왈 숙번 승간 지죄 물론

　司諫院又上疏 請止開渠之役 上曰: "開渠之議已久 而諫院每與
　사간원 우 상소 청지 개거 지역 상왈 개거 지의 이구 이 간원 매여

朝啓 胡不止其初也?"遂謂代言等曰："開渠便否 已議于三相 今
조계 호부지기초야　수위대언등왈　개거편부 이의우삼상 금

諫院其聞此議而上疏乎?"上復召諫官曰："今疏請江原監司守令等
간원기문차의이상소호　상부소간관왈　금소청 강원감사 수령등

與末生之罪 則予嘗爲曹司代言矣 求請之習 自古而然. 今後下令
여말생지죄 즉여상위조사 대언의 구청지습 자고이연 금후 하령

禁之 姑勿論. 若盡罪其人 則江原守令 數至十餘 將得何人而補之!
금지 고물론 약진죄기인 즉강원 수령 수지십여 장득하인이보지

判閣李慤亦與其事 近當元日 朝會及君臣同宴 不可廢其職也."
판각 이각 역여 기사 근 당 원일 조회급 군신 동연 불가 폐기직 야

李彦伏誅. 其子三人當斬 其知情不首者 當絞. 命皆減一等
이언 복주 기자삼인 당참 기 지정 불수 자 당교 명개감 일등

知情不首者 依趙順和例.
지정 불수 자 의 조순화 예

| 원문 읽기를 위한 도움말 |

① 不可以峻法論之. 이런 경우에는 不可以로 볼 것인지, 不可와 以를 나눠
　不可 以 峻法 論之　　　　　　不可以　　　　　　不可　 以

볼 것인지가 중요하다. 문맥상 여기서는 나눠서 봐야 한다. 즉 준엄한 법

으로써[以] 논죄해서는 안 된다[不可]라고 해야 뜻이 더욱 명확하다.
　　　以　　　　　　　　　　不可

KI신서 8229
이한우의 태종실록 재위 11년

1판 1쇄 인쇄 2019년 6월 19일
1판 1쇄 발행 2019년 7월 3일

옮긴이 이한우
펴낸이 김영곤 박선영
펴낸곳 (주)북이십일 21세기북스
출판사업본부장 정지은
인문기획팀장 양으녕 **책임편집** 김다미 **교정교열** 주태진 최태성
디자인 표지 씨디자인(조혁준 기경란 하민우) **본문** 이수정
마케팅2팀 배상현 김윤희 이현진
출판영업팀 한충희 김수현 최명열 윤승환
홍보기획팀 이혜연 최수아 박혜림 문소라 전효은 염진아 김선아 양다솔
제작팀 이영민 권경민

출판등록 2000년 5월 6일 제406-2003-061호
주소 (10881) 경기도 파주시 회동길 201 (문발동)
대표전화 031-955-2100 **팩스** 031-955-2151 **이메일** book21@book21.co.kr

(주)북이십일 경계를 허무는 콘텐츠 리더

21세기북스 채널에서 도서 정보와 다양한 영상자료, 이벤트를 만나세요!
장강명, 요조가 진행하는 팟캐스트 말랑한 책 수다 〈책, 이게 뭐라고〉
페이스북 facebook.com/jiinpill21   포스트 post.naver.com/21c_editors
인스타그램 instagram.com/jiinpill21   홈페이지 www.book21.com
유튜브 www.youtube.com/book21pub
서울대 가지 않아도 들을 수 있는 명강의! 〈서가명강〉
네이버 오디오클립, 팟빵, 팟캐스트에서 '서가명강'을 검색해보세요!

ⓒ 이한우, 2019

ISBN 978-89-509-8186-0 04900
        978-89-509-7105-2 (세트)